POUR UN NOUVEAU DROIT INTERNATIONAL DE LA CONCURRENCE

Logiques Juridiques

Collection dirigée par Gérard Marcou

Le droit n'est pas seulement un savoir, il est d'abord un ensemble de rapports et pratiques que l'on rencontre dans presque toutes les formes de sociétés. C'est pourquoi il a toujours donné lieu à la fois à une littérature de juristes professionnels, produisant le savoir juridique, et à une littérature sur le droit, produite par des philosophes, des sociologues ou des économistes notamment.

Parce que le domaine du droit s'étend sans cesse et rend de plus en plus souvent nécessaire le recours au savoir juridique spécialisé, même dans des matières où il n'avait jadis qu'une importance secondaire, les ouvrages juridiques à caractère professionnel ou pédagogique dominent l'édition, et ils tendent à réduire la recherche en droit à sa seule dimension positive. A l'inverse de cette tendance, la collection *Logiques juridiques* des Éditions L'Harmattan est ouverte à toutes les approches du droit. Tout en publiant aussi des ouvrages à vocation professionnelle ou pédagogique, elle se fixe avant tout pour but de contribuer à la publication et à la diffusion des recherches en droit, ainsi qu'au dialogue scientifique sur le droit. Comme son nom l'indique, elle se veut plurielle.

Dernières parutions

Matthieu HOUSER, *L'intervention de l'État et la coopération entre communes*, 2009.

Alexandre CIAUDO, *L'irrecevabilité du contentieux administratif français*, 2009.

Çagla TANSUG, *La régulation des services publics de réseau en France et en Turquie. Électricité et communications électroniques*, 2009.

Pierre BOURDON, *Le contentieux indemnitaire de la nullité du contrat administratif*, 2009.

Philippe BILLET, Michel DUROUSSEAU, Gilles MARTIN et Isabelle TRINQUELLE (sous la dir. de), *Droit de l'environnement et protection de la santé*, 2009.

Valérie RAJASINGAM PATHIRAJ, *Les atteintes au corps féminin. Loi et sanction des violences physiques*, 2009.

Michel LASCOMBE, *Le droit constitutionnel de la Ve République*, 2009.

Hélène POPU, *La dépouille mortelle, chose sacrée. A la redécouverte d'une catégorie juridique oubliée*, 2009.

Ali Cenk KESKIN

POUR UN NOUVEAU DROIT INTERNATIONAL DE LA CONCURRENCE

Préface de Jean-Marc SOREL

L'Harmattan

5-7, rue de l'École-Polytechnique; 75005 Paris
http://www.librairieharmattan.com
diffusion.harmattan@wanadoo.fr
harmattan1@wanadoo.fr
ISBN : 978-2-296-10819-6
EAN: 9782296108196

PREFACE

Monsieur Cenk Keskin est arrivé en France en 2005 en provenance de l'Université de Galatasaray sur la chaude recommandation d'un ami Professeur de Droit public, à l'époque en poste comme Recteur en Turquie. Animé d'une farouche volonté, d'un sourire qui ne le quitte jamais, et armé d'un sujet qui le passionne sur le droit de la concurrence en droit international, Monsieur Keskin est venu me voir pour faire aboutir un projet de thèse en co-tutelle entre l'Université de Paris 1 et son université d'origine (le premier de ce type). N'étant pas véritablement un spécialiste de la question, je me suis interrogé sur la démarche à suivre mais l'attitude toujours positive de Monsieur Keskin, sa capacité de travail (y compris pour appréhender la difficile langue française, alors qu'il aurait pu plus facilement faire sa thèse en anglais), sa détermination en général, m'ont convaincu. Aujourd'hui, je m'en félicite car, non seulement il est parvenu dans un délai très raisonnable au terme de ce travail mais, au surplus, ce travail présente une très belle synthèse sur la question qui mérite d'être diffusée. C'est dire que je suis heureux d'un tel aboutissement amplement mérité.

Toujours attentif à mes remarques, Monsieur Keskin a fait évoluer ses idées au cours de son travail. Alors que, comme beaucoup de doctorants, il partait à la conquête d'un droit international qui révolutionnerait le monde, il est progressivement revenu sur les rives plus modestes, mais aussi plus réalistes, d'une analyse du droit existant pour en tirer des conclusions très concrètes sur les améliorations possibles du droit international de la concurrence. Cette recherche montre également qu'un chercheur en droit international économique peut – et même doit – s'immerger dans des considérations économiques, ces dernières venant enrichir la perspective juridique qui en découle.

Pour ce faire, l'auteur part d'analyses à la fois théoriques et historiques sur la formation d'un droit de la concurrence dans les principaux ensembles commerciaux où la question s'est posée à l'origine, à savoir les Etats-Unis et l'Europe. Partant de cette base, il conduit une analyse toujours bien documentée sur l'émergence de ce que l'on pourrait qualifier comme un droit « moderne » de la concurrence, démontrant notamment l'évolution de la Communauté européenne vers un droit « plus agressif » en matière extraterritoriale. Car le paysage devient complexe et touffu avec la mondialisation. La problématique de la multiplication des instruments bilatéraux comme palliatif aux accords régionaux et/ou multilatéraux - ce qu'on l'on pourrait qualifier de « concurrence des instruments de concurrence » - ne laisse plus libre cours à un dialogue purement transatlantique, et on navigue entre une sorte de « droit de la concurrence internationale » qui part de fondements étatiques ou régionaux, pour aboutir à un « droit international de la concurrence » en voie de formation qui sous-tend l'ensemble du travail. Mais ce droit directement international n'émerge pas résolument et il est bien difficile de trouver un forum où la synthèse pourrait avoir lieu. Pour cette raison, il est suggéré que l'apport d'un accord international sur la concurrence viendrait compléter – et non s'opposer à – la convergence des normes issues de droits nationaux. Ces deux niveaux concourent à la formation du droit international sans qu'il faille forcément les opposer.

D'autre part, même si l'auteur semble parfois donner l'impression d'adopter une option très libérale, celle-ci s'avère finalement contrebalancée, la question du perfectionnement de la concurrence comme vecteur de l'amélioration du « bien être mondial », ou des consommateurs en particulier, restant largement posée.

L'option proposée à la fin, celle d'un accord ou traité de *hard law* dans le cadre de l'OMC, s'avère la plus réaliste même si le chemin reste long pour y parvenir. Elle est, quoi qu'il en soit, plus réaliste que celle qui avait été envisagée au début de ce travail, à savoir un accord international à part entière sur la concurrence.

Ce travail met en avant un dernier problème tout à fait fondamental que l'on peut résumer ainsi d'une manière provocatrice : Le droit de la concurrence, y compris international, existe-t-il ? Car, finalement, c'est un droit qui se décompose en de multiples branches (aides d'Etats, concentrations, pratiques anticoncurrentielles etc.) qui semblent toujours être la partie d'un tout dont l'objectif est d'éviter la concurrence déloyale. Si, en soi, l'originalité d'un droit de la concurrence ne semble pas discutable, on peut quand même s'interroger sur la difficulté à synthétiser des mécanismes dans un ensemble cohérent appelé « droit de la concurrence ». Sans doute est-ce le propre de la mondialisation de brouiller les frontières de concepts économiques et juridiques que l'on croyait établis.

On ne peut donc que rester admiratif devant le travail accompli, la somme de connaissances accumulées, et le parcours de cette analyse qui mène logiquement vers sa conclusion. Le lecteur en tirera de nombreux enseignements pour se forger sa propre opinion. C'est le propre des bonnes thèses que d'ouvrir ainsi des perspectives et de proposer des solutions qui ne surgissent pas de nulle part, mais découlent d'un raisonnement construit. Ce travail ne clôt pas le débat mais, incontestablement, il donne à penser et ouvre des perspectives pour qui s'intéresse à ce secteur incontournable des relations entre les Etats.

Jean-Marc SOREL
Professeur à l'Université Paris 1 Panthéon-Sorbonne
Directeur du CERDIN

Remerciements

Les remerciements que je voudrais formuler, après quatre années de recherches sur le droit international de la concurrence, sont particulièrement nombreux. Ce travail n'aurait pas vu le jour sans le soutien décisif de Monsieur le Professeur Duygun Yarsuvat, Président de l'Université Galatasaray et Monsieur le Professeur Pierre Le Mire, vice-président de l'Université Galatasaray. J'adresse également mes sincères remerciements à l'Université Paris I – Panthéon Sorbonne, à l'Université Galatasaray et au Conseil Supérieur de l'Education Turque qui m'ont accordé une bourse me permettant de poursuivre des études à Paris.

Je tiens sincèrement à remercier mon directeur de thèse, le Professeur Jean-Marc Sorel, pour avoir accepté de diriger mes travaux de recherche, pour ses conseils, sa patience, sa disponibilité, sa sympathie et son attitude positive et encourageante tout au long de la thèse. J'apprécie les longues heures qu'il a passées à lire et à relire chacune des versions de ce travail. Ses conseils et ses encouragements m'ont permis d'aboutir. Je remercie vivement Monsieur Ercüment Erdem, Professeur à l'Université Galatasaray, d'avoir accepté d'être le co-directeur de la thèse.

Je suis très reconnaissant envers Madame Işıl Karakaş, Professeur à l'Université Galatasaray et Juge à la Cour européenne de Droits de l'Homme avec qui j'ai travaillé pendant de nombreuses années, d'avoir accepté d'être ma première directrice de thèse, et d'avoir cru suffisamment au droit international de la concurrence pour me donner envie de lancer mes premières recherches sur le sujet.

J'adresse aussi mes remerciements les plus sincères à Catherine Botoko qui a agi en tant que pré-lecteur de cette thèse et a corrigé avec persévérance mes fautes de français.

Par ailleurs, au cours de mes recherches, j'ai bénéficié du soutien moral de nombreuses personnes notamment Lerzan Barlas, İrem Oymak, Sevgi As, Maître Sami Maçoro, Dr.iur.Yiğit Okur, Mine Kırıkkanat, Daniel Colagrossi et mes ami(e)s thésard(e)s Çağla Tansuğ et Özgür Mumcu.

Mais bien sûr mes remerciements vont en premier lieu à ma famille, à mes parents, et particulièrement à ma mère.

Abréviations

ACR	Les accords commerciaux régionaux
AER	American Economic Review
AJDA	Actualité juridique de droit administratif
ALENA	Accord de libre-échange nord-américain
AULR	American University International Law Review
ASIL	American Society of International Law
AJIL	American Journal of International Law
BDAI	Business Develeoppements Associates Incorporation
BJIL	Berkley Journal of International Law
BULR	Boston University Law Review
BYIL	British Year Book of International Law
CEMAC	Communauté Economique et Monétaire de l'Afrique Centrale
CLI	Competition Law Insight
CITLJ	Currents International Trade Law Journal
CMLR	Common Market Law Review
COMESA	Marché commun de l'Afrique orientale et australe.
ECLR	European Competition Law Review
ELRev	European Law Review
EUI	European University Institute
GMLR	George Mason Law Review
GWJILE	George Washington Journal of International Law & Economics
HILJ	Harvard International Law Journal
JDI	Journal du droit international
JIEL	Journal of International Economic Law
JOCE	Journal officiel des Communautés européennes
JWT	Journal of World Trade
LLR	Louisiana Law Review
ICLQ	International and Comparative Law Quarterly
MERCOSUR	Les pays du Marché commun du Sud
MJIL	Melbourne Journal of International Law
Minn.JIL	Minnesota Journal of International Law
MLR	Minnesota Law Review
NYULRev	New York University Law Review
NYLSR	New York Law School Review

OCDE	Organisation de cooperation et de développement économiques
OMC	Organisation mondial de commerce
ONU	Organisation des Nations Unies
ORD	Organe de règlement des différends
OSLJ	Ohio State Law Journal
RCADI	Recueil des cours de l'Académie de droit International
RCC	Revue de la concurrence et de la consommation
RDAI	Revue des Droit des Affaires Internationales
RDUE	Revue du Droit de l'Union Européenne
Rec.	Recueil des décisions de la Cour des Justice des Communautés européennes
RGDIP	Revue général de droit international public
RIC	Réseau International de la Concurrence
RIDE	Revue international de droit économique
RJGLB	Richmond Journal of Global Law and Business
RMC	Revue du Marché commun et de l'Union européenne
RTD eur	Revue trimestriel de droit européen
SCLR	Southern California Law Review
SJIL	Stanford Journal of International Law
UCLF	University of Chicago Legal Forum
UE	Union européenne
UPJIEL	University of Pennsylvania Journal of International Economic Law
USCA	United States Code Annotated
VJIL	Virginia Journal of International Law
WTR	World Trade Review
WCLER	World Competition Law and Economics Review
ZLEA	Zone de libre-échange des Amériques

SOMMAIRE

INTRODUCTION

Aujourd'hui, la concurrence est à la base de l'économie libérale mondialisée et est en étroite relation avec le droit international du commerce. En revanche, elle n'a pas toujours revêtu le même sens dans l'histoire. En 1707, Pierre de Boisguilbert[1] avait déjà réfléchi sur la notion de concurrence. Plus tard, François Quesnay louait les effets de la concurrence laquelle permettrait, selon lui, de réconcilier les intérêts égoïstes par l'organisation d'une saine rivalité[2]. Entre 1838 et 1920, l'école néoclassique a une approche plus scientifique de l'économie politique et la concurrence est l'outil qui permet de déterminer des prix normaux, à condition de ne pas se trouver dans un environnement monopolistique[3]. Au cours des années 30, la concurrence devient imparfaite et « workable » avec James Robinson et John M. Clark[4]. Puis, en 1980, Walter Baur propose la notion de marchés contestables[5]. Un nouveau chapitre est ainsi ouvert[6]. Désormais, il est plus que jamais indispensable de réglementer les rivalités entre agents économiques, à la recherche du profit et qui peuvent entreprendre des stratégies au détriment de l'ensemble de l'économie pour atteindre leur but. En conséquence, cette étude porte sur la recherche d'une réglementation efficace du droit international de la concurrence. Elle a pour but de montrer que le système actuel est peu efficace et lacunaire. Pour aboutir à une telle conclusion, il faut tenir compte d'un ensemble d'éléments de droit ou de fait. Ainsi, l'histoire du droit de la concurrence (I) mérite d'être mise en valeur

---

[1] DAIRE Eugène, *Dissertation sur la nature de la richesse*, Guillaumin, Paris 1843, p. 158.

[2] QUESNAY François, "Observations sur le droit naturel des hommes réunis en société" *Journal de l'agriculture, du commerce et des finances* - Tome II, première partie, p. 4 à 35, septembre 1765.

[3] La Cour de Justice fait appel dans l'affaire GE Honeywell aux principes posés par le fameux ouvrage « Recherches sur les principes mathématiques de la théorie des richesses » de Cournot ; voir DMITRIEV Vladimir Karpovich, "The Theory of Competition of Augustine Cournot", *Economic Essays on Value, Competition and Utility*, Cambridge University Press, 1974, p. 97 à 178.

[4] CLARK John M., "Towards a Concept of Workable Competition", *AER* Vol.30, 1940, p. 241 à 256.

[5] Le marché d'un bien ou d'un service est contestable si, d'une part, l'entrée sur ce marché est complètement libre et, d'autre part, la sortie de ce marché se fait sans coût. Pour une étude plus détaillée voir : LIEFMANN Robert, "Monopoly or competition as the basis of government trust policy", *Quarterly Journal of Economics,* Vol. 29, No.2, février 1915, p. 308 à 325 ; SAMUELSON Alain, *Les grandes courants de la pensée économique*, 3ème éd., Grenoble : Presses Universitaires de Grenoble, 1990, p. 210 ss.

[6] GANIOT Jérôme, *La concurrence un souffle nouveau pour les collectivités locales ?*, Institut d'Etudes politiques de Lyon, Mémoire soutenu le 21 septembre 2001, p. 2 ss.

avant d'exposer l'inefficacité actuelle de son fonctionnement aggravée par la sous-réglementation et la mondialisation (II). Or, nombre de questions soulevées par cette proposition mériteraient d'être approfondies (III et IV). Les acteurs du droit de la concurrence et les branches du droit concernées par celui-ci sont multiples (VII). En ce qui concerne les acteurs, on entend d'abord toutes les personnes privées et publiques, puis celles qui interviennent dans l'application des règles de concurrence. En outre, le droit de la concurrence est fortement influencé par les sciences économiques qui ne seront toutefois évoquées que de manière secondaire dans notre étude (VIII). En revanche, nous examinerons le rapport entre le droit international de la concurrence et le droit international du commerce (VI). Ainsi, nous proposerons de surmonter les difficultés liées à la non-réglementation du droit international de la concurrence par le biais des mécanismes existant du droit de l'OMC (IX).

I – L'histoire du droit et de la politique de la concurrence

Tout au long de l'histoire, une variation des concepts et des besoins a provoqué différents résultats selon les pays. A l'origine, les Etats-Unis furent l'un des premiers pays à adopter une législation visant les pratiques anticoncurrentielles. Dès 1889, les Etats-Unis d'Amérique se sont dotés d'une loi antitrust interdisant les ententes anticoncurrentielles et l'abus de position dominante, ce qui traduit une politique économique progressiste. Dans l'Europe morcelée, chaque Etat a choisi de développer un droit national de la concurrence. Ainsi, la première législation visant les pratiques anticoncurrentielles a été adoptée avec l'établissement de bases communes de développement économique par le Traité de Rome. Cette législation communautaire de la concurrence, d'effet direct, était devenue indispensable pour le bon fonctionnement du marché unique européen. L'action de la Communauté comporte un régime assurant que la concurrence n'est pas faussée dans le marché intérieur, autrement dit une concurrence efficace, c'est-à-dire « la dose de concurrence nécessaire pour que soient respectées les exigences fondamentales et atteints les objectifs du traité et, en particulier, la formation d'un marché unique réalisant des conditions analogues à celles d'un marché intérieur »[7].

[7] Cet objectif, aux termes de l'article 3 CE, a été explicité par la Cour de justice dans son arrêt *Metro-Saba*, du 25 octobre 1977, (CJCE, aff. 26/76, *Rec.*, p. 1875) comme étant celui d'une concurrence « efficace ». Ce que l'on entend par efficacité est ce qui permet d'atteindre un résultat. En revanche, est efficient ce qui permet d'atteindre un résultat avec le moyen le plus adéquat. Sur ce point, une clarification peut être apportée en ce qui concerne la concurrence

Sur le plan national, s'il était question de faire jouer la concurrence, l'approche adoptée privilégierait des mesures proactives consistant à promouvoir la concurrence dans l'ensemble de la politique économique nationale, qu'il s'agisse de la politique commerciale, des régimes sur l'investissement international, ou des réformes économiques orientées sur les déréglementations et les privatisations[8]. Les problèmes de compétitivité ont été beaucoup plus préoccupants que les problèmes de concurrence, tant aux Etats-Unis et au Canada qu'en Europe. Dans le contexte d'affirmation des thèses néolibérales, les approches structuralistes ont été abandonnées, en raison de leur méfiance vis-à-vis de la concentration des marchés. On a

---

efficace et la concurrence *effective*. Selon Fabrice Riem la concurrence *efficace* n'est pas, en effet, la concurrence *effective*, notion visée par les autorités de contrôle de la concurrence et par plusieurs textes de droit de la concurrence. Cette dernière notion désigne la concurrence actuelle, c'est-à-dire une situation de marché où la concurrence joue effectivement. Elle sert aussi à définir le marché pertinent, lequel implique qu'une concurrence effective puisse exister entre les produits qui en font partie. La recherche d'une concurrence *efficace* procède quant à elle d'une sorte de fiction juridique trompeuse – appuyée sur des tests économiques – indiquant que la concurrence doit simplement être *possible* sur les marchés pour que les effets bénéfiques attendus se déploient. Selon cette pensée, le droit de la concurrence oblige l'Etat à prendre des mesures qui créeront non seulement un marché où la liberté de concurrence existe mais aussi une obligation d'inciter les agents économiques à se concurrencer effectivement. Car, la notion de concurrence « efficace » signifie que la concurrence doit être possible, pas qu'elle soit nécessairement effective. Dans la théorie économique, l'efficacité du fonctionnement des marchés dépend, en effet, de l'existence d'une pression concurrentielle suffisante pour que les entreprises n'abusent pas de leur pouvoir de marché, non d'une concurrence effective, d'une indispensable compétition. Par exemple, en ce qui concerne le droit européen de la concurrence, si la notion d'efficacité ne joue pas nécessairement un rôle déterminant dans la décision qui est prise, elle semble en tout cas être invoquée à titre justificatif avec une fréquence accrue. De même, la politique européenne à l'égard des fusions, qui repose sur la détermination de la probabilité qu'une acquisition s'accompagnera ou non d'un comportement abusif de la part de l'entreprise en position dominante sur le marché, reflète l'attention croissante qui est portée à l'efficacité en tant que facteur positif de cette détermination. La politique européenne en la matière semble donc évoluer dans la même voie que celle des Etats-Unis, encore qu'elle diffère dans ses détails. Nonobstant leurs points communs, leur situation présente aussi des différences de taille qui tiennent à la spécificité même de leur passé et de leur politique antérieure. Aux Etats-Unis, par exemple, l'interprétation de la législation antitrust s'est quelque peu modifiée ces dernières années de façon à refléter le consensus croissant selon lequel son objectif ultime doit être d'encourager l'efficacité économique et rien d'autre. En revanche, ces derniers temps la doctrine européenne donne une grande importance à la qualité de la concurrence. Pour une étude en approfondie v. MADDALON Philippe, La notion de marché dans la jurisprudence de la cour des justices de communautés européennes, LGDJ, Paris, 2007.

[8] RIOUX Michèle, « Culture de concurrence : les limites de l'antitrust international face à la concurrence globalisée », *op.cit.*, p. 2.

estimé par ailleurs que les problèmes de concurrence découlaient des barrières érigées par les Etats et qu'il était préférable de libéraliser les marchés que recourir au droit de la concurrence. Aussi, la globalisation et les changements technologiques ont été perçus comme un rempart efficace contre les pratiques anticoncurrentielles. Or, dans les années 80, les tentatives pour développer des obligations internationales en matière antitrust ont échoué[9]. Les années 90 ont toutefois été marquées par un revirement qui a remis la concurrence à l'ordre du jour des négociations internationales[10]. En effet, on a observé une nette augmentation du nombre et de la valeur des transactions internationales grâce à l'ouverture des marchés nationaux aux entreprises étrangères. Toutefois, la libéralisation et l'accroissement des échanges commerciaux n'ont pas mis fin aux pratiques anticoncurrentielles, telles que la fixation des prix, les boycotts, les exclusions, l'abus de position dominante et les fusions anticoncurrentielles. En fait, qu'elles agissent seules ou conjointement, les entreprises se sentent sans doute davantage incitées à braver ouvertement la concurrence précisément pour neutraliser les avantages susceptibles de découler de la libéralisation des échanges. Ainsi, les questions commerciales et de concurrence deviennent de plus en plus étroitement liées. Il en résulte que la concurrence devrait faire partie de l'ordre du jour des négociations multilatérales.

Par ailleurs, dans une perspective générale, le droit de la concurrence se préoccupe du fonctionnement macro-économique du marché et notamment de la recherche de l'efficience économique qui est entendue comme « la plus grande satisfaction du consommateur par les producteurs compte tenu de la rareté des ressources globales de la collectivité »[11]. Par conséquent, le droit de la concurrence se déduit de conceptions économiques ou de politiques économiques. Sa mise en œuvre suppose des expertises économiques. Son efficacité même est jaugée à l'aune de ses résultats économiques et l'analyse économique du droit trouve, dans ce domaine, un point d'ancrage privilégié[12]. Ainsi, il a évolué et se transforme encore à la faveur du progrès des idées économiques. Dès 1849, Gustave De Molinari posait la question

---

[9] Voir la sous-section intitulée « les projets au sein de l'ONU et de l'OCDE » dans la première partie de notre étude.

[10] RIOUX Michèle, « Culture de concurrence : les limites de l'antitrust international face à la concurrence globalisée », *op.cit.*, p. 6.

[11] JENNY Frédéric, « Pratiques verticales restrictives, concurrence et efficience », *Cahiers de droit de l'entreprise* no. 4, 1989, p. 5.

[12] FRISON-ROCHE Marie-Anne / PAYET Marie-Stéphane, *Droit de la concurrence*, 1er éd. Dalloz, Paris 2006, p. 9.

sociale dans les termes suivants: « Les souffrances des masses ont-elles leur source dans les lois économiques qui gouvernent la société ou dans les entraves apportées à l'action bienfaisante de ces lois? »[13]. La question du droit de la concurrence en particulier, et de la politique de la concurrence en général, s'inscrit dans cette problématique. D'un autre coté, les gouvernements utilisent le droit de la concurrence comme un outil pour arriver à leurs objectifs politiques. Dans cette perspective, la politique de la concurrence recouvre un domaine beaucoup plus vaste que celui de l'application du droit de la concurrence. Elle englobe, en effet, tous les aspects de la déréglementation des secteurs réglementés de l'économie[14].

Nous avons ainsi pu noter que les politiques de la concurrence variaient généralement d'un pays à l'autre ainsi que dans le temps[15]. Les objectifs fondamentaux des ces politiques consistent à maintenir et à encourager le processus concurrentiel de façon à promouvoir l'utilisation efficace des ressources tout en protégeant la liberté d'action économique des divers opérateurs sur le marché. On voit également dans la politique de la concurrence le moyen de réaliser ou de préserver un certain nombre d'autres objectifs : pluralisme, décentralisation des prises de décisions économiques, lutte contre les abus de la puissance économique, encouragement vis-à-vis des petites entreprises, loyauté et équité, ainsi que d'autres valeurs sociopolitiques. Cela traduit le caractère évolutif et les possibilités d'adaptation de la politique de la concurrence et permet de répondre aux préoccupations actuelles de la société tout en restant fidèles aux objectifs de base. Mais, en tenant compte d'objectifs multiples, on accroît les risques de conflits et d'application incohérente de la politique de la concurrence. Les intérêts des différents partenaires risquent de limiter sérieusement l'indépendance des autorités de concurrence, d'aboutir à une intervention et à des arbitrages politiques et de porter atteinte à l'un des principaux avantages du processus concurrentiel, à savoir l'efficience économique. Dans la plupart des cas, la rivalité entre l'efficience économique et d'autres objectifs peut être raisonnablement équilibrée. Mais, parfois, les droits et les politiques de concurrence entrent en conflit avec d'autres politiques qui

[13] DE MOLINARI Gustave, *Les soirées de la rue Saint-Lazare*, Réédition aux collections Eventura, Paris, 2003, p. 25.

[14] KLEIN Joel, « Elargissement de la coopération internationale contre les comportements anticoncurrentiels », Institut d'économie internationale, *Perspectives économiques*, *Revue électronique de l'Agence d'information des Etats-Unis,* Vol. 4, No. 1, Février 1999, p. 5.

[15] SMITHERMAN Charles W., The Future of Global Competition Governance: Lessons From the Transatlantic, *AUILR* Vol.19 No. 4, 2004, p. 836.

agissent sur la structure de marché. Ainsi, une des difficultés institutionnelles qui empêche l'inclusion des questions de concurrence dans l'OMC est la dépossession que redoutent les responsables de la concurrence au profit des autorités commerciales. Cela succède, en quelque sorte, à la rivalité plus ancienne entre politiques de concurrence et politiques industrielles[16]. Néanmoins, la priorité et l'importance données aux multiples objectifs de la politique de concurrence restent pour une large part incertaine et doivent être précisées[17].

Par ailleurs, autrefois, on a considéré qu'il était nécessaire de distinguer efficacité et équité. Si une telle doctrine paraît raisonnable, le souci « d'équité » masque souvent la protection d'un vendeur inefficace sur un concurrent efficace. Ainsi, une entreprise novatrice ou extrêmement rentable peut se trouver pénalisée par sa réussite. En fait, en vertu de cette doctrine, on s'inquiète surtout de la « concentration », sans tenir compte du fait que les mesures qui la favorisent peuvent aussi créer des mécanismes efficaces, favorables aux consommateurs[18]. L'évolution de cette interprétation se

---

[16] SIROEN Jean-Marc, « Politique(s) de la concurrence dans une économie globale », in. *Les Nouvelles Approches de la Concurrence*, (dir.) BIENAYME Alain, Economica, Paris 2002, p. 137. « Pour illustrer ces conflits potentiels, plusieurs scénarios sont proposés qui prennent en compte certaines des oppositions signalées. Sont retenus quatre objectifs de régulation. Un objectif concurrentiel qui vise à la maximisation du surplus des consommateurs. Cet objectif est, en principe dominant dans les droits de la concurrence ou les gains en efficacité consécutifs au regroupement doivent bénéficier aux consommateurs. Un objectif de politique commerciale, au sens de la politique commerciale stratégique, où l'objectif recherché est la maximisation des profits par transfert des rentes captées sur les marchés étrangers. Cet objectif est très proche de celui incorporé dans la pratique du droit de la concurrence américain qui étend aux firmes exportatrices la protection accordée aux consommateurs. Un objectif d'emploi qui vise à maximiser le volume de la production et donc de l'emploi. Rappelons que cet objectif figure dans le préambule du GATT et de l'OMC. Un objectif utilitariste de maximisation du bien-être qui est retenu par les économistes, c'est-à-dire la somme du surplus des consommateurs et des profits ».

[17] FARJAT Gérard, « Les pouvoirs privés économiques », in. *Souveraineté étatique et marché internationaux à la fin du 20e siècle.* À propos de 30 ans de recherche du CREDIMI, Mélanges en l'honneur de Philippe KAHN, Litec, 2000, p. 620.

[18] Ces dernières années, par exemple, les restrictions de concurrence dites « verticales », tels les accords d'exclusivité entre un fournisseur et des entreprises ou l'octroi de droits d'exclusivité territoriale pour la vente d'un produit ou d'un service, ont souvent été déclarées illicites en tant que telles. Mais à quelques exceptions près, ces restrictions sont maintenant jugées conformes à la règle dite de raison. Lorsque l'on peut montrer que les consommateurs tirent avantage de l'efficacité économique suscitée par ces arrangements, ces restrictions sont déclarées licites. De même, autrefois, les autorités de contrôle bloquaient de façon quasi-systématique les fusions qui aboutissaient à accroître considérablement la part de marché des entreprises et la concentration des vendeurs. Or, de nos jours, on peut imaginer que les

reflète à la fois dans la ligne d'action suivie par les autorités américaines chargées de l'application du droit de la concurrence, à savoir la division antitrust du ministère de la justice et la Commission fédérale du commerce, et dans les jugements rendus par les tribunaux des Etats-Unis[19].

En bref, la nécessité de distinguer concurrence efficace et concurrence effective entraîne une conséquence de première importance. La concurrence doit pouvoir jouer – de sorte que cette possibilité ne soit jamais éliminée – mais il suffit qu'elle puisse jouer, les entreprises décidant seules de « passer à l'action ». Telle est l'exigence de concurrence efficace. De ce point de vue, presque philosophique, il est possible de dire que le droit de la concurrence est un droit démocratique ; c'est un droit de partage des richesses. En forçant quelque peu le trait, nous pouvons avancer que c'est un droit qui empêche la confiscation des marges ou des surprofits.[20] Cette finalité du droit de la concurrence en général détermine la mission du droit international de la concurrence qui consiste à réglementer les actes de caractère public et surveiller les actes de caractère privé affectant la concurrence internationale à l'échelle mondiale. La concurrence n'est cependant pas un état naturel. Le droit de la concurrence doit créer les conditions permettant aux marchés de fonctionner sur un mode concurrentiel, c'est-à-dire rendre la concurrence possible sur ces marchés[21].

II – La complexité du droit international de la concurrence

Aujourd'hui, le fonctionnement du marché mondial devient de plus en plus compliqué. Nous constatons que les comportements des entreprises autant que les politiques économiques des Etats peuvent limiter les effets positifs attendus d'un régime commercial fondé sur le libre-échange. Ainsi, diverses approches ont été adoptées par les Etats pour satisfaire les besoins des divers groupements d'intérêts. Parmi ces approches, la plus classique est

---

acquisitions de cette nature seront autorisées (sous réserve du respect de certaines limites) si l'accroissement d'efficacité qui en résulte se révèle avantageux pour les consommateurs.

[19] GRAHAM Edward / RICHARDSON David, « La voie américano-européenne vers le multilatéralisme dans la politique de la concurrence internationale », Institut d'économie internationale, *Perspectives économiques*, *Revue électronique de l'Agence d'information des Etats-Unis,* Vol. 4, No. 1, Février 1999, p. 29.

[20] PARLEANI Gilbert, Dans le chapitre 3 sur la liberté de la concurrence est-elle effective? Droit communautaire et droit français. *Les libertés économiques* sous la direction de DRAGO Guillaume et LOMBARD Martine, Editions Panthéon-Assas, Paris 2003, p. 97.

[21] RIEM Fabrice, « Concurrence effective ou concurrence efficace ? L'ordre concurrentiel en trompe-l'œil », *RIDE,* Vol.22, no.1, 2008, p. 70 et 71.

l'application unilatérale du droit national de la concurrence. L'Etat qui édicte sur son territoire un ordre visant des comportements prenant place ou des personnes situées à l'étranger souhaite le voir exécuté pour la mise en œuvre efficace de sa politique. Etant donné que les règles du droit de la concurrence sont l'instrument juridique d'une politique commerciale permettant la réalisation des objectifs poursuivis par les Etats, elles doivent être efficacement appliquées et leur violation doit être sanctionnée. Dans cette perspective, les droits de la concurrence sont analysés comme des lois de police. Comme telles, ils s'appliquent indépendamment de la nationalité des entreprises[22]. Ainsi, les Etats se sont référés aux principes du droit international public afin de justifier leur compétence extraterritoriale. Les Etats-Unis ont été le premier Etat à s'être référé à ces principes et, avec le temps, le système juridique américain a donné naissance à la théorie des effets. La Cour de Justice des Communautés européennes, qui suit de près le développement du droit de la concurrence américain, n'a pas tardé à appliquer la même théorie au droit de la concurrence communautaire[23].

En effet, en raison même du développement du commerce international, un pays peut, plus fréquemment que par le passé, être victime des pratiques anticoncurrentielles mises en œuvre à l'étranger par des entreprises exportant dans ce pays mais n'ayant pas nécessairement une filiale. La croissance du nombre de lois en droit interne de la concurrence et la large acceptation des concepts d'extraterritorialité de l'Union européenne et des Etats-Unis ont des implications importantes pour le commerce frontalier. D'ailleurs, les systèmes de droit de la concurrence peuvent projeter la puissance nationale dans le système international par l'application extraterritoriale. Si cette puissance nationale est utilisée déloyalement, la situation est similaire à un comportement d'abus de position dominante, une notion prohibée par le droit de la concurrence. Selon cette hypothèse, les Etats agissent pour protéger leurs économies ou leurs champions nationaux[24]. En revanche, il est

---

[22] CLAUDEL Emmanuelle, « Vers un droit international de la concurrence ? », *op.cit.*, p. 409.

[23] BERLIN Dominique, « La compétence internationale des droits internes de la concurrence », in. *Les dimensions internationales de la politique de la concurrence*, Association Française d'Etude de la Concurrence, Journée du 30 mars 1994, p. 26.

[24] Les politiques protectionnistes s'expliquent pour plusieurs raisons, notamment par le fait que le droit de la concurrence converge avec d'autres intérêts nationaux importants. Principalement, les Etats peuvent essayer de garder leurs assiettes d'impôts, éviter les problèmes de chômage en cas de difficulté financière des industries nationales ou encore inclure la sécurité nationale en tant qu'un de leurs objectifs. Les soucis de sécurité nationale apparaissent dans deux contextes : dans des situations purement nationales et dans ceux impliquant les éléments étrangers. Un exemple purement national peut se produire lorsque le

évident que l'application extraterritoriale excessive de règles de la concurrence n'est pas une réponse très satisfaisante au défi de la mondialisation. Certaines mesures vont en effet très loin et les Etats ont souvent manifesté leur opposition politique ou juridique à l'application extraterritoriale d'un droit étranger.

Compte tenu de l'essor des activités des entreprises multinationales, les Etats ont décidé de la mise en place d'une coopération bilatérale et multilatérale et non plus seulement le recours à des politiques unilatérales de résolution des conflits. Ainsi, dans les années 80, on a vu apparaître dans les accords commerciaux de nouveaux domaines, tels que la concurrence, les investissements, les services, la propriété intellectuelle. Les accords de libre échange bilatéraux et régionaux qui intègrent des dispositions sur la concurrence sont devenus nombreux. Certains travaux des Nations Unies ont encouragé la coopération internationale en ce domaine. Il importe aussi de révéler les nombreuses recommandations de l'OCDE qui se sont révélées de plus en plus efficaces. Si ces textes n'ont qu'un caractère volontaire et ne peuvent être sanctionnés juridiquement, ils furent à l'origine de nombreux accords bilatéraux entre les Etats-Unis et leurs partenaires économiques et surtout de l'accord signé en septembre 1991 entre la commission des Communautés européennes et le gouvernement américain[25]. Plusieurs organisations internationales ont également élaboré des codes de bonne conduite, des règles de coopération ou des projets d'harmonisation pour répondre à la nécessité de règles internationales de concurrence. Par conséquent, il existe aujourd'hui plusieurs règles applicables aux rapports internationaux de concurrence, mais malheureusement elles sont peu efficaces.

---

comportement en question fonctionne contre l'intérêt public en réduisant la concurrence dans l'industrie nationale de la défense. Plus fréquemment, l'objectif de la sécurité nationale surgit dans la situation où les sociétés étrangères cherchent à assurer ou commander les secteurs liées aux intérêts économiques nationaux. Par exemple, la propriété étrangère des compagnies nationales de haute technologie peut poser des problèmes en raison de la défense et des intérêts stratégiques impliqués. De ce fait, l'autorité nationale de concurrence peut être tentée de favoriser les comportements qui permettent la constitution d'un champion national et elle peut parfaitement bloquer une opération dont elle pense qu'elle pourrait être nuisible à son champion national. Cette approche discriminatoire est clairement contraire au système établi par le GATT et l'OMC.

[25] FRIEDEL - SOUCHU Evelyne, *Extraterritorialité du droit de la concurrence aux Etats-Unis et dans la Communauté Européenne*, LGDJ, Paris 1994, p. 24.

D'un autre coté, à notre époque, les accords régionaux ont une influence considérable sur l'élaboration du droit international de la concurrence. L'accroissement du nombre des accords régionaux, associé à la préférence manifestée pour des accords de libre-échange bilatéraux, a entraîné un phénomène de chevauchement des zones de couverture de ces accords. Chaque accord régional ayant tendance à créer son propre mini-régime commercial, la coexistence dans un pays de différentes règles commerciales s'appliquant à différents partenaires d'accords commerciaux régionaux est devenue fréquente[26]. Ils se différencient des simples accords de coopération par le fait qu'ils englobent généralement à la fois des règles de procédure concernant la coopération, mais également des règles de fond, qui prévoient une certaine harmonisation. Ces accords peuvent aussi contenir des dispositions pour le règlement des différends en matière de concurrence mais de telles dispositions sont parfois exclues[27]. Le cas de l'Union européenne est un exemple spécial : cet accord prescrit l'application de règles communes par des institutions supranationales et prévoit des consultations et des activités de coordination entre les institutions nationales et supranationales et au sein des institutions nationales. La multiplication des accords régionaux établissant des zones de libre-échange, des unions douanières ou un marché commun essaient de favoriser les Etats membres par rapport aux autres pays ou régions rivales.

Concernant le plan multilatéral, les efforts pour trouver une solution aux problèmes du droit international de la concurrence sont nombreux, les premières tentatives de coopération en matière de droit de la concurrence ont révélé un certain nombre de faiblesses dues notamment à l'absence de mécanisme contraignant capable d'imposer des décisions aux membres participants sous l'autorité d'une organisation internationale. Les initiatives multilatérales existantes ont également montré de sérieuses limites. Les projets multilatéraux ont souvent rencontré l'opposition politique significative des nations industrialisées qui ne veulent pas limiter leur marge de manœuvre dans le marché mondial. Il reste opportun de rappeler que, dans le cadre de l'ambitieux mouvement de coopération internationale de l'immédiat après guerre visant à éviter les crises, qui s'est traduit notamment par la création du FMI et de la Banque Mondiale, la Charte de La Havane a

---

[26] Ces accords, souvent mais pas toujours conclus au niveau régional, portent, pour des raisons de commodité, l'appellation collective d'« accords commerciaux régionaux ».

[27] CNUDED, *L'expérience acquise dans le domaine de la coopération internationale concernant la politique de concurrence et les mécanismes utilisés*, TD/B/COM.2/CLP /21/Rev. 5, 26 avril 2007, p. 9.

été une tentative infructueuse d'introduire des règles de concurrence au niveau international. Depuis lors, les efforts de coopération sont demeurés modestes, même si les réunions et les travaux de l'OCDE et de la CNUCED représentent une contribution positive appréciée par l'ensemble des autorités nationales de concurrence. La Charte de La Havane prévoyait bien un chapitre engageant les Etats membres à prendre des mesures et à coopérer pour éliminer les pratiques commerciales restrictives privées et publiques[28], mais plus de soixante ans après, il n'existe toujours pas de règles contraignantes ni d'institutions internationales en matière de concurrence[29]. Ainsi, à présent, aucune solution proposée par le droit international pour le bon fonctionnement du droit international de la concurrence n'est satisfaisante.

En revanche, on pourrait avancer un grand nombre d'arguments en faveur de l'attribution de pouvoirs au niveau international, et entre autres ce que les économistes appellent les « bénéfices de la coordination » : cela signifie que, si les gouvernements agissent chacun dans leur intérêt et sans coordination, le résultat sera désastreux pour tout le monde, alors que si les Etats acceptent certaines contraintes sans doute minimales, pour éviter les dangers de l'action individuelle, les choses iront probablement mieux[30]. L'antitrust reste néanmoins fragmenté dans les espaces nationaux[31]. Ainsi, il existe une obligation imminente d'apporter une proposition à ce problème spécifique car la mondialisation étouffe le système actuel et met en difficulté les Etats et les personnes privées. À ce titre, la commission des Communautés a indiqué dans son rapport annuel sur la politique de concurrence pour l'année 1992 que, suite aux négociations du GATT, « il faudra veiller à ce que la

---

[28] Les Etats devaient s'engager à prendre des mesures contre les pratiques commerciales restrictives qui affectent les échanges internationaux ; des dispositions portaient sur la coopération et une éventuelle Organisation Internationale du Commerce qui aurait mené des enquêtes et émis des recommandations. La Charte n'a pas été ratifiée. La communauté internationale s'est rabattue sur les accords du GATT et en 1960, une déclaration du GATT a porté sur la notification et la consultation des problèmes de concurrence ; cette dernière n'a été utilisée qu'une seule fois.

[29] RIOUX Michèle, « Culture de concurrence : Les limites de l'antitrust international face à la concurrence globalisée », *op.cit.*, p. 3 et 4.

[30] OMC, *Le Rapport du Conseil consultatif à M.Supachi Panitchpakdi*, Directeur général, SUTHERLAND Peter, BHAGWATİ Jagdish, BOTCHWEY Kwesi, FİTZGERLAD Niall, HAMADA Koichi, JACKSON John, LAFER Celso, MONTBRIAL de Theirry, OMC 2004, p. 36 et 37.

[31] RIOUX Michèle, « Culture de concurrence : les limites de l'antitrust international face à la concurrence globalisée », *Cahiers de recherche-CEIM (04-04)*, Groupe de recherche sur l'intégration continentale (GRIC), Université du Québec à Montréal, septembre 2004, p. 1.

politique qui consiste à encourager les nations commerçantes à appliquer correctement les règles de concurrence s'accompagne de nouvelles initiatives destinées à promouvoir des règles internationales applicables aux comportements anticoncurrentiels d'origine privée qui faussent ou qui restreignent la concurrence internationale »[32] . À côté des facteurs externes, la distorsion de la concurrence internationale pourrait générer des contraintes internes liées à la disparité des règles de concurrence d'un pays à un autre et, parfois, à l'absence totale d'une réglementation moderne de concurrence dans bon nombre de pays en développement. Cette discordance est inévitablement génératrice d'un climat d'insécurité dans la mesure où la même pratique pourrait être tantôt tolérée, tantôt interdite selon le degré d'intransigeance du régime juridique applicable. Cette situation peut s'aggraver avec l'influence de la mondialisation et de la globalisation.

III – La mondialisation et le droit international de la concurrence

A présent, le phénomène de la mondialisation économique génère des pratiques d'opérateurs privés de nature et de dimension transnationales, qui troublent la concurrence et qui se révèlent extrêmement nuisibles pour la collectivité internationale[33]. L'on associe trop rapidement, dans l'optique néolibérale, le libre marché et la concurrence. Certes, la globalisation soumet les acteurs économiques à de nouvelles formes de concurrence. Dans un contexte de globalisation, de nouvelles institutions et règles du jeu sont requises pour « réguler » l'économie mondiale[34]. Cependant, dans une perspective de rivalité oligopolistique, la globalisation peut aussi alimenter la multiplication des pratiques anticoncurrentielles et la concentration des marchés. D'une part, les situations concrètes de marché sont caractérisées par de multiples imperfections. D'autre part, plus on libéralise et

---

[32] XXIIe Report on competition policy 1992, Catalogue No: CM-76-93-689-xx-C.

[33] CLAUDEL Emmanuelle, « Vers un droit international de la concurrence ? », dans *Droit de l'économie internationale,* DAILLIER Patrick, de LA PRADELLE Géraud, GHERARI Habib (sous la direction de), Editions Pedone, Paris 2004, p. 405.

[34] Le Prof. RIOUX définit la « concurrence globalisée » dans son article intitulé « Culture de concurrence : les limites de l'antitrust international face à la concurrence globalisée », Cahiers de recherche-CEIM (04-04), Groupe de recherche sur l'intégration continentale (GRIC), Université du Québec à Montréal, septembre 2004, elle se réfère aux nouvelles formes de concurrence dans le contexte de la globalisation qui est caractérisée par des rivalités oligopolistiques entre les firmes et les Etats. Ainsi, nous définirons la globalisation économique comme un phénomène qui est au centre des transformations de l'économie mondiale depuis les années 70, qui a comme vecteur principal le développement phénoménal des FMN et qui est caractérisé par un puissant mouvement en faveur du principe de concurrence.

dérèglemente, plus on alimente la formation de puissants oligopoles et les comportements stratégiques qui, dans la pensée libérale, correspondent à des comportements « déloyaux ». L'antitrust international prend ici une grande importance[35]. Le droit de la concurrence au niveau mondial a recours aux mêmes instruments que le droit de la concurrence nationale. Pourtant, sa mise en œuvre et ses politiques économiques se différencient par rapport à ce dernier. On s'attache à l'idée que la concurrence a besoin de règles et d'institutions et qu'elle est donc, elle-même, un objet de régulation. Ce qui prédomine dans les débats actuels est la réalisation du « consensus de Washington »[36] et cela ne suffit pas. Il faut lever le voile sur cette nouvelle culture de concurrence et reconnaître qu'elle vise plutôt à promouvoir l'économie de marché et à élargir l'espace de liberté des acteurs privés qu'à faire jouer la concurrence.

D'un autre coté, il est certain que la mondialisation a des effets sur l'ensemble des rapports humains. Mais ce phénomène n'est pas nouveau. Dès l'Antiquité, les échanges économiques entre communautés et pays se sont tissés. Dès l'Empire romain, le noyau d'une première mondialisation s'est organisé autour de la Méditerranée. Mais il a fallu attendre les grandes découvertes, au XVe siècle, pour assurer la connexion entre les différentes sociétés. Une mondialisation centrée sur l'Atlantique dominait le XIXe siècle. Un espace mondial des échanges, comparable dans son ampleur à la séquence actuelle, est né par l'ouverture de nouvelles routes maritimes, le percement des canaux de Suez et de Panama, le doublement de la flotte marchande mondiale, l'extension du chemin de fer, la multiplication des échanges et le déversement dans le monde d'européens qui peuplent de nouvelles terres et annexent d'immenses empires coloniaux. Ainsi, la naissance de la mondialisation telle que nous la connaissons aujourd'hui a débuté il y a un siècle et demi. Le monde s'est dès lors construit et enrichi en s'appuyant sur l'intensification de ces échanges, malgré des périodes de crises ou de déstabilisation. Par ailleurs, les guerres économiques et les échanges commerciaux au-delà des frontières et des continents n'ont pas attendu la mise en place des réseaux électroniques d'information et le

---

[35] RIOUX Michèle, « Culture de concurrence : Les limites de l'antitrust international face à la concurrence globalisée », *Cahiers de recherche-CEIM (04-04)*, Groupe de recherche sur l'intégration continentale (GRIC), Université du Québec à Montréal, septembre 2004, p. 6.

[36] Au lieu d'ajuster les politiques nationales et l'ordre économique international à un environnement économique globalisé, et par le fait même difficilement maîtrisable, les Etats ont adopté le Consensus de Washington, ou pour mieux dire, des politiques économiques néolibérales.

perfectionnement des bourses de valeurs et de produits[37]. En revanche, à partir des années 50 il y a eu des changements notables. L'ordre économique post-westphalien mis en place après la seconde guerre mondiale était structuré autour des Etats-nations. L'ingérence se limitait à la gestion des interdépendances et suivait des règles mutuellement acceptées. Cette souveraineté reconnue s'étendait assez largement à l'économie. Ainsi, le système de Bretton Woods a été conçu à la fois pour éviter les politiques d'« exportation de chômage » et pour abriter les politiques nationales derrière des frontières reconnues. Cet ordre a permis l'intensification des relations commerciales internationales tout en garantissant l'autonomie des choix politiques. L'internationalisation des économies a pu ainsi s'épanouir avec des systèmes fiscaux ou sociaux très différents qui révélaient des préférences nationales hétérogènes.

Dans les années 1970, le régime de mondialisation a changé avec l'abandon du système de Bretton Woods trop méfiant à l'égard de la mobilité des capitaux et mal adapté à l'universalisation du libre-échange et à l'accélération de la multinationalisation des firmes. En même temps que le processus de mondialisation franchissait une étape nouvelle, les régulations du marché se substituaient, même partiellement, aux régulations étatiques[38]. L'Etat, centre classique de référence du droit et d'un ordre juridique veillant au-bien être commun, semble être cerné par l'ordre concurrentiel, voire envahi par lui tant sur le plan interne que sur le plan externe[39]. Au niveau national, régional ou international, de nouvelles formes de régulation ou de gouvernance se développent. De nombreuses questions animent les débats sur les formes qu'elles doivent prendre. En matière de concurrence, il est désormais largement reconnu que le contrôle des pratiques anticoncurrentielles ne peut plus reposer sur l'application de politiques nationales. Le paradoxe entre l'émergence d'un espace économique structuré à l'échelle globale et le vide institutionnel qui règne en matière d'organisation de la rivalité concurrentielle soulève une question de fond :

---

[37] ROSIAK Patricia, *Les transformations du droit international économique*, L'Harmattan, Paris, 2003, p. 9.

[38] SIROEN Jean-Marc, « Globalisation et gouvernance. Une approche par la théorie des biens publics », Colloque *Crise de l'État, revanche des sociétés. Nouveaux regards sur les relations transnationales*, 72° Congrès de l'ACFAS, UQAM, Montréal, Canada (11-12 mai 2004). http://www.dauphine.fr/ceresa/siroen/UQAM.pdf, p. 1.

[39] ULRICH Hans, « L'ordre concurrentiel : Rapport de synthèse ou variations sur un thème de Nice », ULLRICH Hanns, « L'ordre concurrentiel : Rapport de synthèse ou « variations sur un thème de Nice », *L'ordre concurrentiel – Mélanges en l'honneur d'Antoine PIROVANO*, Editions Frison-Roche, Paris 2003, p. 664.

comment s'opposer aux pratiques anticoncurrentielles des entreprises et des Etats à une échelle devenue mondiale ?[40]

Ces événements imposent de prendre en considération certains concepts. D'abord le concept de mondialisation. Ce dernier a principalement trait à la spatialité, la « spatialisation » ou, mieux encore, la diffusion spatio-temporelle des phénomènes, des processus ou des relations de cause à effet. La mondialisation se traduit par des changements de localisation : la « délocalisation » et la « relocalisation » de certaines activités, ou la « déterritorialisation » ou « reterritorialisation » de certains facteurs. Dans son acception large et la plus courante, la mondialisation désigne la diffusion spatiale, voire mondiale d'une situation, d'un état, d'un résultat ; l'espace de desserte d'un produit ou d'un service, de transfert d'une technique, d'une innovation, d'un brevet, d'un savoir faire ; ou encore l'espace de mobilité d'un facteur, comme le travail par exemple. La mondialisation ne mesure pas seulement l'extension ou la diffusion spatiale d'objets plus ou moins concrets ou abstraits, elle caractérise également l'expansion géographique des formes d'échange, de relations et d'interactions sur les plans économique, politique ou culturel. Ces relations auront un caractère unilatéral (par exemple dans le cadre des medias de masse), bilatéral (par exemple dans le cas de l'usage du téléphone), ou multilatéral (par exemple dans le cadre d'internet). La mondialisation vise également l'extension d'un ou de plusieurs réseaux, leurs interconnexions, ou encore l'ampleur des interdépendances entre des entités dispersées dans l'espace. Ces interconnexions entrainent des formes de dépendance liées au différentiel de pouvoir entre les entités en relation, qu'il s'agisse de lieux, de territoires, de continents, de personnes ou de populations. Le développement mondial des moyens de communication, de commande, de surveillance et de contrôle à distance joue dans ce sens, au même titre que les mécanismes de concurrence ou de coopération. La densification des relations internationales entre personnes et entre populations les incorporent, *volens nolens*, dans la mondialisation[41].

En effet, la mondialisation est un phénomène en développement. On est loin d'être arrivé à la fin du processus. La mondialisation vient de la

---

[40] RIOUX Michèle, « Culture de concurrence : Les limites de l'antitrust international face à la concurrence globalisée », *op.cit.*, p.1.

[41] DELCOURT Jacques, « Mondialisation ou globalisation : Quelle différence ? », dans *Les défis de la globalisation : Babel ou Pentecôte ?* sous la direction de DELCOURT Jacques et DE WOOT Philippe, Presses universitaires de Louvain, 2001, p. 15 à 17.

multiplication des alliances, des traités internationaux et du développement accéléré du droit international. Elle dérive des multiples initiatives tendant à la normalisation et à la standardisation. Cela va de la fixation des fuseaux et de l'harmonisation des horaires à la standardisation des produits, composants, appareils ou services ce qui n'implique pas leur uniformisation. Par ailleurs, la mondialisation du droit se traduit par la constitution d'un *fonds commun de règles* d'application générale. Sans doute, ces règles ne forment-elles pas un ensemble homogène et unifié, véritable « ordre juridique transnational » surplombant des droits étatiques : de portée variable et de contenu évolutif, elles se diffusent de manière souple, par voie d'incorporation dans les ordres juridiques internes ; et la technique conventionnelle par laquelle elles se propagent laisse aux Etats la maîtrise, au moins théorique, du processus. Néanmoins, au fil de l'évolution, c'est bien l'esquisse d'un « droit mondialisé » qui se profile[42].

IV – La globalisation et le droit international de la concurrence

Tout en intégrant cette dimension spatiale, la globalisation porte davantage sur les interdépendances fonctionnelles et organisationnelles, que sur les interconnexions multiples entre les phénomènes et processus. La globalisation comprend les mots « globe » ou « global » avec l'idée sous jacente d'englober dans un tout, de totaliser. Mais la montée des interdépendances ne signifie pas nécessairement cohérence, cohésion, ordre ou solidarité. Elle peut conduire à des oppositions et des conflits en raison des contraintes qui naissent de la dépendance. La globalisation semble le terme le plus approprié lorsqu'il s'agit d'analyser les interactions ou l'absence d'interactions entre divers champs de relation en voie de mondialisation, de noter les formes de connexion et d'interdépendance entre des processus, ou encore les formes de coordination et d'intégration non seulement spatiale mais aussi sociale et organisationnelle. Ainsi, une approche globale est une approche intégrée spatialement ou horizontalement, mais également sur le plan fonctionnel, organisationnel ou de la communication. Le terme globalisation saisit tout à la fois les multiples liens et relations qui se tissent concomitamment à travers le monde entre les personnes, les groupes, les activités, les secteurs, les réseaux et canaux de même que les rapports spatio-temporels et fonctionnels qui s'établissent entre les différents acteurs. Par globalisation, on entend la croissance en nombre, l'étendue et l'intensité des relations entre les hommes, les groupes

---

[42] *Ibid.*

et les peuples. Mais l'interdépendance organique ne signifie pas que la solidarité soit la vertu la plus cultivée. L'interdépendance ou la solidarité organique, selon l'expression d'Emile Durkheim peut engendrer de la résistance et peut être conflictuelle. Ainsi donc, si la mondialisation permet d'observer l'extension géographique des phénomènes ou processus, c'est-à-dire les changements d'échelle, la globalisation vise à noter les différences de rythme et d'extension dans ces changements d'échelle, de même que les interdépendances ou résistances survenant au cours de ces changements[43].

A présent, la globalisation est une réalité économique. Le commerce, allié au progrès des techniques modernes de télécommunication et de transport, cherche toujours de nouveaux marchés afin de se développer. En conséquence, le monde est considéré par les grands acteurs économiques comme un seul et vaste marché. Ainsi, il en découle que la réalisation du principe de liberté des échanges, qui gouverne les relations économiques internationales, est devenue un but en soi. Un certain nombre d'Etats ont considéré les flux économiques internationaux comme synonyme de richesse. Ils ont alors délibérément augmenté leurs efforts afin de réaliser ce principe de libre échange. Les accords du GATT, de l'Organisation mondiale du commerce, de l'Association européenne de libre échange , de l'Accord de libre échange nord américain ou l'Accord le libre échange asiatique ont été signés dans le but de réaliser un espace de libre échange. Parallèlement, la globalisation et l'interdépendance économique ont rendu nécessaire une coopération étroite entre les autorités de surveillance de marché dans le domaine du droit antidumping, en matière de surveillance des marchés boursier et financier ou en matière douanière. Pourtant, bizarrement, le droit de la concurrence échappe, jusqu'à présent, à cette évolution. En revanche, la globalisation désigne la constitution a-territoriale d'espaces virtuels, comme par exemple les espaces où circulent des produits financiers ou des informations. Il s'agit alors, au-delà du commerce, de la constitution de secteurs globaux. Cette globalisation consistant non pas dans un rapprochement des espaces mais dans leur neutralisation à travers des secteurs particuliers, met les Etats en difficulté puisque ceux-ci se développent en considération de territoires[44]. C'est dans cette conjoncture que s'est développée l'internationalisation du droit.

---

[43] *Ibid.*, p. 18 et 19.

[44] FRISON – ROCHE Marie-Anne, « Définition du droit de la régulation économique », dans *les régulations économiques : légitimité et efficacité*, sous la direction de FRISON – ROCHE Marie-Anne, *op.cit.*, p. 11.

V – Internationalisation du droit de la concurrence

En ce qui concerne l'évolution du droit lors de ce processus, celui-ci donne une image envahissante[45]. Ce phénomène paraît d'abord envahissant car visible : l'internationalisation du droit a désormais acquis une grande visibilité puisqu'elle touche le droit public, par nature solidaire de la formation de l'Etat. Le droit international public s'intéresse de plus en plus aux individus et ne se limite plus aux seules relations interétatiques[46]. L'internationalisation correspond aussi à une étape radicalement différente de la mondialisation. Cette dernière, comme nous avons constaté *supra,* échappe largement à son emprise ; et sa portée n'est plus seulement économique, mais aussi sociale, culturelle et politique. Pourtant, l'internationalisation prend appui sur les Etats-Nations, qui continuent de s'imposer comme les dispositifs nécessaires à sa médiation. S'il est vrai que l'internationalisation, comme produit de normes internationales ou de normes internes qui s'y conforment, implique une part de volonté des Etats, elle entretient toutefois un lien étroit avec la globalisation juridique qui se situe sans doute moins dans la formation des normes, leur contenu, leurs effets, que dans les processus de leur transmission, de leur circulation et de leur intrusion dans les systèmes juridiques[47]. Les Etats pouvaient autrefois espérer parvenir au développement grâce à d'autres méthodes, souvent plus interventionnistes, qui ne sont plus applicables étant donné l'ampleur de la libéralisation du commerce, la mondialisation de l'économie et l'importance croissante des investissements étrangers directs en tant que moteur de la croissance dans l'environnement économique actuel. Du fait de ces changements, les pratiques anticoncurrentielles des entreprises ont une portée de plus en plus internationale et semblent être relativement plus importantes qu'auparavant. Il s'en suit, selon ce point de vue, qu'une politique énergique de concurrence est nécessaire pour réagir comme il convient à ces préoccupations et pour établir un climat favorable aux investissements et à la croissance économique. Ainsi, ententes internationales sur le prix, abus de position dominante qui produit des effets sur plusieurs marchés, cartels d'exportation, partage géographique des marchés en fonction des territoires étatiques, clauses contractuelles

---

[45] FARJAT Gérard, « Les pouvoirs privés économiques », dans *Souveraineté étatique et marché internationaux à la fin du 20e siècle.* À propos de 30 ans de recherche du CREDIMI, Mélanges en l'honneur de Philippe KAHN , Litec, 2000, p. 620.

[46] PONTHOREAU Marie-Claire, « Trois interprétations de la globalisation juridique. Approche critique des mutations du droit public », *AJDA* 2006, p. 20.

[47] AUBY Jean-Bernard, *La globalisation, le droit et l'Etat*, Montchrestien 2003, p. 78.

d'interdiction d'exporter, telles sont autant de pratiques commerciales restrictives, de dimension internationale, qui dépassent le cadre des législations nationales ou même régionales sur la concurrence.

Jusqu'à tout récemment, il convenait d'aborder la concurrence dans une perspective différente selon le niveau d'analyse national ou international. Les deux espaces de concurrence n'étaient pas hermétiques mais les débats étaient d'abord posés dans un cadre national avant d'être transposés à l'échelle internationale. A présent, il est plus difficile de distinguer la concurrence nationale et internationale ; les conditions internes et externes de la concurrence sont désormais intimement liées[48]. Ainsi, l'une des questions essentielles est de savoir comment répartir les pouvoirs entre différentes institutions. Les défenseurs de l'économie de marché soutiennent que la procédure de décision la plus efficace dans une économie consiste à laisser au secteur privé la plupart des choix, et en écarter le gouvernement. Toutefois, ils admettent de manière générale une exception pour les cas de « dysfonctionnement du marché», attestée par la crise financière actuelle, - mais qu'est un dysfonctionnement ? Souvent, on classe au nombre des dysfonctionnements du marché les monopoles et les problèmes de concurrence, le déséquilibre dans l'information ou le manque d'information, les biens collectifs et le problème des « profiteurs », ainsi que les externalités. L'existence d'un dysfonctionnement du marché sera peut être appréciée d'une certaine façon au niveau national, mais l'appréciation conduira probablement à une conclusion toute différente si elle est gérée au niveau régional ou mondial[49]. Lorsque l'existence d'un dysfonctionnement du marché est avérée, donnant lieu à une réaction des pouvoirs publics, les réactions possibles au niveau des Etats sont très différentes de celles qui peuvent être prises au niveau international.

La plupart du temps, les institutions internationales n'ont pas le pouvoir effectif d'appliquer des taxes, d'attribuer des subventions ou de modifier concrètement les mécanismes du marché. Elles peuvent établir des règles et des interdictions. Mais la question pratique essentielle est de savoir si une règle ou interdiction donnée sera effective – c'est-à-dire si elle sera respectée

[48] Pour examiner l'impact de la globalisation sur la concurrence voire RIOUX Michèle, « Globalisation et concurrence », *Etudes Internationales*, Vol XXXIII, no. 1, mars 2002, pp. 109-136.

[49] Par exemple, l'appréciation des fusions ou achats de sociétés dépendra très nettement de la manière dont est défini le « marché pertinent ».

– et donc efficace pour corriger le dysfonctionnement du marché[50]. En effet, dépourvu de dispositions relatives à la concurrence, le droit du commerce international ne vise qu'à développer le commerce sans tenir compte des paramètres humains. C'est au droit de la concurrence qu'incombe aussi la correction des imperfections du système libéral, en stabilisant les défaillances du marché et en défendant le bien-être social. La justification du droit de la concurrence repose, en effet, sur l'idée que le marché est caractérisé par un certain nombre de défaillances dommageables à l'ensemble de la société au point qu'il conviendrait de protéger le marché de lui-même. Sans rejeter d'emblée cette idée, doit-on comprendre qu'il existerait dans l'économie un agent à ce point exempt de défaillances qu'il lui incomberait la charge de corriger les autres? Pourtant, l'origine des défaillances est loin d'être établie clairement. Par ailleurs, l'absence d'une véritable réglementation internationale de la concurrence risque de cloisonner les marchés ouverts après des années d'efforts effectués par les Etats souverains et les organisations internationales. Ceci peut provoquer des réactions nationalistes en recréant des tensions entre les Etats. De nos jours, la conciliation de différentes politiques, de règles matérielles et formelles du droit national de la concurrence, dans un contexte de marchés de plus en plus intégrés, devient une question compliquée à résoudre. Il est difficile de penser que l'ouverture internationale des marchés sera possible malgré les politiques nationales de concurrence, incapables de contrôler les pratiques commerciales restrictives de dimension internationale. C'est pourquoi, aujourd'hui, nous sommes dans une autre phase qui favorise la coopération dans le domaine du droit et la politique de concurrence.

Il faut donc se demander clairement si, en l'absence de règles de concurrence applicables aux marchés internationaux, la libéralisation du commerce au plan multilatéral n'est pas une sorte de marché de dupes qui contraint certains pays à ouvrir leurs marchés pour mieux permettre aux entreprises qui opèrent sur ces marchés mondiaux d'abuser de leur pouvoir de marché en toute impunité. Au regard de l'obligation de légiférer selon la théorie des jeux, sans les mécanismes internationaux ou les traités internationaux, le monde arrivera dans une situation mutuellement nocive à cause de l'absence de réglementation des comportements anticoncurrentiels transfrontaliers. Cette situation revêt une similitude avec le dilemme de libre échange, en

---

[50] OMC, *Le Rapport du Conseil consultatif à M.Supachi Panitchpakdi*, Directeur général, SUTHERLAND Peter, BHAGWATİ Jagdish, BOTCHWEY Kwesi, FİTZGERLAD Niall, HAMADA Koichi, JACKSON John, LAFER Celso, MONTBRIAL de Theirry, OMC 2004, p. 38.

vertu duquel le protectionnisme d'un seul pays pourrait procurer un certain avantage pour celui-ci, alors que le libre échange conduit à la répartition des ressources de façon optimale dans le monde entier. Ainsi, il peut être avantageux pour un pays d'appliquer de manière souple son droit de la concurrence, en stimulant les comportements anticoncurrentiels parmi les sociétés nationales, qui peuvent alors en tirer profit. Les gouvernements peuvent avoir tendance à protéger leurs industries par l'application bienveillante des règles de concurrence alors que des mesures de sauvegarde ont été prises dans divers rounds commerciaux[51].

Les progrès de l'interpénétration des marchés entre pays, la fragmentation juridique du contrôle du fonctionnement de ces marchés, et la prolifération d'Etats dotés d'un droit national de la concurrence rendent, chaque jour, plus évident le déséquilibre croissant entre la réalité économique internationale et son encadrement juridique. La contribution effective du commerce international au développement économique semble alors limitée, voire inexistante, et la critique de ceux qui estiment que le système commercial multilatéral est biaisé en faveur des entreprises les plus puissantes est d'autant plus pertinente. La mise en place d'une régulation concurrentielle des marchés internationaux n'est donc pas un luxe. Mais celle-ci ne fonctionnera que si, d'une part, il est établi que des pratiques anticoncurrentielles affectent gravement le fonctionnement des marchés internationaux et si, d'autre part, la mise en œuvre des droits nationaux de la concurrence par les Etats dotés de tels droits est insuffisante pour lutter efficacement contre ces pratiques. De cela, l'Union européenne est convaincue. C'est pour cela qu'elle a mis sur la table des négociations un texte destiné à mieux gouverner les marchés mondiaux où, en l'absence de gouvernance concurrentielle, un petit nombre de monopoles individuels ou collectifs ont recours à des pratiques d'exclusion ou d'abus de pouvoir au détriment des consommateurs, en particulier dans les pays en voie de développement[52].

Aujourd'hui, presqu'une centaine d'Etats et de communautés d'Etats dans le monde disposent d'un droit de la concurrence ainsi que d'autorités de surveillance, et plus de soixante d'entre eux ont également mis en place un contrôle des concentrations – dans la majorité des cas avec une obligation de

---

[51] PAASMAN Berend, Multilateral Rules on Competition Policy : An Overview of the Debate, United Nations Economic Commission for Latin America and the Caribbean, Division of Trade and Development Finance, International Trade Unit, 1999, p. 25.
[52] *Ibid.*

notification préalable[53]. En cas de transactions transfrontalières, les différents codes de la concurrence peuvent entrer en conflit les uns avec les autres. La reconnaissance du principe de l'application du droit national de la concurrence, dès que le comportement en question produit des effets dans le commerce de ce pays, renforce la possibilité de cette opposition. De plus, lors de fusions internationales, les entreprises se voient toujours confrontées à l'obligation de notifier le projet à toutes les autorités concernées et de se conformer à toutes les législations applicables. Par ailleurs, il faut aussi noter qu'évaluer les accords de cartel globaux pose des problèmes semblables à ceux qui existent au sujet des concentrations. Dans son ensemble, ces difficultés constituent un obstacle à l'accès aux marchés nationaux et l'efficience relative des autorités nationales de la concurrence à faire face aux pratiques anticoncurrentielles de dimension internationale est limitée. S'il est vrai qu'en droit international, la localisation des effets anticoncurrentiels sur le marché national ne suffit pas, en admettant que le marché géographique est mondial, l'autorité de concurrence aura beaucoup plus de difficultés à identifier les problèmes de concurrence, à établir notamment le pouvoir de marché ou la dominance de la nouvelle entité. Il y a, par conséquent, une contradiction entre une concurrence qui s'exerce à un niveau mondial et une règle qui ne permet d'appréhender que les effets sur un marché national. La théorie de l'effet rencontre des difficultés lorsque l'entreprise d'un Etat (A) effectue des opérations qui entravent la concurrence sur le territoire de l'Etat (B). L'autorité nationale de l'Etat (A) n'a pas de compétence car il n'y a pas d'effet sur le territoire de cet Etat. L'autorité nationale de concurrence est compétente mais il lui manque les moyens procéduraux.

Donc, la globalisation a pour effet d'entraîner un assouplissement des politiques nationales de la concurrence au nom de la défense de la compétitivité. En revanche, elle a pour effet d'entraîner de la part des autorités nationales leur renforcement et surtout une très nette tendance à leur internationalisation dès lors que les pratiques étrangères sont jugées déloyales dans le cas des entreprises et laxistes dans celui des législations[54]. Pourtant, les différences entre les conceptions nationales de la politique de la concurrence sont immenses, d'une part à l'intérieur d'un même groupe de

---

53 HEINEMANN Andreas, « La nécessité d'un droit mondial de la concurrence », *op.cit.*, p. 294.

54 RIOUX Michèle, « Penser la concurrence dans le contexte de la globalisation économique », *Cahiers de recherche - CEIM (01-10)*, Groupe de recherche sur l'intégration continentale (GRIC), Université du Québec à Montréal, août 2001, p. 10.

pays, mais davantage encore entre les pays industrialisés et les pays en développement. Il est donc assez difficile de concilier les politiques nationales de concurrence au niveau international. En conséquence, à la suite de ces constats plusieurs questions se posent. Comment concilier des législations nationales ou régionales sur la concurrence distinctes tant au niveau matériel que dans leur mise en œuvre avec des marchés toujours plus intégrés au niveau international ? Comment réconcilier l'ouverture internationale des marchés voulue par le droit du commerce international avec des politiques de concurrence nationales et des pratiques commerciales restrictives de dimension internationale[55] ? Il est évident que les moyens conventionnels du droit international public, affaibli par la globalisation, ne suffisent plus pour réaliser ce défi. L'application unilatérale du droit national de la concurrence a vite été confrontée à l'opposition politique et juridique des pays étrangers. Les traités bilatéraux et multilatéraux se sont penchés plutôt sur la coopération, tentatives qui se sont révélées insuffisantes.

VI – Les apports théoriques

Nous constaterons, au cours de notre recherche, qu'en principe, la concurrence et la libéralisation des échanges ont le même but : réduire ou supprimer les obstacles et les distorsions affectant les marchés. Le principe général qui doit, aux yeux de certains économistes, guider la définition des règles, est celui du maintien d'une concurrence sur des marchés contestables. Ce principe doit s'appliquer indistinctement aux entreprises comme aux Etats. L'enjeu, à l'heure actuelle, consisterait à transposer ce principe au niveau international et partant, à construire le cadre juridique d'une société civile globale en émergence dans la mouvance de l'ouverture des frontières et de la trans-nationalisation des pratiques des acteurs économiques. La modernité libérale avec son principe de séparation entre des espaces public et privé serait en passe de déborder et de sortir du cadre étroit des frontières nationales à l'intérieur desquelles elle avait été édifiée jusqu'ici[56]. En ce sens, il s'agirait dans ce cas d'élargir le champ d'action de la politique de concurrence de manière à y intégrer tous les aspects de la politique économique qui affectent la concurrence et d'assurer la contestabilité des marchés en adoptant des mesures qui vont résolument dans la direction du

---

[55] MERKT Benoît, *Harmonisation internationale et entraide administrative internationale en droit de la concurrence*, Editions Peter Lang, Neuchâtel 2000, p. 406.

[56] DEBLOCK Christian / BRUNELLE Dorval, « Globalisation et nouveaux cadres normatifs », *Cahiers de recherche-CEIM (98-02)*, Groupe de recherche sur l'intégration continentale (GRIC), Université du Québec à Montréal, septembre 1998, p.15

libre-échange, de la réduction des barrières à l'investissement international et de la déréglementation.

Au cours de ces dernières années, beaucoup de conflits commerciaux ont posé le problème de la politique de concurrence et les règles commerciales multilatérales de l'OMC ont prouvé leur importance. Même si l'efficacité du droit international de la concurrence est susceptible d'être considérablement réduite par l'exclusion de nombreux secteurs des mécanismes de l'OMC, il reste à recourir aux instruments du droit de l'OMC pour assurer une certaine efficacité. Selon cette approche, les accords actuels du GATT et l'OMC peuvent être invoqués afin de trancher les conflits concernant le droit international de la concurrence. L'application du règlement des différends de l'OMC aux conflits découlant de ces dispositions permettra de former les plaintes s'appuyant sur le droit de l'OMC et il sera possible de règlementer au moins une partie du droit international de la concurrence sans réaliser une réforme structurelle. Ce serait alors l'amorce d'un véritable droit mondial de la concurrence, lequel prend pour l'instant davantage pied dans des contentieux devant l'Organe des règlements des différends à propos d'accords propres aux télécommunications[57].

Or, dans le domaine du commerce international, on suppose généralement que les entreprises commerciales opèrent sur la base de considérations commerciales et que, conformément aux théories de l'avantage comparatif,[58] elles développent leurs importations et exportations pour en tirer des avantages. Toutefois, une entreprise privée qui dispose d'un pouvoir important sur un marché peut l'exercer de façon à déformer les échanges, défavorisant ainsi l'activité économique au lieu de la protéger. En outre, les pouvoirs publics peuvent agir par des moyens indirects pour orienter le commerce mondial dans une direction non économique ; ils peuvent, par exemple, se servir de certaines entreprises pour ériger une protection contre les importations ou favoriser les exportations, au détriment des producteurs étrangers. Aussi, les rédacteurs du GATT ont-ils cherché à placer l'entreprise commerciale d'Etat dans la même position de concurrence — quant à l'aide ou à la protection de l'Etat — que l'entreprise privée. Autrement dit, ils ont cherché à ce que les entreprises commerciales d'Etat

---

[57] FRISON-ROCHE Marie-Anne / PAYET Marie-Stéphane, *Droit de la concurrence*, *op.cit.*, p.12.

[58] Voir la sous-section intitulée « les similitudes et différences entre le droit international de la concurrence et le droit du commerce international » dans la deuxième partie de notre étude ». En particulier, la section concernant « les théories traditionnelles de l'échange international ».

se comportent comme des entreprises privées compétitives et donc à supprimer le risque de distorsion des échanges que présente l'intervention de l'Etat dans les décisions et les activités de l'entreprise. Pour résumer, l'abaissement des obstacles gouvernementaux aux échanges au cours de négociations commerciales successives, intégration croissante de l'économie mondiale sous l'impulsion de la libéralisation des échanges, expansion de l'investissement étranger direct, nouvelle protection accordée par le droit du GATT/OMC aux entreprises dans le domaine des services et de la propriété intellectuelle sont autant de facteurs parmi d'autres qui plaident en faveur d'un renforcement de la concurrence dans le nouveau système commercial multilatéral[59].

Pour répondre à ces besoins, nous suggérons plusieurs formules. D'abord, il nous semble possible d'accroître l'efficacité du droit international de la concurrence par la réglementation des points de croisement entre le commerce international et la concurrence internationale au sein de l'Organisation mondiale du commerce. Le GATT/OMC, à la fois code de bonne conduite et code de référence pour les échanges internationaux, a structuré les négociations commerciales multilatérales avec l'objectif jamais remis en cause de lutter contre les méfaits du protectionnisme et promouvoir le commerce loyal. Sans aucun doute ces objectifs sont aussi en étroite relation avec le droit de la concurrence. Les restrictions volontaires sur les exportations et les importations, l'antidumping, le principe du traitement national, la transparence, les aspects de droit de propriété intellectuelle qui touche au commerce, les services, les aides d'Etats, les sujets déjà traités dans les accords multilatéraux, ont tous une relation avec le droit de la concurrence. A ces constatations, il faut aussi ajouter qu'en disposant d'un mécanisme de règlement des différends, l'Organisation mondiale du commerce est l'Organisation internationale contemporaine qui est, même si cela reste relatif, la plus efficace. De même, elle a une certaine familiarité avec le droit de la concurrence international grâce aux affaires comme celle du Japon - Les mesures affectant les pellicules et papiers photographiques destinés aux consommateurs (*Fuji c. Kodak)* et l'affaire Mexique – Les mesures affectant les services de télécommunication, tranchés par son Organe de règlement des différends. En conséquence, l'Organisation mondiale du commerce paraît l'enceinte la plus appropriée pour adopter une telle réglementation du fait de son expérience en la matière. L'OMC constitue à cet égard un cadre idéal offrant une participation quasiment

---

[59] OMC, *Rapport annuel 1997,* Chapitre spéciale sur le commerce et la politique de concurrence, p. 55.

universelle et permettant la prise en compte des intérêts des pays industrialisés et des pays en développement[60].

Les liens entre concurrence et commerce international doivent être ainsi clarifiés, tout autant que la pertinence des principes fondamentaux de l'OMC dans le cadre de la mise en œuvre d'un éventuel accord-cadre plurilatéral sur la concurrence[61]. Les principes de non-discrimination, de transparence, de nation la plus favorisée et de traitement national appliqués aux concurrents dans un système commercial libéral sont tous des éléments fondamentaux des codes du GATT et de son successeur, l'OMC. Il apparaît clairement que les relations étroites entre les principes directeurs de l'OMC avec les principales règles de concurrence et leur mise en œuvre par les instances de contrôle ne font l'objet d'aucun doute. Dans cette perspective, un accord de l'OMC sur la concurrence internationale engagerait les Etats à respecter cinq principes : la transparence, la non-discrimination, la coopération internationale et le principe de procès équitable. Plus spécifiquement, il est question d'interdire les ententes injustifiables, de préciser les modalités d'une coopération volontaire et de favoriser le renforcement progressif des institutions de concurrence dans les pays en développement. Cependant, les négociations sont difficiles ; la rencontre de Cancun est là pour en témoigner[62]. L'opposition entre les pays développés et les pays en développement ne sera pas aisée à surmonter. En réponse aux préoccupations exprimées par les Membres, il est possible de trouver un consensus équitable. Avec l'engagement des Membres et une application effective du principe de traitement spécial et différencié, il est possible de définir un ensemble d'obligations de transparence et de non-discrimination qui soit utile sans être trop contraignant, comme cela avait été le cas dans les autres domaines d'activité de l'OMC[63].

---

[60] MERKT Benoît, *Harmonisation internationale et entraide administrative internationale en droit de la concurrence*, *op.cit.*, p. 70.

[61] KAZZI Habib, *Le contrôle des pratiques anticoncurrentielles et des concentrations entre les entreprises dans une économie mondialisée : Contribution à l'étude de l'application international du droit économique*, Presse universitaires d'Aix-Marseille, 2007, p. 443.

[62] OMC, *Rapport sur les réunions des 26 et 27 septembre 2002*, 15 novembre 2002, WT/WGTCP/M/19, para.63.

[63] A cet égard, seule l'existence de procédures de base pourrait faire l'objet d'un règlement des différends au sein de l'OMC, non pas la question de savoir si ces procédures ont été correctement appliquées dans un cas particulier. En d'autres termes, la distinction entre violations *de jure* et *de facto* s'appliquerait au principe de transparence comme au principe de non-discrimination.

En revanche, les règles discutées *supra*, c'est-à-dire les principes de transparence, de non-discrimination, d'un traitement spécial et différencié, de coopération internationale et d'équité au plan de la procédure, ainsi que les règles relatives aux ententes injustifiables sont des éléments nécessaires, mais pas encore satisfaisants. Il faut y ajouter au moins l'interdiction de l'abus de position dominante et les pratiques verticales empêchant l'accès au marché. En ce qui concerne le contrôle des concentrations, un consensus pour l'ensemble des Membres de l'OMC ne semble pas encore accessible. Comme il s'agit du domaine qui pose les plus grands problèmes pratiques, un nombre restreint d'Etats pourrait néanmoins prendre l'initiative de rédiger un accord plurilatéral. Dans ce contexte, l'objectif le plus ambitieux à long terme, qui est l'instauration d'une autorité internationale de la concurrence, pourrait être également abordée[64].

VII – Les branches du droit concernées

L'étude de notre sujet nécessite une approche pluridisciplinaire. Il s'agit d'étudier à la fois les entreprises soumises au droit privé et les entreprises publiques (donc l'Etat). Le droit de la concurrence fait donc partie intégrante du droit privé, public mais aussi du droit des affaires puisqu'il réglemente des pratiques anticoncurrentielles ainsi que les concentrations. Il est également en étroite relation avec le droit de la consommation, cherchant à équilibrer le rapport entre les distributeurs, les producteurs et les consommateurs. Ce caractère hybride le place à la frontière du droit civil, de droit administratif et du droit pénal. Au niveau international, il est à la croisée du droit international privé et public. Ainsi, les interactions entre les différents domaines du droit sont de plus en plus importantes et il est nécessaire de lier le droit de la concurrence avec les autres branches du droit[65].

En outre, le droit de la concurrence est fortement marqué par les concepts et méthodes définies par les sciences juridiques et économiques. L'économiste n'est sans doute pas un spécialiste du droit tout comme le juriste n'a pas vocation à être un expert en économie. Pourtant, les interactions entre ces deux domaines sont fortes et nombreuses comme le montrent les développements importants de la législation en matière de concurrence et la volonté qui en découle de vouloir réglementer un nombre croissant de

---

[64] HEINEMANN Andreas, « La nécessité d'un droit mondial de la concurrence », *op.cit.*, p. 321.

[65] NICOLAS-VULLIERME Laurence, *Droit de la concurrence*, Vuibert, Paris 2008, p. 41.

décisions à caractère économique. Ainsi, dans la thèse, nous examinerons, sans trop entrer dans les détails, les concepts économiques primordiaux qui ont une influence sur le droit de la concurrence. En ce qui concerne le contentieux de la concurrence, il est aussi assez complexe. Ainsi, notre étude nécessitera l'examen de différents régimes nationaux, régionaux et internationaux dans le traitement des pratiques restrictives de concurrence.

VIII – Les aspects non traités et la méthode

Dans cette étude, nous n'examinerons pas la concurrence déloyale qu'il faut différencier du droit de la concurrence économique. A la fin du XIXe siècle, les pays développés n'avaient pas de système national de protection de la propriété industrielle qui protège les brevets, les marques, les dessins et modèles. Il en résultait un risque de concurrence déloyale. La conférence internationale de Paris en 1883 aboutit à la signature de Convention de l'Union de Paris. Ce texte a créé un droit supranational uniforme pour la propriété industrielle. Une convention analogue en matière de droits d'auteur sera également signée en 1886 à Berne. Le droit de la concurrence déloyale est né du milieu marchand lui-même, comme un ordre spontané, corporatiste. Il ne s'agit donc que de la protection des concurrents et non de concurrence en tant que telle, c'est pourquoi nous ne développerons pas cet aspect dans notre recherche[66]. En revanche, le droit économique de la concurrence est né en raison de la perturbation du marché par des pouvoirs économiques privés. C'est un droit public et il relève de l'ordre public. Ce n'est pas la protection des concurrents qui est le souci majeur de ce droit-là, mais plutôt le fonctionnement du marché[67].

Par ailleurs, dans notre étude, nous essaierons de découvrir quelles sont les différences et les similitudes parmi les politiques et les droits de la concurrence qui constituent une source pour le droit international de la concurrence. De cette manière, nous examinerons également si les différenciations relatives constituent ou non des obstacles légitimes ou illégitimes à une harmonisation prospective dans la matière. Ainsi, nous exclurons de notre recherche les droits nationaux de la concurrence qui n'ont aucune influence significative sur le droit international de la concurrence. Le choix de systèmes juridiques se justifie par le degré de maturité de leurs régimes juridiques en droit de la concurrence et par la place privilégiée de leurs auteurs dans le commerce international. En procédant ainsi, nous allons

---

[66] *Ibid.*, p. 59.

[67] FARJAT Gérard, *Pour un droit économique*, PUF, Paris 2004, p. 122.

parfois utiliser une méthode fonctionnelle qui consistera à comparer des éléments remplissant la même fonction, en vue de montrer qu'au-delà de la différence des procédés techniques utilisés, les résultats obtenus sont similaires d'un système juridique à l'autre. Parallèlement, nous examinerons l'influence de la doctrine et des théories juridiques et économiques dominantes. Enfin, il nous faudra parfois étudier l'histoire du droit ou les institutions d'un pays.

IX – A la recherche d'une solution pour accroître l'efficacité du droit international de la concurrence

La suppression des barrières publiques, tels que les tarifs douaniers ou les protections non tarifaires, peuvent inciter les entreprises à modifier leur stratégie et à réintroduire des obstacles privés aux échanges. La globalisation ne conduit donc pas mécaniquement à une convergence des politiques de tarification. Si les possibilités d'arbitrage sont plus importantes, les entreprises peuvent avantageusement réintroduire des barrières et des segmentations. D'un autre coté, on constate qu'il existe une lacune considérable du système juridique contemporain, par l'insuffisante « juridicisation » des pouvoirs privés économiques. Ces pouvoirs sont peu à peu devenus dans les sociétés contemporaines développées les pouvoirs les plus influents[68]. De simples personnes privées disposent d'un pouvoir de décision unilatéral, analogue sur le plan « matériel » à celui de la puissance publique. Le vide juridique entraîne notamment l'apparition de véritables pouvoirs privés économiques. Ce phénomène est appelé à s'accentuer dans notre ère postindustrielle[69].

Plus généralement, la monnaie et les marchés financiers ont bel et bien échappé à la souveraineté des Etats et ce sont les spéculateurs qui demandent eux-mêmes une certaine régulation. Même si nous pensons que les phénomènes qui concernent les pouvoirs privés sont devenus presque identiques au plan international et au plan national, c'est dans l'espace international que l'avenir se dessine[70]. L'établissement d'une concurrence

---

[68] FARJAT Gérard, « Les pouvoirs privés économiques », dans *Souveraineté étatique et marché internationaux à la fin du 20e siècle.* À propos de 30 ans de recherche du CREDIMI, Mélanges en l'honneur de Philippe KAHN, Litec, 2000, p. 614.

[69] ABDELGAWAD Waled, « Jalons de l'internationalisation du droit de la concurrence : vers l'éclosion d'un ordre juridique mondial de la lex economica », *RIDE* 2001/2, p. 165.

[70] FARJAT Gérard, « Les pouvoirs privés économiques », *op.cit.*, p. 613 à 618.

effective dans un marché mondial ne peut se réaliser qu'en passant par l'étape d'une concurrence efficace. Les Etats-Unis et l'Union européenne nous offrent de multiples exemples de ce processus expérimental car ils ont, avec le Canada, l'expérience la plus longue au monde en matière de politique de concurrence. Entre temps, les législations nationales de concurrence continueront à s'appliquer à des situations internationales lorsque le marché national sera affecté. À une époque où les économies sont davantage interdépendantes et que certains secteurs tels que, par exemple, les transports internationaux sont déjà contrôlés à un niveau international, et que les atteintes anticoncurrentielles dépassent le marché national pour s'inscrire dans le cadre du marché international, la question se pose de savoir si un droit international de la concurrence est envisageable[71]. Ainsi, l'objet de notre étude est d'examiner à la fois les pratiques commerciales restrictives de dimension internationale telles que les ententes internationales sur le prix, abus de position dominante produisant des effets sur plusieurs marchés, cartels d'exportation, partage géographique des marchés en fonction des territoires étatiques, clauses contractuelles d'interdiction d'exporter qui dépassent le cadre des législations nationales ou même régionales sur la concurrence et les relations étroites entre le processus de mondialisation de l'économie et la politique de la concurrence. Il s'agit alors de tenter de mieux comprendre les fondements, les caractéristiques et les limites juridiques et politiques du droit international de la concurrence, ainsi que les réformes susceptibles d'être appliquées dans le domaine.

Ainsi, en première partie, nous aborderons le concept de droit international de la concurrence. Nous étudierons d'abord la finalité du droit international de la concurrence en général et les sources potentielles qui permettent de combler les lacunes juridiques dans ce domaine. En cette matière, l'expérience américaine, d'abord, puis l'émergence du droit européen peuvent constituer les fondements nécessaires pour comprendre et résoudre les problèmes du droit international de la concurrence. D'un autre coté, les accords régionaux, bilatéraux ou multilatéraux ont commencé à traiter d'une manière plus ou moins directe d'importants aspects du droit de la concurrence. Tous ces textes constitueront les sources potentielles du droit international de la concurrence. De même, les relations économiques entre les Etats-Unis et l'Union européenne constituent la plus grande partie de l'économie internationale. C'est la raison pour laquelle nous examinerons spécifiquement cette relation sous différents angles, mais, nombre de

[71] FRIEDEL - SOUCHU Evelyne, *Extraterritorialité du droit de la concurrence aux Etats-Unis et dans la Communauté Européenne*, LGDJ, Paris 1994, p.425.

questions soulevées par cette relation mériteraient d'être approfondies. Subséquemment, nous examinerons l'état des lieux du fonctionnement du droit de la concurrence dans le marché mondial contemporain et ses défaillances. L'application extraterritoriale du droit national de la concurrence et les instruments juridiques du droit international comme les accords bilatéraux, régionaux ou multilatéraux seront examinés dans ce titre. Nous examinerons ensuite, dans une deuxième partie, les raisons de l'échec des dernières tentatives de réglementation du droit international de la concurrence, puis nous formulerons des propositions susceptibles d'améliorer l'efficacité du droit international de la concurrence dans le marché mondial par le biais des mécanismes de l'OMC. Cela dit, le traitement des pratiques restrictives de concurrence par le droit de l'OMC s'articule d'une façon disparate ; il se limite à des secteurs déterminés. L'approche sectorielle des règles de concurrence au sein de l'OMC ne permet en effet de résoudre que les conflits relatifs au droit de la concurrence en général et ces dispositions traitent la concurrence sous un angle rudimentaire lié à un secteur d'activité précis. Ainsi, malgré l'effort de la doctrine et les décisions des Groupes spéciaux qui interprètent le droit du GATT et de l'OMC en conformité avec le droit de la concurrence, il semble impossible que le droit existant puisse être étendu pour appréhender les rapports internationaux de concurrence. Il paraitrait donc légitime d'avoir recours à un nouvel instrument pour régir ces rapports.

Au final, nous chercherons à trouver une solution plus efficace par un accord au sein de l'OMC afin de réprimer les pratiques restrictives de concurrence échappant à toute sanction. Devant le constat d'échec d'une réglementation efficace de la concurrence internationale par les accords existants de l'OMC, il est nécessaire d'adopter un nouvel accord international au sein d'une organisation internationale. Si l'on tient compte des tentatives pour harmoniser le droit international de la concurrence, même si elles ont échoué du fait du manque de volonté politique, il semble qu'un accord sur la mise en place d'une autorité supranationale, réglant les pratiques restrictives de concurrence, ne sera pas adopté dans un futur proche. Une solution intégrée impliquerait un abandon de souveraineté que les Etats ne sont pas prêts à concéder. De fait, il semble plus opportun d'aller vers un système à la fois politiquement admissible pour les Etats et relativement efficace contre les pratiques anticoncurrentielles au niveau mondial. Toutefois, en considérant les avantages politiques, économiques et pragmatiques, il nous semble qu'un accord de droit international en matière de concurrence a davantage de chance de se réaliser au sein d'une organisation internationale déjà existante.

En l'occurrence, l'OMC paraît l'organisation la mieux à même de recevoir un tel accord. En effet, l'appartenance des États du monde à l'OMC est quasi universelle. De plus, l'OMC n'est pas simplement un forum de discussion aboutissant à l'adoption de *soft law*, mais au contraire une organisation internationale composée d'une multitude d'accords précis dotés de la force juridique obligatoire et qui dispose – avec le Mémorandum d'accord sur le règlement des différends – d'un instrument unique en droit international public pour la mise en œuvre de ces règles. Il résulte de cette analyse que, pour l'adoption de règles contraignantes, l'OMC est le cadre qui s'impose. En revanche, certains aspects de la concurrence internationale échappent à la compétence de l'Organisation mondiale du commerce. Ces domaines concernent principalement la structure du marché et les stratégies de l'entreprise et peuvent être réglementés dans un accord plurilatéral pour assurer un minimum de convergence. En ce qui concerne les sujets restant en dehors de cet accord, l'utilisation de l'entraide administrative pour une coopération renforcée dans le domaine de la concurrence internationale nous semble le moyen le plus adéquat.

En définitive, la valeur ajoutée de notre recherche résidera d'abord dans l'examen de la relation entre la concurrence internationale et le commerce international et, ensuite, dans sa mise en œuvre possible par divers instruments juridiques de l'Organisation mondiale du commerce. Ainsi, nous pourrions renforcer la position économique des consommateurs, des entreprises multinationales et une partie importante des Etats. De plus, notre proposition peut faciliter le consensus dans la société internationale sur la création inévitable d'un droit de la concurrence mondiale. En d'autres termes, l'objet d'un tel projet est donc de créer un système relativement efficace du droit de la concurrence, en attendant la création d'une autorité de régulation de la concurrence mondiale qui favorise l'innovation et le progrès économique, en évitant les comportements des entrepreneurs et des établissements industriels qui cherchent à modifier artificiellement l'équilibre entre l'offre et la demande dans une économie globalisée.

PARTIE I – LE DROIT INTERNATIONAL DE LA CONCURRENCE CONTEMPORAINE DANS LA TOURMENTE

Le souci de protéger la concurrence dans le marché a commencé très tôt dans l'histoire. Dès la fin du Moyen Age, les juges de Common Law ont considéré que la liberté de commerce devait être protégée *a priori* et que les restrictions de la liberté d'action sur le marché devaient être soumises à certaines conditions. Le droit de la concurrence a évolué avec l'histoire. La prohibition des ententes anticoncurrentielles et des abus de positions dominantes ont été développées en Amérique pour la première fois. L'ordre international néo-libéral qui a vu le jour à la fin de la deuxième guerre mondiale avait pour but de lutter contre les conduites nationalistes et protectionnistes antérieures. Dans cette perspective, le droit de la concurrence européen a établi un système supranational avec un véritable succès. En même temps, le développement du commerce international a eu pour conséquence d'assurer un certain respect envers le droit de la concurrence international. Il y a eu plusieurs tentatives pour établir un système de concurrence susceptible d'assurer une certaine efficacité au niveau international. Le GATT de 1947 n'était qu'une partie du système. Celui-ci envisageait en effet l'établissement d'une organisation internationale du commerce qui aurait pour compétence de régler les affaires ayant un effet nuisible sur le marché mondial.

De nos jours, l'interdépendance des marchés et l'interpénétration grandissante des économies par la globalisation oblige les Etats à reconsidérer le problème de la concurrence au niveau mondial[72]. Malgré l'existence d'un certain parallélisme entre le droit international de la concurrence et le droit de la concurrence nationale, l'absence d'autorité suprême en droit international rend la question de la réglementation de la concurrence internationale assez difficile à résoudre. Afin de sortir de l'impasse, il est nécessaire d'étudier d'abord le concept de droit international de la concurrence, pour ensuite établir un bilan de son fonctionnement actuel. A partir de là, il nous sera possible de déterminer par quels moyens combler la lacune existante dans le domaine du droit international de la concurrence.

---

[72] JACKSON John H., " Reflections on Constitutional Changes to the Global Trading System", dans *Public Policy and Global Technological Integration,* ABBOTT Frederick/ GERBER David (Ed.) , Kluwer Law International, London, The Hague, Boston 1997, p. 187.

TITRE I – LE CONCEPT DE DROIT INTERNATIONAL DE LA CONCURRENCE

Lorsque l'Organisation mondiale du commerce fut établie en 1994 sur la base à la fois de la libération de l'accès aux marchés nationaux par les accords GATT et GATS et de la protection de la propriété privée par les accords TRIMS et TRIPS, il semblait clair que la constitution d'un ordre concurrentiel mondial fondé sur un droit international empêchant les restrictions de concurrence devait suivre[73]. Mais les initiatives diplomatiques en ce sens ont échouées. Ainsi, un ordre concurrentiel à plusieurs niveaux en lieu et place d'un ordre concurrentiel mondial est né. A présent, l'ordre concurrentiel international coexiste avec des ordres concurrentiels régionaux résultant de divers efforts d'intégration économique locaux avec des ordres concurrentiels nationaux. En conséquence, le droit international de la concurrence trouve ses sources d'abord dans les droits nationaux et régionaux et ensuite dans le droit international. A côté des normes traditionnelles pourvues d'effets juridiques contraignants, des normes non-contraignantes de *soft law* existent. Mais, avant d'examiner ces sources il nous semble utile d'étudier d'abord la finalité du droit international de la concurrence, ainsi que le concept de droit de la concurrence, ce qui nous permettra de déterminer de manière adéquate le cadre juridique du droit international de la concurrence.

---

[73] ULLRICH Hans, « L'ordre concurrentiel dans la pensée juridique », dans *Mondialisation et droit de la concurrence,* ABDELGAWAD Walid (sous la dir.), Litec, Paris, 2008, p. 51.

Chapitre I – La finalité du droit international de la concurrence : la réglementation de la concurrence à l'échelle mondiale

Le droit de la concurrence est issu de conceptions et de politiques économiques. Il a évolué et évolue encore à la faveur du progrès des idées économiques. Sa mise en œuvre suppose des expertises économiques. Son efficacité même est jugée à l'aune des résultats économiques qu'il génère et, dans ce domaine, l'analyse économique du droit trouve un point d'ancrage privilégié[74]. Le droit de la concurrence au niveau mondial dispose des mêmes instruments que le droit national de la concurrence. Pourtant, sa mise en œuvre et ses politiques économiques se différencient par rapport à ce dernier. Il faudra en tenir compte lors de l'examen de la finalité du droit international de la concurrence. Et se demander : quel est son objectif ?

Logiquement, le droit international de la concurrence ne peut viser que la réglementation de la concurrence à l'échelle mondiale. Son objet ne revêt donc pas un caractère différent des droits nationaux de la concurrence. Pourtant, à défaut pour les Etats de s'entendre sur les principes et son contenu, peu a été fait jusqu'ici pour mettre en place un droit international en matière de concurrence. De ce fait, il subsiste toujours une lacune institutionnelle et juridique qu'il faut examiner. En effet, le droit international de la concurrence présente certaines particularités par rapport au droit national de la concurrence. Cela résulte notamment de l'absence d'une autorité suprême de législation et d'exécution en droit international. La finalité est similaire mais la réglementation du droit de la concurrence sera obligatoirement différente de celles des droits nationaux. Le droit international de la concurrence cherche en effet à conjuguer la liberté des marchés, la coopération internationale et la souveraineté des Etats. Les nouveaux cadres normatifs devront trouver une solution à ce dilemme car il est difficile de répondre aux demandes des entreprises, lesquelles sont orientées vers plus de protection de la liberté. Ceci favorise l'émergence de positions dominantes sur les marchés mondiaux et remet en question l'autonomie des Etats bien que ceux-ci souhaitent attirer les investissements et mieux se positionner dans une économie globalisée, ce qui engendre de nouveaux conflits et accentue les inégalités entre les Etats.

---

[74] FRISON-ROCHE Marie-Anne / PAYET Marie-Stéphane, *Droit de la concurrence*, 1er éd. Dalloz, Paris 2006, p. 9.

Pour pouvoir déterminer correctement la mission du droit international de la concurrence, il semble nécessaire de trouver les réponses à ces questions. D'abord, il faut déterminer la raison d'être du droit de la concurrence, ce qui éclairera sur la motivation des Etats à légiférer en ce domaine. Ensuite, il faudra déterminer si ce dernier est vraiment bénéfique pour le bien être général. En considérant la situation actuelle, nous chercherons à déterminer si les lois nationales de concurrence sont toujours efficaces. Enfin, nous examinerons la particularité et la faisabilité des objectifs du droit international de la concurrence.

Section I – La finalité du droit de la concurrence

L'objet du droit de la concurrence est difficile à cerner. Il est donc généralement admis que le droit de la concurrence concerne la promotion et l'entretien de la concurrence au profit de la société. Cependant, le raisonnement, la philosophie, le mode de fonctionnement et les théories économiques qui sont au fondement du droit de la concurrence sont relativement complexes et peu connus. Avant de proposer une réglementation du droit international de la concurrence, il nous semble utile d'examiner brièvement la raison d'être du droit de la concurrence, ses objectifs et les moyens pour les réaliser.

Sous-section I – La raison économique du droit de la concurrence

La base intellectuelle et le cadre conceptuel du droit de la concurrence sont fournis par la théorie microéconomique néoclassique. L'économie néoclassique repose sur trois principales hypothèses. D'abord, l'explication des phénomènes économiques doit être recherchée dans l'action seule des individus[75]. Ensuite, il faut considérer que les individus sont des êtres rationnels et qu'ils raisonnent et calculent afin d'atteindre le mieux possible un objectif, compte tenu des contraintes auxquelles ils doivent faire face. Et, finalement, il faut admettre que chaque individu poursuit son seul intérêt particulier, sans se préoccuper des autres.

En outre, il faut nuancer le droit de la concurrence déloyale du droit la concurrence économique. Le droit de la concurrence déloyale est né du milieu marchand lui-même, comme un ordre spontané, corporatiste. En revanche, le droit économique de la concurrence est né en raison de la

---

[75] Cette méthode appelée individualisme méthodologique s'oppose à l'approche globale de l'économie et de la société.

perturbation du marché par des pouvoirs privés économiques. C'est un droit public et il relève de l'ordre public. Le souci premier de ce droit-là est le fonctionnement du marché et non la protection des concurrents[76].

En effet, le point de départ pour saisir le fondement du droit de concurrence passe par la compréhension du concept de théorie microéconomique néoclassique d'un « marché », les avantages perçus de son efficacité, le rôle de la concurrence et leur rapport parmi eux. La concurrence peut servir à promouvoir l'efficacité du marché, à améliorer le bien-être économique et à augmenter la croissance économique.

§ 1 – Promouvoir l'efficacité du marché

A – La théorie néoclassique

Selon la théorie néoclassique, les marchés allouent les ressources rares entre les usagés finaux qui sont en concurrence. L'efficacité économique se rapporte à l'utilisation et à l'attribution optimale de telles ressources par des marchés, maximisant de ce fait le bien-être social. En revanche, la présence d'un acteur dominant dans le marché peut diminuer l'efficacité du marché et ce dernier risque de ne plus assurer son but de maximiser le bien-être social. Par conséquent, le droit de la concurrence réglemente le marché, afin de promouvoir la concurrence et d'augmenter l'efficacité économique ainsi que le bien-être social. Dans cette perspective, la théorie néoclassique analyse l'allocation des ressources rares en examinant la poursuite des intérêts personnels sur le marché. Principalement, les marchés fournissent un mécanisme pour la prise de décision décentralisée dans laquelle les ressources sont allouées par les décisions collectives des agents le plus directement impliqués.

Suivant la théorie néoclassique, on peut déduire que le marché est un concept abstrait défini comme la rencontre d'une offre et d'une demande qui se traduit par la fixation d'un prix de cession, à savoir le prix que le demandeur est prêt à payer pour acquérir le produit et que l'offreur est prêt à accepter pour céder son produit[77]. Les producteurs chercheront à récupérer leurs coûts à long terme, tout en optimisant individuellement la production pour maximiser leurs bénéfices. De cette manière, ils s'engageront dans la

---

[76] FARJAT Gérard, *Pour un droit économique*, PUF, Paris 2004, p. 122.

[77] SAMUELSON Paul A. / NORDHAUS William D., *Micro-économie,* 14e édition, les éditions d'organisation, Paris 1995, p. 155 ss.

rivalité avec d'autres producteurs pour tromper les consommateurs, car les producteurs font face à des coûts de production marginaux à court terme croissants. Ce qui est optimal pour eux, c'est d'augmenter la production si le prix du marché monte. Quant aux consommateurs, ils chercheront à maximiser leur utilité individuelle en achetant les produits au prix le plus bas disponible. De cette manière, ils s'engageront dans la rivalité avec d'autres consommateurs faisant de même, car le prix du produit diminue, permettant à chaque consommateur d'en disposer et d'en acquérir davantage, ce qui aboutira à augmenter la demande.

En conséquence, le modèle de marché employé par la théorie néoclassique implique la réalisation d'un équilibre par l'interaction de la demande du consommateur et de l'offre du producteur sur le marché. L'équilibre entre prix et quantité se produit quand l'offre atteint un niveau de demande tel qu'il y a équilibre du nombre de transactions sur le marché. La transaction se réalise sur le marché quand un producteur et un consommateur particulier conviennent d'un prix pour un produit. Dans la théorie micro-économique néoclassique, le point de coïncidence de la demande par des consommateurs avec l'offre par des producteurs est appelé « équilibre du marché ». Ce dernier a deux effets : d'abord, il assigne l'offre à ces producteurs qui emploient les moindres ressources, et, en second lieu, il détermine la consommation à ces consommateurs qui estiment le produit moins cher. Or, le marché d'un bien ou d'un service réalise la confrontation des offres et des demandes et il conduit à la détermination d'un prix. Dans des économies de marché, les prix jouent un rôle central pour guider l'allocation des ressources rares et le point d'équilibre du prix agit en tant qu'élément qui a une influence sur de futures décisions de production et de consommation. Un marché est alors défini comme le champ géographique de la rivalité entre les producteurs (ou les consommateurs) en ce qui concerne l'offre (ou la demande) du produit sur une période déterminée. En outre, la concurrence est habituellement définie comme l'extension de la rivalité potentielle et réelle entre les producteurs pour le contrôle des consommateurs dans le marché[78].

B – Les théorèmes fondamentaux des sciences économiques du bien-être

Dans les conditions précitées du marché, les consommateurs peuvent bénéficier d'un gain d'utilité s'ils sont disposés à payer plus cher que le prix

---

[78] TAYLOR Martyn, *op.cit.*, p. 11.

du marché[79]. Cette situation est appelée le surplus du consommateur et son analyse est plus ancienne que la micro-économie traditionnelle. Elle demeure un moyen pratique irremplaçable pour évaluer certaines décisions publiques[80]. L'inverse du surplus du consommateur est le surplus du producteur, c'est-à-dire le gain perçu par un producteur en recevant un prix alors qu'il était disposé à produire à un prix plus bas[81]. Le cumul de surplus du consommateur et de surplus du producteur est appelé « surplus global » et mesure traditionnellement « l'économie de bien-être » qui détermine les gains de bien-être résultant des transactions du marché.

Ce domaine de la science économique, économie du bien-être, traite de questions normatives. Elle n'a pas pour objet de décrire comment l'économie fonctionne, mais d'évaluer la qualité de son fonctionnement[82]. Pour cela, elle utilise des techniques micro-économiques et essaie de déterminer l'efficacité d'une économie à allouer les ressources, ainsi que les conséquences de cette allocation sur la distribution des revenus. Dans les années 50, les nouvelles approches mathématiques ont permis un développement des théorèmes économiques du bien-être pour préciser le rapport causal entre la concurrence et l'efficience. Ainsi, cette théorie économique est au service de l'évaluation des situations sociales et de la décision publique et son étude porte sur les moyens et les critères qui permettent de juger et de comparer la qualité des situations sociales[83].

Le premier théorème fondamental des sciences économiques du bien-être postule qu'une volonté concurrentielle soit toujours efficace dans les circonstances de la concurrence pure et parfaite, au sens de Pareto[84]. Mais pour cela diverses conditions comme stabiliser des préférences et des technologies, maximiser l'utilité par les consommateurs, maximiser le profit par les producteurs, et exiger des transactions sans coût, une concurrence

---

[79] BERNIER Bernard / VEDIE Henri-Louis, *Initiation à la microéconomie*, Dunod 2e ed. Paris 2005, p. 58.

[80] ETNER François, *Microéconomie*, Ed.PUF Paris 2006, p. 289.

[81] BERNIER Bernard / VEDIE Henri-Louis, *op.cit.*, p. 132.

[82] BEGG David / FISCHER Stanley / DORNBUSCH Rudiger, *Microéconomie*, 2ème ed. Dunod, Paris 2002, p. 295.

[83] Pour une étude plus approfondie sur le sujet veuillez consulter l'article par ABRAHAM – FROIS Gilbert, *Introduction à la micro-économie*, Economica, Paris 2004, p. 292.

[84] La concurrence pure et parfaite prévoit six conditions : l'atomicité de l'offre ; l'atomicité de la demande ; l'homogénéité ou substituabilité des biens ; la libre entrée et sortie des facteurs de production et la transparence du marché.

parfaite et des produits homogènes doivent être remplies[85]. Si un agent se préoccupe de la consommation d'un autre individu, nous disons qu'il y a, dans ce cas, une externalité de consommation, et quand cette situation existe, un équilibre concurrentiel n'est pas nécessairement efficace au sens de Pareto[86].

Par conséquent, la question de l'efficacité du marché oblige les économistes à examiner le concept d'efficience[87]. Ce dernier a été défini pour la première fois au début du XXe siècle par Pareto. Selon cette définition très simple de « l'efficience économique », qui est connue aussi sous le nom d'« optimum au sens de Pareto », tout changement dans la répartition des ressources qui améliore l'utilité de certains agents sans diminuer l'utilité d'aucun autre, doit être considéré comme une amélioration[88]. En revanche, le critère de Pareto est jugé très conservateur puisqu'il ne peut prendre en compte les changements qui remettent en cause la situation des plus aisés[89]. En tenant compte de ces critiques, les économistes ont développé un concept plus sophistiqué, connu sous le nom d'« amélioration d'efficience de Kaldor-Hicks ». Une amélioration d'efficience de Kaldor-Hicks se rapporte à une redistribution des ressources où ceux qui gagnent le bien-être pourraient hypothétiquement entièrement compenser ceux qui perdent leur bien-être tout en tirant bénéfice d'une amélioration nette de bien-être[90]. La théorie de l'amélioration d'efficience de Kaldor-Hicks fournit le raisonnement fondamental pour l'analyse « des coûts et des bénéfices » moderne.

Aujourd'hui, il est possible de citer trois formules fondamentales, reconnues par la théorie néoclassique moderne de la micro-économie pour atteindre l'efficience économique. D'abord, l'efficience allocative est accomplie si le marché met à sa disposition la valeur la plus élevée parmi toutes les possibilités d'utilisation concurrentes. Ensuite, l'efficience de production est atteinte lorsque les produits sont réalisés au coût minimum avec la technologie disponible. Une amélioration dans l'efficience de production diminuera le coût de production et augmentera le surplus total. Enfin, l'efficience dynamique se réfère en général au taux d'innovation

---

[85] TAYLOR Martyn, *op.cit.*, p. 14.
[86] VARIAN Hal R., *Introduction à la microéconomie*, 6e éd. De Boeck, Bruxelles 2006, p. 627.
[87] Est efficace ce qui permet d'atteindre un résultat ; en revanche, est efficient ce qui permet d'atteindre un résultat avec le moyen le plus adéquat.
[88] VARIAN Hal R., *Introduction à la microéconomie*, *op.cit.*, p. 21 et 22.
[89] ABRAHAM – FROIS Gilbert, *Introduction à la micro-économie*, *op.cit.*, p. 293.
[90] TAYLOR Martyn, *op.cit.*, p. 12.

technologique. Les producteurs peuvent utiliser la nouvelle technologie afin d'améliorer la qualité de leurs produits et augmenter l'efficacité productive. L'efficience dynamique assure que les entreprises cherchent à innover et développer une meilleure technologie en vue de réduire leurs coûts. L'amélioration de chacune de ces formules provoquera une amélioration nette du bien-être économique global[91]. Dans cette perspective, selon la théorie microéconomique, la concurrence est considérée comme le mécanisme principal pour favoriser l'efficacité économique. Mais il est difficile de savoir comment le droit de la concurrence et la concurrence peuvent promouvoir un type d'efficience. Cette question n'est pas facile à résoudre. Pourtant, une conciliation générale du rapport entre la concurrence et l'efficacité est cruciale pour l'analyse afin de savoir si le droit de la concurrence est favorable à un accord international de concurrence[92].

En outre, les experts économiques pensent que les effets statiques de la concurrence sont plus faciles à déterminer[93]. Chaque producteur produira jusqu'à ce que son coût marginal de production soit égal au prix du marché sur lequel il n'a aucune influence. De même, chaque consommateur achètera des unités du bien vendu jusqu'à ce que la valeur marginale d'une unité achetée soit égale au prix du marché sur lequel il n'a pas d'influence non plus. Les producteurs qui produisent au coût minimum seront récompensés par le surplus maximum. En conséquence, cela les stimulera à produire plus. Par ailleurs, les consommateurs qui achètent au prix le plus bas, alors qu'ils sont disposés à payer plus cher que le prix du marché, tireront un maximum de bénéfice de surplus et ils auront une grande stimulation à consommer. La concurrence entre les producteurs pour attirer plus de consommateurs assurera que les produits sont offerts au prix d'équilibre du marché. La concurrence existe lorsque ni les producteurs, ni les consommateurs ne peuvent individuellement avoir une influence sur le marché, ce qui implique qu'un très grand nombre de consommateurs et de producteurs soit concerné par le même produit.

---

[91] *Ibid.*

[92] Pour une recherche plus approfondie, consulter l'article de SCHERER Frederic M., "Antitrust, Efficiency and Progress", *NYULRev*, Vol.62, 1987, p. 998.

[93] DICKSON Peter R., "The Static and Dynamic Mechanics of Competition: A Comment on Hunt and Morgan's Comparative Advantage Theory", *Journal of Marketing*, Vol.60, No.4, 1996, p.102 à 106; BLAUG Mark, "Is Competition Such a Good Thing? Static Efficiency versus Dynamic Efficiency", *Review of Industrial Organisation*, Vol.19, No.1, 2001, p. 37 a 48.

En revanche, toute situation s'écartant de la description pure et parfaite de la concurrence est socialement sous-optimale. En effet, lorsqu'un producteur dispose du pouvoir d'influencer le prix de vente, il limitera sa production de façon à accroître son profit en défavorisant les consommateurs. Ceci rompt l'harmonie des intérêts entre les producteurs et les consommateurs. Dans ce cas, la concurrence n'est plus socialement bénéfique. En tenant compte de cette situation, la théorie de l'organisation industrielle moderne suggère que, plus un marché est concurrentiel, plus il sera efficace. Cette conclusion montre une corrélation positive entre la concurrence et l'efficacité et suggère que le gouvernement a pour rôle de réglementer la concurrence imparfaite en vue de réaliser des marchés plus compétitifs[94].

Par ailleurs, il est vrai que les marchés ont des faiblesses structurelles inhérentes qui empêchent la réalisation de concurrence parfaite. Hayek est l'un des premiers à s'être interrogé sur la validité de l'approche néo-classique de la concurrence. En effet, l'équilibre de la concurrence néo-classique présuppose que l'information nécessaire à cette concurrence existe indépendamment de la concurrence elle-même. Friedrich Hayek explique que l'information n'est pas aussi disponible que la théorie de la concurrence néo-classique le spécifie. La réalité est que l'information qui permettrait une coordination parfaite des plans individuels est dispersée ou non-existante[95]. De plus, si tous les autres marchés sont de type concurrentiel parfait, un marché de concurrence imparfaite suffit à briser l'optimalité économique au sens de Pareto en vertu du théorème d'équivalence[96]. Ainsi, les économistes ont cherché à comprendre les implications de la concurrence imparfaite en se référant à « la théorie du second best »[97]. Cette théorie explique que les imperfections du marché peuvent se produire sur n'importe quel marché et les conditions d'équilibre peuvent changer sur tous les marchés.

Certains économistes néo-classiques reconnaissent la validité de la critique hayékienne, ils s'expliquent en expliquant que la concurrence néo-classique est un bon étalon pour juger la réalité[98]. Une autre critique a été exprimé par Kenneth Arrow concernant la théorie néo-classique pour son incapacité à

---

[94] TAYLOR Martyn, *op.cit.*, p. 15.
[95] HAYEK Friedrich A., "The Use of Knowledge in the Society", *AER* Vol. XXXV, No.4, p. 526.
[96] ETNER François, *op.cit.*, p.306.
[97] Pour une étude en approfondie voire BRONSARD Camille, *Dualité microéconomique et théorie du second best*, Thèse Université de Louvain, CORE, Vander, 1971.
[98] BOETTKE Peter J., "Where Did Economies Go Wrong : Modern Economics as a Flight From Reality", *Critical Review* Vol.11 no.1, 1997, p. 50.

résoudre la question la plus fondamentale de la science économique, celle de la formation des prix, mais il continue à la considérer pour des raisons méthodologiques et épistémologiques, comme la meilleure théorie disponible[99]. De telles théories établissent conjointement la justification théorique du droit de la concurrence et de son objectif, favoriser la concurrence et augmenter l'efficacité économique.

§ 2 – Améliorer l'efficacité statique et l'efficacité dynamique

Pour les économistes, une autre question centrale du droit de la concurrence est celle de son efficacité statique et dynamique. La problématique de l'efficacité statique étudie plutôt les conditions d'allocation actuelle des ressources, tandis que celle de l'efficacité dynamique met en jeu les questions d'allocation des ressources futures. Rappelons que le droit de la concurrence peut être perçu comme un instrument de politique basé sur la théorie micro-économique. Grâce à cet outil, le gouvernement intervient délibérément dans l'économie, en vue d'augmenter l'efficacité du marché et en corrigeant ses défaillances. Or, le droit de la concurrence est justifié dans l'hypothèse où le gouvernement n'interviendrait pas dans la concurrence et, qu'en conséquence, les marchés ne fonctionneraient pas aussi efficacement qu'ils le pourraient. L'efficience serait ainsi sous-optimale. Pour empêcher cette situation, le droit de la concurrence favorise l'efficacité statique en éliminant la perte de surplus des consommateurs associée au monopole. Il s'attache avant toute chose à établir que le prix soit moins élevé et la quantité offerte sur le marché plus grande[100]. En revanche, la question de l'intervention régulatrice demeure controversée. Par exemple, l'école d'Harvard défend l'idée d'interventionnisme fort pour construire des marchés de concurrence parfaite, tandis que l'école de Chicago est pour un interventionnisme modéré, tenant compte des effets positifs de la concentration[101] et les mettant en balance avec la perte d'efficacité statique liée à l'augmentation du pouvoir du marché[102].

D'un autre côté, il est clair que la puissance accrue du marché peut permettre aux acteurs d'influencer le prix de leur propre bénéfice qui permet de

---

[99] ARROW Kenneth, "Methodological Individualism and Social Knowledge", *AER*, Papers and Proceedings, Vol.84, No.2, 1994, p. 8.

[100] LEVEQUE François / MENIERE Yann, *Economie de la propriété intellectuelle*, Collection repères, éditions la découverte, Paris 2003, p. 94.

[101] Par exemple pour les économies d'échelles, synergies en recherche et développement.

[102] SOUTY François, *Le droit et la politique de la concurrence de l'Union européenne* 3ème éd., *op.cit.*, p. 28 à 31.

maximiser leur avantage au détriment de l'efficacité du marché. En droit international, cette notion a été examinée lors de l'affaire *Mexique – Les mesures affectant les services de télécommunication*. Le groupe spécial a donné une définition de la puissance du marché en déclarant qu'« une entreprise a la puissance du marché si elle a la capacité de maintenir profitablement des prix au-dessus des niveaux concurrentiels pendant une période significative (...) » [103]. De façon générale, le droit de la concurrence suppose que le comportement des acteurs du marché soit réglementé de sorte qu'ils ne cherchent pas à augmenter leur puissance individuelle ou collective dans le marché en s'engageant dans des activités anticoncurrentielles. Il s'agit du « règlement comportemental ». Par ailleurs, le droit de la concurrence cherche aussi à aménager le « règlement structural » du marché, en essayant d'empêcher la fusion des entreprises qui augmentent à l'excès leur puissance sur le marché. Puisque le potentiel pour la conduite anti-compétitive existe sur tous les marchés, le droit de la concurrence cherche aussi, à travers tous les marchés, à empêcher une telle conduite. Ainsi, le droit de la concurrence moderne utilise un mélange de règlement comportemental et structural pour régler l'utilisation et l'acquisition de la puissance individuelle et collective du marché.

Historiquement, Adam Smith était l'un des premiers auteurs à avancer que la concurrence pourrait être contrariée par « la grande mécanique de monopole »[104]. Selon lui, la puissance excessive du marché peut amener son mécanisme à échouer et, en conséquence, ne pas allouer les ressources rares aussi efficacement qu'elle aurait pu autrement. Les entreprises, avec la puissance substantielle du marché, ont en particulier une plus grande tendance à influencer les prix puisque leur production représentera une proportion significative pour l'approvisionnement du marché, et qu'elles seront sujettes à moins de contraintes concurrentielles imposées par leurs rivales. Dans une situation extrême de puissance absolue du marché, un monopole peut délibérément réduire la production et augmenter ses prix pour produire au niveau de la demande sans tenir compte des vecteurs de concurrence. En conséquence, le monopole peut augmenter le prix du marché et ramener la quantité fournie dans le marché au niveau qui lui permet de réaliser ses propres objectifs de maximisation du profit. Puisque le nouveau prix sera de manière significative au-dessus de son coût total moyen, il y aura un bénéfice de monopole. De surcroît, il crée un nouvel

[103] WT/DS204/R, *Rapport de groupe d'experts*, 2 Avril 2004, parag.7.153.
[104] SMITH Adam, *An Inquiry into the Nature and Cause of the Wealth of Nations*, 1776, Book I, ch.10. parag.IV.7.175, reprinted by Methuen 5th ed. London, 1904.

équilibre sur le marché. Un tel comportement cause une perte sèche[105] pour le bien-être social. Cette conséquence peut peser lourd sur la société : par exemple la perte globale de l'efficacité allocative, calculée par Arnold Harberger, représentait 0.1% du produit national brut aux Etats-Unis en 1954[106]. Toutefois, les pertes productives d'efficiences nettes liées au prix fixé par le monopole sont sensiblement plus importantes que les pertes allocatives d'efficience. Les pertes productives d'efficience peuvent inclure des incitations comportementales inappropriées afin de réduire le coût, ce qui mène à l'inefficacité technique[107]. Frederic Scherer et David Ross ont conclu que le coût d'efficacité technique crée par le monopole sur l'économie des Etats-Unis est de 3% à 12 % du produit national brut[108].

Afin d'empêcher ces pertes économiques, le législateur a réagi en élaborant des lois qui répriment les pratiques anticoncurrentielles. En revanche, ces lois ne concernent pas directement le prix fixé par le monopole, elles tendent plutôt à éviter que les entreprises augmentent injustement leur puissance sur le marché. Ces lois interdisent également aux entreprises qui ont déjà une position dominante d'abuser de ce pouvoir pour restreindre l'accès au marché ou pour mener une concurrence destructrice envers ses rivales. En outre, le législateur agit dans le domaine des pratiques concertées et des concentrations afin d'empêcher que ces comportements anticoncurrentiels nuisent à l'économie. Aujourd'hui, dans le monde des affaires, un certain niveau de coopération est impératif. En revanche, cette coopération peut être nuisible pour le marché, si elle a pour conséquence de réduire la concurrence entre les entreprises rivales. Par le biais de la coopération, les entreprises peuvent augmenter leur pouvoir sur le marché et peuvent fonctionner comme un monopole. De même, une fusion peut être considérée comme une forme extrême de coopération dans laquelle la conduite coopérative est internalisée au sein d'une simple personne morale. Donc, le droit de la concurrence cherche à déterminer l'équilibre approprié entre la concurrence et la

---

[105] Deadweight loss.

[106] HARBERGER Arnold, "Monopoly and Resource Allocation", The *AER*, Vol.44, No.2, Papers and Proceedings of the 66th Annual Meeting of the American Economic Association, May 1954, p. 86.

[107] Cette situation appelée "x-inefficacy" peut être définie comme la différence entre le comportement présumé efficace des entreprises par la théorie économique et leur comportement observé dans la pratique. Ce concept est introduit dans la théorie économique par Harvey LEIBENSTEIN, cf. son article « Allocative Efficiency v. X-Efficiency » *AER* Vol. 56, 1966, p. 392.

[108] SCHERER Frederic M. / ROSS David, *Industrial Market Structure and Economic Performance*,3th Ed. Houghton, New York, 1990, p. 678.

coopération dans l'économie en déterminant des paramètres légaux pour l'activité coopérative. Toutefois, en réglementant l'activité coopérative, le législateur ne doit pas interdire la conduite coopérative qui peut renforcer le bien être total. Hormis ces effets statiques, la puissance excessive du marché a des effets dynamiques importants. La banque mondiale, la CNUCED et l'OMC indiquent à juste titre qu'en favorisant la concurrence, le droit de la concurrence peut agir en tant que catalyseur important pour l'accumulation à long terme du bien être et de la croissance, en empêchant un rassemblement de la puissance excessive dans le marché[109].

Par ailleurs, dans le fonctionnement du marché, il est évident que le rôle du progrès technique est primordial. Le marché encourage le comportement des producteurs ayant une bonne performance et pénalise ceux qui ne sont pas aussi efficaces. L'espoir du profit et la crainte de la perte guident continuellement les producteurs pour optimiser la production, pour réduire les coûts, et pour inventer et innover. L'invention et l'innovation sont les principaux facteurs de la croissance économique[110]. Par exemple, en accordant un droit exclusif aux inventions et créations, la propriété intellectuelle est supposée favoriser l'innovation et donc l'efficacité dynamique. En même temps, la cessibilité d'une exclusivité permet que celle-ci soit utilisée par celui qui la valorise le mieux. Une entreprise innovante moins efficace pour développer son invention a intérêt à vendre son brevet ou à céder une licence à une entreprise plus efficace[111]. Ainsi, l'innovation et l'introduction de nouvelles technologies dans la production constituent la source de progrès la plus importante. Cela incite à prendre en compte l'efficacité dynamique qui encourage les producteurs à améliorer continuellement leur efficacité productive en réduisant les coûts[112]. Elle assure également que les vecteurs de prix demeurent optimaux et soutient l'efficacité allocative du marché en veillant à ce que la production soit

---

[109] OMC, « Sytnhesis Paper on the Relationship of Trade and Competition Policy to Economic Growth" *WTO Paper*, WT/WGTCP/W/80, Geneva, 18 September 1998, World Bank, The East Asian Miracle : A World Bank Policy Research Report (World Bank, Oxford University Press, 1993), UNCTAD, LACHMANN W., "The Development Dimension of Competition Law and Policy", UNCTAD Series on Issues in Competition Law and Policy, Geneva, 1999.

[110] VISCUSI W. Kip / VERNON M. John / HARRINGTON E. Joseph Jr., *Economics of Regulation and Antitrust*, 2nd ed. MIT Press 1995, p. 570.

[111] LEVEQUE François / MENIERE Yann, *Economie de la propriété intellectuelle*, *op.cit.*, p. 15.

[112] REY Patrick, « Concurrence par les mérites », dans *la modernisation du droit de la concurrence* sous. la dir. de CANIVET Guy, L.G.D.J., Paris 2006, p. 153.

continuellement optimisée en conformité avec les demandes variables des consommateurs.

Par ailleurs, les gains d'efficience provoquent une croissance économique par l'intermédiaire de ce que l'on appelle en anglais la « cumulative causation »[113]. D'une part, les augmentations de surplus du consommateur mènent à de réels gains de bien-être qui permettent d'accroitre l'épargne et de promouvoir la demande. D'autre part, les augmentations de surplus du producteur conduisent à de plus grands bénéfices, ce qui permet de réinvestir dans le capital humain productif et d'accumuler davantage de capital[114]. Ce dernier permet de réunir des ressources plus grandes pour la recherche et le développement, favorisant en même temps l'innovation et le changement technologique et par conséquent la réalisation de gains d'efficience. L'ensemble de ce mécanisme crée un cycle vertueux de la causalité cumulative du développement économique[115].

A la lumière de toutes ces discussions, on peut conclure que l'existence d'un droit de la concurrence a des effets bénéfiques pour le bien-être social. De tels effets résultent de la protection de la concurrence face aux incitations de comportements anticoncurrentiels. En empêchant la conduite anticoncurrentielle, qui vise à réduire ou empêcher la concurrence, le droit de la concurrence évite directement les pertes de bien être social liées à la puissance excessive sur le marché ou liées aux incitations réduites à l'innovation, et assure ainsi l'efficacité statique et dynamique. Parallèlement, le droit de la concurrence cherche à protéger le bien-être social en empêchant la concentration excessive de la puissance de marché, car elle mène à des pertes de bien-être social en raison de l'inefficacité allocative et productive. Ainsi, le droit de la concurrence agit comme le mécanisme qui préserve et favorise la concurrence sur le marché. En outre, les effets propres du droit de la concurrence sur la croissance économique ont été expliqués par diverses études[116].

---

[113] C'est le processus par lequel un ou deux pays, marchés ou industries obtiennent un avantage, cet avantage étant sauvegardé pendant de longues périodes. À partir du concept de « cumulative causation », on peut identifier les causes de la stagnation et la croissance économique.

[114] NORTH C. Douglass / THOMAS Paul Robert, "An Economic Theory of the Western World", *The Economic History Review*, New Series Vol.23, Issue 1, 1970, p. 2.

[115] LLERENA Patrick / LORENTZ André, "Cumulative Causation and Evolutionary Micro-Founded Technical Change", *Revue économique* Vol. 55, No.6, 2004, p. 1197 à 1200.

[116] World Bank, Building Institutions for Markets: World Development Report 2002, Washington DC, 2001, ch.7 ; European Bank for Reconstruction and Development,

Sous – section II – La politique de concurrence

Comme nous l'avons constaté dans la sous-section précédente, il existe une large variété d'approches économiques de la concurrence. Les objectifs de la politique de concurrence incluent les objectifs fondamentaux de la concurrence, tels que : promouvoir et protéger le processus concurrentiel et atteindre une plus grande efficience économique. En conséquence, on retrouve cette diversité dans les politiques de concurrence, inspirées par des théories économiques et des choix politiques multiples.

Aujourd'hui la politique de concurrence tend à s'imposer comme l'outil le moins contesté dont dispose l'Etat dans sa fonction de régulation économique, y compris aux yeux des libéraux. Par contre, il subsiste une différence dans la manière dont les objectifs de la politique de concurrence sont exprimés[117]. Les politiques de concurrence varient d'un pays à l'autre. Certains pays indiquent que la concurrence doit être encouragée pour parvenir à une plus grande efficience économique, au bien-être économique ou au bien-être de la communauté, et/ou pour offrir des prix compétitifs et le choix entre plusieurs produits. D'autres pays mentionnent que l'objectif est de promouvoir une allocation efficiente des ressources au moyen d'une concurrence capable de fonctionner ou effective. Ailleurs, l'accent est mis sur la protection des consommateurs et de leurs intérêts, de la libre entreprise, de la libre concurrence, d'un environnement de marché libre ou d'une concurrence sur les marchés qui profite à long terme aux consommateurs, réfrénant ou empêchant les pratiques anticoncurrentielles ou l'abus de pouvoir économique. Certains pays adoptent une approche alternative et formulent les objectifs en termes d'amélioration de la compétitivité des entreprises afin de promouvoir le développement économique ou d'abaisser le degré de concentration de l'économie. Enfin, un petit nombre de pays met l'accent sur la prévention, la restriction ou l'arrêt de l'activité monopolistique ou des obstacles à une concurrence effective[118].

Transition Report 1999 : Ten Years of Transition, London 1999 ; OCDE, Regulatory Reform, Privatization and Competition Policy, Paris 1992.

[117] PRAGER Jean-Claude / François VILLEROY de GALHAU, *18 leçons sur la politique économique : À la recherche de la régulation,* 2e ed. Seuil, Paris 2006, p. 80.

[118] OCDE, « Les objectifs du droit et la politique de la concurrence », *Revue de l'OCDE sur le droit et la politique de la concurrence*, Vol.5, no.1, 2003, p. 17.

Or, mettre en place une politique de concurrence repose sur plusieurs éléments : avant tout, il faut déterminer un niveau acceptable de concurrence, à partir duquel on pourra, par exemple, étudier les projets de concentration, reconnaître quels types d'accords peuvent bénéficier d'une exemption par catégorie, fixer les prérogatives en fonction desquelles seront examinées les plaintes pour comportements anticoncurrentiels, fixer les bases d'une collaboration efficace entre les autorités nationales compétentes en matière de concurrence et également déterminer les critères d'admissibilité des aides d'Etat. En général, on s'accorde sur la nécessité d'une régulation par les pouvoirs publics du maintien des conditions de rivalité entre les producteurs. Les situations qui empêchent la réalisation de ces conditions justifient une intervention de la puissance publique. La politique de concurrence consistera alors à corriger la concurrence « imparfaite » qui prévaut dans le monde réel pour la rapprocher du standard normatif évoqué. Pour cela, la politique de concurrence englobe toutes les mesures qui ont un effet sur la concurrence, y compris les mesures de politique commerciale, de réglementation et de lutte contre les pratiques anticoncurrentielles des entreprises[119]. Ainsi, peu importe la manière complexe dont les objectifs sont exprimés, puisque les éléments essentiels portant sur la politique de concurrence sont semblables. Ces éléments sont notamment : la lutte contre les pratiques anticoncurrentielles des entreprises incluant le contrôle des concentrations et les aides d'Etat, la régulation et la dérégulation du marché, et la distribution du bien-être.

§ 1 – Les instruments communs de la politique de la concurrence

Comme on l'a démontré dans la sous-section précédente, la théorie économique standard définit la concurrence comme le meilleur moyen pour assurer l'allocation optimale des ressources. En ce sens, la mise en place et/ou le maintien de règles permettant le libre jeu de la concurrence entre les entreprises constituent une action essentielle pour la puissance publique. La politique en la matière consiste à offrir aux entreprises un « terrain de jeu » où sont interdits certains comportements susceptibles de réduire la concurrence effective sur un marché, afin de créer un climat propice à l'innovation[120]. En général, la politique de concurrence tente de réaliser ses

---

[119] *Guide à l'intention des entreprises : le système commercial mondial*, centre du commerce international, 2.ed. CNUCDED /OMC, Genève, 1999, p. 34

[120] SAADA Estelle, « La politique de la concurrence », dans *La politique économique et ses instruments*, sous la dir. FERRANDON Benoît, Les notices de *La Documentation Française* 2004, p. 73.

objectifs en contrôlant les ententes, l'abus de position dominante et les concentrations. Mais la politique de concurrence ne s'arrête pas là. La puissance publique doit aussi éviter les comportements qui risquent de fausser la concurrence sur le marché et la politique de concurrence doit veiller à ce que le jeu de la concurrence ne soit pas faussé par les actions des pouvoirs publics nationaux. Dans ce domaine, l'auto contrôle de l'Etat est renforcé par les accords multilatéraux signés au niveau international[121] et encouragé par les recommandations des organisations internationales. Par exemple, l'OCDE incite les gouvernements à s'assurer que les considérations de politique de concurrence sont bien prises en compte lors de l'élaboration et de la mise en œuvre des politiques commerciales, y compris via l'adoption de lois relatives aux pratiques commerciales déloyales[122].

Dans une approche littérale, une pratique anticoncurrentielle est une pratique contraire à la concurrence, un comportement qui fausse la concurrence. Ce concept est souvent confondu avec les pratiques restrictives qui sont limitativement définies par le législateur sous certaines conditions et portent atteinte aux intérêts légitimes d'un concurrent. Il s'agit notamment des pratiques discriminatoires, des avantages injustifiés, de l'abus de dépendance économique, de l'abus de puissance d'achat ou de vente, des abus en matière de référencement, de la rupture brutale des relations commerciales établies, du soutien apporté à une vente hors réseau, ou encore des conditions abusives de règlement. En revanche, les pratiques anticoncurrentielles ne sont et ne peuvent pas être définies de façon limitative par les textes. En principe, elles affectent un marché par leur objet ou leur effet anticoncurrentiel et pas uniquement les intérêts des opérateurs sur ce marché ; elles ne peuvent être appréciées en elles mêmes, indépendamment du contexte économique et juridique de ce marché au moment de cette appréciation ; elles ne sont ni systématiquement interdites ni même présumées mauvaises mais ne pourront apparaître comme acceptables ou non qu'au terme du bilan économique des atteintes qu'elles portent au progrès économique et aux intérêts des consommateurs[123].

---

[121] Spécialement les accords de GATT et de l'OMC.

[122] OCDE, Recommandation du Conseil relative à la coopération entre les pays Membres dans les domaines des conflits potentiels entre politique de concurrence et politique commerciale, *op.cit.*, parag. 10.

[123] BRAULT Dominique, *Politique et pratique du droit de la concurrence en France*, L.G.D.J., Paris 2004, p. 206 et 207.

La règle de droit, en condamnant les pratiques anticoncurrentielles, sanctionne les comportements d'entreprises qui font obstacle au libre fonctionnement de la concurrence et qui ont pour objet ou pour effet « d'empêcher, de restreindre ou de fausser le jeu de la concurrence » sur un marché[124]. L'entente, comme l'abus de position dominante, supposent la mise en évidence d'un comportement portant atteinte à la concurrence sur un marché[125]. De plus, entente et concentration sont parfois substituables ou mélangées. Une restriction verticale de concurrence peut aussi bien naître d'ententes horizontales que de buts ou d'effets restrictifs de concurrence, de fusions ou d'absorptions. De plus, beaucoup d'opérations mêlent étroitement les aspects coopératifs et concentratifs[126]. Malgré ces difficultés pratiques, on peut distinguer deux types de comportements différents : d'une part, l'entente, de l'autre, l'abus de position dominante. Ces deux comportements ont pourtant un point commun, le pouvoir de marché. L'existence d'un tel pouvoir est inhérente à la définition de la position dominante d'une entreprise. Sa mise en évidence est également nécessaire pour sanctionner les entreprises qui participent à une entente : l'entente contrôlée est généralement celle qui manifeste un pouvoir de marché. Aussi, plus que la domination du marché, c'est la coordination des entreprises qui distingue l'entente de l'abus de position dominante.

En général, les ententes sont divisées en deux groupes, les ententes horizontales restrictives et les ententes verticales. Les ententes horizontales restrictives peuvent apparaître lorsque plusieurs firmes décident selon des modalités diverses et plus ou moins formelles de coordonner leur comportement dans le seul but de réduire l'intensité concurrentielle sur un marché, et ce au détriment des consommateurs[127]. Les ententes verticales, quant à elles, sont des accords contractuels entre producteurs et distributeurs qui opèrent à des niveaux différents de la chaine de production et touchent aux conditions dans lesquelles les parties peuvent acheter, vendre ou revendre certains biens ou services. Ces accords ne sont pas prohibés *per se* mais surveillés de très près[128]. En effet, par ces pratiques, les entreprises exercent dans l'économie l'une des fonctions nécessaires de coordination qui

---

124 FRISON-ROCHE Marie-Anne / PAYET Marie-Stéphane, *Droit de la concurrence*, *op.cit.*, p. 113.

125 CJCE, aff. 6/72 du 21.2.1973 *Continental Can*, *op.cit.*, p. 215, §25.

126 BRAULT Dominique, *Politique et pratique du droit de la concurrence en France*, *op.cit.*, p. 351 et 352.

127 COMBE Emmanuel, *Economie et politique de la concurrence*, *op.cit.*, p. 105.

128 SAADA Estelle, « La politique de la concurrence », *op.cit.*, p. 74.

permet le bon fonctionnement d'un marché[129]. Ces accords, quand ils visent à intégrer ou à exclure des opérateurs d'un processus de coordination naturelle du marché sont difficiles à juger d'une manière absolument négative. Une analyse économique approfondie est nécessaire pour juger de la nuisance ou de l'utilité des ententes.

Par ailleurs, les agents économiques qui disposent de la puissance économique ont le pouvoir d'échapper à la contrainte du marché. Or, le système juridique repose sur l'idée que la liberté du marché est le meilleur moyen d'assurer le bien-être de ses agents. La norme étant la contrainte du marché, la règle de droit va l'imposer a une partie qui n'y est plus soumise en fait. Le droit agit en vue de se substituer à la contrainte qui fait défaut et de corriger les déséquilibres qui peuvent résulter de cette absence de contrainte[130]. La politique de concurrence vise à corriger ce déséquilibre et utilise le droit de la concurrence pour contrôler le comportement abusif d'un concurrent sur le marché. En règle générale, la politique de concurrence ne réprime pas la position dominante en tant que telle, mais seulement l'abus de pouvoir sur un marché déterminé lorsque celui-ci est susceptible d'affecter les conditions d'exercice de la compétition entre les autres entreprises[131].

Le contrôle des concentrations est la forme la plus nette que prend la politique de concurrence[132]. Il vise l'acte par lequel une autorité publique examine les rapprochements de deux ou plusieurs entreprises jusqu'alors autonomes impliquant un accroissement de leur pouvoir sur le marché, au regard des effets que ce changement structurel entraîne sur les marchés concernés. Le contrôle peut aboutir à une interdiction de la concentration, à son autorisation, ou à un jeu d'engagements et de conditions. Le contrôle des concentrations exprime une conception plus dirigiste du droit économique que la seule sanction des comportements anticoncurrentiels[133]. Par ailleurs, le contrôle des concentrations vise à éviter que ces opérations ne créent ou ne renforcent les positions dominantes de certains agents économiques qui entravent de manière significative la concurrence. D'un point de vue

---

[129] SOUTY François, *Le droit et la politique de la concurrence de l'Union européenne*, *op.cit.*, p. 52.
[130] PAYET Maire-Stéphane, *Droit de la concurrence et droit de la consommation*, Dalloz, Paris 2001, p. 181.
[131] SAADA Estelle, « La politique de la concurrence », p. 74.
[132] FRISON-ROCHE Anne-Marie / BONFILS Sébastien, *Les grands questions du droit économique*, Ed.PUF, Paris 2005, p. 399.
[133] FRISON-ROCHE Marie-Anne / PAYET Marie-Stéphane, *Droit de la concurrence*, *op.cit.*, p. 285.

procédural, les contrôles des concentrations s'ajustent, cette convergence compensant un peu l'absence regrettée d'un contrôle international, voire mondial des concentrations, notamment transatlantiques[134].

Par ailleurs, le contrôle des concentrations est une réaction *a priori* contre les comportements anticoncurrentiels mis à la portée des entreprises du fait de l'accroissement de la puissance du marché engendré par la concentration. Cette conception a deux implications. En premier lieu, l'institution naturelle pour procéder au contrôle devrait être l'autorité de concurrence, maniant ainsi aussi bien le contrôle *a priori* que le contrôle *a posteriori* des comportements anticoncurrentiels. Les principes devraient être les mêmes, avec pour seule différence le moment de l'intervention publique. En second lieu, le contrôle devrait être bienveillant et son résultat plutôt pencher vers l'autorisation ; la montée en puissance d'entreprises n'est pas un mal en soi et il est dangereux de punir de simples potentialités. Toutefois, la puissance publique peut donner un autre objectif au contrôle des concentrations. Le changement structurel d'un marché est l'occasion pour les autorités non seulement de prévenir sa détérioration mais encore de favoriser son amélioration, en guidant la structure du marché vers une configuration aux effets plus heureux, notamment en contraignant les entreprises à céder des actifs ou à prendre des engagements en échange de l'autorisation. Le contrôle des concentrations peut alors constituer un renouveau d'une politique de concurrence, voire d'une politique industrielle[135].

Les aides d'Etat sont un autre outil de la politique de concurrence, qui peut avoir des conséquences anticoncurrentielles. Elles prennent différentes formes comme les subventions, les allégements fiscaux, les prises de participations publiques, les prêts à taux réduits et différés de règlement de l'impôt, les garanties publiques accordées, notamment en vue d'emprunts sur le marché bancaire et peuvent constituer des avantages inégaux entre les concurrents sur le même marché. Une aide de l'Etat ou d'une autre collectivité publique, si elle est accordée à une entreprise en grave difficulté pour assurer sa survie et la sauvegarde d'emplois, par exemple, a une double incidence négative sur la concurrence. D'une part, elle crée une distorsion au préjudice des entreprises concurrentes de l'entreprise bénéficiaire puisque les conditions de leur compétition sont inégales en raison d'interférences

---

134 IDOT Laurence, « Mondialisation, liberté et régulation de la concurrence: le contrôle des concentrations », *RIDE* Vol.XVI, No.2-3, 2002, p. 178.

135 FRISON-ROCHE Marie-Anne / PAYET Marie-Stéphane, *Droit de la concurrence*, *op.cit.*, p. 288 et 289.

étrangères à leurs performances propres. D'autre part, elle contrarie le jeu de la concurrence sur un ensemble indéterminé de marchés, bien au-delà de celui sur lequel il y a distorsion entre des entreprises identifiables, puisque l'aide fait obstacle à l'une des principales fonctions économiques de la concurrence qui est d'assurer l'allocation optimale et la plus rapide possible des ressources, c'est-à-dire des facteurs de production[136].

En droit communautaire, les Etats n'ont pas le droit d'accorder d'aides aux entreprises tant qu'ils n'ont pas reçu l'autorisation de la Commission. Si la Commission estime qu'un projet d'aides est incompatible avec le marché commun, elle ouvre une procédure d'infraction qui a pour effet de suspendre le projet jusqu'à la prise de décision finale[137]. Par contre, en droit américain, il n'y a pas de contrôle particulier des aides versées par l'Etat. Comme nous l'avons examiné *supra*, la filiation entre le traité de Rome et le GATT de 1947, qui comportait des dispositions sur les « subventions », est sans doute très forte sur ce point. Les aides peuvent être saisies pour certaines d'entre elles sous l'angle de mesures d'effet équivalant à des restrictions aux importations[138].

§ 2 – La régulation et la dérégulation du marché

A – Le concept

Jusqu'à il y a environ cinquante ans, les droits européen, français, et allemand de la concurrence étaient clairement délimités. Ces systèmes se préoccupaient avant tout du maintien de la liberté concurrentielle, objectif qui, selon les règles du Traité de Rome, aidait à la protection de marchés ouverts et donc à leur intégration dans un marché commun. Les moyens pour parvenir à cet objectif résidaient dans le contrôle des ententes et dans le contrôle des abus de position dominante sur les marchés[139]. Cependant, la notion de régulation s'est diffusée avec l'introduction de la concurrence dans les secteurs d'activité jusqu'alors maintenus sous le contrôle de l'Etat et

---

[136] BRAULT Dominique, *Droit et la politique de la concurrence*, Economica, Paris 1997, p. 111 et 112.
[137] COMBE Emmanuel, *Economie et politique de la concurrence*, *op.cit.*, p. 78.
[138] CHEROT Jean-Yves, *Droit public économique*, 2e ed. Economica, Paris 2007, p. 177.
[139] ULLRICH Hanns, "Competitor Cooperation and the Evolution of Competition Law: Issues for Research in a Perspective of Globalisation", in *The Future of Transnational Antitrust*, DREXL J. (ed.), Berne 2003, p. 159.

l'obligation de tenir compte de considérations non économiques dans le contrôle de la concurrence[140].

Il est vrai que la régulation est un concept ambigu et controversé[141]. L'une des sources d'ambiguïté du terme « régulation » vient de son origine. Apparu initialement aux Etats-Unis, il recouvre à la fois un instrument – que l'on appellerait en français la réglementation – et une politique publique bien particulière[142]. Dans cette dernière acception, il signifie, en droit public américain, le contrôle des opérateurs, par la puissance publique, de certains marchés. Ce contrôle est exercé par le juge ou par des organismes particuliers, appelés régulateurs, qui ont notamment pour mission de faire respecter « le service universel »[143]. En revanche, le terme anglais de *regulation* renvoi à la réglementation qui a un sens plus restrictif puisqu'il ne vise pas l'ensemble des institutions chargées de mettre en place cette nouvelle forme de politique publique. Il est important de nuancer puisqu'il est possible de réguler sans réglementer. De sorte que l'on peut constater que la régulation intervient comme un appareillage propre à un secteur, intégré dans celui-ci – dont la réglementation n'est qu'un des outils –, qui mêle règles générales, décisions particulières, sanctions, règlements des conflits, et qui inclut généralement la création d'un régulateur indépendant. Par cet appareillage juridique, le système de régulation crée et maintient un équilibre entre la concurrence et un principe différent, dans des secteurs économiques qui ne peuvent les créer ou les maintenir d'eux-mêmes, ou en s'appuyant seulement sur le cadre général du droit de la concurrence[144]. Ainsi, l'objet du droit de la régulation porte sur l'ouverture d'un secteur à la concurrence,

---

[140] MARCOU Gérard, « La notion juridique de régulation », *AJDA* no.7, 20 février 2006, p. 348.

[141] Pour une étude approfondie de ce concept, voir MARCOU Gérard / MODERNE Franck, *Droit de la régulation, service public et intégration régionale*, l'Harmattan, coll. Logiques juridiques, II. Tomes, Paris 2005 ; HARRISON Jeffrey L. / MORGAN Thomas D. / VERKUIL Paul R., *Regulation and Deregulation*, American Casebook Series, Thomson West 2004.

[142] Déjà au 19e siècle dans l'affaire *Munn v.Illinois,* 94 U.S. (4 otto) 113, 24 L.Ed.77. (1877) les tribunaux américains se sont penchés sur le sujet.

[143] « Le service universel est le marché dans lequel, pour des raisons extérieures à la pure situation de marché, les opérateurs ne peuvent discriminer par leur politique tarifaire certaines catégories de consommateurs, sur lesquels ils ne peuvent donc répercuter l'intégralité du coût marginal de leur dessert. » DU MARAIS Bertrand, *Droit public de la régulation économique*, Presses de sciences-po et Dalloz, Paris 2004, p. 464 et 482.

[144] FRISON – ROCHE Marie - Anne, « Définition du droit de la régulation économique », dans *les régulations économiques : légitimité et efficacité*, sous la direction de FRISON – ROCHE Marie-Anne, presses de Sciences-PO et Dalloz 2004, p. 13.

définissant ainsi une nouvelle « branche » du droit. Les questionnements ne se font cependant pas attendre lorsque sont évoqués des secteurs aussi variés que le secteur alimentaire où l'impératif de sécurité se fait jour. On remarque alors que sont en passe d'être créés, des autorités de régulation de sécurité alimentaire, des règles spécifiques, des obligations de transparence, des procédures d'agrément, des mécanismes de certification et marquage, indices d'un droit de la régulation. Dés lors, les marchés sur lesquels circulent des produits à risque passeraient du droit de la concurrence au droit de la régulation[145].

Compte tenu du fait que la définition des marchés est en constante évolution, les autorités nationales de concurrence et les autorités communautaires « construisent » les marchés et ne se contentent pas d'en assurer le « contrôle » ; elles le régulent[146]. Etant donné que l'application du droit économique ne peut être abstraite, c'est donc par une organisation spéciale destinée à tenir compte de l'intérêt général, des règles de libre circulation des marchandises ou des services, ou encore des règles de concurrence, que ces marchés ont pu être décloisonnés dans le respect de leurs particularités. Parfois, cette organisation spéciale tient compte du fait que les intérêts essentiels de la collectivité des entreprises ou des consommateurs ne peuvent être sauvegardés ni par le seul jeu des mécanismes naturels du marché, ni même par l'édiction de règles particulières[147]. Ces marchés sont alors « régulés » par une autorité dont le rôle est variable, parfois même ambigu[148]. En revanche, selon le Professeur Marcou, la mission de l'autorité générale de la concurrence est seulement de prévenir et de réprimer la violation des règles ; car la fonction de régulation est beaucoup plus complexe en raison de la diversité des objectifs qu'elle poursuit. Cette distinction est souvent négligée parce que les autorités de protection de la concurrence et les autorités de régulation *stricto sensu* sont souvent organisées sur le même modèle et utilisent en partie les mêmes moyens juridiques. Cependant, il est nécessaire de distinguer les deux fonctions. Si on ne le fait pas, on néglige le fait que la régulation ne se limite pas à

---

145 FRISON – ROCHE Marie - Anne, *Droit de la régulation*, Dalloz, Paris 2001, p. 612.

146 BOY Laurence, « Le droit de la concurrence : Régulation et/ou contrôle des restrictions à la concurrence », *European University Institute Working Paper* LAW No. 2004/9, p. 8.

147 LUCAS DE LEYSSAC Claude / PARLEANI Gilbert, *Droit du marché*, PUF, Paris 2002, p. 351.

148 FRISON – ROCHE Marie-Anne, « Les différentes définitions de la régulation », La régulation : monisme ou pluralisme ?, *Petites Affiches* no.82, 10 juillet 1998, p. 5.

imposer un régime de concurrence mais inclut une composante politique qui se retrouve dans son organisation institutionnelle[149].

Dans certains cas, les Etats-Unis ont réussi à transférer ce modèle de pensée au niveau international, dans les négociations commerciales. S'agissant par exemple de l'accès des fournisseurs de services d'assurance au marché nippon, les Etats-Unis et le Japon sont convenus en 1994 de réserver temporairement un segment du marché des services d'assurance, dit « troisième secteur », aux fins d'exploitation exclusive par des entreprises étrangères. Au terme de cet accord bilatéral, les sociétés nationales japonaises ne sont pas autorisées à proposer leurs services dans le troisième secteur tant que les principaux services d'assurance n'auront pas été pleinement ouverts à la concurrence étrangère pendant trois ans[150]. Pour prendre un autre exemple aux ramifications beaucoup plus poussées, on peut citer le cas de l'accord de l'OMC sur les télécommunications de base, conclu par de nombreux pays en 1997 et qui a su concilier principes réglementaires et concurrence. Les Etats partis à l'accord se sont engagés à ouvrir leur marché de télécommunications aux fournisseurs étrangers en moins de dix ans ; la plupart d'entre eux ont également convenus d'appliquer ces mêmes principes de réglementation concurrentielle dans leur législation nationale.

B – L'évolution par la théorie des marchés contestables

Un principe prévoyait que lorsque le libre jeu du marché ne semblait pas pouvoir donner de résultats satisfaisants, les pouvoirs publics pouvaient être amenés à intervenir dans le fonctionnement de certaines activités. Le fondement de ce principe a été remis en cause à partir du début des années 60[151]. Si la réglementation a été la règle jusqu'à la fin des années soixante, un certain nombre de critiques se sont développées à partir de cette date. L'idée de remplacer la régulation par la réglementation est née de la théorie du « marché disputable » ou « contestable » de William Baumol. Cette théorie introduit la distinction entre « coûts fixes recouvrables » et « coûts fixes irréversibles »[152]. Par le fait de nationaliser les équipements fixes

[149] MARCOU Gérard, « La notion juridique de régulation », *AJDA* no.7, 20 février 2006, p. 350.
[150] LANG Jeffry, « Le commerce international, la réglementation nationale et la politique de la concurrence », *Perspectives économiques* Vol.4 No.1, février 1999, p. 23 et 24.
[151] ABRAHAM – FROIS Gilbert, *Economie politique,* 7e ed. Economica, Paris 2001, p. 364.
[152] Les coûts fixes recouvrables font partie des coûts d'entrée qu'un concurrent peut récupérer à la sortie de l'industrie. Pourtant, les coûts fixes irréversibles constituent un obstacle à la

irréversibles de certaines activités et ensuite d'assurer les conditions d'exploitations des équipements publics, les marchés sont devenus disputables[153].

Déjà polysémique, le terme de régulation est devenu encore plus complexe pour les européens, dès lors que l'administration fédérale américaine a entrepris une vaste politique de dérégulation. Plus généralement, la dérégulation du marché, également connue sous le nom de libéralisation du marché, est concentrée sur l'élimination de règlements excessifs, gouvernementaux en particulier, dans certains secteurs de l'économie. Il s'agissait en effet de renforcer la concurrence dans les secteurs régis par une situation de monopole administré – mais privé – et qui faisait donc l'objet d'une régulation[154]. La dérégulation du marché est nécessaire puisque quand les gouvernements interviennent sur les marchés, ils risquent de réduire le bien-être économique en raison de la régularisation excessive. Le droit de la concurrence est complémentaire à la dérégulation du marché qui, elle-même, est nécessaire pour mettre en application des réformes structurelles que le droit de la concurrence serait incapable de réaliser tout seul.

La réglementation a été particulièrement appliquée au secteur financier et à certains autres secteurs de services comme les transports aériens et les télécommunications. La réglementation financière a libéré les mouvements de capitaux qui ont atteint une ampleur exceptionnelle. La large diffusion des nouvelles techniques de communication a accéléré toutes les transactions internationales, qu'il s'agisse d'échanges transfrontaliers d'informations, de capitaux, de données, ou, plus récemment, de biens et services, avec l'essor du commerce électronique. Elle a également, à travers un accès direct et permanent, rendu possible la gestion automatique à l'échelle mondiale du système bancaire et financier, des transports, des transactions commerciales et des communications individuelles. L'accélération de la circulation de l'information a aussi permis aux firmes d'adopter des modes d'organisation plus décentralisés disposant d'une plus grande autonomie, mais également donné la possibilité d'une plus grande centralisation de services stratégiques. Par ailleurs, la fin des économies planifiées en Europe orientale a accéléré le

---

concurrence potentielle car leur non recouvrement en cas de sortie de l'activité limite les possibilités d'une entrée temporaire rentable.

[153] ABRAHAM – FROIS Gilbert, *Economie politique*, *op.cit.*, p. 365 à 368.

[154] DU MARAIS Bertrand, *Droit public de la régulation économique*, *op.cit.*, p. 482.

processus de libéralisation au fur et à mesure que ces économies s'intégraient à l'économie mondiale[155].

En revanche, la déréglementation progressive n'a pas entraîné les mêmes conséquences dans tous les pays. Aux Etats-Unis, on a assisté à une déréglementation qui a conduit à une suppression totale de la tutelle administrative ou, dans d'autres cas, à la délégation contre rémunération du contrôle du fonctionnement du marché[156]. En France et en Grande – Bretagne, le processus de libéralisation a pris, surtout au départ, l'aspect d'une privatisation des entreprises publiques par cession des actifs. Pourtant, après les concentrations de l'entre-deux-guerres et la nationalisation de l'après-guerre, un nouveau mouvement – non pas de privatisations mais de mise en concurrence de secteurs d'activités, jusque-là confiés à des monopoles publics – s'est dessiné dans tous les pays occidentaux[157]. La gestion des marchés, par un organe indépendant du gouvernement, semble naturellement s'imposer sous la forme institutionnelle d'un *régulateur* centralisé, de nature plutôt technique – et donc sectoriel – et non politique[158].

Le droit de la concurrence est particulièrement concerné par la règlementation du marché et a généralement une application commune à travers tous les marchés. Il est l'instrument législatif principal pour promouvoir la politique de concurrence. La règlementation sectorielle de certaines industries, comme l'industrie des télécommunications, est ensuite remplacée par l'application exclusive d'une loi générale de concurrence. Alors que l'élimination complète de la règlementation sectorielle dans l'industrie des télécommunications est peu probable, en raison de la question de sa distribution, spécifique, la règlementation sectorielle devrait diminuer au fur et à mesure que la concurrence augmente sur les marchés des télécommunications[159].

Par ailleurs, le droit de la concurrence fournit les moyens pour combattre le comportement anticoncurrentiel, s'assurant que la concurrence sur le marché réduit au minimum les pertes de bien être social et de perte sèche, tout en

---

155 CHAREYRE DE BEAUMONT Anne, *Droit de la concurrence et la globalisation*, *op.cit.*, p. 19.
156 ABRAHAM – FROIS Gilbert, *Economie politique*, *op.cit.*, p. 368.
157 *Ibid.*, p. 369.
158 DU MARAIS Bertrand, *Droit public de la régulation économique*, *op.cit.*, p. 476.
159 TAYLOR Martyn, "Looking to the Future: Towards the Exclusive Application of Competition Law?", *Business Law International*, Vol.5, No.2, 2004, p. 172 à 221.

redistribuant les ressources des producteurs aux consommateurs. La dérégulation du marché en l'absence du droit de la concurrence peut créer des risques. Les entreprises peuvent abuser de l'absence de règlementation et s'engager dans les pratiques anticoncurrentielles afin d'augmenter leur puissance de marché en faussant le jeu de la concurrence. Vice versa, l'introduction du droit de la concurrence sans dérégulation du marché présenterait simplement un changement dans le niveau de règlement qui tendrait à chapeauter les structures existantes.

En définitive, un bref aperçu de la littérature indique que la règlementation excessive peut avoir des effets néfastes significatifs sur le bien être[160]. Il est possible de favoriser le bien être en réduisant la règlementation sectorielle excessive. Tandis que ces avantages sont associés à la concurrence dérégulatrice, ils sont partiellement attribuables à l'existence d'une loi fondamentale sur la concurrence. En conséquence, l'adoption de lois sur la concurrence peut, d'une manière indirecte, partiellement assurer quelques bénéfices sur le bien être en prenant place parmi les politiques de concurrence dérégulatrice.

§ 3 – La redistribution du bien-être

Les économistes qui s'intéressent à la redistribution du bien-être ont développé « le second théorème de l'économie du bien-être ». Selon cette théorie, il est possible de choisir le point d'équilibre général dans une économie en réalisant des transferts de somme forfaitaire de bien-être entre les individus. La théorie implique que les problèmes de redistribution et d'efficacité peuvent être séparés, quelle que soit l'allocation efficace souhaitée au sens de Pareto, et être obtenue par l'intermédiaire du système de marché. Celui-ci est neutre d'un point de vue distributif ; quelle que soit la définition d'une « bonne » ou d'une « juste » redistribution du bien-être, on peut utiliser les marchés concurrentiels pour la réaliser[161]. Cette méthode est connue en tant que « théorie du choix social ». Elle a été posée pour la

[160] WINSTON Clifford, "Economic Deregulation: Days of Reckoning for Microeconomists", *Journal of Economic Literature*, Vol.31, No.3, 1993, p.1263-1289. Selon l'auteur, la déréglementation de sept secteurs principaux d'industrie de service aux Etats-Unis pendant les années 80 a permis d'apporter 32 à 42 milliards de dollars De plus aux consommateurs et 3.2 milliards de dollars De plus aux producteurs. Il en résulte, au total, une augmentation de 7 a 9 % du produit national brut.

[161] VARIAN Hal R., *Introduction à la microéconomie*, *op.cit.*, p. 629.

première fois par Kenneth Arrow en 1951[162]. L'objectif de cette théorie est de réaliser non seulement une répartition des ressources et des revenus efficace, mais également une distribution socialement optimale selon l'opinion dominante de la société. Pour atteindre les objectifs distributionnels, la théorie moderne de la régulation conclut que la meilleure efficacité est assurée par l'intermédiaire des transferts de bien être via des instruments directs de politique économique comme les taxes. En fait, l'Etat n'a pas besoin de transférer les dotations en biens. Ce qu'il doit transférer, c'est le pouvoir d'achat des dotations. L'Etat pourrait taxer un consommateur sur la base de la valeur de sa dotation et transférer cet argent à un autre individu. Tant que les taxes sont fondées sur la valeur de la dotation des biens du consommateur, il n'y a aucune perte d'efficacité. Ce n'est que quand les taxes dépendent des choix effectués par un consommateur qu'il y a inefficacité parce que, dans ce cas, les taxes affectent ses choix marginaux[163].

Plus généralement, la théorie de la régulation vise à remettre les rapports sociaux au centre de l'analyse économique et à renouveler ainsi l'économie politique[164]. En revanche, alors que les questions de redistribution de bien-être pèsent fortement sur la politique des gouvernements, les instruments de politique, principalement prévus pour favoriser les objectifs économiques d'efficacité, y compris le droit de la concurrence, peuvent incorporer également des objectifs distributionnels. Dans un contexte de politique de la concurrence, les objectifs distributionnels peuvent refléter trois types de justice sociale distincts. D'abord, la redistribution du bien-être entre différents types de producteurs. Dans ce cas le droit de la concurrence peut être appliqué de telle manière qu'il protège certains types particuliers de concurrents. A titre d'exemple, on peut citer la protection des petites et moyennes entreprises par le droit de la concurrence européen. Ensuite, la redistribution du bien-être entre les producteurs et les consommateurs. Le droit de la concurrence peut régler la conduite des producteurs qui tendent à retirer une plus grande proportion de surplus total sous forme de surplus du producteur par le biais de la discrimination des prix. Enfin, le droit de la concurrence peut augmenter la puissance relative des consommateurs en

---

[162] MONJARDET Bernard / HUDRY Olivier, « Théorie du choix social : cinquantenaires », *Mathematics and Social Sciences*, no.163, p. 5.
[163] VARIAN Hal R., *Introduction à la microéconomie*, *op.cit.*, p. 629.
[164] BOYER Robert, *Théorie de la régulation*, Collection repères, éditions la découverte, Paris 2004, p. 26 et aussi VISCUSI W. Kip / VERNON M. John / HARRINGTON E. Joseph Jr., *Economics of Regulation and Antitrust*, *op.cit.*, p. 328 et 329.

permettant par exemple la négociation collective. En revanche, en ce qui concerne la redistribution équitable des ressources entre les consommateurs, le droit de la concurrence peut rarement prévoir les dispositions qui favorisent certains types de consommateurs. En général, les objectifs de redistribution de la richesse sont incorporés au droit de la concurrence par l'intermédiaire du concept subjectif d'« équité ». Tandis que le concept d'« efficacité » a une signification économique objective, le concept d'« équité » est en soi subjectif et culturellement nuancé. Les différents aspects de l'équité sont déterminés selon les différentes notions, valeurs sociales, normes, coutumes et préférences collectives. Au vu de telles influences distributionnelles divergentes, il n'est pas étonnant que les objectifs de l'efficacité économique et de l'équité distributionnelle soient fréquemment en conflit et que des tensions surgissent. Les objectifs distributionnels ne mènent pas nécessairement aux améliorations de *Kaldor-Hicks* et peuvent présenter des distorsions de marché qui réduisent le bien-être total[165]. Les lois modernes de concurrence exigent souvent des gouvernements de réconcilier les objectifs sociaux et économiques.

Section II – La mission du droit international de la concurrence

Dans la section précédente, nous avons vu que le droit de la concurrence est bénéfique pour l'économie et que presque tous les gouvernements mènent une politique nationale de concurrence. Dans cette perspective, nous pensons qu'il est utile d'examiner de quelle manière il est possible de réglementer le droit de la concurrence à l'échelle mondiale et de combler la lacune existante dans ce domaine. Les droits nationaux de la concurrence s'intéressent principalement aux opérations dans leur champ d'application, c'est-à-dire dans la limite des territoires nationaux. Pourtant, les activités commerciales transfrontalières ne sont pas, dans les faits, réglementées par les droits des nationaux. Dépassant le territoire national, l'opérateur, la marchandise, l'information et le service se heurte à plusieurs frontières. La relation internationale – commerciale ou autre – relève, par définition, de plusieurs

[165] L'efficience selon cette approche invoque qu'une politique ou un changement est efficient si et seulement si les individus qui en bénéficient en tirent suffisamment de profit pour compenser la perte des autres. Cependant cette compensation n'a pas besoin d'être effective, il suffit qu'elle soit possible. A la différence de Pareto pour qui l'efficience est atteinte lorsqu'il y a une satisfaction unanime, l'optimum de Kaldor-Hicks se contente de la satisfaction de la majorité.

souverainetés et le problème majeur est de coordonner l'application qui va en être faite[166].

Par ailleurs, les acteurs publics et privés se côtoient en matière de droit international de la concurrence. C'est pourquoi celui-ci prend en compte les activités de caractère économique effectuées par les entreprises privées mais aussi par les Etats ou les entités publiques. Puisque les Etats sont les acteurs principaux de l'ordre international et qu'ils peuvent fausser le jeu de la concurrence dans le marché mondial, le droit international de la concurrence doit prendre en considération les comportements étatiques ainsi que les comportements des acteurs privés susceptibles d'influencer la concurrence internationale. Cela rend le droit international de la concurrence encore différent de la concurrence au niveau national. De même, comme il existe des règles de structure de marché en droit national, il serait souhaitable de mettre en place un système similaire pour le bon fonctionnement du droit international de la concurrence. En revanche, nous n'examinerons pas ici la finalité du droit international de la concurrence sous les aspects structuraux et comportementaux dans la mesure où le débat doctrinal entre l'Ecole de Chicago et l'Ecole de Harvard constitue la base de cette séparation et n'aboutit pas à une conclusion précise.

Ainsi, incontestablement, le droit de la concurrence a besoin de règles adaptées, autant que possible, à ses caractères spécifiques. Il a également besoin d'un minimum d'organisation, autant pour assurer le bon fonctionnement du jeu de la concurrence que pour structurer le marché mondial. Un certain ordre au niveau international du droit de la concurrence est indispensable. D'ailleurs, l'ordre n'est absolument pas antinomique de la liberté : la liberté résulte elle-même d'un certain ordre ; l'ordre peut être nécessaire à la liberté. Les mesures contraignantes qui peuvent être prises sont destinées à remédier aux insuffisances ou aux excès de liberté, parfois même à la rétablir[167]. En outre, les activités susceptibles de se développer dans le cadre d'un seul pays n'intéressent guère le droit international de la concurrence sauf si ces activités produisent des effets dans un autre pays. Dans ce cas, il est nécessaire que le droit international de la concurrence se penche sur les affaires ayant un caractère international[168]. Dans cette

---

[166] MOUSSERON Jean-Marc / RAYNARD Jacques / FABRE Régis / PIERRE Jean-Luc, *Droit du commerce international*, 3e ed. Litec, Paris 2003, p. 73.

[167] DELVOLVE Pierre, *Droit public de l'économie*, Dalloz, Paris 1998, p. 495.

[168] JACQUET Jean-Michel / DELEBECQUE Philippe / CORNELOUP Sabine, *Droit du commerce international*, 1e Dalloz, Paris 2007, p. 12.

perspective, tous les comportements relevant du marché national ou transnational, ayant un effet sur le marché mondial, sont importants pour la concurrence internationale.

Par souci d'efficacité, il convient d'inclure dans le droit international de la concurrence tous ces comportements restrictifs, excepté ceux qui ont été appréhendés par le droit du commerce international. Nous allons ainsi essayer de déterminer les domaines du droit international de la concurrence qui sont restés en dehors de la réglementation du commerce international et qui nécessitent une intervention ciblée pour assurer cette efficacité tant recherchée.

Sous-section I – Réglementation des actes de caractère public affectant la concurrence internationale

L'Etat est l'un des plus grands acteurs dans l'économie. Il peut influencer le marché par la création d'une entreprise publique, par la conclusion d'un contrat avec des entreprises commerciales, ou bien, par l'adoption de normes régissant les relations économiques sur le marché interne. Ces comportements étatiques, parfois restrictifs de concurrence, déterminent le caractère public du droit de la concurrence internationale. De nos jours, il est possible de lutter contre certains comportements étatiques restrictifs de concurrence par les moyens prévus dans les accords sur le commerce international. Il paraît fort logique de laisser ces domaines dans la compétence du commerce international puisque négocier à nouveau les dispositions du commerce international conduiraient une fois de plus à l'abandon du projet de réglementation du droit de la concurrence internationale. Ainsi, il est possible de recourir aux mécanismes du droit du commerce international pour empêcher ces pratiques restrictives de concurrence.

§ 1 – Les aides publiques affectant le marché mondial

En général, les aides publiques sont l'élément central des politiques fondées sur une approche mercantiliste du commerce international. De nos jours, elles constituent le moyen privilégié de l'intervention étatique dans la vie économique. Si certaines subventions paraissent tout à fait légitimes pour lutter contre le chômage ou comme moyen d'aménager le territoire par exemple, d'autres, dont la finalité est le développement des exportations, sont naturellement plus agressives ou déloyales. Or, si les unes et les autres aboutissent à des degrés divers à des distorsions de concurrence, les premières semblent plus acceptables que les secondes. Toute la difficulté réside dans la ligne de partage entre les « bonnes » et les « mauvaises » aides publiques, les premières étant recevables tandis que les secondes doivent être combattues[169]. Ainsi, les Etats se sont donné les moyens dans leur ordre interne de lutter contre les effets défavorables pour leurs producteurs des aides publiques accordées aux concurrents étrangers. C'est ainsi par exemple que les Etats-Unis ont adopté leur première loi « compensatoire » dès 1897, les subventions et droits compensatoires correspondants s'étant considérablement développé durant la période de l'entre-deux-guerres lors de la « grande dépression ». Les uns et les autres sont les illustrations principales de la guerre économique que se sont livrées à l'époque les principales nations commerçantes par le biais de pratiques déloyales identiques à celles-ci. Le droit commercial multilatéral de l'après-guerre se devait d'y mettre de l'ordre[170].

D'un autre côté, les règles de concurrence sur un marché ne sont respectées que si les opérateurs qui exercent les mêmes activités sont traités sur un pied d'égalité par l'Etat, détenteur de la puissance publique et des moyens y afférents. Qu'il vienne à favoriser une entreprise, un secteur de production de biens ou de services, et, a priori, un déséquilibre s'installe sur le marché et les règles de la concurrence sont faussées. Ce problème est posé par différentes formes d'intervention économique, notamment par les subventions. Une subvention est une contribution financière publique fournissant un avantage à celui qui la reçoit. Elle doit créer un préjudice grave à une branche nationale de production existante ou en formation. Elle pose rapidement des problèmes de nature internationale lorsque les entreprises qui en bénéficient entrent en concurrence avec leurs homologues de nationalité étrangère, situation qui n'est pas exceptionnelle dans l'économie mondialisée actuelle[171]. Dans ce domaine, un nouvel accord sur les subventions, qu'on examinera en détail plus loin, est également intervenu lors des négociations de l'Uruguay sur les subventions et les mesures qui permettent d'y répondre. Certaines subventions sont donc susceptibles de donner prise à une action. Aucun Etat n'est cependant tenu de réagir en

---

169 CARREAU Dominique / JUILLARD Patrick, *Droit international économique*, *op.cit.*, p. 202.

170 COLIN Frédéric, *Droit public économique*, Gualino, Paris 2005, p. 202 et 203.

171 THOUVENIN Jean – Marc, « Les subventions et les mesures compensatoires », dans *Droit de l'économie internationale,* DAILLIER Patrick, de LA PRADELLE Géraud, GHERARI Habib (sous la direction de), Editions Pedone, Paris 2004, p. 397.

présence de subventions. S'il décide de le faire deux voies s'offrent à lui. Il peut choisir la voie des mesures compensatoires qui consistent en droits exigibles à la suite d'une procédure d'enquête proche de la procédure d'antidumping. Cette voie doit être utilisée en cas d'importations subventionnées. Les droits compensateurs peuvent être évités si des engagements sont pris. Mais il peut choisir d'autres voies, multilatérales, notamment dans le cas des subventions de la liste rouge, qui suppose une procédure devant l'organe de règlement des différends. Cela étant, les pays en développement ont un période de transition de huit ans pour mettre fin à leurs programmes de subventions à l'exportation[172].

Par ailleurs, l'Union européenne a développé son régime juridique à partir d'une définition a contrario dans les traités d'aide aux entreprises, le droit européen étant, conformément à la jurisprudence de la Cour de justice des Communautés européennes, directement applicable[173]. Pour l'OCDE, la conception de l'aide publique à l'industrie va bien au-delà de la définition des subventions de l'Accord sur les subventions et les mesures compensatoires de l'OMC, qui n'a pas de valeur juridique contraignante. On assiste actuellement à une multiplication des cas où les entreprises exigent des pouvoirs publics des aides financières, certaines n'hésitant pas à menacer de délocaliser, ouvertement ou de manière voilée. Aujourd'hui, on ne sait que très peu de choses sur l'ampleur des aides accordées par les puissances publiques. Dans bien des cas, on ignore comment, sur quelle base et sur quels critères elles sont versées. Tout cela rend les Etats vulnérables à la pression, notamment quand les exigences sont formulées par des entreprises dont l'importance économique est grande pour la région et qui n'hésitent pas à jouer de leur supériorité, d'où le danger possible de sous-enchère fiscale[174].

Du point de vue du droit international, les aides publiques font partie des sujets sur lesquels le droit international économique a élaboré des textes. Parmi les mécanismes instaurés par ces textes celui de l'OMC mérite d'être salué. Soucieux de protéger le commerce international, ce mécanise prévoit un outil efficace contre les aides publiques menaçant le bon fonctionnement

---

[172] JACQUET Jean-Michel / DELEBECQUE Philippe / CORNELOUP Sabine, *Droit du commerce international*, 1e Dalloz, Paris 2007, p. 112 et 113.
[173] LASOK K.P.E / LASOK Dominik, *Law & Institutions of the European Union*, 7th ed. Butterworths 2001, p. 705 ss.
[174] *Parlement de la Confédération Helvétique*, 99.466 n Iv.pa. Leutenegger Oberholzer. Aides publiques versées aux entreprises. Déclaration obligatoire (CER-CN), Rapport de la Commission de l'économie et des redevances du 8 mai 2000, point 1.1.

du marché mondial. A titre d'exemple, l'aide publique fait l'objet des différends qui ont opposé le Canada et le Brésil au sein de l'OMC dans le domaine de l'aérospatiale[175]. Dans cette affaire, le Canada s'est plaint des avantages déloyaux découlant du programme de promotion des exportations tandis que le Brésil invoquait des subventions accordées par le gouvernement canadien. En outre, au niveau du droit international, le devoir de signaler les aides publiques qui risquent de constituer une distorsion à la concurrence existe déjà dans des accords de l'OMC et dans le Traité de Rome. Ainsi, le droit international de la concurrence a tout intérêt à s'intéresser aux aides publiques puisque celles-ci occupent une place importante au sein des pratiques qui lèsent la concurrence au niveau international. En revanche, il existe d'autres domaines du droit international de la concurrence qui exige une intervention rapide des acteurs internationaux.

§ 2 – L'accès aux marchés

L'accès au marché fait partie des préoccupations principales en matière de commerce et de concurrence internationale. Les autorités nationales de concurrence y sont également très sensibles[176]. Au niveau international, l'OMC, en protégeant l'accès aux marchés, garantit en même temps la concurrence internationale. Il est clair que le système commercial multilatéral doit être de nature concurrentielle et les conditions de la concurrence égales pour tous, ce qui permet dès lors de parvenir à une division internationale du travail efficace car reposant sur le jeu des avantages comparatifs[177]. Pourtant, certaines pratiques peuvent empêcher l'entrée de concurrents potentiels ou créer un effet discriminatoire malgré l'existence d'un régime commercial de libre-échange. Ces pratiques peuvent être le fruit de personnes privées comme de personnes publiques. Quoi qu'il en soit, les entraves à un accès libre au marché mondial proviennent avant tout des entreprises. En effet, les règles du droit international économique faisant de l'accès libre au marché mondial une priorité, les comportements des Etats ont été strictement encadrés alors que ceux des entreprises

---

[175] *Canada – Mesures visant l'exportation des aéronefs*, Rapport du Groupe spécial, WT/DS70/R, 14 avril 1999 et *Brésil – Programme de financement des exportations pour les aéronefs*, Rapport du groupe spécial, WT/DS46/R, 14 avril 1999.

[176] BRAULT Dominique, *Politique et pratique du droit de la concurrence en France*, *op.cit.*, p. 359.

[177] CARREAU Dominique / JUILLARD Patrick, *Droit international économique*, *op.cit.*, p. 162.

échappent aux règles de l'OMC[178]. Mais, en fin de compte, c'est la puissance publique qui doit intervenir pour mettre fin à cette restriction. C'est donc largement une responsabilité de la puissance publique que de favoriser la constitution de structures propices à une confrontation de l'offre et de la demande[179]. L'affaire *Kodak-Fuji* est un bon exemple de cette situation. Dans cette affaire, les Etats-Unis ont tenté de faire valoir devant l'OMC que le Japon tolérait une structure de marché laissant libre cours aux pratiques anticoncurrentielles de Fuji qui visait à bloquer les exportations de Kodak vers le marché japonais[180]. Le caractère hybride de l'accès aux marchés nous a amené à examiner le sujet à la fois sous l'angle des comportements publics et des comportements privés ayant un effet sur la concurrence internationale.

A – L'ouverture des marchés publics à la concurrence étrangère

Dans la plupart des pays, l'État et les organismes qui en relèvent constituent ensemble les plus gros acheteurs de marchandises de tous types, des produits de base au matériel technologique de pointe. En même temps, de très fortes pressions politiques peuvent être exercées pour que la préférence soit donnée aux fournisseurs nationaux plutôt qu'à leurs concurrents étrangers. Il existe donc des incitations étatiques à l'ouverture internationale des marchés publics, y compris dans le cadre de l'intégration régionale, comme par exemple la Communauté européenne qui a progressivement surmonté les obstacles à la libéralisation dans ce domaine. De même, un Accord sur les marchés publics a été négocié lors du Tokyo Round et est entré en vigueur le 1er janvier 1981. Il se compose, d'une part, de règles et d'obligations générales et, d'autre part, de la liste des entités nationales de chaque Etats membre dont les marchés relèvent de l'accord. Une grande partie des règles et obligations générales ont trait aux procédures d'appel d'offres. Cet accord a pour objet d'ouvrir à la concurrence internationale une partie aussi large que possible des marchés publics. Il vise à faire en sorte que les lois, réglementations, procédures et pratiques en matière de marchés publics soient plus transparentes et qu'elles n'aient pas pour effet de protéger les

---

[178] OKIEMY Bienvenu, « L'O.M.C. face à la problématique de l'institution d'un droit international de la concurrence », dans, *l'Organisation mondiale du commerce : Vers un droit mondial du commerce ?*, sous la direction d'OSMAN Filali, Bruylant Bruxelles 2001, p. 67 et 68.

[179] BRAULT Dominique, *Politique et pratique du droit de la concurrence en France*, *op.cit.* p. 9.

[180] *op.cit.*, WT/DS44/R, 31 Mars 1998.

produits ou fournisseurs nationaux ou d'entraîner une discrimination à l'encontre des produits ou fournisseurs étrangers[181].

En l'espèce, l'accord actuel et les engagements y relatifs ont été négociés lors du Cycle de l'Uruguay. À l'issue de ces négociations, le champ d'application de l'accord a été décuplé, avec l'ouverture à la concurrence internationale des marchés passés par les entités du gouvernement central et des administrations locales, dont les achats collectifs représentent chaque année plusieurs centaines de milliards de dollars. Le nouvel accord qui est entré en vigueur le 1er janvier 1996, s'étend aussi aux services de construction, aux marchés passés à l'échelon de gouvernements sous-centraux[182], et aux marchés passés par les services d'utilité publique[183]. En outre, l'accord renforce les règles garantissant l'absence de discrimination et une concurrence internationale loyale. Par exemple, les gouvernements seront tenus de mettre en place des procédures nationales permettant aux soumissionnaires privés se jugeant lésés de contester les décisions d'attribution des marchés et d'obtenir réparation au cas où ces décisions s'avéreraient incompatibles avec les règles de l'accord. Cet accord s'applique aux marchés dont la valeur dépasse certains seuils. Dans le cas des marchés de biens et de services passés par le gouvernement central, le seuil est de 130 000 DTS (environ 185 000 dollars en juin 2003). Pour les marchés de biens et de services passés par les entités des gouvernements sous-centraux, le seuil varie, mais est généralement de l'ordre de 200 000 DTS. Pour les services d'utilité publique, il se situe en général autour de 400 000 DTS et, pour les marchés de construction, autour de 5 000 000 de DTS[184].

En résumé, l'Accord prévoit la mise en œuvre du traitement non-discriminatoire à tous les stades des opérations : procédures d'adjudication, recours à des spécifications techniques lors des appels d'offre, délais de soumission et de livraison, communication de l'information et de la documentation etc. Enfin, il pose un véritable régime juridique obligatoire avec de strictes obligations de libéralisation, d'élimination des discriminations et des subventions. On notera à cette occasion, que lors de la 4e session de l'OMC à Doha, les 4 et 14 novembre 2001, les Etats Membres

---

[181] http://www.wto.org/french/tratop_f/gproc_f/gp_gpa_f.htm
[182] Par exemple l'Etats, les provinces, les départements et les préfectures.
[183] Art. I de l'Accord sur les marchés publics.
[184] Appendice I de l'Accord sur les marchés publics.

de l'OMC ont décidé qu'un accord multilatéral sur la transparence des marchés publics devait être négocié.

Par ailleurs, en Europe, le régime d'ouverture s'est mis en place très progressivement et il a fallu attendre l'Acte unique européen pour qu'une politique davantage volontariste soit mise en place, sous la forme de directives dans le cadre desquelles les Etats gardent une marge de manœuvre. La législation communautaire cherche avant tout à assurer des règles de transparence pour l'ouverture à la concurrence des marchés publics, exprime une nette préférence pour les procédures ouvertes ou restreintes et des critères transparents de sélection des offres et exige des recours efficaces et rapides à l'encontre des décisions prises par les entités adjudicatrices qui ont violé le droit communautaire en matière de marchés publics[185]. Par transparence, il faut entendre ici l'ouverture des décisions et des procédures de recours. Sur un marché ouvert, tous les acteurs se doivent d'être parfaitement informés des exigences réglementaires afin de pouvoir appuyer leurs choix en matière d'investissement, de production et de commerce sur une analyse précise des coûts, des risques et des bénéfices. Cet aspect est capital pour les entreprises étrangères qui doivent notamment faire l'effort de s'adapter à une nouvelle langue ou à des pratiques commerciales différentes. Les acteurs étrangers ont également besoin de savoir qu'il existe des voies de droit et qu'elles leur sont accessibles. La gestion des marchés publics et des réglementations techniques sont également des domaines spécifiques très importants en matière de transparence[186].

En fin du compte, l'Accord relatif aux marchés publics contient des dispositions en matière de concurrence, ce qui pourrait faire double emploi avec le droit international de la concurrence que l'on envisage de créer. Ce domaine est en effet inclus dans le champ d'application du droit international de la concurrence, mais, les comportements ayant un effet nuisible, significatifs sur la concurrence internationale, peuvent échapper à la règlementation actuelle[187]. En outre, dans le cas de la participation directe du gouvernement, l'application extraterritoriale des lois de concurrence peut également être contrecarrée par des défenses telles que *l'Act of State*. Ainsi,

---

[185] RUIZ FABRI Hélène / SOREL Jean-Marc, "L'organisation du commerce international", dans *le traité de droit du commerce international*, sous la direction de BEGUIN Jacques / MENJUCQ Michel, Litec Paris, 2005, p. 137.

[186] OCDE, Suisse : Saisir les opportunités de croissance - *Examens de l'OCDE de la réforme de la réglementation*, Paris 2006, p. 140.

[187] Voir *infra* les actes internationaux échappant à toute sanction.

un renforcement de la réglementation sera nécessaire sur les marchés publics.

B – Les monopoles créés par l'Etat

Les marchés connaissent deux sortes de monopoles. D'un coté, les monopoles résultant de l'initiative privée ; de l'autre, les monopoles étatiques, c'est-à-dire ceux qui prennent leur source dans des dispositions législatives ou réglementaires. Ces deux catégories de monopole ne sont pas, en règle générale, appelées à se rencontrer, mais sont susceptibles autant l'une que l'autre d'être à l'origine de restrictions de concurrence[188]. Les monopoles publics sont en général des monopoles de droit qu'il convient de distinguer des monopoles de fait, conférés à une entreprise, publique ou privée, non par la puissance publique mais par le jeu du marché, du hasard ou de la supériorité. Ainsi compris, les monopoles publics sont le plus souvent des monopoles d'exploitation et ont normalement une base légale, même quand ils sont délégués. On constate que lorsque le législateur reconnait l'existence de monopoles, naturels ou non, il y a toujours reconnaissance d'une mission d'intérêt général[189].

De nos jours, plusieurs facteurs justifient la remise en cause de la protection dont avaient pu jouir certaines entreprises publiques et privées, et plus particulièrement le secteur public économique. D'abord, le progrès technique rend de moins en moins justifié le maintien des monopoles légaux, autrefois rendus nécessaires du fait de contraintes matérielles, en particulier dans le secteur des télécommunications et de l'audiovisuel[190]. Aujourd'hui, un service traditionnellement rendu par un réseau unifié et monopolistique peut être rendu grâce à aux technologies alternatives. En ce sens, une vague de libéralisation a été lancée. La libéralisation est la mise en concurrence des monopoles étatiques avec de nouveaux opérateurs et peut résulter, soit de l'ouverture des monopoles à la concurrence, soit de la simple application des règles de concurrence à ces monopoles[191].

---

[188] CHARBIT Nicolas, *Le droit de la concurrence et le secteur public*, L'Harmattan, 2002, p. 221.

[189] BRAULT Dominique, *Politique et pratique du droit de la concurrence en France*, *op.cit.*, p. 11 et 12.

[190] EHLERMAN Claus Dieter, "Managing Monopolies : The Role of the State in Controlling Market Dominance in the European Community", *ECLR* Vol.2, 1993, p. 61 et ss.

[191] CHARBIT Nicolas, *Le droit de la concurrence et le secteur public*, *op.cit.*, p. 225.

Le droit de l'OMC dans le domaine des monopoles publics s'est beaucoup amélioré ces dernières années. La conduite anticoncurrentielle liée aux monopoles publics a jusqu'alors souvent échappé à la règlementation en vertu des lois nationales de concurrence qui permettent des exemptions octroyées par les gouvernements. Cependant, les monopoles publics peuvent avoir des effets nuisibles, significatifs sur la concurrence internationale, en particulier quand il s'agit d'une puissance sur le marché international[192]. Bien que l'article XVII du GATT ait sensiblement amélioré la situation, une amélioration dans ce domaine est toujours possible. L'essor de la neutralité dans le traitement des monopoles publics par le gouvernement et la réalisation d'une plus grande transparence sur le rôle du gouvernement dans l'activité commerciale peuvent être envisagées dans les prochaines réformes. Idéalement, les droits nationaux en matière de concurrence devraient s'appliquer aux entreprises publiques et privées sans aucune discrimination. En bref, du point de vue du droit international de la concurrence, il n'existe pas d'urgence à réglementer ce domaine, puisqu'il est toujours possible de se servir des mécanismes du droit du commerce international contre les comportements restrictifs des monopoles publics face au droit international de la concurrence.

C – L'exclusion de certains secteurs spécifiques au principe de l'accès libre aux marchés

Pour des raisons liées à la fois à la souveraineté étatique et à la nécessité d'exploiter les infrastructures, les industries en réseau font souvent l'objet de réglementations spécifiques. Ainsi, le domaine des transports, de l'énergie et des télécommunications ont été réglementés par des règles spécifiques en raison de l'importance stratégique qu'ils revêtent. Par contre, l'argument de l'entretien étatique des infrastructures semble de moins en moins adéquat pour justifier l'exclusion de ces domaines du droit de la concurrence. Il parait désormais possible, dans de nombreux cas, de les y soumettre, en édictant quelques obligations à la charge des usagers des réseaux, pour que ceux-ci puissent valablement être entretenus et améliorés. D'ailleurs, il existe un lien étroit entre le cadre réglementaire national et l'ouverture internationale des marchés. Avec l'internationalisation des marchés, plusieurs obstacles réglementaires et gouvernementaux ont été posés au commerce pour limiter l'accès des services et des fournisseurs de services

[192] Par exemple dans l'affaire *Corée – Mesures affectant les importations de viande de bœuf fraîche, réfrigérée et congelée*, WT/DS161/R, 10 janvier 2001, le gouvernement du Corée a permis l'établissement de quotas déguisé à l'importation.

étrangers au marché intérieur afin de protéger les producteurs nationaux de la concurrence étrangère. En conséquence, l'accès au marché est de plus en plus régi par les réglementations nationales. En tenant compte de l'importance de ces secteurs pour l'économie globale, les organisations internationales se sont penchées sur le sujet afin de les libéraliser.

Parmi les nombreux textes adoptés par les institutions internationales traitant directement de la question des effets des pratiques restrictives de concurrence, l'OCDE a émit deux recommandations constatant que les secteurs comme les chemins de fer, les services postaux, les télécommunications, l'électricité, le gaz naturel, réglementés par les pouvoirs publics, sont totalement ou partiellement exemptés de l'application du droit de la concurrence[193]. Ces textes prévoient deux obligations à la charge des Etats. D'une part, une obligation de convergence des réglementations nationales et, d'autre part, une obligation de coopération pour la mise en œuvre du droit interne de la concurrence sur les marchés internationaux[194]. En bref, l'OCDE a recommandé à ses membres d'examiner, avec le concours des autorités nationales de la concurrence, le régime dérogatoire des secteurs réglementés afin de déterminer si les conditions justifiant son existence demeurent et si ses objectifs peuvent être atteints par le libre jeu de la concurrence[195]. Quant à l'OMC, son Accord général sur le commerce des services a pour objet de réaliser une libéralisation progressive des échanges de services[196]. Ces dernières étant d'une nature différente du commerce des marchandises, elles nécessitent des mesures spéciales pour pouvoir parvenir à l'objectif de l'accord multilatéral. De ce fait, une liste des engagements contractés par les Membres de l'OMC spécifie et garantit la possibilité d'accéder au marché aux fournisseurs étrangers de services. Par ailleurs, les dispositions de l'Accord sur la libéralisation des services de télécommunications, renforcent la garantie d'accès au marché dans ce domaine particulier[197].

---

[193] Cf. supra, les travaux de l'OCDE pour le respect des politiques nationales de concurrence dans le cadre des échanges internationaux.

[194] LIGNEUL Nicolas, *L'élaboration d'un droit international de la concurrence entre les entreprises*, *op.cit.*, p. 124.

[195] OCDE, *Recommandation du Conseil sur la politique de concurrence et les secteurs exemptés ou réglementés*, 25 septembre 1979, C(79)155/Final.

[196] L'Accord général sur le commerce des services constituant l'annexe 1B de l'Accord de Marrakech *op.cit.*

[197] Cf. *supra*, Les accords de l'Organisation mondiale du commerce.

En revanche, on pensait à tort que l'élimination de la réglementation ferait automatiquement naître la concurrence. Or, dans pratiquement tous les cas, la déréglementation n'a pas *ipso facto* une incidence positive sur la concurrence ; en fait, la concurrence a exigé une « re-règlementation » même au niveau international. Donc, la simple élimination des barrières à l'entrée aux marchés ne suffit plus, il faut assurer un environnement réglementaire plus sûr et plus accessible, moins vulnérable aux intérêts particuliers, et par conséquent plus ouvert à la concurrence, au commerce et aux investissements. Ceci implique toute une série de pratiques et de procédures standardisées pour l'élaboration et la modification des réglementations, la consultation avec les parties intéressées et une communication efficace des réglementations – rédaction en langage clair, publication et codification afin de les rendre accessibles, contrôles sur les pouvoirs discrétionnaires de l'administration et mécanismes de recours adéquats[198]. Donc, afin que la réforme réglementaire soit bénéfique, les régimes de réglementation doivent être transparents, cohérents et détaillés et instaurer un cadre institutionnel adéquat, libéraliser les industries de réseau, proposer et mettre en œuvre les lois et la politique de concurrence et ouvrir les marchés internes et externes aux échanges et à l'investissement.

En effet, l'adoption d'accords internationaux dans les secteurs ayant une place singulière dans les échanges internationaux est un problème politique. L'exclusion ou l'inclusion de ces secteurs dans le domaine du droit international de la concurrence est tout à fait possible. Il est donc envisageable de maintenir la situation actuelle et de se contenter des accords internationaux adoptés dans ces domaines spéciaux ou bien inclure ces secteurs dans le champ d'application du droit international de la concurrence en vue d'améliorer leur situation.

§ 3 – Les actions de concertation de l'Etat

L'action normative des Etats dans le domaine du droit de la concurrence peut constituer un acte concerté. Celle-ci peut revêtir des formes variables, d'intensité différente. L'action concertée la plus simple consiste dans la participation des Etats à l'élaboration et à la conclusion de traités ayant un effet sur la concurrence internationale. De surcroît, l'action concertée des Etats s'exerce au niveau de leur association dans les unions économiques, du moins dans la phase antérieure à la création des zones de libre-échange

[198] OCDE, Suisse : *Saisir les opportunités de croissance - Examens de l'OCDE de la réforme de la réglementation*, Paris 2006, p. 107.

comme l'Alena ou le Mercosur ; ou des zones d'intégration économique comme la Communauté européenne[199].

En principe, tout accord contenant des dispositions préférentielles devrait être considéré comme incompatible avec les principes fondamentaux du droit de l'OMC[200]. Néanmoins, dès lors qu'il n'a été ni possible ni concevable, dès l'origine, de faire obstacle à ce type d'accord, il a fallu un cadre juridique de conciliation[201]. Le GATT admet les accords préférentiels, du type zone de libre échange ou union douanière, sous réserve du respect de deux conditions. D'une part, ils ne doivent pas conduire à une augmentation des barrières douanières vis-à-vis des Etats tiers. D'autre part, les barrières douanières internes doivent être totalement supprimées pour l'essentiel des échanges et dans un délai raisonnable. Ne sont donc admis en réalité que les accords gouvernés par un esprit de libre-échange, qui ne créent pas de zones surprotégées par rapport à l'extérieur mais aussi qui ne sont pas limités à quelques produits d'un intérêt particulier. Pour s'assurer du respect des obligations souscrites au titre de l'OMC, tout accord de ce type doit être notifié et faire l'objet d'une procédure d'examen par le Comité des accords régionaux. Toutefois, celui-ci est en pratique paralysé, faute d'être parvenu à définir une procédure d'examen. Le contrôle relève de ce fait essentiellement du règlement des différends[202].

De tels accords conduisent évidement au non-respect du principe de non-discrimination inscrit au cœur du dispositif du GATT et lèsent ainsi un principe fondamental pour l'établissement d'un droit de la concurrence dans le marché mondial. Ces accords s'apparentent à une entente de partage du marché mondial, établissant des inégalités vis-à-vis des concurrents internationaux. Par ailleurs, la multiplication des accords commerciaux

---

[199] On notera à cette occasion qu'une union douanière repose sur un accord régional entre plusieurs Etats en vertu duquel ceux-ci sont conduits à l'abolition de leurs droits de douane et taxes d'effet équivalent tandis qu'ils adoptent un système et un tarif douanier commun et unique vis-à-vis des pays tiers. Par contre, une zone de libre échange se caractérise par l'abolition des barrières douanières entre les Etats membres, chacun d'entre eux conservant son propre régime douanier vis-à-vis des pays tiers. Pour une étude plus détaillé voir JACQUET Jean-Michel / DELEBECQUE Philippe / CORNELOUP Sabine, *Droit du commerce international*, 1e Dalloz, Paris 2007, p. 108.

[200] RUIZ FABRI Hélène / SOREL Jean-Marc, « L'organisation du commerce international », dans le *Traité de droit du commerce international*, sous la direction de BEGUIN Jacques / MENJUCQ Michel, Litec Paris, 2005, p. 99.

[201] GATT art. XXIV constitue ce cadre juridique d'exception.

[202] RUIZ FABRI Hélène / SOREL Jean-Marc, « L'organisation du commerce international », *op.cit.*, p. 100.

régionaux, de nos jours, constitue un véritable défi. Du fait de cette situation, il faut prendre en considération la nécessité de définir une procédure d'examen par le Comité des accords régionaux au sein de l'OMC pour remédier aux préjudices causés au droit de la concurrence internationale.

Sous-section II – Surveiller les actes de caractère privé affectant la concurrence internationale

Même si l'on pense que la réglementation du droit international de la concurrence devrait traiter aussi bien des pratiques de nature privée que de celles émanant des entreprises publiques, il est évident que ce sont davantage les premières qui sont aujourd'hui considérées comme un obstacle majeur aux échanges alors qu'elles ne font paradoxalement l'objet d'aucun cadre juridique multilatéral. Alors que les gouvernements ont supprimé les barrières au commerce et à l'investissement, les entreprises pourraient les rétablir pour en tirer bénéfice. Certaines pratiques limitent les flux commerciaux et fonctionnent ainsi comme barrières à l'entrée des marchés nationaux. Ces pratiques commerciales restrictives et les accords horizontaux et verticaux ont des effets équivalents aux barrières du commerce ou de l'investissement, puisqu'ils réduisent ou éliminent les avantages prescrits par la libéralisation du commerce.

Tandis que les pratiques commerciales privées peuvent provenir spécifiquement d'un Etat, leurs conséquences peuvent dépasser les frontières du pays et affecter les compagnies étrangères et les consommateurs[203]. Par ailleurs, le comportement anticoncurrentiel qui n'a aucun effet négatif direct sur les marchés étrangers peut indirectement léser les concurrents étrangers. Les profits supplémentaires tirés du comportement anticoncurrentiel peuvent avoir des effets similaires aux subventions et les sociétés peuvent employer les bénéfices alors encaissés par leur comportement anticoncurrentiel pour améliorer leur position vis-à-vis de leurs concurrents étrangers. Par exemple, les sociétés peuvent réinvestir des profits acquis par le comportement monopolistique dans la recherche et développement. Ainsi, elles améliorent leur avantage comparatif sur les marchés d'exportation. Les entreprises peuvent aussi employer la capacité de production libérée vers le haut par la restriction du rendement national pour écouler les marchandises sur un marché d'exportation rentable. En effet *« le temps mondial »,* ou l'internationalisation des marchés, a fait que les incidences liées aux

[203] ABDELGAWAD Waled, « Jalons de l'internationalisation du droit de la concurrence : vers l'éclosion d'un ordre juridique mondial de la *lex economica* », *op.cit.*, p. 164.

comportements des firmes globales se répercutent sur plusieurs pays de la planète et non plus sur un seul, comme auparavant[204]. Autrement dit, il existe de plus en plus de problèmes de concurrence qui ont une dimension et une nature transnationale : cartels internationaux, cartels à l'exportation, ententes dans des domaines par nature internationaux, concentration de dimension mondiale, voire même abus de position dominante sur plusieurs grands marchés[205]. Le droit international de la concurrence a tout intérêt à réglementer ces sujets qui empêchent le bon fonctionnement du marché mondial. En revanche, cette réglementation est quand même à nuancer, car la particularité du droit international de la concurrence nous pousse à prendre en compte à la fois les pratiques anticoncurrentielles classiques et celles qui sont propres au marché mondial.

§ 1 – Le domaine classique du droit de la concurrence introduit au niveau international

Pour l'essentiel, le droit de la concurrence classique consiste en des règles communes qui se retrouvent dans les principaux systèmes juridiques et qui sont nécessaires au bon fonctionnement du marché. Trois séries de dispositions se trouvent systématiquement dans les réglementations régionales de concurrence : la prohibition des ententes, des abus de position dominante et le contrôle des concentrations d'entreprises. Ces trois normes se présentent comme le creuset de la réglementation de la concurrence[206]. On ne peut donc envisager d'édicter un droit international de la concurrence efficace sans adopter ces trois règles.

En outre, la concurrence récompense l'entreprise la plus performante, la plus innovante et celle dont les produits sont le plus en adéquation avec la demande. A l'inverse, les entreprises non adaptées disparaissent. L'élimination des concurrents moins performants permet donc à l'entreprise de devenir monopolistique : la concurrence tue la concurrence. Le droit de la concurrence, en posant des limites à l'usage par les entreprises de leur pouvoir de marché, fournit au marché une sorte de seconde nature qui

[204] Commission des communautés européenne, La politique de concurrence dans le nouvel ordre commercial : renforcement de la coopération et des règles au niveau international, COM (95)359 final 12 juillet 1995, pp. 3-4.
[205] OKIEMY Bienvenu, « L'O.M.C. face à la problématique de l'institution d'un droit international de la concurrence », dans, *l'Organisation mondiale du commerce : Vers un droit mondial du commerce ?*, sous la direction d'OSMAN Filali, Bruylant Bruxelles 2001, p. 63.
[206] LIGNEUL Nicolas, *L'élaboration d'un droit international de la concurrence entre les entreprises*, *op.cit.*, p. 290.

l'empêche de se détruire lui-même[207]. Ce mécanisme n'existe qu'au niveau national ou communautaire. Cette lacune au niveau international risque de créer des monopoles mondiaux et en conséquence tendre à l'absence de concurrence dans les marchés globaux[208].

A – Les ententes internationales

Les entreprises peuvent chercher à limiter les pressions concurrentielles en s'entendant entre elles pour fixer les prix et les quantités, l'entente ainsi constituée pouvant s'analyser comme un monopole. Elle est préjudiciable aux consommateurs car le prix qui en résulte est plus élevé qu'en situation de concurrence[209]. Les stratégies anticoncurrentielles de cette nature peuvent être très variées, et se situer aussi bien au niveau des réglementations, des comportements individuels ou collectifs, que des structures[210]. Par contre, la prohibition des ententes internationales pose une double question. Il faut en effet à la fois déterminer les comportements condamnés en définissant l'entente punissable et déterminer son caractère international. Pourtant, il n'est ni aisé ni très utile d'établir une typologie des ententes, tant elles sont variées et mouvantes. L'étude des cas examinés par les autorités spécialisées à l'échelle nationale et communautaire montre toutefois que la majorité se ramenent à quelques types de restrictions, observées couramment, qui peuvent se cumuler ou se combiner entre elles[211].

Dans cette perspective, l'entente entre les producteurs est la forme la plus répandue des pratiques anticoncurrentielles répréhensibles et consiste à des accords de partage de marchés et de fixation de prix minimaux. L'ensemble des producteurs bénéficie ainsi d'une rente grâce à des prix supérieurs aux prix de la concurrence. Ces ententes peuvent être formelles, ou simplement implicites. Les accords horizontaux sont en principe interdits dans la majorité des pays industrialisés, mais certaines professions ou secteurs voient leurs prix fixés par l'Etat. La difficulté majeure est de savoir à partir de quand une entente devient illicite. En général, ces accords ne sont sanctionnés que lorsque les partenaires de l'accord disposent ensemble d'un pouvoir de marché suffisant pour peser sur les prix ou les quantités

---

[207] FRISON-ROCHE Anne-Marie / BONFILS Sébastien, *Les grands questions du droit économique*, Ed.PUF, Paris 2005, p. 358.
[208] *Ibid.*, p. 357 et 358.
[209] SAADA Estelle, « La politique de la concurrence », *op.cit.*, p. 74.
[210] PRAGER Jean-Claude / François VILLEROY de GALHAU, *18 leçons sur la politique économique : À la recherche de la régulation*, *op.cit.*, p. 76 et 77.
[211] BRAULT Dominique, *Droit et politique de la concurrence*, *op.cit.*, p. 235.

produites, et que l'efficience des marchés est altérée. On doit donc définir de façon satisfaisante le marché pertinent, dans chaque cas d'espèce, ainsi que son étendue, pour mesurer les implications en termes de parts de marché : lorsque des produits de substitution existent à des prix comparables et sont faciles d'accès, la présence d'une coalition sur un produit précis est plus fragile. Les pratiques commerciales restrictives, comme la zone d'exclusivité territoriale, les clauses d'exclusivité de vente, tendent à protéger les détaillants contre une concurrence trop forte ; en même temps, ils augmentent le coût d'entrée pour les nouveaux producteurs potentiels, en les obligeant à investir dans des réseaux de distribution spécifiques[212].

Quant à la détermination de son caractère condamnable, l'ensemble du droit moderne de la concurrence définit la faute en considération de l'atteinte portée au marché par le comportement apprécié. Cette condition ne peut, néanmoins, être en elle-même suffisante. Les sujets de droit doivent pouvoir anticiper la règle et connaître les limites dans lesquelles ils peuvent valablement agir. Le droit des ententes et le droit des abus de position dominante traduisent une telle exigence. La sanction de l'entente suppose la réunion de trois conditions : une restriction de concurrence, un accord des parties à l'entente, et un lien de cause à effet entre ces deux éléments. La restriction de concurrence – l'objet ou l'effet anticoncurrentiel de l'entente – doit être effectivement constatée par le juge. L'entente ne pourra être sanctionnée qu'à ce titre. L'observation des conditions objectives du marché entre, de cette manière, dans la définition même du comportement répréhensible[213].

Dans un projet de commentaire de la CNUCDED, les accords ou arrangements restrictifs sont considérés sous forme d'accords fixant les prix ou autres conditions de vente, y compris dans le commerce international : soumissions collusoires, répartition des marchés ou de la clientèle, restrictions à la production ou des ventes, notamment au moyen de contingents, refus concertés d'achat, refus concerté d'approvisionnement, refus collectif d'admission à la qualité de partie à un arrangement ou de

---

[212] PRAGER Jean-Claude / François VILLEROY de GALHAU, *18 leçons sur la politique économique : À la recherche de la régulation*, *op.cit.*, p. 77 et 78.
[213] PAYET Maire-Stéphane, *Droit de la concurrence et droit de la consommation*, *op.cit.*, p. 83 et 84.

membre d'une association, d'une importance décisive pour la concurrence. Ces accords peuvent être écrits ou oraux, officiels ou non[214].

Du point de vue du droit international de la concurrence, il parait fort logique de définir une entente internationale comme une entente ayant des effets restrictifs de concurrence sur un marché de dimension internationale. En ce sens, l'entente internationale s'entend de tout comportement restrictif de concurrence susceptible de réduire la concurrence sur un marché dépassant le domaine géographique d'une seule autorité régionale de concurrence[215]. Ainsi, il est évident que le droit de la concurrence aura pour objectif d'empêcher les effets nuisibles de l'entente internationale.

B – L'abus de position dominante produisant des effets sur plusieurs marchés

Le contrôle et la répression des abus de position dominante constituent un aspect essentiel de la sauvegarde d'une économie concurrentielle. Pourtant, cette intervention n'est pas toujours aussi bien admise que la lutte contre les ententes parce qu'elle vise par définition les entreprises ou les groupes les plus forts et donc les plus susceptibles de dominer leur marché[216]. Par ailleurs, la définition de la position dominante intéresse non seulement le contrôle des abus de position dominante mais aussi le contrôle préventif de la concentration du fait de leur point commun concernant le pouvoir du marché.

En règle générale, les abus de position dominante, c'est-à-dire le cas où une entreprise utilise son poids face à ses concurrents pour biaiser le marché à son profit, sont sanctionnés par la plupart des réglementations de concurrence[217]. Dans cette perspective, la politique de la concurrence ne réprime pas la position dominante en tant que telle, mais seulement l'abus d'un pouvoir sur un marché déterminé lorsque cet abus est susceptible d'affecter les conditions d'exercice des autres entreprises en compétition[218].

---

[214] CNUCED, Projet de commentaires d'éléments pour les articles d'une loi ou de loi types, *Serie de la CNUCDED sur les questions relatives au droit et à la politique de la concurrence*, TD/RBP/CONF.5/7, p. 24.
[215] LIGNEUL Nicolas, *L'élaboration d'un droit international de la concurrence entre les entreprises*, *op.cit.*, p. 299 et 300.
[216] BRAULT Dominique, *Droit et politique de la concurrence*, *op.cit.*, p. 255.
[217] PRAGER Jean-Claude / François VILLEROY de GALHAU, *18 leçons sur la politique économique : à la recherche de la régulation*, *op.cit.*, p.78.
[218] SAADA Estelle, « La politique de la concurrence », *op.cit.*, p.74.

L'auteur d'un abus de droit use d'un pouvoir dont l'efficacité est garantie par le droit objectif. Le critère de l'abus de droit tient dans la détermination du caractère abusif de l'usage fait d'une telle prérogative[219].

En effet, de la part d'une entreprise de grande taille, mettre en œuvre les pratiques visées par l'abus de position dominante, c'est conduire ou maintenir les marchés dans une structure où seront possible les prix élevés, la mise en œuvre de barrières incontournables à l'entrée, et s'assurer des consommateurs captifs[220]. Trois conditions doivent être réunies pour qu'une entreprise puisse être condamnée pour ces pratiques. D'abord, il faut l'existence d'une position dominante, c'est-à-dire une position de puissance économique qui donne le pouvoir d'entraver la concurrence par des comportements indépendants vis-à-vis de ses concurrents, de ses clients et des consommateurs. La part de marché d'une entreprise constitue, certes, un indice important de son poids dans la compétition, mais ce n'est pas le seul critère déterminant. Ensuite, il faut l'adoption d'un comportement abusif. Tous les comportements sont considérés comme abusifs s'ils visent à éliminer des concurrents ou obtenir des avantages injustifiés. Cela étant, une restriction de concurrence doit être prouvée[221].

De nos jours, si le marché mondial est loin d'être entièrement monopolistique (un vendeur et de nombreux acheteurs) ou oligopolistique (quelques vendeurs et de nombreux acheteurs) mais se situe de fait à un niveau médian, il n'en est pas moins vrai que dans les deux cas une entreprise ou un groupe d'entreprises peut prendre des mesures pour empêcher que la concurrence ne pénètre un marché ou pour inciter les concurrents à le quitter. On peut ainsi observer sur ces marchés un abus de position dominante, c'est-à-dire la capacité d'une entreprise, par le biais de mesures comme les accords d'exclusivité ou la prédation en matière de prix, à verrouiller les marchés et à empêcher l'entrée des concurrents[222]. Ainsi, la détermination du caractère international de l'abus de position dominante est identique à celle de l'entente : un abus de position dominante est international s'il a des effets sur un marché de dimension internationale ou

---

[219] PAYET Maire-Stéphane, *Droit de la concurrence et droit de la consommation*, *op.cit.*, p. 120.

[220] PERROT Anne, « Abus de position dominante : prédation, ventes liées, remises », dans *politiques de la concurrence*, *La Documentation Française*, Paris 2006, p. 257.

[221] SAADA Estelle, « La politique de la concurrence », *op.cit.*, p. 74.

[222] OKIEMY Bienvenu, « L'O.M.C. face à la problématique de l'institution d'un droit international de la concurrence », dans, *l'Organisation mondiale du commerce : Vers un droit mondial du commerce ?*, sous la direction d'OSMAN Filali, Bruylant Bruxelles 2001, p. 64.

mondiale, quel que soit le lieu de commission de cet abus ou la nationalité des entreprises en cause. De même, les conditions du caractère condamnable des abus de position dominante posent les mêmes problèmes que celles des ententes : elles dépendent des mêmes contraintes politiques et doivent répondre aux mêmes critères[223].

C – La concentration

Aux prises avec la mondialisation, le vingtième siècle s'achève sur une période de mutations structurelles majeures des économies nationales et sur l'accroissement notable des dimensions des entreprises multinationales, phénomène qui rappelle, toute nuance réservée, la concentration capitaliste à l'origine de la création du droit antitrust américain à la fin du XIXe siècle. En effet, de forts mouvements de concentrations capitalistes de dimension mondiale ont touché et continuent depuis quelques années d'embrasser presque tous les secteurs clés de l'économie dans les pays les plus industrialisés. En témoigne la multiplication, dès le début des années quatre-vingt-dix, d'opérations de fusions et d'alliances économiques entre entreprises de taille géante agissant sur des marchés de dimension nationale, mais aussi et surtout de taille régionale ou transnationale[224]. La puissance économique, voire politique, qui est celle des entreprises multinationales, a nécessairement amené les instances nationales et internationales à affirmer, puis à affermir leur contrôle sur les activités de ces entreprises. Les tentatives ont été nombreuses et toutes n'ont pas été couronnées de succès[225].

L'intégration des marchés fait des opérations de concentrations une activité qui nécessite d'être surveillée de près[226]. Ces opérations de concentration impliquent souvent une modification des structures sociétaires[227]. Elles sont susceptibles de réduire la concurrence. Ainsi, les fusions-acquisitions posent un problème spécifique : elles résultent du jeu normal d'un marché

---

[223] LIGNEUL Nicolas, *L'élaboration d'un droit international de la concurrence entre les entreprises*, *op.cit.*, p. 300.
[224] ABDELGAWAD Waled, « Jalons de l'internationalisation du droit de la concurrence : vers l'éclosion d'un ordre juridique mondial de la lex economica », *op.cit.*, p. 165.
[225] CARREAU Dominique / JUILLARD Patrick, *Droit international économique*, *op.cit.*, p. 29.
[226] DE LEON Ignacio, "The Dilemma of Regulating International Competition under the WTO System", dans, *International Economic Regulation*, Ed.KELSEY, Jane, Dartmauth, 2002, p. 357.
[227] JACQUET Jean-Michel / DELEBECQUE Philippe / CORNELOUP Sabine, *Droit du commerce international*, 1e Dalloz, Paris 2007, p. 141.

concurrentiel, et peuvent pourtant menacer le fonctionnement de ce même marché en établissant une situation d'oligopole, voire de monopole. A titre préventif, les systèmes de réglementation de la concurrence organisent donc leur contrôle[228]. Comme nous l'avons constaté auparavant, le contrôle des concentrations vise à éviter que les opérations de fusion-acquisition, mais aussi les prises de participation dans le capital d'une entreprise n'entraînent des créations ou des renforcements de position dominante entravant de manière significative la concurrence. Ce contrôle peut s'appliquer de manière préventive ou *a posteriori* aux projets de fusions-acquisitions et de mégafusions, même si le contrôle *ex ante* est préférable afin de ne pas déstabiliser les entreprises en question[229].

Sur le plan politique, les fusions font émerger la revendication des multinationales tant dénoncées dans les années 1960. Sur le plan économique cependant, la question se pose en termes différents : les concentrations créent-elles ou non de la valeur ajouté ? Réduisent-elles ou non la concurrence, l'innovation, et donc la capacité d'expansion de l'économie ? En fait, l'effet d'une opération de concentration est la résultante de deux termes opposés. D'une part, la réduction des coûts qui permet les restructurations de production et les synergies, d'autre part, une hausse des prix associés à une baisse des quantités fabriquées, dues à l'augmentation du pouvoir de marché de l'entreprise sur les marchés concernés par la concentration. Si l'opération est une concentration sectorielle, les effets de réduction des coûts peuvent être élevés et l'emporter sur les effets négatifs liés à l'augmentation du pouvoir du marché, surtout s'il s'agit d'une opération internationale où la concurrence est vive. Si l'opération est une diversification, le bilan peut, en revanche, être négatif car il n'y a pas de baisse des coûts donc la quantité fabriquée diminue[230]. De plus, l'évaluation microéconomique des fusions est souvent décevante : les fusions verticales n'ont pas produit les synergies attendues, notamment dans le secteur des technologies de l'information. Quant aux concentrations horizontales, elles apparaissent souvent comme des opérations nécessaires, dans des secteurs où la restructuration n'est pas terminée[231]. En moyenne, on

[228] LIGNEUL Nicolas, *L'élaboration d'un droit international de la concurrence entre les entreprises*, *op.cit.*, p. 303.
[229] SAADA Estelle, « La politique de la concurrence », *op.cit.*, p. 74 et 75.
[230] PRAGER Jean-Claude, *La politique économique aujourd'hui*, *op.cit.*, p. 9.
[231] Par exemple banques, assurances, informatique, pharmacie etc.

considère qu'une fusion acquisition sur deux donne à peu près les résultats attendus[232].

En outre, il est frappant de constater que les concentrations d'entreprises ont des caractéristiques internationales importantes. Elles peuvent prendre la forme d'un contrôle de plusieurs autorités de concurrence, la participation d'entreprises de plusieurs Etats, et même, dans certains cas, une entreprise participante qui n'a pas de filiale présente dans le pays où l'effet se produit alors que les abus des positions dominantes ont des caractéristiques essentiellement nationales[233]. Surtout, une autorité de contrôle nationale peut être tentée de favoriser les concentrations qui permettent la constitution d'un champion national. Le fait qu'on lui demande d'apprécier l'opération qui a lieu sur son sol peut la conduire à délaisser les effets anticoncurrentiels sur les marchés étrangers. Le risque est accru lorsque le texte de référence ajoute que, dans l'appréciation de la concentration, l'autorité de contrôle doit prendre en compte la compétitivité internationale de l'entreprise. Interrogées sur ce point, les autorités de contrôle se défendent le plus souvent d'intégrer dans leur appréciation des considérations tenant à la nationalité des entreprises[234].

De surcroît, les concentrations dans le marché mondial peuvent constituer des barrières à l'entrée au marché en question. Lorsque les entreprises fusionnent, le rôle des autorités nationales de concurrence est de vérifier, préventivement, dans quelle mesure les changements structurels sur le marché ne vont pas aller à l'encontre des objectifs du droit de la concurrence. En revanche, l'accès au marché mondial peut être rendu plus ardu par une fusion. Une opération de fusion peut avoir des incidences au-delà des frontières nationales. A titre d'exemple, il est possible de citer la fusion entre Boeing et Mc Donnel Douglas. A la fin de l'année 1996, Boeing annonçe sa fusion avec Mc Donnel Douglas et reçoit l'assentiment des autorités américaines le 1er juillet 1997. Le nouveau groupe, ainsi crée, détiendra quasiment 2/3 du marché de l'aviation civile, deviendra le fournisseur exclusif de près de 80% des entreprises aériennes et sera en situation de monopole concernant la fabrication des appareils de cent vingt place. Cette

---

[232] PRAGER Jean-Claude / François VILLEROY de GALHAU, *18 leçons sur la politique économique : à la recherche de la régulation*, *op.cit.*, p. 79 et 80.
[233] MERKT Benoît, *Harmonisation internationale et entraide administrative internationale en droit de la concurrence*, *op.cit.*, p. 358.
[234] IDOT Laurence, « Mondialisation, liberté et régulation de la concurrence, le contrôle des concentrations », *RIDE* 2002/2, p. 183.

fusion américano-américaine aura des incidences au-delà des frontières américaines, dans la mesure où Airbus se trouvait commercialement menacé en raison de la dimension accrue du nouveau groupe, tant dans le domaine militaire que civil. C'est sur ce point que la Commission européenne se montrera réticente, si ce n'est opposée à cette fusion[235]. Le conflit sera désamorcé pas l'accord du 30 juillet 1997 qui, tout en mettant fin aux contrats d'exclusivité qui liaient Boeing aux trois entreprises aériennes américaines, prévoira le maintien séparés des services commerciaux des deux entreprises[236].

Du point de vue du droit international, le contrôle des concentrations ne s'opère que sur les opérations de grande taille et a pour objectif de déterminer si la concentration en cause est susceptible d'avoir des effets restrictifs de concurrence au marché international. Dans cette perspective, la détermination de la taille de l'opération susceptible d'être contrôlée conduit à définir les critères de saisine de l'autorité qui examine l'opération, tandis que les éventuelles restrictions à la concurrence conduisent à définir les conditions de validité des concentrations[237]. En l'absence d'un encadrement juridique fiable dans le domaine de l'internationalisation des problèmes de concurrence, l'accentuation du mouvement de concentration économique internationale comporte le risque de donner libre cours à l'intensification incontrôlée des pouvoirs de monopole des entreprises multinationales et à la multiplication de pratiques anticoncurrentielles à dimension internationale[238]. L'incessante montée des pouvoirs économiques privés en marge de tout contrôle pourrait constituer une menace sérieuse sur le système politique tant dans les pays industrialisés que dans les pays en développement[239].

---

[235] Décision de la Commission du 30 juillet 1997 relative à l'affaire *Boeing/Mc Donnel Douglas*, dans JOCE, L.336, 8 décembre 1997, p. 16 à 47.

[236] OKIEMY Bienvenu, « L'O.M.C. face à la problématique de l'institution d'un droit international de la concurrence », dans *l'Organisation mondiale du commerce : vers un droit mondial du commerce ?*, sous la direction d'OSMAN Filali, Bruylant Bruxelles 2001, p. 65 et 66.

[237] LIGNEUL Nicolas, *L'élaboration d'un droit international de la concurrence entre les entreprises*, *op.cit.*, p. 303 et 304.

[238] Notamment les cartels à l'exportation, les ententes internationales, les actions des entreprises procédant à l'exploitation abusive de leur position dominante sur plusieurs marchés.

[239]ABDELGAWAD Waled, « Jalons de l'internationalisation du droit de la concurrence : vers l'éclosion d'un ordre juridique mondial de la lex economica », *op.cit.*, p. 165.

§ 2 – Les sujets relevant d'une particularité propre au droit international de la concurrence

La mondialisation des échanges économiques incite constamment les entreprises opérant sur le marché international à redéfinir leur stratégie et à chercher de nouvelles alliances afin de disposer d'une taille suffisamment étendue pour renforcer leur puissance compétitive, préserver leur part de marché et exploiter au maximum les avantages comparatifs des différents marchés. Le rapport d'osmose entre les marchés augmente sensiblement le risque de voir les comportements anticoncurrentiels pratiqués dans un pays avoir des répercussions nocives sur le libre jeu de la concurrence dans un pays tiers ou dans plusieurs pays à la fois[240].

Toujours dans le but de limiter les effets de la concurrence, les entreprises peuvent s'accorder pour exercer une puissance sur le marché national ou international. Cette recherche de position dominante peut aussi se réaliser par l'entremise d'une fusion ou d'une collusion. Le comportement collusoire, accord tacite ou explicite entre firmes sur une politique de tarification ou de production, peut prendre diverses formes. Il peut s'agir, même si leur nombre décroît, de cartels internationaux ou de cartels d'exportation. Il convient de remarquer que souvent, dans un but défensif et afin de contrebalancer l'effet des cartels précités, on assiste à la formation de cartels à l'importation. Il peut être par ailleurs question de restrictions verticales, « accords conclus entre firmes à divers stades du processus de production et de distribution » sous la forme d'accord d'exclusivité territoriale, restriction limitant le choix de l'emplacement d'une entreprise, de pratiques de prix de ventes imposées, ou d'accords horizontaux entre les entreprises installées sur un même marché avec des produits identiques ou similaires qui se traduisent, entre autres, par un prix de monopole ou une répartition de la clientèle entre fournisseurs sur un marché[241].

A – Les cartels d'exportation et les cartels d'importation

Lorsque les entreprises de différents pays se concertent pour fixer les prix, répartir des marchés, ou conviennent de l'attribution des projets à tour de rôle, on parle de cartel international. De nos jours, on constate deux types de

---

[240] *Ibid.*

[241] OKIEMY Bienvenu, « L'O.M.C. face à la problématique de l'institution d'un droit international de la concurrence », dans *l'Organisation mondiale du commerce : vers un droit mondial du commerce ?*, sous la direction d'OSMAN Filali, Bruylant Bruxelles 2001, p. 65.

cartel, particulièrement nuisibles à la concurrence internationale : les cartels d'exportation et les cartels d'importation. Dans la quasi-totalité des pays ayant une législation relative aux pratiques commerciales restrictives, la loi nationale peut, soit exempter expressément de telles ententes de son champ d'application à condition qu'elles fassent l'objet d'une notification, soit simplement ne pas s'appliquer à ces dernières en vertu du principe des effets, selon lequel de tels arrangements ne sont pas visés par la loi si les effets ne se font pas sentir sur le marché intérieur. Quant aux cartels d'importation, ils font souvent office d'organisme d'achat centralisé pour l'approvisionnement d'un secteur donné en matières premières, par exemple pour l'industrie chimique. Ils peuvent être constitués en vue de faire contrepoids à la puissance commerciale des cartels d'exportation d'autres pays[242].

Du point de vue de l'objet du droit international de la concurrence, il parait fort logique d'empêcher les formations de cartels internationaux, en particulier les cartels d'exportations et les cartels d'importations car ces derniers ont des effets particulièrement nuisibles sur le commerce et la concurrence internationale. C'est la raison pour laquelle nous examinerons ces deux types de cartels en détail dans la deuxième partie de notre étude[243].

B – Définir raisonnablement les frontières du marché pertinent

En principe, la délimitation géographique repose sur des critères liés à la demande et subsidiairement à l'offre[244]. Ainsi, le marché est le lieu où se confrontent une offre et une demande de produits ou de services identiques ou substituables. On appelle marché pertinent ou marché de référence celui sur lequel la concurrence est empêchée, restreinte ou faussée. Pour déterminer la nature du produit, le degré de substituabilité et la couverture juridique doivent être appréciés de façon croisée et empirique, aucun d'eux ne suffisant individuellement. On s'est longtemps placé du seul point de vue de l'acheteur pour apprécier la substituabilité. Par contre, on observe depuis quelques années une tendance à poser la question de la substituabilité non plus seulement en termes de demande mais aussi en termes d'offre : y a-t-il une facilité d'entrée de nouveaux concurrents sur le marché dont il s'agit ?

---

242 CNUCED, *La politique de concurrence et les pratiques commerciales restrictives*, Groupe intergouvernemental d'experts des pratiques commerciales restrictives, TD/B/RBP/INF.36, 29 janvier 1996, p. 9.

243 Cf.chapitre consacré à l'obligation imminente de traiter les sujets échappant à toutes sanctions, *infra*.

244 MALAURIE – VIGNAL Marie, *L'abus de position dominante*, L.G.D.J., Paris 2003, p. 32.

S'il existe une concurrence potentielle, on peut élargir la définition de ce marché. En fait, ces deux aspects sont complémentaires[245].

En outre, le marché considéré constitue un cadre d'analyse qui met en évidence les limitations de concurrence auxquelles se heurtent les entreprises concernées. L'objectif de la définition du marché concerné est de recenser les entreprises qui sont en concurrence pour un produit et dans une zone géographique donnés afin de déterminer si d'autres entreprises peuvent peser effectivement sur les prix de celui qui est en position de monopole présumé. En d'autres termes, il s'agit de rechercher les concurrents des entreprises qui sont réellement en mesure d'influer sur leur comportement et de les empêcher d'agir en marge de toutes les véritables pressions concurrentielles. Ainsi, la définition du marché considéré du produit et de la zone géographique visée est une phase essentielle de l'analyse de nombreuses affaires qui ont fait jurisprudence en matière de concurrence[246]. Avec la mondialisation, le marché géographique considéré peut être local, national, international ou même mondial, en fonction du produit concerné, de la nature des possibilités de substitution et d'approvisionnement du produit et de la présence ou de l'absence de facteurs spécifiques, par exemple, les coûts de transport, les droits de douane ou autres obstacles et mesures liés à la réglementation qui pourraient empêcher les importations de contrecarrer l'exercice d'une position de force sur le marché national.

De nos jours, les accords horizontaux de partage des marchés à l'échelle internationale, les accords verticaux qui confère une protection territoriale absolue[247], l'intégration verticale des marchés dans le cadre de concentrations d'entreprises ou encore les cartels d'importations sont autant de moyens que les entreprises peuvent mettre en œuvre pour anéantir les bénéfices attendus de la libéralisation du commerce international[248]. Tout devient en quelque sorte du droit de la concurrence et la question se pose de savoir si les autorités nationales de concurrence sont en mesure d'effectuer

---

245 BRAULT Dominique, *Droit et politique de la concurrence*, *op.cit.*, p. 258 et 259.

246 CNUCED, Projet de commentaires d'éléments pour les articles d'une loi ou de loi types, *Série de la CNUCED sur les questions relatives au droit et à la politique de la concurrence*, TD/RBP/CONF.5/7. p. 20.

247 A titre d'exemple, on peut citer la désignation d'importateurs exclusifs pour un territoire avec clause d'interdiction d'exporter les produits ou de les vendre à des acheteurs provenant d'autres territoires.

248 ABBOT Frederick, « First Report (Final) to the Committee on International Trade Law of the International Law Association on the Subject of Parallel Importation », *JIEL*, Oxford University Press, 1998, p. 621.

un contrôle effectif de dimension internationale. Les politiques de concurrence, comme les politiques commerciales, auxquelles elles sont liées, concernent traditionnellement des situations limitées à l'espace national. Or, les entreprises opèrent aujourd'hui sur des marchés mondiaux, dépassant donc le cadre des Etats. Par conséquent, on se trouve à présent devant une situation qui ne favorise pas nécessairement les comportements coopératifs. La plupart des pays sont convaincus de l'intérêt pour tous d'instaurer une politique de la concurrence efficace et d'ouvrir les marchés intérieurs, mais cette rationalité collective entre en contradiction avec leur rationalité individuelle : étant donné le comportement des autres pays, ils peuvent avoir intérêt à limiter la politique de concurrence en fermant leur marché national et en tentant de favoriser la naissance de champions nationaux[249]. L'internationalisation de l'économie, qui amène aujourd'hui un changement de perspectives pour apprécier le champ géographique réel d'une situation dominante sur un marché national, voire sur le marché européen, peut être nécessaire pour permettre la survie d'une entreprise en forte situation concurrentielle internationale, si ses concurrents sont en mesure de bénéficier de « chasses gardées » dans leur pays d'origine[250].

Ainsi, le système présente au moins deux défauts majeurs dus aux deux caractères, national et unilatéral. Envisagés isolément, ces contrôles se heurtent à des limites territoriales évidentes du fait de leur caractère national ; envisagés globalement, ils remettent en cause la cohérence du système du fait de leur caractère unilatéral. La difficulté technique tient au fait que de plus en plus souvent les marchés deviennent mondiaux. Tel est le cas par exemple dans le domaine aéronautique, ou encore dans les secteurs liés aux nouvelles technologies. Si l'on admet que le marché géographique est mondial, l'autorité de concurrence aura beaucoup plus de difficultés à identifier les problèmes de concurrence, à établir notamment le pouvoir de marché ou la dominance de la nouvelle entité. Il y a par conséquent une contradiction entre une concurrence qui s'exerce à un niveau mondial et une règle qui ne permet d'appréhender que les effets sur un marché national. Les grandes autorités de contrôle, tout en reconnaissant l'existence de cette limite, estiment qu'elles peuvent surmonter cette contradiction[251].

---

[249] PRAGER Jean-Claude / François VILLEROY de GALHAU, *18 leçons sur la politique économique : à la recherche de la régulation*, *op.cit.*, p. 86.
[250] PRAGER Jean-Claude, *La politique économique aujourd'hui*, Ellipses, Paris 2002, p. 49.
[251] IDOT Laurence, « Mondialisation, liberté et régulation de la concurrence, le contrôle des concentrations », *RIDE* 2002/2, p. 182 et 183.

En conclusion, puisque la juridiction territoriale et le marché pertinent ne sont plus identiques, un accord multilatéral sur la politique de concurrence est nécessaire pour empêcher des problèmes juridiques associés. Le marché pertinent est un concept central de la théorie de la politique de concurrence. C'est l'arène au sein de laquelle les entreprises entrent en concurrence dans des conditions égalitaires. La littérature économique se fonde sur le marché pertinent pour déterminer la position dominante sur le marché et pour accorder ou refuser une concentration. En réalité, il est difficile d'établir les frontières précises d'un marché pertinent, et les autorités de concurrence considèrent souvent seulement le marché national. Cependant, le marché pertinent global diffère du marché proprement national. Un accord international pourrait normaliser cette situation[252].

C – Lutter contre le dumping au niveau international

D'une façon générale le « dumping » est une pratique de discrimination de prix, le même produit étant vendu à des prix divers sur les marchés nationaux, sans justification économique ou commerciale fondée[253]. Le plus souvent le dumping prend la forme de la vente par une entreprise d'un produit sur un marché étranger à un prix inférieur à celui prévalant sur le marché national. Le dumping entraîne une mauvaise allocation des ressources entre les pays exportateurs et les pays importateurs en portant atteinte aux intérêts des producteurs locaux. Par conséquent, le dumping a toujours été combattu par les pays importateurs. Au niveau international, l'article VI du GATT et l'accord antidumping de Marrakech, remplaçant le Code antidumping du Tokyo Round règlemente le sujet. L'article VI du GATT définit le dumping comme le fait d'introduire un produit sur un marché à un prix inférieur à sa valeur « normale », celle-ci étant entendue comme celle auquel le même produit est offert sur le marché national du pays exportateur.

En soi, le dumping n'est pas condamnable. Mais s'il cause un préjudice à l'Etat importateur, soit en rendant difficile la survie d'une branche de sa production nationale, soit en retardant sensiblement son développement, cet Etat aura le droit, s'il le souhaite, de mettre en place des mesures

---

[252] PAASMAN Berend, *Multilateral Rules on Competition Policy : An Overview of the Debate, United Nations Economic Commission for Latin America and the Caribbean*, Division of Trade and Development Finance, International Trade Unit, 1999, p. 28.

[253] CARREAU Dominique / JUILLARD Patrick, *Droit international économique*, *op.cit.*, p. 194.

antidumping. En ayant recours fréquemment à ces mesures, les Etats les plus développés en ont parfois fait un instrument de protectionnisme contraire à la philosophie du GATT. A l'origine, la législation antidumping est née de la crainte que les entreprises, situées à l'abri de barrières protectrices et ayant peut-être formé une entente sur le marché intérieur de leur pays, profitent d'un avantage économique déloyal en subventionnant leurs exportations à l'aide des bénéfices résultant des prix élevés qu'elles pratiquent sur le marché intérieur[254]. Ainsi est-il devenu aussi important de réglementer les mesures antidumping que le dumping lui-même. L'accord de 1994, en se limitant à des retouches – bienvenues mais sans doute insuffisantes – courre le risque de ne pas réussir à limiter certains excès dans l'usage des mesures antidumping[255].

En bref, il faut admettre que ni la mise en œuvre de cette réglementation, ni la définition même du dumping ne sont satisfaisants. En effet, le système actuel prévoit une mise en œuvre par les juridictions nationales des Etats membres de l'Organisation mondiale du commerce. Du fait de l'attitude protectionniste de certains Etats, il est difficile de déterminer l'existence d'un préjudice et d'apprécier le lien de causalité et les méthodes de calcul des coûts de production. De plus, certaines entreprises peuvent abuser des procédures antidumping pour gêner le développement de leurs concurrents les plus compétitifs en les accusant systématiquement à tort. Ces insuffisances de la réglementation antidumping nous conduisent à considérer qu'une certain cohérence du droit international de la concurrence et du droit du commerce international ne sera pas assuré tant qu'il n'y aura pas une nouvelle réglementation dans ce domaine.

***

En effet, la finalité du droit de la concurrence repose sur l'idée que le marché est caractérisé par un certain nombre de défaillances dommageables à l'ensemble de la société au point qu'il conviendrait de protéger le fonctionnement de celui-ci. La question du droit de la concurrence et de la politique de concurrence s'inscrit dans cette problématique. Pourtant, il est clair que la concurrence telle qu'elle existe dans le monde réel diffère de la

[254] MERKT Benoît, *Harmonisation internationale et entraide administrative internationale en droit de la concurrence*, *op.cit.*, p. 168.
[255] JACQUET Jean-Michel / DELEBECQUE Philippe / CORNELOUP Sabine, *Droit du commerce international*, 1e Dalloz, Paris 2007, p. 111.

concurrence pure et parfaite et l'origine des défaillances est loin d'être établie clairement. Du fait de l'inexistence d'une autorité suprême, surveillant le fonctionnement du marché mondial, quand il y a défaillance de ce dernier, l'intervention est revêtue d'un caractère particulier et est inévitablement différente des interventions de caractère national. Ainsi, il est important d'examiner s'il existe déjà les sources d'un droit capable de réglementer le droit de la concurrence à l'échelle mondiale.

Chapitre II – Les sources potentielles du droit international de la concurrence

Les plupart des pays développés ont une législation nationale en matière de concurrence, laquelle est surveillée par une autorité. Depuis une trentaine d'années, on assiste à une augmentation du nombre d'accords en matière d'union douanière qui englobent des dispositions sur le droit de la concurrence. L'Union européenne a élaboré l'accord le plus avancé sur le sujet et dispose d'une autorité supranationale, compétente pour vérifier le respect des règles de concurrence. En revanche, il ne faut pas oublier le fait que la plupart des législations sur la concurrence existantes trouvent leur inspiration soit en droit antitrust américain, soit en droit européen de la concurrence. Dans la mesure où il est reconnu que les problèmes de concurrence qui se posent aujourd'hui découlent de l'économie des marchés intégrés, une attention particulière doit être apportée à l'étude des sources du droit de la concurrence relevant du droit international. Il est évident que les accords du GATT et de l'OMC constituent le texte fondamental, même s'il s'avère insuffisant.

Section I – Les sources au niveau national et régional

Il existe deux sources importantes pour le droit de la concurrence qui peuvent servir d'exemple pour un droit international de la concurrence : le droit antitrust américain et le droit européen de la concurrence. La longue expérience en matière de politique américaine de concurrence a très certainement influencé le droit européen de la concurrence qui s'est développé assez rapidement. Il faut admettre qu'on trouve des dispositions concernant le droit de la concurrence dans plusieurs accords régionaux. Toutefois, le système européen est le seul système ayant un caractère supranational, doté d'institutions qui renforcent les règles de concurrence. En outre, l'Union européenne, organisation *sui generis,* peut constituer un exemple intéressant pour l'avenir du droit international de la concurrence. C'est la raison pour laquelle nous considérons le droit européen comme une source potentielle du droit international de la concurrence, et nous examinerons les autres accords régionaux dans un chapitre ultérieur[256].

---

[256] Ces accords seront examinés dans le premier chapitre du deuxième titre de la première partie.

Sous-section 1 – Le droit antitrust américain comme source d'inspiration

Certains auteurs pensent que l'histoire du droit de la concurrence commence véritablement aux Etats-Unis avec la promulgation du *Sherman Act* en 1890[257]. Le *Sherman Act* n'est pas né d'un seul coup. Il aura fallu plusieurs événements pour que ce texte important tant pour les Etats-Unis que pour les autre pays voit le jour. En examinant les travaux préparatoires, on constate que presque tous les Etats s'en sont inspirés pour adopter leur droit national de la concurrence.

Enfin, il faut signaler qu'en réalité, des deux côtés de l'Atlantique, les expressions *antitrust law* et *competition law* ne recouvrent pas la même chose. Du côté européen, le terme ne couvre que les pratiques anticoncurrentielles et pas le contrôle des concentrations qui apparaît séparément sous l'appellation *« mergers »,* alors que le champ américain de l'antitrust recouvre les fusions[258].

§ 1 – Le chemin vers l'adoption du *Sherman Act*

Le Sherman Act est considéré, aux Etats-Unis, comme la *Magna Carta* de la libre entreprise[259]. Son adoption a été difficile et s'inspire de la tradition britannique de la justice américaine. Dès la fin du Moyen Age, les juridictions anglaises ont considéré que la liberté du commerce devait être protégée a priori. Les individus ne pouvaient en aucune manière limiter leur liberté d'action sur le marché sauf si certaines conditions étaient remplies. Les juges de Common Law ont adopté cette approche à l'occasion de l'affaire « *Mitchell v. Reynolds* »[260] en 1711. En l'espèce, le défendeur avait mis en location une boulangerie pour une duré de cinq ans et il s'était engagé à ne pas exercer le métier de boulanger dans le même quartier pendant la durée du bail contre la somme de 50 livres. A l'époque, cette obligation était

---

[257] ENCOA David / GUESNERIE Roger, Politique de la concurrence, Conseil d'analyse économique, *La Documentation Française*, Paris, 2006, p.19. ; PRIETO Catherine, « Quelle concurrence face à la mondialisation économique ? L'Europe entre audace et ralliement », *Concurrences - Revues des droits de la concurrence*, No.1, 2005, p. 20.

[258] PRIETO Catherine, « Quelle concurrence face à la mondialisation économique ? L'Europe entre audace et ralliement », *op.cit.*, p. 21.

[259] SMITHERMAN Charles W., "The Future of Global Competition Governance: Lessons From the Transatlantic", *op.cit.*, p. 777.

[260] Cité par BORK Robert H. "Ancillary Restrains and the Sherman Act", 15 *ABA* Antitrust Section 211 (1959), pp. 213-214.

considérée comme valable car la restriction était volontaire, limitée dans l'espace et avait fait l'objet d'une contrepartie.

Dès l'apparition des premiers colons, les Etats-Unis ont été placés sous l'autorité de la Common Law anglaise. Par la suite, le système de *Common Law* s'est imposé sur tout le territoire, lorsque celui-ci est devenu indépendant de l'ancienne métropole, à la fin du XVIIIe siècle[261]. Le développement industriel des Etats-Unis a entraîné la multiplication des entreprises, ainsi que l'apparition de véritables ententes. A partir de là, les tribunaux ont eu à traiter de la légalité d'accords de partages de marchés, de répartition territoriale et de fixation de prix[262]. Globalement, ces ententes ont été annulées par les tribunaux sans tenir compte de leur caractère éventuellement raisonnable[263]. Ainsi, à la veille du vote du *Sherman Act*, les tribunaux américains avaient adopté une position très hostile aux ententes[264].

Après la Guerre Civile, les Etats-Unis ont connu un développement considérable très largement provoqué par le développement des infrastructures du pays[265]. L'industrialisation a montré la nécessité d'adopter une manière différente de diriger les affaires. Les chefs d'entreprise ont du se regrouper afin de contrôler d'importantes industries. Parce que les ententes classiques ont été sévèrement condamnées par les tribunaux de *Common Law*, ils ont choisi une autre méthode qui consistait à créer des trusts[266]. Les années 1870 à 1880 sont marquées par une vague de concentration industrielle, donnant naissance à des véritables « géants » dans des secteurs tels que le pétrole, la sidérurgie, l'industrie électrique et les

---

261 FASQUELLE Daniel, *Droit américain et droit communautaire des ententes*, GLN Joly Editions, 1993, pp. 15-16.

262 RAHL James, "Conspiracy and the Anti-Trust Laws ", *Illinois Law Review III Vol.44*, 1950, p. 745.

263 FASQUELLE Daniel, *Droit américain et droit communautaire des ententes, op.cit*, p. 17.

264 *Ibid.* p. 18.

265 FOER Albert A. / LANDE Robert H., "The evolution of United States Antitrust Law : The past, present, and (possible) future", 16 *Nihon University Comparative Law* (1999), p. 149 à 172.

266 A l'origine le trust est une création de *common law* remontant à l'époque où le chevalier partant pour la croisade confiait sa fortune à un ami, *le trustee.* Ce terme a pris un sens nouveau à partir de 1879, avec la création du *Standart Oil Trust,* regroupant jusqu'à 95% de la production de pétrole. Les entreprises remettent les actions représentant leur capital à la plus puissante d'entre elles. Cette dernière pouvait alors exercer tous les droits d'un propriétaire sur les titres de l'ensemble des participants, FASQUELLE Daniel, *Droit américain et droit communautaire des ententes, op.cit.*, p. 20 et 21.

chemins de fer[267]. Ces derniers ont eu un succès considérable et bientôt toutes les branches de l'industrie ont été touchées. Un mouvement populiste s'est élevé contre la formation de trusts imposants jouissant d'une énorme puissance économique et dirigés par les capitaines de la révolution industrielle américaine[268]. Or, à la fin des années 1880, la pression était très forte. Les programmes de tous les partis politiques importants ont adopté le principe du vote d'une loi antitrust[269]. La motivation des législateurs américains étaient d'essence *populiste, voire socialisante*[270], dans un contexte d'expansion économique sans précédent qui allait placer les Etats-Unis en tête des puissances industrielles dans les premières décennies du XXème siècle[271].

§ 2 – Les principaux textes élaborés par le Congrès

Le Congrès américain a commencé à légiférer dès 1887 en ce qui concerne l'antitrust, mais le droit américain dans ce domaine repose essentiellement sur deux textes : d'abord le *Sherman Act* de 1890 et ensuite le *Clayton Act* de 1914. Les autres textes ont une importance relative par rapport à ces deux lois légendaires.

A – L'Interstate Commerce Act de 1887

Le Congrès avait été invité par la Cour Suprême à légiférer en la matière, parce que le commerce entre Etats fédérés était menacé[272]. La première loi fédérale en matière de concurrence a été adoptée en 1887, surnommée *Interstate Commerce Act*[273]. Ce texte a été conçu pour lutter contre les discriminations injustes concernant les tarifs appliqués par les compagnies de chemin de fer, la première industrie de la nation ayant été confrontée à une concurrence destructrice. La loi était un moyen de protéger ces mêmes compagnies des pressions qu'exerçaient les trusts afin d'obtenir un traitement favorable. Ce texte est important à trois points de vue. Tout d'abord, il s'agit de la première intervention du pouvoir fédéral ayant pour

---

267 COMBE Emmanuel, *Economie et politique de la concurrence*, Dalloz, Paris, 2005, p. 4.
268 LEVASSEUR Alain, *Droit des Etats-Unis*, Dalloz, Paris, 1994, p. 275.
269 FASQUELLE Daniel, *Droit américain et droit communautaire des ententes, op.cit*, p. 22.
270 Au sens social-démocrate du terme.
271 SOUTY François, *Le droit et la politique de la concurrence de l'Union européenne,* 3ème éd., Montchrestien Paris 2003, p. 19.
272 *Wasbasch St Louis & Pacific Railway Co. V. Illinois State*, 118 US 557 (1885).
273 MATCHETTE Robert B, *Guide to Federal Records in the National Archives of the United States, National Archives and Records Administration*, Washington, DC, 1996.

effet de réglementer l'activité des entreprises privées dans un secteur. C'est une véritable loi antitrust qui, même si elle ne concerne que les chemins de fer, prohibe un certain nombre de pratiques anticoncurrentielles. Ensuite, cette loi met en place le premier organe gouvernemental régulateur de l'économie privée qu'aient connu les Etats-Unis : l'*Interstate Commerce Commission*. Enfin, il faut remarquer que le texte utilise la notion de « tarifs raisonnables », ce qui sera à l'origine d'une certaine confusion[274].

B – Le Sherman Act de 1890

L'*Interstate Commerce Act* est un texte limité dans sa portée mais il a ouvert la voie à l'adoption par le Congrès d'une législation plus générale qui concerne l'ensemble des questions relatives à la concurrence. Les membres du Sénat et de la Chambre des Représentants se sont saisis de la question en 1890. La préparation et l'adoption du texte ont été réalisées avec une rapidité considérable et la loi a été promulguée le 2 juillet 1890[275]. On peut considérer cette réglementation comme un *restatement* car ce texte n'a pas la prétention de modifier les fondements du droit de la concurrence tel qu'il était appliqué à l'époque aux Etats-Unis. En revanche la portée principale de ce texte a été de faire passer la *Common Law* dans le giron des tribunaux fédéraux[276].

Le *Sherman Act* énonce deux interdictions fondamentales en harmonisant le droit des Etats fédérés sous une seule loi fédérale. D'abord, la section 1 interdit tout contrat d'accord ou d'entente qui vise le bon fonctionnement du commerce en proclamant « Tout contrat, toute association sous forme de trust ou autrement ou toute entente en vue de restreindre les échanges ou le commerce entre les différents Etats de l'Union ou avec les pays étrangers, sont illégaux... »[277]. Ensuite, la section 2 interdit toute situation de monopole, tentative de création d'un monopole et accord ou entente tendant à créer un monopole en déclarant « Toute personne qui monopolisera, tentera de monopoliser, ou participera à une association ou à une entente avec une ou plusieurs personnes en vue de monopoliser une partie

---

[274] FASQUELLE Daniel, *Droit américain et droit communautaire des ententes, op.cit*, p. 23.
[275] *Sherman Antitrust Act* "An act to protect trade and commerce against unlawful restraints and monopolies" Public law n° 190, US Statues at large, Vol. 26 pp. 209-210, 15 US Code Section §1-7 Stat 206.
[276] FASQUELLE Daniel, *Droit américain et droit communautaire des ententes, op.cit*, p. 26.
[277] *Ibid* "Every contract, in combination in the form of trust or otherwise, or conspiracy, in restraint of trade or commerce among the several States, or with foreign nations, is declared to be illegal...".

quelconque des échanges ou du commerce entre les différents Etats de l'Union ou avec les pays étrangers se rend coupable d'une infraction... »[278].

La grande innovation du *Sherman Act* a été de modifier le système des sanctions de la *Common Law* par trois voies d'action : l'action au criminel avec pour résultat l'amende et l'emprisonnement, cette voie d'action permettant au tribunal de saisir des marchandises ayant fait l'objet d'activités réprimées par la loi ; l'action publique en équité ; et enfin, la voie de l'action privée qui permet d'obtenir le triple du montant de la réparation du préjudice subi[279].

La terminologie du *Sherman Act* étant assez vague, l'interprétation des notions vides de sens a incombé aux juges. La Cour Suprême a rendu deux décisions fameuses en 1911 : les arrêts *Standart Oil of New Jersey v. US*[280] et *US v. American Tobacco* [281]. Dans la première affaire, le juge White a estimé qu'il y avait une lacune concernant la définition du terme « restriction du commerce » et qu'il fallait établir une règle ou un principe d'interprétation pour savoir quelles restrictions de concurrence devaient être interdites. Dans l'affaire *American Tobacco*, le juge White a développé sa pensée et a posé une nouvelle version de la règle de raison[282]. Cette nouvelle version a pris le nom de « méthode du bilan concurrentiel » qui peut être définie comme « une méthode d'analyse destinée à établir pour chaque convention située dans son contexte réel, un bilan de ses effets anti et pro-concurrentiels [283]». La méthode consiste à savoir si la concurrence est réellement atteinte ou pas. L'arrêt *Board of Trade of Chicago v. US* [284] a

---

[278] *Ibid* " Every person who shall monopolize, or attempt to monopolize, or combine or conspire with any other person or persons, to monopolize any part of the trade or commerce among the several States, or with foreign nations, shall be deemed guilty of a felony...".
[279] *Ibid*. p. 25.
[280] *Standart Oil Co. (N.J.) v U.S.*, 221 US 1 (1911) : la justice ordonnait le démantèlement de la Standard Oil, le plus important groupe américain de l'époque. Créée en 1878 par John Rockefeller, la compagnie a pris, peu à peu, le contrôle de toutes les raffineries du pays, étranglant ses concurrents au passage. Le trust a contrôlé jusqu'à 84 % du pétrole raffiné aux Etats-Unis, 66 % de la distribution d'essence et a noué des ententes avec les groupes de chemin de fer, les transports maritimes plus ou moins sous sa coupe.
[281] *U.S. v. American Tobacco*, 221 US 106 (1911).
[282] JOLIET René, *The Rule of Reason in Antitrust Law*, Faculté de Droit, Liège, Martinus Nijhoff, La Haye 1967, p. 30.
[283] KOVAR Robert., "Le droit communautaire de la concurrence et la règle de raison", *RTDE* 1987, p.237.
[284] 246 US 231 (1918).

renforcé l'idée, déjà émise par le juge White, selon laquelle toute limitation à la liberté du commerce n'est pas forcément interdite[285].

C – Le *Clayton Act* de 1914

L'élection présidentielle de 1912 s'est passée entre trois candidats : William Howard Taft, Theodore Roosevelt et Woodrow Wilson. L'antitrust a été l'un des sujets les plus débattus de la campagne électorale. Le vainqueur de l'élection, le Président Wilson avait un programme économique qui avait pour objectif de diminuer la force contraignante et les pratiques concertées des grands entreprises afin d'assurer une concurrence non faussée pour tous les entrepreneurs[286]. En effet, à l'époque, une présomption d'inefficacité du *Sherman Act* était née[287]. D'une part, très peu de moyens budgétaires avaient été accordés par les présidents républicains au ministère de la Justice pour que ce dernier puisse poursuivre les restrictions concurrentielles[288], et les critiques adressées au *Sherman Act* et à l'arrêt *Standart Oil* [289]d'autre part, avaient provoqué une réaction du Congrès qui amena à renforcer la législation fédérale antitrust. De plus, le *Sherman Act* avait confié au seul juge sa mise en application sans avoir créé une autorité d'exécution administrative. La première réaction du Congrès face à la situation fut l'adoption du *Clayton Act*[290] en 1914.

En résumé, la loi vise donc la pratique des prix discriminatoires sauf s'ils sont justifiés par le besoin de faire face à la concurrence ou s'ils reflètent le coût de revient[291] ; les contrats liés et les clauses d'approvisionnement exclusif ; les fusions et les acquisitions dans la mesure où la restriction de la concurrence a un effet anticoncurrentiel[292]. En effet, la section 7 de la Loi Clayton est le principal texte fédéral en matière de droit de la concurrence s'appliquant aux fusions. Donc par le biais des concentrations, il est possible de monopoliser le marché. Cette loi dont le champ d'application a été étendu par le *Celler Kefauver Act* de 1950 prévoit que « Nulle personne engagée

---

[285] JOLIET René, *The Rule of Reason in Antitrust Law, op.cit*, p. 37.
[286] FOX Eleanor M. / SULLIVAN Lawrence A. / PERITS Rudolph J.R., *Cases and Materials on U.S. Antitrust in Global Context*, 2nd ed. American Casebook Series, West Group 2004, p. 48 et 49.
[287] COMBE Emmanuel, *Economie et politique de la concurrence, op.cit.*, p. 5.
[288] FASQUELLE Daniel, *Droit américain et droit communautaire des ententes, op.cit.* , p. 27.
[289] LEVASSEUR Alain, *Droit des Etats-Unis, op.cit.* p. 278.
[290] Clayton Act, 15 U.S.C., §§ 12-27.
[291] Le prix incluant les frais de transport.
[292] LEVASSEUR Alain, *Droit des Etats-Unis, op.cit*, p. 279.

dans le commerce ou dans toute activité commerciale ne saurait acquérir directement ou indirectement tout ou partie des actions ou des actifs d'une autre personne..., lorsque s'agissant d'une ligne de produits ou de toute activité affectant le commerce dans tout ou partie du marché, l'effet de l'acquisition serait soit d'amoindrir substantiellement la concurrence soit de tendre à la création d'un monopole »[293]. En outre, la section 3 du *Clayton Act* traite des contrats de vente et des accords de distribution. Cette même section interdit aussi les contrats liés tombant sous le coup de la *Sherman Act*, section 1[294].

D – Le Federal Trade Commission Act de 1914

Le second texte de loi adopté en 1914 fut le *Federal Trade Commission Act*[295] amendé en 1938 et 1975. La section 5 de cette loi interdit la pratique de la concurrence déloyale. Cette section recouvre non seulement toutes les activités visées par les lois *Sherman* et *Clayton* mais aussi toute pratique anticoncurrentielle que la *Federal Trade Commission* peut estimer déloyale. C'est pourquoi cette loi est considérée comme la loi « joker » du droit de la concurrence comblant les lacunes laissées par les autres textes de lois[296]. En vertu de cette loi, la Commission peut exiger que des entreprises dédommagent des consommateurs pour le préjudice subi.

Malgré l'intention explicite du Congrès de créer un bureau dynamique qui développerait et promulguerait des lignes directrices, les activités de la *Federal Trade Commission* furent assez limitées dans les 20 premières années[297]. Aujourd'hui, sa tâche consiste principalement à préparer les textes de réglementation et à mener des enquêtes.

---

[293] Clayton Act, 15 U.S.C., § 18, " No person engaged in commerce or in any activity affecting commerce shall acquire, directly or indirectly, the whole or any part of the stock or other share capital and no person subject to the jurisdiction of the Federal Trade Commission shall acquire the whole or any part of the assets of another person engaged also in commerce or in any activity affecting commerce, where in any line of commerce or in any activity affecting commerce in any section of the country the effect of such acquisition may be substantially to lessen competition, or to tend to create a monopoly. "

[294] *Ibid*. §13.

[295] 38 Stat. 717 (1914) ; 15 U.S.C. § 41-58.

[296] LEVASSEUR Alain, *Droit des Etats-Unis, op.cit*, p. 280.

[297] FOX Eleanor M. / SULLIVAN Lawrence A. / PERITS Rudolph J.R., *Cases and Materials on U.S. Antitrust in Global Context*, *op.cit.*, p. 50.

§ 3 – Les deux notions importantes créées par la jurisprudence américaine

A – La norme de la règle de la raison

Les tribunaux américains se sont progressivement rendu compte, qu'en réalité, il n'était pas possible d'interdire toutes les pratiques ayant pour effet de réduire la concurrence. La portée du *Sherman Act* est d'ailleurs très large puisqu'il interdit toute « restriction du commerce ». Une jurisprudence s'est alors développée, la règle de la raison, servant à évaluer le « caractère raisonnable » donc la légalité des ententes entre concurrents. L'examen factuel que requiert la règle de la raison vise à déterminer si, tout compte fait, l'accord en cause favorise ou supprime la concurrence[298].

En pratique, il faut effectuer jusqu'à quatre examens différents. Les tribunaux se demandent d'abord si l'entente porte atteinte à la concurrence. Les lignes directrices conjointes énumèrent quatre facteurs à prendre en considération dans l'évaluation de l'atteinte à la concurrence : la nature de l'entente, la capacité et la motivation des participants à se livrer concurrence de façon indépendante et les conditions du marché. Ensuite, il appartient à la partie défenderesse d'établir que l'entente en cause est justifiée parce qu'elle entraîne des gains en efficience. Selon les lignes directrices conjointes, il doit s'agir de gains en efficience constatables, c'est-à-dire vérifiables, par opposition aux gains vagues ou hypothétiques qui ne résultent pas de réductions anticoncurrentielles de la production ou des services. Lorsque la justification d'efficience alléguée est manifestement invraisemblable, l'entente sera sommairement déclarée illégale[299].

Lorsque la partie défenderesse a réussi à démontrer l'existence d'une justification d'efficience plausible, les tribunaux passent à la troisième étape de l'analyse fondée sur la règle de la raison. La partie défenderesse doit alors établir que la justification est raisonnablement nécessaire. Notons toutefois que la jurisprudence n'est pas fixée sur les critères applicables à la détermination du caractère nécessaire ou non d'une restriction. Enfin, la

---

[298] GERBER David J., « Les doctrines européenne et américaine du droit de la concurrence » dans *la Modernisation du droit de la concurrence*, sous la direction de CANIVET Guy, L.G.D.J. Paris 2006, p. 115.

[299] *Proposition de modification législative à l'article 45 de la loi sur la concurrence*, Rapport de RUSSELL Robert S., FANAKI Adam F., AKMAN Davit D., "Legislative framework for amending section 45 of the *Competition Act*", Borden Ladner Gervais LLP, Bureau de la Concurrence Canadien, 11 Avril 2001, p. 31

dernière étape de l'analyse, fondée sur la règle de la raison telle qu'elle est décrite dans les lignes directrices conjointes, consiste à comparer la probabilité des gains en efficience constatables ou l'atteinte à la concurrence ainsi que leur importance respective, afin de déterminer quels effets globaux réels ou probables l'entente aura sur la concurrence dans le marché pertinent. Ce sont principalement les effets réels ou à court terme qui comptent ici. Bien que des avantages différés puissent être également pris en considération, les lignes directrices conjointes indiquent que ce facteur pèse moins parce qu'il est moins immédiat et plus difficile à prédire[300].

En effet, la portée et les limites de l'examen relatif à la justification d'efficience ne sont pas établies avec certitude. Dans l'affaire *Professional Engineers*[301], la Cour Suprême a semblé restreindre l'analyse de la justification à l'examen des effets de l'entente sur la concurrence, ce qui a amené des auteurs à affirmer que les facteurs non économiques n'intervenaient pas. Le coût et l'imprévisibilité de cette interprétation de la règle de la raison a conduit la jurisprudence à créer un autre type d'analyse.

B – L'illégalité *per se*

Le droit américain considère certaines ententes comme déraisonnables *per se* et, partant, illégales en vertu de section 1 du *Sherman Act*. La jurisprudence[302] en est venue à établir, avec l'expérience, que lorsqu'il a été démontré qu'un type particulier d'entente est manifestement anticoncurrentiel et qu'il ne s'agit le plus souvent que d'un moyen de restreindre la production et d'augmenter les prix, l'entente sera péremptoirement présumée illégale sans qu'il ne soit nécessaire d'examiner son effet net sur la concurrence, l'objet commercial qu'elle est censée poursuivre, ou ses possibles justifications non économiques[303]. De façon générale, sont ainsi péremptoirement interdites les ententes de fixation de prix[304] ou de production, les ententes de répartition de territoires ou de

---

300 *Ibid.* p. 33.
301 *National Society of Professional Engineers v U.S.*, 229 US (1978).
302 *« Selon le droit américain antitrust, certains accords sont considérés comme des obstacles déraisonnables au commerce au motif qu'ils préjudicient presque invariablement à la concurrence avec des prix plus élevés et une réduction de la production sans aucun avantage compétitif pour les racheter »*, *Arizona c. Maricopa County Medical Society*, 457 U.S. 332 (1982).
303 FASQUELLE Daniel, *Droit américain et droit communautaire des ententes*, *op.cit.*, p. 74.
304 *Ibid.*

clientèles ou de boycottage de clientèles ou de fournisseurs[305] et de ventes liées[306]. Le simple fait de consentir à fixer des prix suffit à engager la responsabilité. L'objet ou les effets commerciaux d'une entente de ce type n'interviennent d'aucune façon dans l'examen sommaire de l'illégalité *per se*.

L'analyse *per se* a trois conséquences : la fiabilité économique, la facilité administrative pour les tribunaux et la prévisibilité. L'illégalité *per se* procède de l'opinion selon laquelle la théorie économique relative, par exemple, à la fixation des prix, est suffisamment étoffée pour qu'il ne soit pas nécessaire d'examiner les effets positifs d'ententes particulières. De la même façon, les règles *per se* découlent également de la conclusion voulant que la probabilité d'atteinte à la concurrence soit tellement élevée et la probabilité d'avantages proconcurrentiels tellement faible pour certaines catégories d'ententes, qu'il est légitime de renoncer au long et coûteux examen fondé sur la règle de la raison. Enfin, dans l'hypothèse où l'entente interdite se prête à une définition claire, les règles *per se* traduisent l'opinion selon laquelle elles accroissent la cohérence et la prévisibilité des mesures d'application de la législation ainsi que de la jurisprudence antitrust.

Dans les années 1980 et 1990, toutefois, la théorie économique sur les ententes illégales *per se* a fait l'objet de sérieuses critiques qui, en ébranlant le fondement de la fiabilité économique, ont inévitablement mis à mal la facilité d'administration et la prévisibilité, étant donné les interrelations entre les trois raisons d'être. Seules les règles interdisant les cartels ont échappé à une contestation sérieuse[307]. Il en a résulté l'abandon par la Cour suprême, même si elle n'a pas été suivie par les Cours inférieures, de la stricte application des règles *per se* à certaines catégories d'ententes habituellement réputées produire des effets nécessairement illégaux, dont les ventes liées, les ententes de fixation de prix, de répartition de clientèles, de marchés ou de boycottage[308]. Les décisions judiciaires récentes relatives à la règle *per se* en matière de fixation des prix illustrent bien cette tendance. Sous le régime du *Sherman Act*, une association d'intérêts ayant pour objet ou pour effet d'augmenter, de réduire, de fixer ou de stabiliser le prix d'un produit était

---

[305] *Northwest Wholesale Stationners c. Pacific Stationery & Printing Co.*, 105 S, Ct. 2613 (1985).

[306] *Jefferson Parish Hospital Dist. N°2 c. Hyde*, 466 U.S., (1984).

[307] GERBER David J., « Les doctrines européenne et américaine du droit de la concurrence » dans la *Modernisation du droit de la concurrence*, sous la direction de CANIVET Guy, L.G.D.J. Paris 2006, p.116.

[308] *Jefferson Parish Hospital Dist. N°2 c. Hyde*, 466 U.S., (1984).

illégale *per se*. La règle *per se* interdisant la fixation des prix, telle qu'elle a été établie et appliquée pendant des années par la Cour suprême, visait les ententes relatives aux prix maximum comme aux prix minimum, celles comportant des modalités influant sur les prix, celles sur les prix finaux, celles visant à obliger des tiers à hausser leurs prix et même celles qui ne portaient qu'indirectement atteinte à la liberté d'établissement des prix[309]. Toutefois, la règle classique interdisant les associations d'intérêts qui, au sens littéral, haussent, réduisent, fixent ou stabilisent les prix n'est plus d'application aussi générale. Dans l'arrêt *Broadcast Music*[310], la Cour suprême a abandonné la stricte règle *per se* et a établi une distinction entre les « ententes de fixation de prix » et la « fixation de prix *per se* », en reconnaissant que des ententes qui fixent des prix, au sens littéral, peuvent être légales dans certaines circonstances, en particulier, lorsqu'elles découlent d'une activité conjointe légitime.

La conception actuelle de fixation des prix repose sur la distinction entre les restrictions « manifestes », c'est-à-dire les ententes entre concurrents qui ne sont pas absolument nécessaires pour instaurer une véritable collaboration ou une opération productive et les restrictions « accessoires » constituées des ententes qui contribuent à la réalisation d'une opération commerciale valide et qui créent par là des « gains en efficience par intégration ». Les restrictions manifestes sont illégales *per se* et peuvent donner lieu à une condamnation sommaire, tandis que les restrictions accessoires font l'objet d'une évaluation selon la règle de la raison, qui tient compte de la définition du marché et de la puissance commerciale[311]. Si les participants à une opération d'intégration économique, générant des gains en efficience, concluent une entente raisonnablement liée à l'opération et nécessaire à la réalisation des avantages pro-concurrentiels, l'entente sera examinée sous le régime de la règle de la raison même si elle appartient à une catégorie d'ententes qui pourraient autrement être jugées illégales *per se*.

Ces textes, complétés par la jurisprudence américaine, ont servi d'exemple à plusieurs Etats qui ont édicté leurs lois selon ces principes. Il est évident que le droit antitrust américain constitue une source riche pour le droit international de la concurrence.

---

[309] *Ibid*.
[310] *Broadcast Music Inc. V. Columbia Broadcasting System Inc (BMI)*, 441 US 1 (1979).
[311] *Proposition de modification législative à l'article 45 de la loi sur la concurrence*, Rapport par RUSSELL Robert S., FANAKI Adam F., AKMAN Davit D., *op.cit*, p. 34.

Sous-section 2 – Le droit européen de la concurrence

La politique de la concurrence européenne est avec, mais sans doute après, la politique agricole commune, l'une des politiques communautaires les plus développées. Elle vise la libre concurrence et une économie de marché ouverte et prévoit des règles ayant un effet direct s'adressant aux entreprises et aux Etats membres. En conséquence, le droit européen de la concurrence a aussi une grande importance pour le commerce mondial[312]. Sachant qu'il ne suffisait pas de poser les principes d'une libre circulation des marchandises, des personnes, des services et des capitaux, et d'organiser entre les Etats membres l'abaissement des tarifs douaniers, les Pères fondateurs ont assigné, à l'article 3 (g) du Traité de Rome[313], l'objectif de créer un marché intérieur où ces libertés s'exerceraient dans des conditions de saine concurrence[314]. La constitution d'un marché mondial unique nécessitera sûrement l'existence d'une saine concurrence à l'échelle globale. Il nous semble donc utile d'étudier, à titre d'exemple, l'historique et le contenu du droit communautaire de la concurrence.

§ 1 – Le contexte et l'historique du droit européen de la concurrence

L'Europe aurait pu choisir de fonder son système de concurrence sur l'exemple américain, principalement sur les principes de *concurrence - condition*[315] et sur *la règle de raison*[316], qui constituent les fondements

---

[312] STEINER Josephine / WOODS Lorna, *Textbook on EC Law*, 8th ed. Oxford University Press 2003, p. 395.

[313] L'ex article 3 (f) devenu 3(g) après Maastricht prévoit que la Communauté devait viser « l'établissement d'un régime assurant que la concurrence n'est pas faussée dans le marché commun ».

[314] CARTOU Louis / CLERGERIE Jean-Louis / GRUBER Annie / RAMBAUD Patrick, *L'Union européenne*, 6ème ed. Dalloz, Paris 2006, p. 354.

[315] Sur le fondement du Sherman Act de 1890, la Cour Suprême des Etats-Unis d'Amérique a bâti la théorie de la concurrence condition. En Amérique, le principe de libre concurrence était et demeure perçu comme la condition de tout progrès économique. A la fin des années 1970, la Cour Suprême déclare que *« (...) la libre concurrence produira non seulement les prix les plus bas mais aussi les meilleures marchandises et les meilleurs services. L'affirmation que la concurrence est la meilleure méthode de répartition des ressources dans un marché libre reconnaît que tous les éléments d'un contrat, la qualité, le service, la sécurité, la durabilité, et non pas seulement le coût immédiat, sont affectés favorablement par la libre opportunité de choisir parmi les offres alternatives », Continental TV Inc. V GTE Sylvania Inc.* 433 US 36 (1977), *Broadcast Music Inc. v. Columbia Broadcasting System Inc (BMI)* 441 US 1 (1979).

[316] La doctrine antitrust qui prévoit une méthode d'interprétation pour les ententes et monopoles, toutefois prohibant les pratiques commerciales illégales.

majeurs du droit antitrust américain. Mais le droit communautaire n'a pas pris pour modèle la concurrence américaine, sans doute du fait de l'existence d'un droit de la concurrence déjà en formation depuis 1890[317]. L'idée d'instaurer un droit européen de la concurrence est née de plusieurs raisons et doit être vu comme la conséquence de divers événements historiques. Les développements sur la politique de la concurrence en Allemagne ont influencé le droit de la concurrence communautaire. Après l'unification allemande de 1871, la législation prussienne a été étendue à tout l'empire germanique. Cette législation s'inscrivait dans la lignée du libéralisme, qui porte la conviction que les relations contractuelles entre les acteurs économiques privés ne doivent souffrir d'aucune intervention publique[318]. Comme aux Etats-Unis avant le *Sherman Act* de 1890, les cartels ont été un mode habituel d'organisation et de coordination des activités économiques en Allemagne. L'enseignement économique allemand a tendu à soutenir le mouvement des cartels. Bien qu'ils aient compris que les restrictions à la libre concurrence pouvaient léser les consommateurs, les économistes allemands se sont également inquiétés des effets des processus de marché sur les producteurs. Ils ont fini par considérer les cartels comme une réponse institutionnelle naturelle et nécessaire au phénomène sans précédent de l'industrialisation[319].

Au fil des saisines, les juges ont façonné la politique à suivre en matière de cartels. La cour suprême allemande a résumé ces principes dans son fameux arrêt *Pâte à Papier Saxonne* de 1897, qui a défini le cours de la politique allemande et européenne des cartels pour l'essentiel du siècle suivant. En validant les restrictions imposées par le cartel à l'égard de l'un de ses membres, la Cour a estimé que les cartels étaient généralement bénéfiques, en préservant les entreprises de la ruine et en maintenant des prix appropriés[320]. Ce jugement a renforcé le mouvement de cartellisation de l'industrie allemande[321]. La longévité des cartels, comparé aux Etats-Unis, s'explique par leur assise légale, confirmée par cette décision de la Cour suprême allemande de 1897, et par le soutien politique dont ils bénéficiaient,

---

317 GERBER David, *Law and Competition in Twentieth Century Europe : Protecting Prometheus*, Clarendon Press, Oxford, 1998, p. 6.
318 ENCOA David / GUESNERIE Roger, *Politique de la concurrence*, *op.cit.*, p. 36.
319 OCDE, « Le rôle de la politique de la concurrence dans la réforme de la réglementation. Examens de l'OCDE de la reforme de la réglementation : la réforme de l'Allemagne », Paris, 2004, p. 7.
320 *Ibid.*, p. 8.
321 KÜHN Kai-Uwe, "Germany", dans *Global Competition Policy*, Ed. GRAHAM Edward M. / RICHARDSON David J., Institute for International Economics, 1997, p. 116.

soutien qui sera largement confirmé par le régime national-socialiste jusqu'à la fin de la Seconde Guerre mondiale[322]. A la suite de cette dernière, la concentration dans certains secteurs de l'économie sera montrée comme l'une des raisons des conflits perpétuels en Europe. A l'origine, le droit européen de la concurrence a été pensé comme un instrument de stabilité économique et de promotion de la paix et de la sécurité en Europe[323].

Dans l'Europe de l'après-guerre, les économies administrées se sont trouvées confrontées à des besoins de développement et à des monopoles d'Etat. Les institutions de la Communauté européenne ont été créées dans un contexte d'intervention de l'Etat, propriétaire d'entreprises, contrôlant le commerce et les prix, alors que l'Europe se reconstruisait après la grande crise économique des années 30 et la guerre. Les concepteurs de la nouvelle économie politique d'après-guerre, qui cherchaient à faire croître et intégrer les marchés tout en soutenant le développement, ont conclu que la politique de la concurrence serait un élément nécessaire de la nouvelle structure, principalement pour réprimer les abus des monopoles nationaux[324]. On constate ainsi que les premières règles du droit de la concurrence européenne apparaissent dans le Traité de Paris instituant la Communauté européenne du charbon et de l'acier (CECA) de 1951. L'objectif du Traité était de stabiliser les secteurs du charbon et de l'acier, en empêchant les entreprises allemandes de dominer les marchés. Les dispositions de la CECA interdisent les accords tendant à restreindre le jeu de la concurrence tout en admettant des exemptions. La CECA s'inscrit dans une démarche radicalement différente du consensus issu de la discussion d'avant-guerre et de l'expérience de la politique de concurrence, qui s'accordait à soumettre les cartels à une obligation de déclaration afin de contrôler les abus, plutôt que de les interdire purement et simplement[325].

En 1957, le Traité de Rome a pris la CECA comme modèle de base pour ses politiques de concurrence. Les règles de concurrence du Traité de Rome traitent des ententes, des positions dominantes et des aides d'Etat, mais ne prévoient rien pour le contrôle des fusions. Ces articles de base, assez vagues, ont été précisés par la pratique de la Commission ainsi que de la

---

322 ENCOA David / GUESNERIE Roger, *Politique de la concurrence*, *op.cit.*, p. 36.
323 MERKT Benoît, *Harmonisation internationale et entraide administrative internationale en droit de la concurrence*, *op.cit.*, p. 41.
324 OCDE, « Droit et la politique de la concurrence dans l'Union européenne », Paris 2005, p. 9.
325 *Ibid.*, p. 10.

Cour de Justice et du Tribunal. Le Conseil a en effet accordé à la Commission des pouvoirs étendus d'élaboration et d'application de la loi. Ainsi, la Commission s'est dotée d'une autonomie considérable lors d'élaboration du règlement d'application de 1962 qui prévoyait un système centralisé[326]. Ce dernier mettait l'accent sur l'interdiction de cartels faite par le Traité et prévoyait un système d'exemption possible uniquement sur décision de la Commission. Le règlement reprenait dans les dispositions de la CECA la possibilité d'obtenir une « autorisation négative » dans le cas où les opérations en question n'étaient pas susceptibles de fausser la concurrence. Lors de la mise en place de ce système en 1962, la Commission reçut plus de 35 000 notifications sollicitant une exemption ou une autorisation négative. Une réponse au cas par cas s'avérait impossible ; il fallait manifestement des règles générales. Le règlement d'exemption par catégorie de 1965[327] répondit à cet afflux de notifications auquel on ne pouvait faire face. Le Conseil délégua à la Commission le pouvoir d'émettre une réglementation fixant des normes objectives d'application générale en matière d'exemption à l'interdiction des cartels. Le Conseil n'a délégué un tel pouvoir à la Commission dans aucun autre domaine communautaire important[328].

La confiance de plus en plus grande dans la politique de concurrence de la Communauté a culminé avec le règlement sur les concentrations de 1989, complétant la « boîte à outils » de la politique européenne de concurrence[329]. Bien que le traité CECA ait prévu un contrôle des concentrations à l'article 66, une année seulement après le *Celler-Kefauver act* de 1950 qui introduit aux Etats-Unis un contrôle des concentrations, il existait une lacune dans le Traité de Rome sur ce sujet. Cette lacune posa des problèmes dès les premiers « chocs pétroliers ». Le droit communautaire avait pris tant de retard pour aborder ce problème qu'il a fallu attendre jusqu'au 21 décembre 1989 pour qu'un règlement relatif aux concentrations voit le jour[330]. Avant cette date la pratique communautaire s'est organisée autour de deux grandes idées. La Commission considérait tout d'abord que l'article 81 était inapplicable aux opérations de concentration. En revanche, elle n'excluait pas l'applicabilité de l'article 82 en estimant que le renforcement d'une

---

[326] JOCE 13 du 21.2.1962, p. 204.
[327] Règlement no. 19/65, JOCE 36 du 6.3.1965, pp. 533 à 535.
[328] OCDE, « Droit et la politique de la concurrence dans l'Union européenne », op.cit, p. 12.
[329] *Ibid.*, p. 13.
[330] GAVALDA Christian / PARLEANI Gilbert, *Droit des affaires de l'Union européenne*, 5ème ed. Litec Paris 2006, p. 393 à 394.

position dominante par des moyens de concentration entrait dans le champ d'application de cet article[331]. La Cour de Justice approuva d'abord l'interprétation donnée par la Commission[332] puis admis ensuite, en des termes assez ambigus, l'applicabilité de l'article 81 aux ententes, entraînant une modification structurelle d'une entreprise, telle qu'une prise de participation dans le capital[333]. Si les articles 81 et 82 pouvaient s'appliquer aux concentrations, un tel contrôle *a posteriori,* avait un inconvénient majeur : la nullité de l'opération. Cette situation lésait la sécurité juridique nécessaire pour le développement de l'économie.

Depuis longtemps, la Commission proposait l'adoption d'un règlement du Conseil ouvrant le chemin à un contrôle *a priori*. Après des années d'hésitation, le règlement 4064/89, relatif au contrôle des opérations de concentration entre entreprises a été adopté[334]. Ce règlement définit de manière exhaustive les concentrations et laisse leur contrôle aux autorités nationales s'il ne s'agit pas d'une opération de dimension communautaire. En revanche, pour les opérations de concentration de dimension communautaire un examen approfondi est envisagé. Lors de la mise en exécution de ce règlement, la Commission a d'abord agi timidement suite aux pressions des Etats membres et s'est concentrée sur les questions juridictionnelles et procédurales, évitant d'imposer de fortes amendes et appliquant d'avantage le droit de la concurrence aux entreprises privées qu'aux entreprises publiques[335].

Plus de dix ans après l'entrée en vigueur du règlement sur le contrôle des concentrations, un projet de révision a été lancé par la Commission avec la publication du Livre vert de 2001[336]. Effectivement, face à un degré accru de concentrations industrielles dans le système économique, le règlement sur les concentrations, axé sur le principe du « guichet unique », permettant à la Commission un contrôle exclusif sur toute fusion transfrontalière importante,

---

[331] Mémorandum de la Commission sur le problème de la concentration dans le marché commun, troisième partie, Commission des communautés européennes, Bruxelles 1966, n° 6 à 13.

[332] CJCE, aff. 6/72 du 21.2.1973 *Continental Can, op.cit.*, p. 215, § 26.

[333] CJCE aff. jointes 142, 156/84 du 14.11.1987 *British American Tobacco Company Ltd. et R.J Reynolds Industries Inc.*, Rec.1987, p. 4487, §§ 37 à 39.

[334] JOCE n° L 395 du 30.12.1989, p. 1, Le règlement relatif au contrôle des opérations de concentration entre entreprises entrée en vigueur le 21.9.1990.

[335] OCDE, « Droit et la politique de la concurrence dans l'Union européenne », op.cit, p. 13.

[336] Livre vert sur la révision du Règlement no. 4064/89 du Conseil du 11.12.2001, COM (2001) 745 final – Non publié au Journal Officiel.

commençait à être dépassé. Le projet de révision prévoyait donc de reformer à la fois les questions de fond, de juridiction et de procédure. Ces projets de reforme ont donné naissance à un nouveau règlement 139/2004[337] qui est entré en vigueur le 1er mai 2004, en même temps que l'adhésion de dix nouveaux membres à l'Union européenne. Ainsi, le droit communautaire des concentrations a été mis à jour en vertu de l'évolution du contexte économique et parce que les opérations sont devenues souvent mondiales et transatlantiques. De surcroît, le nouveau règlement encourage la participation des autorités nationales de la concurrence et simplifie la procédure de notification et d'enquête.

Les restrictions de la concurrence peuvent par ailleurs être le fait des gouvernements lorsque ceux-ci accordent des aides publiques aux opérateurs économiques. Les Etats membres sont impliqués dans une large variété d'activités industrielles et commerciales et ils financent directement ou indirectement les opérations d'entreprises publiques. Pourtant, les Etats membres ont l'obligation de collaborer aux objectifs du traité. Cela implique en particulier pour eux de respecter l' « effet utile » des articles 81 et suivants, comme de prendre en considération l'objectif de concurrence non faussée, exprimé depuis le Traité de Maastricht à l'article 3 (g) du Traité de Rome. Les règles de base des articles 81 à 87 indiquent clairement que les règles en matière de concurrence s'adressent aux agissements des pouvoirs publics comme à ceux des personnes privées. Cependant, en 1957, la plupart des Etats membres avaient des politiques économiques interventionnistes et il était par conséquent irréaliste d'exiger l'abstention totale des Etats dans le jeu de la concurrence[338]. Avec le temps, les interventions des Etats et les monopoles publics ont fait l'objet d'une attention de plus en plus grande. Le traitement des aides d'Etat par la Commission est devenu un axe majeur de la politique de concurrence au fil des années 1990, mais aussi au fur et à mesure qu'a progressé le processus de « fédéralisation » dans une majorité des Etats dans lesquels les pouvoirs ou les moyens financiers ont été dévolus de manière croissante aux collectivités régionales[339]. Avec prudence et persévérance, la Commission a progressivement appliqué le droit

---

337 Règlement no. 139/2004 du 20.1.2004, JOCE L 024 du 29.1.2004, p. 1 ss.
338 GAVALDA Christian / PARLEANI Gilbert, *Droit des affaires de l'Union européenne, op.cit.*, p. 469.
339 SOUTY François, *Le droit et la politique de la concurrence de l'Union européenne* 3ème éd., *op.cit.*, p. 87.

communautaire à l'ensemble des secteurs où se fait sentir l'action des Etats[340].

A l'heure actuelle, la politique communautaire de la concurrence est en cours de reformulation selon les principes économiques. Pour ce projet, qui a débuté au milieu des années 90, la Commission se fonde de plus en plus sur le raisonnement et l'analyse économique exigé par le contrôle des fusions et le programme de libéralisation. L'objectif d'intégration du marché étant largement réalisé pour ce qui concerne l'industrie et le commerce, l'attention se porte à la fois sur les limitations aux échanges de services et sur le comportement des cartels et des monopoles en rapport avec la politique de concurrence normative[341].

§ 2 – Les principaux traits du droit européen de la concurrence

Les règles communautaires, en matière de concurrence, s'appliquent à l'ensemble des activités économiques. Leur contrôle est assuré par la Commission, par les autorités de concurrence des Etats membres, par le Tribunal de Premier Instance et par la Cour de Justice. En revanche, le droit communautaire de la concurrence laisse subsister les droits nationaux de la concurrence, qui s'appliquent aux actions et comportements n'ayant pas d'effet sur le commerce intracommunautaire, c'est-à-dire limités aux seuls marchés nationaux[342].

De manière générale, le droit européen de la concurrence s'articule autour de quatre axes principaux. La prohibition des ententes est édictée par l'article 81 du Traité de Rome et l'abus de position dominante par l'article 82. La dernière disposition concernant les règles appliquées aux entreprises ne figure pas dans le traité, mais dans un règlement du Conseil 139/2004 du janvier 2004. Enfin, les règles qui s'adressent aux Etats se trouvent aux articles 86 et 87 du Traité de Rome.

A – Les ententes (Art. 81 TCE)

La politique de concurrence telle que conçue par le Traité de Rome (art. 2, 3 § 1(g) et 4) exige que les entreprises définissent leur politique économique

---

[340] GAVALDA Christian / PARLEANI Gilbert, *Droit des affaires de l'Union européenne, op.cit.*, p. 470.
[341] OCDE, « Droit et la politique de la concurrence dans l'Union européenne », *op.cit*, p. 14.
[342] GAUTRON Jean-Claude, *Droit européen* 12ème éd. Dalloz Paris 2006, p. 219.

de manière autonome et ne la coordonnent pas entre elles[343]. Le traité tend à englober toutes les formes d'entente contenant une volonté de restreindre la concurrence entre plusieurs entreprises. Il est possible de définir les « ententes » anticoncurrentielles comme des accords – dont peu importe la forme – par lesquels des entreprises décident de fixer le niveau de prix ou de se répartir des zones de marché et des clients, de sorte que les acheteurs ne peuvent plus faire jouer la concurrence entre leurs fournisseurs et bénéficier de prix compétitifs. Ces pratiques se traduisent pour le consommateur final par une augmentation qui n'est pas naturelle des prix sur le marché[344]. L'article 81 § 1[345] du Traité de Rome pose une interdiction très large des ententes, directement applicable dans l'ordre juridique des Etats membres[346]. Cette disposition ne fait aucune distinction entre les accords horizontaux[347] et les accords verticaux[348]. Plus précisément, l'article 81 § 1 du Traité de Rome interdit toute collaboration consciente et volontaire entre des entreprises, en vue d'une action commune, susceptible d'affecter le commerce entre les Etats membres. En conséquence, l'article 81 ne s'applique qu'aux comportements susceptibles d'affecter le commerce entre Etats membres. C'est la volonté des rédacteurs du Traité qui a posé cette condition générale. Le critère d'applicabilité est ainsi constitué par la notion d'affectation du commerce entre les Etats membres[349]. Pour faire partie d'une entente, il faut être qualifié d'entreprise indépendante et être au moins deux. Depuis l'arrêt *Hofner*[350] l'entreprise est définie au sens du droit de la concurrence comme « toute entité exerçant une activité économique,

---

[343] CJCE, aff. 172/80 du 14.7.1981, *Zuchener c/Bayerische Vereinsbank*, Rec. 1981, p. 2021 ss.

[344] SOUTY François, *Le droit et la politique de la concurrence de l'Union européenne,* 3ème éd., *op.cit.*, p. 43.

[345] « Sont incompatibles avec le marché commun et interdit tout accord entre entreprises, toutes décisions d'association d'entreprise et toutes pratiques concertées qui sont susceptibles d'affecter le commerce entre Etats membres et qui ont pour objet ou pour effet d'empêcher, de restreindre ou de fausser le jeu de la concurrence à l'intérieur du marché commun ...».

[346] CJCE, aff. 127/73 du 20.1.1974, *BRT/SABAM,* Rec.1974, p. 51 ss.

[347] Les accords horizontaux sont des accords entre concurrents réellement actifs ou potentiels - c'est-à-dire entre entreprises se trouvant au même niveau de la chaîne de production ou de distribution - portant par exemple sur la recherche et le développement, la production, les achats ou la commercialisation. Quant aux accords verticaux, ils sont des accords ou des pratiques concertées conclus entre deux ou plus de deux entreprises dont chacun opère, aux fins de l'accord, à un à un niveau différent de la chaîne de production ou de distribution, et qui concernent les conditions dans lesquelles les parties peuvent acheter, vendre ou revendre certains biens ou services.

[348] CJCE, aff. 56 et 58/64 du 13.7.1966 *Consten et Grundig*, Rec.1966, pp. 431 à 502.

[349] CJCE, aff. 22/78 du 31.5.1979 *Hugin*, Rec.1979, p. 1869.

[350] CJCE, aff. 41/9 du 23.4.1991, *Hofner et Elser*, Rec. 1991, p. 1979 ss.

indépendamment du statut juridique de cette entité et de son mode de financement ». Le statut juridique est indifférent aussi : une personne physique peut être qualifiée d'entreprise. Les règles communautaires de concurrence s'appliquent aussi bien aux entreprises privées qu'aux entreprises publiques ; toutefois, ces dernières, lorsqu'elles assurent la gestion d'un service d'intérêt économique général, sont soumises à un régime particulier[351].

L'article 81 paragraphe 3[352] du Traité de Rome définit également un régime particulièrement développé d'exemptions, qui différencie sensiblement le droit européen du droit américain : ces exemptions sont fondées sur une analyse économique détaillée des secteurs d'activité et sont sollicitées par les opérateurs économiques auprès de la Commission[353]. Elles dépendent avant tout de la mesure dans laquelle l'accord en question, à la lumière de sa teneur et de son objet, renforce ou affaiblit globalement la concurrence et aussi de la mesure dans laquelle il encourage ou empêche la réalisation des objectifs et missions générales de la Communauté[354]. Sur la base d'une approbation du Conseil, la Commission avait fixé réglementairement les catégories d'accords qui bénéficient *a priori* de l'exemption prévue au paragraphe 3. Ce cadre réglementaire a été récemment redéfini. Désormais, du fait de la compétence donnée aux autorités et juridictions nationales pour appliquer la totalité de l'article 81, le principe d'interdiction et son exemption sont examinés ensemble[355]. Aujourd'hui, les autorités nationales et la Commission peuvent toujours exercer un contrôle *a posteriori* sur la validité de l'entente en cas de doute ou de contestation. Par conséquent, la procédure de contrôle *ex ante* sur la base d'une demande d'exemption

---

[351] DUTHEIL de la ROCHERE Jacqueline, *Droit communautaire matériel*, Les Fondamentaux, Hachette Paris 2001, p. 111.

[352] L'article 81 dispose en son paragraphe 3 que « …les dispositions du paragraphe 1 peuvent être déclarées inapplicables : à tout accord ou catégorie d'accords entre entreprises ; à toute décision ou catégorie de décisions d'associations d'entreprise et à toute pratique concertée ou catégorie de pratique concertée qui contribue à améliorer la production la distribution des produits ou à promouvoir le progrès technique ou économique ; tout en réservant aux utilisateurs une partie équitable du profit qui en résulte et sans imposer aux entreprises intéressées des restrictions qui ne sont pas indispensables pour atteindre ces objectifs ; donner à des entreprises la possibilité, pour une partie substantielle des produits en cause, d'éliminer la concurrence ».

[353] SOUTY François, *Le droit et la politique de la concurrence de l'Union européenne,* 3ème éd., *op.cit.*, p. 44.

[354] BIEBER Roland / de COURTEN Alix / GABLIN Samuel, *Introduction au droit européen de la concurrence*, Stæmpfli Editions SA Berne, 2002, p. 14.

[355] Règlement no. 1/2003 du Conseil 16.12.2002, JOCE du 4.1.2003 L 1 p. 1 ss.

individuelle a été abolie. La Commission a d'autre part considéré que certains accords, tout en ne remplissant pas les conditions du paragraphe 3 de l'article 81 pour bénéficier d'une exemption, ne devaient pas être considérés comme des infractions à l'interdiction. Le juge communautaire a imposé cette règle de *minimis non curat praetor* dans une affaire en indiquant qu'un accord conclu entre les participants occupant une faible position sur le marché des produits concernés n'affecte que légèrement le marché et par conséquent que l'art 81 ne s'applique pas[356].

B – Les abus de position dominante (Art. 82 TCE)

Un autre objet principal du droit de la concurrence communautaire est la lutte contre les abus des entreprises dominantes sur le marché, en éliminant les concurrents ou en faisant pression sur ses partenaires économiques au point de fausser la libre concurrence. Cette volonté des rédacteurs du Traité est exprimée à l'article 82 du Traité de Rome[357]. Il est clair que la rédaction de cet article a été inspirée par l'article 66 paragraphe 7 du traité CECA qui définissait la position dominante comme le fait pour l'entreprise de se soustraire à la concurrence dans une partie importante du marché.

Dans son article 82, le Traite ne condamne nullement la constitution ou l'existence de la position dominante[358]. Les monopoles ou les entreprises en position dominante sur le marché ne sont responsables de leur agissement que s'ils exploitent abusivement leur position avantageuse. En cela, le droit communautaire se distingue très nettement, en apparence, du droit des Etats-Unis d'Amérique qui parvient dans certains cas à condamner la seule acquisition d'une position dominante. Le droit américain, notamment l'art. 2 du *Sherman Act* condamne en effet le simple fait de monopoliser ou de tenter de monopoliser tout ou partie des échanges. La structure même du marché est ainsi considérée affectée par le simple fait de la domination. Par contre, le droit communautaire n'a pas condamné *per se* la simple constitution ou

---

[356] CJCE, aff. 5/69 du 9.7.1969 *Voelk/Vervaecke*, Rec.1969, p. 295, §7.

[357] L'article 82 du Traité prévoit qu': « est incompatible avec le marché commun et interdit dans la mesure où le commerce entre Etats membres est susceptible d'en être affecté le fait pour une ou plusieurs entreprises d'exploiter de façon abusive une position dominante sur le marché commun ou dans une partie substantielle de celui-ci ».

[358] LE MIRE Pierre, *Droit de l'Union européenne et politiques communes*, 4ème éd. Dalloz Paris 2006, p. 103.

acquisition d'une position dominante. La domination est donc licite *a priori*, seul son abus est condamnable[359].

En outre, l'article 82 du Traité de Rome suit une liste non exhaustive de comportements susceptibles d'être qualifiés de pratiques abusives. L'article cite comme exemple : la fixation de prix ou autres conditions inéquitables ; la limitation de la production, des débouchés ou du développement technique ; la discrimination entre les partenaires commerciaux ; l'insertion dans les contrats de prestations qui n'ont pas de lien avec l'objet de ces contrats. Par contre, d'autres types de comportement d'une entreprise dominante qui désavantagent d'autres parties sur le marché peuvent aussi constituer des abus. Des pratiques telles que les rabais de fidélité ne sont pas répréhensibles de la part d'une entreprise n'ayant pas de pouvoir de marché mais peuvent être considérées comme des abus lorsqu'elles sont le fait d'une entreprise se trouvant dans une position dominante[360]. La position dominante s'apprécie sur l'ensemble du marché communautaire ou, tout au moins, sur une portion substantielle de celui-ci. L'étendue du marché à prendre en considération dans un cas donné tiendra cependant compte des caractéristiques du produit, des produits substituables et aussi de la perception des consommateurs.

Contrairement à l'article 81, le système de protection de la concurrence mis en place par le traité, ne permet pas l'octroi d'une exemption au titre de l'article 82. Bien que le Traité ne prévoie aucune exemption individuelle ou catégorielle, il existe de rares exceptions à la règle générale. Selon le règlement 1/2003 du Conseil[361] du 16 décembre 2002, relatif à la mise en œuvre des règles de concurrence prévues aux articles 81 et 82 du traité, la Commission peut, pour des raisons d'intérêt public communautaire, constater qu'en fonction des éléments dont elle a connaissance, l'article 82 du traité est inapplicable.

C – Les concentrations de dimension communautaire

Le comportement des entreprises n'est pas le seul danger menaçant la concurrence. La constitution de groupes puissants issue de concentration d'entreprises en est un autre. Ce risque justifie un contrôle *a priori* sur les

---

[359] GAVALDA Christian / PARLEANI Gilbert, *Droit des affaires de l'Union européenne, op.cit.*, p. 369 et 370.
[360] OCDE, « Droit et la politique de la concurrence dans l'Union européenne », *op.cit*, p. 30.
[361] JOCE L 1 du 4.1.2003.

opérations de concentration de la part de l'autorité communautaire. Etant donné que le Traité de Rome ne prévoit aucune disposition sur les concentrations, la Cour de justice a d'abord essayé de combler cette lacune. Dans l'arrêt *Continental Can*, la Cour a jugé qu'il y avait abus de position dominante lorsqu'une entreprise détenant déjà une telle position la renforçait en acquérant une entreprise concurrente[362]. Toutefois, ce système ne permettait qu'un contrôle *a posteriori* et a causé une certaine insécurité juridique. Pour remédier à cette situation, la Commission a proposé l'adoption d'une réglementation formelle via l'adoption d'un règlement[363]. Ce dernier établit qu'il y a concentration lorsqu'une entreprise acquiert le contrôle exclusif d'une autre entreprise ou d'une entreprise qu'elle contrôlait en commun avec une autre entreprise, ou lorsque plusieurs entreprises prennent le contrôle d'une entreprise ou en créent une nouvelle.

Une forte augmentation des concentrations d'entreprises a obligé la Commission à reformer son régime des concentrations et a lancé le débat avec la publication du Livre vert de 2001[364]. Comme la Commission l'a démontré dans son livre vert, un grand nombre d'opérations ayant des effets transfrontaliers significatifs dans la Communauté échappait au contrôle communautaire, compte tenu du niveau élevé des seuils existants à l'époque. La réforme du règlement 4064/89 a été réalisée par le nouveau règlement 139/2004 sur le contrôle des concentrations[365]. Ce règlement met en œuvre l'application du « principe de subsidiarité » et implique davantage les autorités et juridictions nationales de concurrence dans l'Union européenne, tout en suivant l'interprétation qu'en ont donnée la Commission et les juridictions européennes au fil des années[366]. Le règlement 139/2004 s'applique seulement aux opérations ayant une dimension communautaire, englobant tous les effets anticoncurrentiels sur les marchés oligopolistiques où l'entreprise issue de la concentration ne serait pas dominante au sens strict du terme grâce à un système de qualifications déterminées par plusieurs critères. Ainsi, une opération de concentration de dimension communautaire ne peut être réalisée avant sa notification à la Commission et avant le feu vert de celle-ci. C'est la raison pour laquelle la qualification de l'ampleur

---

[362] CJCE, aff. 6/72 du 21.2.1973 *Continental Can*, *op.cit.*, p. 215.
[363] Règlement no. 4064/89, *op.cit.*
[364] Livre vert sur la révision du Règlement no. 4064/89, *op.cit.*
[365] Règlement no. 139/2004, *op.cit.*
[366] CJCE, aff. 127/73 du 20.1.1974, *BRT/SABAM, op.cit.*, aff.234/89 du 28.2.1991, *Delimitis/Henninger Braü AG*, Rec.1991, p. I-935 ; TPI, aff.24/90 du 18.9.1992, *Automec/Commission,* Rec.1992, p.II- 2223 ; CJCE aff. 430 et 431/93 du 14.12.1995, *Van Schijndel,* Rec.1995, p I-4728 ss.

revêt une importance primordiale. Le premier critère et l'obligation qui lui est associée de notifier préalablement à la Commission sont exprimés en termes de chiffre d'affaires total et de chiffre d'affaires réalisé dans la Communauté.[367]

En revanche, le chiffre d'affaire n'est pas le seul critère pour identifier les concentrations de dimension européenne. Le critère nommé « type 3+ » prévoit une compétence communautaire exclusive de la Commission lorsque tous les Etats membres ou au moins trois d'entre eux formulent une demande de renvoi à la Commission[368]. Ce critère a pour but de renforcer le principe du guichet unique, un principe nécessaire dans une Union européenne élargie à 27 Etats membres. Il présente aussi l'avantage non négligeable de simplifier la procédure et réduire les cas de notifications multiples à travers la nouvelle procédure de pré-notification. Il existe également d'autres critères que celui du chiffre d'affaire et celui du « type 3+». En effet, un État membre peut maintenant informer la Commission du fait qu'une concentration, bien que de « dimension communautaire », affecte ou menace d'affecter de manière significative la concurrence effective dans un marché spécifique à l'intérieur d'un Etat membre[369]. Ce système de renvoi aux autorités nationales pour la concurrence n'entend pas affaiblir le principe du « guichet unique », mais vise à permettre l'examen de la concentration au niveau le mieux placé pour en apprécier les effets potentiels.

---

[367] Selon l'article 1 du règlement no. 139/2004, une concentration acquiert une « dimension communautaire » : lorsque le chiffre d'affaires total réalisé sur le plan mondial par l'ensemble des entreprises concernées représente un montant supérieur à 5 milliards d'euros et, lorsque le chiffre d'affaires total réalisé individuellement dans l'UE par au moins deux des entreprises concernées représente un montant supérieur à 250 millions d'euros, à moins que chacune des entreprises concernées réalise plus des deux tiers de son chiffre d'affaires total dans l'UE à l'intérieur d'un seul et même État membre.
Si les seuils précités ne sont pas atteints, il s'agit néanmoins d'une concentration de dimension communautaire, si : le chiffre d'affaires total réalisé sur le plan mondial par l'ensemble des entreprises concernées représente un montant supérieur à 2,5 milliards d'euros; dans chacun d'au moins trois États membres, le chiffre d'affaires total réalisé par toutes les entreprises concernées est supérieur à 100 millions d'euros; dans chacun d'au moins trois États membres, le chiffre d'affaires total réalisé individuellement par au moins deux entreprises concernées est supérieur à 25 millions d'euros ; le chiffre d'affaires total réalisé individuellement dans l'UE par au moins deux des entreprises concernées représente un montant supérieur à 100 millions d'euros, à moins que chacune des entreprises concernées réalise plus de deux tiers de son chiffre d'affaires total dans l'UE à l' intérieur d'un seul et même État membre.

[368] Règlement no. 139/2004, *op.cit.* art. 22.

[369] *Ibid.*, art. 9 / 1.

Par ailleurs, le règlement sur les concentrations comporte une quasi-révision du traité,[370] car la Commission a tenté d'en faire un instrument de souveraineté européenne permettant à l'Union de situer ses intérêts et son action au plan mondial[371].

D – Les règles applicables aux pratiques des Etats membres

En raison de leur implication économique, les Etats et autres collectivités publiques peuvent menacer la saine concurrence dans le marché commun. C'est la raison pour laquelle au sein de l'Union européenne les activités économiques des Etats membres sont soumises aux contraintes de la concurrence. Le Traité de Rome, par souci d'empêcher le favoritisme national et de promouvoir les perspectives d'échanges commerciaux et de concurrence entre les États membres, a règlementé dans ses articles 87 à 89 le regime des aides publiques.

L'article 87 distingue dans son premier paragraphe les aides d'Etat interdites de celles qui sont autorisées. Selon ce paragraphe, le critère concret est de savoir si l'aide fausse la concurrence ou menace de la fausser en favorisant certains produits ou certaines entreprises, affectant les échanges intracommunautaires[372]. L'aide illicite est ainsi définie par sa nature, ses effets et sa spécificité. Le deuxième paragraphe de l'article 87 du Traité de Rome prévoit des aides d'Etat compatibles avec les règles de concurrence[373]. Ce sont les aides d'État à caractère social accordées pour encourager la consommation de certaines produits, à condition que celles-ci le soient sans discrimination liée à l'origine des produits, les aides destinées à remédier aux dommages causés par les catastrophes naturelles ou d'autres événements

---

[370] GAUTRON Jean-Claude, *Droit européen* 12ème éd. op.cit, p. 226.

[371] SOUTY François, *Le droit et la politique de la concurrence de l'Union européenne,* 3ème éd., *op.cit.*, p. 134.

[372] Art.87 paragraphe 1 déclare que « sauf dérogations prévues par le présent traité, sont incompatibles avec le marché commun, dans la mesure où elles affectent les échanges entre États membres, les aides accordées par les États ou au moyen de ressources d'État sous quelque forme que ce soit qui faussent ou qui menacent de fausser la concurrence en favorisant certaines entreprises ou certaines productions ».

[373] « Sont compatibles avec le marché commun : les aides à caractère social octroyées aux consommateurs individuels, à condition qu'elles soient accordées sans discrimination liée à l'origine des produits; les aides destinées à remédier aux dommages causés par les calamités naturelles ou par d'autres événements extraordinaires; les aides octroyées à l'économie de certaines régions de la République fédérale d'Allemagne affectées par la division de l'Allemagne, dans la mesure où elles sont nécessaires pour compenser les désavantages économiques causés par cette division ».

extraordinaires et les aides destinées à compenser la disproportion des régions allemandes affectées par la division du pays. Par ailleurs, selon le paragraphe 3 de l'article 87, la Commission peut déclarer quatre catégories d'aide d'Etats compatibles avec le marché intérieur[374]. Ces sont les aides destinées à faciliter le développement de certaines activités ou régions dans lesquels le niveau de vie est anormalement bas ou dans lesquelles existe un grave sous-emploi, les aides destinées à promouvoir la réalisation d'un projet important d'intérêt européen commun ou destinées à remédier à une perturbation grave de l'économie d'un Etat membre et les aides ayant l'objet de promouvoir la culture et la conservation du patrimoine. Il faut noter que le Conseil peut créer d'autres catégories d'aides licites.

En outre, l'article 88 du Traité de Rome donne à la Commission compétence exclusive pour apprécier les aides d'Etat[375]. Ainsi, elle doit veiller à ce que les États membres n'accordent que des aides compatibles avec le marché commun. Le règlement 659/1999 du Conseil définit les détails de la procédure de contrôle effectuée par la Commission[376]. Selon ce règlement, toute aide ou régime d'aides doit être notifié à la Commission et approuvé par celle-ci avant d'être mis à exécution. Cette surveillance de la Commission s'exerce sous le contrôle de la Cour de Justice à l'égard des aides nouvelles, mais aussi vis-à-vis des aides déjà existantes.

Le contrôle de la Commission s'exerce en pratique à trois niveaux, puisqu'il prévoit un système de notification obligatoire par les Etats membres, confie un pouvoir de contrôle étendu à la Commission et prévoit un rôle actif des juridictions nationales. Il appartient à chaque Etat de notifier à la Commission tout plan envisageant une aide publique nouvelle ou envisageant sa modification avant que les mesures concernées

---

[374] « Peuvent être considérées comme compatibles avec le marché commun : les aides destinées à favoriser le développement économique de régions dans lesquelles le niveau de vie est anormalement bas ou dans lesquelles sévit un grave sous-emploi, les aides destinées à promouvoir la réalisation d'un projet important d'intérêt européen commun ou à remédier à une perturbation grave de l'économie d'un État membre, les aides destinées à faciliter le développement de certaines activités ou de certaines régions économiques, quand elles n'altèrent pas les conditions des échanges dans une mesure contraire à l'intérêt commun, les aides destinées à promouvoir la culture et la conservation du patrimoine, quand elles n'altèrent pas les conditions des échanges et de la concurrence dans la Communauté dans une mesure contraire à l'intérêt commun, les autres catégories d'aides déterminées par décision du Conseil statuant à la majorité qualifiée sur proposition de la Commission ».

[375] L'art. 88 paragraphe 1 dispose que la Commission procède avec les États membres à l'examen permanent des régimes d'aides existant dans ces États.

[376] Règlement no. 659/99, JOCE n° L 83 du 27.03.1999, p. 1 ss.

n'interviennent effectivement[377]. Cependant, l'obligation de notification préalable à la Commission est assouplie par le règlement 994/98 sur le contrôle des aides d'Etat horizontales, qui autorise la Commission à exempter par voie de règlements certaines catégories d'aides[378]. Exceptionnellement, le Conseil peut décider à l'unanimité d'autoriser une aide qui serait normallement interdite par la Commission[379]. Mais, en principe, il incombe à la Commission de mener la politique communautaire des aides d'Etats.

En ce qui concerne les entreprises publiques et les entreprises auxquelles les Etats membres accordent des droits spéciaux ou exclusifs, le Traité de Rome interdit dans son article 86 paragraphe 1 aux Etats membres d'édicter ou de maintenir des mesures contraires aux règles de la concurrence[380]. Toutefois, le paragraphe 2 du même article permet que les entreprises chargées de la gestion de services d'intérêt économique général soient soumises aux règles de concurrence pour autant que celles-ci ne fassent pas échec à l'accomplissement en droit ou en fait de la mission particulière des entreprises en question. Ce qui est ainsi protégé, ce n'est pas le fournisseur en tant que tel, mais bien la réalisation effective d'une mission d'intérêt général[381].

En 1996, la Commission a présenté une première communication sur les services d'intérêt général, suivie en 2001 par une nouvelle communication donnant des indications quant au champ et aux critères d'application des

---

[377] SOUTY François, *Le droit et la politique de la concurrence de l'Union européenne,* 3ème éd., *op.cit.*, p.103.
[378] Règlement no. 994/98, JOCE n° L 142 du 14.05.1998, p. 1 ss.
[379] L'art. 88 paragraphe 2, alinéa 3 prévoit que « sur demande d'un État membre, le Conseil, statuant à l'unanimité, peut décider qu'une aide, instituée ou à instituer par cet État, doit être considérée comme compatible avec le marché commun, en dérogation des dispositions de l'article 87 ou des règlements prévus à l'article 89, si des circonstances exceptionnelles justifient une telle décision. Si, à l'égard de cette aide, la Commission a ouvert la procédure prévue au présent paragraphe, premier alinéa, la demande de l'État intéressé adressée au Conseil aura pour effet de suspendre ladite procédure jusqu'à la prise de position du Conseil ».
[380] L'art. 86, paragraphe 1 déclare que « les États membres, en ce qui concerne les entreprises publiques et les entreprises auxquelles ils accordent des droits spéciaux ou exclusifs, n'édictent ni ne maintiennent aucune mesure contraire aux règles du présent traité, notamment à celles prévues à l'article 12 et aux articles 81 à 89 inclus ».
[381] BLASSELLE Richard, *Traité de droit européen de la concurrence*, tome II B, éd. publisud 2005, p. 454.

règles de la concurrence dans le domaine[382]. En termes généraux, l'application des règles de concurrence aux services d'intérêt économique général tient compte de la distinction entre infrastructure et service. En effet, il est peu rentable d'établir une deuxième infrastructure concurrentielle à celle existante. Pourtant, la Commission a développé une approche tendant à séparer les infrastructures et les activités commerciales. Dans ce contexte, l'infrastructure devient un moyen pour réaliser un marché de services concurrentiels. Néanmoins, si un droit de propriété exclusive continue d'exister par rapport à l'infrastructure, ceux qui se trouvaient en situation de monopole doivent garantir l'accès des services aux tierces parties. Ce principe a été appliqué pour libéraliser les secteurs de la production et la distribution de gaz et d'électricité, des services postaux, des télécommunications et des transports[383].

Un autre élément très important de l'économie des Etats est l'existence des marchés publics[384]. L'un des contractants étant la puissance publique (Etat ou collectivité sous son contrôle) les marchés publics sont, par nature, discriminatoires[385]. La politique en matière de marché public vise à contribuer à la réalisation du marché unique en créant la concurrence nécessaire pour la passation non discriminatoire de ces marchés et l'allocation rationnelle des deniers publics en choisissant la meilleure offre[386]. A défaut de dispositions visant expressement les marchés publics, ceux-ci relèvent des principes de base du marché intérieur. Le principe de la libre circulation des marchandises s'applique ainsi aux marchés de fournitures. Les marchés de travaux et les marchés de services bénéficient du droit d'établissement et de la liberté de prestation de services qui permettent respectivement aux entreprises de s'installer dans n'importe quel Etat

---

[382] Communication de la Commission, Les services d'intérêt général en Europe, JOCE C 281 du 26.09.1996 modifiée par la communication de la Commission, JOCE C 17 du 19.01.2001.

[383] CARTOU Louis / CLERGERIE Jean-Louis / GRUBER Annie / RAMBAUD Patrick, *L'Union européenne*, *op.cit.*, p. 374 à 380.

[384] Par « marchés publics » il faut entendre « les contrats à titre onéreux conclus par écrit entre un ou plusieurs opérateurs économiques et un ou plusieurs pouvoirs adjudicateurs et ayant pour l'objet l'exécution de travaux, la fourniture des produits ou la prestation des services », Article 1 de la directive 2004/18 du Parlement et du Conseil du 31.03.2004, JOCE L 134/114 du 30.04.2004, p. 114 ss.

[385] *Ibid.*, p. 380.

[386] Communication interprétative de la commission sur le droit communautaire applicable aux marchés publics et les possibilités d'intégrer des considérations environnementales dans lesdits marchés, COM/2001/0274 final, JOCE C 333 du 28.11.2001, p. 12 ss.

membre, d'effectuer des travaux ou de fournir des services sans être astreintes à une obligation de résidence[387].

Malgré cela, la suppression des restrictions à la liberté des échanges ne suffisant pas à garantir l'égalité des chances de toutes les entreprises désireuses de répondre aux offres de marché proposées dans la Communauté, il a été nécessaire d'aller plus loin[388]. Dans cette perspective, une vague d'harmonisation des procédures de passation des marchés publics et des procédures de recours a été encadré par plusieurs directives[389].

Section II – Les sources au niveau multilatéral

Le droit de la concurrence n'étant pas assez développé avant les années 1900, les projets internationaux sur les pratiques commerciales restrictives ne débutent qu'à partir des années 1930. Bien avant la Charte de la Havane, la Société des Nations avait organisé des conférences essayant d'établir un accord multilatéral. Mais, malheureusement, ces projets ont échoué et ne constituent aujourd'hui que les premiers pas vers l'adoption de règles internationales pour lutter contre les pratiques restrictives de concurrence[390]. C'est la raison pour laquelle nous examinerons les sources internationales multilatérales en deux sous-sections. Dans la première sous-section, nous étudierons les projets réalisés au sein de l'Organisation des Nations Unis (ONU) et de l'Organisation de Coopération et de Développement Economiques (OCDE) et, dans la seconde, nous étudierons les accords conclus au sein de l'Organisation mondiale du commerce (OMC) ayant un rapport avec le droit de la concurrence. Toutefois, dans ces deux sous-

---

387 CARTOU Louis / CLERGERIE Jean-Louis / GRUBER Annie / RAMBAUD Patrick, *L'Union européenne*, *op.cit.*, p. 381.

388 *Ibid.*

389 Directive 71/305/CEE du Conseil portant coordination des procédures de passation des marchés publics de travaux, remplacée par la directive 93/37/CEE du Conseil, modifiée par la directive 97/52/CE du Parlement européen et du Conseil ; Directive 77/62/CEE du Conseil portant coordination des procédures de passation des marchés publics de fournitures, remplacée par la directive 93/36/CEE du Conseil, modifiée par la directive 97/52/CE du Parlement européen et du Conseil ; Directive 2/50/CEE du Conseil portant coordination des procédures de passation des marchés publics de services, modifiée par la directive 97/52/CE du Parlement européen et du Conseil ; Directive 93/38/CEE du Conseil du 14 juin 1993 portant coordination des procédures de passation des marchés dans les secteurs de l'eau, de l'énergie, des transports et des télécommunications, modifiée par la directive 98/04/CE du Parlement européen et du Conseil.

390 Ces conférences seront examinées dans le premier chapitre de la deuxième partie de notre étude.

sections, nous ne traiterons que les textes ayant un caractère juridique de nature à réguler la concurrence internationale.

Par ailleurs, il est indiscutable que certains accords bilatéraux peuvent constituer une base du droit de la concurrence internationale. En général, ces accords créent un cadre pour la consultation et la coopération entre les Etats disposant de régimes de droit de la concurrence similaires. Leurs effets en tant que sources du droit international de la concurrence sont très limités. En tenant compte d'effets plus important dans le fonctionnement du droit international de la concurrence, nous avons jugé plus adéquat d'étudier les accords bilatéraux et régionaux dans un autre chapitre consacré aux approches diverses pour assurer le fonctionnement du droit international de la concurrence.

Sous-section I – Les projets au sein de l'ONU et de l'OCDE

Les travaux des organisations internationales sont révélateurs d'un climat favorable à la création d'un ordre économique, ainsi qu'à l'adoption d'une norme internationale en matière de concurrence. L'ONU, organisation à compétence universelle, instituée pour organiser les relations politiques pour une paix durable, intervient, par la force des choses, dans le domaine des relations économiques. D'autres organisations ont également joué un rôle important, notamment l'OCDE, connue auparavant sous le nom d'Organisation Européenne de Coopération Economique, pour coordonner le programme économique destiné à accompagner la reconstruction de l'Europe au lendemain de la seconde guerre mondiale.

A la fin de la deuxième guerre mondiale, la coopération internationale s'est imposée comme le meilleur moyen pour éviter les problèmes de 1918 et de 1929. Dès lors, la construction d'une architecture institutionnelle est établie pour favoriser le bon fonctionnement du système économique mondial. La création du Fonds Monétaire International et de la Banque Internationale pour la Reconstruction et le Développement, à la suite des accords de *Bretton-Woods,* a été réalisée en juillet 1944. L'Organisation internationale du commerce, qui devait compléter ce nouvel ordre, n'a jamais vu le jour. En revanche, la Charte de la Havane se distingue parmi les projets internationaux quant à son contenu et ses objectifs. Les autres projets élaborés au sein des diverses organisations internationales n'ont pas réussi à réglementer les relations internationales en matière de concurrence.

§ 1 – La Charte de la Havane

La Charte de la Havane, constitutive de l'Organisation internationale du Commerce, conclue en 1948, devait servir de cadre aux relations commerciales internationales entre les Etats. Cependant, elle n'est jamais entrée en vigueur du fait de sa non ratification par le Congrès des Etats-Unis et l'organisation qu'elle instituait n'a dès lors jamais vu le jour[391]. Pourtant, le projet d'Organisation internationale du Commerce était soutenu par le président américain Franklin D. Roosevelt qui envisageait de promouvoir les échanges et de régler les différends commerciaux entre les nations par le biais de cette organisation[392]. Toutefois, suite à l'opposition de la nouvelle majorité issue des élections américaines de 1950 qui estimait la Charte de la Havane trop protectionniste et pas assez libre échangiste, elle n'a jamais été soumise à la ratification du Congrès américain[393].

Il est utile d'examiner certaines dispositions de la Charte malgré son absence de force juridique. En effet, c'est un texte important qui envisage de créer un véritable système de réglementation juridique de la concurrence internationale. De plus, la Charte constituera une véritable source d'inspiration, riche de contenu, pour les projets internationaux ultérieurs envisageant d'établir un droit international de la concurrence.

A – Le contenu de la Charte de la Havane

Le chapitre V de la Charte de la Havane intitulé « pratiques commerciales restrictives » est constitué des articles 46 à 54[394]. La Charte prévoit dans ce chapitre les objectifs qui doivent être réalisés par les Etats. Autrement dit, il incombe aux Etats de prendre les mesures nécessaires et de coopérer pour empêcher l'existence de « pratiques restrictives de concurrence »[395].

---

[391] LUFF David, *Le droit de l'OMC*, L.G.D.J. – Bruylant 2003, p. 22.

[392] ROSIAK Patricia, *Les transformations du droit international économique*, l'Harmattan, Paris, 2003, p. 21.

[393] CARREAU Dominique / JUILLARD Patrick, *Droit international économique*, Dalloz 2e édition, Paris 2005, p. 47.

[394] Charte de la Havane instituant une Organisation International du Commerce, UN Doc. E/Conf. 2/78, 1948.

[395] L'article 46 de la Charte prévoit dans son premier paragraphe que « Chaque Etat membre prendra des mesures appropriées et coopérera avec l'Organisation afin d'empêcher les pratiques commerciales - qu'elles soient le fait d'entreprises commerciales privées ou publiques - qui, dans le commerce international, entravent la concurrence, restreignent l'accès aux marchés ou favorisent le contrôle à caractère de monopole, dans tous les cas où ces pratiques produisent des effets nuisibles sur le développement de la production ou du

L'article 50, paragraphe premier, précise que les Etats doivent prendre les mesures législatives et politiques appropriées et coopérer avec l'Organisation internationale du Commerce[396]. De plus, ils doivent participer à la consultation et à l'enquête dont les modalités sont déterminées par la Charte. En résumé, la Charte envisage que chaque Etat signataire prenne les dispositions nécessaires pour présenter des réclamations, mener des enquêtes et, à la demande de l'Organisation, réunir des informations et établir des rapports ; fournir à l'Organisation, dans le plus bref délai, les renseignements réclamés par celle-ci ; prendre en compte les demandes, constatations et recommandations de l'Organisation, faire rapport de toute mesure prise pour donner suite aux recommandations de l'Organisation ; participer à la demande de l'Organisation à des consultations et conférences. Ces modalités, fondées sur la coopération, ont inspiré plusieurs accords bilatéraux[397].

On considère ainsi que la Charte repose sur deux obligations de résultat[398]. D'une part, prendre les mesures nécessaires contre les pratiques restrictives et, d'autre part, collaborer et coopérer aux travaux de l'Organisation internationale du Commerce qui sera investie de la personnalité juridique[399]. Afin de clarifier le premier objectif, une définition et une liste exhaustive ont été fournies à l'article 46[400]. Selon la Charte, les pratiques restrictives sont celles qui « entravent la concurrence, restreignent l'accès aux marchés ou favorisent le contrôle à caractère de monopole ». Cette définition a été précisée par la liste qui figure au troisième paragraphe du même article, qui énonce six catégories de pratiques restrictives comme illégales : les ententes sur les prix, les accords de division géographique du marché, les pratiques discriminatoires au détriment d'entreprises déterminées, celles qui limitent la

---

commerce et où elles font obstacle à ce que soit atteint l'un quelconque des autres objectifs énoncés à l'article premier ».

[396] L'article 50, paragraphe premier de la Charte déclare que « chaque Etat membre prendra toutes mesures possibles, soit d'ordre législatif, soit d'autre nature, conformément à sa Constitution ou à sa législation et à son système économique... De même, l'Etat membre prêtera son concours à l'Organisation pour empêcher de telles pratiques ».

[397] Ces modalités sont déterminées dans l'article 50, paragraphes 2, 3 et 4 de la Charte de la Havane.

[398] LIGNEUL Nicolas, *L'élaboration d'un droit international de la concurrence entre les entreprises*, Bruylant, Bruxelles 2001, p. 21.

[399] Le statut juridique de l'Organisation est réglementé par l'article 89 de Charte de la Havane.

[400] Selon l'article 46 paragraphe 3 (g), cette liste ne peut être modifiée qu'en vertu d'une décision de l'Organisation internationale du Commerce prise à la majorité des deux tiers des Etats membres présents et participant au vote.

production ou fixent des contingents de production, celles qui, par voie d'accord, empêchent l'amélioration ou la mise en œuvre de procédés techniques ou d'inventions brevetées et l'usage abusif de droits de propriété intellectuelle[401].

En ce qui concerne l'obligation de collaborer et de coopérer aux travaux de l'Organisation internationale du Commerce, les modalités sont précisées dans les paragraphes 2 à 6 de l'article 50 de la Charte de la Havane[402]. Cette

---

401 Le texte de l'article 46, paragraphe 3 énumère les pratiques restrictives comme : a) celles qui fixent les prix ou les conditions à observer dans les transactions avec les tiers concernant l'achat, la vente ou la location de tout produit ; b) celles qui excluent des entreprises d'un marché territorial ou d'un champ d'activité commerciale, attribuent ou partagent un marché territorial ou un champ d'activité commerciale, répartissent la clientèle ou fixent des contingents de vente ou d'achat ; c) celles qui ont un effet discriminatoire au détriment d'entreprises déterminées ; d) celles qui limitent la production ou fixent des contingents de production ; e) celles qui, par voie d'accord, empêchent l'amélioration ou la mise en œuvre de procédés techniques ou d'inventions brevetées ou non ; f) celles qui étendent l'usage de droits résultant de brevets, de marques de fabrique, de droits d'auteur ou de reproduction, accordés par un Etat membre, à des matières qui, conformément aux lois et règlements de cet Etat membre, ne rentrent pas dans le cadre de ces privilèges, ou bien à des produits ou à des conditions de production, d'utilisation ou de vente qui, de même, ne font pas l'objet de ces privilèges.

[402] L'article 50, les paragraphes 2 à 6 de la Charte de la Havane a le teneur suivant :

« 2. Chaque Etat membre prendra les dispositions nécessaires pour présenter les réclamations, mener les enquêtes et, à la demande de l'Organisation, réunir des informations et établir des rapports.

3. Chaque Etat membre fournira à l'Organisation, dans le plus bref délai et dans la mesure la plus large possible, les renseignements qu'elle demandera aux termes du présent chapitre, en vue de procéder à l'examen des réclamations et aux enquêtes y relatives, ainsi qu'à des études. Cependant tout Etat membre pourra informer l'Organisation qu'il ne donnera pas les renseignements qu'il juge ne pas être indispensables pour que l'Organisation puisse mener à bien son enquête et dont la divulgation léserait gravement les intérêts légitimes d'une entreprise commerciale. Lorsqu'il fera une telle notification à l'Organisation, l'Etat membre indiquera la nature générale des renseignements retenus et exposera les raisons pour lesquelles il ne les juge pas indispensables.

4. Chaque Etat membre tiendra pleinement compte des demandes, constatations et recommandations de l'Organisation, prises en application de l'Etat membre indiquera la nature générale des ou à sa législation et à son système économique, appliquera au cas d'espèce les mesures qu'il jugera appropriées, eu égard aux obligations qu'il a assumées en vertu du présent chapitre.

5. Chaque Etat membre fera un rapport complet sur toute mesure qu'il aura prise, seul ou de concert avec d'autres Etats membres, pour donner suite aux demandes et recommandations

coopération impose aux Etats de participer aux travaux de l'Organisation, de suivre les procédures instituées par la Charte, de respecter les décisions de l'Organisation et de rendre compte de l'application de la Charte[403].

Les articles 49 et 53 de la Charte déterminent la compétence de l'Organisation pour effectuer des études et des enquêtes. En vertu de l'article 49, l'Organisation a compétence pour effectuer les études relatives aux pratiques commerciales restrictives. Pour cela, elle organise les conférences, effectuent les recherches et recommande aux Etats membres les lois et les procédures relatives aux obligations découlant de la Charte. Quant à l'article 53 de la Charte, il attribue une compétence particulière à l'Organisation internationale du Commerce, en établissant une procédure spéciale applicable en matière de services, tels que les transports, les télécommunications, les assurances et les services commerciaux des banques. L'importance primordiale de ces sujets pour le commerce international, particulièrement de nos jours, explique cette procédure spéciale[404].

Pour mettre en œuvre ses objectifs et régler les différends entre les Etats, la Charte de la Havane prévoit deux solutions : la procédure de consultation et la procédure relative aux enquêtes. Suivant la procédure relative aux consultations, un Etat membre prétendant avoir été lésé par une pratique mentionnée au paragraphe premier de l'article 46, pourra directement entamer la procédure de consultation avec d'autres Etats membres ou avec l'Organisation en vue de trouver une solution satisfaisante[405]. Le choix de la procédure est laissée aux Etats sauf dans le cas où les pratiques restrictives sont l'œuvre d'une entreprise publique. Dans cette hypothèse, il faut d'abord passer par la procédure de consultation[406].

---

faites par l'Organisation, et, lorsqu'il n'aura pris aucune mesure, il exposera ses raisons à l'Organisation et poursuivra avec elle l'examen de la question, si celle-ci l'invite à le faire.

6. Chaque Etat membre, à la demande de l'Organisation, participera aux consultations et conférences prévues par le présent chapitre, en vue d'aboutir à des conclusions satisfaisantes pour tous ».

[403] LIGNEUL Nicolas, *L'élaboration d'un droit international de la concurrence entre les entreprises*, *op.cit.*, p. 22.

[404] MERKT Benoît, *Harmonisation internationale et entraide administrative internationale en droit de la concurrence*, *op.cit.*, p. 67.

[405] Article 47 de la Charte de la Havane.

[406] Article 48, paragraphe premier de la Charte de la Havane.

La procédure relative aux enquêtes attribue une compétence à l'Organisation internationale du Commerce pour examiner chaque réclamation présentée par un Etat membre prétendant être lésé et lui confère l'autorité de demander à tout Etat intéressé de lui fournir des informations complémentaires tels que des renseignements émanant d'entreprises relevant de leur juridiction, et procéder à des auditions[407]. Si l'enquête aboutit à la conclusion que, dans le cas d'espèce, les conditions énoncées aux paragraphes 2 et 3 de l'article 46 existent et que la pratique en question a produit, ou est sur le point de produire, l'effet indiqué au paragraphe premier dudit article, elle demandera à chaque Etat membre intéressé de prendre toutes les mesures en son pouvoir pour remédier à la situation ; elle pourra également recommander, à cet effet, aux Etats membres intéressés, des mesures à mettre en œuvre conformément à leurs lois et règlements[408]. Il faut aussi signaler que l'action ou la carence de l'Organisation n'empêchera pas un Etat membre d'appliquer ses lois et règlements s'ils sont destinés à s'opposer aux monopoles commerciaux ou à éliminer les obstacles au commerce[409]. La compétence des Etats membres dans le domaine de la concurrence est donc exercée de manière concurrente à celle de l'Organisation, indépendamment du fait que celle-ci agisse ou non[410].

Si la Charte de la Havane avait été adoptée, un droit international de la concurrence aurait existé au niveau mondial[411]. Il est vrai que l'absence de ratification par le Congrès américain a rendu impossible la mise en œuvre de ce projet historique de création du droit international de la concurrence. Malgré cela, la Charte ne semble pas totalement dépourvue d'intérêt[412].

B – La portée de la Charte de la Havane

Le projet a une double portée. D'abord, il est le premier texte international qui envisage de créer un véritable système de réglementation juridique de la concurrence en matière de droit du commerce international. Ensuite, il est

---

[407] Article 48, paragraphe 4 de la Charte de la Havane.
[408] Article 48, paragraphe 7 de la Charte de la Havane.
[409] Article 52 de la Charte de la Havane.
[410] MERKT Benoît, *Harmonisation internationale et entraide administrative internationale en droit de la concurrence*, *op.cit.*, p. 67.
[411] *Ibid.* FOER Albert A., "The U.S. Unilateral Hypothesis", Presented at Anti-Trust and Globalization Conference Centro nazionale di prevenzione e difesa sociale Courmayeur Mont Blanc, September 19, 2003, p. 10.
[412] LIGNEUL Nicolas, *L'élaboration d'un droit international de la concurrence entre les entreprises*, *op.cit.*, p. 25.

une véritable source d'inspiration, riche en contenu, pour les futurs projets internationaux envisageant d'établir un droit international de la concurrence. En outre, le projet de la Charte de la Havane est la preuve concrète d'un besoin de règlementer le droit de la concurrence au niveau international. Déjà en 1948, les pères fondateurs du projet étaient conscients que certaines pratiques restrictives de la concurrence auraient pour résultat de perturber le libre fonctionnement des échanges commerciaux dans le marché mondial. De ce fait, ils ont envisagé unanimement de fonder un système de droit international de la concurrence contraignant et multilatéral afin d'assurer le bon fonctionnement du marché mondial. Ainsi, la Charte préconise de mettre en place un mécanisme contraignant, différent des méthodes conventionnelles du droit international public, pour régler les différends concernant le droit international de la concurrence. La particularité de ce domaine oblige à créer un système autonome et efficace. La Charte avait envisagé d'accomplir cette tâche par les procédures de consultation et d'enquête. Son efficacité était renforcée puisqu'elle étendait son champ d'application aux entreprises publiques et privées et aux Etats souverains, garants de l'ordre publique économique.

Par ailleurs, la Charte de la Havane est aussi une source d'inspiration pour plusieurs projets réalisés ultérieurement. L'Union européenne a choisi d'instituer un système supranational de droit de la concurrence afin de faciliter la réalisation d'un marché unique européen. Le GATT de 1947 ne reprend qu'une partie de la Charte. L'Accord général sur le commerce des services s'est en effet inspiré de certaines dispositions de la Charte, par exemple dans son article 9, qui n'est qu'une reprise de l'article 53 de la Charte sur l'obligation de traiter certains secteurs particuliers différemment. En outre, l'article 44 de la Charte donne le feu vert aux unions douanières et zones de libre-échange. Il a bénéficié d'une pratique étendue mais est aussi l'objet de nombreuses discussions.

Il est aussi intéressant de voir aujourd'hui que les règles du commerce international qui avaient été pensées comme complémentaires aux règles de concurrence sont devenues secondaires. Or, aujourd'hui, il est question de compléter les règles du commerce international par des règles de concurrence. A la suite de l'échec de ce projet historique les parties contractantes ont dû suivre un autre chemin, différent de celui qu'ils avaient prévu.

§ 2 – Le GATT de 1947

Le GATT, Accord général sur les tarifs douaniers et le commerce, conclu le 30 octobre 1947 par 23 Parties Contractantes[413], n'est pas, à proprement parlé, une organisation internationale mais bien un accord de 38 articles énumérant les principes de libéralisation du commerce qu'il entend promouvoir[414]. Cet accord ne reprend qu'un extrait de la Charte de la Havane qui a toujours une valeur juridique singulière pour le droit international de la concurrence malgré son absence d'entrée en vigueur[415]. La Partie IV de la Charte de la Havane, intitulée « Politique commerciale », a été mise en application provisoirement, car la mise en œuvre effective de l'Organisation Internationale du Commerce, prévue par la Charte, nécessitait beaucoup de temps[416]. Cette parcellisation du système de la Charte de la Havane est devenue une faiblesse essentielle des Accords Généraux d'aujourd'hui, à laquelle s'ajoutent d'autres défaillances[417].

Le système établi par le GATT de 1947 intéresse le droit de la concurrence à plusieurs égards. Si l'on considère la concurrence dans un sens large, l'Accord général sur les tarifs et le commerce a essentiellement trait à la concurrence, dans la mesure où il vise à limiter la capacité des gouvernements à imposer des mesures commerciales qui ont pour effet de restreindre ou de fausser la concurrence, en particulier celles venant de l'étranger[418]. Dans cette perspective, il est logique que la plupart des dispositions du GATT visent les pratiques commerciales restrictives

---

413 Australie, Belgique, Brésil, Birmanie, Canada, Ceylan, Chili, Chine, Cuba, Etats-Unis, France, Inde, Liban, G.-D Luxembourg, Norvège, Nouvelle-Zélande, Pakistan, Pays-Bas, Rhodésie du Sud, R.U. de Grande Bretagne, et d'Irlande du Nord, Syrie, Tchécoslovaquie et Union sud-africaine.

414 L'Art. XXIX de l'Accord général sur les tarifs douaniers et le commerce clarifie ce rapport en détailles.

415 LIGNEUL Nicolas, *L'élaboration d'un droit international de la concurrence entre les entreprises*, *op.cit.*, p.24.

416 Pour une étude approfondie de l'histoire de GATT voir, JACKSON John H, The World Trading System, Law and Policy of International Economic Relations, The MIT press, 1990, p. 32 ss.

417 CARREAU Dominique / JUILLARD Patrick, *Droit international économique*, *op.cit.*, p.47. « L'auteur note plusieurs défaillances de système du GATT 1947 à savoir, l'accord général est une version abrogée de la Charte de la Havane ; c'est un accord limité au commerce des marchandises, c'est un accord provisoire pérennisé et en forme simplifié (*executive agreement*), il dispose d'une structure institutionnelle quasi-inexistante avec une représentativité insuffisante et l'accord est dépourvue de l'effet direct ».

418 MERKT Benoît, *Harmonisation internationale et entraide administrative internationale en droit de la concurrence*, *op.cit.*, p. 59.

d'origine publique et sont, par conséquent, en étroite relation avec la concurrence. En l'espèce, les sujets relatifs au droit de la concurrence traités directement ou indirectement par le GATT de 1947, sont nombreux. L'article I de l'Accord général, concernant le traitement général de la nation la plus favorisée ; l'article II prévoyant la réduction des droits de douane et les concessions tarifaires ; l'article III, sur le traitement national en matière d'impositions et de réglementation intérieures ; l'article VI, concernant les droits antidumping et droits compensateurs qui a été par la suite complété par le premier Code antidumping de 1967 et révisé en 1979 lors de la conclusion des négociations du Tokyo round ; l'article VII consacré à la détermination de la valeur réelle des marchandises ; l'article X, exigeant la publication et l'application des règlements relatifs au commerce ; l'article XI, prévoyant l'élimination générale des restrictions quantitatives ; l'article XIII, imposant aux Parties Contractantes l'application non discriminatoire des restrictions quantitatives, l'article XVI sur les subventions ; l'article XVII, concernant les entreprises commerciales d'Etat ; l'article XVIII, sur l'aide de l'Etat en faveur du développement économique ont tous une conséquence sur le droit de la concurrence. Ils contribuent à améliorer la concurrence internationale en assurant l'accès des produits étrangers aux marchés nationaux puis interdisent leur discrimination sur le territoire des Etats en établissant une mise en relation concurrentielle entre eux.

En dehors de ces dispositions du GATT de 1947, l'Accord relatif au Commerce des Aéronefs Civils, conclu en 1979 dans le cadre du cycle de Tokyo, sera le seul accord contenant des dispositions relatives à la concurrence jusqu'à la négociation des accords du cycle de l'Uruguay[419]. L'Accord relatif au Commerce des Aéronefs Civils contient une déclaration de principe relative à la concurrence dans les alinéas 5 et 9 de son préambule en affirmant que les signataires sont désireux d'assurer des possibilités de concurrence équitables et égales à leur aéronautique civile ainsi qu'à leurs producteurs afin que ces derniers puissent participer à l'expansion du marché mondial des aéronefs civils et ils désirent voir leur aéronautique civile travailler sur la base de la concurrence commerciale. En revanche, ils reconnaissent que les relations entre les pouvoirs publics et l'industrie varient largement d'un signataire à l'autre. En outre, l'article 4, alinéa 3 du même accord déclare que « les signataires sont convenus que l'achat des produits visés par le présent accord ne devrait être régi que par des considérations de

[419] GATT, L'Accord relatif au commerce des aéronefs civils, 26th Supplement of Basic Instruments and the Selected Documents, 1980 et aussi sur le site internet de l'Organisation mondiale du commerce : www.wto.org/french/docs_f/legal_f/legal_f.htm

concurrence en matière de prix, de qualité et de délais de livraison ». On notera à cette occasion que malgré les références explicites à la concurrence dans le texte de l'Accord relatif au Commerce des Aéronefs Civils, l'absence de sanction prévue en cas de violation de cette disposition laisse à penser qu'en réalité il ne s'agit que d'un objectif abstrait, une intention politique, mais certainement pas d'une règle juridique[420].

Par ailleurs, la réglementation du GATT de 1947 n'a donné aucune définition de la concurrence déloyale ou de la notion de « pratiques commerciales déloyales ». Aucune liste de pratiques condamnables n'a pu être établie. Ces lacunes expliquent en partie les interprétations souvent divergentes émanant du pays accusé d'être agresseur et du pays qui se prétend lésé sur la qualification des pratiques commerciales[421]. De plus, le texte du GATT de 1947 contient des droits et devoirs différents à l'égard des Parties Contractantes selon leur degré d'adhésion à l'Accord général. La mise en place de larges dérogations et la conclusion d'accords sectoriels contraires, visant des secteurs particuliers, a lésé le système de l'Accord général et le principe fondamental du droit de la concurrence et de libre accès des concurrents au marché[422]. Ce mouvement d'exception a commencé en 1955, avec une dérogation qui permet de restreindre l'importation de produits agricoles, accordée aux Etats-Unis. Suite à l'octroi de cette dérogation, l'agriculture est virtuellement sortie du système GATT. Cette vague s'est poursuivie par la conclusion de l'Accord dans le secteur de produits textiles en 1961, l'Accord Multifibres en 1974 et la légitimation d'accords bilatéraux de restrictions « volontaires » aux exportations établissant des régimes contraires au GATT de 1947[423].

Aujourd'hui encore, le morcellement du droit international applicable au commerce des marchandises contribue au phénomène pervers du « *free ride* » inhérent au jeu de la clause de la nation la plus favorisée de type inconditionnel posé à l'article I de l'Accord général : toutes les Parties Contractantes bénéficièrent ainsi *ipso jure* des mesures de libéralisation négociées par un petit nombre d'entre elles, sans offrir en retour la moindre

---

[420] LIGNEUL Nicolas, *L'élaboration d'un droit international de la concurrence entre les entreprises*, *op.cit.*, p. 55 et aussi CHAREYRE DE BEAUMONT Anne, *Droit de la concurrence et globalisation*, Thèse Université Panthéon-Assas (Paris II) 2006, p. 364.

[421] CHAREYRE DE BEAUMONT Anne, *Droit de la concurrence et globalisation*, *op.cit.*, p. 360 et 361.

[422] CARREAU Dominique / JUILLARD Patrick, *Droit international économique*, *op.cit.*, p. 50.

[423] *Ibid.*

concession. La clause de la nation le plus favorisée exclut donc, contrairement à une version conditionnelle plus restrictive, toute réciprocité de la part de ses bénéficiaires ; ceux-ci ne sont nullement tenus d'offrir en retour une concession équivalente. De surcroît, ce phénomène du « *free ride* » va encore se trouver accentué à l'occasion de l'accession de nouvelles Parties Contractantes. En effet, celles-ci en accédant à l'Accord général ont bénéficié immédiatement et automatiquement de toutes les mesures de libéralisation commerciales négociées dans le passé sans pour autant être obligées d'y souscrire elles-mêmes et de procéder à un « rattrapage » [424]. On peut ajouter à ces conditions la mise en place de blocs régionaux, contraire au principe de la nation la plus favorisée qui a renforcé la naissance d'un « GATT à la carte », établissant un système de commerce international hétérogène et injuste en opposition à la volonté des Parties Contractantes de l'Accord général. A partir de là, le droit international économique va évoluer, encore une fois, pour pouvoir répondre aux besoins de ses acteurs. Mais, entre temps, il y aura d'autres tentatives pour réintroduire le droit international de la concurrence.

§ 3 – Le projet de l'ECOSOC

Dans les années 1950, le Conseil économique et social des Nations Unies a tenté d'adopter un texte relatif à la concurrence internationale. Le gouvernement des Etats-Unis, initiateur de ce projet, a largement profité du texte de la Charte de la Havane quand il a décidé de soulever la question des pratiques restrictives du commerce auprès du Conseil économique et social des Nations Unies[425]. Ainsi, le 13 Septembre 1951, le Conseil économique et social des Nations Unies a adopté une résolution, en reconnaissant que « les pratiques commerciales restrictives des entreprises commerciales, publiques ou privées qui, dans le commerce international entravent la concurrence, restreignent l'accès aux marchés et aux moyens de production nécessaire au développement économique, ou favorisent le contrôle à caractère de monopole, peuvent avoir des effets néfastes sur l'accroissement économique des régions insuffisamment développées et sur les niveaux de vie et entravent les efforts vers les autres buts et objectifs énoncés au chapitre I de

[424] *Ibid.*, p. 51.

[425] KOPPER Samuel K.C., "The International Regulation of Cartels. Current Proposals", *Virginia Law Review,* Vol.40, No.8, 1954, p. 1011 et aussi dans DOMKE Martin, "The United Nations Draft Convention on Restrictive Business Practices", *International and Comparative Law Quarterly*, Vol.4, No.1, 1955, p. 129 à 140.

la Charte de la Havane »[426]. De ce fait, le Conseil, reconnaissant qu'il est nécessaire, afin de neutraliser les pratiques néfastes restrictives, de prendre des mesures sur le plan national mais aussi sur le plan international a crée un Comité spécial chargé d'examiner les moyens à mettre en œuvre pour atteindre l'objectif fixé par l'article 46 de la Charte de la Havane[427]. Le Comité spécial a examiné pendant deux ans le problème des pratiques commerciales restrictives et a soumis son rapport au Conseil en mars 1953[428]. Ce dernier a pris acte du rapport du Comité spécial et a décidé de reprendre cette question à sa dix-neuvième session au plus tard, laissant aux gouvernements le temps de procéder à une étude approfondie sur les propositions formulées par le Comité[429].

Le rapport contenait un projet de 20 articles très proche du chapitre V de la Charte de la Havane. En revanche, le Comité spécial a tenté d'assouplir les dispositions de ce chapitre afin d'obtenir un consensus sur l'adoption des règles internationales de concurrence. Néanmoins, ces ambitions ont crée un texte assez vague et ambiguë[430]. Le premier article du projet annonçait la politique générale à mener pour neutraliser les effets nuisibles des pratiques restrictives du commerce. Selon cet article, deux obligations incombaient aux Etats membres. D'une part, prendre les mesures nécessaires contre les pratiques restrictives sur le plan national, et d'autre part, coopérer avec les autres Etats membres sur le plan international[431]. Toutefois, cette obligation était restreinte dans l'article 5 paragraphe 1 du projet qui permettait à chaque Etat membre de remplir cette exigence par le biais de son système

---

[426] U.N. Economic and Social Council Official Records, 13th Session, Supplement 1, U.N. Doc. E/2152, Res.375, 10 octobre 1951, p. 20.

[427] *Ibid.*, p. 21, Le Comité spécial est composé des Etats suivants : Belgique, Canada, Etats-Unis, France, Inde, Mexique, Pakistan, Royaume-Uni de Grande Bretagne et d'Irlande du Nord, Suède, Uruguay.

[428] Report of Ad.Hoc. Committee on Restrictive Business Practices on Governmental Measures Relating to Restrictive Business Practices; Analysis of Governmental Measures Relating to Restrictive Business Practices ; and Texts of National Legislative and Other Governmental Measures Relating to Restrictive Business Practices, 16th Session, Supp. No.11, U.N. Doc. E/2380, E/2379, Addendum 2 E/AC.37/3, 30 of March 1953.

[429] U.N. Economic and Social Council Official Records, 16th Session, Supplement 1, U.N. Doc. E/2508, Res.487, 15 août 1953, p. 4.

[430] KOPPER Samuel K.C., "The International Regulation of Cartels. Current Proposals", *op.cit.*, p. 1023.

[431] Report of Ad.Hoc. Committee on Restrictive Business Practices on Governmental Measures Relating to Restrictive Business Practices; Analysis of Governmental Measures Relating to Restrictive Business Practices ; and Texts of National Legislative and Other Governmental Measures Relating to Restrictive Business Practices, *op.cit.*, article 1.

constitutionnel, de son droit national et de son organisation économique. Cela résultait de l'idée qu'un contrôle national suffisait pour favoriser la concurrence libre au plan international[432]. Pourtant, cette réflexion a joué un rôle important dans l'échec du projet car les Etats dotés d'une règlementation antitrust rigide comme les Etats–Unis se sentaient défavorisés par rapport aux Etats qui n'avaient pas de législation nationale antitrust[433].

Dans le même article, une définition des pratiques restrictives avait été donnée. Etaient considérées comme restrictives les pratiques visant à : fixer les prix ou les conditions à observer dans les transactions avec les tiers concernant l'achat, la vente ou la location de tout produit ; exclure des entreprises d'un marché territorial ou d'un champ d'activité commerciale, attribuer ou partager un marché territorial ou un champ d'activité commerciale, répartir la clientèle ou fixer des contingents de vente ou d'achat ; avoir un effet discriminatoire au détriment d'entreprises déterminées ; limiter la production ou fixer des contingents de production ; empêcher l'amélioration ou la mise en œuvre de procédés techniques ou d'inventions brevetées ou non, ou assurer le même résultat en monopolisant un secteur commercial ou industriel. Et, finalement, le dernier paragraphe de cet article annonçait la possibilité de qualifier de pratiques commerciales restrictives toute pratique analogue, par le vote d'une majorité des deux tiers des Etats membres présents et participant audit vote[434]. En fait, cette définition était presque la même que celle qui avait été énoncée au paragraphe 2 de l'article 46 de Charte de la Havane. Le Comité spécial abandonna simplement le point (f) de ce dernier et ajouta à la qualification de pratique restrictive de concurrence l'existence d'un monopole industriel et commercial. Par ailleurs, en vue de résoudre les litiges entre Etats membres, le projet prévoyait une procédure de consultation et une procédure d'enquête exactement similaire à celle prévue dans les articles 47 et 48 de la Charte de la Havane. Toutefois, le Comité spécial avait ajouté que si lors de l'enquête, l'existence de mesures gouvernementales, antérieurement à la

---

432 DOMKE Martin, "The United Nations Draft Convention on Restrictive Business Practices", *International and Comparative Law Quarterly*, Vol.4, No.1, 1955, p. 133.

433 KOPPER Samuel K.C., "The International Regulation of Cartels. Current Proposals", *op.cit.*, p. 1016.

434 Report of Ad.Hoc. Committee on Restrictive Business Practices on Governmental Measures Relating to Restrictive Business Practices; Analysis of Governmental Measures Relating to Restrictive Business Practices ; and Texts of National Legislative and Other Governmental Measures Relating to Restrictive Business Practices, *op.cit.*, article 1.

plainte, était constatée, l'enquête ne se poursuivrait plus, les mesures nationales suffisant à remédier aux pratiques restrictives du commerce[435].

Malgré la grande ressemblance entre le projet de l'ECOSOC et la Charte de la Havane il existe aussi certaines nuances[436]. La principale innovation du projet était la création d'une Organisation internationale des Cartels qui n'était pas prévue dans la Charte. Le projet prévoyait la création d'un Organe représentatif et d'un Conseil exécutif au sein de cette Organisation. L'Organe représentatif réunissait l'ensemble des Etats membres, chacun disposant d'un vote, ses décisions devant être prises à la majorité. Cet Organe, de caractère politique, avait pour principale fonction de décider le déclenchement des enquêtes. Quant au Conseil exécutif, composé de membres représentant les économies de types et de régions différents, il était conçu pour réaliser les tâches confiées par l'Organe représentatif[437]. En ce sens, les enquêtes devaient être menées par un comité conseiller, composé d'experts en pratiques restrictives de concurrence, qui avait un pouvoir d'investigation assez étendue[438]. Mais sa position, à la fois juge et procureur, a nourri les critiques de la doctrine qui l'a considéré, à juste titre, contraire au droit de bénéficier d'un procès équitable[439].

La composition et l'organisation de ces organes ne pouvaient être expliquées que par l'ambition de concilier les deux objectifs, d'une part d'assurer un réel contrôle juridictionnel des pratiques restrictives de concurrence et d'autre part, de ménager la susceptibilité des gouvernements hostiles à la réduction de leur souveraineté économique[440]. Toutefois, le projet ECOSOC n'a jamais été adopté en raison de l'opposition des Etats-Unis qui ont invoqué l'inexistence, dans le système juridique de nombreux Etats membres

[435] *Ibid.* articles 2 et 3.
[436] L'article 4 du projet correspond à l'article 49 de la Charte de la Havane qui prévoyait la compétence pour étudier les pratiques commerciales restrictives ; l'article 5 correspond à l'article 50 de la Charte ; l'article 8 à l'article 53 etc.
[437] Report of Ad.Hoc. Committee on Restrictive Business Practices on Governmental Measures Relating to Restrictive Business Practices; Analysis of Governmental Measures Relating to Restrictive Business Practices ; and Texts of National Legislative and Other Governmental Measures Relating to Restrictive Business Practices, *op.cit.*, articles 10 et 11.
[438] *Ibid.* articles 13 et 15.
[439] KOPPER Samuel K.C., "The International Regulation of Cartels. Current Proposals", *op.cit.*, p. 1020.
[440] LIGNEUL Nicolas, *L'élaboration d'un droit international de la concurrence entre les entreprises*, *op.cit.*, p. 97.

de l'ONU, d'un droit de la concurrence, et l'inefficacité du projet[441]. Le projet a été finalement discuté lors de la 19e session du Conseil économique et social et un nouvel examen de la question lors d'une session ultérieure a été décidé[442]. Cela signifiait en réalité l'abandon du projet. Il est intéressant de voir qu'après la Charte de la Havane l'abandon du projet est dû à la politique des Etats-Unis, pourtant à l'origine des deux initiatives.

§ 4 – Le code de conduite des Nations Unies sur les pratiques commerciales restrictives

Différents aspects du droit de la concurrence ont fait également l'objet d'importants travaux et discussions au sein de la Conférence des Nations Unies sur le Commerce et Développement (CNUCED), l'organe subsidiaire de l'Assemblée générale. L'instrument le plus notable en ce domaine est le Code de conduite portant sur l'ensemble des principes et règles équitables convenus au niveau multilatéral pour le contrôle des pratiques commerciales restrictives.

Les travaux sur ce projet ont commencé par les efforts de l'Assemblée générale qui, au terme de sa résolution 33/153 du 20 décembre 1978, a convoqué, sous les auspices de la CNUCED, la Conférence des Nations Unies sur les pratiques commerciales restrictives. Cette dernière s'est réunie à Genève, du 19 novembre au 8 décembre 1979. A la fin de cette période, la Conférence a demandé qu'une reprise de session soit organisée pour lui permettre d'achever ses travaux. Conformément à la décision 34/447 de l'Assemblée générale, du 19 décembre 1979, la Conférence s'est réunie à nouveau du 8 au 22 avril 1980. A l'issue de ses travaux, la Conférence des Nations Unies a adopté une résolution aux termes de laquelle elle a approuvé un ensemble de principes et de règles équitables convenus au niveau multilatéral pour le contrôle des pratiques commerciales, et a transmis l'ensemble de ces conclusions à l'Assemblée générale. En conséquence, le 5 décembre 1980, l'Assemblée générale, lors de sa trente-cinquième session, a adopté les principes et règles équitables convenus au niveau multilatéral pour le contrôle des pratiques commerciales restrictives, approuvé par la

---

441 HANSEN Patricia Isela, "Antitrust in the Global Market: Rethinking "Reasonable Expectations", 73 *Southern California Law Review* 1999, p. 1607.

442 U.N. Economic and Social Council Official Records, 19th Session, 1955, U.N. Doc. E/2670 et E/2612, Addendum 1, 26 mai 1955, p. 4 et 5.

Conférence des Nations Unies[443]. Depuis l'adoption de ce texte en 1980, cinq Conférences des Nations Unies chargées de revoir tous les aspects d'ensemble des principes et des règles ont été organisées sous l'égide de la CNUCED[444]. La quatrième Conférence de révision a adopté une résolution qui a affirmé la validité de ce texte convenu au niveau multilatéral pour le contrôle des pratiques commerciales restrictives et a demandé à tous les États membres d'appliquer les dispositions de l'ensemble[445].

Les objectifs de ce code de conduite ont été annoncés à la section (A), dans laquelle le projet envisage d'empêcher que les pratiques commerciales restrictives n'entravent ni n'annulent la réalisation des avantages qui devraient découler de la libéralisation des obstacles tarifaires et non tarifaires au commerce mondial. Pour accroitre l'efficacité de ce dernier, le code de conduite prévoit l'encouragement et la protection de la concurrence en contrôlant les concentrations et en encourageant l'innovation[446].

Dans la section (B), il donne les définitions des notions propres au droit de la concurrence, convenues au niveau multilatéral : les pratiques commerciales restrictives sont les actes ou les comportements d'entreprises qui, par l'abus ou l'acquisition et l'abus d'une position dominante ou de force sur le marché, limitent l'accès aux marchés ou, d'une autre manière, restreignent indûment la concurrence, ayant ou risquant d'avoir des effets préjudiciables pour le commerce international, notamment celui des pays en développement et pour le développement économique de ces pays, ou qui, en raison d'accords ou d'arrangements officiels, non officiels, écrits ou non écrits, entre entreprises, ont les mêmes répercussions[447]. Il convient d'ajouter à cette occasion, que la notion d'entreprise introduite dans cette partie du code est très large. Elle englobe les firmes, sociétés de personnes, sociétés anonymes, compagnies, autres associations, personnes physiques et morales, ou toute combinaison de ces formules qu'elles soient privées ou d'État, qui

---

[443] Code de conduite sur les pratiques commerciales restrictives, L'ensemble de principes et de règles équitables convenus au niveau multilatéral pour le contrôle des pratiques commerciales restrictives, Résolution 35/63 du 5 décembre 1980, Semaine Juridique, J.C.P.1981, III, no. 5188.

[444] Ces conférences ont eu lieu en 1985, 1990, 1995, 2000 et enfin en 2005.

[445] TD/RBP/CONF.6, du 4 octobre 2000. La cinquième conférence a réaffirmé cette résolution TD/RBP/CONF.6/15 du 10 février 2006.

[446] Code de conduite sur les pratiques commerciales restrictives, L'ensemble de principes et de règles équitables convenus au niveau multilatéral pour le contrôle des pratiques commerciales restrictives, *op.cit.*, section (A), 1 et 2.

[447] *Ibid.*, (B), i.

exercent des activités commerciales et en même temps leurs succursales, filiales, sociétés affiliées ou autres entités directement ou indirectement contrôlées par elles[448].

Par ailleurs, la section (B) du code définit une position dominante sur le marché comme une situation où une entreprise, soit seule, soit avec quelques autres entreprises, est en mesure de dominer le marché considéré d'un bien ou service ou d'un groupe de biens ou services particuliers[449]. Cette définition de la position dominante est loin d'être précise. Hormis la proclamation qu'une position dominante est le fait qu'une entreprise est en mesure de dominer le marché, il n'existe aucune précision quant aux caractéristiques d'une position dominante. En revanche, la caractéristique du droit de la concurrence exige une certaine précision pour répondre au besoin de garantir un marché non faussé de concurrence. Bien entendu, cette lacune ne résulte pas d'un simple oubli mais elle est due à un manque de consensus sur le plan international. En revanche, le droit européen de la concurrence et le droit antitrust américain ont donné un sens à cette notion par des législations détaillées et par une jurisprudence bien conçue.

D'une façon générale, le code énonce plusieurs principes pour le contrôle des pratiques commerciales restrictives. Ces déclarations sont essentiellement divisées en deux volets de principes : les uns déclarent les obligations que les entreprises multinationales doivent respecter à l'égard des législations et des autorités des pays où elles exercent leurs activités et les pratiques qu'elles doivent s'abstenir de commettre, les autres concernent les mesures à prendre par les États aussi bien au niveau national et régional.

La section (D) du code est la section qui se réfère étroitement aux notions du droit de la concurrence. Cette section indique que les entreprises internationales doivent respecter certains principes fondamentaux du droit de la concurrence[450]. Ainsi, elles doivent aussi admettre la compétence des

---

[448] *Ibid.*

[449] *Ibid.*

[450] La section (D) point 3 du code prévoit que : « Les entreprises, sauf quand elles traitent l'une avec l'autre dans le cadre d'une entité économique où elles sont sous contrôle commun, y compris par voie de propriété, ou, pour d'autres raisons, ne peuvent agir indépendamment l'une de l'autre devraient quand elles se livrent sur le marché à des activités qui sont concurrentes ou peuvent le devenir, s'abstenir de pratiques comme celles mentionnées ci-après, si, par des accords ou arrangements officiels, non officiel écrits ou non écrits, elles limitent l'accès au marché ou, de toute autre manière, restreignent particulier au commerce des pays en développement et au développement économique de ces pays : accords fixant les

tribunaux des Etats hôtes où elles exercent leurs activités en cas d'infraction[451]. Le texte établit aussi un système de consultation et de coopération entre les entreprises multinationales et les autorités nationales chargées de la concurrence[452]. Si une telle disposition permet aux entreprises internationales de respecter les interdictions érigées par certains Etats en matière de communication de renseignements, elle les encourage à faire preuve de bonne foi envers les autorités des autres Etats. Les dispositions prévues par le code des Nations Unies suggèrent que les obligations des entreprises multinationales envers les Etats où elles n'opèrent pas directement se limitent en fait à la consultation et à la coopération[453].

Les principes et règles conçus à l'intention des Etats sont quant à eux annoncés à la section (E). Les Etats doivent adopter les dispositions législatives et les procédures d'application judiciaires et administratives appropriées, améliorer et mettre en œuvre effectivement celles qui existent déjà dans le but de contrôler les pratiques commerciales restrictives, y compris celles qui concernent les sociétés transnationales. Cela peut se faire sur le plan national ou sur le plan régional. En vue d'assurer ce contrôle efficacement, les Etats doivent fonder leur législation essentiellement sur le principe consistant à supprimer ou à traiter efficacement les actes ou comportements d'entreprises qui, l'abus ou l'acquisition d'une position dominante sur le marché, limitent l'accès aux marchés ou restreignent indûment la concurrence de toute autre manière[454]. L'autre obligation qui incombe aux Etats est de garantir aux entreprises multinationales un traitement qui soit juste, équitable, non-discriminatoire et transparent. De plus, les Etats sont obligés de respecter la confidentialité des informations contenant des secrets commerciaux légitimes obtenus lors de leurs investigations[455].

---

prix y compris les prix à l'exportation et à l'importation ; soumissions collusoires ; arrangement de répartition des marchés ou de la clientèle; répartition, au moyen de contingents, des ventes et de la production; action collective pour donner effet à un arrangement, par exemple refus concerté de vente; refus concerté d'approvisionner des importateurs éventuels; refus collectif d'admission à la qualité de partie à un arrangement, ou de membre d'une association, d'une importance décisive pour la concurrence ».

[451] *Ibid.* Section (D), 1.

[452] *Ibid.*, 2.

[453] FRIEDEL-SOUCHU Evelyne, *Extraterritorialité du droit de la concurrence aux Etats-Unis et dans la Communauté Européenne*, L.G.D.J., Paris 1994, p. 368.

[454] Code de conduite sur les pratiques commerciales restrictives, L'ensemble de principes et de règles équitables convenus au niveau multilatéral pour le contrôle des pratiques commerciales restrictives, *op.cit.*, section (E), 1 et 2.

[455] *Ibid* 3 et 5.

En outre, le code dans son ensemble envisage une coopération entre les Etats, notamment aux paragraphes (7), (8) et (9) de la section (E) qui prévoient la mise en œuvre de mécanismes et de politiques appropriés pour favoriser l'échange de renseignements sur les pratiques commerciales restrictives et sur l'application des législations et politiques nationales en la matière. Les pays développés doivent partager leur expérience en matière de contrôle des pratiques commerciales restrictives et fournir une assistance technique aux pays qui le souhaitent. De même, les traits de la coopération convenue au niveau multilatéral pour le contrôle des pratiques commerciales restrictives ont été annoncés dans la section (F). La collaboration en vue d'éliminer ou de contrôler efficacement les pratiques commerciales restrictives, y compris celles des sociétés transnationales, impose une harmonisation des notions et des politiques dans le domaine prévu. A cette fin, les renseignements, ainsi que le développement et l'application des législations, règlements et politiques concernant les pratiques commerciales restrictives doivent être communiqués chaque année au Secrétaire général de la CNUCED afin de mesurer l'état d'avancement des dispositions prises par les Etats et les groupements régionaux pour faire face à leur engagement concernant l'Ensemble des principes et des règles. Une évolution de la situation en la matière devra être exposée par les rapports annuels de la CNUCED[456].

Comme les textes précédents, le code de conduite des Nations Unies prévoit un mécanisme de consultation afin de trancher les différends qui peuvent se produire entre les Etats en matière de pratiques commerciales restrictives. Un Etat peut engager une consultation avec un autre ou d'autres Etats au sujet d'une affaire, dans la mesure où ils jugent qu'une consultation est appropriée[457]. Les Etats en cause peuvent demander l'aide du Secrétaire général de la CNUCED pour l'organisation des consultations[458]. Pourtant, il n'en découle aucune obligation pour les Etats de soumettre leurs différends à la consultation. Si la section (F) 4b déclare que « Les États devraient prendre pleinement en considération les demandes de consultations et, après accord sur l'objet et les procédures des consultations, celles-ci devraient avoir lieu

---

[456] Code de conduite sur les pratiques commerciales restrictives, L'ensemble de principes et de règles équitables convenus au niveau multilatéral pour le contrôle des pratiques commerciales restrictives, *op.cit.*, section (F), 1, 2 et 3.
[457] *Ibid.* (F), (4) a.
[458] *Ibid.*

au moment approprié » cela n'entraîne aucune obligation pour les Etats, ce n'est qu'une incitation, non contraignante[459].

D'un autre côté, le Code prévoit un mécanisme institutionnel international dont le fonctionnement est assuré par le groupe intergouvernemental d'experts[460]. Ce dernier, dans l'exercice de ses fonctions, n'aura cependant pas la compétence d'agir comme un tribunal, ni de juger les activités ou la conduite de tel ou tel gouvernement ou de telle ou telle entreprise à l'occasion d'une transaction commerciale spécifique. Par ailleurs, le Groupe intergouvernemental et ses organes subsidiaires doivent éviter d'intervenir dans un différend entre entreprises parties à une transaction commerciale spécifique. Cette réduction importante du domaine de compétence a évidement pour objectif de recueillir un plus large consensus parmi les Etats particulièrement attachés à leur souveraineté.

Le Code de conduite des Nations Unies a fait l'objet de vives critiques doctrinales. Une partie de la doctrine soutient que le projet est insuffisant pour réguler la concurrence internationale. Nicolas Ligneul critique la définition des pratiques restrictives de concurrence et des entreprises qui n'est, selon lui, pas suffisamment rigoureuse d'un point de vue juridique, le

---

[459] ROMANO Frank, *Mondialisation des politiques de concurrence*, L'Harmattan, 2003, p. 133.

[460] Code de conduite sur les pratiques commerciales restrictives, L'ensemble de principes et de règles équitables convenus au niveau multilatéral pour le contrôle des pratiques commerciales restrictives, *op.cit.*, section (G), la même section point (ii) détermine les fonctions du Groupe intergouvernemental comme suit : servir de cadre et prendre des dispositions pour des consultations, des discussions et des échanges de vues multilatéraux entre les Etats sur les questions concernant l'Ensemble de principes et de règles, en particulier son application et expérience qui en découle ; faire, et diffuser périodiquement, des études et des travaux de recherche sur les pratiques commerciales restrictives en relation avec les dispositions de l'Ensemble de principes et de règles, en vue d'intensifier l'échange de données d'expérience et de rendre plus efficace l'Ensemble de principe et de règles; examiner les études, documents et rapports pertinents qu'il aura demandés à des organismes appropriés des Nations Unies; étudier les questions relatives à l'Ensemble de principes et de règles, qui pourraient être concrétisées par des données sur les transactions commerciales et autres renseignements pertinents demandés à tous les Etats; recueillir et diffuser des informations sur les questions relatives à l'Ensemble des principes et de règles, à la réalisation globales de ses objectifs et aux dispositions appropriées que les Etats ont prises au niveau national ou régional pour promouvoir un ensemble de principes et des règles efficaces, y compris ses objectifs et ses principes; dresser des rapports et recommandations appropriés aux Etats sur les questions relevant de sa compétence, y compris sur l'application et la mise en œuvre de l'Ensemble des principes et de règles équitables convenus au niveau multilatéral; soumettre au moins une fois par an des rapports sur ses travaux.

texte, très imprécis et mal rédigé, étant susceptible de plusieurs interprétations en fonction du pays qui l'interprète[461]. Selon Frank Romano, la difficulté d'appréhender le sens du texte peut entrainer sa non-application par les Etats et, au bout du compte, le rendre inutile[462]. De plus, on ne lui attribue qu'une valeur historique, sans intérêt pour régir les rapports internationaux de concurrence entre les entreprises sur le marché mondial[463]. En fait, il est certain qu'un code se limitant à mettre en place des techniques de coopération n'a pas l'envergure suffisante pour règlementer les pratiques commerciales restrictives internationales. Nous tenons toutefois à souligner, comme une partie de la doctrine, que le projet a le mérite non négligeable d'avoir facilité le rapprochement entre les autorités chargées de contrôler la concurrence et d'avoir incité bon nombre de pays en voie de développement à adopter ou à étoffer leurs règles internes de concurrence[464].

Il faut aussi admettre que tous les problèmes de forme et de fond que soulève le projet n'en sont pas pour autant résolus. Un certain nombre des auteurs ont précisé que ces instruments « mous » ne créent pas en eux-mêmes l'obligation pour les gouvernements de réglementer les pratiques restrictives de concurrence[465]. Cependant, ils peuvent acquérir une force obligatoire en tant que droit international coutumier s'ils deviennent la preuve d'une pratique générale acceptée comme étant le droit[466]. En tout cas, une partie de la doctrine juge que le code de conduite des sociétés transnationales ne peut pas être un instrument conventionnel ; et, par conséquent, sa valeur juridique sera celle qui s'attache aux résolutions des Nations Unies. Donc, plus le consensus sera solide, plus on sera proche de la *hard law* – le droit dur :

---

461 LIGNEUL Nicolas, *L'élaboration d'un droit international de la concurrence entre les entreprises*, *op.cit.*, pp. 101 et 102.
462 ROMANO Frank, *Mondialisation des politiques de concurrence*, *op.cit.*, p. 137.
463 LIGNEUL Nicolas, *L'élaboration d'un droit international de la concurrence entre les entreprises*, *op.cit.*, p. 102.
464 *Ibid.*, p. 103.
465 BAADE Hans W., "The Legal Effects of Codes of Conduct for Multinational Enterprises", *German Year Book of International Law*, Vol.22, 1979, pp.11 et ss. ; DAVIDOW Joel / CHILES Lisa, "The United States and the Issue of the Binding or Voluntary Nature of International Codes of Conduct Regarding Restrictive Business Practices, *AJIL* Vol.72, 1978, p. 253.
466 BAADE Hans W., "The Legal Effects of Codes of Conduct for Multinational Enterprises", *op.cit.*, p. 22 et 23 ; *in contrario* MENDELSON Maurice, "The Subjective Element in Customary International Law", *British Yearbook of International Law*, Vol.66, 1995, pp. 204 à 208.

moins le consensus sera solide, plus on sera proche de la *soft law* – le droit mou[467].

Après cet échec, le Conseil économique et social des Nations Unies n'a pas osé préparer un autre texte susceptible de réguler les comportements anticoncurrentiels des entreprises sur le marché mondial. Cette position est regrettable car le développement des entreprises multinationales non soumises aux règles de droit conduit à l'accroissement quantitatif autant que qualitatif du nombre et des conséquences dommageables de pratiques anticoncurrentielles[468]. Toutefois, les travaux de la CNUCED se sont poursuivis dans un autre sens, la préparation de lois types dont les dispositions ont été incluses dans les législations nationales des Etats.

§ 5 – La loi type de la CNUCED

La première version du projet de loi type proposée aux Etats, pour l'inclure à leur système national, remonte à 1991[469]. Plus tard, ce texte a fait l'objet de modifications, suite aux recommandations du Groupe intergouvernemental d'experts, en tenant compte de l'évolution de la législation dans le domaine de la concurrence[470]. La dernière révision de la loi type a lieu en 2007[471]. Destinée en premier lieu à fournir une aide aux pays en développement, la loi type prévoit de contrôler ou éliminer les accords ou arrangements restrictifs entre entreprises, les fusions et acquisitions et/ou l'abus d'une position dominante sur le marché, qui limitent l'accès aux marchés ou, d'une autre manière, restreignent indûment la concurrence, avec des effets préjudiciables sur le commerce ou le développement économique au plan national ou international[472]. La loi, la politique et la réglementation en matière de concurrence tendent essentiellement à défendre l'intérêt général contre le pouvoir de monopole. Elles donnent des instruments aux

---

467 CARREAU Dominique / JUILLARD Patrick, *Droit international économique*, *op.cit.*, p. 30.

468 LIGNEUL Nicolas, *L'élaboration d'un droit international de la concurrence entre les entreprises*, *op.cit.*, pp. 8 et 99.

469 CNUCED, *Revised draft of possible elements for article on a model law or laws and commentaries on the elements*, TD/B/RBP/81, 12 août 1991.

470 CNUCED, *Conclusion concertées du Groupe intergouvernemental d'experts du droit et de la politique de la concurrence à sa deuxième session*, TD/B/COM.2/19QTD/B/COM.2/CLP/14.

471 CNUCED, *The model law on competition*, UNCTAD Series on Issues in Competition Law and Policy, TD/B/RBP/CONF.5/7/Rev.3,2007.

472 *Ibid.*, chapitre 1.

gouvernements pour atteindre cet objectif, mais varient quant à leur champ d'application et aux types d'intervention[473]. La loi s'applique à toutes les entreprises ainsi qu'à toute personne physique, en revanche, elle ne s'applique pas aux actes souverains de l'État[474]. Le champ d'application a également été précisé de manière à exclure les actes souverains des administrations locales qui ont reçu une délégation de pouvoir en matière de réglementation et à protéger les actes de personnes physiques qui sont imposés ou contrôlés par l'État. Par ailleurs, la loi type propose une variété de solutions pour édicter une loi nationale dans différents domaines : les accords ou arrangements restrictifs ; les actes ou comportements constituant un abus de position dominante sur le marché ; l'enquête et l'interdiction de fusions influant sur les marchés concentrés ; les procédures de notification par les entreprises ; les relations entre une autorité de la concurrence et les organismes de réglementation et les aspects éventuels de la protection des consommateurs. De plus, dans son chapitre X, la loi type détermine l'autorité nationale de concurrence sous le nom d'organe de tutelle, en proposant son organisation, ses fonctions et ses pouvoirs[475].

La doctrine a critiqué la loi type sur plusieurs points. Spécialement sur les moyens proposés pour atteindre ses objectifs ; le caractère lacunaire du chapitre III qui détermine les accords restrictifs de concurrence ; le régime d'exemptions juridiquement peu convaincant et dépourvu de sécurité juridique[476]. Il faut tenir compte de ces critiques mais aussi accepter qu'une loi type de concurrence puisse ne pas avoir la même caractéristique qu'une loi nationale. La loi type constitue une sorte de guide et propose différentes solutions pour des Etats ayant des cultures juridiques diverses. Logiquement, cette loi laisse toute latitude aux Etats pour choisir les politiques qu'ils jugent

---

473 CNUCED, *Projet de commentaires d'éléments pour les articles d'une loi ou de loi types*, Série de la CNUCED sur les questions relatives au droit et à la politique de la concurrence, TD/RBP/CONF.5/7., p. 23.

474 *Ibid.*, chapitre 2 (II) de la loi type prévoit que : *a)* La loi s'applique à toutes les entreprises telles qu'elles sont définies ci-dessus, en ce qui concerne l'ensemble de leurs accords commerciaux, opérations ou transactions portant sur des biens, services ou droits de propriété intellectuelle ; *b)* Elle s'applique à toute personne physique qui, agissant à titre privé en tant que propriétaire, directeur ou employé d'une entreprise, autorise, applique ou favorise des pratiques restrictives interdites par la loi ; *c)* Elle ne s'applique pas aux actes souverains de l'État lui-même ou des administrations locales, ni aux actes des entreprises ou personnes physiques qui sont imposés ou suivis par l'État ou par des administrations ou collectivités locales agissant dans le cadre d'une délégation de pouvoir.

475 *Ibid.*, chapitre X.

476 CHAREYRE DE BEAUMONT Anne, *Droit de la concurrence et globalisation*, *op.cit*, p. 442.

appropriées pour eux-mêmes. En conclusion, il faut reconnaître le succès de ce projet de loi type qui a conduit une trentaine d'Etats à adopter un droit national de la concurrence[477].

§ 6 – Les travaux de l'OCDE pour le respect des politiques nationales de concurrence dans le cadre des échanges internationaux

Depuis que l'OCDE a pris la relève de l'OECE en 1961[478], elle a pour mission de renforcer l'économie des Etats Membres, d'en améliorer l'efficacité, de promouvoir l'économie de marché, de développer le libre-échange et de contribuer à la croissance des pays aussi bien industrialisés qu'en développement[479]. En effet, l'OCDE, qui n'a pas une vocation régionale mais une vocation économique générale, regroupe les principaux pays industrialisés, qui sont aussi ceux qui ont la plus longue tradition du droit de la concurrence. En vue d'accomplir ces objectifs les Etats membres de l'Organisation ont pris des engagements généraux, dont la réduction des obstacles aux échanges[480]. L'harmonisation de la politique de concurrence dans les différents Etats membres et la lutte contre les pratiques commerciales restrictives de concurrence font partie des mesures prises contre les obstacles aux échanges[481]. Ainsi, afin d'encourager la convergence des politiques nationales de concurrence et de renforcer la coopération

---

[477] ROWLEY William J. / WAKIL Omar K., "The Internationalisation of Antitrust : The Need for a Global Competition Forum", article présenté lors de conférence organisée par le Bureau de la concurrence canadienne, « Canadian Competition Policy : Preparing for the Future » entre le 19 et 20 juin 2001, p. 11 et 12.

[478] L'OCDE a succédé à l'Organisation Européenne de Coopération Economique (OECE), qui avait été créée pour administrer l'aide des Etats-Unis et du Canada dans le cadre du Plan Marshall destiné à accompagner la reconstruction de l'Europe au lendemain de la seconde guerre mondiale. Sur ce sujet, voir SCHAFFER Richard / EARLE Beverly / AGUSTI Filiberto, *International Business Law and its Environment*, Thomson, West, 6th Ed., 2004, p. 67.

[479] L'Article premier de la Convention relative à l'Organisation de Coopération et de Développement Economiques signé à Paris, le 14 décembre 1960 prévoit que l'Organisation de Coopération et de Développement Économiques a pour objectif de promouvoir des politiques visant ; à réaliser la plus forte expansion possible de l'économie et de l'emploi et une progression du niveau de vie dans les pays Membres, tout en maintenant la stabilité financière, et à contribuer ainsi au développement de l'économie mondiale ; à contribuer à une saine expansion économique dans les pays Membres, ainsi que non membres, en voie de développement économique ; à contribuer à l'expansion du commerce mondial sur une base multilatérale et non discriminatoire conformément aux obligations internationales.

[480] *Ibid.* article 2.

[481] LIGNEUL Nicolas, *L'élaboration d'un droit international de la concurrence entre les entreprises*, *op.cit.*, p. 119.

internationale et les règles concernant les politiques de concurrence, un Comité d'experts sur les pratiques restrictives du commerce avait été déjà crée au sein de l'OCDE en 1961. Le nom de ce Comité est devenu le Comité du droit et de la politique de la concurrence en 1987[482]. Il a pour mandat d'examiner l'évolution du droit et de la politique de la concurrence dans chaque pays et au sein des organisations internationales ; d'étudier et commenter les questions particulières de politique de la concurrence, en tenant compte des interactions entre la politique de la concurrence et d'autres politiques des pouvoirs publics ; de promouvoir la coopération entre Etats Membres pour l'élaboration et la mise en œuvre du droit et de la politique de la concurrence ; de coopérer avec d'autres comités de l'Organisation sur les questions liées à la concurrence ; de procéder à des échanges de vues sur les questions de droit et de politique de la concurrence évoquées dans d'autres enceintes internationales ; de faire rapport au Conseil et lui soumettre, en tant que de besoin, des recommandations sur les questions qui sont de la compétence du Comité[483]. Pour accomplir ses tâches, les travaux du Comité sont effectués au sein de différents groupes de travail. Parallèlement aux travaux dans le cadre des groupes de travail, l'action de l'OCDE prend principalement la forme de principes directeurs, de recommandations visant à règlementer directement ou indirectement les pratiques restrictives des entreprises[484]. Pourtant, l'OCDE impose l'obligation de règlementer la concurrence internationale seulement à la charge de ses Etats membres. Donc, l'Organisation édicte des normes, régissant directement ou indirectement les rapports de concurrence entre ses Etats membres mais aussi entre les entreprises ressortissantes d'un même Etat membre.

A – Les textes visant indirectement les règles de concurrence

La première action de l'OCDE dans le domaine de la lutte contre les pratiques commerciales restrictives de concurrence a été de diffuser un index

[482] Le changement de nom a été approuvé par le Conseil de l'OECD lors de sa 107e session, C/M(2001)23 point 402 et C (2001)261.

[483] Résolution du Conseil no. C(87)138/Final.

[484] DINH Nguyen Quoc / DAILLER Patrick / PELLET Alain, *Droit international public*, 7 éd. LGDJ Paris 2002, p.377, Les auteurs définissent la recommandation comme « un acte qui émane en principe d'un organe intergouvernemental et qui propose à des destinataires un comportement donné. Elle est caractérisée par son absence d'effets obligatoires : les destinataires ne sont pas obligés de s'y soumettre et ne commettent pas d'infraction en la respectant pas. La portée juridique d'une recommandation varie selon ses destinataires. A l'égard des Etats, membres ou non de l'organisation émettrice, une recommandation ne deviennent obligatoire qu'après acceptation expresse ou tacite».

des termes relatifs aux pratiques commerciales restrictives[485]. L'Organisation s'est ensuite penchée sur la question de la règlementation des pratiques restrictives de concurrence des entreprises. De plus, l'OCDE a adopté plusieurs recommandations visant indirectement le droit de la concurrence. La Recommandation du conseil des 14 et 15 décembre 1971 concernant l'action contre l'inflation dans le domaine de la politique de concurrence est le premier de ces travaux[486]. En résumé, l'Organisation encourage une politique de concurrence efficace qui est un facteur important dans l'accomplissement de la stabilité optimum de croissance économique et de la lutte contre l'inflation. Dans cette perspective, L'OCDE demande aux Etats membres d'adopter une législation permettant de lutter efficacement à la fois contre les ententes ayant des effets sur la fixation des prix, contre les accords de partage de marché, contre les pratiques de prix de revente imposés, contre les pratiques commerciales restrictives en matière de brevets et de licences de brevets, contre les pratiques monopolistiques et oligopolistiques influant sur le prix, et contre les concentrations d'entreprises ayant des effets néfastes sur la concurrence[487].

Quant au projet d'Accord multilatéral sur l'investissement international, il envisageait d'appliquer les principes du traitement national, de la non-discrimination et de la transparence aux investissements étrangers effectués sur le territoire des Etats membres de l'OCDE[488]. Cet Accord visait à établir pour l'investissement international un large cadre multilatéral comportant des normes élevées de libéralisation, des régimes d'investissements et de protection de l'investissement et de le doter de procédure efficace de règlement des différends[489]. La protection des investissements étrangers prévue par cet accord aurait sans doute pu conduire à l'adoption ou au renforcement des règles de concurrence applicables aux comportements anticoncurrentiel des entreprises qui conduisent à mettre en péril les investissements sur un marché, quel qu'en soit l'auteur[490].

---

[485] OCDE, *Glossary of Terms Relating to Restrictive Business Practices*, Paris 1964.

[486] OCDE, La Recommandation du Conseil des 14 et 15 décembre 1971 concernant l'action contre l'inflation dans le domaine de la politique de concurrence, C (71)205/Final.

[487] *Ibid.* article1.

[488] OCDE, *L'Accord multilatéral sur l'investissement projet de texte consolidé*, DAFF/MAI(98)7/REV1, Paris, 24 avril 1998.

[489] CHAREYRE DE BEAUMONT Anne, *Droit de la concurrence et globalisation*, Thèse Université Panthéon-Assas, Paris II, 2006, p. 450.

[490] LIGNEUL Nicolas, *L'élaboration d'un droit international de la concurrence entre les entreprises*, *op.cit.*, p. 122.

Pourtant, des questions de droit de la concurrence se sont posées au moment des négociations dans plusieurs domaines : l'application extraterritoriale des droits locaux de la concurrence, les principes de traitement national et de la non-discrimination, les monopoles et les entreprises d'Etat. Ainsi, les Etats membres se sont questionnés sur les liens entre l'investissement international et la concurrence. Malgré cela, en réponse à ces différentes interrogations, le projet d'accord prévoit seulement que des négociations devront être menées dans l'avenir sur le lien entre les investissements et la concurrence. Cette solution très peu satisfaisante n'a pas ému le monde politique et a renforcé l'opposition à l'accord multilatéral sur l'investissement[491]. Enfin, suite à a 3 ans de négociations intenses, les pourparlers ont cessé en décembre 1998. Il est intéressent de constater que lors de ces débats, une tentative pour négocier un accord en droit international de la concurrence, sous la forme d'un traité plurilatéral, a été proposé mais cette tentative a aussi échoué[492].

B – Les textes visant directement les règles de concurrence

Il existe de nombreux textes adoptés par l'OCDE visant directement la question des effets des pratiques restrictives de concurrence. Ces textes, sous forme de recommandations, s'articulent autour de deux obligations à la charge des Etats membres de l'Organisation. D'une part, une obligation de convergence des réglementations nationales et d'autre part, une obligation de coopération pour la mise en œuvre du droit interne de la concurrence sur les marchés internationaux[493]. Quant aux Principes directeurs de l'OCDE, ceux-ci constituent un ensemble de recommandations non contraignantes destinés aux entreprises multinationales dans leurs activités commerciales de chaque jour[494]. Bien que le respect par les entreprises soit volontaire, les gouvernements adhérents se sont engagés à promouvoir les Principes directeurs et à veiller à ce qu'ils soient un instrument efficace[495]. En

[491] *Ibid.*, p. 123.
[492] TAYLOR Martyn, *International Competition Law: A New Dimension for the WTO?* , Cambridge University Press 2006, p. 290.
[493] LIGNEUL Nicolas, *L'élaboration d'un droit international de la concurrence entre les entreprises*, *op.cit.*, p. 124.
[494] Ces Principes sont régulièrement réexaminés, le dernier examen a eu lieu le 27 juin 2000 et conseille un code de conduite dans les domaines de l'emploi et les relations professionnelles, l'environnement, la lutte contre la corruption, les intérêts de consommateurs, la divulgation d'informations, la science et la technologie, la concurrence et la fiscalité. OECD, Les principes directeurs de l'OCDE à l'intention des entreprises multinationales : Texte, commentaire et clarifications, DAFFE/IME/WPG(2000)15/FINAL.
[495] CHAREYRE DE BEAUMONT Anne, *Droit de la concurrence et globalisation*, *op.cit.*, p. 449.

revanche, il est clair que la portée de ce texte est faible car il n'existe aucune sanction en cas de non-respect.

La contribution la plus importante de l'OCDE a été faite dans le domaine de la coopération. A cet égard, une série de Recommandations, dont la première date de 1967[496] et la plus récente de 1995[497], ont été adoptées pour les pays industrialisés. La dernière invite les pays Membres à réaliser deux types de coopération : la coopération pour la mise en œuvre de la législation dans des cas d'espèce et, d'une façon plus générale, un respect mutuel et la volonté de recourir à une approche fondée sur la coopération lorsque cela est possible. La coopération à la mise en œuvre de la législation recouvre à la fois une assistance aux enquêtes et une attitude de courtoisie active, tandis que le type de coopération plus général englobe à la fois la courtoisie passive et la participation à des consultations[498].

En ce qui concerne l'obligation de convergence, elle est apparue véritablement en 1978 dans la Recommandation du Conseil concernant les actions contre les pratiques commerciales restrictives de concurrence affectant les échanges internationaux y compris celles impliquant des entreprises multinationales[499]. Avec pour mission d'encadrer les comportements des entreprises multinationales, cette recommandation vise particulièrement : les pratiques restrictives de concurrence commises par les cartels, les accords restrictifs affectant défavorablement ou éliminant la concurrence[500] et l'abus de la position dominante[501]. Mais la

---

[496] OCDE, *Recommandation du Conseil concernant la coopération entre les pays Membres dans le domaine des pratiques anticoncurrentielles affectant les échanges internationaux*, 5 octobre 1967, C(67) 53/Final.

[497] OCDE, *Recommandation du Conseil sur la coopération entre les pays Membres dans les domaines des pratiques anticoncurrentielles affectant les échanges internationaux*, 27 juillet 1995, C(95)130/Final.

[498] Le principe de coopération dit de « courtoisie passive » est connu aussi sous le nom de « courtoisie traditionnelle ». Le principe prévoit que chaque partie doit prendre soigneusement en considération les intérêts importants de l'autre partie à toutes les étapes de la mise en œuvre des mesures d'application de sa législation nationale. La coopération dite « courtoisie active » est encore plus intensive. Dans cette dernière, un État peut inviter un autre État à prendre des mesures contre un comportement sur son territoire, lorsque des intérêts importants de l'État requérant sont touchés.

[499] OCDE, *Recommandation du Conseil concernant l'action contre les pratiques commerciales restrictives affectant les échanges internationaux y compris celles qui impliquent des entreprises multinationales*, 20 juillet 1978, C(78) 133/Final.

[500] *Ibid.* paragraphe 1 (b).

[501] Dans son premier paragraphe point (a) la Recommandation annonce que « les actions qui affectent défavorablement la concurrence sur le marché en cause en abusant d'une position

Recommandation ne prévoit aucune règle applicable directement aux entreprises. Une fois encore, il appartient aux seuls Etats membres de sanctionner les pratiques restrictives de concurrence par les biais de leur réglementation intérieure. La recommandation générale de convergence vise donc à faire adopter par les Etats membres de l'OCDE des dispositions de droit national en matière de concurrence qui visent à interdire les abus de position dominante, les ententes en général et les ententes à l'exportation ou à l'importation en particulier ainsi que les actions illicites sur les prix. Il y est préconisé, en particulier, de tenir compte des conséquences que ces comportements pourraient avoir pour les autres membres de l'OCDE, en limitant le plus possible les secteurs réglementés ou exemptés[502]. La Recommandation du Conseil de l'OCDE concernant une action efficace contre les ententes injustifiables adoptées le 25 mars 1998 déclare en ce sens que les ententes injustifiables visant à fixer le prix, réduire la production, effectuer des solutions concertées, diviser ou partager le marché constituent la violation la plus flagrante du droit de la concurrence et lèsent les consommateurs dans un grand nombre de pays en augmentant le prix et en limitant la production de biens et services ce qui les rend totalement indisponibles pour certains acheteurs et inutilement onéreux pour d'autres[503].

Dans une autre Recommandation très détaillée du 26 octobre 1986, l'OCDE a demandé à ses membres de prendre en compte les intérêts des autres pays membres au sujet des ententes à l'exportation, des dispositifs de limitation des importations ou des ententes à l'importation lorsque l'un d'eux envisage de les approuver ou de les exonérer de droit de la concurrence[504]. De plus, cette Recommandation prévoit une procédure de notification des pratiques entre les Etats membres qui a été reprise, elle aussi, dans la

---

dominante, par exemple, en procédant à des prises de contrôle anticoncurrentielle ; en adoptant un comportement abusif à l'égard des concurrents ; e refusant de traiter sans raison valable ; en se livrant à des abus à l'encontre de la concurrence dans le domaine des droits de propriété industrielle ; en pratiquant des prix discriminatoires (c'est-à-dire différenciée de manière anormale) et en utilisant de tels prix dans les transactions entre entreprises affiliées comme moyen d'affecter défavorablement la concurrence en dehors de ces entreprises ».

[502] LIGNEUL Nicolas, *L'élaboration d'un droit international de la concurrence entre les entreprises*, *op.cit.*, p. 126.

[503] OCDE, *Recommandation du Conseil concernant une action efficace contre les ententes injustifiables*, 25 mars 1998, C(98) 35/Final.

[504] OCDE, *Recommandation du Conseil relative à la coopération entre les pays Membres dans les domaines des conflits potentiels entre politique de concurrence et politique commerciale*, 26 octobre 1986, C(86) 65/Final.

Recommandation de 1995[505]. Cette dernière souligne, de nouveau, la nécessité de convergence au sujet des pratiques anticoncurrentielles affectant des échanges internationaux et vise à faciliter la coordination des politiques de concurrence et la communication d'informations dans la mesure où les intérêts fondamentaux des Etats ne sont pas atteints par cela.

Par ailleurs, l'OCDE a effectué un important travail dans le domaine de l'examen des fusions internationales en édictant la Recommandation du 23 mars 2005[506]. Cette dernière vise à simplifier la procédure de notification dans les fusions internationales en déterminant les meilleurs pratiques internationalement identifiées et en cherchant à assurer une coopération plus efficace entre les autorités nationales lors de l'examen de ce genre de fusions. La Recommandation encourage les pays membres et leurs autorités de concurrence à suivre les meilleures pratiques déterminées par elle, et invite les pays non-membre à s'associer à la recommandation.

En outre, en se saisissant du problème de la libéralisation dans des secteurs réglementés, l'OCDE a émit deux recommandations a constaté que les secteurs comme les chemins de fer, les services postaux, les télécommunications, l'électricité, le gaz naturels réglementés par les pouvoirs publics sont totalement ou partiellement exemptés de l'application du droit de la concurrence. En tenant compte de l'importance de ces secteurs pour l'économie globale, l'OCDE a recommandé à ses membres d'examiner, avec le concours des autorités nationales de la concurrence, le régime dérogatoire des secteurs réglementés afin de déterminer si les conditions justifiant son existence demeurent et si ses objectifs peuvent être atteints par le libre jeu de la concurrence[507]. Plus tard, une nouvelle recommandation a été émise sur le même sujet mais cette fois en recommandant aux pays membres une politique à suivre afin de procéder à une libéralisation réussie dans les secteurs réglementés[508]. Tout récemment, l'OCDE a adopté les principes directeurs pour la qualité et la performance de la réglementation en tenant compte des développements des dix dernières années. Pendant les

---

[505] OCDE, *Recommandation du Conseil sur la coopération entre les pays Membres dans les domaines des pratiques anticoncurrentielles affectant les échanges internationaux*, 27 juillet 1995, C(95)130/Final.

[506] OCDE, *The Council Recommendation sets forth internationally recognized best practices for the merger review process*, 23 mars 2005, C(2005)34/Final.

[507] OCDE, *Recommandation du Conseil sur la politique de concurrence et les secteurs exemptés ou réglementés*, 25 septembre 1979, C(79)155/Final.

[508] OCDE, *Recommandation du Conseil concernant la séparation structurelle dans les secteurs réglementés*, 26 avril 2001, C(2001)78/Final.

années 90, les mesures visant à réduire la taille des administrations publiques, souvent par des initiatives isolées, n'ont pas permis d'éliminer les barrières non tarifaires, les pratiques anticoncurrentielles et les charges administratives profondément enracinées qui entravent la création et la croissance des entreprises, les gains de productivité, l'investissement et les échanges internationaux. Enfin, le Groupe spécial sur la politique de réglementation a approuvé les principes à sa 4ème réunion le 15 mars 2005, et le Conseil de l'OCDE les a entérinés le 28 avril 2005[509].

En conclusion, nous constatons que depuis 1967, l'OCDE a encouragé la collaboration entre Etats Membres, avec une intensité accrue lorsqu'il s'agit des effets des pratiques restrictives de concurrence sur les échanges internationaux[510]. Cela résulte sans doute du souci de s'adapter au contexte d'une économie de plus en plus globalisée. En revanche, l'organisation a toujours respecté la souveraineté de ses membres et n'a jamais porté atteinte à leur position juridique notamment dans l'application extraterritoriale de leur droit national[511]. L'OCDE n'a jamais envisagé d'adopter des règles uniques en matière de droit de la concurrence, mais elle a encouragé leur harmonisation en de multiples occasions. C'est pour cela que certains auteurs voient dans ces efforts de convergence une étape vers la création d'une organisation multilatérale qui pourrait régir la mise en œuvre des règlements en matière de concurrence à l'échelle mondiale[512].

---

[509] OCDE, *Principes directeurs de l'OCDE pour la qualité et la performance de la réglementation*, 16 juin 2005, Paris.

[510] OCDE, *Recommandation du Conseil concernant la coopération entre les pays Membres dans le domaine des pratiques anticoncurrentielles affectant les échanges internationaux*, 5 octobre 1967, C(67) 53/Final ; OCDE, *Recommandation révisée du Conseil concernant la coopération entre les pays Membres dans le domaine des pratiques anticoncurrentielles affectant les échanges internationaux*, 3 juillet 1973, C(73) 99/Final ; *Recommandation révisée du Conseil concernant la coopération entre les pays Membres dans le domaine des pratiques anticoncurrentielles affectant les échanges internationaux*, 25 septembre 1979, C(79) 154/Final ; *Recommandation révisée du Conseil concernant la coopération entre les pays Membres dans le domaine des pratiques anticoncurrentielles affectant les échanges internationaux*, 21 mai 1986, C(86) 44/Final ; OCDE, *Recommandation du Conseil relative à la coopération entre les pays Membres dans les domaines des conflits potentiels entre politique de concurrence et politique commerciale*, 26 octobre 1986, C(86) 65/Final ; OCDE, R*ecommandation du Conseil sur la coopération entre les pays Membres dans les domaines des pratiques anticoncurrentielles affectant les échanges internationaux*, 27 juillet 1995, C(95)130/Final.

[511] CHAREYRE DE BEAUMONT Anne, *Droit de la concurrence et globalisation*, *op.cit.*, p. 459.

[512] ROMANO Frank, *Mondialisation des politiques de concurrence*, *op.cit.*, p. 142.

Avec la globalisation, une nouvelle base pour le système commercial multilatéral, disposant de règles en étroite relation avec le droit de la concurrence, a été conçue. Pourtant, jusqu'en 1996, les pratiques restrictives de concurrence ont été oubliées par les institutions du système du GATT, sans doute en raison de la saisine d'autres institutions sur cette question[513].

Sous – section II – Les accords de l'Organisation mondiale du commerce

A partir du milieu des années 1980, avec le développement et l'accélération du phénomène de mondialisation de l'économie, les lacunes et autres faiblesses du GATT devinrent de moins en moins acceptables[514]. Les préoccupations dues à l'unilatéralisme excessif ont joué aussi un rôle important dans les négociations menant à la création de l'OMC[515]. Surtout, dans le contexte de ralentissement de la croissance économique, les pays disposant d'un fort pouvoir de négociation ont imposé leurs législations commerciales aux nations les plus faibles. Ces législations se sont souvent transformées en mesures protectionnistes unilatérales[516]. De plus, le fonctionnement erratique du système du GATT de 1947 a généré un blocage des échanges internationaux et une crise qui a appelé la tenue d'un nouveau cycle de négociations. Il a démarré en 1988 à Punta del Este, d'où son nom, « cycle d'Uruguay», point de départ d'une nouvelle transformation du Droit international économique. Ces négociations ont en effet abouti à la signature des accords de Marrakech le 15 avril 1994[517].

Le GATT, qui a régi les échanges commerciaux internationaux pendant près de 50 ans, sans qu'aucune règle de concurrence internationale ne soit inscrite dans l'accord général sur les tarifs et le commerce, a conduit les Etats à user de palliatifs avec des textes adoptés sous les auspices du GATT. Avec la signature de l'accord de Marrakech, le droit de la concurrence fait une

---

[513] LIGNEUL Nicolas, *L'élaboration d'un droit international de la concurrence entre les entreprises*, *op.cit.*, p. 30.
[514] CARREAU Dominique / JUILLARD Patrick, *Droit international économique*, *op.cit.*, p. 47.
[515] HANSEN Patricia Isela, "Antitrust in the Global Market : Rethinking "Reasonable Expectations", *op.cit.*, p. 1618.
[516] Par exemple, la section 301 de la loi américaine sur le commerce de 1974 et son amendement de 1989 constituent une entorse aux principes généraux édictés par le GATT et l'OMC pour les négociations internationales. Elles autorisent le Président américain à instaurer des mesures de rétorsion à l'encontre des pays qui seraient coupables de pratiques « mettant en péril le commerce américain » sans approbation de l'OMC.
[517] ROSIAK Patricia, *Les transformations du droit international économique*, *op.cit.*, p. 23.

apparition timide, limitée et fragmentaire dans différents accords de l'Organisation mondiale du commerce. Aujourd'hui, il n'existe toujours pas de réglementation générale de la concurrence en droit du GATT/OMC. En revanche, les dispositions des divers accords utilisent le concept de concurrence à deux reprises avec des objets différents. Les références à la concurrence dans les divers textes du droit du GATT/OMC apparaissent soit comme un instrument au service d'une autre norme qui n'a pas pour objet principal de réglementer les relations de concurrence, soit afin que ces dispositions visent véritablement à réglementer les relations de concurrence.

§ 1 – Le GATT de 1994

Lorsque les pays adhérents au GATT ont été invités au 8ème cycle de négociations, cet accord a été négocié dans le cadre d'un groupe provisoire. Après l'échec des négociations de décembre 1990, un groupe séparé a préparé la fin du conflit avec l'accord de Blair House en mars 1993. Ce groupe avait en même temps préparé la transformation du GATT en OMC, sans la soumettre aux pays membres. C'est au cours d'une réunion informelle que les chefs de délégations ont pris connaissance des statuts de la future OMC[518]. Les accords d'origine avaient été réécrits et c'est ainsi que les secteurs comme l'agriculture, les services, l'investissement et la propriété intellectuelle, jsuqu'alors prérogative des Etats membres, sont passés sous la coupe de l'organisation. Ainsi, les accords sont établis suivant une structure simple comprenant six parties : un accord cadre instituant l'OMC ; des accords régissant les échanges de marchandises, de services et la propriété intellectuelle ; un système de règlement des différends et l'examen de la politique commerciale des gouvernements. Depuis, l'OMC a réduit les prérogatives des autres institutions afin que tout ce qui touche au commerce soit de son ressort exclusif. En revanche, elle a retenu la Banque Mondiale et le Fonds Monétaire International comme partenaires compétents et les associe dans son organe d'évaluation des politiques commerciales. L'OMC a absorbé le GATT de 1947, et, l'Accord général, modifié par le cycle d'Uruguay, subsiste en tant que traité cadre de l'OMC pour le commerce des marchandises. Désormais, cet accord, surnommé GATT de 1994, reprend en grande partie les dispositions du GATT de 1947, qui ne font pas directement référence aux pratiques commerciales restrictives d'origine privée. Par rapport au système antérieur, le GATT de 1994 a été perfectionné sur deux

---

[518] JACKSON John H. / DAVEY William J. / SYKES Alan O., *Legal Problems of International Economic Relations: Cases, Materials and Text*, 4th. Ed. American Casebook Series, West Group 2002, p. 218 et 219.

points importants : il est doté d'une structure permanente et dispose d'un mécanisme de règlement des différends qui lui confère un pouvoir disciplinaire sur ses membres.

La structure permanente du GATT de 1994 est concrétisée par la création de l'OMC. Or, la grande nouveauté de l'OMC réside dans la création d'une procédure destinée à régler les différends commerciaux et à autoriser en dernier recours et sous certaines conditions l'usage de sanctions contre les pays qui manqueraient à leurs obligations. Ainsi, contrairement à l'ancien GATT, l'OMC ne doit plus être comparée à un accord « bancal ». Il remplit globalement – indépendamment du progrès inhérent au rythme lent de la libéralisation progressive du commerce – des tâches cruciales pour la production et la mise en application du droit et sert par là à établir des conditions de concurrence stables et prévisibles[519]. En outre, dans son ensemble, le GATT de 1947 ne couvrait que le commerce *visible*, c'est-à-dire celui concernant les biens et les marchandises. Autrement dit, il n'appréhendait pas le *commerce invisible*[520], cette exclusion étant aisément compréhensible à l'époque. En effet, les économies nationales d'alors étaient essentiellement fondées sur les secteurs primaires et secondaires de production et d'échange des richesses, le secteur tertiaire ne jouant qu'un rôle accessoire. Vu la faiblesse des opérations de prestation internationale de services dans l'immédiat après guerre, cette matière, au moins dans un premier temps, avait été laissée en dehors de l'Accord général[521]. En revanche, le GATT de 1994 ne contient pas de grande innovation en matière de réglementation antidumping, de subventions et de règles applicables aux entreprises commerciales d'État par rapport au GATT de 1947[522]. Toutefois, plusieurs accords de l'OMC contiennent des dispositions de concurrence[523].

En ce qui concerne le domaine du droit de la concurrence, il est intéressant de signaler que les obligations posées à l'article XVII du GATT de 1994, concernant les entreprises commerciales d'Etat, sont beaucoup plus limitées par rapport à celles qui ont été prévues dans l'article 86 du Traité

---

[519] COTTIER Thomas, « Les tâches de l'OMC : évolutions et défis », *Revue Internationale de Droit Economique* Vol. XVIII, No.3, 2004, p. 274.
[520] Il s'agit principalement du commerce concernant les capitaux et les services.
[521] CARREAU Dominique / JUILLARD Patrick, *Droit international économique*, *op.cit.*, p. 47.
[522] Nous nous référons sur le sujet à nos explications déjà fait ci-dessus à la sous-section I.
[523] MERKT Benoît, *Harmonisation internationale et entraide administrative internationale en droit de la concurrence*, *op.cit.*, p. 88.

Communautaire[524]. Ces dispositions contiennent des obligations pour toute entreprise qui se voit accorder, en fait ou en droit, des privilèges exclusifs ou spéciaux[525]. Il est aussi intéressant de voir que les articles XXIII : 1(a), (b) et (c) GATT de 1994 ont servi à soumettre des affaires de concurrence aux procédures de règlement des différends créés par le cycle de l'Uruguay[526].

§ 2 – L'Accord général sur le commerce des services

Avec l'internationalisation, plusieurs obstacles réglementaires et gouvernementaux au commerce ont été posés pour limiter l'accès des services et des fournisseurs de services étrangers au marché intérieur afin de protéger les producteurs nationaux de la concurrence étrangère. En tant que de besoin, l'Accord général sur le commerce des services a pour objet de réaliser une libéralisation progressive des échanges de services[527]. Ces dernières étant d'une nature différente du commerce des marchandises, elles nécessitent des mesures spéciales pour pouvoir parvenir à l'objectif de l'accord multilatéral. De ce fait, une liste des engagements contractés par les Membres de l'OMC spécifie et garantit la possibilité aux fournisseurs étrangers de services d'accéder au marché. En effet, les obligations contenues dans l'AGCS peuvent être classées en deux groupes : les obligations générales, qui s'appliquent directement et automatiquement à

---

[524] Ci-dessus « Les principaux traits du droit de la concurrence européenne ».

[525] L'article XVII prévoit dans son alinéa 1 (a) que ; « Chaque partie contractante s'engage à ce que, si elle fonde ou maintient une entreprise d'Etat, en quelque lieu que ce soit, ou si elle accorde à une entreprise, en droit ou en fait, des privilèges exclusifs ou spéciaux, cette entreprise se conforme, dans ses achats ou ses ventes se traduisant par des importations ou des exportations, aux principes généraux de non-discrimination prescrit par le présent Accord pour les mesures d'ordre législatif ou administratif concernant les importations ou les exportations qui sont effectuées par des commerçants privés ».

[526] Dans le GATT de 1994, l'article XXIII, alinéa premier déclare que « Dans le cas où une partie contractante considérerait qu'un avantage résultant pour elle directement ou indirectement du présent Accord se trouve annulé ou compromis, ou que la réalisation de l'un des objectifs de l'Accord est entravée du fait qu'une autre partie contractante ne remplit pas les obligations qu'elle a contractées aux termes du présent Accord; ou qu'une autre partie contractante applique une mesure, contraire ou non aux dispositions du présent Accord; ou qu'il existe une autre situation, ladite partie contractante pourra, en vue d'arriver à un règlement satisfaisant de la question, faire des représentations ou des propositions écrites à l'autre ou aux autres parties contractantes qui, à son avis, seraient en cause. Toute partie contractante ainsi sollicitée examinera avec compréhension les représentations ou propositions qui lui auront été faites ».

[527] L'Accord général sur le commerce des services constituant l'annexe 1B de l'Accord de Marrakech signé le 15 avril 1994 accédé sur le site internet ; www.wto.org/french/docs_f/legal_f/legal_f/26-gats.doc, le 14 mars 2007.

tous les Membres, que des engagements sectoriels aient été pris ou non ; et les engagements spécifiques, qui portent uniquement sur les secteurs et activités pour lesquels un Membre a décidé d'assumer des obligations en matière d'accès aux marchés et de traitement national. En l'espèce, l'Accord prévoit dans son article 2, alinéa premier, un principe général, le principe de la nation la plus favorisée[528]. Ce principe intéresse directement le droit de la concurrence, même s'il ne s'agit pas d'une règle de concurrence en elle-même[529]. En corrélation avec cette disposition, l'article VIII de l'Accord général sur le commerce des services exige que les monopoles publics ou privés respectent le principe de la nation la plus favorisée[530]. Pour cela, une liste des concessions signées par les Etats membres, déterminant les secteurs couverts assurent que le fournisseur en situation de monopole n'abuse pas de sa position privilégiée lorsqu'il est en concurrence pour la fourniture de services en dehors du champ de ses droits monopolistiques. En outre, dans son article IX, l'Accord général sur le commerce des services prévoit l'élimination de certaines pratiques commerciales. Contrairement à son alinéa 1 qui ne fait qu'une déclaration de principe non contraignante, l'alinéa 2 envisage une procédure de consultation[531]. Le Membre de l'Organisation mondiale du commerce auquel la demande est adressée n'a pas une obligation d'agir mais seulement une obligation de fournir des informations.

---

[528] Le texte de ladite disposition déclare qu' : « en ce qui concerne toutes les mesures couvertes par le présent accord, chaque Membre accordera immédiatement et sans condition aux services et fournisseurs de services de tout autre Membre un traitement non moins favorable que celui qu'il accorde aux services similaires et fournisseurs de services similaires de tout autre pays ».

[529] CHAREYRE DE BEAUMONT Anne, Droit de la concurrence et globalisation, *op.cit.*, p. 379.

[530] L'article VIII alinéa premier de l'Accorde stipule que ; « chaque Membre fera en sorte que tout fournisseur monopolistique d'un service sur son territoire n'agisse pas, lorsqu'il fournit un service monopolistique sur le marché considéré, d'une manière incompatible avec les obligations du Membre au titre de l'article II et ses engagements spécifiques ».

[531] L'article X de l'Accord général sur le commerce des services dispose que :

1. Les Membres reconnaissent que certaines pratiques commerciales des fournisseurs de services, autres que celles qui relèvent de l'article VIII, peuvent limiter la concurrence et par là restreindre le commerce des services.

2. Chaque Membre se prêtera, à la demande de tout autre Membre, à des consultations en vue d'éliminer les pratiques visées au paragraphe 1. Le Membre auquel la demande sera adressée l'examinera de manière approfondie et avec compréhension et coopérera en fournissant les renseignements non confidentiels à la disposition du public qui présentent un intérêt en l'espèce. Il fournira également au Membre qui a présenté la demande d'autres renseignements disponibles, sous réserve de sa législation intérieure et de la conclusion d'un accord satisfaisant concernant le respect du caractère confidentiel de ces renseignements par le Membre qui a présenté la demande.

Selon ce texte, la communication des autres renseignements disponibles est soumise à deux conditions. D'abord, la communication doit être permise par l'ordre juridique interne de l'Etat d'où provient l'information et ensuite, un accord bilatéral doit avoir été conclu entre les deux Etats concernés pour assurer le respect du caractère confidentiel de ces renseignements. Même si ces conditions sont remplies, l'article III bis de l'Accord général sur le commerce des services permet aux Etats membres de refuser de transmettre des renseignements confidentiels qui touchent à leur intérêt public ou à des intérêts légitimes de leurs ressortissants. L'article XV de l'Accord traite d'un autre sujet : les subventions, qui se trouvent aussi en étroite relation avec le droit de la concurrence. En vertu de cette disposition, les Etats Membres reconnaissent que, dans certaines circonstances, les subventions peuvent avoir des effets de distorsion sur le commerce des services. Pour éviter cela, les Membres engageront les négociations nécessaires afin d'élaborer les disciplines multilatérales. Par ailleurs, si un État Membre considère qu'une subvention accordée par un autre Membre lui est préjudiciable, il pourra demander d'engager des consultations avec cet autre Membre[532].

D'autre part, l'Accord prévoit, dans une section séparée, des engagements spécifiques en matière de non-discrimination, en dehors de ceux portant sur les obligations générales. Les Etats Membres ne sont liés par ces principes que s'ils s'y sont engagés pour un secteur spécifique. Selon le premier principe, l'accès au marché, énoncé à l'article XVI de l'Accord général sur le commerce des services, l'État signataire s'engage à permettre l'accès le plus large possible à son marché. A cette fin, l'accord prévoit les mesures qu'un Membre ne pourra maintenir ou adopter, qu'il s'agisse d'une subdivision régionale ou nationale, à moins qu'il n'en soit spécifié autrement[533]. Quant

---

[532] L'article XV de l'Accord général sur le commerce des services.

[533] L'article XVI alinéa 2 prévoit que : « Dans les secteurs où des engagements en matière d'accès aux marchés seront contractés, les mesures qu'un Membre ne maintiendra pas, ni n'adoptera, que ce soit au niveau d'une subdivision régionale ou au niveau de l'ensemble de son territoire, à moins qu'il ne soit spécifié autrement dans sa Liste, se définissent comme suit :

a) limitations concernant le nombre de fournisseurs de services, que ce soit sous forme de contingents numériques, de monopoles, de fournisseurs exclusifs de services ou de l'exigence d'un examen des besoins économiques ;

b) limitations concernant la valeur totale des transactions ou avoirs en rapport avec les services, sous forme de contingents numériques ou de l'exigence d'un examen des besoins économiques;

c) limitations concernant le nombre total d'opérations de services ou la quantité totale de services produits, exprimées en unités numériques déterminées, sous forme de contingents ou de l'exigence d'un examen des besoins économiques ;

au deuxième principe, le traitement national, il est prévu à l'article XVII de l'Accord général sur le commerce des services[534]. En vertu de cette disposition, un fournisseur de services étrangers doit être traité aussi favorablement qu'un fournisseur national. Son champ d'application comprend toute mesure qui comporte une discrimination, explicite ou implicite, contre les services étrangers ou les fournisseurs de services, notamment quand elle concerne la citoyenneté et les exigences de résidence permanente.

Compte tenu de l'ensemble des dispositions de l'Accord général sur le commerce des services, nous constatons que ce dernier est plutôt destiné à favoriser la consultation bilatérale en vue de faciliter l'application extraterritoriale des droits nationaux de concurrence. Actuellement, la pratique des consultations afin de régler les pratiques anticoncurrentielles sur le marché mondial est un instrument largement utilisé par les Etats. En conséquence, dans la perspective du droit international de la concurrence, il semble que l'Accord général sur le commerce des services est peu utile pour lutter contre les comportements anticoncurrentiels à l'échelle mondiale. En effet, la coopération internationale n'a pas de caractère obligatoire, ce qui serait pourtant nécessaire pour empêcher les activités anticoncurrentielles.

---

d) limitations concernant le nombre total de personnes physiques qui peuvent être employées dans un secteur de services particulier, ou qu'un fournisseur de services peut employer et qui sont nécessaires pour la fourniture d'un service spécifique, et s'en occupent directement, sous forme de contingents numériques ou de l'exigence d'un examen des besoins économiques ;
e) mesures qui restreignent ou prescrivent des types spécifiques d'entité juridique ou de coentreprise par l'intermédiaire desquels un fournisseur de services peut fournir un service et ;
f) limitations concernant la participation de capital étranger, exprimées sous forme d'une limite maximale en pourcentage de la détention d'actions par des étrangers, ou concernant la valeur totale d'investissements étrangers particuliers ou des investissements étrangers globaux.

[534] Le texte de l'article XVII relève que : « 1. Dans les secteurs inscrits dans sa Liste, et compte tenu des conditions et restrictions qui y sont indiquées, chaque Membre accordera aux services et fournisseurs de services de tout autre Membre, en ce qui concerne toutes les mesures affectant la fourniture de services, un traitement non moins favorable que celui qu'il accorde à ses propres services similaires et à ses propres fournisseurs de services similaires.
2. Un Membre pourra satisfaire à la prescription du paragraphe 1 en accordant aux services et fournisseurs de services de tout autre Membre soit un traitement formellement identique à celui qu'il accorde à ses propres services similaires et à ses propres fournisseurs de services similaires, soit un traitement formellement différent.
3. Un traitement formellement identique ou formellement différent sera considéré comme étant moins favorable s'il modifie les conditions de concurrence en faveur des services ou fournisseurs de services du Membre par rapport aux services similaires ou aux fournisseurs de services similaires de tout autre Membre ».

Nous sommes donc d'avis qu'il est difficile d'envisager qu'une pratique restrictive puisse être éliminée par une simple procédure de consultation, tout en laissant les Etats membres libres de ne pas appliquer aux services le droit et la politique de concurrence[535]. Il serait préférable d'envisager des définitions de pratiques commercialisées plus détaillées que la liste envisagée, ainsi que des sanctions à l'encontre de ceux qui restreignent la concurrence et qui affaiblissent le système commercial multilatéral.

§ 3 – L'Accord sur les aspects des droits de propriété intellectuelle qui touchent au commerce

La relation entre le droit de la propriété intellectuelle et le droit de la concurrence est assez particulière. Le Professeur Cottier la définit comme une relation à la fois complémentaire et de tension[536]. D'un côté, la nature monopolistique des droits de propriété intellectuelle limite la concurrence mais de l'autre, ils stimulent l'innovation et l'investissement, ce qui la renforce, au contraire. Par ailleurs, l'impact du droit de la propriété intellectuelle sur le droit de la concurrence se manifeste généralement sous la forme d'une limitation de l'application pure et simple des règles ordinaires relatives aux accords horizontaux et verticaux. Quant à l'impact du droit de la concurrence sur le droit de la propriété intellectuelle, il se présente en général comme une restriction de l'exercice des droits de propriété intellectuelle. Cette situation empêche de créer des règles générales et abstraites définissant l'abus de droit. C'est donc à l'occasion de l'examen des affaires au cas par cas que l'équilibre entre le droit de la concurrence et le droit de la propriété intellectuelle est assuré.

Le principal objectif étant d'atténuer les différences entre les divers systèmes juridiques des Etats membres dans le domaine de la propriété intellectuelle, l'Accord sur les aspects des droits de propriété intellectuelle qui touche au commerce[537] fixe un niveau minimum de protection, valable dans le monde entier, que chaque Etat membre est obligé d'assurer. Par ailleurs, l'Accord reprend les principes généraux du commerce international, en particulier

---

[535] HOEKMAN Bernard / MAVROIDIS Petros, « Externalités des politiques et compétition dans le secteur des technologies de pointe : concurrence et coopération multilatérale au-delà de l'OMC » dans l'OECD, *L'accès au marché après le cycle d'Uruguay : Perspectives sur l'investissement, la concurrence et la technologie*, Paris 1996, p. 243.

[536] COTTIER Thomas, "The Prospects of Intellectual Property in GATT", *Common Market Law Review* Vol 28, 1991, p. 383. ss.

[537] Annexe 1C de l'Accord de Marrakech signé le 15 avril 1994 accédé sur le site le 14 mars 2007 www.wto.org/french/docs_f/legal_f/legal_f.htm#gatt47

celui de la non-discrimination. L'article 3 de l'Accord prévoit que chaque Membre accordera aux ressortissants des autres Membres un traitement non moins favorable que celui qu'il accorde à ses propres ressortissants. Ce principe de non-discrimination est renforcé par l'article 4 qui prévoit le principe du traitement de la nation la plus favorisée. Déjà, dans le préambule, l'Accord sur le droit de propriété intellectuelle révèle que les mesures et les procédures visant à faire respecter les droits de propriété intellectuelle ne deviennent pas elles-mêmes des obstacles au commerce légitime. Il faut entendre par commerce légitime une pondération entre, d'une part, la nécessaire protection de la propriété intellectuelle et, d'autre part, les besoins d'une concurrence effective[538]. Selon l'article 8, alinéa 2 de l'Accord sur le droit de propriété intellectuelle, les membres sont libres d'agir afin d'empêcher que les titulaires de droits de propriété intellectuelle n'en abusent pas en restreignant le commerce de manière déraisonnable[539]. En outre, il est particulièrement intéressant de remarquer que dans son article 31, l'Accord dispose que les propriétés intellectuelles peuvent être utilisées sans autorisation du détenteur du droit si une pratique anticoncurrentielle est constatée par une autorité judiciaire ou administrative[540]. Selon nous cette disposition montre la volonté des Etats membres de l'Organisation mondiale du commerce d'assurer une concurrence effective par des sanctions réelles lorsqu'une situation d'abus de droit se produit, telle qu'expliquée à l'article 8.

Par ailleurs, l'article 40 de l'Accord sur le droit de propriété intellectuelle réglemente en détail les pratiques restrictives dans les licences contractuelles. En fait, cet article constitue à lui seul la section VIII de la deuxième partie de l'Accord, qui a été introduite pour faciliter le transfert de technologie des pays industrialisés vers les pays en développement. Elle permet aux Membres d'interdire, sans les y obliger, les pratiques anticoncurrentielles dans le domaine des licences[541]. Le premier alinéa de l'article 40 se présente comme la déclaration du consensus des Etats membres au sujet des conséquences négatives pour les échanges, le transfert

---

[538] MERKT Benoît, *Harmonisation internationale et entraide administrative internationale en droit de la concurrence*, *op.cit*, p. 74.

[539] L'article 8 alinéa 2 prévoit que : « Des mesures appropriées, à condition qu'elles soient compatibles avec les dispositions du présent accord, pourront être nécessaires afin d'éviter l'usage abusif des droits de propriété intellectuelle par les détenteurs de droits ou le recours à des pratiques qui restreignent de manière déraisonnable le commerce ou sont préjudiciables au transfert international de technologie ».

[540] L'article 31 règlemente en détail la procédure à suivre pour accorder cette autorisation.

[541] MERKT Benoît, *Harmonisation internationale et entraide administrative internationale en droit de la concurrence*, *op.cit*, p. 75.

et la diffusion de la technologie en matière de concession de licences touchant aux droits de propriété intellectuelle limitant la concurrence[542]. Quant à l'article 40, alinéa 2 de l'Accord, celui-ci pose l'exception à la règle générale du premier paragraphe, précisant que les Membres sont libres de spécifier dans leur législation les conditions en matière de concession de licences qui, dans des cas particuliers, constituent un usage abusif des droits de propriété intellectuelle sur le marché considéré[543]. Cet alinéa mentionne trois exemples qui peuvent constituer des limitations de la concurrence dans les contrats de licence, à savoir les clauses de rétrocession exclusive, les conditions empêchant la contestation de la validité du brevet qui fait l'objet de la licence et le régime coercitif de licences groupées.

Les alinéas 3 et 4 du même article concernent les règles de procédure contenant des engagements de coopérations internationales[544]. Ils prévoient

---

[542] L'article 40, alinéa 1 de l'Accord sur les aspects des droits de propriété intellectuelle qui touche au commerce.

[543] L'article 40 alinéa 2 de l'Accord sur les aspects des droits de propriété intellectuelle qui touche au commerce dispose que :

3. Aucune disposition du présent accord n'empêchera les Membres de spécifier dans leur législation les pratiques ou conditions en matière de concession de licences qui pourront, dans des cas particuliers, constituer un usage abusif de droits de propriété intellectuelle ayant un effet préjudiciable sur la concurrence sur le marché considéré. Comme il est prévu ci-dessus, un Membre pourra adopter, en conformité avec les autres dispositions du présent accord, des mesures appropriées pour prévenir ou contrôler ces pratiques, qui peuvent comprendre, par exemple, des clauses de rétrocession exclusives, des conditions empêchant la contestation de la validité et un régime coercitif de licences groupées, à la lumière des lois et réglementations pertinentes dudit Membre ».

[544] Les alinéas 3 et 4 de l'article 40 disposent que : « Si demande lui en est faite, chaque Membre se prêtera à des consultations avec tout autre Membre qui a des raisons de croire qu'un titulaire de droit de propriété intellectuelle ressortissant du Membre auquel la demande de consultations a été adressée, ou domicilié dans ce Membre, se livre à des pratiques en violation des lois et réglementations du Membre qui a présenté la demande relatives à l'objet de la présente section, et qui désire assurer le respect de cette législation, sans préjudice de toute action que l'un ou l'autre Membre pourrait engager conformément à la loi et de son entière liberté de prendre une décision définitive. Le Membre à qui la demande a été adressée l'examinera de manière approfondie et avec compréhension et ménagera des possibilités adéquates de consultation au Membre qui l'a présentée ; il coopérera en fournissant les renseignements non confidentiels à la disposition du public qui présentent un intérêt en l'espèce et les autres renseignements dont il dispose, sous réserve de la législation intérieure et de la conclusion d'accords mutuellement satisfaisants concernant le respect du caractère confidentiel de ces renseignements par le Membre qui a présenté la demande.

4. Si des ressortissants d'un Membre ou des personnes domiciliées dans ce Membre font l'objet dans un autre Membre de procédures concernant une violation allé guée des lois et réglementations de cet autre Membre relatives à l'objet de la présente section, le Membre en

une procédure de consultation dans le cas où un Etat membre invoque la violation interne de son droit de la concurrence par une entreprise ressortissante d'un autre État membre. Cette situation a été très bien expliquée par Benoît Merkt dans l'exemple suivant : un titulaire de droits de propriété intellectuelle du pays (A) a inséré des clauses limitant la concurrence dans ses contrats de licence et contrevient ainsi aux voies de concurrence de l'Etat (B). Si ce dernier veut intervenir contre cette restriction, il peut demander à l'Etat (A) de se soumettre à des consultations selon l'article 40 alinéa 3. Mais, en vertu de cette disposition, l'Etat (B) a aussi le choix de ne pas requérir de consultations et d'appliquer son droit de la concurrence nationale[545]. En effet, il s'agit d'une véritable consécration de l'application extraterritoriale du droit de la concurrence, car c'est la violation du droit interne de la concurrence d'un Etat et non d'une règle convenue multilatéralement qui justifie la demande de consultation[546]. Par ailleurs, la procédure de consultation s'accompagne d'une demande de renseignements non confidentiels à la disposition du public sauf exception des réserves d'accords bilatéraux de coopération internationale et de la législation nationale. Ainsi, l'Etat membre à qui la demande a été adressée doit aménager les possibilités adéquates de consultations au membre qui le lui a demandé.

En dernière analyse, on peut estimer que si les Membres de l'OMC ont jugé qu'une protection insuffisante de la propriété intellectuelle peut nuire au commerce international et nécessite la négociation d'un accord international, il est tout à fait possible d'arriver à une conclusion similaire s'agissant de la négociation d'un accord sur la concurrence puisqu'une protection insuffisante du droit de la concurrence peut également nuire au commerce international. Par ailleurs, il est intéressant de constater que le droit communautaire européen a choisi de réglementer le droit de la concurrence par des dispositions supranationales alors qu'il a laissé à la compétence des Etats membres le domaine de la propriété intellectuelle[547].

---

question se verra accorder par l'autre Membre, s'il en fait la demande, la possibilité d'engager des consultations dans les mêmes conditions que celles qui sont prévues au paragraphe 3.

[545] MERKT Benoît, *Harmonisation internationale et entraide administrative internationale en droit de la concurrence*, *op.cit*, p. 76.

[546] LIGNEUL Nicolas, *L'élaboration d'un droit international de la concurrence entre les entreprises*, *op.cit.*, p. 80.

[547] L'article 295 du traité communautaire européen déclare que « Le présent traité ne préjuge en rien le régime de la propriété dans les Etats membres ».

§ 4 – Les autres accords de l'OMC

Il existe aussi des dispositions relatives aux pratiques commerciales restrictives se trouvant dans différents Accords de l'Organisation mondiale du commerce[548]. L'Accord sur la libéralisation des services de télécommunications[549] et l'Accord sur les aspects des droits de propriété intellectuelle qui touchent au commerce,[550] entretiennent des liens importants avec le droit international de la concurrence. Par ailleurs, l'Accord sur les mesures concernant les investissements et liées au commerce, l'Accord sur les obstacles techniques au commerce, l'Accord général sur les tarifs douaniers et le commerce, l'Accord sur les marchés publics et l'Accord sur l'agriculture contiennent un certain nombre de dispositions en relation avec le droit de la concurrence et seront traités en détail dans la deuxième partie de notre étude.

Il faut toutefois signaler qu'en fin de compte, les dispositions normatives en matière de concurrence contenues dans ces divers accords semblent insuffisantes. En effet, les mesures prises pour réglementer le commerce international et la politique de concurrence ne l'ont pas été dans l'objectif de créer un droit international de la concurrence. De même, nous constaterons que le système de règlement des différends n'a pas pris non plus en compte la perspective du droit de la concurrence dans les affaires qui lui ont été soumises. Au surplus, les actuels accords du GATT et de l'OMC sont principalement consacrés au traitement des entraves au commerce d'origine étatique ; ils ne se soucient pas ou peu des pratiques anticoncurrentielles des entreprises privées. Par ailleurs, ces dispositions limitées encouragent la coopération internationale, par nature dépourvue de caractère obligatoire, ce qui serait pourtant nécessaire pour empêcher les activités anticoncurrentielles des entreprises et pour assurer le respect du droit de la concurrence internationale.

Il est dès lors important de noter que le droit international de la concurrence trouve ses sources dans les lois nationales, dans les réglementations régionales et dans les différents accords et travaux internationaux.

---

[548] Pour une liste complète des règles de concurrence contenues dans les Accords OMC à voir PETERSMANN Ernst-Ulrich, « Proposals for Negotiating International Competition Rules in the GATT/WTO World Trade and Legal System » *Aussenwirtschaft* 1994, p. 231 et p. 253.

[549] Annexe sur les télécommunications de l'Accord général sur le commerce des services.

[550] Annexe 1C de l'Accord de Marrakech signé le 15 avril 1994 accédé sur le site le 14 mars 2007 www.wto.org/french/docs_f/legal_f/legal_f.htm#gatt47

L'ensemble de ces sources constituent l'embryon d'un ordre juridique qui est en train de naître. À une époque où les économies sont de plus en plus interdépendantes, où certains secteurs sont déjà contrôlés à un niveau international et où l'atteinte anticoncurrentielle dépasse le marché national pour s'inscrire dans le cadre du marché international, la question se pose de savoir si les sources d'un droit international de la concurrence sont suffisantes pour une réglementation efficace du marché mondial.

CONCLUSION DU TITRE I

La globalisation et l'intégration rendent la réglementation de la concurrence à l'échelle mondiale de plus en plus importante. Auparavant, pour de nombreuses entreprises, le marché pertinent coïncidait avec les frontières nationales d'un pays. Ces derniers temps, cependant, les marchés pertinents se sont étendus aux marchés régionaux ou globaux, notamment dans les secteurs comme le pétrole, les logiciels d'ordinateur et l'aviation. La réduction des coûts de transport et de télécommunication et la disparition des barrières aux échanges commerciaux sur les marchés régionaux et globaux ont permis aux entreprises d'offrir leurs produits sur les marchés étrangers à un coût à peu près identique à ceux des producteurs locaux.

Ainsi, en ce début de XXIe siècle, les droits nationaux de la concurrence ne peuvent plus être mis en œuvre indépendamment les uns des autres. La conception d'une architecture qui pourrait tout à la fois permettre de préserver le fonctionnement concurrentiel des marchés internationaux et rendre aux autorités nationales une partie de la souveraineté opérationnelle que l'internationalisation des marchés leur a fait perdre est l'un des défis majeurs auxquels est confrontée la communauté internationale dans le domaine de la concurrence[551]. On notera à cette occasion, que les raisons qui ont abouti à la formation du droit économique en droit interne, surgissent à l'heure actuelle au niveau international et se manifestent par la poussée des concentrations économiques et l'organisation de l'économie par les pouvoirs privés et publics, ce qui entraîne notamment l'apparition de véritables pouvoirs privés économiques. De simples personnes privées disposent d'un pouvoir de décision unilatéral comparable sur le plan matériel à celui de la puissance publique. Ce phénomène est appelé à s'accentuer dans notre ère postindustrielle[552]. La finalité du droit international de la concurrence consistera donc à neutraliser les actes de caractère public en conflit avec le droit de la concurrence internationale, notamment les aides publiques affectant le marché mondial tout en surveillant les actes de caractères privés affectant la concurrence internationale en même temps. Dans cette perspective, le domaine classique du droit de la concurrence, les ententes

---

[551] JENNY Frédéric, « L'environnement économique international et les autorités de concurrence », dans *Rapport Public 2001 – Les autorités administratives indépendantes. La Documentation Franç*ais, Paris 2001, p. 447.

[552] ABDELGAWAD Waled, « Jalons de l'internationalisation du droit de la concurrence : vers l'éclosion d'un ordre juridique mondial de la lex economica », *op.cit.*, p. 165.

internationales, l'abus de position dominante et la concentration interfèrent au niveau international.

Afin de réaliser ces objectifs, les sources multilatérales du droit de la concurrence reposent sur trois types de principes : la concurrence en tant que principe général de la libéralisation ; la concurrence comme valeur économique au service de règles de droit et de véritables normes applicables aux comportements anticoncurrentiels. Il ressort de cette analyse deux types de dispositions : celles qui font référence à la concurrence internationale sans faire référence à une norme et celles qui utilisent le concept de concurrence à l'occasion de l'application d'une règle de droit. Pourtant, les sources nationales et régionales du droit de la concurrence disposent de normes qui utilisent le concept de concurrence à l'occasion de l'application d'une règle de droit mais elles sont limitées dans leur champ d'application.

En revanche, certaines difficultés subsistent quant à la réalisation de ces objectifs. L'une des difficultés du droit international de la concurrence est que la règle de droit, normative et abstraite, obéit à des contraintes que les sciences économiques ne connaissent pas. Souvent, ces contraintes traduisent un conflit de logiques[553]. Malgré cela, nous avons constaté que le concept de droit de la concurrence a beaucoup été développé ces dernières années. Les sources nationales et régionales, spécialement le droit antitrust américain et le droit européen de la concurrence, ainsi que les sources internationales multilatérales constituent un fondement suffisant pour déterminer les notions du droit de la concurrence internationale. Aujourd'hui, promouvoir l'efficacité du marché et améliorer l'efficacité statique et dynamique en mettant en œuvre des politiques de concurrence est le moyen utilisé par la plupart des pays avancés dans le domaine du droit de la concurrence. En revanche, les sources normatives actuelles ne sont pas suffisamment utilisées pour répondre aux besoins de la concurrence internationale. Il est vrai que certains domaines du droit de la concurrence sont appréhendés spécifiquement par l'OMC alors que le recours au moyen de règlements des différends de cette dernière a été utilisé assez timidement. De plus, pour augmenter son efficacité, le système peut être réformé et amélioré. Il est donc nécessaire d'effectuer un état des lieux du fonctionnement du droit international de la concurrence en vue de détecter ses défaillances. Une fois cette tâche accomplie, on pourra alors chercher des

---

[553] FRISON-ROCHE Marie-Anne / PAYET Marie-Stéphane, *Droit de la concurrence*, *op.cit.*, p. 9 et 10.

solutions efficaces, acceptables pour la majorité des membres de la communauté internationale.

TITRE II – L'ETAT DES LIEUX DU FONCTIONNEMENT DU DROIT DE LA CONCURRENCE DANS LE MARCHE MONDIAL CONTEMPORAIN ET SES DEFAILLANCES

Parmi les diverses approches pour assurer le fonctionnement du droit international de la concurrence sur le marché mondial, la plus classique est l'application unilatérale du droit national de concurrence. Historiquement la plus ancienne, cette solution n'est pas la plus satisfaisante pour la communauté internationale. L'Etat qui édicte sur son territoire un ordre visant des comportements ou des personnes situées à l'étranger, souhaite évidement le voir exécuté pour la mise en œuvre efficace de sa politique. Etant donné que les règles du droit de la concurrence sont l'instrument juridique d'une politique commerciale permettant la réalisation des objectifs poursuivis par les Etats, elles doivent être efficacement appliquées et leur violation doit être sanctionnée. Dans cette perspective, les droits de la concurrence sont analysés comme des lois de police. Comme telles, elles s'appliquent indépendamment de la nationalité des entreprises[554]. La réalisation de la politique de la concurrence a une telle importance que lorsque des entreprises sont « victimes » de l'application extraterritoriale d'un droit de la concurrence, leur Etat d'origine peut considérer que certains de ses intérêts nationaux sont affectés. De la même façon, les Etats se réfèrent aux principes du droit international public afin de justifier de l'exercice de leur compétence extraterritoriale. Les Etats-Unis ont été les premiers à s'être référé à ces principes et, avec le temps, le système juridique américain a donné naissance à la théorie des effets. La Cour européenne de Justice qui suit de près le développement du droit de la concurrence américaine n'a pas tardé à appliquer la même théorie en droit de la concurrence communautaire[555].

Par ailleurs, l'Etat qui souhaite donner à sa législation antitrust une pleine efficacité et qui espère la reconnaissance et l'exécution de ces décisions par les entreprises et les Etats étrangers voit aussi ses intérêts affectés si tel n'est pas le cas[556]. La compétence de l'Etat est limitée en aval, lors de l'exécution

[554] CLAUDEL Emmanuelle, « Vers un droit international de la concurrence ? », *op.cit.*, p. 409.

[555] KESKİN A. Cenk, « Evolution de la jurisprudence américaine et européenne vers la théorie de l'effet dans l'application unilatérale du droit de la concurrence », *Galatasaray Üniversitesi Hukuk Fakültesi Dergisi* 2007/1, s.83 – 107.

[556] MEHTA Kirti, "International Competition Policy Coo-operation", dans *Transatlantic Economic Disputes. The EU, the US and the WTO*, Ed. PETERSMANNN Ernest-Ulrich / POLLACK Mark A., International Economic Law Series, General Edit. JACKSON John H.,

des décisions prises, lorsque l'entreprise contrevenante ou l'une de ses émanations n'est pas situées sur son territoire[557]. Ainsi, l'Etat auteur d'une norme légale doit demander l'assistance de l'Etat étranger sur le territoire duquel cette norme doit être exécutée. La véritable difficulté réside donc dans les injonctions de faire ou de ne pas faire adressées à des entreprises établies à l'étranger et devant être exécutées à l'étranger[558].

D'un autre côté, avec l'interdépendance des marchés provoquée par la globalisation, le droit de la concurrence a pris une autre dimension. Ainsi, sans une quelconque coopération internationale, on se trouverait dans une situation unilatérale « sauvage » où chaque autorité nationale de concurrence ferait ce qu'elle veut sans tenir compte des intérêts des autres États. Les membres de la communauté internationale tendent donc aujourd'hui à préférer disposer d'autres instruments juridiques de droit international comme les traités bilatéraux et les traités multilatéraux afin d'assurer le bon fonctionnement du droit de la concurrence internationale. Désormais, le seul contrôle des autorités nationales de concurrence sur des territoires nationaux devient insuffisant. De ce fait, une réglementation de la concurrence à l'échelle mondiale est obligatoire. Cette réglementation doit viser les actes de caractère public ainsi que les actes venant des acteurs privés affectant la concurrence internationale. Les solutions disponibles, peu satisfaisantes, ont obligé les membres de la communauté internationale à disposer des instruments juridiques de droit international[559]. Ainsi, plusieurs accords de coopération bilatéraux et tripartites ont été signés. En outre, nous sommes actuellement dans une autre phase qui favorise l'accroissement du nombre d'accords régionaux, ce qui a entraîné un phénomène de chevauchement des zones couvertes par ces accords. En général, les accords régionaux sont élargis au point d'englober des domaines politiques non réglementés au niveau multilatéral. Considérant la conjoncture actuelle, il convient donc d'étudier l'ensemble des solutions envisagées par les acteurs internationaux concernant le fonctionnement du droit de la concurrence en vue de dresser un bilan. Dans cette perspective, nous envisagerons d'examiner

---

Oxford, 2003, p.284 ; FRIEDEL - SOUCHU Evelyne, *Extraterritorialité du droit de la concurrence aux Etats-Unis et dans la Communauté Européenne*, LGDJ, Paris 1994, p. 359.

[557] CLAUDEL Emmanuelle, « Vers un droit international de la concurrence ? », *op.cit.*, p. 408.

[558] BERLIN Dominique, « La compétence internationale des droits internes de la concurrence », dans *Les dimensions internationales de la politique de la concurrence*, Association Française d'Etude de la Concurrence, Journée du 30 mars 1994, p. 26.

[559] On utilise le terme « instrument » à la fois pour les accords ou traités juridiquement contraignants et les recommandations ou engagements à caractère non obligatoire.

préalablement l'application unilatérale du droit national de concurrence pour ensuite étudier les instruments juridiques de droit international, qui ont été utilisés pour remédier aux difficultés concernant le droit international de la concurrence.

Chapitre I – L'application unilatérale du droit national de la concurrence :

Puisque le droit de la concurrence permet de préserver la compétition sur le marché national, l'objectif qu'il poursuit ne peut être respecté que si la législation d'un pays peut appréhender l'ensemble des situations anticoncurrentielles qui affectent le marché interne. À une époque où les entreprises développent de plus en plus leurs activités internationales, les autorités de contrôle doivent pouvoir exiger de ces opérateurs, qui exercent dans le cadre de plusieurs économies, le respect de leur droit interne. De ce fait, certains Etats ont étendu de manière unilatérale l'application de leur droit national aux entreprises étrangères dont les activités internationales affectent le commerce interne[560]. En faisant cela, les Etats ont eu recours aux principes du droit international public afin de justifier de l'exercice de leur compétence extraterritoriale.

Section préliminaire - Les principes du droit international public gouvernant l'exercice de la compétence extraterritoriale générale

En règle générale, on peut poser le principe que les lois nationales ne produisent pas d'effet extraterritorial, c'est-à-dire que leur validité s'arrête à la limite du territoire où l'Etat exerce sa juridiction, ses compétences[561]. Exceptionnellement, la notion d'extraterritorialité englobe des situations dans lesquelles une loi tient compte d'états de fait qui se sont déroulés ou qui exercent des effets sur le territoire d'un autre Etat. Le droit international confère aux Etats une grande liberté pour appréhender de tels états de fait. Pour qu'une loi déploie des effets juridiques sur le territoire d'un autre Etat, il est exigé toutefois l'existence d'un lien de rattachement suffisant entre un bien, une personne ou une situation et l'Etat qui a édicté la norme. Il est incontestable qu'un Etat est compétent sur le plan législatif pour les biens et les personnes situés sur son territoire. Sa compétence est également incontestable pour réglementer des états de fait qui se déroulent hors de son territoire, mais dont les effets se produisent aussi en son sein. Il n'est pas non plus contesté que l'Etat est habilité à légiférer à l'égard de ses nationaux, et ce, indépendamment du lieu où ils se trouvent. La compétence normative extraterritoriale peut également être exercée à l'égard de tout fait menaçant

---

[560] CHAREYRE DE BEAUMONT Anne, *Droit de la concurrence et globalisation*, *op.cit.*, p. 475.

[561] CARREAU Dominique, *Droit international*, Pedone 9e édition, Paris 2007, p. 312.

directement l'existence ou la sécurité de l'Etat[562]. Dans cette perspective, quels principes permettent aux Etats, sous l'angle du droit international public, de fonder leur compétence juridictionnelle en droit de la concurrence ?

Sous – section I – Le principe posé par la jurisprudence de la CIJ

Il importe avant tout que la compétence des Etats pour édicter des normes de portée extraterritoriale soit fondée sur les principes du droit international public reconnaissant la souveraineté et l'indépendance étatique. La Cour permanente de justice internationale, dans l'affaire du *Lotus*[563], a en effet clairement souligné que le fondement de la compétence d'un Etat pour édicter une norme de portée extraterritoriale repose sur le respect de la souveraineté et de l'indépendance étatique[564]. Autrement dit, c'est grâce à ces deux principes, reconnus sur le plan juridique, que les Etats sont libres de régir des situations pouvant comporter des éléments d'extranéité. Le principe de souveraineté, au sens du droit international public, définit le statut juridique de l'Etat. Celui-ci ne peut être soumis, dans le cadre de sa juridiction territoriale, à la compétence gouvernementale, administrative, législative ou judiciaire d'un Etat étranger ou plus généralement au droit étranger.

Au regard du droit international, le concept de souveraineté va de pair avec le concept d'indépendance étatique. Dans l'affaire du *Lotus*, la Cour permanente de justice internationale a décidé que les limitations à l'indépendance des Etats ne se présumaient pas. Selon un principe bien connu en droit international public, la compétence des Etats existe partout où aucune règle du droit international ne vient la restreindre[565]. Les principes de souveraineté et d'indépendance représentent ainsi des principes

---

[562] BROWNLIE Ian, *Principles of Public International Law*, 6th Edition, Oxford University Press 2003, p. 301 et 302.

[563] On est conscient que cette prise de position, restée isolée, n'a qu'une faible autorité. L'Arrêt est assez vieux et a été rendu à une époque où la société internationale était encore très peu institutionnalisée. Ainsi, l'arrêt ne correspond pas aux évolutions que le droit a connu depuis lors, dont par exemple la place qu'accorde le droit international à des concepts comme les obligations *erga omnes,* le *jus cogens* ou le patrimoine commun de l'humanité. Mais justement, en choisissant cet arrêt, nous avons l'intention de montrer le cas extrême de l'école de volontarisme avec les cas extrême de l'extraterritorialité en matière de concurrence internationale.

[564] Affaire du *Lotus*, 7 novembre 1927, Cour permanente de justice internationale, Recueil des Arrêts n° 9, 1927, p. 4.

[565] *Ibid.*, p. 18.

fondamentaux du droit international qui protègent la liberté d'action des Etats vis-à-vis de situations comportant des éléments extranéité. Cette liberté des Etats est cependant limitée par d'autres règles internationales dans le cadre de leurs relations internationales. Le développement des relations internationales, l'accroissement constant de la coopération internationale et l'interdépendance des Etats ont permis de définir plus précisément l'étendue et les limites de leur souveraineté dans le domaine économique[566]. Cette indépendance reconnue sur le plan juridique est, dans le cadre des relations internationales, en conflit avec une interdépendance de fait sur le plan économique[567]. En raison de cette interdépendance *de facto*, la souveraineté étatique se trouve limitée dans le domaine économique.

Du point de vue du droit international, la compétence normative d'un Etat doit porter sur l'un des trois éléments constitutifs de l'Etat : son territoire, sa population et sa souveraineté. En outre, la compétence normative de l'Etat est, selon les domaines où elle s'exerce, exclusive ou concurrente. Dans les domaines relevant du droit public, un seul Etat est compétent. Tel est le cas du droit de la concurrence dès lors que ce droit a pour objet la réglementation de l'économie nationale. La compétence normative peut aussi porter sur des situations mettant en cause des rapports de droit privé, pour lesquelles plusieurs Etats peuvent être compétents. Tel est encore le cas du droit de la concurrence dont l'objet est aussi de réglementer des relations commerciales entre entreprises privées. En revanche, l'Etat ne peut normalement exercer sa compétence extraterritoriale que si elle est fondée sur l'un des critères de rattachement admis par le droit international. En raison de l'interdépendance des Etats dans le domaine économique, le droit international et la pratique des Etats ont précisé l'étendue et les contours de cette compétence normative. Ainsi, le principe de souveraineté permet à l'Etat d'exercer sa compétence personnelle ainsi que sa compétence matérielle dans les situations internes mais aussi l'exercice de ses compétences dans des situations matérielles comprenant des éléments d'extranéité s'il existe des liens suffisamment étroits avec le territoire. En revanche, il faut noter que la souveraineté est un statut juridique découlant

---

[566] FRIEDEL - SOUCHU Evelyne, *Extraterritorialité du droit de la concurrence aux Etats-Unis et dans la Communauté Européenne*, LGDJ, Paris 1994, p. 18.

[567] Dans le domaine économique, la souveraineté des Etats est reconnue par l'article 1 de la Charte des droits et devoirs économique des Etats adoptés par l'Assemblée Générale des Nations Unies, Résolution 3281 (XXIX), 29e session, 12 décembre 1974, qui déclare que ; « Chaque Etat à le droit souverain et inaliénable de choisir son système économique, de même que ses systèmes politique, social et culturel, conformément à la volonté de son peuple, sans ingérence, pression ou menaces extérieures d'aucune sorte ».

du droit international public mais non supérieur à celui-ci[568]. En conséquence, un Etat ne peut s'abriter derrière le principe de souveraineté pour ne pas respecter le droit international public. Seule cette obligation est susceptible de restreindre la liberté d'action d'un Etat[569].

Sur cette base, la Cour permanente de justice internationale n'a pas affirmé que l'Etat puisse exercer une compétence normative extraterritoriale illimitée. La Cour a indiqué qu'il n'y a pas d'interdiction générale à l'exercice de la compétence normative extraterritoriale, et non qu'il y a une autorisation générale à l'exercice de la compétence normative extraterritoriale. La Cour ne dit pas que le droit international permet aux Etats de légiférer envers toutes les personnes, tous les biens, tous les actes situés hors de leur territoire. La solution annoncée par l'affaire du *Lotus* montre que le droit international permet l'exercice de la compétence normative extraterritoriale lorsqu'elle vise certaines personnes, certains biens et certains actes extérieurs au territoire étatique[570]. Par ailleurs, la jurisprudence récente de la Cour internationale de justice[571] incite également au rejet de l'idée selon laquelle, en dehors de la règle de territorialité de la compétence d'exécution formulée par l'arrêt *Lotus*, il n'existerait aucune règle de droit international générale régissant la question de la conformité ou des limites aux compétences étatiques, notamment d'édiction[572].

Sous – section II – Les divers critères de rattachement au droit international

D'un autre côté, le droit pénal international a dégagé certains principes délimitant le champ d'application des lois étatiques. En revanche, ces

---

568 STEINBERGER Helmut , 'Sovereignty', sous la direction de BERNHARDT Rudolf, *Encyclopedia of Public International Law*, Vol. 10, Ed.North Holland, 1987, p. 408 et 410.

569 FRIEDEL - SOUCHU Evelyne, *Extraterritorialité du droit de la concurrence aux Etats-Unis et dans la Communauté Européenne*, *op.cit.*, p. 17.

570 STERN Brigitte, « Quelques observation sur les règles internationales relatives à l'application extraterritoriale du droit », *Annuaire Français de Droit International*, 1986, p.19. LANKARANI Leila, « une autre loi « loi d'application extraterritoriale » américaine », *RTD eur* vol.42 no.1, janvier – mars 2006, p. 98.

571 Affaire du *Mandat d'arrêt du 11 avril 2000, République démocratique du Congo c. Belgique*, 14 février 2002, C.I.J., Rec.2002, parag. 46 et 61.

572 LANKARANI Leila, « Une autre loi « loi d'application extraterritoriale » américaine », *op.cit.*, p. 99 ; QUENEUDEC Jean-Pierre, « Un arrêt de principe : L'Arrêt de la C.I.J. du 14 février 2002 », *Actualité et Droit International*, mai 2002, p. 1 ; STERN Brigitte, « Les dits et les non dits de la Cour internationale de Justice dans l'affaire RDC contre Belgique », *International Law Forum du droit international*, Vol.4 No.3 Mars 2002, p. 105.

fondements définis par le droit pénal international ne se manifestent pas avec la même intensité dans le domaine du droit de la concurrence appliqué dans un contexte international. La compétence du droit pénal international est régit par les principes de territorialité, de personnalité, de protection et d'universalité. Selon le principe de territorialité, la compétence législative de l'Etat ne peut être admise que s'il existe un rattachement réel et raisonnable de la situation que l'Etat entend régir sur le territoire national. Une distinction doit être faite entre le principe de territorialité subjective est le principe de territorialité objective. Le principe de territorialité subjective définit la compétence d'un Etat pour juger et condamner les infractions commencées sur son territoire mais réalisées ou terminées à l'étranger. En revanche, en règle générale, le principe de territorialité objective, attribue la compétence à un Etat lorsque les infractions ont commencé en dehors de son territoire et ont finalement été exécutées dans le cadre de ses frontières[573].

Par ailleurs, selon le principe de personnalité, un Etat est compétent en vertu du droit international pour légiférer à l'égard de ses nationaux, personnes physiques ou morales, quel que soit le lieu où ils se trouvent. Le principe de personnalité active, prévoit que la loi d'un Etat s'applique à tous les actes de ses nationaux, même si ces actes ont été commis en dehors du territoire. A l'inverse, le principe de personnalité passive déclare un Etat compétent lorsque les infractions commises en dehors de ses frontières par des étrangers visent ses nationaux[574]. En revanche, le principe de protection d'un Etat est fondé sur sa souveraineté, sa sécurité, son intégrité territoriale, ses intérêts essentiels. Un Etat peut exercer sa compétence normative et ce à l'égard de tout fait menaçant son existence. Il sera donc légitime, pour un Etat, de se défendre contre des infractions commises en dehors de ses frontières par des étrangers mais dirigées contre lui[575]. Quant au principe de compétence universelle, ce dernier permet à tout Etat d'appliquer sa législation pénale à certains actes préjudiciables à l'ensemble de la communauté internationale, même lorsqu'ils ont été commis à l'étranger et par des étrangers[576.] À l'inverse du principe de territorialité et du principe de personnalité, le principe de protection comme le principe d'universalité sont de faible portée dans le domaine du droit de la concurrence.

---

[573] *Ibid.*, p.20 et 21. Il existe des exceptions concernant la CPI.

[574] BROWNLIE Ian, *Principles of Public International Law*, *op.cit.*, p. 301 et 302.

[575] STERN Brigitte, « Quelques observations sur les règles internationales relatives à l'application extraterritoriale du droit », *op.cit.*, p. 25.

[576] BROWNLIE Ian, *Principles of Public International Law*, *op.cit.*, p. 303.

Les Etats-Unis et la Communauté ont fondé leurs législations extraterritoriales sur des critères de rattachement autres que ceux développés par le droit pénal international. Il est nécessaire au regard de la distinction traditionnelle entre territorialité et personnalité des lois de retenir les critères spécifiques développés dans le domaine du droit économique et de définir leur conformité au droit international. Ces critères sont les critères « de l'effet » et celui du « contrôle économique ». La théorie des effets attribue une importance particulière à la localisation du résultat de l'infraction sur le territoire national. L'Etat impliqué recherche un contact avec les faits en cause pour justifier sa compétence normative. Ici, ce qui importe, ce sont les contacts réels entre les faits et l'Etat car ils justifient sa compétence. En revanche, un Etat ne peut exercer sa compétence extraterritoriale dans le domaine du droit de la concurrence que lorsque les pratiques commerciales restrictives en cause produisent des effets substantiels, directs et prévisibles sur le territoire national. Ce n'est qu'à cette condition qu'il existe un intérêt légitime à protéger. L'effet doit également être direct. Il doit être la conséquence première et immédiate de l'activité anticoncurrentielle poursuivie à l'étranger. Le lien de causalité ne doit pas être interrompu par d'autres événements. Et, finalement, la condition de prévisibilité signifie souvent que l'atteinte à la concurrence s'est effectivement réalisée dans l'Etat qui revendique sa compétence[577]. Dans cette perspective, l'application extraterritoriale de la compétence normative dans le domaine du droit de la concurrence peut aussi se fonder sur une conception extensive du principe de personnalité et du critère de nationalité, traduite dans la théorie du contrôle économique. Mais cette approche est contraire à la doctrine et à la jurisprudence internationale. Lorsqu'une personne morale n'a pas de lien de nationalité effective, notamment selon le principe du siège social ou de l'incorporation, l'application extraterritoriale d'une norme à cette entreprise est considérée comme contraire au droit international[578].

---

[577] FRIEDEL - SOUCHU Evelyne, *Extraterritorialité du droit de la concurrence aux Etats-Unis et dans la Communauté Européenne*, *op.cit.*, p. 31.

[578] STERN Brigitte, « Quelques observations sur les règles internationales relatives à l'application extraterritoriale du droit », *op.cit.*, p. 33. Dans un ancien arrêt de *Barcelona Traction, 5 février 1970, C.I.J., Recueil 1970, p. 3*, la Cour internationale de justice a exclu la possibilité de retenir le critère du contrôle économique pour attribuer une nationalité à une entreprise et permettre ainsi à un Etat de se déclarer compétent envers ses activités. En revanche, la jurisprudence a évolué sur ce sujet. V. LEE Lawrence Jahoon, "Barcelona Traction in the 21st century: revisiting its customary and policy underpinnings 35 years later", *SJIL* Vol.42, 2006, p. 237 à 290.

Une autre question est de savoir dans quelle mesure l'Etat peut, avec les concours de ses autorités administratives et judiciaires, réglementer le comportement de personnes privées ou de biens à l'étranger, sachant qu'il ne fait pourtant qu'exercer sa compétence d'exécution intra-territoriale, sans procéder à l'envoi de ses agents à l'étranger. C'est en effet une situation délicate au regard du droit international qui intervient lorsque la compétence d'exécution d'un Etat s'exerce dans les seules limites de son territoire mais que cet exercice touche des personnes, des biens, et des activités en territoire étranger. Si les lois d'un Etat sont appliquées et exécutées sur le territoire d'un Etat étranger, ceci résulte de la compétence de l'Etat auteur de la norme mais dépend aussi et surtout de la volonté de l'Etat étranger d'agir en ce sens au regard notamment du principe de courtoisie internationale[579]. Selon cette conception de la courtoisie internationale, « *comity among nations* », si les tribunaux d'un Etat souverain devaient « censurer » les actes de gouvernements étrangers, une telle conduite mettrait en péril les relations amicales entre les Etats et contrarierait la paix des nations[580]. La « courtoisie » au sens juridique n'est ni une question d'obligation absolue ni une question de simple politesse et de bonne volonté. C'est la reconnaissance qu'un Etat accorde sur son territoire aux actes législatifs, exécutifs ou judiciaires d'un autre Etat, compte tenu à la fois des obligations et des convenances internationales et des droits de ses propres citoyens ou des autres personnes qui sont sous la protection de ses lois.

En matière de droit international public économique, l'Etat étranger à qui il est demandé une telle assistance reste libre d'apprécier la situation pour consentir ou non à l'exécution des décisions prononcées. Ce consentement sera donné si ses intérêts ne sont pas lésés ou s'il y a convergence d'intérêts économiques[581]. Dans le cas d'un refus d'assistance des autorités étrangères et de manière à éviter les conséquences résultant de la non-reconnaissance ou de la non-exécution de ses décisions, l'Etat peut recourir à des moyens de coercition exercés exclusivement dans le cadre de son territoire. Plus généralement, les difficultés liées à l'exercice de la compétence territoriale dans le domaine du droit de la concurrence et dans le cadre de l'économie internationale résultent de l'opposition des intérêts économiques nationaux, de la nature du droit de la concurrence et de la pluralité des compétences étatiques envers une même situation. En effet, les conceptions des deux Etats

---

[579] *Ibid.*,p. 40.

[580] CARREAU Dominique, *Droit international*, *op.cit.*, p. 592.

[581] MAYER Pierre, « Droit international public et droit international privé sous l'angle de la notion de compétence », *Revue Critique de Droit International Privé,* Vol.68, 1979, p. 380.

quant à la légalité du comportement en cause peuvent être très radicalement opposées[582].

Le premier type de solutions envisageables lorsqu'un pays est confronté à un problème de concurrence du à la mise en œuvre d'une pratique anticoncurrentielle à l'extérieur de son territoire est l'application extraterritoriale de son droit national[583]. Il y a lieu à cet égard de faire une distinction entre deux types d'applications extraterritoriales du droit national. L'application du droit national à des pratiques mises en œuvre à l'extérieur du territoire national mais ayant des effets sur le territoire national du pays considéré et l'application du droit national à des pratiques ayant des effets à l'extérieur du territoire[584]. Cette dernière solution est assez rare, mais n'est pas inconnue. Les autorités des Etats-Unis menacent parfois les autorités japonaises d'appliquer le *Sherman Act* à des pratiques anticoncurrentielles mises en œuvre et ayant des effets au Japon et qui, soit limitent les capacités d'exportation des entreprises américaines au Japon, soit provoquent un dommage aux intérêts américains[585]. Quant à l'application extraterritoriale du droit national à des pratiques mises en œuvre à l'extérieur du territoire mais ayant des effets sur le territoire national, elle comporte des difficultés pour les autorités nationales de concurrence. Il est souvent impossible d'avoir accès aux éléments de preuve sans l'aide de l'autorité étrangère de concurrence de l'Etat dans lequel la pratique a été mise en œuvre. En outre, cette solution est peu efficace pour les pratiques anticoncurrentielles de concentrations ayant lieu à l'étranger mais ayant un effet sur le territoire national.

---

582 FRIEDEL - SOUCHU Evelyne, *Extraterritorialité du droit de la concurrence aux Etats-Unis et dans la Communauté Européenne*, *op.cit.*, p. 7.

583 JENNY Frédéric, « L'environnement économique international et les autorités de concurrence », *op.cit.*, p. 448.

584 STERN Brigitte, « Une tentative d'élucidation du concept d'application extraterritoriale », *Revue Québécoise de droit international*, No.3, 1987, p. 55 ; LANKARANI Leila, « Une autre loi « loi d'application extraterritoriale » américaine », *op.cit.*, p. 100.

585 Lors de la construction d'une base militaire américaine au Japon ayant donné lieu à une entente de prix entre les soumissionnaires japonais, les Etats-Unis ont menacé d'entamer une procédure pénale dans leur pays si l'autorité de la concurrence japonaise ne condamnait pas, sur le fondement du droit japonais de la concurrence, les auteurs de cette pratique. YAMANE Hiroko, "Trade and Competition in the Japanese Competition Experience", *JIEL* Vol.2, 1999, p. 537 à 545.

A côté d'un tel unilatéralisme effréné, il y a la proposition d'un concept unilatéral raffiné[586]. Basé sur la constatation que le droit américain antitrust dispose de la plus grande expérience en actions privées ainsi que des plus sévères sanctions avec la possibilité notamment de demander des dommages-intérêts triples, selon la Section 4 du *Clayton Act*, il a été proposé que soient incluses dans le calcul des dommages-intérêts les ventes effectuées à l'étranger, si ces ventes sont influencées par un cartel international. Ainsi, Harry First est parvenu à un système de suppléance internationale qui correspond à une approche unilatérale. Les pays disposant de la législation la plus stricte et ayant le plus grand potentiel d'exécution prennent en charge la poursuite des cartels, même dans la mesure où d'autres pays sont touchés[587]. Cette proposition met une fois pour toutes un terme à la discrimination des étrangers en matière de droit de la concurrence. Les entreprises non domiciliées dans un certain Etat ne sont pas seulement protégées contre des actes anticoncurrentiels sur ce territoire, mais même contre des comportements à l'étranger dans la mesure où ceux-ci reposent sur un cartel international. En revanche, cette proposition ne résout pas les problèmes de fond. Le danger des décisions administratives divergentes n'est pas écarté. De plus, les pays concernés par un certain comportement anticoncurrentiel ne seront pas forcément satisfaits d'une prise en charge unilatérale, non sollicitée par l'autorité qui dispose du plus grand pouvoir de fait. Mais le plus important, les entreprises n'auraient plus aucun intérêt à coopérer avec les autorités compétentes s'il y avait le danger que les informations obtenues puissent être introduites dans une procédure civile aux Etats-Unis[588].

S'il est nécessaire dans le cadre de l'économie internationale que les autorités nationales chargées de la concurrence se voient reconnaître une compétence extraterritoriale en la matière, la nature du droit de la concurrence soulève des difficultés lorsque celui-ci doit être appliqué à des situations étrangères. Ainsi, les auteurs ont cherché à résoudre ce problème controversé du droit international de la concurrence en se référant aux principes du droit international public pour déterminer quels principes peuvent permettre aux Etats de fonder leurs compétences juridictionnelles sous l'angle du droit

---

[586] FIRST Harry, " The Development of International Antitrust", dans *The Future of Transnational Antitrust – From Comparative to Common Competition Law*, DREXL Josef (Ed.), Berne 2003, p. 23 ss.

[587] *Ibid.*, p. 48.

[588] HEINEMANN Andreas, « La nécessité d'un droit mondial de la concurrence », *Revue Internationale de Droit Economique*, Vol. XVIII, No.3, 2004, p. 299.

international de la concurrence. En tenant compte du fait que les principes classiques du droit international ne suffisent plus à satisfaire les exigences de la spécificité du droit de la concurrence et du commerce international, les autorités des Etats-Unis comme la Communauté européenne ont été incitées à créer de nouveaux principes de compétence propre au droit international économique. Par ailleurs, l'absence d'un système de contrôle des comportements anticoncurrentiels au niveau international aurait pour conséquence de voir les entreprises dans plusieurs pays contraintes de se soumettre à des règles nationales différentes et parfois contradictoires ; ces différences aboutissent à accroître les coûts (multiplication de procédures, des frais juridiques, etc.) et les facteurs d'incertitude et peuvent donc constituer des obstacles parfois importants au développement des échanges et à l'investissement international[589].

En raison de la globalisation croissante et de la convergence des marchés, il est incontestable que le droit de la concurrence américain ainsi que le droit de la concurrence européen exercent, à l'échelle mondiale, une influence importante sur toutes les entreprises qui participent directement ou indirectement à leur économie. Dans ce contexte, le choix d'une méthode pour l'application efficace des règles de concurrence revêt une importance capitale pour les Etats. De manière à reconnaître l'applicabilité de la réglementation interne de la concurrence à des situations comportant des éléments d'extranéité, les autorités chargées de la concurrence, aux Etats-Unis comme dans la Communauté européenne, doivent établir l'existence de leur compétence matérielle. Aux Etats-Unis, les autorités doivent par ailleurs établir l'existence de leur compétence personnelle. Cette dernière résulte du cinquième amendement de la Constitution américaine. A l'inverse de la position retenue aux Etats-Unis, il n'existe pas en droit communautaire de règles spécifiques traitant de la compétence personnelle des autorités de la Communauté[590].

Section I – L'application des principes par les Etats-Unis

L'application extraterritoriale du droit de la concurrence aux Etats-Unis suit de près le développement du marché américain et de sa puissance économique dans l'arène mondiale. Les autorités américaines chargées de la

---

[589] IDOT Laurence, *Le contrôle des pratiques restrictives de concurrence dans les échanges internationaux* , Thèse, Paris II, 1981, p. 13.
[590] FRIEDEL - SOUCHU Evelyne, *Extraterritorialité du droit de la concurrence aux Etats-Unis et dans la Communauté Européenne*, *op.cit.*, p. 54 et 55.

politique de la concurrence travaillent efficacement, en se servant de plusieurs procédures pour assurer le respect des règles de concurrence énoncées par les textes du Congrès. Depuis 1914 il existe deux agences fédérales qui veillent au bon fonctionnement du jeu de la concurrence aux Etats-Unis[591]. L'*Antitrust Division* au sein du Département de la Justice et le *Federal Trade Commission*. Les deux ont le pouvoir de mener une enquête en cas d'infraction possible à la concurrence. La raison de ce dualisme est purement historique.

Le *Department of Justice*,[592] qui appartient à l'appareil exécutif du gouvernement, est composé de divisions responsables de l'application de lois particulières. L'*Antitrust Division* au sein du ministère de la justice joue un rôle actif dans la détermination de la politique de concurrence menée par l'administration du fait de ses relations étroites avec le Président. Contrairement à la *Federal Trade Commission*[593], l'*Antitrust Division* s'occupe uniquement de l'enquête et de la poursuite. Le *Federal Trade Commission,* quant à lui, est un organisme administratif indépendant dont les décisions dans les dossiers importants sont prises à la majorité des membres. Il est composé de cinq personnes nommées par le Président des Etats-Unis avec l'accord et le consentement du Sénat. Les commissaires sont nommés pour une période de sept ans[594]. Un trait particulier quant à la composition de cette Commission est que ne peuvent y siéger plus de trois personnes membres d'un même parti politique. Elle n'a pas le pouvoir de rendre une ordonnance. Toutes les mesures de mise en application relèvent des tribunaux fédéraux[595].

La *Federal Trade Commission* exerce des pouvoirs d'enquête, de poursuite et de décision[596]. Les pouvoirs de la Commission sont limités au prononcé d'injonctions de cesser toute activité déloyale, adressées aux parties en infraction à la section 5 du *Clayton Act.* Aucune personne privée n'est en droit d'intenter une action en justice pour faire respecter les dispositions de cette section 5. Les seules actions possibles étant publiques, il en résulte que

---

[591] FOER Albert A.- LANDE Robert H., "The evolution of United States Antitrust Law : The past, present, and (possible) future.", 16 *Nihon University Comparative Law* (1999), p. 149 à 172.
[592] Ministère de la justice.
[593] La Commission fédérale du commerce.
[594] MALHERBE Jacques, *Pratiques du Commerce : Concurrence Tome IV*, Ed. UCL, Université Catholique de Louvain, 2001, p.852.
[595] LEVASSEUR Alain, *Droit des Etats-Unis*, *op.cit.*, p. 281.
[596] *Ibid.*

la *Federal Trade Commission* dispose d'un pouvoir assez limité du fait de ses faibles ressources financières[597]. En revanche, elle ne peut veiller à l'application des sections 1 et 2 du *Sherman Act.* Aujourd'hui, l'activité principale de la Commission consiste à évaluer les projets de fusions qui lui sont soumis conformément à la procédure de notification préalable requise par la section 7 du *Clayton Act*[598]. En outre, la loi confère à la *Federal Trade Commission* et à l'*Antitrust Division* une compétence concurrente pour l'application des sections 2, 3, 7 et 8 du *Clayton Act*, et vu que l'interprétation judiciaire de la section 5 de la loi constitutive de la *Federal Trade Commission* autorise cette dernière à contester un acte susceptible de constituer également une infraction prévue par la *Sherman Act*[599], ce chevauchement exige la coordination des activités des deux organismes afin d'assurer la répartition optimale de leurs ressources et le traitement équitable des personnes faisant objet de leurs enquêtes.

La coordination entre les deux organismes a été décrite dans la section 7 du *Sherman Act.* Traditionnellement, on évite la tenue d'enquêtes simultanées dans les deux domaines. Dans un premier temps, grâce à un accord de liaison, le ministère renvoie à la *Federal Trade Commission* toutes les affaires civiles relatives à l'application de la *Robinson-Patman Act* et, ensuite, la *Federal Trade Commission* renvoie automatiquement à la division les allégations de violation criminelle des lois antitrusts, notamment celles portant sur la fixation des prix. Les deux organismes veillent à l'application des autres dispositions antitrusts, en particulier celles relatives aux enquêtes sur les fusions de manière concurrente. Cette coordination est assurée au moyen de la « procédure de désignation » qui a été établie par un accord inter organismes afin de déterminer quel organisme est le plus apte à s'occuper d'une affaire en particulier. Le premier accord inter organismes est intervenu de manière non officielle en 1938 et, depuis 1948, il a été modifié et rendu officiel par la correspondance entre le procureur général adjoint responsable de la division antitrust et le président de la *Federal Trade Commission.* Le 2 décembre 1993, la *Federal Trade Commission* et le ministère de la Justice ont publié de concert les modalités de désignation d'un organisme pour la tenue d'une enquête. Elles énoncent notamment les critères qui permettent de résoudre les « affaires litigieuses », c'est-à-dire celles à l'égard desquelles les deux organismes ont présenté une demande de désignation. Le 23 mars 1995, la *Federal Trade Commission* et le ministère

---

[597] MALHERBE Jacques, *Pratiques du Commerce : Concurrence Tome IV, op.cit*, p. 852.
[598] LEVASSEUR Alain, *Droit des Etats-Unis, op.cit.*
[599] Antitrust Division Manual, chapitre VII, p.1 ; www.usdoj.gov/atr

de la Justice ont annoncé conjointement l'amélioration du programme de préavis de fusionnement issu de la *Hart-Scott-Rodino Act*. Au nombre des mesures d'amélioration, mentionnons l'engagement des organismes à régler la question de la désignation dans les affaires où un tel préavis a été déposé au plus tard neuf jours ouvrables après ce dépôt[600].

Ces deux agences fédérales américaines ont un rôle primordial sur la mise en œuvre efficace du droit de la concurrence américaine. De plus, on constate actuellement que les Etats ayant une capacité d'appliquer leurs lois de concurrence sur une base extraterritoriale choisissent cette solution afin de protéger leur marché intérieur, tandis que les Etats manquant de capacité pour s'engager dans une telle application se trouvent dans une situation défavorisée par rapport aux autres. Toutefois, des positions divergentes ont été adoptées par les Etats-Unis et par la Communauté quant à l'étendue de leur compétence extraterritoriale dans le domaine du droit de la concurrence. Le droit américain exerce une influence considérable à l'échelle mondiale en raison de la globalisation et du rôle de leader joué par les Etats-Unis[601]. Les Etats-Unis avaient tendance à interpréter plus largement le champ d'application de leurs législations, contrairement aux autorités communautaires. Les tribunaux américains ont appliqué la théorie des effets, comme la Cour de justice, à la nuance près que cette dernière assouplit cette théorie avec la notion de l'unité économique qui est une conception plus proche du principe de territorialité[602].

Sous-section I – La contribution du Congrès américain

L'article 1, section 8 clause 3 de la constitution des Etats-Unis donne expressément au congrès compétence pour réglementer les échanges commerciaux entre les Etats-Unis et les nations étrangères[603]. En 1890, le Congrès des Etats-Unis a utilisé pour la première fois cette compétence en édictant le *Sherman Act*. Les deux premiers articles du *Sherman Act* visent les restrictions de concurrence, horizontales ou verticales, bilatérales ou unilatérales, qui ont lieu dans le cadre du commerce entre les Etats-Unis ou

---

[600] *Ibid.*
[601] KOVACIC William, “Institutions and Convergence in International Competition Policy”, Présentation faite lors de l'Assemblé Annuelle de l'American Society of International Law, Washington, D.C., du 5 avril 2003.
[602] FRIEDEL-SOUCHU Evelyne, *Extraterritorialité du droit de la concurrence aux Etats-Unis et dans la Communauté Européenne*, *op.cit.*, p. 422.
[603] Cette disposition de la constitution américaine attribue au Congrès la compétence exclusive “to regulate Commerce with foreign Nations and among the several States”.

avec l'étranger. Selon les articles 1 et 2 du *Sherman Act*, toute pratique commerciale restrictive d'une entreprise étrangère est couverte par la législation américaine dès l'instant où la conduite anticoncurrentielle touche le commerce entre les Etats de l'Union ou les relations commerciales entre les Etats-Unis et l'étranger. En outre, l'article 8 du *Sherman Act* ne fait aucune distinction portant sur la nationalité de l'entreprise[604]. Le *Clayton Act* et le *Federal Trade Commission Act,* s'appliquent aussi extra-territorialement, couvrant les relations commerciales avec l'étranger. Autrement dit, un tribunal américain peut se reconnaître compétent à l'égard d'une pratique commerciale restrictive d'une entreprise étrangère, menée par ses filiales se trouvant aux Etats-Unis et dirigée contre le commerce interétatique. Ainsi, une entreprise étrangère limitant les importations américaines affecte la concurrence dans le cadre du commerce étatique et entre dans le champ d'application de la réglementation américaine[605]. En outre, la section 7 du *Clayton Act* interdit les fusions ou acquisitions de parts lorsque, dans une branche ou une activité touchant le commerce dans une partie du pays, cette acquisition a pour effet de réduire de manière substantielle la concurrence ou tend à créer un monopole[606].

De façon originelle, on peut ainsi caractériser le droit américain de la concurrence comme un droit visant à éviter que des pratiques anticoncurrentielles puissent échapper à la répression en raison de l'existence de frontières interétatiques. En effet, le droit fédéral n'est apparu

---

[604] Sherman Act, Section 8 ; The word 'person' or 'persons' shall be deemed to include corporations and associations existing under or authorized by the laws of either the United States the laws of any of the Territories, the laws of any States, or the laws any foreign country".

[605] FRIEDEL - SOUCHU Evelyne, *Extraterritorialité du droit de la concurrence aux Etats-Unis et dans la Communauté Européenne*, *op.cit.*, p. 60.

[606] " No person engaged in commerce or in any activity No person engaged in commerce or in any activity affecting commerce shall acquire, directly or indirectly, the whole or any part of the stock or other share capital and no person the Federal Trade Commission shall acquire the whole or any part of the assets of another person engaged also in commerce or in any activity affecting commerce, where in any line of commerce or in any activity affecting commerce in any section of the country, the effect of such acquisition may be substantially to lessen competition, or to tend to create a monopoly. No person shall acquire, directly or indirectly, the whole or any part of the stock or other share capital and no person subject to the jurisdiction of the Federal Trade Commission shall acquire the whole or any part of the assets of one or more persons engaged in commerce or in any activity affecting commerce, where in any line of commerce or in any activity affecting commerce in any section of the country, the effect of such acquisition, of such stocks or assets, or of the use of such stock by the voting or granting of proxies or otherwise, may be substantially to lessen competition, or to tend to create a monopoly".

qu'avec la mise en place d'un dispositif bloquant ces échappatoires. C'est à ce niveau que va naître l'ambiguïté fondamentale : le blocage est censé être réalisé par l'adoption d'un statut antitrust au niveau fédéral, sans qu'il soit jugé nécessaire de distinguer entre commerce interétatique et commerce international. À l'occasion des débats sur le *Sherman Act*, le Congrès lui-même ne fera pas grand-chose pour expliciter la relation entre restrictions à la concurrence et commerce international en tant que tel. En conséquence, à l'instar du commerce interétatique, le commerce international est perçu comme simple lieu d'origine de pratiques qui viendraient subvertir la concurrence nationale. Conçue pour satisfaire une exigence constitutionnelle, l'expression de *foreign nations* se confond *de facto* avec l'indication concernant les Etats de l'Union pour désigner la portée potentielle des lois antitrust. L'ambiguïté historique des lois antitrust US découle ainsi de la rencontre entre un libellé constitutionnel – liant Etats de l'Union et nations étrangères – avec les conditions historiques d'émergence de pratiques anticoncurrentielles affectant les Etats de l'Union. Ainsi, la régulation antitrust fédérale, conçue pour réprimer les pratiques anticoncurrentielles entre les Etats de l'Union, pouvait aussi avoir le même objet au niveau des nations étrangères[607].

Au début des années 1980, la montée en puissance des partenaires commerciaux des Etats-Unis – le Japon principalement – explique la récession relative de l'économie américaine. Une des explications avancées pour rendre compte de cette évolution est la rigueur des lois antitrust appliquées aux entreprises américaines handicapées face à leurs concurrentes étrangères originaires de pays peu regardants sur l'orthodoxie concurrentielle. Il fallait alors permettre aux entreprises américaines d'affronter avec les mêmes armes la concurrence étrangère. Or, le *Sherman Act* interdisant tout contrat comportant des aspects anticoncurrentiels, il fallait soustraire de son champ d'application les entreprises américaines impliquées dans des opérations à l'étranger. Pour favoriser et accompagner la restauration de la compétitivité internationale déclinante des entreprises américaines, il fallait même les encourager à multiplier de tels comportements[608].

Cette ambition a été formulée dans une loi, adoptée par le Congrès des Etats-Unis en 1982. Le *Foreign Trade Antitrust Improvements Act*, qui limite la

---

[607] REZZOUK Med, « Cartels globaux, riposte américaine. L'ère Empagran? », *Revue Internationale de Droit Economique* 2005/1, p. 56 et 57.
[608] *Ibid.*,p. 59 et 60.

compétence des autorités administratives ou judiciaires des Etats-Unis en matière de droit de la concurrence aux seuls comportements ayant un effet « direct, substantiel et raisonnablement prévisible » sur le commerce intérieur des Etats-Unis, commerce d'exportation y compris. Le *Foreign Trade Antitrust Improvements Act,* en substance, fait sortir de l'emprise du *Sherman Act* la conduite des entreprises se déroulant à l'étranger, mais il la réintroduit sous l'exception de compétence nationale, définie par deux conditions. Après l'amendement du *Sherman Act* de 1982, la section 7 prévoit que : « Cette loi ne s'applique pas à une conduite mettant en cause les échanges et le commerce (autres que les échanges ou le commerce d'importation) avec les nations étrangères sauf si cette conduite a un effet direct, substantiel, et raisonnablement prévisible sur les échanges et le commerce avec les nations étrangères, ou sur les échanges ou le commerce d'importation avec les nations étrangères ou sur les échanges et le commerce d'exportation avec les nations étrangères, d'une personnes engagée dans tels échanges ou commerce aux Etats-Unis »[609].

Ainsi, cette législation correspond à une volonté de clarification des aspects internationaux du *Sherman Act.* Dès l'origine il était clair que les pratiques anticoncurrentielles étrangères étaient incluses dans la portée du *Sherman Act.* Plus incertaine étaient l'ampleur et les modalités de cette application extraterritoriale[610]. Il n'est pas sans intérêt de noter le renversement de perspective par rapport au *Sherman Act* originel : un siècle plus tôt, le propos était d'aligner les nations étrangères sur les États de l'Union, en tant que lieux potentiels de naissance de pratiques anticoncurrentielles portant préjudice au commerce américain. Avec l'amendement de 1982, le but a été d'aligner les exportateurs américains sur les nations étrangères, afin de soustraire de l'emprise du *Sherman Act* les opérations à l'étranger sans lien avec le marché national américain[611].

En 1988, le ministère de la justice s'est déclaré compétent en matière de pratiques anticoncurrentielles étrangères uniquement lorsque des

---

[609] Sherman Act, Section 7, "This Act shall not apply to conduct involving trade or commerce (other than import trade or import commerce) with foreign nations unless: such conduct has a direct, substantial and reasonably foreseeable effect on trade or commerce which is not trade or commerce with foreign nations or on import trade or import commerce with foreign nations or on export trade or export commerce with foreign nations, of a person engaged in such trade or commerce in United States".

[610] REZZOUK Med, « Portée extraterritoriale du *Sherman Act :* Perspectives après l'épilogue de l'affaire du cartel des vitamins », *Revue Internationale de Droit Économique* 2007/1, p. 72.

[611] REZZOUK Med, « Cartels globaux, riposte américaine. L'ère Empagran? », *op.cit.*, p. 60.

consommateurs américains étaient lésés. Toutefois, ces règles de conduite ont été abrogées en 1992 de sorte que les autorités de contrôle peuvent aujourd'hui contester les comportements qui nuisent aux exportations des Etats-Unis même si le consommateur américain n'est pas lésé. De même, en tenant compte des textes de lois de *Webb-Pomerene*[612] et de *l'Export Trading Act*[613], on constate que le Congrès américain a exempté les ententes à l'exportation conclues entre les entreprises américaines de l'application de ces règles, à la condition que ces ententes n'affectent pas le commerce intérieur, le commerce d'importation ou le commerce d'exportation d'un concurrent aux Etats-Unis. Afin de mettre en œuvre les exemptions de la législation antitrust aux pratiques commerciales restrictives à l'exportation des entreprises américaines, il est nécessaire de distinguer entre les effets ressentis uniquement à l'étranger et ceux perçus en partie sur le marché national.

A partir des années 1990, il y a clairement un regain d'agressivité dans les poursuites antitrust, notamment contre les cartels internationaux. Car, précisément pour éviter les lois antitrust américaines, ces derniers se sont réunis de préférence en dehors des États-Unis, dans des pays moins risqués. Ainsi, en 1994, le Congrès a adopté une loi *International Antitrust Enforcement Assistance Act* (l'IAEAA) qui habilite les autorités de contrôle à conclure des accords en vertu desquels ils peuvent échanger des informations confidentielles avec leurs homologues des pays dont la législation autorise le partage réciproque de ce genre d'informations. Les accords conclus en vertu de l'IAEAA stipulent que toute autorité de contrôle est autorisée à user de ses pouvoirs contraignants afin d'obtenir des informations destinées à être remises à l'autre partie aux fins d'utilisation dans son enquête[614]. Comme nous le constaterons plus tard, dans l'affaire de *Nippon Paper*[615], le ministère de la justice s'est opposé à une entente de producteurs japonais de papier pour télécopieur et une cour fédérale d'appel a confirmé que le ministère était en droit d'invoquer les dispositions pénales de la loi *Sherman* pour poursuivre les comportements anticoncurrentiels

---

[612] *Webb-Pomerene Act*, 40 Statues 516 (1918); codified in 15 U.S.C.A. 61-65 (1987).

[613] *Export Trading Company Act*, 96 Statues 1233 (1982), codified in 15 U.S.C.A. §§ 4001-40053.

[614] TRITELL Randolph, "Bilan de l'application de la législation antitrust américaine aux sociétés étrangères", *Perspectives économiques* Vol.4 No.1, février 1999, p. 15.

[615] *U.S. v. Nippon Paper Industries*, 109 F.3d 1, 8 1st Cir. (1997), cert.denied 118 S.Ct.685 (1998).

étrangers qui avaient une incidence directe et importante sur le commerce des Etats-Unis.

Il faut souligner que plusieurs plaintes ont été déposées auprès de l'OMC contre les Etats-Unis du fait du caractère extraterritorial assez poussé de sa législation[616]. Par conséquent, les Etats-Unis ont adopté *The American Competitiveness Act 2002* dans le but notamment de simplifier la législation fiscale américaine et de la rendre conforme aux règles de l'OMC. Cette loi contient également des dispositions qui pourraient discriminer les filiales d'entreprises multinationales établies depuis des décennies aux Etats-Unis[617]. La loi a été retirée suite aux critiques massives émanant des cercles économiques américains et étrangers et aux démarches engagées par plusieurs Etats[618]. Elle est actuellement en cours de révision[619].

En outre, le *USA Patriot Act*[620], adopté en octobre 2001 pour réprimer le financement du terrorisme, pourrait également occasionner des discriminations. Les obligations accrues de conservation d'actes, d'information et de remise de documents, ainsi que les règles relatives à la confiscation et à la compétence judiciaire peuvent indirectement ou directement toucher les banques étrangères ayant des comptes de correspondance aux Etats-Unis. Dans ce sens, cette loi produit dès lors des effets extraterritoriaux. Les dispositions se référant à l'obligation précitée de remise de documents pourraient violer les Conventions de la Haye sur la notification et l'obtention des preuves à l'étranger.

---

[616] A titre d'exemple, on peut citer l'art. 211 de la loi du Département du commerce portant ouverture de crédits, 1999, tel qu'il figure dans la Loi générale portant ouverture de crédits et de crédits d'urgence supplémentaires, 1999, Public Law 105-277, 112 Stat. 2681, promulgué aux Etats-Unis le 21 octobre 1998 et dénommé « l'art. 211 ». Suite à l'adoption de cette loi un litige a opposé la Communauté européenne aux Etats-Unis. Cette disposition est la première loi censurée par l'Organe d'appel permanant de l'OMC, pour le non-respect du principe fondamental de traitement national sous l'Accord sur les aspects des droits de propriété intellectuelle qui touche au commerce. Etats-Unis - Article 211 de la Loi générale de 1998 portant ouverture de crédits. Rapport du Groupe spécial, de l'Organe d'Appel et de l'Organe de Règlement des Différends, WT/DS176, 2 février 2002.

[617] H.R. 5095 [107th]: American Competitiveness and Corporate Accountability Act of 2002.

[618] Etats-Unis – Traitement fiscal des « sociétés de ventes à l'étranger », Rapport de l'Organe d'Appel, WT/DS108/AB/R, 24 février 2000.

[619] The Library of Congress, www. thomas.loc.gov/cgi-bin/bdquery/z?d107:h5095.

[620] 115 Stat. 272, HR 3162 RDS.

Sous-section II – La jurisprudence américaine

Bien avant la tendance croissante à la mondialisation, le gouvernement des Etats-Unis a cherché à faire jouer la législation antitrust américaine de façon à protéger les entreprises et les milieux d'affaires américains contre les pratiques anticoncurrentielles étrangères[621]. Parmi les premiers jugements rendus, certains reposaient sur une interprétation très souple du domaine d'application territorial de la législation des Etats-Unis au sujet des comportements à l'étranger qui exercent des effets anticoncurrentiels sur le commerce de ce pays. Ensuite, à travers la théorie de l'effet, les cours ont progressivement élargi la portée territoriale des lois antitrust.

§ 1 – Les arrêts prenant en compte le rattachement concret au territoire national

Dans les premières affaires antitrust, les entreprises étrangères ou américaines à l'étranger ont été condamnées uniquement en raison de leurs activités ou pratiques sur le territoire des Etats-Unis. En examinant la jurisprudence américaine, on constate que dans la première moitié du XXe siècle, les tribunaux américains ont défendu le principe de territorialité objective en raison de comportements affectant le marché ou l'acte matériel d'exécution localisé sur le territoire des Etats-Unis. Cette approche relève, d'abord, de l'affaire *Américain Banana Co v. United Fruit Co.*[622] Dans cette affaire, la Cour suprême des Etats-Unis a été saisie pour la première fois sur la question du champ d'application de lois américaines de la concurrence. Le demandeur, *Américain Banana Company*, enregistré dans l'Etat d'Alabama, a porté plainte contre *United Fruit Comnpany*, en invoquant que sa plantation située au Costa Rica a été confisquée et endommagée par les actes illégaux du défendeur. Bien qu'il y ait eu une entente entre les différentes parties du Costa Rica afin d'éliminer *American Banana* du marché, le juge Holmes a déclaré que dans la mesure où la conduite qui a causé le dommage a pris place en dehors de la juridiction des Etats-Unis, il serait surprenant de considérer qu'elle puisse être gouvernée par la loi des Etats-Unis.[623]. La Cour suprême a seulement porté son attention sur le lieu d'exécution de conduites

[621] TRITELL Randolph, "Bilan de l'application de la législation antitrust américaine aux sociétés étrangères", *Perspectives économiques op.cit.*, p. 14.

[622] *Américain Banana Co v. United Fruit Co.* 213 U.S. 347 (1909).

[623] SWAINE Edward T., "The Local Law of Global Antitrust", *William and Mary Law Review*, Vol.43, No.2, décembre 2001, p. 657 ; GUZMAN Andrew, "Is International Antitrust Possible ?", *NYULRev*, Vol.73, No.5, 1998, p. 1506.

anticoncurrentielles et n'a pas pris en compte ces effets sur les importations vers les Etats-Unis. Ainsi, dans cette première affaire, le tribunal a penché vers l'application stricte du principe de territorialité des lois.

Ce principe a vite été abandonné en raison des « barrières perpétuelles » aux exportations américaines. L'approche de la territorialité stricte, selon laquelle un Etat ne peut régir la conduite étrangère que dans les seules limites de ses frontières territoriales, est mise en cause dans l'arrêt *Etats-Unis v. American Tobacco Company*[624]. La société *Américain Tobacco* avait établi un rapport contractuel, en Angleterre avec *l'Impérial Tobacco Company*, afin de partager le marché. L'accord entre ces deux entreprises a été jugé contraire au droit de la concurrence américain à cause de son objet visant à créer un monopole sur le marché américain et de diviser le marché mondial. Tandis que les défenseurs invoquaient l'affaire *American Banana*, en proclamant que le *Sherman Act* ne pouvait s'appliquer à une conduite prenant place en dehors du territoire américain, la Cour suprême a décidé que le *Sherman Act* est applicable lorsqu'une entreprise américaine signe un contrat avec une entreprise étrangère en territoire étranger. Ainsi, la conduite d'une entreprise dont le siège est à l'étranger et qui prend place en territoire étranger peut tomber dans le champ d'application du *Sherman Act*.

Ce raisonnement, qui peut être considéré comme l'embryon de la théorie de l'effet, était prématuré pour son temps. Le marché mondial n'étant pas assez interdépendant, on considérait à l'époque que le principe de souveraineté étatique devait être largement respecté. C'est pourquoi la Cour n'a pas suivi ce raisonnement dans les affaires suivantes. Il a fallu attendre jusqu'en 1945 pour entrevoir un retour vers l'arrêt *American Tobacco Company.*

§ 2 – L'évolution de la de la jurisprudence vers la théorie des effets

L'approche stricte du principe de territorialité n'a pas duré longtemps aux Etats-Unis, car les doctrines juridictionnelles se sont développées au sujet d'actions ayant lieu à l'étranger avec un effet anti-compétitif sur le marché des Etats-Unis et sur les entreprises américaines[625]. Les Etats-Unis ont adopté la doctrine de l'effet intentionnel dans l'affaire *Etats-Unis v. Aluminium Cie. de l'Amérique (ALCOA)* en 1945, ce cas reposant sur l'interprétation juridique voulue par le congrès sur l'application des lois

[624] *Etats-Unis v. American Tobacco Company*. 221 U.S. 106 (1911).
[625] SMITHERMAN Charles W., "The Future of Global Competition Governance: Lessons From the Transatlantic", 19 *AUILR* , 2004, p. 799.

antitrust aux parties localisés à l'extérieur des Etats-Unis[626]. Dans cette affaire, la société ALCOA et sa filiale canadienne avait les mêmes actionnaires et leur direction était presque la même. La filiale canadienne a participé à un cartel en Suisse. Ce cartel a décidé du volume d'aluminium qui pourrait être produit par chacun de ses membres. En ces de dépassement de cette limite, une redevance devait être versée au cartel. La Cour suprême a décidé que cette entente portait atteinte au commerce extérieur des Etats-Unis et violait le *Sherman Act*.

Cette décision de la Cour suprême se distingue des affaires précédentes car toutes les parties à l'accord étaient des entreprises étrangères, exécutant l'accord sur un territoire étranger. La Cour a pris en compte les seuls effets des activités des entreprises étrangères sur le jeu de la concurrence aux Etats-Unis, en déclarant qu' « un quelconque Etat peut imposer des responsabilités, même sur des personnes qui ne sont pas soumises à sa compétence, pour un comportement ayant lieu en dehors de l'Etat en question, dans la mesure où celui-ci aurait une incidence à l'intérieur de même Etat »[627]. Ainsi le Judge Hand s'est fondé sur la théorie de l'effet intenté[628], doctrine qui permet d'étendre la juridiction des tribunaux américains aux faits des entreprises étrangères ayant l'intention d'affecter et en conséquence de produire un effet sur le marché américain. Il était cependant prévu que l'extension de l'application extraterritoriale soit limitée par le principe de courtoisie internationale[629]. Or, malgré cette précaution, la théorie de l'effet intenté a entraîné une vague d'application extraterritoriale du *Sherman Act*[630].

A la suite de la décision ALCOA, l'ordre judiciaire et la législature se sont focalisés sur la portée de la doctrine de l'extraterritorialité pour les Etats-Unis afin d'imposer cette politique de concurrence au delà de sa juridiction nationale. A titre d'exemple, on peut citer l'affaire *U.S. v. General Electrics Co*[631], une autre affaire similaire à ALCOA dans le sens où il s'agissait de

---

626 *U. S. v. Aluminum Co. Of America*, 148 F. 2d 416, 2rd Cir. (1945).
627 *Ibid.*
628 Intended effects doctrine.
629 *U. S. v. Aluminum Co. Of America, op.cit.* declare que « We should not impute to Congress an intent to punish all whom its courts can catch, for conduct which has no consequences within the United States. On the other hand, it is settled law... that any state may impose liabilities, even upon persons not within its allegiance, for conduct outside its borders that has consequences within its borders which the state reprehends. »
630 GUZMAN Andrew, "Is International Antitrust Possible ?", *op.cit.*, p. 1507.
631 *U.S. v. General Electrics Co.*, 82 F. Supp. 753, D.N.J. (1949).

déterminer la compétence des juridictions américaines à l'égard des entreprises étrangères pour des activités accomplies à l'étranger. La société américaine *General Electric* participait à un accord conclu par plusieurs entreprises afin d'établir un système de quotas assurant une position dominante sur son propre marché. Bien que *General Electric* participait à l'accord grâce à ses filiales étrangères et n'était pas directement impliqué, la cour a fondé sa décision sur les critères adoptés dans l'affaire ALCOA, et a souligné qu'il y avait eu un effet substantiel sur le commerce américain. La responsabilité de *General Electric* fut engagée.

Par ailleurs, dans l'arrêt *U.S. v. Imperial Chemicals Co,* l'application extraterritoriale de la législation antitrust est allée encore plus loin, notamment à cause des injections imposées par la juridiction américaine aux entreprises étrangères[632]. La société britannique *I.C.I.* et la société américaine *Du Pont* avaient signé un accord dans le but de partager le marché mondial. Le tribunal a conclu qu'une telle entente affectait le commerce américain et de ce fait violait le *Sherman Act.*

Dans une affaire similaire, *United States v. Watchmakers of Switzerland Information Center Inc., Trade Cases*[633], pour surmonter la crise de l'industrie de l'horlogerie, les producteurs suisses ont établi trois associations commerciales pour réglementer la production et la vente à l'exportation de montres et de pièces détachées. Alors que l'accord a été conclu sur le territoire suisse et que son exécution ne s'est réalisée que partiellement sur le territoire américain, le tribunal américain, appliquant les critères développés dans la décision ALCOA, s'est déclaré compétent, sur le fondement de la théorie des effets, pour l'ensemble des défenseurs. La juridiction américaine a souligné que les entreprises défenderesses avaient cherché à imposer des restrictions abusives sur la fabrication des montres et sur l'importation et la vente de pièces détachées et de montres aux Etats-Unis.

En ce qui concerne l'affaire *Timberlane Lumber Corporation v. Bank of America,*[634], la société américaine *Timberlane* a été victime d'une entente entre la banque, *Bank of America,* et plusieurs sociétés établies au Honduras. *Timberlane* a tenté de s'établir au Honduras afin d'exploiter le bois dans ce pays et exporter sa production aux États-Unis. Elle a acheté l'équipement

---

[632] *U.S. v. Imperial Chemicals Co.*, 145 F.Supp. 215 (S.D.N.Y. 1952).

[633] *U.S. v. Watchmakers of Switzerland Information Center Inc.*, Trade Cases 77, 414 (S.D.N.Y. 1962).

[634] *Timberlane Lumber Co. v. Bank of America*, 549 F. 2d 597, 9th Cir. (1976).

industriel d'une société hondurienne qui les avait hypothéquées à la *Bank of America* à cause de ses dettes. Cette banque a transféré l'hypothèque à une autre société hondurienne qui se trouvait en concurrence avec *Timberlane*. Le juge a décidé que, dans l'affaire ALCOA, les intérêts des Etats étrangers impliqués n'avaient pas mis en balance les intérêts des Etats-Unis pour justifier l'application extraterritoriale des lois de concurrence américaines. En effet, la revendication d'une compétence extraterritoriale n'est plus justifiée dès lors que les intérêts des Etats-Unis sont trop faibles, que les restrictions commerciales sont justifiées en raison de l'importance des intérêts étrangers, ainsi que si l'impératif de modération en vue de préserver l'harmonie des relations internationales des Etats-Unis s'impose. Ainsi, le juge Choy a indiqué un test en trois points pour déterminer l'application extraterritoriale du *Sherman Act,* en soulignant la nécessité de justice et de courtoisie internationales obligeant la juridiction américaine a céder sa compétence. Le test cherche à savoir si la restriction commerciale en jeu a un effet suffisamment attendu sur le commerce extérieur américain et les intérêts et les liens avec les Etats-Unis, sont suffisamment importants, comparés à ceux des nations étrangères, pour justifier l'affirmation de l'autorité extraterritoriale. Ainsi dans *Timberlane*, la Cour a pris une position proche de la doctrine de l'effet intentionnel[635], en adoptant un essai tripartite pour déterminer si elle devait imposer l'extraterritorialité.

Quant à l'affaire *Hartford Fire Insurance Co. v. California*[636]*,* elle est importante car elle tranche la question de savoir si les tribunaux américains doivent se saisir de certaines affaires en vertu du principe de courtoisie internationale[637]. Cette affaire concernait des entreprises britanniques de réassurance soupçonnées de pratiques concertées avec des entreprises d'assurances américaines. La Cour suprême américaine a du d'abord se prononcer sur la question de compétence. La Cour a déclaré, sans tenir compte des intérêts de l'autre Etat, que les tribunaux américains avaient la compétence de juridiction extraterritoriale sur les entreprises d'origine étrangère ou sur une quelconque entreprise portant atteinte aux droits de la concurrence américaine. Ainsi, le tribunal a décidé que les principes de courtoisie internationale obligent le juge américain à examiner la possibilité de se déclarer incompétent dans la mesure où le droit étranger impose aux citoyens étrangers de ne pas agir en contradiction avec le droit de la

---

[635] Intended effects doctrine.

[636] *Hartford Fire Insurance v. California*, 509 US 764 (1993).

[637] ALFORD Roger P., "The Extraterritorial Application of Antitrust Laws: The United States and European Community Approaches", *VJIL*, Vol.33, no.1,1992, p. 23.

concurrence des Etats-Unis[638]. En outre, la Cour a précisé qu'un conflit véritable peut exister dans la mesure où le respect d'une loi américaine constitue une violation d'une loi d'un autre pays[639]. En l'espèce, la courtoisie internationale ne peut être invoquée lorsque les entreprises en cause ont la possibilité de respecter à la fois le droit national et le droit américain. La Cour a ajouté aussi que le droit anglais n'obligeait pas les réassureurs britanniques à agir en transgressant le droit américain, donc les tribunaux américains n'avaient pas à s'abstenir d'exercer leurs compétences juridictionnelles par le simple respect du principe de courtoisie internationale. En revanche, dans son avis dissident, le juge Scalia a refusé le critère d'un « conflit véritable » qui donne au juge américain un pouvoir discrétionnaire trop large dans des affaires ayant un caractère international. Cette affaire a eu un impact dans les lignes directrices de l'autorité américaine de concurrence, *Federal Trade Commission* et *Department of Justice*, selon laquelle un juge américain doit analyser la possibilité de se déclarer incompétent dans la mesure où il existe un conflit véritable et direct entre le droit étranger et droit national[640].

Dans une autre affaire relativement récente, le ministère américain de la justice a intenté une action contre une ancienne société japonaise[641], qui constitue une tentative d'application de la législation antitrust américaine au marché mondial[642]. Avec cette action contre l'ancienne société *Nippon Paper*, les autorités de contrôle américaines poursuivent pour la première fois au pénal une société étrangère pour un comportement présumé illicite, entente sur les prix, qui a eu lieu entièrement à l'extérieur des Etats-Unis. Selon l'accusation, les activités criminelles présumées qui ont motivé le procès intenté à la société *Nippon Paper* ont eu lieu lorsque plusieurs fabricants japonais de papier se sont réunis à trois reprises, en 1990, pour discuter de la baisse des prix du papier pour télécopieur aux Etats-Unis. Ils auraient alors décidé d'exiger des sociétés japonaises de commercialisation qu'elles vendent ce papier aux Etats-Unis à un prix fixé par eux. Ces réunions ont entraîné une augmentation de 10 % du prix du papier pour les télécopieurs vendus aux Etats-Unis. La société *Nippon Paper* a nié les faits

---

[638] GUZMAN Andrew, "Is International Antitrust Possible ?", *NYULRev, op.cit.*, p. 1508.
[639] *Ibid.*, p. 820.
[640] United States Department of Justice and Federal Trade Commission, *Antitrust Enforcement Guidelines for International Operation, http://www.usdoj.gov/atr/public/guidelines/internat.htm*
[641] La société « Nippon Paper » n'existe plus en tant que telle, car elle a fusionné en 1993 avec un autre fabricant japonais, la société « Jujo Paper ».
[642] *U.S. v. Nippon Paper Industries*, *op.cit.*

en déclarant qu'il est de pratique habituel au Japon que les sociétés concurrentes se réunissent pour discuter de problèmes communs dans leur branche d'activité.

En revanche, le ministère public est allé jusque devant la Cour suprême des Etats-Unis pour obtenir le droit de poursuivre cette affaire. En 1995, un juge fédéral a rejeté l'acte d'accusation, déclarant que la législation antitrust américaine ne s'appliquait pas au Japon. Il a fondé sa décision sur la notion de courtoisie, à savoir le respect traditionnel que s'accordent mutuellement les pays en laissant à chacun d'eux le soin d'appliquer lui-même ses lois à ses propres citoyens. Le ministère de la justice a fait appel et obtenu l'annulation de cette décision. Le juge Seyla, de la première juridiction d'appel des Etats-Unis a déclaré : « nous vivons dans une ère du commerce international où les décisions prises dans une partie du monde peuvent se répercuter aux quatre coins de la terre en moins de temps qu'il n'en faut pour les rapporter. C'est pourquoi un jugement en faveur de la société *Nippon Paper* constituerait une incitation pernicieuse pour ceux qui seraient prêts à utiliser des moyens infâmes pour influencer les marchés aux Etats-Unis »[643]. La décision de la Cour suprême des Etats-Unis de ne pas casser l'arrêt de la cour d'appel a donné lieu à des protestations de la part de la société *Nippon Paper* et du gouvernement japonais. Aux yeux du gouvernement japonais, la coopération internationale dans une économie mondiale exige un respect accru de la souveraineté territoriale et il invoque que la décision de la Cour suprême est en conflit avec le droit international établi. En revanche, selon le chef de la division antitrust du ministère américain de la justice, John Klein, la poursuite en justice de *Nippon Paper* était indispensable pour lutter contre les ententes internationales qui portent préjudice aux consommateurs américains[644].

Récemment, les tribunaux américains ont eu des différends lors de l'interprétation de la loi *Foreign Trade Antitrust Improvements Act* concernant la possibilité pour les victimes étrangères ayant subi des préjudices à l'étranger du fait des conduites de cartels de demander réparation auprès des juridictions américaines, à l'instar des victimes qui ont réalisé leurs transactions aux États-Unis. La réponse nécessite d'abord d'établir la condition de l'effet sur le commerce américain, avant de passer à

---

[643] *Perspectives économiques, Revue électronique de l'Agence d'information des Etats-Unis, Volume 4, Numéro 1, Février 1999, p. 40.*
[644] *Ibid.*

la deuxième condition, qui consiste à porter plainte au titre du *Sherman Act*, permettant l'accès aux juridictions américaines.

Dans une première affaire, une entreprise pétrolière norvégienne, victime des pratiques du cartel en Mer du Nord et obligée de répercuter le prix du cartel sur le prix du pétrole qu'elle exporte aux Etats-Unis a tenté de porter l'affaire devant les juridictions américaines[645]. Cette demande a été rejetée par la juridiction américaine en raison de son incompétence pour connaître des plaintes étrangères à un niveau jamais intenté par le Congrès des Etats-Unis. En effet, si l'activité anticoncurrentielle a bien un effet sur le commerce américain en élevant les prix dans le Golfe du Mexique, cet effet n'est pas à l'origine du préjudice subi par le plaignant norvégien. En dépit du caractère global de la collusion, la Cour d'appel a relevé que le préjudice subi par *Statoil* découlait des prix élevés en mer du Nord, et non de prix élevés en territoire américain du golfe du Mexique. Selon l'interprétation restrictive développée par la Cour d'appel du 5e Circuit, seuls les préjudices subis sur le marché américain sont admis pour dédommagement[646].

Dans un deuxième temps, l'entreprise britannique *Sotheby's Holdings* et l'entreprise américaine *Christie's International*, les deux plus grandes maisons d'enchères au monde ont été soupçonnées de former un cartel international de fixation des prix et de répartition des marchés. Les clients étrangers ayant réalisé leurs achats au Royaume-Uni auprès du cartel condamné aux Etats-Unis ont introduit leurs demandes de réparation dans ce pays et ont réclamé d'être indemnisées de la même manière que les clients ayant réalisé leurs achats aux Etats-Unis[647]. La Cour a admis ces requêtes, considérant que, une fois qu'a été prouvé l'effet sur le commerce américain, il doit seulement être démontré que la conduite viole une disposition antitrust et à ce titre est susceptible de poursuites aux Etats-Unis. Dans cette perspective, l'exigence de « donner lieu à plainte » qui doit être interprétée dans le sens de donner lieu à *une* plainte et non à *la* plainte portée devant la juridiction.[648] Ainsi, une interprétation plus large a été adoptée par la Cour

---

[645] *Den Norske Stats Oljeselskap A.S. v. Heeremac V.O.F.*, 241 F.3d 420 (5th Cir. 2001).

[646] REZZOUK Med, « Portée extraterritoriale du *Sherman Act :* Perspectives après l'épilogue de l'affaire du cartel des vitamines », *op.cit.*,p. 73.

[647] *Kruman v. Christie's Int'l PLC*, 284 F.3d 384 (2d. Cir. 2002).

[648] DRABA Robert E., " International Antitrust : Supreme Court Decides the Meaning of "Give Rise to a Claim" and "Foreign Tribunal", *Loyola University Chicago International Law Review*, Vol. 2, Issue 1, 2004, p. 133 et 134 ; REZZOUK Med, « Cartels globaux, riposte américaine. L'ère Empagran? », *op.cit.,* p. 64 ; FOX Eleanor M. / SULLIVAN Lawrence A. /

d'appel du 2e Circuit dans l'affaire *Kruman*. En l'espèce, cette Cour d'appel a réservé une suite favorable à la demande d'indemnisation des victimes étrangères du cartel mondial des enchères d'œuvres d'art, bien que les transactions concernées se soient déroulées hors des Etats-Unis entre vendeurs et acheteurs non américains. Dès lors que le cartel a eu un effet sur le marché américain, cette cour a jugé potentiellement recevables toutes les plaintes des victimes du cartel, indépendamment de l'endroit où elles avaient subi le dommage. En conséquence, les plaignants, victimes étrangères d'entreprises étrangères ayant participées au cartel sont les bienvenus pour contribuer à la répression des violations antitrust qui affectent le marché américain[649].

Dans l'affaire *Empagran*[650], concernant le cartel des vitamines, le juge a poursuivi et condamné le cartel pour fixation des prix, répartition des marchés et autres conduites anticoncurrentielles visant à élever illégalement les prix. La question était de savoir si des clients étrangers pouvaient demander réparation aux juridictions américaines pour le prix excessif payé suite à des achats effectués hors des États-Unis auprès du cartel, condamné par ces mêmes juridictions. En première instance, la réponse a été négative au motif qu'il faut d'abord prouver que le préjudice subi à l'étranger soit le résultat de l'effet sur le commerce américain. Cependant, cette décision a été infirmée en appel. La Cour d'appel a considéré que la conduite du cartel des vitamines à l'origine du préjudice des plaignants étrangers est une violation antitrust qui a donné lieu à réparation des préjudices subis par des *parties privées nationales américaines*. Selon le raisonnement de la Cour d'appel, une fois que l'effet sur le commerce américain est prouvé, il n'est plus nécessaire que le préjudice subi par le plaignant étranger découle de la conduite condamnée par la juridiction américaine. Elle ne rejoint cependant pas la position adoptée en appel dans l'affaire *Kruman*. La conduite ayant causé préjudice au plaignant étranger doit être une violation du *Sherman Act* et doit aussi pouvoir donner lieu à une plainte nationale privée. Peu importe donc le lieu où les plaignants étrangers ont subi leur préjudice ; l'accès aux juridictions américaines leur est ouvert tant qu'ils pourront prouver un préjudice avéré ou potentiel à une entité nationale privée américaine. Ainsi, la Cour suprême a confirmé que les lois antitrust américaines ne

---

PERITS Rudolph J.R., Cases and Materials on U.S. Antitrust in Global Context, *op.cit.*,p. 171.

[649] REZZOUK Med, « Portée extraterritoriale du *Sherman Act :* Perspectives après l'épilogue de l'affaire du cartel des vitamines », *op.cit.*,p.73.

[650] *Empagran S.A. v. F. Hofmann-La Roche Ltd.*, 315 F.3d 338 (D.C. Cir. 2003).

s'appliquaient pas aux conduites à l'étranger indépendantes du marché américain, ce qui ne posait pas de problème et a laissé ouverte la question qui pose problème, à savoir celles des conduites à l'étranger dépendantes du marché américain[651].

En conséquence, quand la Cour suprême a été invitée à répondre à la question de savoir si un plaignant non-américain peut poursuivre un défendeur non-américain pour un comportement intervenant et ayant causé des dommages antitrust hors des Etats-Unis[652], la Cour suprême n'a pas retenu l'interprétation permettant à des plaignants privés d'obtenir des dommages-intérêts sur le territoire des Etats-Unis, dans les conditions du droit américain pour des préjudices subis hors de son territoire[653]. Ainsi, la Cour suprême des Etats-Unis a écarté la possibilité de réparation des préjudices étrangers sans lien avec le marché américain. Une décision contraire aurait fait du droit américain un droit directement applicable dans tous ses éléments au plan mondial, dès lors qu'une cour américaine aurait reconnu applicable le droit des Etats-Unis sur le territoire américain[654].

Plusieurs facteurs expliquent le comportement agressif des Etats-Unis pour la mise en œuvre extraterritoriale de sa législation antitrust. L'augmentation du nombre d'entreprises transnationales, dont une majorité fait des affaires, même de manière indirecte, aux Etats-Unis, a conduit les Etats-Unis à attribuer à l'extraterritorialité une place intégrale et nécessaire dans leur politique de concurrence. Cette nature des lois élaborées par le Congrès donne la capacité aux Etats-Unis d'agir extra-territorialement et satisfait son désir de protéger la nature concurrentielle du marché. De même, étant donné la puissance de son économie et sa signification relative dans le marché global, la possibilité d'entreprendre l'application extraterritoriale est une solution plus facile à aborder pour les Etats-Unis. La domination politique relative des Etats-Unis est également un facteur. En outre, l'inexistence d'un mécanisme international pour adresser des problèmes transnationaux de

---

[651] REZZOUK Med, « Cartels globaux, riposte américaine. L'ère *Empagran*? », *op.cit.*, p. 75.

[652] RYNG*AER*T Cedric, "Foreign-to-Foreign Claims : the US Supreme Court's Decision (2004) v the English High Court's Decision (2003) in the Vitamins Case", *ECLR* 10/2004, p. 616.

[653] *Hoffmann-La Roche Ltd. and all v Empagran S.A.,* 542 U.S. 2004.

[654] SOUTY François, « La Cour suprême des Etats-Unis et les pratiques anticoncurrentielles mondiales : réflexions sur les arrêts *Empagran et Intel v. AMD* », *Les Petites Affiches*, no.189, 21 septembre 2004, p. 3 et aussi REZZOUK Med, « Cartels globaux, riposte américaine. L'ère *Empagran*? », *op.cit.*, p. 78 ; REZZOUK Med, « Portée extra-territoriale du *Sherman Act :* Perspectives après l'épilogue de l'affaire du cartel des vitamines», *op.cit.*,p. 74.

concurrence constitue une autre raison. Enfin, les Etats-Unis n'ont pas été persuadés qu'il y ait besoin d'une telle organisation et ont apparemment miné toutes les tentatives visant à y parvenir[655]. Ainsi, l'application extraterritoriale des lois d'antitrust américaine peut être considérée comme une réaction de l'Etat pour protéger sa souveraineté face à la globalisation[656].

Section II – L'application des principes par la Communauté européenne

Se développant sur un mode similaire à celui des Etats-Unis, l'application extraterritoriale du droit de la concurrence européenne par la Communauté joue un rôle primordial dans la politique contemporaine de concurrence. Jusqu'à récemment, en droit communautaire, l'extraterritorialité ne faisait pas partie du fonctionnement du droit européen de la concurrence, principalement du fait que, jusqu'en 1992, le marché intérieur ne s'est réalisé que progressivement. Bien que l'évolution de l'extraterritorialité dans la Communauté soit un phénomène relativement récent, la Commission, la Cour européenne de Justice et le Tribunal de première instance montrent une tendance à l'application extraterritoriale contemporaine agressive. Comme aux Etats-Unis, le souci de protéger le marché européen a mis la courtoisie internationale au second plan. La Communauté européenne est aussi en position pour imposer sa politique de concurrence d'une façon extraterritoriale en raison de son importance économique sur le marché mondial.

Sous-section I – La position européenne dans ce domaine

Dans son ensemble, le droit européen de la concurrence vise la libre concurrence, une économie de marché ouvert et prévoit des règles ayant un effet direct s'adressant aux entreprises et aux Etats membres. Les règles communautaires de la concurrence s'appliquent à l'ensemble des activités économiques et leur respect est contrôlé par la Commission, par les autorités de concurrence des Etats membres, par le Tribunal de Première Instance et par la Cour de Justice. En revanche, il n'existe pas de définition générale en droit positif communautaire de ce qu'est la compétence extraterritoriale des Communautés européennes.

---

[655] SMITHERMAN Charles W., "The Future of Global Competition Governance: Lessons from the Transatlantic", 19 *AUILR*, 2004, p. 802.

[656] BASEDOW Jürgen, *Souveraineté territoriale et globalisation des marchés : le domaine d'application des lois contre les restrictions de la concurrence*, RCADI 1997, Tome 264, Martinus Nijoff Publishers, The Hague, Boston, London 1998, p. 44.

§ 1 – Un système supranational complexe

En ce qui concerne les autorités européennes chargées de la politique de la concurrence, plusieurs autorités et plusieurs procédures existent pour assurer le respect des règles de concurrence énoncées aux articles 81 à 89 du Traité de Rome. Les instances communautaires ainsi que les instances nationales appliquent les règles communautaires de la concurrence. En revanche, le Traité de Rome institue la Commission comme organe exécutif de base, c'est donc à elle qu'incombe de veiller au respect des règles européennes de concurrence. La Commission fait appliquer le droit communautaire de la concurrence directement par ses décisions et indirectement en utilisant soit le recours en manquement à l'encontre d'un Etat membre, soit le recours en carence à l'encontre du Conseil, pour l'obliger à avancer[657].

Dans le système européen, le Tribunal est l'organe juridictionnel de première instance des Communautés européennes. Depuis 1994, Le Tribunal de première instance des Communautés européennes traite tous les recours introduits par les particuliers et les entreprises contre les actes des institutions communautaires dont ils sont les destinataires ou qui les concernent directement et individuellement. Ses arrêts peuvent faire l'objet d'un pourvoi limité aux questions de droit devant la Cour de Justice. Cette dernière a pour mission d'assurer le respect du droit dans l'interprétation et l'application des traités constitutifs des Communautés européennes ainsi que des dispositions arrêtées par les institutions communautaires compétentes. Pour mener à bien cette tâche, la Cour a été dotée, entre autres, de larges compétences juridictionnelles, qu'elle exerce dans le cadre des diverses catégories de recours ou de la procédure en renvoi préjudiciel.

Par ailleurs, le droit européen de la concurrence est complété par les droits nationaux des pays membres de l'Union européenne. Si l'édiction du droit communautaire est concentrée entre les mains des autorités communautaires, sa mise en œuvre est plus souvent confiée aux autorités des Etats membres. La Cour de Justice considère comme les autorités de concurrence des Etats membres, tous les organes de nature administrative ou juridictionnelle spécialement chargée de mettre en œuvre, à titre principal, le droit interne de la concurrence ou de contrôler la légalité de son application[658]. La dernière

---

[657] POILLOT-PERUZZETTO Sylvaine / LUBY Monique, *Le droit communautaire appliqué à l'entreprise*, Dalloz, Paris 1998, p. 22.

[658] CJCE, aff. 127/73 du 20.1.1974, *BRT c. SABAM*, Rec. 1974, p. 51, § 16.

réforme[659] s'organise autour d'une décentralisation vers les Etats membres du contrôle des ententes. Elle met en place une redistribution du rôle des acteurs chargés d'appliquer les articles 81 et 82 du traité CE. Même si la Commission conserve un rôle fondamental, celle-ci est désormais entourée des autorités nationales de concurrence ainsi que des juridictions nationales des différents Etats membres. Dernièrement, une autre voie est ouverte pour les entreprises victimes de pratiques d'un Etat membre incompatible avec les dispositions communautaires. Elles peuvent toujours informer le ministère compétent de son propre Etat membre, ou encore la Commission pour que l'un ou l'autre agisse en manquement[660].

Pour assurer la convergence entre le droit communautaire et les droits nationaux, le Traité Communautaire impose aux Etats membres de ne pas prendre ni maintenir des mesures susceptibles d'éliminer l'effet utile des ces dispositions. Le fondement de cette obligation réside dans l'art. 10 et l'art. 3 du Traité. Par conséquent, il existe une possibilité pour les particuliers ou les entreprises estimant être victimes d'un comportement anticoncurrentiel de s'adresser aux tribunaux nationaux. Si le résultat est le fruit d'une législation nationale, un recours en manquement peut être intenté contre l'Etat mis en cause[661]. Les personnes physiques ainsi que les personnes morales peuvent intenter une action fondée sur l'art.81 et/ou l'art.82 du traité devant tout tribunal national[662]. Dans ce cas il y a cumul de compétence. Au niveau national, il est possible de demander des dommages et intérêts ou l'annulation d'un contrat devant le juge. Selon le nouveau règlement,[663] la Commission peut engager une procédure d'investigation sur un dossier dont est saisi le conseil national de la concurrence, en conséquence de quoi ce dernier perd sa compétence dans l'affaire en question. En revanche, le juge national a le choix de statuer ou non sur le sujet.

En matière de droit de la concurrence, la difficulté est accrue du fait non seulement que les normes nationales et communautaires se superposent mais aussi du fait que le juge national, tout comme les autorités spécialement chargées de l'application du droit de la concurrence, a compétence pour

---

[659] Règlement No 1/2003, JOCE du 4.1.2003 L 1 p.1 ; Le livre vert du 11.12.2001, COM (2001) 745 Final

[660] POILLOT-PERUZZETTO S. / LUBY M., *Le droit communautaire appliqué à l'entreprise, op.cit*, p. 22.

[661] TERCINET Anne, *Droit européen de la concurrence, op.cit*, p. 117.

[662] *Ibid*. p.18.

[663] Règlement No 1/2003, *op.cit.*

appliquer le droit communautaire de la concurrence. Il en résulte donc des difficultés d'articulation de compétence et d'articulation entre norme nationale et communautaire[664]. Les agents mandatés par la Commission exercent leurs pouvoirs sur production d'un mandat écrit indiquant l'objet et le but de l'inspection ainsi que les sanctions possibles. La Commission informe en temps utile l'autorité de concurrence de l'Etat membre sur le territoire duquel l'inspection doit avoir lieu. L'autorité de concurrence d'un Etat membre peut également procéder sur son territoire à toute mesure d'enquête en application du droit national au nom et pour le compte de l'autorité de concurrence d'un autre Etat membre ou, sur demande, au nom de la Commission afin d'établir une infraction aux articles 81 ou 82 du traité[665].

En vertu du nouveau règlement, un réseau entre les autorités de concurrence des États membres et la Commission a été crée. À cette fin, il est nécessaire de mettre en place des mécanismes d'information et de consultation[666]. Le fonctionnement de ce réseau étant assez compliqué pour en assurer une gestion optimale, les autorités de concurrence des États membres sont automatiquement dessaisies lorsque la Commission intente une procédure. En outre, pour assurer l'application cohérente des règles de concurrence, les juridictions nationales ne peuvent prendre de décisions qui iraient à l'encontre de la décision adoptée par la Commission lorsqu'elles statuent sur des accords, des décisions ou des pratiques relevant de l'article 81 ou 82 du traité et qui font déjà l'objet d'une décision de la Commission. Elles doivent également éviter de prendre des décisions qui iraient à l'encontre de la décision envisagée dans une procédure intentée par la Commission[667].

§ 2 – Les règles matérielles européennes

Quant aux règles matérielles du droit de la concurrence communautaire, l'article 81 § 1[668] pose une interdiction très large et directement applicable dans l'ordre juridique des Etats membres[669]. Selon le paragraphe 2 de ce

[664] POILLOT-PERUZZETTO S. / LUBY M., *Le droit communautaire appliqué à l'entreprise, op.cit*, p. 22.
[665] *Ibid.*, art. 20/2.
[666] Règlement 773/2004 du 7 avril 2004, JOCE n° L 123 du 27 avril 2004, p.18 à 24, art. 12.
[667] Règlement No. 1/2003, *op.cit.*, art. 15.
[668] « Sont incompatibles avec le marché commun et interdit tout accord entre entreprises, toutes décisions d'association d'entreprise et toutes pratiques concertées qui sont susceptibles d'affecter le commerce entre Etats membres et qui ont pour objet ou pour effet d'empêcher, de restreindre ou de fausser le jeu de la concurrence à l'intérieur du marché commun ...».
[669] CJCE, aff. 127/73 *BRT c/SABAM* I, Rec. 1974, p. 51.

même article, les accords, décisions ou pratiques incompatibles avec le paragraphe premier sont frappés de nullité de plein droit. Mais le paragraphe 3 prévoit la possibilité d'exempter certaines ententes de l'interdiction et de la nullité. L'article 81 ne s'applique qu'aux comportements susceptibles d'affecter le commerce entre Etats membres. C'est la volonté des rédacteurs du Traité qui a posé cette condition générale. Le critère d'applicabilité est ainsi constitué par la notion d'affectation[670]. Cet article est un outil au service de la construction du Marché Unique, prévu à l'article 2 du TCE en ce qu'il prévient tout cloisonnement des marchés nationaux[671]. Par ailleurs, l'article 82 du TCE interdit l'exploitation abusive d'une position dominante sur le marché commun ou une partie substantielle de celui-ci.

De façon générale, la notion d'atteinte au commerce entre Etats membres englobe tous les cas dans lesquels les échanges sont détournés de leur cours normal[672]. Une entente est susceptible d'affecter le commerce entre Etats membres si elle permet d'envisager avec un degré de probabilité suffisant la possibilité d'exercer une influence directe ou indirecte, actuelle ou potentielle, sur les courants d'échanges entre Etats membres d'une manière à faire craindre qu'elle entrave la réalisation ou le bon fonctionnement du marché unique[673]. Pour aboutir à une telle conclusion, il faut tenir compte d'un ensemble d'éléments de droit ou de fait. Ainsi, le critère de l'affectation a une interprétation extensive qui a été affirmé par la Cour de Justice en indiquant qu'il n'était pas nécessaire d'établir qu'il y a eu affectation, mais seulement que le comportement est susceptible d'avoir un tel effet[674]. L'affectation du commerce entre les Etats membres est présumée lorsque les produits font, ou feront probablement, l'objet du commerce entre les Etats membres ou lorsque l'entente se réfère directement aux transactions internationales, spécialement si elle restreint les importations ou si les parties sont situées ou opèrent dans différents Etats membres[675]. Exceptionnellement, une entente revêtant un caractère purement national peut aussi affecter le commerce entre les Etats membres. Pour cela, l'entente doit avoir pour effet de consolider des cloisonnements de caractère national, entravant l'interpénétration économique voulue par le Traité et assurant une

[670] CJCE, aff. 22/78 du 31.5.1979 *Hugin*, Rec.1979, p. 1869.
[671] TERCINET Anne, Droit européen de la concurrence, Gualino, Paris , p. 53.
[672] BİEBER Roland / de COURTEN Alix / GABLIN Samuel , *op.cit*, p. 10.
[673] CJCE, aff. 219/95 du 17.7.1997 *Ferrier Nord*, Rec.1997, p. 4411, §20.
[674] CJCE, aff. 19/77 du 1.02.1978 *Miller*, Rec. 1978, p.131, §15.
[675] CJCE, aff. jointes 100 à 103/80 du 7.6.1983 *Musique Diffusion française*, Rec.1983, p. 1825, §83.

protection à la production nationale[676]. Par ailleurs, il y a une véritable extension de l'applicabilité des dispositions communautaires du droit de la concurrence à des situations internes à un Etat lorsque le territoire de l'Etat en cause peut être considéré comme une partie substantielle du Marché Commun[677]. La notion d'affectation détermine, en matière de réglementation d'ententes en droit communautaire, la question de compétence, et s'applique également aux abus de position dominante et aux concentrations.

Dans cette perspective, une entente n'est interdite que si le but poursuivi ou l'effet obtenu est d'empêcher, de restreindre ou de fausser le jeu de la concurrence à l'intérieur du marché commun, soit entre les seuls participants (concurrence interne), soit également à l'égard des tiers (concurrence externe)[678]. En pratique, la distinction n'est pas faite en ces termes ; c'est plutôt l'objectif défini à l'article 3(g) TCE qui est recherché : faire en sorte que se réalise un régime assurant que la concurrence n'est pas faussée[679]. Il faut admettre que l'interdiction d'atteinte à la concurrence est valable sous quelque forme que ce soit. En revanche, la localisation de l'effet anticoncurrentiel, elle, doit se situer à l'intérieur du marché commun. Le fait qu'un grand nombre de participants à une entente illicite aient leur siège en dehors de la Communauté ne limite en rien leurs responsabilités, lorsque ces entreprises réalisent l'essentiel de leurs affaires dans la Communauté[680]. Ainsi, les articles 81 et 82 ne s'appliquent qu'aux seuls accords et comportements produisant des effets au sein même du marché commun et affectant le commerce entre les Etats membres. Une entente produisant entièrement ses effets dans des pays tiers échappe à l'interdiction prévue par ces articles[681]. Par ailleurs, en ce qui concerne les opérations de concentration ayant pour effet de restreindre la concurrence sur le marché commun ou une partie substantielle de celui-ci, la Commission a le devoir de considérer la concurrence actuelle ou potentielle entre entreprises situées à l'intérieur ou à l'extérieur de la Communauté, afin de préserver et de développer la concurrence au sein du marché commun[682]. Ainsi, le principe

---

[676] CJCE, aff. 8/72 du 17.10.1972 *Vereeniging van Cementhandelaren*, Rec. 1972, p. 977, §29.

[677] CJCE aff. 42/84 du 11.7.1985 *Remia*, Rec.1985, p. 2545, §22.

[678] BİEBER Roland / de COURTEN Alix / GABLIN Samuel , *Introduction au droit européen de la concurrence, op.cit*, p. 11.

[679] DUTHEIL de la ROCHERE Jacqueline, *Droit communautaire matériel, op.cit.* p. 113.

[680] Décision de la Commission du 13.7.1994 *Carton*, JOCE n°243, du 19.9.1994 p. 1 §139.

[681] Décision de la Commission du 22.10.1964 *D.E.C.A.*, JOCE n°173, p. 2761.

[682] Art. 2 de la Règlement 139/2004, prévoit que « Les concentrations visées par le présent règlement sont appréciées en fonction des objectifs du présent règlement et des dispositions

de la territorialité objective est également retenu en matière de concentrations[683].

D'un autre coté, il est intéressant de souligner qu'il n'existe pas en droit communautaire de clause du commerce extérieur. Toutefois l'interprétation de la notion d'affectation du commerce entre Etats membres ou de la concurrence à l'intérieur du marché commun a permis aux autorités communautaires de sanctionner les pratiques restrictives de concurrence exercées à l'étranger. Donc, les règles du traité ne s'appliquent pas aux comportements anticoncurrentiels n'affectant que le commerce avec des pays tiers à l'Union. Lorsqu'un effet anticoncurrentiel est ressenti sur le marché commun, les pratiques commerciales à l'exportation ou les pratiques commerciales empêchant ou limitant l'importation sur le territoire de la Communauté peuvent être sanctionnées afin de régler et de coordonner la concurrence. Peu importe de savoir si les pratiques ou si les entreprises qui les ont mis en œuvre sont extérieures au marché communautaire dès lors que les conditions posées dans le texte du Traité CE sont remplis[684]. Dans plusieurs décisions rendues par la Commission, celle-ci a conclu que le commerce entre les Etats membres n'a pas été affecté par des pratiques commerciales à l'exportation[685]. Dans d'autres décisions, elle a décidé le contraire[686] et la Cour de justice a confirmé son avis[687].

Sous-section II – Les théories appliquées par la jurisprudence Communautaire

L'évolution de la jurisprudence montre que les institutions communautaires sont, tout comme les juridictions américaines, passées du principe de

---

qui suivent en vue d'établir si elles sont ou non compatibles avec le marché commun. Dans cette appréciation, la Commission tient compte: a) de la nécessité de préserver et de développer une concurrence effective dans le marché commun au vu notamment de la structure de tous les marchés en cause et de la concurrence réelle ou potentielle d'entreprises situées à l'intérieur ou à l'extérieur de la Communauté. » JOCE L 024 du 29.1.2004, p. 6.

[683] CHAREYRE DE BEAUMONT Anne, *Droit de la concurrence et globalisation*, *op.cit.*, p. 502.

[684] *Ibid.*, p. 501.

[685] Décision de la Commission, *D.E.C.A.*, *op.cit.*, p. 2761 ; Décision de la Commission *Grosfillex*, 11 mars 1964, JOCE 9 Avril 1964, p. 915 ; Décision de la Commission *Raymond-Nagoya*, 9 juin 1972, JOCE L 143, 23 juin 1972, p. 39.

[686] Décision de la Commission, *Industrie européenne du sucre*, 2 Janvier 1973, JOCE, L 140, 26 mai 1973, p. 17.

[687] CJCE, aff. 40 à 48 et 54 à 56/, 111, 113 et 114/74, *Suiker Unie et autres c. Commission*, du 16 décembre 1975 JOCE, 1975, p. 1663.

territorialité stricte à la théorie des effets pour déterminer l'application du droit de la concurrence. Les règles européennes de la concurrence ont d'abord été étendues aux entreprises ressortissantes d'Etats tiers qui disposaient de filiales dans la Communauté et ensuite, aux entreprises étrangères qui n'avaient pas de filiales au sein de la Communauté.

§ 1 – La théorie de l'unité économique de la Cour de justice européenne

Dans ses premiers arrêts, la Cour de justice des communautés a plutôt appliqué le principe de territorialité stricte basée sur la théorie de l'unité économique. La théorie de l'unité de l'entreprise est fondée sur l'idée que ce qui représente une même entité de fait doit être considérée comme telle malgré une situation juridique indiquant l'existence de plusieurs personnes morales. La pluralité juridique de personnalité ne doit pas masquer la réalité. Les affaires *ICI, Continental Can* et *Zoja* sont des décisions dans lesquelles la Cour de justice a appliqué cette théorie.

Dans l'affaire d'*Imperial Chemical Industries*[688], des entreprises participaient à des pratiques concertées ayant pour but de fixer le prix de certains produits. La décision d'augmenter les prix était appliquée par les filiales situées dans la Communauté. D'autres sociétés en cause étaient situées en Suisse et aux Etats-Unis. Cette affaire a été tranchée sans recourir à la théorie des effets par la Cour. Cette dernière a préféré s'attacher à un argument développé par la Commission qui justifiait la compétence communautaire particulièrement sur la base d'actes localisés dans le marché commun et achevé par les entreprises étrangères avec l'aide de leurs filiales européennes. Ainsi, la Cour a élaboré la théorie de l'unité économique. Cette théorie se base sur le fait que les sociétés mères ont un pouvoir de contrôle sur leurs filiales et ces dernières ne peuvent prendre de décisions concernant leur conduite sur le marché de manière indépendante mais doive au contraire suivre les instructions données de l'étranger. Cette méthode de l'imputation du comportement de la filiale à la société mère s'est poursuivie aussi dans l'affaire *Continental Can*[689]. Dans cet arrêt très connu, la Cour de justice a confirmé la théorie de l'unité économique qui a permis de condamner la société étrangère pour les comportements de sa filiale. La défense a invoqué que sa filiale avait sa propre personnalité juridique mais la Cour a jugé que

---

[688] CJCE, aff. 48/69, *Imperial Chemical Industries c. Commission (Matières colorantes),*du 14 juillet 1972, Rec. 1972, p. 619 ss.

[689] CJCE, aff. 6/72 du 21.2.1973 *Europemballage Corporation et Continental Can Company c. Commission*, *op.cit.*, p. 215.

c'était un facteur insuffisant pour ne pas envisager la possibilité d'imputer le comportement anticoncurrentiel à la société mère qui se trouvait en dehors du territoire du marché commun. Il s'ensuit que le droit communautaire est applicable à une opération qui affecte les conditions du marché à l'intérieur de la Communauté indépendamment du fait de savoir si l'opérateur économique est ou non établi sur le territoire de l'un des Etats membres de la Communauté[690].

Nous constatons que La Cour de Justice a prévu certaines conditions pour l'application de la théorie de l'unité économique. En effet, il faut d'abord établir que la société mère contrôle habituellement la filiale. Ensuite, ce contrôle doit exister dans le cas d'espèce, et enfin il doit donner lieu à un comportement anticoncurrentiel. En revanche, dans l'arrêt *Instituto Chemiterapico Italiano et Commercial Solvents Corporation c. Commission*[691], connu aussi sous le nom de « Zoja », la Commission est allée plus loin que la jurisprudence antérieure relative à l'imputation du comportement d'une filiale à la société mère. Dans cette affaire, la société américaine *Commercial Solvents Corporation* livrait une matière première essentielle pour la fabrication d'un médicament à sa filiale européenne *Instituto Chemioterapico Italiano* qui à son tour le revendait à d'autres fabricants dont la firme Zoja. La société américaine *Commercial Solvents Corporation* a essayé d'absorber cette dernière mais n'a pas réussi. Dès lors, *Commercial Solvents Corporation* a pris plusieurs mesures partout dans le monde afin d'empêcher la société *Zoja* d'obtenir cette matière première. Cette pratique a été considérée comme un abus de position dominante par les autorités communautaires. La Commission a considéré que *Commercial Solvents Corporation* et *Instituto Chemioterapico Italiano* constituaient une seule et même entreprise[692]. Ce raisonnement a été confirmé par la Cour de justice en considérant que l'unité d'action et de pouvoir de contrôle de la société mère sur sa filiale constituait une unité économique et, en conséquence, ce que le comportement anticoncurrentiel était imputable à la société mère et sa filiale solennellement.[693]

Grâce à la théorie de l'unité économique, les autorités communautaires peuvent rendre une société mère basée à l'étranger où l'ensemble du groupe,

---

[690] *Ibid.*, §14 à 17.

[691] CJCE, aff. jointes 6 et 7/73, *Instituto Chemioterapico Italiano Spa c. Commission*, du 6 mars 1974, JOCE, 1974, p. 223.

[692] Décision de la Commission du 14.décembre.1972 *Zoja*, JOCE L. 299, p. 51.

[693] CJCE, aff. jointes 6 et 7/73, *Instituto Chemioterapico Italiano Spa c. Commission, op.cit.*

responsable du comportement anticoncurrentiel lorsque son auteur formel est la filiale établie sur le territoire communautaire. Lorsque cet auteur formel est la société mère installée à l'étranger mais possédant une filiale dans le marché commun, ces mêmes autorités cherchent à rendre la filiale également responsable afin d'éviter toute discussion relative à leur compétence. C'est par ce concept de l'unité économique de l'entreprise que les autorités communautaires ont pu affirmer leur compétence sans recourir à la théorie des effets. Le recours à la théorie de l'unité économique par les autorités communautaires permet de régler les difficultés relatives à la compétence lorsque l'entreprise étrangère agit à l'intérieur de la Communauté par l'intermédiaire d'une filiale. Il n'est donc pas essentiel de prouver que le comportement en cause à des effets anticoncurrentiels sur le marché commun. Il suffit de localiser ce comportement sur le territoire communautaire. Au lieu de localiser les effets anticoncurrentiels afin de justifier leur compétence, les autorités communautaires préfèrent, par le recours à la théorie de l'unité économique, localiser l'acte générateur de la restriction de concurrence. Lorsque la Cour fait appel à la théorie de l'unité économique, elle prétend ne pas faire une application extraterritoriale du droit puisqu'elle n'a pas recours à la théorie des effets. Il est cependant nécessaire de nuancer cette conclusion. En effet, lorsque l'entreprise étrangère tombe dans le champ d'application des règles communautaires de la concurrence par l'intermédiaire de sa filiale, il s'agit bien alors d'une application extraterritoriale du droit à des sociétés établies en territoire étranger. L'application de la théorie des effets n'aboutit pas à un résultat différent[694].

La théorie de l'unité économique qui a permis aux autorités communautaires d'appliquer le droit de la concurrence à une situation présentant un élément d'extranéité connait des limites. Cette théorie ne permet pas d'appréhender un comportement consistant en des actes totalement localisés à l'étranger, tout en produisant des effets anticoncurrentiels au sein de la Communauté. De plus, la question du degré d'indépendance se pose essentiellement à propos des groupes de sociétés et doit être examinée en fonction des circonstances de chaque espèce[695]. En effet, dans certaines circonstances, en l'absence de représentants sur le territoire communautaire, le recours à la théorie de l'unité économique empêcherait une condamnation efficace des entreprises étrangères, seules auteurs des pratiques restrictives de

[694] LYON - CAEN Antoine, "Entreprises multinationales et droit européen de la concurrence" dans L'entreprise multinationale face au droit, *Litec* – Paris 1977, p. 383 et 384.
[695] DUTHEIL de la ROCHERE Jacqueline, *Droit communautaire matériel*, *op.cit.*, p. 111.

concurrence. Il semble alors qu'il soit indispensable d'en revenir à la théorie des effets. Cette situation existe aussi lorsque la filiale européenne n'est pas intervenue dans les pratiques restrictives de concurrence. Avoir recours à la théorie de l'unité économique implique que la filiale installée sur le territoire du marché commun ait concouru au comportement anticoncurrentiel en cause[696].

§ 2 – L'évolution de la jurisprudence de la CJCE vers la théorie des effets

A la fin des années 60, la Commission s'est penchée sur ces problèmes. Dans une première décision, elle a justifié l'inapplicabilité de l'article 81 (ex-article 85) TCE par l'absence de concurrence entre une filiale et la sociétaire d'un même groupe[697]. Dans une deuxième décision[698], La Commission a toutefois opéré une distinction entre les relations internes et externes des filiales d'un groupe de sociétés.

A – Le revirement dans la jurisprudence de la Cour de justice européenne

En mars 1967, la société belge *Beguelin* et sa filiale française avaient conclu avec la société japonaise *Oshawa* un contrat par lequel la société belge devenait le distributeur exclusif des briquets japonais pour la Belgique et la France. En 1969, la société *G.L. Import Export* a commencé à importer en France les mêmes briquets japonais, achetés à l'Allemagne. *Beguelin* et sa filiale française ont contesté cette importation parallèle en justice et demandé des dommages et intérêts, tout en demandant la cessation de deux livraisons vers la France. En vertu de l'article 234 du traité de Rome, le tribunal de commerce de Nice a formulé une question préjudicielle pour savoir si l'article 81 s'appliquait au contrat en cause entre la société belge *Beguelin* et sa filiale française d'une part, et la société japonaise *Oshawa,* d'autre part. En répondant à cette question préjudicielle la Cour de Justice a confirmé la pratique de la Commission dans son arrêt *Beguelin*[699] en précisant l'absence d'entente entre une société mère et sa filiale dénuée d'autonomie de

---

[696] LYON - CAEN Antoine, "Entreprises multinationales et droit européen de la concurrence", *op.cit.*. p. 386.

[697] Décision de la Commission n° 69/195 du 18.6.1969, *Christiani & Nielsen*: JOCE, n° L 165/12, 165/ 14 du 5 juillet 1969.

[698] Décision de la Commission n° 70/332 du 30.6.1970, *Kodak*: JOCE, n° L 147/24, 147/25 165/ du 7 juillet 1970.

[699] CJCE, aff. 22/71 du 25.11.1971, *Beguelin Import/G.L. Import Export,* 25.11.1971.

comportement sur le marché. Elle a pris seulement en compte le lieu où le contrat avait produit ses effets. Ainsi, la Cour a utilisé, pour la première fois, la théorie des effets pour trancher une affaire sans mentionner le nom de la théorie. Cette conception de l'effet comme critère suffisant de compétence du droit communautaire n'a jamais atteint un degré de pureté suffisant pour être significative. En effet, dans toutes les affaires, où est apparu le critère de l'effet, explicitement ou implicitement, il existait d'autres éléments de rattachement sur le territoire européen pouvant justifier la compétence de la Communauté[700].

En 1973, la Cour de justice s'est prononcée encore une fois sur la question de l'applicabilité des règles communautaires de concurrence à des entreprises ayant leur siège à l'extérieur du marché commun. La Cour a déclaré que « le droit communautaire est applicable à une opération qui affecte les conditions du marché à l'intérieur de la Communauté indépendamment de fait de savoir si l'opérateur économique est ou non établi sur le territoire de l'un des Etats membres de la Communauté »[701]. Cette position est tout à fait en conformité avec la décision que la Cour a prise dans l'affaire *Beguelin*.

La première application précise de la théorie des effets par la Cour de justice n'a eu lieu que dans l'affaire *Pâtes de bois*[702]. Après de longues années d'enquête, la Commission a constaté que de nombreux producteurs des États-Unis, du Canada, de la Suède, de la Finlande, de la Norvège, du Portugal et d'Espagne ainsi que plusieurs associations professionnelles avaient porté atteinte à la concurrence dans la Communauté par la fixation des prix et par l'échange d'informations. Certains producteurs avaient signé des contrats dont l'objet était d'interdire à leurs clients européens de revendre ou d'exporter la pâte à papier achetée. En conséquence, la Commission européenne a condamné les entreprises étrangères au paiement d'amendes[703]. Dans son argumentation, la Commission n'a pas cherché à rattacher les pratiques restrictives commerciales des entreprises étrangères aux filiales ou aux représentants établis dans le marché commun et a appliqué réellement la théorie des effets.

---

[700] CHAREYRE DE BEAUMONT Anne, *Droit de la concurrence et globalisation*, *op.cit.*, p. 510.

[701] CJCE, aff. 6/72 du 21.2.1973 *Continental Can*, *op.cit.*, p. 215, §14 à 17.

[702] CJCE, aff. jointes 89, 104, 114, 116, 117 et 125 à 129/85, *Ahlström (pâte de bois)* 27.9.1987, Rec.1988, p. 5193.

[703] Décision de la Commission du 19 décembre 1984 *Pâtes de bois*, JOCE L 85, 26 mars 1985, p. 1.

Les entreprises condamnées ont intenté un recours contre la décision de la Commission devant la Cour de justice au motif que les autorités communautaires n'étaient pas compétentes pour leur opposer la loi communautaire de concurrence et qu'une telle application portait atteinte au principe de non-interférences du droit international public. Pourtant, la Cour a jugé qu'elle avait compétence, au motif que ; « Lorsque des producteurs établis à l'extérieur de la Communauté effectuent des ventes directement à des acheteurs établis dans la Communauté et se livrent à une concurrence par prix pour emporter les commandes de ces clients, il y a une concurrence à l'intérieur de marché commun. Il s'ensuit que, lorsque ces producteurs se concertent sur les prix qu'ils consentiront à leurs clients établis dans la Communauté et mettent en œuvre cette concertation en vendant à des prix effectivement coordonnés, ils participent à une concertation qui a pour objet et effet de restreindre le jeu de la concurrence à l'intérieur du marché commun, au sens de l'article 85[704] du Traité. La compétence de la Communauté pour appliquer ses règles de concurrence à l'égard de tels comportements est couverte par le principe de territorialité qui est universellement reconnu en droit international public. La Cour a terminé son raisonnement en concluant qu' « en matière de répression des ententes, c'est en effet le lieu ou l'entente est mise en œuvre et non pas celui ou elle est formée qui est déterminant. Peu importe que les producteurs aient ou non fait appel à des filiales, agents, sous-agents ou succursales et établis dans la Communauté en vue d'établir des contacts entre eux et les acheteurs qui y sont établis ».

Ainsi, le changement dans le raisonnement de la Cour qui rejette l'application de la théorie de l'unité économique marque l'importance de cet arrêt. En effet, selon les affirmations de la Cour, l'existence de filiales, agents, sous agents ou succursales installées sur le marché commun est en l'espèce sans objet, alors même que la présence de ces intermédiaires est le seul vrai lien territorial avec les terres communautaires. Or, dans d'autres affaires précitées, la Cour avait recouru au concept de l'unité économique et avait montré un raisonnement différent. La théorie des effets a été développée car bien que ni l'entente, ni les auteurs de l'infraction n'étaient intervenu sur le territoire, le résultat était le même.

[704] Actuellement article 81.

B – L'application de la théorie des effets au contrôle des concentrations

De même, le droit de la concurrence relatif au contrôle des concentrations est applicable à toutes les opérations de concentration ayant un élément d'extranéité si l'effet nuisible se produit sur le marché commun ou sur une partie substantielle de celui-ci. En revanche, la possibilité pour des contrôles nationaux d'appréhender des opérations transnationales est limitée par les principes du droit international public, lesquels varient suivant que la revendication de compétence ou l'exercice de la compétence est en cause. Toutefois, cette limite est relative dans la mesure où, quelque soit le stade du raisonnement, la situation est beaucoup plus satisfaisante qu'en matière de pratiques anticoncurrentielles. La revendication de compétence ne semble pas poser de difficulté particulière. De manière générale, l'applicabilité du contrôle des concentrations est subordonnée à des seuils, seuils en part de marché ou/et seuils en chiffre d'affaires, qui sont toujours calculés par rapport au territoire national. La conséquence est importante sur le terrain du droit international dans la mesure où les autorités nationales ne revendiquent leur compétence à l'égard des concentrations internationales que si les seuils sont franchis. Les opérations ainsi appréhendées entraînent nécessairement des effets sur le marché national. La condition généralement admise en droit international pour légitimer la revendication de compétence en cette matière, à savoir la localisation de l'effet anticoncurrentiel sur le marché, est dès lors remplie. Sur le plan pratique, les opérations peuvent être contrôlées, indépendamment de la nationalité des entreprises ou de la localisation juridique de la concentration. Les exemples sont nombreux dans tous les systèmes juridiques[705].

En droit européen, l'application extraterritoriale du règlement des concentrations no.4064/89 et sa légitimité selon le droit international ont été examinées pour la première fois lors de l'affaire *Gencor*[706]. Le tribunal a précisé dans son arrêt que « lorsqu'il est prévisible qu'une opération de concentration projetée par des entreprises établies à l'extérieur de la Communauté produise un effet immédiat et substantiel dans la Communauté, l'application du règlement no. 4064/89 est justifiée au regard du droit

[705] IDOT Laurence, « Mondialisation, liberté et régulation de la concurrence: le contrôle des concentrations », *op.cit.*, p. 180.

[706] TAKAAKI Kojima, "International conflicts over the Extraterritorial Application of Competition Law in a Borderless Economy", *Fellowship Paper, Weatherhead Center for International Affairs*, Harvard University, 2001–02, p. 14.

international public »[707]. Ainsi, la théorie de l'effet trouve aussi son application dans le domaine des concentrations[708]. De la même façon, la Commission s'était montrée fort restrictive en 1997, dans l'affaire *Boeing/McDonnell Douglas*[709], en posant de multiples conditions à cette fusion. Cette affaire montre que l'affirmation de la juridiction extraterritoriale des règlements de fusion communautaire peut mener au frottement entre les deux partenaires commerciaux que sont la Communauté et les Etats-Unis[710]. En 1999, la Commission a examiné une autre affaire, l'affaire *MCI WorldCom/Sprint.*[711] Le *MCI WorldCom*, fournisseur principal au niveau mondial de la connectivité internet et son principal rival *Sprint* ont voulu fusionner. La Commission a décidé que cette opération allait crée une position dominante sur le marché mondial de la connectivité internet et en conséquence a interdit la fusion. Cette affaire est significative parce que c'est la première fois que la Commission a rejeté une fusion entièrement non-européenne[712].

Dans un autre cas similaire, l'affaire *GE/Honeywell*[713], impliquant deux entreprises américaines, la tension a été portée à son comble[714]. La Commission a refusé la fusion des deux entreprises pour des raisons presque diamétralement opposées à celles qui poussaient les autorités américaines de la concurrence à l'accepter[715]. L'affaire *GE/Honeywell* a permis à la Commission d'affiner sa doctrine des effets de structure de marché sur les comportements. Ce litige transatlantique a suscité des débats sur les mérites

---

[707] TPI, aff.102/96, *Gencor c/Lohnro,* du 25 mars 1999, Rec.1996, p. 753ss.
[708] BROBERG Morten P., "The European Commission's Extraterritorial Powers in Merger Control The Court of First Instance's Judgment in Gencor v. Commission", *International and Comparative Law Quarterly*, Vol. 49, No. 1. (Jan., 2000), pp. 176.
[709] Décision 97/816/CE de la Commission dans l'affaire IV/M.877 - *Boeing/McDonnell Douglas,* JO L 336 du 8.12.1997, p. 16 ss.
[710] MEHTA Kirti, "International Competition Policy Coo-operation", *op.cit.*, p.289 ; JANOW Merit, "Transatlantic Cooperation on Competition Policy", *op.cit.*, p. 45.
[711] Décision de la Commission du 28 juin 2000, COMP/M.1741, *MCI WorldCom/Sprint,* JOCE L 300, du 18 novembre 2003, pp. 1.
[712] Voir aussi NOURRY Alex, "The WorldCom-MCI Case" dans *Antitrust Goes Global: What Future for the Transatlantic Cooperation?,* Ed. EVENETT Simon J. / LEHMANN Alexander / STEIL Benn, Brookings 2000, p. 188 à 191.
[713] TPI, aff.210/01, *General Electric c. Commission,* du 14 décembre 2005, Rec.2006, p. 155 ss.
[714] IDOT Laurence, « Premières vues sur l'arrêt *General Electric c. Commission* du 15 décembre 2005 », *Europe* no.2, février 2006, p. 4 à 7.
[715] Décision de la Commission du 3 juillet 2001, COMP/M.2220, *General Electric/Honeywell*, JOCE L 48 du 28.2.2004, p. 1 ss.

comparés des deux systèmes et sur leurs différences « philosophiques »[716]. En revanche, il y a un certain nombre de facteurs qui différencient la décision du *MCI WorldCom/Sprint* de l'affaire *GE/Honeywell*. D'abord, cette affaire n'avait pas reçu la bénédiction des autorités américaines avant que la Commission ne rende un verdict négatif. En second lieu, suite à l'opposition de la Commission, les parties ont décidé d'abandonner l'opération. Toutefois, étant donné que la requête n'a pas été formellement retirée, la Commission a dû rendre une décision formelle[717].

En fin de compte, une simple comparaison du système juridique américain avec le système communautaire quant à l'application de la théorie des effets, nous permet de constater que le juge américain applique un test à trois niveaux afin de déterminer sa compétence dans une affaire ayant un caractère d'extranéité. Il se demande d'abord si la restriction commerciale en jeu a un effet sur le commerce extérieur américain. Ensuite, il cherche à savoir si l'effet est suffisamment étendu pour présenter un tort appréciable pour le demandeur. Et enfin, il décide si les intérêts et les liens avec Etats-Unis, y compris la portée de l'effet sur le commerce extérieur américain, sont suffisamment importants par rapport aux autres nations étrangères pour justifier l'extraterritorialité. En revanche, en droit communautaire, la localisation de l'effet anticoncurrentiel, s'il se situe à l'intérieur du marché commun, suffit pour l'application des lois sans tenir compte de l'extranéité de l'affaire. Echappe par conséquent à l'interdiction une entente qui produit entièrement ses effets dans des pays tiers, avec par exemple pour objet une répartition des marchés d'exportation hors de la Communauté, ou l'interdiction d'exporter dans certains pays tiers[718]. A ce sujet, le mérite de la position américaine est de toujours tenter de qualifier les effets anticoncurrentiels et de limiter ainsi l'application de la théorie des effets au regard du caractère international du litige[719]. On notera à cette occasion que les différences quant à la notion de l'étendue de l'affectation du commerce

716 MORGAN Elanor J. / MGGUIRE Steven M., "Transatlantic divergence : GE-Honeywell and the EU's merger policy", *Journal of European Public Policy*, vol.11: n°1, 2004-02, p. 39-56.

717 SCHMITZ Stefan, "How Dare They? European Merger Control and the European Commision's Blocking of the GE/Honeywell Merger", *UPJIEL*, Vol.23, 2002, p. 344.

718 Décision de la Commission du 22.10.1964 *DECA*, JOCE n°173, p.2761.

719 Par example *Timberlane Lumber Co. V. Bank of America*, 549 F. 2d 597 (9th Cir. 1976); *Mannington Mills Inc. Co. v. Congoleum Corporation*, 549 F. 2d 1287 (Cir. D.C: 1979).

dans les textes de droit américain et de droit européen ont disparu dans la pratique[720].

Par ailleurs, l'excès extraterritorial crée de réelles difficultés pratiques. Les polémiques et les problèmes diplomatiques produits par l'application extraterritoriale de la législation antitrust des Etats-Unis sont bien connus. De nombreux Etats Européens considèrent que la compétence d'exécution des Etats-Unis est abusive. Par exemple, la portée des mesures d'exécution prise par les autorités américaines à l'encontre des entreprises étrangères, notamment la portée des enquêtes extraterritoriales, ont exacerbé les tensions entre les Etats-Unis et l'Europe. En outre, les tentatives de l'administration américaine ou même des parties privées pour obtenir des informations situées en dehors des Etats-Unis créent de nombreux conflits avec les gouvernements étrangers. Selon certains pays, les Etats-Unis cherchent à exporter leurs politiques économiques en imposant leur législation à des personnes installées à l'étranger et ne reconnaissent pas le droit des Etats qui ont d'autres priorités et des systèmes juridiques différents. Les Etats européens ont choisi en conséquence de réagir sur deux plans. Ils ont souvent refusé de reconnaître ou d'exécuter les décisions américaines, privant ainsi le droit antitrust des Etats-Unis de toute efficacité. Ils ont surtout édicté des lois de blocages dont l'objet majeur est de contrer les enquêtes extraterritoriales[721].

Ainsi, depuis quelques années un certain nombre de pays se sont dotés des armes nécessaires pour lutter contre ce type *d'impérialisme juridique* particulièrement en provenance des Etats-Unis. En général, le contentieux entre les Etats-Unis et l'Europe se nourrit principalement de décisions américaines ayant ordonné, sous peine de sanctions pour « *contempt of Court* » à une entreprise, américaine ou étrangère, la communication de documents situés hors du territoire des Etats-Unis. Dans les années soixante et soixante-dix, la répression par les Etats-Unis des pratiques anticoncurrentielles, par exemple face à l'existence présumée d'une entente entre les producteurs d'uranium, fit des remous dans plusieurs pays étrangers qui arguaient qu'une telle application « extraterritoriale » sortait du cadre légitime de la compétence des autorités administratives ou judiciaires des Etats-Unis et qu'elle portait atteinte à leur souveraineté. A cette occasion, les gouvernements européens ont surtout invoqué un abus de l'application de la

[720] FRIEDEL - SOUCHU Evelyne, *Extraterritorialité du droit de la concurrence aux Etats-Unis et dans la Communauté Européenne*, *op.cit.*, p. 81.
[721] *Ibid.*, p. 420.

théorie des effets par les autorités américaines ayant pour résultat une extraterritorialité excessive des lois nationales. Certains pays se sont dotés de lois visant à décourager leurs ressortissants de coopérer avec les Etats-Unis dans le cadre des enquêtes ouvertes sur le droit de la concurrence, voire à leur interdire d'y prendre part[722]. Ces pays ont interdit, sous peine d'amende et d'emprisonnement, la communication de documents et de renseignements d'ordre économique, commercial ou technique à des personnes physiques ou morales étrangères de nature à porter atteinte à la souveraineté, à la sécurité, aux intérêts économiques essentiels de leurs pays ou à leur ordre public[723].

C'est à partir des années 80 que l'opposition fut la plus nette. Certains Etats, notamment le Canada, l'Australie, l'Italie, l'Allemagne, la France, la Grande-Bretagne, le Danemark, l'Espagne, la Belgique et le Portugal, ont réagi face à cette pratique américaine dite du *« pre-trial discovery »* en élaborant des textes qui interdisent aux entreprises de divulguer des informations sur leurs activités[724]. En adoptant des lois appropriées, ils ont voulu sauvegarder le plein exercice de leur compétence territoriale contre les prétentions abusives de pays tiers désireux d'étendre l'application de leur législation en dehors du leur territoire national par le biais de leur compétence personnelle ou de protection[725]. Ces textes sont souvent qualifiés

---

[722] TRITELL Randolph, "Bilan de l'application de la législation antitrust américaine aux sociétés étrangères", *op.cit.*, p. 15.

[723] Par exemple, le Parlement français a voté une loi le 16 juillet 1980 qui dispose dans son article premier que « sous réserve des traités ou accords internationaux, il est interdit à toute personne physique de nationalité française ou résidant habituellement sur le territoire français et à tout dirigeant, représentant, agent ou préposé d'une personne morale y ayant son siège ou un établissement de communiquer par écrit, oralement ou sous toute autre forme, en quelque lieu que ce soit, à des autorités publiques étrangères, les documents ou les renseignements d'ordre économique, commercial, industriel, financier ou technique dont la communication est de nature à porter atteinte à la souveraineté, à la sécurité, aux intérêts économiques essentiels de la France ou à l'ordre public, précisés par l'autorité administrative en tant quede besoin. », JO no. 80-538 du 16 juillet 1980.

[724] The United Kingdom's Protection of Trading Interests Act, 1980, ch. 11 (Eng.), *amended by* Civil Jurisdiction and Judgments Act, 1982, ch. 27, *and* Statute Law (Repeals) Act, 1993, ch. 50, Sch. 1, pt. XIV; Canada's Foreign Extraterritorial Measures Act, R.S.C., ch. F-29, § 3 (1984) (Can.), *as amended by* Department of External Affairs Act, 1995, ch. 5, 1994-1995 S.C.; la loi française de 1980 régissant la communication de renseignements et documents à personnes étrangères, Loi No. 80-538, 1980 J.O. 1799, 16 juillet 1980; Australia's Foreign Proceedings (Excess of Jurisdiction) Act, No. 3 (1984) (Austl.), *as amended by* Foreign Judgments Act, No. 112 (1991); and South Africa's Protection of Business Act, No. 99, § 1 (1978) (S. Afr.), *as amended by* Protection of Business Act Amendment, No. 114 (1979), and Protection of Business Act Amendment, No. 71 (1984), and Protection of Business Act Amendment, No. 87 (1987).

[725] CARREAU Dominique, *Droit international*, Pedone 9e édition, Paris 2007, p.335 et 336.

de *blocking statues* (lois de blocage)[726]. Les législations de blocage ont à certains égards une portée extraterritoriale semblable à celle des lois auxquels il doit être fait échec. En matière d'enquêtes, l'interdiction de communiquer des informations ne peut être limitée au territoire national. Cette interdiction serait dépourvue d'efficacité si elle ne pouvait s'étendre aux communications faites directement en territoire étranger. Afin de réaliser cette exigence, la loi de blocage française interdit formellement aux autorités étrangères, administratives ou judiciaires, ainsi qu'aux personnes privées de procéder sur le territoire français à toute mesure d'instruction ou opération de recherche de preuves visant des entreprises françaises, en l'absence de recours aux conventions internationales ou aux lois et règlements applicables en France, ce qui donne au seul pouvoir judiciaire français le contrôle des mesures d'enquête[727]. La Grande-Bretagne, elle aussi, a adopté une loi sur la protection des intérêts commerciaux britanniques en 1980[728]. Ce texte indique que le gouvernement britannique considère que l'application extraterritoriale de la loi anti-trust des Etats-Unis peut constituer une menace directe « aux intérêts commerciaux » britanniques[729]. Dans ce cadre, le texte prévoit certaines dispositions interdisant ou limitant la communication de documents et informations demandés par des autorités étrangères. De même, il permet d'empêcher l'exécution de certaines décisions rendues à l'étranger et de recouvrer des dommages et intérêts triples.

L'existence de lois de blocage engendre pour les entreprises engagées dans le commerce international plusieurs conséquences et leur élaboration n'ont pas toujours été reconnues comme une réponse légitime aux procédures extraterritoriales, ni par les entreprises elles-mêmes, ni par les autorités chargées de la concurrence. En outre, l'efficacité des lois de blocage dépend de plusieurs facteurs : de leur caractère plus ou moins rigide, de leur respect par les entreprises et de leur reconnaissance par les autorités chargées de la concurrence. Les lois de blocage restent un moyen de dissuasion et limitent

---

[726] CLAUDEL Emmanuelle, « Vers un droit international de la concurrence ? », *op.cit.*, p. 409.

[727] L'article 1bis de la loi no.80-538 du 16 juillet 1980 dispose que « sous réserve des traités ou accords internationaux et des lois et règlements en vigueur, il est interdit de communiquer par écrit, oralement ou sous toute autre forme, des documents ou renseignements d'ordre économique, commercial, industriel, financier ou technique tendant à la constitution de preuves en vue de procédures judiciaires ou administratives étrangères ou dans le cadre de celles-ci ».

[728] The United Kingdom's Protection of Trading Interests Act, 1980, *op.cit.*

[729] FIDLER David, « Competition Law and International Relations », *International and Comparative Law Quarterly* Vol.41, No.3, 1992, p. 574.

tout au moins une communication excessive d'information à l'étranger. L'effet dissuasif parfois exercé par ces lois de blocage dont le non-respect est pénalement sanctionné doit permettre d'exercer par voie conventionnelle la coopération internationale. Si les lois de blocage ne peuvent éviter le prononcé d'une injonction ou d'une sanction aux Etats-Unis, elles renforcent l'argumentation des parties qui s'opposent aux mesures d'enquête et obligent ainsi les requérants à justifier leurs demandes et à spécifier la nature et l'objet des informations recherchées. Les lois de blocage constituent ainsi un moyen indirect de lutter contre les excès des procédures d'enquête[730].

Certes, l'application extraterritoriale des lois antitrust est très controversée puisqu'elle remet en cause le principe de souveraineté nationale, mais les Etats ont de plus en plus tendance à élargir leur portée juridictionnelle. L'extraterritorialité des lois révèle l'insatisfaction des Etats en ce qui concerne le contrôle des pratiques anticoncurrentielles des firmes étrangères, mais aussi les considérations stratégiques qui traversent l'application des lois nationales dans un contexte de globalisation économique[731]. Il est dès lors important de noter que les politiques de concurrence purement nationales peuvent constituer des obstacles aux échanges internationaux et à l'exercice d'une libre concurrence entre les entreprises de nationalités différentes. Paradoxalement, ces derniers temps, il existe une nette tendance des Etats au protectionnisme[732]. Les législations nationales de la concurrence ont parfois été conçues pour servir les intérêts nationaux et sont, encore aujourd'hui, appliquées dans cette perspective. Elles subordonnent l'applicabilité de leurs règles à l'affectation de la concurrence sur le territoire national, ce qui empêche de sanctionner les ententes à l'exportation. Par ailleurs, il arrive que les législations et les autorités nationales fassent preuve d'une grande indulgence vis-à-vis des ententes ou des concentrations d'entreprises qui tendent à lutter – ou permettent de lutter – contre la concurrence internationale. Dans une perspective mercantile, elles les exemptent ou les autorisent[733].

---

[730] FRIEDEL - SOUCHU Evelyne, *Extraterritorialité du droit de la concurrence aux Etats-Unis et dans la Communauté Européenne*, *op.cit.*, p. 251.
[731] RIOUX Michèle, « Vers un droit mondial de concurrence ? », *Cahiers de recherche 99-8*, Centre études internationales et mondialisation, Décembre 1999, p. 18.
[732] DAVID François, Les échanges commerciaux dans la nouvelle économie mondiale, *Collection Major*, PUF, Paris, 1994, p. 18.
[733] CLAUDEL Emmanuelle, « Vers un droit international de la concurrence ? », *op.cit.*, p. 408.

De nos jours, résoudre les problèmes du droit de la concurrence internationale surpasse la capacité d'un seul Etat. Par l'application unilatérale du droit national de concurrence, il est difficile d'écarter le risque que les différentes mesures prises par les autorités de concurrence soient contradictoires entre elles. De plus, il est naïf de croire que les politiques de concurrence menées dans le cadre étroit des frontières nationales seront durablement capables de maîtriser des pratiques restrictives de plus en plus souvent transfrontalières[734]. Il est également difficile d'éviter que les anciennes entraves étatiques ne viennent substituer des barrières frontalières mises en place par les entreprises dans le but de protéger leurs marchés nationaux traditionnels. L'Etat nation n'est pas doté des instruments nécessaires pour assurer l'efficacité dans ce domaine. Il a dès lors tenté de se servir des instruments juridiques de droit international pour obtenir des solutions plus satisfaisantes. Toutefois, face à cette complexité, la coopération internationale ne peut proposer que des solutions limitées. En effet, la mise en place d'une politique effective de la concurrence est rendue plus difficile par la globalisation. Certes, en théorie, le marché pertinent ne se limite pas au territoire national. La « règle de l'effet[735] » permet d'apprécier les conséquences d'actions anticoncurrentielles sur ce type de marché. La nationalité des firmes n'est pas en cause et une autorité nationale peut interdire ou conditionner la fusion de deux firmes étrangères dès lors que l'activité sur le territoire concerné dépasse un certain seuil. Mais cette sauvegarde nationale des comportements concurrentiels et des fusions conduit à une multiplication des procédures fondées sur des droits sensiblement différents, soumis chacun aux aléas de l'appréciation des autorités concernées, à une multiplication différente du marché pertinent qui n'a effectivement aucune raison d'être le même dans tous les pays. Cette extraterritorialité du droit serait une source d'instabilité forte des relations internationales si elle devait être systématiquement appliquée. Bien entendu, seuls les grands pays peuvent effectivement mettre en œuvre cette extraterritorialité. Dans ces conditions, la globalisation des politiques de la concurrence doit être greffée sur le processus de globalisation des marchés[736].

---

[734] CHAREYRE DE BEAUMONT Anne, *Droit de la concurrence et globalisation*, *op.cit.*, p. 474.

[735] Théorie de l'effet.

[736] SIROEN Jean-Marc, « Politique(s) de la concurrence dans une économie globale », *op.cit.*, p. 133.

Chapitre II - Les instruments juridiques de droit international pour assurer le fonctionnement du droit international de la concurrence dans le marché mondial

Dans la section précédente, nous avons constaté que les Etats-Unis comme la Communauté européenne n'hésitent pas à appliquer leurs législations en matière de concurrence à des activités ou à des entreprises étrangères dès lors que des effets anticoncurrentiels sont ressentis sur le commerce américain ou communautaire. Si leur compétence extraterritoriale ne peut s'exercer que dans les limites fixées par le droit international, cet exercice n'est toutefois pas sans poser de difficultés lorsque les Etats étrangers y voient une atteinte à leur souveraineté et à leurs intérêts. La pratique des Etats en la matière nous montre cependant que depuis ces dernières années, ceux-ci sont passés d'une situation conflictuelle à un esprit de conciliation[737].

Ainsi, la volonté d'homogénéiser les différentes législations nationales en matière de concurrence a donné naissance à de nombreux accords bilatéraux[738]. Aujourd'hui, il existe une vague de coopération dans le domaine du droit international de la concurrence. Sur le plan géographique, le nombre d'Etats partis à des formes de coopération s'est considérablement accru. Désormais, la coopération s'est étendue à l'ensemble des pays industrialisés, européens ou asiatiques, comme l'Australie ou la Nouvelle-Zélande, via l'OCDE qui compte dorénavant trente membres, auxquels il faut ajouter les Etats qui ont le statut d'observateur et qui participent aux travaux[739]. Comme le prévoit le code de conduite élaboré dans le cadre de la CNUCED en 1980, la coopération peut s'étendre en fait à l'ensemble des Etats qui possèdent une législation antitrust[740]. Cela pose le problème de la force obligatoire de l'instrument juridique qui organise cette coopération. Il est vrai que les instruments multilatéraux n'ont pas de force juridique obligatoire. Les dispositions insérées dans le code de la CNUCED, qui ont une portée juridique plus large, sont très générales. En revanche, bien que

---

[737] *Ibid.*, p. 421.

[738] OKIEMY Bienvenu, « L'O.M.C. face à la problématique de l'institution d'un droit international de la concurrence », dans, *l'Organisation mondiale du commerce : Vers un droit mondial du commerce ?*, sous la direction d'OSMAN Filali, Bruylant Bruxelles 2001, p. 76.

[739] www.oecd.org

[740] Code de conduite sur les pratiques commerciales restrictives, L'ensemble de principes et de règles équitables convenus au niveau multilatéral pour le contrôle des pratiques commerciales restrictives, Résolution 35/63 du 5 décembre 1980, Semaine Juridique, J.C.P.1981, III, no.5188.

dénuées de valeur contraignante, les recommandations de l'OCDE (la dernière date de 1995) ont une efficacité certaine, comme en témoignent les différents rapports sur l'application des mécanismes de coopération[741]. L'apparition de véritables accords internationaux dans ce domaine reste toutefois le fait le plus marquant. Les mécanismes sont alors le plus souvent bilatéraux. Ce qualificatif peut s'appliquer aux accords d'association ou de coopération conclus par une organisation régionale d'intégration économique, comme les Communautés européennes, avec un Etat tiers, qu'il soit, ou non, candidat à l'adhésion. Il vise surtout les accords de coopération spécifiques en la matière[742].

L'efficacité du système crée par les traités dépend également du contenu de la coopération. Sur ce point, les progrès sont sensibles. Alors que les premiers instruments, qu'ils soient multilatéraux ou bilatéraux, prévoyaient spécialement des mécanismes de notification, suivis éventuellement d'échanges d'informations, les textes de la deuxième génération ont introduit des procédures de coopération et de consultation assez développées. Une troisième étape consiste à prévoir des mécanismes souples de répartition des compétences fondés sur le principe de courtoisie, *courtoisie passive* dans un premier temps, *courtoisie active* dans un second temps[743]. Et finalement, la quatrième génération d'accords prévoit l'élargissement réciproque du champ d'application des droits nationaux de la concurrence[744]. Pour autant, certains éléments continuent à faire obstacle à la bonne marche des enquêtes, aux actions liées aux comportements anticoncurrentiels de pays étrangers susceptibles de se manifester du fait même des différences qui existent dans la façon dont les Etats envisagent le rôle du droit de la concurrence, et aux outils dont ils disposent aux fins d'enquêtes[745].

---

[741] Recommandation du Conseil relative à la coopération entre les pays Membres dans les domaines des conflits potentiels entre politique de concurrence et politique commerciale, 26 octobre 1986, C(86) 65/Final. ; Recommandation du Conseil portant sur l'application du droit et de la politique de concurrence aux accords de licence de brevets et de savoir-faire, du 31 mai 1989, publiée sous la côte C(89)32/Final. ; Recommandation du Conseil sur la coopération entre les pays Membres dans les domaines des pratiques anticoncurrentielles affectant les échanges internationaux, 27 juillet 1995, C(95)130/Final.

[742] IDOT Laurence, « Mondialisation, liberté et régulation de la concurrence : Les contrôle des concentrations », *Revue Internationale de Droit Économique*, 2002/2-3, p. 192 et 193.

[743] De telles mesures sont prévues dans les relations EU/CE, dans les accords EU/Israël, Japon, Brésil, dans l'accord CE/Afrique du Sud.

[744] L'Accord entre la Nouvelle-Zélande et l'Australie entre dans cette catégorie d'accords.

[745] TRITELL Randolph, "Bilan de l'application de la législation antitrust américaine aux sociétés étrangères", *op.cit.*, p. 14.

Le premier accord de coopération bilatérale est intervenu en 1959 entre les Etats-Unis et le Canada ; la première résolution de l'OCDE en cette matière remonte à 1967. La question qui nous intéresse aujourd'hui est de savoir si ces procédures de coopération sont susceptibles de pallier les insuffisances d'un système de contrôle fondé sur des législations nationales[746]. D'un autre côté, il est évident que ces accords contribuent à l'émergence d'une culture de la concurrence. Loin d'être une réponse adéquate aux défis et enjeux d'une concurrence globalisée, cette dernière bénéficie aux acteurs les plus puissants (Etats et entreprises), et elle exerce d'importantes pressions sur les acteurs qui détiennent moins de pouvoir sur les marchés et sur les institutions de l'économie mondiale[747]. Si tous les acteurs du commerce international reconnaissent les effets néfastes de l'inexistence d'un droit de la concurrence, il convient dans le même temps de noter que l'empressement à établir ce droit est loin d'être unanime[748]. La communauté internationale est partagée quant à l'apport effectif d'un droit international de la concurrence. Quoi qu'il en soit, si plusieurs solutions se dessinent, l'approche bilatérale retient la plus grande attention pour le fonctionnement du système actuel.

Section I – Le réseau des accords bilatéraux et tripartites

La mondialisation des marchés et l'interconnexion croissante des économies nationales ont multiplié les formes de conflits de compétence entre autorités étatiques liées à l'application extraterritoriale du droit de la concurrence et ont ainsi accéléré le développement des accords bilatéraux et des accords tripartites ayant pour contenu le traitement de formes similaires de coopération sur certains aspects procéduraux : échanges d'informations, obligation de notification, consultation entre autorités de concurrence, harmonisation des critères d'évaluation des intérêts nationaux en cause[749]. Or, en matière de concurrence, la coopération bilatérale a actuellement une

---

[746] IDOT Laurence, « Mondialisation,liberté et régulation de la concurrence : Les contrôle des concentrations », *Revue Internationale de Droit Économique*, 2002/2-3, p. 191.

[747] RIOUX Michèle, « Culture de concurrence : Les limites de l'antitrust international face à la concurrence globalisée », *Cahiers de recherche-CEIM (04-04)*, Groupe de recherche sur l'intégration continentale (GRIC), Université du Québec à Montréal, septembre 2004, p. 3.

[748] ARHEL Pierre, « Droit international de la concurrence, s'orient-t-on vers des négociations ? », *Revue du marché commun et de l'Union Européenne*, n° 425, février 1999, p. 86 et 87.

[749] ABDELGAWAD Waled, « Jalons de l'internationalisation du droit de la concurrence : vers l'éclosion d'un ordre juridique mondial de la *lex economica* », *op.cit.*, p.169 ; MEHTA Kirti, "International Competition Policy Coo-operation", *op.cit*, p. 286.

très grande importance pratique. De nombreux accords bilatéraux de coopération ont été conclus dans le monde entier,[750] le plus connu étant l'accord de 1991/1995 entre la Communauté européenne et le gouvernement des Etats-Unis concernant l'application des règles de concurrence[751], complété par l'accord de 1998 sur la mise en œuvre des principes de courtoisie active[752]. En outre, la Communauté européenne a conclu un accord avec le Canada[753], ainsi qu'une convention avec le Japon, signée le

---

[750] V. la liste dans *UNCTAD* : L'expérience acquise dans le domaine de la coopération internationale concernant la politique de concurrence et les mécanismes utilisés, Rapport révisé du secrétariat de la CNUCED, TD/B/COM.2/CLP/21/Rev.3, 14 septembre 2005, p. 32 ss.; Comme il ressort manifestement de l'annexe 1, les États-Unis d'Amérique sont parties à un grand nombre d'accords de ce type. Ils en ont conclu avec l'Allemagne, l'Australie, le Brésil, le Canada, Israël, le Japon, le Mexique et l'Union européenne. Celle-ci n'a passé de tels accords qu'avec le Canada, les États-Unis, le Japon et la République de Corée, mais comme on le verra plus loin, elle a décidé de coopérer avec d'autres pays dans le cadre d'accords instituant le libre-échange, une union douanière ou un marché commun. Le Canada a également signé des accords avec le Chili, le Mexique et le Royaume-Uni ainsi qu'un accord tripartite avec l'Australie et la Nouvelle-Zélande. Ces deux derniers pays ont signé séparément un accord tripartite avec le Royaume-Uni. Si ces derniers n'introduisent aucune nouveauté en matière d'échange d'informations confidentielles, un accord tripartite du même type conclu récemment entre le Danemark, l'Islande et la Norvège prévoit une telle possibilité. Ces dernières années, la République de Corée a signé dans ce domaine des accords de coopération avec l'Australie, le Mexique, la Russie et l'Union européenne ainsi qu'un accord avec la Lettonie, la Roumanie et le Conseil pour la politique anti-monopole (ICAP) de la CEI, qui est composé des chefs des autorités anti-monopoles des pays de la CEI. La Russie a également des accords de coopération avec le Brésil et le Mexique. La Lituanie a signé des accords de coopération avec l'Estonie, la Lettonie, la Pologne et l'Ukraine, ainsi qu'un accord tripartite entre les trois États baltes. La Chine a signé des accords de coopération portant sur les pratiques concurrentielles déloyales et la lutte anti-monopole avec le Kazakhstan et la Russie; conformément à l'accord conclu avec ce dernier pays, l'Autorité publique chinoise en charge de l'industrie et du commerce et le Ministère russe de la lutte anti-monopole et de la promotion de l'esprit d'entreprise ont échangé leurs expériences dans le domaine du droit et de la politique de la concurrence, et ont coopéré à l'application de leur législation. L'Australie a des accords avec Fidji et la Papouasie-Nouvelle-Guinée portant sur les questions de concurrence et de consommation.

[751] Accord entre le gouvernement des États-Unis d'Amérique et la Commission des Communautés européennes concernant l'application de leurs règles de concurrence - Échange de lettres interprétées avec le gouvernement des Etats-Unis d'Amérique. Traduction non officielle JOCE n° L 95 du 27.04.1995, p. 47 ss. Cet accord a été signé lors du sommet UE/Canada à Bonn le 17 juin 1999 et est entré en vigueur dès sa signature.

[752] Accord entre les Communautés européennes et le gouvernement des États-Unis d'Amérique concernant la mise en œuvre des principes de courtoisie active dans l'application de leurs règles de concurrence, JOCE n° L 173 du 18.06.1998, p. 28 ss.

[753] Accord entre les Communautés européennes et le gouvernement du Canada concernant l'application de leur droit de la concurrence, JOCE L 175 du 10.7.1999, p. 50 ss.

10 juillet 2003[754]. La Commission européenne rédige des rapports annuels sur l'application pratique de ces accords. Les Etats-Unis sont liés également par d'autres accords bilatéraux[755], dont le contenu varie d'un accord à l'autre. En règle générale, en dehors de certains accords d'association ou de coopération économique conclus par la Communauté européenne, ces textes couvrent l'ensemble du droit de la concurrence et englobent le contrôle des concentrations. La pratique prouve que c'est dans ce domaine que les procédures sont les plus souvent utilisées[756]. Car l'un des objectifs affichés par les autorités de concurrence est de développer un réseau d'accords bilatéraux, mais l'intérêt de ce maillage dépend d'abord du champ de la coopération. En l'espèce, la coopération bilatérale connait différentes échelles d'intensité, de l'échange de points de vue, aux discussions communes sur des cas spécifiques ou sur la politique de concurrence en général, en passant par la coordination des procédures lorsque plusieurs autorités ouvrent une enquête ou délimitent des marchés géographiques sur lesquels elles vont se concentrer.

En principe, les accords en matière de coopération sont fondés sur le concept de *comitas gentium*[757]. En vertu de ce concept, l'application des lois nationales par un Etat n'est pas toujours sans effet sur les autres Etats. De fait, il faut tenir compte, avec bienveillance et sans obligation de résultat, des intérêts de chaque Etat pour décider d'engager une enquête ou une procédure[758]. On trouve généralement cette règle dans les accords bilatéraux de concurrence. On convient ainsi souvent d'élaborer une *courtoisie passive* avec une certaine retenue quant à l'application du droit national de la concurrence pour des cas ayant leur centre de gravité dans un autre Etat. En conséquence, la compétence est cédée aux autorités du pays principalement

---

[754] Accord entre la Communauté européenne et le gouvernement du Japon concernant la coopération en matière de pratiques anticoncurrentielles, JOCE L 183 du 22 juillet 2003, p. 12 ss. L'accord de coopération entre la Communauté européenne et le Japon a été signé à Bruxelles le 10 juillet 2003 et est entré en vigueur le 9 aout 2003.

[755] Les États-Unis ont également des accords avec le Canada (le dernier accord remonte au 5 octobre 2004), l'Allemagne (23 juin 1976), l'Australie (29 juin 1982), le Brésil (26 octobre 1999), Israël (15 mars 1999), le Japon (7 octobre 1999), et le Mexique (12 juillet 2000) et. Tous ces accords sont disponibles sur http:// www.usdoj.gov/atr/public/international.

[756] JENNY Frédéric, « L'environnement économique international et les autorités de concurrence », *op.cit.*, p. 452.

[757] La courtoisie internationale ou la courtoisie négative selon OKIEMY Bienvenu, « L'O.M.C. face à la problématique de l'institution d'un droit international de la concurrence », *op.cit.* p. 77 ; "comity" en anglais.

[758] SALMON Jean (sous dir.), *Dictionnaire de droit international public*, Bruylant, Bruxelles 2001, p. 282 et 283.

touché. La coopération dite de *courtoisie active* est encore plus intense. En vertu de cette dernière, un Etat peut inviter un autre Etat à prendre des mesures contre un comportement sur son territoire lorsque des intérêts importants de l'Etat requérant sont affectés[759]. Normalement, l'Etat requérant suspendra ses propres activités d'investigation. Une véritable répartition internationale des tâches en résulte[760]. En revanche, bien avant le développement du contrôle des concentrations, les principales autorités de concurrence ont mis en place des procédures de coopération pour traiter les situations internationales. Les accords intervenus en 1991 et en 1998 entre la Communauté européenne et le gouvernement des Etats-Unis concernant l'application de leurs règles de concurrence est une bonne illustration de ce type de coopération[761].

Par ailleurs, en dehors des accords dont l'objet spécifique est la concurrence, il existe des accords dont l'objet n'est pas spécifiquement la concurrence mais qui peuvent servir de moyen de coopération internationale dans ce domaine. Parmi ces accords, on peut citer les traités d'entraide judicaire (qui portent en général sur les poursuites pénales engagées), les accords de coopération technique en matière de réglementation économique et les traités d'amitié, de commerce et de navigation qui comportent des dispositions relative à la coopération antitrust. D'un autre côté, les Conventions de La Haye et les instruments multilatéraux et plurilatéraux ont des incidences sur le fonctionnement de la coopération dans le domaine du droit de la concurrence.

Sous-section I – Les accords ayant pour objet spécifique la concurrence

Les premiers accords bilatéraux entre les autorités de concurrence ont été conclus à la fin des années 70 et au début des années 80, à l'époque où certains Etats européens ont adopté des lois de blocage[762]. Ces accords bilatéraux, dont l'objet est spécifiquement la concurrence, créent un cadre pour la consultation et la coopération entre les autorités nationales de

---

[759] Voir le Rapport du comité de l'OCDE du droit et de la politique de la concurrence : Accroître l'efficience des marchés internationaux grâce à la « courtoisie active » dans la mise en œuvre des réglementations de la concurrence, du 23 août 1999, DAFFE/CLP(99)19.

[760] HEINEMANN Andreas, « La nécessité d'un droit mondial de la concurrence », *op.cit.*, p. 300.

[761] VON MEIBOM Wolfgang – GEIGER Andreas, « A *World Competition* Law as *Ultima Ratio* », *E.C.L.R.* Vol.23 No.9, 2002, p. 449.

[762] MERKT Benoît, *Harmonisation internationale et entraide administrative internationale en droit de la concurrence*, *op.cit.*, p. 309.

concurrence. Par souci d'efficacité et en vue de résoudes les conflits de compétence entre les autorités de concurrence, ils sont souvent établis entre régimes antitrust semblables, ce qui rend la négociation et l'exécution des accords moins problématique que s'ils étaient établis au niveau international parmi des nations ayant des régimes divergents[763]. Dans certains cas, les accords de concurrence prévoient une coopération très approfondie allant jusqu'à une véritable extraterritorialité réciproque des droits nationaux. C'est le cas de l'Accord entre la Nouvelle-Zélande et l'Australie. Dans d'autres cas, il est prévu que les autorités de concurrence des pays concernés peuvent coordonner leurs enquêtes, se prêter aide et assistance et échanger les résultats de leur investigation. Enfin, dans certains accords, il est simplement prévu un mécanisme d'information mutuelle, de consultation et d'échanges d'informations non confidentielles lorsque les autorités de concurrence des pays concernés sont saisies de pratiques identiques ou de phénomène de concentrations susceptibles d'avoir des effets sur leur territoire respectif.

§ 1 – Les accords de première génération

Tout en restant simple dans leur contenu, les accords de première génération prévoient une *coopération passive*[764]. Ces accords réunissent généralement les éléments suivants : la notification limitée à l'autre partie de certaines actions relevant des enquêtes ou l'application de lois pertinentes qui pourraient porter atteinte aux intérêts de ladite partie ; l'échange d'informations relatives à des enquêtes engageant l'une ou l'autre partie dans les limites autorisées par le droit national ; la coordination des enquêtes quand chaque partie mène des investigations sur les mêmes entreprises ou les mêmes comportements afin d'éviter le conflit de juridiction potentielle ; les consultations relatives à des différends potentiels ou réels sans toutefois contenir de règles contraignantes à cet égard. Toutes ces dispositions sont conformes aux principes auxquels souscrivent tous les membres de l'OCDE dans les recommandations successives, adoptées depuis 1967[765], et constituaient un véritable guide pour la première génération des accords[766].

---

[763] GUZMAN Andrew, "Is International Antitrust Possible ?", *op.cit.*, p. 1505.

[764] La coopération passive exige que l'autorité de concurrence de chaque nation réponde par une coopération limitée aux demandes de ses contreparties étrangères.

[765] Recommandations du Conseil sur la coopération entre les pays Membres dans les domaines des pratiques anticoncurrentielles affectant les échanges internationaux du 5 octobre 1967 [C(567)53(Final)], du 3 juillet 1973 [C(73)99(Final)], du 25 septembre 1979 [C(79)154(Final)] et du 21 mai 1986 [C(86)44(Final)].

[766] TRITELL Randolph, "Bilan de l'application de la législation antitrust américaine aux sociétés étrangères", *op.cit.*, p. 15.

Les accords entre les Etats-Unis et l'Allemagne[767], les Etats-Unis et l'Australie[768], les Etats-Unis et le Canada[769] et entre la France et l'Allemagne[770] font partie des accords les plus connus de ce genre[771].

La conclusion d'accords de coopération avec d'autres organismes chargés de l'application du droit de la concurrence permet d'accroître l'efficacité des moyens d'intervention. Il s'agit d'accords officiels qui ont force exécutoire, mais qui ne sont toutefois pas assimilables à des traités capables de primer sur les lois nationales incompatibles. Ces accords bilatéraux reflètent généralement l'intérêt mutuel, l'intensification de la coopération et visent à renforcer l'efficacité des deux parties intéressées mais aussi à éviter les différends qui pourraient surgir à l'occasion de l'application extraterritoriale, ou encore à les régler, le cas échéant. Ces accords bilatéraux fonctionnent donc dans la mesure où ils facilitent la communication et la coopération, propres à renforcer l'efficacité des interventions des autorités de contrôle. Le personnel chargé de l'application du droit de la concurrence coopère étroitement à cet exercice, restant toujours dans les limites imposées par les lois nationales qui protègent les informations confidentielles des entreprises, ce qui a pour effet non seulement de faciliter le rassemblement d'informations que chaque organisme peut utiliser en vue d'analyser les transactions, mais aussi de permettre à ces organismes de coordonner les recours nécessaires[772].

---

767 Agreement between the Government of the US of America and the Government of the Federal Republic of Germany Relating to Mutual Co-operation Regarding Respective Business Practices, Bonn, 23 June 1976, 27 UST 1956, 15 ILM 1282, (1976).

768 Agreement between the Government of the US of America and the Government of the Commonwealth of Australia Relating to Mutual Co-operation on Antitrust Matters, 29 June 1982, 34 UST 3888, 21 ILM 702, (1982).

769 Memorandum of Understanding Between the Government of the United States of America and the Government of Canada as to Notification, Consultation, and Cooperation with Respect to the Application of National Antitrust Laws, 9th of March 1984, 23 ILM 275 (1984).

770 Accord entre la République fédérale d'Allemagne et la France concernant la coopération dans le domaine des pratiques commerciales restrictive du 28 mai 1984, 26 ILM 531 (1987).

771 Pour une étude détaillée de ces accords voir MERKT Benoît, *Harmonisation internationale et entraide administrative internationale en droit de la concurrence*, *op.cit.*, p. 309 à 313.

772 TRITELL Randolph, "Bilan de l'application de la législation antitrust américaine aux sociétés étrangères", *op.cit.*, p.15 ; DUNFEE Thomas W. / FRIEDMAN Aryeh S., "The Extra-Territorial Application of United States Antitrust Laws: A Proposal for An Interim Solution", *OSLJ* Vol. 45, Fall 1984, p. 919.

D'une façon générale, dans tous les accords de première génération, deux types de dispositions limitent leur efficacité. D'une part la coopération peut être écartée par une partie à l'accord chaque fois que cette dernière considère que son ordre public ou que ses intérêts nationaux sont susceptibles d'être atteint, et d'autre part, la communication d'informations et de documents dans le cadre de ces accords est limitée.

§ 2 – Les accords de seconde génération

Alors que la confiance s'est développée et que les limites des accords de première génération sont devenues évidentes, les Etats ont cherché à négocier des accords plus sophistiqués[773]. Ceux-ci ont présenté de nouveaux concepts de courtoisie, et en même temps, ont amélioré les éléments existants dans les accords de première génération. L'accord conclu en 1991 entre les Etats-Unis et l'Union européenne est considéré comme le premier exemple d'accords de seconde génération[774]. On peut également citer l'Accord entre les Etats-Unis et Israël[775] ; les Etats-Unis et le Japon[776] ; les Etats-Unis et le Brésil[777] ; les Etats-Unis et le Mexique[778], l'Union européenne et le Japon[779] comme autres exemples d'accords de deuxième

---

[773] SMITHERMAN Charles W., "The Future of Global Competition Governance: Lessons From the Transatlantic", *op.cit.*, p. 810.

[774] L'accord entre la Commission des Communautés européennes et le gouvernement des Etats-Unis d'Amérique concernant l'application de leurs règles de concurrence a été conclu le 23.9.1991. Par une décision conjointe du Conseil et de la Commission européenne du 10.4.1995, l'accord a été approuvé et déclaré applicable à compter de la date de sa signature par la Commission européenne (JO L 95 du 27.4.1995, pp. 47 et 50).

[775] Agreement between the Government of the United States of America and the Government of the State of Israel Regarding the Application of Their Competition Laws,15th of March 1999, www.usdoj.gov

[776] Agreement between the Government of the United States of America and the Government of Japan Regarding the Application of Their Competition Laws,7th of October 1999, www.usdoj.gov

[777] Agreement between the Government of the United States of America and the Government of the Federative Republic of Brazil Regarding Cooperation Between Their Competition Authorities in the Enforcement of Their Competition Laws,26th of October 1999, www.usdoj.gov

[778] Agreement between the Government of the United States of America and the Government of The United Mexican States Regarding the Application of Their Competition Laws,11th of July 2000, www.usdoj.gov

[779] Accord entre la Communauté européenne et le gouvernement du Japon concernant la coopération en matière de pratiques anticoncurrentielles, JOCE L 183 du 22 juillet 2003, p. 12 ss. L'accord de coopération entre la Communauté européenne et le Japon a été signé à Bruxelles le 10 juillet 2003 et est entré en vigueur le 9 août 2003. En résumé, cet accord prévoit : la notification des affaires soumises à examen par les autorités de concurrence d'une

génération. Il existe d'autres accords de ce genre mais il convient surtout d'analyser l'Accord entre la Commission des Communautés européennes et le gouvernement des Etats-Unis d'Amérique car c'est, d'entre tous, l'accord de deuxième génération le plus détaillé[780].

Alors que les accords antérieurs avaient principalement pour but d'empêcher les conflits liés à l'application extraterritoriale du droit de la concurrence, l'Accord de 1991 a pour objectif de promouvoir la coopération et la coordination entre les parties et de réduire le risque de différends entre elles dans l'application de leur droit de la concurrence ou d'en atténuer les

---

partie, dès lors que les intérêts importants de l'autre partie sont susceptibles d'être affectés ; la possibilité d'une coordination des mesures d'application respectives, ainsi que d'une assistance mutuelle ; la possibilité, pour une partie, de demander à l'autre partie, de tenir comptes des intérêts importants de l'autre partie dans le cadre de ses mesures d'application ; l'échange d'information entre les parties, sans préjudice des obligations de confidentialité incombant à chacune. Il envisage également, des rencontres régulières entre les autorités européennes et leurs homologues japonaises afin d'échanger des informations sur leurs mesures d'application et priorités actuelles, de débattre des changements de politique envisagés dans les secteurs économiques présentant un intérêt commun.

[780] Il existe d'autres négociations en vue de conclure des accords de coopération entre plusieurs parties. Par exemple, l'Union européenne et la République de Corée ont signé un protocole d'accord instaurant un dialogue structuré sur la concurrence entre l'Union européenne et la Corée ; the Memorandum of Understanding between DG Competition and the Korean Fair Trade Commission, signed in October 2004 ; Le 6 mai 2004, le commissaire Mario Monti et M. Bo Xilai, ministre du commerce de la République populaire de Chine, ont signé les termes du mandat d'un dialogue structuré sur la politique de la concurrence entre l'Union européenne et la Chine. Il s'agit du premier dialogue de la Chine avec un pays tiers sur ce sujet. Ce dialogue vise avant tout à établir un cadre de consultation et de transparence entre la Chine et l'UE et à intensifier l'assistance technique et l'aide au renforcement des capacités accordées à la Chine par l'UE dans le domaine de la concurrence. L'ouverture de ce dialogue vient à point nommé puisque la Chine s'emploie actuellement à élaborer un véritable droit de la concurrence. Conformément aux termes du mandat, le dialogue prendra les formes suivantes: i) échanges de vues sur l'état actuel de la législation et de l'application des politiques antitrust, ainsi que sur les expériences et les nouveaux développements dans ce domaine; ii) échanges de vues sur la législation relative aux concentrations et sur son application; iii) échanges d'expériences sur l'établissement d'autorités de la concurrence ainsi que sur leur rôle de défense de la concurrence; iv) échanges de vues sur les initiatives multilatérales de concurrence, une attention particulière étant accordée à la lutte contre les ententes caractérisées; v) échanges de vues sur la libéralisation des secteurs d'utilité publique et l'intervention de l'Etat dans les processus de marché; vi) échanges d'expériences sur la sensibilisation du public et des entreprises aux règles de concurrence et de lutte contre les monopoles; vii) coopération en vue d'intensifier l'assistance technique et l'aide au renforcement des capacités octroyées à la Chine par l'UE. *Rapport de la Commission ; Rapport sur la politique de concurrence 2004, Bruxelles, le 17.6.2005, SEC(2005) 805 final, p. 197 à 199.*

effets[781]. Selon la doctrine, il existe principalement deux raisons qui expliquent la conclusion de cet accord. D'abord la reconnaissance de l'application extraterritoriale du droit de la concurrence par l'arrêt *Ahlström (pâte de bois)*[782] en 1988 et, ensuite, l'adoption par le Conseil du règlement relatif au contrôle des opérations de concentration des entreprises. Ce règlement ouvre la voie à un contrôle simultané d'une même opération de concentration des deux côtés de l'Atlantique[783]. Ainsi, l'extraterritorialité des lois américaines et communautaires de la concurrence a obligé les parties à résoudre les conflits résultant de leur similitude. A ce titre, l'Accord bilatéral entre les Etats Unis et la Communauté introduit des mécanismes de résolution des conflits de compétence relevant du droit de la concurrence.

En ce qui concerne le contenu de l'Accord entre la Commission des Communautés européennes et le gouvernement des Etats-Unis, l'Accord prévoit : la notification réciproque des affaires sur lesquelles l'une ou l'autre des autorités de concurrence enquête et qui sont susceptibles d'affecter des intérêts importants de l'autre partie. Il prévoit également l'échange d'informations sur les aspects généraux de l'application des règles de concurrence[784] ; la coopération et la coordination des actions menées par les autorités de concurrence des deux parties[785] ; une procédure de « courtoisie traditionnelle » en vertu de laquelle chaque partie s'engage à tenir compte des intérêts importants de l'autre partie dans la mise en œuvre de ses propres mesures d'application[786]; une procédure de « courtoisie active » en vertu de laquelle chaque partie peut demander à l'autre de prendre les mesures d'application appropriées, conformément aux règles de concurrence de la

---

[781] *Ibid.* art.I alinéa 1 défini le champ d'application de l'Accord qui recouvre les articles 81, 82, 85, 86 du Traité de Rome et le règlement no.4064/89 du Conseil sur les contrôles de concentrations entre les entreprises, les articles 65 et 66 du CECA, ainsi que les règlements d'application pour l'Union européenne ; le *Sherman Act,*le *Clayton Act,*le *Wilson Tarif Act* et en partie le *Federal Tarade Commission Act* pour la partie américaine.

[782] CJCE, aff. jointes 89, 104, 114, 116, 117 et 125 à 129/85, *Ahlström (pâte de bois) op.cit.*

[783] SMITHERMAN Charles W., "The Future of Global Competition Governance: Lessons From the Transatlantic", *op.cit.*, p. 809 ; MERKT Benoît, *Harmonisation internationale et entraide administrative internationale en droit de la concurrence*, *op.cit*, p. 315 ; JANOW Merit, "Transatlantic Cooperation on Competition Policy", dans *Antitrust Goes Global: What Future for the Transatlantic Cooperation?* , Eds. EVENETT Simon J. / LEHMANN Alexander / STEIL Benn, Brookings 2000, p. 30 et 31.

[784] L'accord entre la Commission des Communautés européennes et le gouvernement des Etats-Unis d'Amérique concernant l'application de leurs règles de concurrence, *op.cit.* art. II et III.

[785] *Ibid.* art.IV.

[786] *Ibid.* art. VI.

partie requise, à l'encontre des activités anticoncurrentielles ayant lieu sur le territoire de cette dernière et qui affectent des intérêts importants de la partie requérante[787]. L'accord de 1991 précise en outre que les autorités de concurrence demeurent soumises à leurs règles internes en matière de protection de la confidentialité des informations, recueillies dans le cadre de leurs enquêtes respectives[788].

On notera à cette occasion, qu'à la suite de la saisine de la Cour de Justice des Communautés européennes par la République Française, l'acte d'acceptation du Traité par la Commission européenne a été annulé pour incompétence de la Commission[789]. Selon la Cour de Justice, la compétence pour conclure l'Accord n'appartenait pas seulement à la Commission[790]. En revanche, ce jugement n'a pas eu pour effet de rendre l'Accord nul au regard du droit international en vertu de l'article 46 de la convention de Vienne du 21 mars 1986 sur le droit des Traités entre Etats et organisations internationales ou entre organisations internationales qui proclame que l'incompétence de l'autorité ayant conclu un Traité n'est susceptible de l'annuler qu'à la condition d'avoir été manifeste[791]. Dans ce cas la Commission n'était pas manifestement incompétente puisqu'il a fallu l'intervention de la Cour de Justice qui a mis presque trois ans pour interpréter les articles du Traité de Rome et établir que le Conseil était en

[787] *Ibid.* art. V.

[788] *Ibid.* art. VIII.

[789] CJCE, aff.327/91 du 9 août 1994, *République française c. Commission*, Rec.1994, p.3641 ss. Dans cette affaire la France soutenait en effet que l'ex-art. 228 (actuellement l'art.300) du Traité de Rome ne donnait pas la compétence de conclure valablement le Traité du 23 septembre 1991 sans avoir reçu le mandat préalable du Conseil. La Commission refusait cette interprétation en invoquant d'abord que l'accord en question était un accord administratif reposant sur la déclaration sur les relations entre les États-Unis et la Communauté européenne adoptée le 23 novembre 1990 et ensuite que la compétence extérieure de la Commission pouvait être déduite des ex-articles 85, 86, 89 et 90 (actuellement les articles 81, 82, 85 et 86) du Traité de Rome qui lui attribue la compétence exclusive dans le domaine de la concurrence.

[790] *Ibid.,* p. 3666.

[791] Art. 46. - Dispositions du droit interne concernant la compétence pour conclure des traités
1. Le fait que le consentement d'un Etat à être lié par un traité a été exprimé en violation d'une disposition de son droit interne concernant la compétence pour conclure des traités ne peut être invoqué par cet Etat comme viciant son consentement, à moins que cette violation n'ait été manifeste et ne concerne une règle de son droit interne d'importance fondamentale.
2. Une violation est manifeste si elle est objectivement évidente pour tout Etat se comportant en la matière conformément à la pratique habituelle et de bonne foi.

définitive l'autorité compétente[792]. Quoi qu'il en soit, l'Accord a été conclu à nouveau, cette fois conjointement par le Conseil et la Commission en 1995 pendant la présidence française, laquelle avait été à l'origine de l'annulation de l'acte d'acceptation du Traité et à cette occasion, le Conseil et la Commission ont aussi approuvé une lettre interprétative adressée aux Etats-Unis[793].

En l'espèce, l'interdiction d'échange d'informations confidentielles constitue un obstacle important à l'efficacité de l'Accord. Dans le cas d'une concentration d'entreprises, examinée à la fois par la Commission européenne et la *Federal Trade Commission,* les entreprises qui ont, par exemple, déjà notifié l'opération à la Commission européenne peuvent avoir intérêt à ce que les autorités antitrust américaines aient également accès à leur dossier de notification afin de faciliter le déroulement de l'opération et éviter une demande auprès des autorités américaines[794]. Il existe plusieurs cas dans lesquels les autorités de concurrence ont collaboré étroitement[795]. Autrement dit, la coopération facilite l'application du droit de la concurrence dans les cas d'intérêt mutuel et a souvent mené à l'adoption d'une approche commune. A titre d'exemple on peut citer la procédure concernant un abus de position dominante de *Microsoft,* mené simultanément par les autorités de

---

[792] LIGNEUL Nicolas, *L'élaboration d'un droit international de la concurrence entre les entreprises*, *op.cit.*,p.165 ; MERKT Benoît, *Harmonisation internationale et entraide administrative internationale en droit de la concurrence*, *op.cit.*,p. 317.

[793] Décision du Conseil et de la Commission du 10 avril 1995 relative à la conclusion de l'Accord entre les Communautés européennes et le gouvernement des Etats-Unis d'Amérique concernant l'application de leurs règles de concurrence, JOCE n° L 95 du 27.04.1995, (95/145/CE, CECA) ; Rectificatif à la décision 95/145/CE, CECA, du Conseil et de la Commission du 10 avril 1995, 1995 relative à la conclusion de l'Accord entre les Communautés européennes et le gouvernement des Etats-Unis d'Amérique concernant l'application de leurs règles de concurrence, JOCE n° L 131 du 15 juin 1995, p. 38 ss.

[794] MERKT Benoît, *Harmonisation internationale et entraide administrative internationale en droit de la concurrence*, *op.cit.*, p. 324.

[795] Décision de la Commission du 8 juin 1994 relative à l'affaire *Shell/Montecatini*, dans JOCE, L.332, 12 décembre 1994, p. 48 ; Décision de la Commission du 15 octobre 1997 relative à l'affaire *Guiness/GrandMetropolitan*, dans JOCE, L.288, 27 octobre 1998, p.24 à 54 ; Décision de la Commission du 30 juillet 1997 relative à l'affaire *Boeing/Mc Donnel Douglas*, dans JOCE, L.336, 8 décembre 1997, p. 16 à 47 ; [795] Décision de la Commission *Microsoft* du 24 mai 2004 relative à une procédure d'application de l'article 82 du traité CE et de l'article 54 de l'accord EEE engagée contre Microsoft Corporation (Affaire COMP/C-3/37.792 — Microsoft) notifié sou le numéro *C(2004) 900,* JOCE L 32 du 6 février 2007, p. 23 à 28 ; Voir aussi Rapport de la Commission au Conseil et au Parlement européen sur la mise en œuvre de l'Accord entre les Communautés européennes et le Gouvernement des États-Unis d'Amérique concernant l'application de leurs règles de concurrence 1er janvier 1999 au 31 décembre 1999, Bruxelles, le 4 octobre 2000, COM(2000)618 final.

concurrence américaines et européennes[796]. L'affaire *Microsoft* a été conduite durant la période d'intérim pendant laquelle l'accord entre l'Union européenne et les Etats-Unis avait été rejeté par la Cour de Justice des Communautés européennes. Dans cette affaire, *Microsoft* a permis l'échange d'informations confidentielles entre les autorités de concurrence afin d'éviter de devoir négocier avec chaque autorité de concurrence compétente et aussi en vue de réduire le risque d'un cumul des sanctions[797]. Ainsi, l'entreprise a négocié un règement simultané et a fait des propositions identiques aux deux autorités de compétences nationales[798]. En ce qui concerne les autorités de concurrence, la courtoisie passive a facilité leur tâche car elle ne mène pas seulement à une délimitation géographique des champs d'application respectifs, mais aboutit à une répartition générale des différents aspects d'un cas[799]. Par exemple, dans l'affaire *Microsoft*, les autorités américaines ont examiné sur la stratégie de l'entreprise, douteuse, qui visait à promouvoir son logiciel de navigation *Internet Explorer* au détriment de *Netscape Navigator*, tandis que la Commission européenne s'est concentrée au cours de la procédure sur les marchés des serveurs et sur l'intégration de logiciels multimédia dans le système d'exploitation *Windows*[800].

Par ailleurs, il faut aussi signaler que la thèse selon laquelle un accord contenant uniquement des règles de procédure risquerait de défavoriser la partie économiquement la plus faible n'est pas convaincante. En effet, un accord bilatéral sur le modèle de l'Accord entre les Etats-Unis et l'Union européenne offrirait un cadre pour les notifications, l'échange d'informations non confidentielles entre autorités de la concurrence, les consultations, la courtoisie traditionnelle, la courtoisie positive, et la coopération dans les cas d'intérêt commun. Il permettrait un dialogue biannuel entre les autorités de la concurrence. En revanche, il ne donnerait pas la possibilité de procéder de

---

[796] MULLER Markus, "The European Commission's Decision against Microsoft: A Violation of the Antitrust Agreements between the United States and the European Union?", *ECLR*, Vol. 26, juin 2005, p. 310.

[797] *United States v. Microsoft Corp.*, 1995-2 Trade Cas. (CCH) 71,096 (D.D.C.) 1995 et Affaire COMP/C-3/37.792 — Microsoft.

[798] PIILOLA Anu, "Assessing Theories of Global Governance: A Case Study of International Antitrust Regulation", *SJIL* Vol.39, issue 2, summer 2003, p. 240 ; ROMANO Frank, Mondialisation des politiques de concurrence, *op.cit.*, p.55. ; LITAN Robert E., "The First Microsoft Case" dans *Antitrust Goes Global: What Future for the Transatlantic Cooperation?*, Ed. EVENETT Simon J. / LEHMANN Alexander / STEIL Benn, Brookings 2000, p. 174 à 176.

[799] JANOW Merit, "Transatlantic Cooperation on Competition Policy", *op.cit.*, p. 36.

[800] HEINEMANN Andreas, « La nécessité d'un droit mondial de la concurrence », *op.cit.*, p. 300.

manière directe à des recherches de preuves sur le territoire de l'autre partie. Il n'envisagerait ni la reconnaissance et l'exécution forcée des décisions d'une autorité de la concurrence sur le territoire d'une autre ni la possibilité d'échange d'informations confidentielles entre autorités de la concurrence, en l'absence du consentement des entreprises concernées. Dans ces conditions, il est faux d'affirmer qu'il pourrait pénaliser la partie économiquement la moins forte. En effet, les actes qui pourraient lui être préjudiciables sont subordonnés à son consentement ou à celui des entreprises sur son territoire[801].

En conclusion, on peut déduire que les accords de seconde génération ne créent pas de systèmes transfrontaliers pour appliquer les lois d'une nation sur le territoire de l'autre. Cependant, ils mettent en place un cadre que les autorités de concurrence nationales peuvent employer pour influencer l'application d'une loi de concurrence pour une juridiction étrangère, notamment par l'intermédiaire de la procédure de courtoisie. Les conditions préalables pour la négociation des accords de seconde génération ne sont pas lourdes. Ces accords n'exigent pas un fort degré de similitude des droits nationaux de la concurrence ou un degré élevé de confiance institutionnelle mutuelle que des accords bilatéraux plus avancés exigent. Pour cette raison, les accords de seconde génération demeurent la forme la plus courante d'accords bilatéraux entre les nations qui n'ont pas encore coopéré dans le domaine du droit de la concurrence.

§ 3 – Les accords de troisième génération

L'Union européenne et les Etats-Unis ont un grand nombre de valeurs et d'intérêts en commun, même si les orientations et stratégies adoptées sont parfois divergentes. Déjà, depuis les années 70, le ministère de la justice des Etats-Unis et le département d'Etat ont négocié un certain nombre de traités connus sous le nom de traités mutuels d'aide légale[802]. Ces derniers ont pour objet d'aider à l'application transfrontalière du droit pénal entre les Etats-Unis et les gouvernements étrangers. De tels traités permettent, dans le cadre de poursuites criminelles, le partage d'information, d'investigation, et l'obtention de documents et de preuve qui proviennent du territoire de nations étrangères. Tandis qu'à l'origine les traités mutuels d'aide légale n'étaient prévus que dans le cadre de poursuites criminelles

---

[801] MERKT Benoît, *Harmonisation internationale et entraide administrative internationale en droit de la concurrence*, *op.cit.*, p. 399 et 400.
[802] Mutual Legal Assistance Treaties (MLATs)

conventionnelles, la portée de ces traités s'est progressivement développée et aujourd'hui une partie d'entre eux envisage expressément des poursuites criminelles dans le domaine du droit de la concurrence.

Dans ce type d'accord, il est prévu que les autorités de concurrence des pays concernés puissent coordonner leurs enquêtes ou se prêter aide et assistance et échanger les résultats de leur investigation. Tel est le cas, en particulier, de l'accord d'assistance mutuelle en matière de concurrence conclu, en 1990, entre le Canada et les Etats-Unis[803], pays où les ententes horizontales de prix et de répartition de marché constituent des infractions pénales. Cet accord, qui a été le premier du genre, a notamment pour objet d'empêcher les entreprises de l'un des deux pays de mettre en œuvre des pratiques anticoncurrentielles affectant l'autre pays en bénéficiant d'une impunité de fait en raison de l'impossibilité pour l'autorité du pays affecté de déclencher une enquête pénale dans le pays où se trouve les preuves de l'infraction. Cet accord permet, d'une part, aux autorités judiciaires des deux pays de déclencher des enquêtes simultanées ou de procéder à des perquisitions coordonnées des deux côtés de la frontière et, d'autre part, aux autorités judiciaires de l'un des deux pays d'effectuer une enquête pénale pour le compte des autorités de l'autre. Ainsi, on a cherché à surmonter certaines des limites des accords de seconde génération en formant un premier accord de troisième génération[804]. Plusieurs cartels internationaux, par exemple dans le secteur du papier pour photocopie, des couverts en plastique, de la lysine et des vitamines, qui produisaient des effets dans les deux pays ont ainsi pu être poursuivis par les autorités des Etats-Unis et du Canada travaillant en étroite

---

[803] Treaty between the Government of Canada and the Government of the US of America · Mutual Legal Assistance in Criminal Matters, 1990 Can TS No 19, 18 March 1985, entered into force 14 January 1990, 100th Cong., 2d Sess, Treaty Doc. 100-14; Exec. Rpt. 10-28; Exec. Rpt. 101-10; 24 ILM 1092-1099, July 1985, No. 4.

[804] Certain nombre d'accords de troisième génération ont été conclu entre plusieurs pays par example ; Treaty between the Government of Canada and the Government of the US of America Mutual Legal Assistance in Criminal Matters, *op.cit.*; Agreement between the Government of the US of America and the Government of Australia on Mutual Antitrust Enforcement Assistance, Washington DC, 27 April 1999, www.usdoj.gov ; Accord entre les Communautés européennes et le gouvernement des Etats-Unis d'Amérique concernant la mise en œuvre des principes de courtoisie active dans l'application de leurs règles de concurrence, JOCE n° L 173 du 18.06.1998, p.28 ss ; Accord entre les Communautés européennes et le gouvernement du Canada concernant l'application de leur droit de la concurrence, JOCE L 175 du 10 juillet 1999, p. 50ss. Cet accord a été signé lors du sommet UE/Canada à Bonn le 17 juin 1999 et est entré en vigueur dès sa signature.

collaboration[805]. Ainsi, la coopération entre les autorités chargées de contrôler la concurrence est totalement transformée : ce n'est plus une simple coopération entre autorités chargées de contrôler la concurrence qui est autorisée par l'Accord, mais une véritable collaboration policière[806] : les représentant des autorités chargées de la concurrence sont en effet autorisés à poursuivre leurs investigations sur le territoire de l'autre partie, à condition toutefois d'avoir recueilli son accord préalable[807].

En raison du grand succès de l'Accord entre les Etats-Unis et le Canada, le Congrès des Etats-Unis a adopté l'*International Antitrust Enforcement Assistance Act*[808] en novembre 1994, afin de faciliter la conclusion des accords d'assistance mutuelle en matière de concurrence avec d'autres nations. Les accords conclus en vertu de la loi sur l'assistance internationale en matière d'application des mesures antitrust stipulaient que toute autorité de contrôle est autorisée à user de ses pouvoirs contraignants afin d'obtenir des informations destinées à être remises à l'autre partie aux fins d'utilisation dans son enquête. Au surplus, les accords bilatéraux reposant sur une loi sur l'assistance internationale en matière d'application de mesures antitrust prévoient des dispositions relatives à l'application de la courtoisie positive. Ainsi, dans chaque cas, c'est l'autorité nationale de contrôle qui est la mieux placée pour enquêter sur les comportements incriminés et imposer d'éventuelles mesures de rétorsion. De tels instruments sont loin d'être négligeables et ils peuvent faciliter considérablement la tâche des autorités de contrôle qui tentent d'obtenir la documentation nécessaire pour déterminer si les comportements incriminés sont licites ou non[809].

Bien que l'*International Antitrust Enforcement Assistance Act*, avec ses mandats de réciprocité et de confidentialité, fournit un cadre efficace pour le développement d'un réseau d'accords de troisième génération entre les Etats-Unis et d'autres nations, elle n'est pas encore efficace puisqu'il n'existe aujourd'hui qu'un seul accord négocié avec succès s'appuyant sur cette loi. Ainsi, les autorités américaines de contrôle ont négocié avec l'Australie le

---

805 JENNY Frédéric, « L'environnement économique international et les autorités de concurrence », *op.cit.*, p. 452.

806 LIGNEUL Nicolas, *L'élaboration d'un droit international de la concurrence entre les entreprises*, *op.cit.* p. 167 et 168.

807 Art.2 parag. 5 et 6 de l'Accord entre les Etats-Unis et le Canada.

808 International Antitrust Enforcement Assistance Act 1994, Pub Law No. 103-438, 108 Stat. 4597, 15 USC 6201 – 6212.

809 TRITELL Randolph, "Bilan de l'application de la législation antitrust américaine aux sociétés étrangères", *op.cit.*, p. 16.

premier et le dernier accord en vertu de la loi sur l'assistance internationale en matière d'application de mesures antitrust [810]. L'accord bilatéral de 1982[811] n'est pas remplacé, mais complété par l'accord de 1999. Ce dernier vise uniquement à permettre l'échange d'informations confidentielles entre les autorités de concurrence des Etats-Unis et d'Australie[812]. L'approche envisagée pour obtenir des informations sur le territoire de l'autre partie est différente de celle de l'Accord entre les Etats-Unis et le Canada[813]. Ce résultat est en grande partie du aux critères stricts de confidentialité présentés dans la loi sur l'assistance internationale en matière d'application de mesures antitrust qui constitue un seuil élevé pour la négociation pour la plupart des pays. De plus, la plupart des pays ont peur de partager des informations confidentielles, craignant l'espionnage industriel transfrontalier[814].

Par ailleurs, en 1998, les Etats-Unis et l'Union européenne ont signé un nouvel accord, qui ne remplace pas le précédent, mais qui précise les modalités d'application de certains principes mentionnés dans les accords de seconde génération[815]. Le conflit juridictionnel entre l'Union européenne et les Etats-Unis, dans le contexte des fusions de *Boeing / McDonnell Douglas*[816] a mené les deux parties à chercher un accord plus complet en ce qui concerne les questions de courtoisie positive. En conséquence, un accord entre l'Union européenne et les Etats-Unis a été conclu. Une caractéristique

---

[810] Agreement between the Government of the US of America and the Government of Australia on Mutual Antitrust Enforcement Assistance, *op.cit.*

[811] Agreement between the Government of the US of America and the Government of the Commonwealth of Australia Relating to Mutual Co-operation on Antitrust Matters, *op.cit.*

[812] *Ibid.,* art.2.

[813] Il n'est pas prévu que les autorités de concurrence d'une partie puissent effectuer une inspection sur le territoire de l'autre partie. Les autorités de concurrence d'une partie peuvent requérir l'assistance des autorités de la concurrence de l'autre partie (art.3) qui va elle-même procéder à des actes d'instruction sur son territoire, pour le compte de l'autre partie, et lui transmettre les informations obtenues. La procédure d'assistance n'a pas un caractère exclusif. Ensuite, l'assistance peut être accordée indépendamment du fait que le comportement en cause pourrait constituer une violation de la législation sur la concurrence de la partie requise (art.2(f)). Enfin, une requête des Etats-Unis doit préciser si elle est faite dans le but d'utiliser les informations obtenues dans le cadre de procédure pénale (art.3(b)).

[814] TAYLOR Martyn, *International Competition Law: A New Dimension for the WTO?,op.cit.*,p. 115.

[815] Accord entre les Communautés européennes et le gouvernement des Etats-Unis d'Amérique concernant la mise en œuvre des principes de courtoisie active dans l'application de leurs règles de concurrence, *op.cit.*

[816] Décision de la Commission du 30 juillet 1997 relative à l'affaire *Boeing/Mc Donnel Douglas*, *op.cit.*

importante de cet accord concerne l'engagement pris par chaque partie de retarder ou de suspendre son enquête sur certains comportements visés par le mécanisme de courtoisie positive si l'autre partie consent à un ensemble de conditions. Or, une pratique faussant le libre jeu de la concurrence, sans effet sur le territoire de la partie demanderesse, doit conduire à l'application des règles de l'autre partie. A défaut, cette dernière doit donner des explications. Ainsi, la partie sollicitée pourrait accepter de consacrer suffisamment de ressources à la poursuite de l'enquête, de tenir la partie requérante au courant de la survenue d'éléments importants et de mener l'affaire à terme dans les meilleurs délais, y compris en ce qui concerne les mesures réparatrices[817]. Toutefois, l'accord reconnaît à chaque partie le droit d'ouvrir ou de rouvrir par elle-même une enquête indépendante. Selon le rapport de la Commission européenne[818], cette coopération demeure extrêmement utile pour les deux parties : elle leur permet d'améliorer leurs mesures respectives d'application, d'éviter les différends inutiles et les incohérences entre ces mesures ainsi que de mieux comprendre la politique de concurrence de l'autre partie[819].

En résumé, dans les accords de troisième génération la courtoisie positive est conçue comme un moyen alternatif par rapport à l'application extraterritoriale du droit de la concurrence. La nouvelle version des engagements « de courtoisie positive » cherche à atténuer les effets de sous-règlementation dans le domaine du droit international de la concurrence en exigeant que l'autorité nationale de concurrence considère toutes les demandes d'application posé par un pays affecté. De plus, ils incluent un engagement implicite pour ce pays de ne pas agir unilatéralement par

---

[817] TRITELL Randolph, "Bilan de l'application de la législation antitrust américaine aux sociétés étrangères", *op.cit.*, p. 17.

[818] Rapport de la Commission, *Rapport sur la politique de concurrence 2004*, Bruxelles, le 17.6.2005 SEC(2005) 805 final p. 194.

[819] *Ibid.,* La coopération avec les autorités de concurrence américaines dans le domaine du contrôle des opérations de concentration s'est poursuivie de manière très intense en 2004. Les meilleures pratiques adoptées en 2002 par l'UE et les États-Unis pour l'examen des concentrations forment un cadre précieux pour la coopération, en indiquant notamment les points décisifs de la procédure pour lesquels une coopération peut s'avérer particulièrement utile. Dans la pratique, la coopération sur des affaires spécifiques se déroule d'une manière très pragmatique et très souple, en fonction de l'affaire et des questions en jeu. À l'instar des années précédentes, l'expérience de la Commission a montré que la coopération et la coordination dans les affaires de concentration sont les plus utiles au stade de l'élaboration, de la négociation et de la mise en œuvre des mesures correctives visant à remédier aux éventuels problèmes de concurrence mis en exergue par les autorités. Une démarche concertée permet de réduire les incohérences d'approche possibles, dans l'intérêt tant des parties à la concentration que des autorités elles-mêmes.

l'intermédiaire de l'application extraterritoriale, jusqu'à l'épuisement de tous les moyens d'exécution dans le pays sollicité. Ainsi, la courtoisie active peut présenter trois avantages : elle permet de traiter des actes anticoncurrentiels à l'étranger sans avoir besoin de recourir à l'application extraterritoriale du droit la concurrence ; elle est un moyen, pour la partie sur le territoire de laquelle l'acte anticoncurrentiel a lieu, de conserver, si elle le souhaite, la maitrise de la procédure ; elle permet a une entreprise d'éviter de faire l'objet de procédures parallèles et pour les autorités de concurrence de réduire le risque de décisions contradictoires[820].

En revanche, la courtoisie positive a aussi ses limites. Pour qu'elle réussisse, le comportement anticoncurrentiel doit être illégal dans chacun des pays, ce qui implique que la législation en vigueur en matière de concurrence dans les deux Etats soit similaire. D'ailleurs, les parties à l'accord de courtoisie positive doivent avoir une confiance suffisante dans les capacités d'imposer leur droit de la concurrence efficacement. De même, les limites à la courtoisie positive renforcent le fait que les accords de troisième génération doivent être fondés sur la similitude des lois de concurrence de chaque juridiction et sur la confiance mutuelle que chaque pays accorde à l'autre partie. A défaut de ressemblances suffisantes, il semble difficile de négocier et soutenir les accords de troisième génération. Ces conditions préalables strictes expliquent, d'une part, les raisons de leur impopularité au sein de la communauté internationale, et d'autre part, signifient également que les accords de troisième génération sont peu susceptibles d'être conclus entre les pays ayant des conceptions sensiblement différentes de la règlementation des conduites anticoncurrentielles.

§ 4 – Les nouveaux types d'accords

A côté des politiques systématiques de négociation d'accords de coopération bilatérale intéressant le droit de la concurrence menées par les Etats-Unis et la Communauté européenne, et en dehors des organisations régionales à vocation économique, l'Australie et la Nouvelle-Zélande ont adopté isolément un accord de coopération ayant pour objet la lutte contre les pratiques restrictives de concurrence des entreprises en suivant les

[820] MERKT Benoît, *Harmonisation internationale et entraide administrative internationale en droit de la concurrence*, *op.cit.*, p. 344.

recommandations d'OCDE [821]. Ainsi, le 1er janvier 1983, la Nouvelle-Zélande et l'Australie ont signé un accord de libre échange prévoyant une coopération générale entre les Etats signataires[822]. Cet Accord a prévu l'élimination progressive des obstacles au commerce entre les deux Etats jusqu'au 1er juillet 1995, et un rapprochement de leur droit commercial. En 1988, ce délai a été réduit au 1er juillet 1990 et le droit de la concurrence a été incorporé dans l'Accord[823]. Toutefois, il n'envisageait qu'une procédure de consultation, qui ne permettait pas de réglementer la concurrence régionale. Cette lacune a été comblée par un accord conclu en 1988 prévoyant l'interdiction des ententes et des abus de position dominante sur le territoire des deux Etats parties à l'accord. Les conditions de poursuite de ces deux infractions ont été uniformisées. Au surplus, en 1988, les deux Etats ont convenu de supprimer les législations sur le dumping dans leur commerce intérieur, et de les remplacer par l'application du droit de la concurrence. A cette fin, il a été prévu que le territoire de l'Australie et de la Nouvelle-Zélande sont considérés comme un marche unique ; l'autorité de la concurrence de chaque pays a la faculté de mener des enquêtes et de réunir des preuves sur le territoire de l'autre Etat ; le tribunal d'un Etat peut siéger dans l'autre Etat ; un témoignage peut être recueilli ou des communications peuvent être reçues, par liaison vidéo ou téléphone s'ils émanent d'une personne se trouvant dans l'autre Etat ; les jugements et ordonnances rendus par les tribunaux d'un Etat sont automatiquement exécutoires après enregistrement au greffe du tribunal de l'autre Etat. Les législations sur la concurrence des deux Etats ont été modifiées pour tenir compte de ces changements[824]. Par ailleurs, pour assurer l'efficacité de ces poursuites,

---

[821] LIGNEUL Nicolas, *L'élaboration d'un droit international de la concurrence entre les entreprises*, *op.cit.*, p. 179 ; PIILOLA Anu, "Assessing Theories of Global Governance: A Case Study of International Antitrust Regulation", *op.cit.*, p. 236.

[822] Australia-New Zealand Closer Economic Relations Trade Agreement, concluded 28 March 1983, commenced 1 January 1984 (1983) 22 ILM 948.

[823] MERKT Benoît, *Harmonisation internationale et entraide administrative internationale en droit de la concurrence*, *op.cit.*, p. 335.

[824] En Nouvelle-Zélande, le commerce Act a été modifié sur plusieurs points en 1990 *(Commerce Amendment Act 1990)*. Le nouveau paragraphe 4 al.2(e) de la loi précise que celle-ci est applicable aux personnes qui sont domiciliées en Australie et qui y exercent une activité commerciale. En rapport avec l'abus de position dominante, le paragraphe 36 A interdit l'abus de position dominante en Australie ou dans les deux Etats. En Australie, la reforme a consisté en l'adoption d'un nouvel article 46 A dans le Trade Practice Act. Jusqu'en 1997, les articles 36 A et 46 A n'ont été appliqué ni par la « Commerce Commission » en Nouvelle-Zélande, ni par l' « Australian Competition and Consumer Commission ». See Australia's Trade Practices Act 1974, art. 46A and New Zealand's Commerce Act 1986 s. art.36A.

l'accord prévoit une égale possibilité de saisine des autorités de concurrence pour les ressortissants de chacune des parties à l'Accord. Ainsi, tous les ressortissants australiens ou néo-zélandais qui s'estiment victime d'une activité restrictive de concurrence sur le marché australien ou néozélandais ont la possibilité de saisir celle des autorités qui est compétente pour connaître de ce comportement.

En 2006, les deux Etats ont signé un nouveau protocole concernant les concentrations qui facilite les décisions sur les fusions et les acquisitions[825]. Ce protocole constitue l'annexe du nouvel accord de coopération, remplaçant l'Accord de 1994, signé le 31 juillet 2007 entre les autorités de concurrence néo-zélandaise et australienne pour que les deux autorités puissent mieux coordonner leurs activités[826]. Grace à ces accords, l'autorité de concurrence d'un Etat peut agir par exemple à l'encontre d'un cartel entre entreprises de l'autre Etat, sans se heurter aux limites du droit international public. Il n'existe pas de droit supranational de la concurrence, mais deux législations nationales de la concurrence qui sont appliquées en parallèle. Le résultat est que, comme dans l'UE, un véritable contrôle des pratiques restrictives de concurrence de dimension internationale est atteint, mais, contrairement à l'UE, il n'existe ni droit ni autorité supranationale de la concurrence.

Ce modèle de coopération très approfondie est unique au monde. En dehors de cet accord, la coopération bilatérale n'a pour objectif que d'étendre un système juridique régional ou national de lutte contre les pratiques restrictives de concurrence. En cela, la coopération régionale se rapproche de l'application extraterritoriale du droit de la concurrence qui vise à étendre par la force l'application des systèmes de réglementation de la concurrence. En revanche, cet accord prévoit que chacun des deux droits nationaux prohibe les abus de position dominante sur le territoire des deux pays et que l'autorité de concurrence de chacun puisse mettre en œuvre son droit national non seulement à l'encontre des pratiques anticoncurrentielles qui ont des effets dans son pays mais également à l'encontre des pratiques qui ont des effets dans l'autre pays. En bref, cet accord consacre une véritable

[825] Cooperation Protocol for Merger Review between Australian Competition and Consumer Commission and New Zealand Commerce Commission, come into effect since the 8th of August 2006.
[826] http://www.comcom.govt.nz//TheCommission/InternationalAgreements

extraterritorialité réciproque des deux droits nationaux.[827] Sa grande originalité a donc permis l'harmonisation des systèmes juridiques de contrôle de la concurrence de l'Australie et de la Nouvelle-Zélande et il a permis d'améliorer l'efficacité de la sanction des pratiques restrictives de concurrence en droit australien et néo-zélandais de la concurrence. Toutefois, cette approche régionale, qui a pu voir le jour en raison des liens économiques et commerciaux très développés entre la Nouvelle-Zélande et l'Australie n'a pas été étendue à d'autres Etats.

En résumé, on peut conclure que la coopération internationale en matière antitrust gagne en importance. Plusieurs raisons amènent les pays à négocier des arrangements bilatéraux de coopération. D'abord, la coopération est conçue pour éviter les problèmes résultant de l'exercice de la juridiction extraterritoriale. En second lieu, la coopération facilite l'interaction entre la recherche et l'application des affaires d'antitrust en permettant d'accéder aux preuves essentielles. Troisièmement, la coopération efficace peut empêcher de prendre des décisions contradictoires. Et finalement, la coopération et la coordination, peuvent éviter la duplication du travail inutile et économisent ainsi des coûts de transaction[828]. En outre, avec les accords de coopération bilatérale, plusieurs Etats se sont engagés à respecter le principe de courtoisie. Ils appliquent les lois sur la concurrence dans le respect des intérêts de leurs partenaires, et ils notifient les mesures pouvant affecter les intérêts étrangers sur leurs territoires. Ils cherchent à prendre les mesures antitrust les moins préjudiciables pour leurs partenaires commerciaux. Ces nouveaux accords de coopération bilatérale ont enrichi le contenu du principe de courtoisie.

Sous-section II – Les accords n'ayant pas pour objet spécifique la concurrence

Outre les accords dont l'objet spécifique est la concurrence, il existe d'autres instruments internationaux qui n'ont pas pour but principal de réglementer les questions de concurrence mais qui édictent des dispositions qui sont susceptibles de traiter certains problèmes du droit de la concurrence international.

[827] JENNY Frédéric, « L'environnement économique international et les autorités de concurrence », *op.cit.*, p. 452.
[828] PIILOLA Anu, "Assessing Theories of Global Governance: A Case Study of International Antitrust Regulation", Vol.39, issue 2 *SJIL*, summer 2003, p. 239.

§ 1 – Les traités d'entraide juridique

La coopération relative aux poursuites pénales pour violation de la législation antitrust peut s'inscrire dans le cadre des traités bilatéraux d'entraide judiciaire s'appliquant aux affaires pénales en général. La coopération judiciaire internationale en matière pénale comprend toutes les procédures relatives à la collaboration internationale. Elle désigne tous les moyens mis à la disposition d'un Etat lorsqu'il agit dans le cadre d'une procédure pénale ouverte dans un Etat étranger. Elle suppose l'existence d'une procédure pénale pour laquelle, sur demande de l'Etat intéressé, l'Etat requis exécute les actes susceptibles de favoriser, dans l'Etat requérant, la poursuite et la répression d'infractions pénales[829].

Les Etats-Unis ont conclu des traités de ce type avec certains Etats[830] (comme par exemple celui signé en 1990 avec le Gouvernement canadien), et n'ont mis en place une coopération antitrust importante qu'en vertu du traité d'entraide judiciaire en matière pénale[831]. Le traité avec le Canada prévoit notamment l'obtention de preuves concernant d'éventuelles infractions pénales, y compris par le recours à des moyens contraignants comme les mandats de perquisition et l'échange d'informations confidentielles assorties de garanties de non-divulgation. Cependant, même en l'absence de traités de ce genre, il peut y avoir entraide judiciaire internationale dans les affaires pénales antitrust en vertu de la législation nationale. L'Allemagne l'a utilisée, moyennant l'accord des services chargés de la concurrence et d'autres instances officielles[832].

---

[829] MOREILLON Laurent, « Coopération et entraide judicaire internationale civile administrative et pénale : un état des lieux », *Récents développements en matière d'entraide civile, pénale et administrative*, CEDIDAC, Lausanne 2004, p. 16.

[830] Le traité entre les États-Unis et le Royaume-Uni a récemment été étendu aux poursuites pénales dans les affaires de concurrence. En 2001, le Royaume Uni a renoncé à réserve concernant l'assistance judiciaire dans le domaine de concurrence. U.S.-U.K. Mutual Legal Assistance Treaty on december 1996, ainsi que l'Extradition Treaty, U.S.-U.K., Mar. 31, 2003, S. Treaty Doc. 108-23, 2003 WL 23527406.

[831] Traité d'entraide juridique en matière pénale entre le gouvernement du Canada et le gouvernement des Etats-Unis d'Amérique, signé le 18 mars 1985 et entré en vigueur le 24 janvier 1990, RTC 1990 no. 19, Gazette du Canada, 1990 Partie 1, p. 953.

[832] CNUDED, *L'expérience acquise dans le domaine de la coopération internationale concernant la politique de concurrence et les mécanismes utilisés*, TD/B/COM.2/CLP /21/Rev.5, 26 avril 2007, p. 7 et 8.

Par ailleurs, en matière civile, plusieurs conventions ont été signées à La Haye[833], mais elles n'ont que très peu d'incidence sur les litiges internationaux de droit de la concurrence du fait de l'exclusion des procédures relevant du droit public ou du droit pénal de leur champ d'application, ce qui explique le nombre élevé d'accords bilatéraux dans ce domaine. En effet, l'interprétation de ce qui relève de la matière civile et commerciale au sein des Etats parties à une même convention peut fortement varier. Pour les pays de *common law*, en particulier les Etats-Unis, est qualifiée de matière civile et commerciale toute affaire qui n'est pas pénale[834]. Par exemple, la Convention du 15 novembre 1965 relative à la signification et la notification à l'étranger des actes judiciaires et extrajudiciaires en matière civile ou commerciale s'applique aux litiges de droit de la concurrence dans la mesure où ils ne relèvent pas du droit pénal[835]. C'est pourquoi les Etats-Unis n'excluent pas d'emblée l'application de la convention de la Haye sur l'obtention des preuves à l'étranger aux procédures engagées par des autorités de la concurrence[836]. Celle-ci pourrait

---

[833] Convention du 15 novembre 1965 relative à la signification et la notification à l'étranger des actes judiciaires et extrajudiciaires en matière civile ou commerciale ; Convention de La Haye du 18 mars 1970 sur l'obtention des preuves à l'étranger en matière civile ou commerciale ; Convention du premier février 1971 sur la reconnaissance et l'exécution des jugements étrangers en matière civile et commerciale. Cette dernière n'est en vigueur qu'entre Chypre, les Pays-Bas et le Portugal et exclu de son champ d'application les décisions ayant pour objet le paiement d'une amende et celles rendues par une autorité administrative.

[834] FRIEDEL - SOUCHU Evelyne, *Extraterritorialité du droit de la concurrence aux Etats-Unis et dans la Communauté Européenne*, *op.cit.*, p. 397.

[835] Il est à noter que la Convention ne traite que de la transmission des actes d'un Etat à un autre et pas des règles matérielles relatives à la signification ou à la notification.

[836] Qu'il demeure des divergences d'opinions entre les Etats parties quant au caractère obligatoire et/ou exclusif de la Convention. L'Allemagne, la France et la Suisse ont constamment affirmé que les procédures de la Convention de La Haye ont un caractère exclusif. Brief for the Republic of France as Amicus Curiae, Société Nationale Industrielle *AER*ospatiale v. United States District Court, 107 S. Ct. 2542 (1987), (n. 85-1695), International Legal Materials, 1986, p. 1519 ; Brief for the Federal Republic of Germany as Amicus Curiae, Société Nationale Industrielle *AER*ospatiale v. United States District Court, 107 S. Ct. 2542 (1987), (n. 85-1695), International Legal Materials, 1986, p. 1539 ; Cependant, le Royaume-Uni ne considère pas les procédures de la convention comme étant exclusives ; Brief of the Government of the United Kingdom of Great Britain and Northen Ireland as Amicus Cuirae Société Nationale Industrielle *AER*ospatiale v. United States District Court, 107 . CI, 1542 (1987), (n. 85·1695), International Legal Materials, 1986, p. 1557 et aussi DUNFEE Thomas W. / FRIEDMAN Aryeh S., "The Extra-Territorial Application of United States Antitrust Laws : A Proposal for An Interim Solution", *op.cit.*, p. 888 ; GAILLARD Louis, « L'entraide internationale en matière judiciaire et arbitrale : L'état des questions », Récents développements en matière d'entraide civile, pénale et administrative, CEDIDAC, Lausanne 2004, p. 58. En effet, les autorites judiciaires

donc à première vue s'appliquer aux « *civil investigative demands* » de la division antitrust ou aux « *subpoenae* » de la *Federal Trade Commission* mais pas aux procédures de grand jury qui ont un caractère pénal. Aux Etats-Unis, la doctrine considère toutefois que la convention de la Haye sur l'obtention des preuves à l'étranger ne s'applique pas aux procédures d'autorités de la concurrence[837]. Les tribunaux, se fondant sur la pratique des Etats européens, ont également nié l'application de la convention de la Haye sur la recherche de preuve à l'étranger aux procédures introduites par des autorités de concurrence[838].

§ 2 – Les Accords de coopération technique

La coopération technique dans le domaine du droit et de la politique de concurrence se réalise par plusieurs accords ou arrangements bilatéraux qui visent spécialement à fournir une assistance technique sur le droit et la politique de la concurrence ou organisent une assistance technique de ce type dans le cadre d'une aide portant sur différentes formes de réglementation économique. L´objectif des activités de renforcement des capacités et de coopération technique est d´aider les pays en développement et les pays en transition à élaborer de nouveaux textes sur la concurrence ou renforcer la législation existante, en les adaptant à leurs structures juridiques et économiques et en répondant au mieux à leurs besoins de développement mais aussi de créer de nouvelles institutions en matière de concurrence ou renforcer celles qui existent déjà ; renforcer les capacités en vue de mieux appliquer le droit de la concurrence ; faire la promotion d´une culture de la concurrence par des activités de sensibilisation ; organiser des examens collégiaux volontaires du droit et de la politique de la

---

americaines ont continué de faire usage des procédures fédérales. Arrêt *Laker Airways Ltd. v. PanAm World Airways*, 103 FRD 42 (DDC 1984), publié dans ILM, 1984, p. 754 ; arrêt *Société Nationale Industrielle AERospatiale v. United States District Court*, 107 S. Ct. 2542 (1987).

[837] GRIFFIN Joseph P., "Jurisdiction and Enforcement : Foreign Governmental Reactions to U.S. Assertions of Extraterritorial Jurisdiction", *GMLR*, Spring 1998, p. 521; DUNFEE Thomas W. / FRIEDMAN Aryeh S., "The Extra-Territorial Application of United States Antitrust Laws: A Proposal for An Interim Solution", *op.cit.*, note 31. ; *A contrario* BASEDOW Jurgen, "International Antitrust: From Extraterritorial Application to Harmonization", *LLR* vol.60, Summer 2000, p. 1042.

[838] MERKT Benoît, *Harmonisation internationale et entraide administrative internationale en droit de la concurrence*, *op.cit.*,p.203 ; RADICATI DÌ BROZOLO Luca G, "Antitrust Claims : Why Exclude Them from the Hague Jurisdiction and Judgments Convention ?", *ECLR* issue 12, 2004, p. 781.

concurrence[839]. Afin d´atteindre ces objectifs, les organisations internationales et les autorités nationales de concurrence des pays qui ont une tradition en matière de concurrence collaborent étroitement. A titre d'exemple, la CNUCED coopère avec les autorités de la concurrence des pays développés, les partenaires de développement, l´Organisation de coopération et de développement économiques (OCDE), le Réseau international de la concurrence et des spécialistes de la concurrence. Par ailleurs, une collaboration avec les pays d'Europe centrale et orientale est prévue dans les règles d'application des Accords européens ; la mise en place progressive d'une politique de concurrence moderne, inspirée de celle de l'Union européenne, dans ces pays, est une évolution encourageante, soutenue par l'assistance technique de nombreux Etats européens, de la Commission et d'autres organisations internationales [840].

En outre, une délégation du groupe intergouvernemental d'experts du droit et de la politique de concurrence est instituée auprès de la CNUCED. Ce groupe a pour objet d'élaborer et de mettre en application un ensemble de principes visant à promouvoir la concurrence au sein des pays membres des Nations Unies[841]. Ce dernier met notamment en place des programmes d'assistance technique en faveur des Etats qui sont en voie de développement ou qui se sont nouvellement ouverts à l'économie de marché, et des économies émergentes qui procèdent à des réformes économiques. Le groupe permet également d'assurer la diffusion des principes du droit de la concurrence dans l'ensemble des pays en développement, droit qui représente une caractéristique essentielle des plans d'ajustements structurels

---

[839] À titre d'exemple, en vertu d'un accord de coopération technique datant de 1992, la Direction générale de la consommation et de la répression des fraudes, en France, et la Direction générale de la consommation, au Gabon, ont coopéré dans des domaines tels que la politique de concurrence, la protection du consommateur, la concurrence déloyale, la qualité et la sécurité des produits ainsi que le contrôle des prix. La seconde avait ainsi détaché des fonctionnaires auprès de centres administrés par la première, afin qu'ils y reçoivent une formation de courte ou longue durée, portant tout d'abord sur le contrôle des prix, puis sur le droit de la concurrence[839]. Un accord analogue a été conclu entre la France et la Fédération de Russie, CNUDED, L'expérience acquise dans le domaine de la coopération internationale concernant la politique de concurrence et les mécanismes utilisés, *op.cit.*, p. 9.

[840] PONS Jean-François, Règles, Institutions et Relations internationales: Politique de concurrence et développement des échanges : pour un renforcement significatif de la coopération. Rome, 20-21/11/1995, http://ec.europa.eu/comm/competition/speeches/text/sp1995_046_fr.html

[841] Il regroupe un nombre d'États plus important que ceux représentés à l'OMC et incluant en particulier la République de Chine.

du FMI et de la Banque Mondiale dans le cadre des pays affectés par la crise financière, notamment en Asie[842].

§ 3 – Les traités d'amitié, de commerce et de navigation

Ces traités sont conclus en vue d'établir, de rétablir, de maintenir ou de consolider de bonnes relations entre les Etats contractants[843]. De l'après-guerre aux années 1960, la voie bilatérale est tout d'abord passée par la signature de Traités d'amitié, de commerce et de navigation[844]. Ceux-ci constituent la plus ancienne forme de protection, le premier signé avec l'Angleterre, datant de 1815, reconnait « une protection et une sécurité intégrales »[845].

Les Etats-Unis font usage de ce genre de traités depuis longtemps[846]. Les traités d'amitié, de commerce et de navigation que les Etats-Unis ont conclus contiennent des dispositions relatives à la coopération dans le domaine de l'application du droit de la concurrence. Par exemple, en vertu du traité signé en 1954 avec l'Allemagne[847], chaque Etat s'est engagé à consulter l'autre, à la demande de l'un ou l'autre, au sujet des pratiques commerciales restrictives ayant des effets néfastes sur les échanges entre leurs territoires respectifs, et à prendre les mesures qu'il jugera nécessaires et autorisées par sa législation pour les éliminer[848]. De même, l'article XVI du traité entre les

---

842 CNUCED, Évaluation de programmes de coopération technique du 20 octobre 2000 lors de sa 917e séance plénière, Conclusions concertées 464 (XLVII).

843 SALMON Jean (sous dir.), *Dictionnaire de droit international public*, *op.cit.*,p.1090 ; JACKSON John H. / DAVEY William J. / SYKES Alan O., *Legal Problems of International Economic Relations*, *op.cit.*, p. 197.

844 WALKER Hermann Jr., "Provisions on Companies in United States Commercial Treaties ", *AJIL*, Vol. 50, No. 2., Apr., 1956, pp. 373.

845 Voir JUILLARD Patrick, « L'Evolution des sources du droit des investissements », *Recueil de cours de l'Académie de Droit International de La Haye*, Vol.250, Martinus Nijhoff, 1994, p. 111 ; CHAREYRE DE BEAUMONT Anne, *Droit de la concurrence et globalisation*, *op.cit.*,p. 592.

846 WALKER Hermann Jr., "Modern Treaties of Friendship, Commerce and Navigation", *Minnesota Law Review* Vol.42, p. 393 , WALKER Hermann Jr., "The Post-War Commercial Treaty Program of the United States", *Political Science Quarterly*, Vol. 73, No. 1. (Mar., 1958), p. 57.

847 Treaty of Friendship, Commerce and Navigation between the United States and Federal Republic of Germany, 7 U.S.T. & O.I.A. 1839, 1954 TIAS No.3593, 1954.

848 CNUDED, *L'expérience acquise dans le domaine de la coopération internationale concernant la politique de concurrence et les mécanismes utilisés*, TD/B/COM.2/CLP /21/Rev.5, 26 avril 2007, p. 9.

Etats-Unis et le Japon prévoit une disposition de traitement national[849] qui a été invoqué par *Zenith Radio Coporation* contre *Matsushita Electric Industrial Co*[850]. Il reste que les traités de ce type, conclus entre les Etats-Unis et d'autres pays, sont relativement anciens[851] et la communauté internationale en fait usage de moins en moins souvent.

Les effets positifs des accords bilatéraux sont nombreux. Plusieurs cartels internationaux ont été condamnés, certaines fusions internationales ont été bloquées ou leurs effets anticoncurrentiels ont été réduits par des mesures correctives. Par exemple, la fusion *WorldCom-Sprint* a été interdite par les Etats-Unis et par l'Union européenne et la fusion *Boeing-McDonnell Douglas* a été autorisée sous certaines conditions suite aux réticences de l'Union européenne[852]. Néanmoins, l'application des accords repose encore et toujours sur la bonne volonté des partenaires et sur la compatibilité de la coopération avec les lois et les intérêts nationaux de chaque partenaire. La décision de la Commission européenne de bloquer la fusion *General Electric/Honeywell*, et la vive réaction en retour des Etats-Unis sont à cet égard révélateur de la fragilité d'une telle gouvernance. En dépit de quelques démentis assez peu crédibles, il apparaît que la coopération entre la *Federal Trade Commission* des Etats-Unis et la Commission européenne n'a effectivement pas fonctionné dans cette affaire compte tenu des intérêts commerciaux antagonistes en présence. Ce qui est certain, en revanche, c'est que le traitement de l'affaire a donné lieu à des échanges au cours desquels les autorités politiques américaines, d'une part, et le représentant de la Commission européenne, d'autre part, ont politisé le débat, échangé des

---

[849] Treaty of Friendship, Commerce and Navigation between the United States and Japan, 4 UST 2063, TIAS No. 2863, 206 UNTS 143, 1953.
[850] *Zenith Radio Corp. v. Matsushita Electric Industrial Co., Ltd.* ET AL 494 F.Supp. 1263, US District Court, ED. Pa. June 26, 1980.
[851] Les Etats-Unis ont conclu des traites avec les pays suivants: l'Argentine, l'Autriche, la Belgique, la Bolivie, Brunei, la Colombie, le Costa Rica, le Danemark, l'Estonie, l'Ethiopie, la Finlande, la France, République fédérale de l'Allemagne, la Grèce, le Honduras, l'Inde, l'Iran, l'Iraq l'Irlande, Israël, l'Italie, le Japon, la Corée, la Lettonie, le Liberia, le Luxembourg, le Madagascar, Malte, le Maroc, le Népal, les Pays Bas, la Norvège, Oman, le Pakistan, le Paraguay, L'Arabie Saoudite, l'Espagne, le Suriname, la Suisse, le Taiwan, la Thaïlande, le Togo, la Turquie, le Royaume-Uni, le Vietnam, le Yémen (Sanaa) et la Yougoslavie United States Department of State Treaties in Force, A List of Treaties and Other International Agreements of the United States in Force on January 1, 2007 ; http://www.state.gov/documents/treaties/83046.pdf
[852] Sur la question des cartels, voir EVENETT Simone, LEVENSTEIN Margaret et SUSULOW Valerie, « International Cartel Enforcement : Lessons from the 1990s, *World Economy,* Vol. 24, no. 9, septembre 2001, p. 1221 à 1245.

invectives et risqué de déclencher une guerre commerciale[853]. Plus fondamentalement, la coopération bilatérale volontaire et l'harmonisation croissante des politiques nationales sont loin d'être adaptées aux enjeux de la concurrence globalisée. Elles suggèrent un bilatéralisme nettement favorable aux acteurs les plus puissants qui ont des capacités institutionnelles et un pouvoir de négociation comparables, comme les Etats-Unis et l'Union européenne. La coopération est nettement déséquilibrée et discriminatoire pour les PED. À cela s'ajoute une limite encore plus fondamentale : l'absence d'un consensus international sur les pratiques à interdire et sur le rôle des politiques de concurrence[854].

Les efforts bilatéraux susmentionnés ne sont donc suffisants ni sur le plan théorique ni sur le plan pratique. Face à la prolifération de codes nationaux de la concurrence, il est impossible que chaque Etat passe des accords bilatéraux avec tous les autres. Les accords bilatéraux semblent *a priori* un instrument plutôt restreint, destiné à un groupe d'Etats influents. D'ailleurs, il ne semble pas très économique d'aborder les questions pertinentes dans une multitude de cercles différents. Très souvent, des problèmes comparables existent. Dès lors, des synergies peuvent être réalisées en les discutant dans une enceinte plus ouverte[855]. Alors que la réglementation de la concurrence dans le cadre d'organisations internationales régionales peut être imposée aux Etats membres de ces organisations, la coopération bilatérale nécessite l'existence préalable d'un droit interne de la concurrence dans chacun des Etats parties à la convention. Cette exigence s'explique par le fait que dans le droit intégré, l'organisation internationale peut imposer des obligations à ses membres, et par là-même limiter leur souveraineté. En revanche, par définition, la coopération bilatérale suppose un accord entre les parties sur la combinaison de leurs systèmes juridiques. Ainsi, les pouvoirs consentis par les Etats souverains à l'organisation internationale peuvent conduire à la création *ex nihilo* d'un droit international de la

[853] JENNY Frédéric, « L'environnement économique international et les autorités de concurrence », dans *Rapport Public 2001 – Les autorités administratives indépendantes. La Documentation Française*, Paris 2001, p. 459.
[854] RIOUX Michèle, « Culture de concurrence : Les limites de l'antitrust international face à la concurrence globalisée », *Cahiers de recherche-CEIM (04-04)*, Groupe de recherche sur l'intégration continentale (GRIC), Université du Québec à Montréal, septembre 2004, p. 9.
[855] HEINEMANN Andreas, « La nécéssité d'un droit mondial de la concurrence », *op.cit.*, p. 301.

concurrence alors que la coopération bilatérale n'est qu'une combinaison entre des systèmes juridiques préexistants[856].

Section II – Les approches régionales, plurilatérales et multilatérales

Dans un contexte de globalisation, de nouvelles institutions et règles du jeu sont requises pour « réguler » l'économie mondiale[857]. Aux niveaux national, régional ou international, de nouvelles formes de régulation ou de gouvernance se développent afin de surmonter l'insuffisance des efforts bilatéraux susmentionnés. Nous allons donc essayer maintenant de mettre l'accent sur les effets pratiques de ces approches, c'est-à-dire sur la mise en œuvre des sources internationales du droit de la concurrence que l'on avait examiné *supra.*

Sous-section I - Les règles de concurrence dans les accords régionaux et plurilatéraux

Les accords commerciaux régionaux (ACR) sont devenus ces dernières années un élément dominant du système commercial multilatéral. A la création de l'OMC, en 1995, correspond le Marché unique en Europe, l'ALENA en Amérique du Nord, le MERCOSUR en Amérique latine et la multiplication des accords bilatéraux entre partenaires parfois éloignés. La coexistence de ces deux logiques d'ouverture réciproque est discutée[858]. Malgré cela, la forte augmentation du nombre d'ACR n'a pas varié depuis le début des années 90. Quelque 380 ACR ont été notifiés au GATT et à l'OMC jusqu'en juillet 2007[859]. Si l'on compte les ACR qui sont en vigueur

---

[856] LIGNEUL Nicolas, *L'élaboration d'un droit international de la concurrence entre les entreprises*, *op.cit.,* p. 159.

[857] Le Prof. RIOUX définit la « concurrence globalisée » dans son article « Culture de concurrence : Les limites de l'antitrust international face à la concurrence globalisée », *Cahiers de recherche-CEIM (04-04)*, Groupe de recherche sur l'intégration continentale (GRIC), Université du Québec à Montréal, septembre 2004. Il se réfère aux nouvelles formes de concurrence dans le contexte de la globalisation qui est caractérisée par des rivalités oligopolistiques entre les firmes et les États. Ainsi, nous définirons la globalisation économique comme un phénomène qui : est au centre des transformations de l'économie mondiale depuis les années 70 ; a comme vecteur principal le développement phénoménal des FMN; et est caractérisé par un puissant mouvement en faveur du principe de concurrence.

[858] SIROEN Jean-Marc, « Intégration régionale et multilatéralisme » dans Mondialisation et commerce international, *Cahiers français* No.325, mars-avril 2005, p. 43.

[859] Sur ces ACR, 300 ont été notifiés au titre de l'article XXIV du GATT de 1947 ou du GATT de 1994 ; 22 au titre de la Clause d'habilitation et 58 au titre de l'article V de l'AGCS. À la même date, 205 accords étaient entrés en vigueur.

mais qui n'ont pas été notifiés, ceux qui ont été signés mais ne sont pas encore entrés en vigueur, ceux qui sont en cours de négociation et ceux qui sont à l'état de proposition, on arrive à un chiffre de près de 400 accords qu'il est prévu d'appliquer d'ici à 2010. Sur ces ACR, les accords de libre-échange (ALE) et les accords de portée partielle représentent plus de 90 pour cent et les unions douanières moins de 10 pour cent[860].

Les accords commerciaux régionaux récents n'impliquent plus nécessairement des pays géographiquement voisins. Beaucoup sont bilatéraux ou interrégionaux. Ils peuvent être conclus entre des pays à titre individuel, entre un pays et un groupe de pays ou entre des blocs de pays. Comme la portée de ces accords dépasse l'échelon « régional », certains auteurs préfèrent utiliser le terme d' « accord commercial préférentiel ». Toutefois, nous préférons utiliser le terme « accord commercial régional » afin d'éviter les confusions avec d'autres mécanismes ou systèmes de préférence commerciale. Quant à leur contenu, le champ et la portée varient d'un ACR à l'autre. Les ACR récents, et pas exclusivement ceux conclus entre les pays les plus développés, vont généralement bien au-delà de la réduction des droits de douane. Ils prévoient des règlements de plus en plus complexes applicables aux échanges[861] et incluent souvent la mise en place d'un cadre réglementaire préférentiel pour le commerce de services mutuels. Les ACR les plus complexes vont au-delà des mécanismes de politiques commerciales traditionnelles et comprennent des règles régionales portant sur l'investissement, la concurrence, l'environnement et le travail. Ils contiennent également des informations sur les divers mécanismes de règlement des différends, sur les dispositions concernant le traitement spécial et différencié, les clauses spécifiques à la concurrence concernant la non-discrimination, la transparence, le traitement équitable, les recours commerciaux et l'exclusion des mesures antidumping.

Par ailleurs, il existe une disparité des accords régionaux sur le degré d'intégration qu'ils cherchent à établir en matière de concurrence. Certains appellent à une harmonisation poussée des normes et des règles spécifiques, ainsi en est-il pour l'Union européenne. D'autres énoncent des engagements plus généraux de lutte contre les pratiques commerciales

---

http://www.wto.org/french/tratop_f/region_f/region_f.htm (dernier consultation le 22 novembre 2007).

[860] *Ibid.*

[861] Par exemple en ce qui concerne les normes, les mesures de sauvegarde, l'administration douanière, etc.

anticoncurrentielles, qui ont parfois pour conséquence l'obligation d'adopter et d'appliquer des lois sur la concurrence, tel l'Accord de libre-échange nord-américain (ALENA). Mais certains sont muets en la matière. Si l'on ne tient pas compte de ces derniers, nous constatons qu'il existe trois familles d'accords : ceux qui contiennent principalement des dispositions de fond sur les comportements anticoncurrentiels, ceux qui se contentent d'une simple déclaration de principe et ceux qui ciblent davantage les règles de coordination et de coopération. De même, en principe, l'approche adoptée en matière de coordination varie selon le degré d'intégration économique qu'envisagent les divers accords. Ce n'est toutefois pas toujours le cas comme le montre l'exemple de certains accords d'association euro-méditerranéens qui établissent une coordination des règles de fond alors qu'ils n'ont que des objectifs relativement limités en matière d'intégration de marché.

Etant donné que plus de 200 accords commerciaux régionaux sont actuellement en vigueur, l'étude exhaustive d'une classification des dispositions relatives à la concurrence dans l'ensemble des accords d'ACR dépasserait le périmètre de notre travail,[862] toutefois nous analyserons à la fois les accords récents, ceux qui donnent un échantillon représentatif de l'éventail des dispositions relatives à la concurrence. Il convient donc de nous intéresser à une sélection parmi ces accords et de faire la distinction entre différents types de dispositions, celles portant sur la coopération et la coordination entre les autorités de concurrence, régissant directement les comportements anticoncurrentiels et celles qui se contentent d'une simple déclaration de principe.

§ 1 – Les accords contenant des dispositions de fond sur les comportements anticoncurrentiels

Les ACR incluent de plus en plus de chapitres et de dispositions qui portent sur des questions de concurrence. En dépit de la réticence de nombreux Membres de l'OMC à négocier un accord relatif à la concurrence sous les auspices de l'OMC[863], la concurrence est néanmoins considérée comme un

---

[862] Pour une étude approfondie de la matière, voir SOLANO Olivier / SENNEKAMP Andreas, "Dispositions relatives à la concurrence dans les accords commerciaux régionaux", *Documents de travail de l'OCDE sur la politique commerciale*, No. 31, Éditions OCDE. (2006).

[863] Le 31 juillet 2004, le Conseil de l'OMC a décidé que le commerce et la concurrence ne feraient pas partie du Programme de travail et qu'aucune activité visant à entreprendre des

sujet pertinent pour les ACR par un grand nombre de ces pays[864]. En l'espèce, la plupart des accords qui contiennent des dispositions de fond concernant les comportements anticoncurrentiels ont été conclus par l'Union européenne. Au surplus, le régime régional de concurrence le plus perfectionné est celui de l'Union européenne, qui se trouve également au centre d'un réseau d'accords conclus avec des pays voisins et qui prévoit différents degrés de coopération dans le domaine du droit et de la politique de la concurrence. Le régime de concurrence de l'Union européenne qui, en raison de son caractère supranational, va au-delà de la simple coopération entre Etats semble aussi servir de modèle à certains groupements sous-régionaux d'Afrique et d'Amérique latine, avec cependant quelques variantes[865].

A – Les accords de libre échange de la Communauté européenne

Comme nous avons examiné supra, la Communauté européenne a des règles de concurrence supranationales qui ont pour objectif fondamental de créer un marché commun. Ces règles s'appliquent aux pratiques ayant des effets sur le commerce entre les Etats membres. Les dispositions du Traité de Rome prévoient : la coexistence des législations nationales et de la législation communautaire, sous réserve de la primauté de cette dernière et un mécanisme de répartition des compétences en matière de concurrence entre la Communauté européenne et les autorités et tribunaux nationaux, visant à concilier le principe de subsidiarité et l'uniformité du régime de concurrence au sein de la Communauté. La Commission et les instances nationales chargées de contrôler la concurrence collaborent aussi étroitement pour l'application des dispositions dans le cadre du Réseau européen de surveillance de la concurrence[866]. De surcroît, l'imposition de droits

---

négociations relatives à cette question n'aurait lieu à l'OMC durant le cycle de Doha. Décision adoptée par le Conseil général le 1er août 2004, WT/L/579.

[864] SOLANO Olivier / SENNEKAMP Andreas, "Dispositions relatives à la concurrence dans les accords commerciaux régionaux", *op.cit.*, p. 6.

[865] CNUDED, *L'expérience acquise dans le domaine de la coopération internationale concernant la politique de concurrence et les mécanismes utilisés*, *op.cit.*, p. 10.

[866] Le réseau européen de la concurrence a été mis en place pour faciliter une coopération étroite entre les autorités de concurrence nationales et la Commission européenne et ceci principalement afin d'assurer une attribution adéquate des affaires et une application cohérente des articles 81 et 82 du Traité CE. De plus, le système de coopération au sein du réseau est détaillé dans la Communication de la Commission relative à la coopération au sein du réseau des autorités de concurrence, JOCE C 101 du 27 avril 2004, p. 43 à 53.

antidumping ou compensateurs entre les Etats membres de la Communauté européenne est interdite.

Par ailleurs, en raison à la fois de la grande efficacité de ses dispositions et de l'importance de l'adoption des règles de droit de la concurrence dans un système économique libéral, le droit communautaire de la concurrence a subi plusieurs types d'extension dans le cadre d'organisations internationales régionales à vocation économique. Ainsi, la Communauté européenne a, avec des Etats tiers, constitué des Organisations régionales régissant la concurrence. Ces organisations ont pour objectif à la fois de préparer l'admission de leurs membres à la Communauté européenne et de réduire les obstacles au commerce entre ces Etats tiers et les Etats membres de la Communauté européenne. Dans cette perspective, l'Association européenne de libre échange a été instituée par le Traité de Stockholm le 4 janvier 1960. Ce traité, qui a crée une zone de libre échange entre la Communauté Economique européenne, la Communauté européenne du Charbon et de l'Acier de l'époque, les Etats membres de la Communauté européenne et l'Autriche, la Finlande, l'Islande, le Lichtenstein, la Norvège, la Suède et la Suisse, a notamment pour objectif d'assurer une concurrence loyale[867]. En conséquence, l'article 18 du texte consolidé en 2001 déclare incompatible tous accords entre entreprises, toutes décisions d'associations d'entreprises et toutes pratiques concertées entre entreprises qui ont pour objet ou effet d'empêcher, de restreindre ou de fausser le jeu de la concurrence; ainsi que l'exploitation abusive, par une ou plusieurs entreprises, d'une position dominante sur l'ensemble du territoire des Etats membres ou dans une partie substantielle de celui-ci. La même disposition prévoit dans son alinéa 2 que si un Etat membre estime qu'une pratique donnée est incompatible avec le présent article, il peut demander des consultations selon les procédures prévues à l'article 47 et prendre les mesures appropriées conformément au paragraphe 2 de l'article 40 pour remédier aux difficultés résultant de la pratique en question. Toutefois, dépourvu d'effet direct, cet article ne crée des obligations qu'à la charge des Etats membres de l'Association. Au

[867] Selon l'article 2 du Traité de Stockholm les objectifs de l'Association sont les suivants : favoriser le renforcement continu et équilibré des relations économiques et commerciales entre les Etats membres, dans des conditions de concurrence loyales et dans le respect de règles équivalentes sur le territoire des Etats membres de l'Association ; le libre-échange des marchandises ; la libéralisation progressive de la circulation des personnes ; la libéralisation progressive du commerce des services et des investissements ; garantir une concurrence loyale pour les échanges commerciaux entre les Etats membres ; ouvrir les marchés publics des Etats membres ; assurer une protection appropriée des droits de propriété intellectuelle conformément aux normes internationales les plus élevées.

surplus, ce traité a été totalement métamorphosé avec la conclusion du Traité de Porto.

Le 2 mai 1992 les Etats membres de la Communauté européenne et ceux de l'Association européenne de libre-échange (AELE)[868] ont signé à Porto, l'Accord instituant l'Espace économique européen (EEE) qui réduit considérablement la portée de l'AELE. L'Accord EEE constitue une zone de libre échange d'un type particulier, et non pas un marché commun[869]: les échanges sont libérés entre ses membres mais il n'est pas institué de frontière économique commune. L'Accord EEE prévoit l'interdiction de la discrimination en raison de la nationalité, la reprise par les Etats membres de l'AELE des quatre libertés[870], un régime de concurrence commun et un renforcement de la coopération dans d'autres domaines, tels que la recherche et le développement, l'environnement, l'éducation et la politique sociale[871]. En conséquence, toutes les pratiques susceptibles de porter atteinte au commerce et à la concurrence entre les membres de l'EEE sont soumises à des règles qui sont pratiquement identiques à celles du droit communautaire de la concurrence. En ce qui concerne le régime applicable aux ententes, l'article 55 EEE est une copie de l'article 81 TCE. L'article 54 EEE reproduit l'article 82 TCE et le régime applicable au contrôle des concentrations est identique dans les deux systèmes. Au surplus, les pratiques nuisant au commerce dans la zone considérée relèvent de la compétence supranationale de la Commission européenne ou de l'autorité de surveillance de l'AELE en fonction de règles de répartition des compétences[872]. L'adhésion à l'Union européenne de nombreux Etats anciennement membres de l'AELE a néanmoins réduit la portée pratique de cet accord. Ce dernier a néanmoins le mérite d'avoir préparé plusieurs candidats à l'adhésion à l'Union européenne.

Sous un autre angle, l'Union européenne mène des relations commerciales étroites avec un certain nombre de pays. Parfois, ce partenariat commercial

---

[868] Les membres d'AELE sont l'Islande, le Liechtenstein, la Norvège, et la Suisse. La Suisse ayant refusé par référendum la ratification de ce traité en 1992, l'Accord est entré en vigueur le 1er janvier 1994 uniquement entre les États membres de l'Union européenne, et trois des quatre membres actuels de l'AELE.

[869] Nous avons défini l'union douanière, le marché commun et la zone de libre échange dans la partie I, titre I, chapitre I section II intitulé la mission du droit de la concurrence internationale, on ne le répètera donc pas ici.

[870] Il s'agit de libre circulation des biens, des personnes, des services et des capitaux.

[871] L'Accord sur l'Espace économique européenne, art.1.

[872] *Ibid.*, art. 56 (a).

se traduit par des accords d'association, susceptibles de créer des obligations, qui comportent des dispositions en matière de concurrence. Ainsi, l'Union européenne a formé un vaste réseau d'accords d'association, de coopération et de commerce avec des pays du monde entier, qu'il s'agisse de ses plus proches voisins européens ou de partenaires plus éloignés, en Asie ou dans le Pacifique. Par exemple, les accords d'association conclus avec les pays candidats à l'adhésion à l'Union contiennent l'obligation de transposer l'acquis communautaire, lequel comprend les règles de concurrence[873]. En vertu des accords européens signés entre l'Union et les pays d'Europe centrale et orientale qui ne sont pas encore membres de l'Union européenne, des règles de concurrence inspirées de la législation communautaire sont applicables lorsque les échanges entre l'Union européenne et l'autre partie signataire sont touchés[874]. De plus, les parties contractantes non membres de l'Union sont tenues de rapprocher leur législation actuelle et à venir du droit communautaire de la concurrence et les textes nationaux d'application des accords doivent être approuvés par les conseils d'association créés par les accords européens[875]. Dans les affaires relevant de la compétence des deux parties, celles-ci doivent s'informer réciproquement de la procédure que l'une ou l'autre compte engager. Une notification est également nécessaire au cas où une affaire relevant de la compétence exclusive de l'une des parties léserait des intérêts importants de l'autre partie. Les accords européens prévoient l'organisation de consultations et la possibilité pour l'une des parties de demander à l'autre de prendre des mesures pour corriger les pratiques commerciales restrictives dont les effets néfastes dépassent les frontières nationales.

Contrairement aux échanges entre les pays de l'AELE membres de l'EEE, les accords européens ne prévoient pas d'autorité supranationale chargée de la concurrence et ne s'appliquent pas au commerce entre les pays d'Europe orientale. Une aide de l'Etat peut être accordée aux entreprises des pays d'Europe orientale concernés, selon des règles analogues à celles que l'Union européenne applique à ses régions les moins prospères. Des dérogations sont prévues pour l'octroi d'aides dans le cadre de la politique agricole commune ou dans le cas de pratiques nécessaires à la réalisation de

[873]Pour une liste exhaustive des accords voir le lien suivant, visité en dernier lieu le 28 novembre 2007. http://ec.europa.eu/comm/competition/international/bilateral/

[874] MERKT Benoît, *Harmonisation internationale et entraide administrative internationale en droit de la concurrence*, *op.cit.*, p. 295.

[875] CNUDED, *L'expérience acquise dans le domaine de la coopération internationale concernant la politique de concurrence et les mécanismes utilisés*, *op.cit.*, p. 11.

ses objectifs. Les entreprises détenant des droits spéciaux ou exclusifs ne peuvent se livrer à des pratiques qui restreignent le commerce ou introduisent une discrimination entre les ressortissants de l'Union européenne et ceux des autres pays signataires. Chaque partie doit préalablement informer l'autre de l'imposition de droits antidumping ou compensateurs. Des obligations du même type ont été étendues à la Turquie dans le cadre d'accords de libre-échange[876]. En outre, les accords euro-méditerranéens contiennent des obligations analogues à celles des accords européens, si ce n'est que les pays méditerranéens signataires doivent aligner leurs règles de concurrence sur celles de l'Union européenne. Ces accords prévoient cependant plusieurs dispositions de fond sur la concurrence, analogues à celles du Traité de Rome et applicables aux situations préjudiciables au commerce entre l'Union et les pays méditerranéens concernés[877]. Les règles d'application de ces accords n'ont pas encore été adoptées.

L'Union européenne a également conclu des accords de partenariat et de coopération moins poussés avec les pays de la Communauté d'Etats indépendants (CEI)[878], les parties convenant de corriger ou d'éliminer les restrictions à la concurrence, qu'elles soient causées par des entreprises ou par l'intervention de l'Etat, et d'appliquer leur législation sur la concurrence. Les pays de la CEI doivent s'attacher en outre à mettre progressivement leur législation en conformité avec celle de l'Union européenne. Des restrictions sont imposées aux aides à l'exportation, et de nouvelles négociations sur

---

[876] *Ibid.* Pour une étude approfondie sur le droit de la concurrence turque V. ERDEM Ercüment, *Türk ve AT Rekabet Hukukunda birleşme ve devralmalar*, Ed. Beta, İstanbul, 2003 ; ASLAN Yılmaz, *Rekabet Hukuku*, Ed.Ekin, Bursa, 2001.

[877] Dans le cadre du processus de Barcelone, l'Union s'est engagée à instaurer une zone de libre-échange avec ses voisins méditerranéens d'ici à 2010. Elle comprendrait les pays arabes du sud et de l'est de la Méditerranée ainsi qu'Israël et les Territoires palestiniens. Les échanges commerciaux sont actuellement facilités entre l'Union et chacun de ses partenaires qui, à leur tour, prennent des mesures pour intensifier les relations commerciales entre eux. C'est ce qu'illustre par exemple l'accord d'Agadir, un accord de libre-échange signé en 2004 entre l'Égypte, le Maroc, la Jordanie et la Tunisie.

[878] La CEI a été créée le 8 décembre 1991 par l'accord de Minsk. C'est une entité intergouvernementale composée de 12 anciennes républiques soviétiques. Conformément aux instruments constitutifs, les accords de Minsk et d'Alma-Ata, la CEI est dépourvue de personnalité juridique internationale. Pour cette raison, la collectivité des anciennes républiques soviétique n'est pas une organisation internationale. En 2007, la CEI comptait onze membres à part entière. Ce nombre risque d'être réduit davantage: en août 2005, le Turkménistan a décidé de devenir « membre associé », l'Ukraine, la Géorgie et la Moldavie ont évoqué l'éventuelle dénonciation des accords constitutifs.

d'autres formes d'aide sont prévues. L'assistance technique est une composante importante de ces accords. La Charte européenne de l'énergie, conclue entre l'Union européenne et certains pays de la CEI, prévoit des obligations analogues dans le secteur de l'énergie.

B – L'Accord de libre-échange nord-américain (ALENA)

Un autre modèle est fourni par l'Accord de libre-échange nord-américain, ALENA, qui établit une coopération beaucoup moins poussée que l'Union européenne[879]. Le début des années 90 marque une nouvelle étape dans la stratégie commerciale américaine rompant avec le multilatéralisme classique par la création d'une association régionale groupant les Etats-Unis, le Canada et le Mexique. En 1987, le Congrès Américain accepte la signature d'un accord commercial avec le Canada. Il s'agissait à l'époque, de contrer le Japon et l'ensemble de la sphère asiatique « Pacific Rim ». L'invitation faite au Mexique élargit la sphère commerciale et fonde une approche trilatérale qui semble avoir la préférence des Etats-Unis[880]. Le système de l'ALENA ressemble à celui de l'Union européenne, avec une union douanière, première étape du processus d'intégration économique, mais l'esprit et la logique d'intégration restent différents[881]. L'accord dispose que les parties doivent proscrire et combattre les pratiques commerciales restrictives, se consulter quant à l'efficacité de l'action dans ce domaine et coopérer en matière de répression en utilisant les méthodes d'entraide juridique, notification, consultation et échange de renseignements sur les mesures appliquées dans la zone de libre-échange[882].

L'ALENA consacre son chapitre XV (articles 1501 à 1505) à la politique de concurrence, aux monopoles et aux entreprises d'Etat et demande aux pays membres d'adopter ou de maintenir des mesures prohibant les comportements anticoncurrentiels et d'exercer toute action appropriée à cet

---

[879] ABBOT Frederick M., " The North American Integration Regime and Its Implications for the World Trading System", *Seminar and Workshop on Advanced Issues in Law and Policy of the European Union,* NAFTA and WTO, Harvard Law School, Harvard Jean Monnet Working Paper 2/99, p.2 et 3.

[880] DALLENNE Pierre, « Mondialisation versus Régionalisation: les paradoxes de la politique commerciale américaine », dans *la nouvelle hiérarchie des puissances dans la mondialisation au 21e siècle*, sous dir. de DALLENNE Pierre, Ellipses, Paris 2004, p. 426.

[881] *Ibid.*, p. 427.

[882] Pour une étude détaillée de l'ALENA voir SCHAFFER Richard / EARLE Beverly / AGUSTI Filiberto, *International Business Law and its Environment*, Thomson, West, 6th Ed., 2004, p.418.

égard sans toutefois prescrire de normes ou de règles spécifiques en matière de concurrence[883]. Dans cette perspective, l'ALENA engage les Etats nord-américains à éliminer les pratiques anticoncurrentielles des entreprises privées, des monopoles et des entreprises d'Etat[884]. En revanche, aucune question de concurrence ne peut faire l'objet d'un recours au mécanisme de règlement des différends[885]. Il s'agit là d'un affaiblissement notable de la portée de cet article, qui ne peut être mis en œuvre de manière contraignante à l'encontre d'une partie récalcitrante[886]. Il n'est question ni d'une politique commune ni d'institutions nord-américaines. La coopération volontaire est l'approche privilégiée et elle se cristallise dans les accords bilatéraux de coopération en matière de concurrence entre les partenaires[887].

On notera à cette occasion, que selon certains auteurs, l'ALENA contribue peu au développement du droit international de la concurrence, à cause de ces règles de fond et des règles de procédure, peu précises et non contraignantes. Ainsi, l'ALENA a selon Benoît Merkt une portée limitée et ne renforce pas la coopération existante, à tout le moins pas entre les Etats-Unis et le Canada même s'il peut constituer un progrès s'agissant de la coopération entre ces pays et le Mexique[888]. Malheureusement, nous ne

---

[883] http://www.nafta-sec-alena.org/DefaultSite/index_f.aspx?DetailID=341 visité en dernier lieu le 28 novembre 2007.

[884] Article 1501 : lois sur la concurrence.

1. Chacune des Parties adoptera ou maintiendra des mesures prohibant les comportements anticoncurrentiels et exercera toute action appropriée à cet égard, reconnaissant que de telles mesures favoriseront l'atteinte des objectifs du présent accord. À cette fin, les Parties se consulteront de temps à autre sur l'efficacité des mesures qu'elles auront entreprises.

2. Les Parties reconnaissent l'importance de la coopération et de la coordination entre leurs autorités pour l'application efficace des lois sur la concurrence dans la zone de libre-échange. Les Parties coopéreront dans le domaine de l'application des lois sur la concurrence, y compris l'entraide juridique, la notification, la consultation et l'échange d'informations concernant l'application des lois et des politiques en matière de concurrence dans la zone de libre-échange.

[885] Art. 1501 alinéa 3 prévoit qu' « aucune des Parties ne pourra recourir au mécanisme de règlement des différends prévu par le présent accord pour l'une quelconque des questions concernant le présent article. »

[886] L'exclusion de la procédure de règlement des différends, dans le cadre limite de l'ALENA, manifeste par ailleurs la difficulté pour les Etats-Unis de reconnaître l'application d'une procédure de règlement des différends de manière générale en droit de la concurrence, notamment dans le cadre de l'OMC.

[887] RIOUX Michèle, « Culture de concurrence : Les limites de l'antitrust international face à la concurrence globalisée », *Cahiers de recherche-CEIM (04-04)*, Groupe de recherche sur l'intégration continentale (GRIC), Université du Québec à Montréal, septembre 2004, p. 8.

[888] MERKT Benoît, *Harmonisation internationale et entraide administrative internationale en droit de la concurrence*, *op.cit.*, p. 332.

pouvons pas partager l'avis de Monsieur Merkt car l'influence de l'ALENA sur les accords signés entre les pays du continent américain est considérable. Nous retrouvons des dispositions analogues à celles de l'ALENA dans les accords de libre-échange entre le Canada et le Chili[889], entre le Canada et le Costa Rica[890], entre le Mexique et Chili[891]. Au surplus, l'influence de l'ALENA se retrouve dans d'autres continents[892]. L'ALENA a donc au moins le mérite d'avoir répandu la culture du droit international de la concurrence dans plusieurs pays, ce qui a sans doute amené à la négociation de l'Accord de Zone de libre-échange des Amériques (ZLEA) qui suit le modèle de l'ALENA. Ainsi, l'accord de libre-échange nord-américain se présente comme le modèle que tend à suivre l'antitrust international dans cette région.

C – L'Accord de Zone de libre-échange des Amériques (ZLEA)

Selon le troisième avant-projet du 21 novembre 2003, la ZLEA engagerait les 34 pays de la région à adopter ou à maintenir des mesures contre les pratiques anticoncurrentielles[893]. L'article 6 du chapitre XIX de l'avant-projet consacré à la politique de concurrence prévoit que chacune des Parties s'efforcera d'adopter ou de maintenir, au niveau national ou infrarégional, des mesures prohibant les conduites anticoncurrentielles que pourraient adopter des agents économiques des secteurs aussi bien public que privé, dans le but de promouvoir l'efficience économique et le bien être des consommateurs, et exercera toute action appropriée à l'égard de telles conduites. Dans l'état actuel des choses, ceci signifie, pour la majorité des pays, le développement d'une politique de concurrence et la création d'une autorité compétente dans ce domaine.

---

[889] Le chapitre (J), intitulé Politique de la concurrence, monopoles et entreprises d'Etat de l'Accord de libre-échange entre le Canada et le Chili reprend le chapitre XV d'ALENA.

[890] Le chapitre XI de la partie V, intitulée Politique de la concurrence de l'Accord de libre-échange entre le Canada et al Costa Rica reprend le chapitre XV d'ALENA.

[891] L'Accord du 2004 entre le Mexique et le Chili contient le même genre d'obligations dans son chapitre XIV que le chapitre XV de l'ALENA.

[892] L'accord conclus entre le Canada et l'Israël reprend les dispositions d'ALENA dans les termes similaires.

[893] Les pays membres seront Antigua-et-Barbuda, l'Argentine, les Bahamas, la Barbade, le Belize, la Bolivie, le Brésil, le Canada, le Chili, la Colombie, le Costa Rica, la Dominique, le Salvador, l'Équateur, les États-Unis, la Grenade, le Guatemala, le Guyana, Haïti, le Honduras, la Jamaïque, le Mexique, le Nicaragua, le Panama, le Paraguay, le Pérou, la République dominicaine, Sainte-Lucie, Saint-Christophe-et-Niévès, Saint-Vincent-et-les Grenadines, le Suriname, la Trinité-et-Tobago, l'Uruguay, le Venezuela.

La mise en œuvre de l'accord repose toujours sur les autorités nationales ou infrarégionales et sur la coopération intergouvernementale. Ainsi, un mécanisme de coopération en matière de politique de concurrence a été mis en place dans le cadre des discussions sur l'établissement d'une zone de libre-échange pour les Amériques. Le communiqué adopté le 20 octobre 1998 au premier « Sommet antitrust des Amériques », auquel ont assisté la plupart des pays de la région ayant un droit de la concurrence, souligne que les pays participants entendent coopérer, conformément à leurs lois respectives, pour renforcer la répression, développer les meilleures méthodes dans ce domaine, encourager les petits pays de la région qui n'ont pas encore mis en place un régime de concurrence solide à poursuivre leurs efforts dans cette voie et promouvoir des principes de concurrence au sein du Groupe de négociation sur la politique de concurrence de la zone de libre-échange des Amériques[894]. Un comité constitué de représentants des pays ou d'experts pourrait assumer la mission de promouvoir la coopération, assurer la mise en œuvre des mesures et coordonner l'assistance technique. Il est aussi question, bien que ceci soit sujet à de fortes controverses, de créer un mécanisme de règlement des différends pour résoudre les conflits liés au chapitre sur la concurrence. Le fait que la question des monopoles et des entreprises d'Etats soient très détaillée est le phénomène le plus révélateur. Dans ce domaine, les règles semblent très contraignantes pour la réglementation nationale et privilégient la surveillance de la concurrence au détriment d'une régulation orientée vers d'autres objectifs plus en rapport avec l'idée d'intérêt public. Il en découle qu'une forte pression s'exerce sur les régimes nationaux de concurrence et sur les Etats, bien davantage que sur les entreprises elles-mêmes[895].

Des négociations au sujet d'un chapitre sur la politique de concurrence sont en cours au sein de la ZLEA. L'accord proposé contient de nouvelles dispositions sur la politique de concurrence, les marchés publics, l'accès au marché et le règlement des différends. Ces dispositions, auxquelles s'ajoutent les services et les investissements, pourraient enlever à tous les

---

[894] Voir OMC, Groupe de travail de l'interaction du commerce et de la politique de la concurrence, "Rapport sur la réunion tenue du 11 au 13 mars 1998" (WT/WGTCP/M/4), paragraphe 57.

[895] RIOUX Michèle, « Culture de concurrence : Les limites de l'antitrust international face à la concurrence globalisée », *Cahiers de recherche-CEIM (04-04)*, Groupe de recherche sur l'intégration continentale (GRIC), Université du Québec à Montréal, septembre 2004, p.8. Voir aussi, LEE Marc et MORAND Charles, *Competition Policy in the WTO and FTAA : A Trojan Horse for International Trade Negociations?* , Canadian Center for Policy Alternatives, 2003.

gouvernements du continent américain la capacité de créer ou de maintenir des lois, des normes et des règlements pour la protection de la santé, de la sécurité et du bien-être des citoyens et de l'environnement. Qui plus est, les négociateurs de la ZLEA semblent avoir choisi de s'inspirer de l'OMC - doté de règles plus rigides - plutôt que de l'ALENA dans les domaines clés que sont la normalisation et le règlement des différends. En résumé, ce que les négociateurs de la ZLEA ont fait, à la demande expresse des milieux d'affaires de tous les pays, a été de prélever les éléments les plus ambitieux de tous les accords sur les échanges mondiaux et l'investissement - existants ou proposés - et de les rassembler dans ce pacte ambitieux.

D – La Communauté des Caraïbes (CARICOM)

En Amérique latine et dans les Caraïbes, le Protocole VIII du Traité de 1973 instituant la Communauté des Caraïbes (CARICOM)[896] dispose que les règles et les mécanismes institutionnels interdisant et sanctionnant tout comportements anticoncurrentiels seront établis dans le cadre de procédures d'examen mutuel, de mécanismes de règlement des différends ou d'autres mécanismes mis en place à l'échelon communautaire et que les Etats membres adopteront une législation en matière de concurrence, créeront des institutions et des procédures pour la faire appliquer, et garantiront aux ressortissants des autres Etats membres la possibilité de saisir les autorités responsables de l'application du droit de la concurrence. Une commission de la concurrence est instaurée au niveau régional pour faire respecter les règles de concurrence en cas de comportement commercial anticoncurrentiel ayant cours dans plus d'un Etat membre, pour promouvoir la concurrence dans la Communauté et pour coordonner la mise en œuvre de la politique de concurrence communautaire, en collaborant avec les autorités nationales compétentes à l'application du droit de la concurrence[897].

---

[896] Le traité de Chaguamaras a été révisé en 2002 par un protocole. Toutefois ce protocole ne s'applique pas aux fusions. Actuellement le CARICOM est composé de 15 membres : Antigua-et-Barbuda, les Bahamas, la Barbade, le Belize, la Dominique, la Grenade, la Guyane, la Jamaïque, Montserrat, Saint-Kitts-Et-Nevis, Saint-Vincent-et-les Grenadines, Sainte-Lucie, le Suriname, Trinité-et-Tobago et Haïti. www.caricom.org

[897] L'article 30 (i) du protocole VIII intitulé *Competition Policy, Consumer Protection, Dumping and Subsidies* est ainsi libellé:
1. A Member State shall, within its jurisdiction, prohibit as being anti-competitive business conduct, the following: (a) agreements between enterprises, decisions by associations of enterprises, and concerted practices by enterprises which have as their object or effect the prevention, restriction or distortion of competition within the Community; (b) actions by which an enterprise abuses its dominant position within the Community; or (c) any other like

E – Le Marché commun du Sud (MERCOSUR)

Les pays du Marché commun du Sud (MERCOSUR), troisième marché intégré au monde après l'Union européenne et l'ALENA, est né le 26 mars 1991 avec la signature du traité d'Asunción[898]. Le Conseil du MERCOSUR s'est saisi de la question de la défense de la concurrence entre ses membres depuis 1994. Dans sa décision no 94/211[899], il a dressé la liste des comportements qui entravent la concurrence, mais sans imposer aux Etats de prendre des mesures à leur encontre. Par ce texte, il s'agissait de poser les principes d'une future réglementation régionale. Dans le même esprit, les pays[900] du MERCOSUR ont adopté un protocole relatif à la politique de concurrence qui interdit les pratiques individuelles ou concertées ayant pour effet d'entraver, de restreindre ou de fausser la concurrence ou le libre accès aux marchés ou permettant d'abuser d'une position dominante sur un marché régional du MERCOSUR, qui pourrait se répercuter sur le commerce entre les Etats membres[901]. Le Protocole du MERCOSUR pour la défense de la

---

conduct by enterprises whose object or effect is to frustrate the benefits expected from the establishment of the CSME.
2. Anti-competitive business conduct within the meaning of paragraph 1 includes the following:
(a) the direct or indirect fixing of purchase or selling prices,(b) the limitation or control of production, markets, investment or technical development; (c) the artificial dividing up of markets or restriction of supply sources;
(d) the application of unequal conditions to parties undertaking equivalent engagements in commercial transactions thereby placing them at a competitive disadvantage; (e) making the conclusion of a contract subject to the acceptance by the other party to the contract of additional obligations which, by their nature or according to commercial practice, have no connection with the subject matter of the contract; (f) unauthorised denial of access to networks or essential infrastructure; (g) predatory pricing; (h) price discrimination;(i) loyalty discounts or concessions; (j) exclusionary vertical restrictions; and (k) bid-rigging.
3. Subject to Article 30, a Member State shall ensure that all agreements and decisions within the meaning of paragraph 1 of this Article shall be null and void within its jurisdiction.
4. An enterprise shall not be treated as engaging in anti-competitive business conduct if it establishes that the activity complained of: (a) contributes to: (i) the improvement of production or distribution of goods and services; or (ii) the promotion of technical or economic progress while allowing consumers a fair share of the resulting benefit; (b) imposes on the enterprises affected only such restrictions as are indispensable to the attainment of the objectives mentioned in sub-paragraph (a); or (c) does not afford the enterprise engaged in the activity the possibility of eliminating competition in respect of a substantial part of the market for goods or services concerned.

[898] www.mercosur.int

[899] MERCOSUR/CMC/No.21/94, *Boletin Oficial del Mercosur,* no.2, 1997, p. 15.

[900] Les pays membres sont l'Argentine, le Brésil, la Paraguay, l'Uruguay et le Venezuela.

[901] *Protocolo de Defensa de la Competencia del Mercosur,* 17 décembre 1996, MERCOSUR/CMC/DEC No. 18/96.

concurrence a finalement été adopté le 17 décembre 1996 et le texte est entré en vigueur le 8 septembre 2000[902]. Le contenu du protocole en matière de prohibition des comportements anticoncurrentiels est similaire aux interdictions posées par les principales législations dans le monde. Toutefois, une grande lacune est l'absence de dispositions relatives au contrôle des concentrations. Pour faire appliquer ces dispositions, le Comité technique de la politique de concurrence et la Commission du commerce du MERCOSUR peuvent prendre des décisions que les organismes nationaux des pays membres sont chargés d'exécuter, sous un contrôle limité au niveau régional. Un règlement annexé au Protocole expose en détail les procédures à suivre. Un mécanisme de règlement des différends a été mis en place. Toutefois, le Protocole n'a pas encore été pleinement appliqué et des pourparlers sont en cours concernant sa révision[903].

F – Le Pacte Andin

Le Pacte Andin regroupe la Bolivie, la Colombie, l'Equateur, le Pérou et le Venezuela. Il a été constitué le 26 mai 1969 à Carthagène sous le nom d'Accord d'intégration sous-régional. Il invite les Etats signataires, dans son chapitre X, à adopter les dispositions essentielles pour corriger ou combattre les pratiques qui affectent la concurrence dans la sous-région et prévoit l'adoption par la Commission, sur proposition du Secrétariat Général, de normes indispensables pour anticiper ou corriger les pratiques qui peuvent léser la concurrence dans la sous-région, comme le « dumping », les manipulations illégales des prix, les manœuvres destinées à perturber l'approvisionnement normal de matières premières et de d'autres d'effets équivalent avant le 31 décembre 1971. L'article 94 ajoute que les pays Membres ne pourront plus adopter de mesures correctives sans être préalablement autorisés par le Secrétariat Général[904]. Par ailleurs, dans la

---

[902] http://www.mercosur.int/msweb/portal%20intermediario/es/index.htm visité le 28 novembre 2007.

[903] CNUDED, *L'expérience acquise dans le domaine de la coopération internationale concernant la politique de concurrence et les mécanismes utilisés*, *op.cit.*, p. 14.

[904] Le texte original de l'accord prévoit dans son article 93 que « *Antes del 31 de diciembre de 1971 la Comisión adoptará, a propuesta de la Secretaría General, las normas indispensables para prevenir o corregir las prácticas que puedan distorsionar la competencia dentro de la Subregión, tales como "dumping", manipulaciones indebidas de los precios, maniobras destinadas a perturbar el abastecimiento normal de materias primas y otras de efecto equivalente. En este orden de ideas, la Comisión contemplará los problemas que puedan derivarse de la aplicación de los gravámenes y otras restricciones a las exportaciones. Corresponderá a la Secretaría General velar por la aplicación de dichas normas en los casos particulares que se denuncien.* ». L'article 94 ajoute que « *Los Países Miembros no podrán*

décision no. 285 adoptée en 1991 sur le fondement de ce chapitre, la Commission souligne également la nécessité d'empêcher ou de corriger les distorsions de la concurrence résultant de pratiques commerciales restrictives[905]. A l'inverse de celles du MERCOSUR, les institutions du Pacte andin ont des pouvoirs supranationaux ; les Etats membres ou toute entreprise ayant un intérêt légitime peuvent demander au Conseil l'autorisation de mettre en œuvre des mesures visant à prévenir ou à annuler un préjudice potentiel ou réel causé à la production et aux exportations par des pratiques commerciales restrictives ; les décisions du Conseil sont directement exécutoires dans les Etats membres. L'imposition de règles antidumping ou compensatrices n'est pas interdite mais réglementée[906].

G – Les accords régionaux en Afrique

Les accords sous-régionaux conclus en Afrique accordent une place plus large au droit et à la politique de la concurrence, en s'inspirant souvent du Traité de Rome. Le Traité créant la Communauté économique et monétaire d'Afrique centrale (CEMAC)[907] prévoit l'adoption de règles communes de concurrence concernant les pratiques commerciales restrictives et les activités des pouvoirs publics. Deux règlements traitant respectivement de ces deux sujets ont été adoptés[908]. L'Union économique et monétaire ouest-africaine (UEMOA) a également publié un règlement régional sur la concurrence applicable à l'ensemble des pratiques en vigueur dans la sous-région, qu'elles affectent ou non le commerce entre les Etats membres ; si la Commission de l'UEMOA est seule compétente à cet égard, la répartition des tâches entre la Commission et les autorités nationales reste à fixer[909]. En outre, dans le Traité portant sur la création du Marché commun de l'Afrique

---

adoptar medidas correctivas sin ser autorizados previamente por la Secretaría General. La Comisión reglamentará los procedimientos para la aplicación de las normas del presente Capítulo. »

[905] *Gaceta Oficial del Acuerdo de Cartagena*, no.80, 4 avril 1991, p.14.

[906] CNUDED, *L'expérience acquise dans le domaine de la coopération internationale concernant la politique de concurrence et les mécanismes utilisés*, *op.cit.*, p. 14.

[907] Le traité instituant la CEMAC a été signé le 16 mars 1994 à Ndjamena au Tchad et est entré en vigueur en juin 1999. Les pays signataires sont le Congo, le Gabon, le Tchad, le Cameroun, la Guinée Equatoriale et la République Centrafricaine.

[908] Règlement no. 1/99/UEAC-CM-639 portant Réglementation des Pratiques Commerciales Anticoncurrentielles et Règlement no. 4/99/UEAC-CM-639 portant Réglementation des Pratiques Etatiques Affectant le Commerce entre les Etats membres.

[909] CNUDED, L'expérience acquise dans le domaine de la coopération internationale concernant la politique de concurrence et les mécanismes utilisés, *op.cit.*, p.14.

orientale et australe (COMESA)[910], les Etats membres sont convenus, dans des termes analogues à ceux de l'article 81 du Traité de Rome, d'interdire les pratiques commerciales restrictives qui ont pour objet ou pour effet d'empêcher, de restreindre ou de fausser le jeu de la concurrence à l'intérieur du Marché commun. Le Conseil du COMESA est, cependant, autorisé à accorder des exemptions[911]. Celui-ci a élaboré des règles de concurrence entre les Etats membres aux termes de la déclaration de Livingstone signée dans le cadre du COMESA[912]. Avec la réduction des obstacles tarifaires et non tarifaires dans le COMESA, les échanges ainsi que la concurrence ont augmenté. Par conséquent, afin de garantir une concurrence loyale et la transparence parmi les opérateurs économiques de la région, le COMESA a commencé à élaborer une politique régionale en matière de concurrence. En outre, une politique régionale de concurrence visant à harmoniser les politiques nationales a été conceptualisée. Pour les secteurs spécifiques, le Conseil des ministres a adopté des règles de concurrence appropriées ; le premier à être couvert est le transport aérien[913].

---

[910] Le Marché commun de l'Afrique orientale et australe est un groupement d'intégration régionale comprenant les États africains ci-après : Burundi, Djibouti, Égypte, Érythrée, Éthiopie, Kenya, Libye, Madagascar, Malawi, Maurice, Ouganda, République démocratique du Congo, Rwanda, Seychelles, Soudan, Swaziland, Union des Comores, Zambie et Zimbabwe.

[911] L'Article 55 du traité dispose :

« 1. Les Etats membres reconnaissent que toutes pratiques qui compromettent l'objectif de libéralisation des échanges sont interdites. A cet effet, les Etats membres s'engagent à interdire tout accord ou toutes pratiques concertées entre entreprises, dont l'objectif est d'empêcher, limiter ou fausser la concurrence au sein du Marché commun.

2. Le Conseil peut déclarer les dispositions du paragraphe 1 inapplicables dans le cas de: a) tout accord ou catégorie d'accords entre entreprises; b) toute décision ou catégorie de décisions d'associations d'entreprises; c) toute pratique concertée ou catégorie de pratiques concertées; qui améliorent la production ou la distribution de biens ou assure la promotion du progrès technique ou économique, et a pour conséquence de réserver aux consommateurs une part équitable des avantages qui en résultent, à condition que cet accord, décision ou pratique n'impose pas aux entreprises concernées des restrictions compromettant la réalisation des objectifs du présent Traité, ou n'a pas pour conséquence d'éliminer la concurrence.

3. Le Conseil établit les réglementations régissant la concurrence entre les Etats membres. »

[912] Report on the The Comesa Regional Conference on Competition Law and Policy, 26-30 novembre 2001, Kampala, Ouganda, § 6, p. 32.

[913] http://www.comesa.int/about/Multi-language_content.2007-06-14.1154/fr

§ 2 – Les accords prévoyant des règles de coordination et de coopération dans le domaine de la concurrence

En raison de la forte intégration de leurs systèmes respectifs de contrôle de la concurrence et la grande ouverture de leurs marchés, les Etats-Unis et l'Union européenne ont adopté une politique systématique d'accords de coopération concernant la concurrence. Ainsi, la plupart de ces accords ciblent davantage les règles de coordination et de coopération et ont été conclus sous forme d'accords bilatéraux[914] .

En revanche, il y a lieu de s'intéresser à certains accords conclus par l'Union européenne et ses Etats membres. Ces derniers ont mis en place, dans le cadre d'une collaboration portant sur de nombreux aspects, un réseau d'accords de stabilisation et d'association avec des pays des Balkans[915], et ont conclu des accords-cadres instaurant une coopération encore plus souple avec l'Argentine[916], les républiques d'Amérique centrale[917], les pays membres du Pacte andin[918], le Brésil[919] et le MERCOSUR[920]. Dans ces accords, les parties ont convenu, en général, de se consulter régulièrement sur le contrôle des pratiques commerciales restrictives, de déterminer les

---

[914] Sur ce sujet voir la sous-section précédente.

[915] Les accords de stabilisation et d'association (ASA) prévoient l'établissement d'une zone de libre-échange entre l'UE et les pays intéressés ; les négociations pour la conclusion d'ASA sont en cours avec l'Albanie, la Bosnie-Herzégovine, la Serbie et le Monténégro. Communication de la Commission du 27 janvier 2006 : Les Balkans occidentaux sur la voie de l'Union européenne : renforcer la stabilité et la prospérité. COM(2006) 27 - Non publié au Journal officiel.

[916] Accord-cadre de coopération commerciale et économique entre la Communauté économique européenne et la République argentine, JOCE n° L 295 du 26.10.1990, p. 67 à 73.

[917] Accord de coopération entre la Communauté économique européenne et les Etats parties au traité général d'intégration économique centre-américaine (Costa Rica, El Salvador, Guatemala, Honduras et Nicaragua) ainsi que Panama, JOCE n° L 172 du 30.6.1986, p. 2 à 11.

[918] Framework Agreement on Cooperation between the European Economic Community and the Cartagena Agreement and its member countries, namely the Republic of Bolivia, the Republic of Colombia, the Republic of Ecuador, the Republic of Peru and the Republic of Venezuela, JOCE n° L 127 du 29.04.1998, p. 11 ss.

[919] Accord-cadre de coopération entre la Communauté économique européenne et la République fédérative du Brésil, JOCE n° L 262 du 1.11.1995, p. 54 à 65.

[920] Comité économique et social, « Avis du 25 octobre 1995 sur la communication de la Commission au Conseil et Parlement européen pour un renforcement de la politique de l'UE à l'égard du Mercosur », Journal officiel, no C du 22.01.1966, pp. 135-140 ; Déclaration commune solennelle entre le Conseil de l'UE et la Commission européenne, d'une part, et les Etats membres du Mercosur, d'autre part, JOCE, n° C 377, du31.12.1994, pp. 1-2.

obstacles à la coopération industrielle et de les éliminer en prenant des mesures qui favorisent le respect du droit de la concurrence, et d'affecter des ressources à cette fin. L'Union européenne a également conclu avec le Chili[921], les pays du MERCOSUR[922], le Mexique[923] et l'Afrique du Sud[924] des accords de libre-échange plus complets prévoyant des mécanismes pour faire appliquer le droit de la concurrence des deux parties et des mécanismes de coopération en associant des éléments de courtoisie traditionnelle et active ainsi qu'une assistance technique.

L'accord de partenariat conclu entre les Etats d'Afrique, des Caraïbes et du Pacifique (ACP) et l'Union européenne et ses pays membres (l'Accord de Cotonou) dispose que les parties appliqueront des règles et des politiques nationales ou régionales limitant les accords, décisions et pratiques concertées ayant pour objet ou pour effet d'empêcher, de restreindre ou de fausser le jeu de la concurrence et interdiront l'abus de position dominante dans l'Union européenne et sur le territoire des Etats parties et ce dans la perspective de l'élimination des atteintes à la concurrence et compte tenu des niveaux de développement et besoins économiques différents de chacun des Etats parties à l'accord[925]. Les parties s'engagent aussi à renforcer leur coopération pour définir des politiques de concurrence efficaces avec les autorités nationales compétentes et en assurer progressivement l'application, notamment grâce à une assistance pour l'élaboration et l'application de lois idoines, compte tenu en particulier de la situation spéciale des pays les moins avancés. Les accords de partenariat économique pour l'application des dispositions de l'Accord de Cotonou ont été modifiés tout récemment[926].

---

[921] Accord établissant une association entre la Communauté européenne et ses États membres, d'une part, et la République du Chili, JOCE n° L 352 du 30.12.2002, p.3 ss.

[922] Accord-cadre interrégional de coopération entre la Communauté européenne et ses Etats membres, d'une part, et le Marché commun du Sud et ses Etats parties, d'autre part », JOCE n° L 69, du 19.03.1996, p.4 à 22.

[923] Décision du Conseil du 28 septembre 2000 relative à la conclusion de l'accord de partenariat économique , de coordination politique et de coopération entre la Communauté européenne et ses Etats membres, d'une part, et les Etats Unis du Mexique, d'autre part, fait à Bruxelles le 8 décembre 1997, JOCE n° L 276 du 28/10/2000 p. 44.

[924] Accord de coopération entre la Communauté européenne et la République d'Afrique du Sud,
JOCE n° L 341 du 30.12.1994, p. 62 à 65.

[925] CNUDED, *L'expérience acquise dans le domaine de la coopération internationale concernant la politique de concurrence et les mécanismes utilisés*, *op.cit.*, p. 12.

[926] Accord modifiant l'accord de partenariat entre les membres du groupe des États d'Afrique, des Caraïbes et du Pacifique, d'une part, et la Communauté européenne et ses États membres, d'autre part, signé à Cotonou le 23 juin 2000, JOCE n° L 209, du 11.8.2005, p. 27 à 53.

La coopération envisagée jusqu'à présent dans la région de l'Asie et du Pacifique est encore plus réduite, à l'exception de la collaboration étroite qui existe entre l'Australie et la Nouvelle-Zélande[927] dans le domaine considéré. Un mécanisme d'échange de points de vue, de coopération technique et d'examen des questions de concurrence a été établi sous les auspices du Forum de coopération économique Asie-Pacifique (APEC) dont les membres[928] ont décidé, aux termes des principes de l'APEC visant à favoriser la réforme de la politique et du droit de la concurrence, de suivre une politique de concurrence efficace et transparente, d'adopter et appliquer une législation idoine, de promouvoir la concurrence entre eux et de prendre des mesures de déréglementation sans établir d'instruments contraignants. Une initiative de coopération entre l'APEC et l'OECD vise à faciliter l'application des principes adoptés par les deux organisations. Jusqu'à présent, les travaux ont porté surtout sur l'échange de renseignements et de données d'expériences concernant les pratiques et principes optimaux en matière de réglementation[929]. Le cours de formation de l'APEC vise aussi à faciliter l'application de ces principes en privilégiant la politique de concurrence et a contribué à encourager une culture de concurrence et l'application effective d'un droit de la concurrence dans la région par un échange d'idées et d'informations[930]. Cette coopération assez souple contraste avec les liens étroits noués entre l'Australie et la Nouvelle-Zélande qui appliquent aux pratiques nuisant à leurs échanges mutuels non pas leurs lois antidumping mais les dispositions de leur droit de la concurrence harmonisées et relatives aux comportements prédateurs d'entreprises dominantes.

---

[927] Nous n'allons pas revisiter l'Accord entre l'Australie et la Nouvelle-Zélande puisque nous avons abordé le sujet dans la sous-section précédente.

[928] L'APEC a 21 membres l'Australie, Le Brunei, le Canada, le Chili, la Chine, le Coré du Sud, les Etats-Unis, Hong Kong, l'Indonésie, le Japon, la Malaisie, le Mexique, la Nouvelle-Zélande, la Papouasie-Nouvelle-Guinée, le Pérou, les Philippines, la Russie, Singapore, Taiwan, la Thaïlande et le Vietnam.

[929] TAYLOR Martyn, *International Competition Law: A New Dimension for the WTO?* , *op.cit.*,p. 77.

[930] CNUDED, *L'expérience acquise dans le domaine de la coopération internationale concernant la politique de concurrence et les mécanismes utilisés*, *op.cit.*, p. 16.

§ 3 – Les accords proclamant une simple déclaration de principe

Signé à La Haye le 3 février 1958, le traité instaurant l'Union Economique Benelux[931] ne comporte aucune règle de concurrence. Il invite cependant ses membres à veiller « en commun à ce qu'aucune disposition législative ou réglementaire, ni aucune autre disposition de droit public, ne fausse sur leurs territoires les conditions de concurrence »[932]. De même, son article 8 alinéa 2 dispose que « Les Hautes Parties Contractantes coordonnent leur politique à l'égard des accords et ententes privés de coopération économique ainsi qu'à l'égard des abus découlant d'une position dominante détenue sur le marché par une ou plusieurs entreprises; elles prennent les mesures appropriées en vue de pouvoir remédier aux abus de la puissance économique ». La participation des Etats du Benelux à la CEE depuis l'origine de cette dernière ne permet cependant pas d'apprécier l'effectivité des obligations découlant du traité de La Haye[933].

Le 1er janvier 1984, la Nouvelle-Zélande et l'Australie ont adopté un accord de libre échange (ANZCERTA) prévoyant une coopération générale entre les Etats signataires[934]. Cet accord, ne prévoyant qu'une procédure de consultation, ne permet donc pas de réglementer la concurrence régionale. Ainsi, avant l'adoption du protocole de libre-échange de 1998, il ne contenait également aucune disposition en matière de concurrence. Il invitait tout au plus les Etats parties à développer les échanges dans des conditions de saine concurrence[935].

§ 4 – Les accords muets en matière de concurrence

Les accords régionaux muets dans le domaine de la concurrence sont très nombreux par rapport à ceux qui contiennent des dispositions de fond sur les comportements anticoncurrentiels. Il existe ainsi un consensus sur la valeur et l'opportunité d'inclure des dispositions sur la concurrence dans les accords régionaux, non seulement au niveau national ou international, mais également au niveau régional. Ainsi, plusieurs unions douanières ou marchés communs ne contiennent pas de dispositions en matière de concurrence. Il en

---

[931] Les pays membres sont la Belgique, les Pays-Bas, le Luxembourg.
[932] L'Article 7 du traité de La Haye, http://www.benelux.be/fr/pdf/rgm/rgm_unieverdrag.pdf
[933] CHAREYRE DE BEAUMONT Anne, *Droit de la concurrence et globalisation*, *op.cit.*, p.426.
[934] Australia-New Zealand Closer Economic Relations Trade Agreement, concluded 28 March 1983, commenced 1 January 1984 (1983) 22 ILM 948.
[935] *Ibid.*, l'article 1 (d).

va ainsi de l'Association latino-américaine d'intégration (ALADI), créée par le nouveau Traité de Montevideo du 12 aout 1980. L'ALADI a succédé en 1980 à l'Association latino-américaine de libre-échange (ALALE) lancée en 1960 par onze pays latino-américains et paralysée par l'absence de coordination économique. Cuba est entré dans l'organisation en 1991[936]. L'objectif de cet accord est d'accroître le commerce entre les Etats membres en vue d'instituer progressivement un marché commun latino-américain.

Le Conseil de Coopération des Etats arabes du Golfe ou Conseil de coopération du Golfe (CCG) est une organisation régionale regroupant les six Etats arabes du golfe persique par un accord signé le 26 mai 1981[937]. Le conseil a un but essentiellement économique et social, les questions politiques y sont rarement évoquées. Cette organisation a pour but d'instaurer dans le Golfe un marché commun. Dès le 1er décembre 1981, les pays membres ouvrent leurs frontières économiques aux biens produits dans la région. Le conseil a également pour but d'assurer la stabilité économique et politique de la région, et une unification du système économique et financier des Etats du Conseil. Toutefois, l'accord ne contient aucune obligation en matière de concurrence[938].

Le MERCOSUR, entré en vigueur le 1er janvier 1995, ne contenait, jusqu'en 1996, aucune disposition en la matière, même s'il invitait ses Etats membres à coordonner leurs politiques macro-économiques et sectorielles afin de mettre en œuvre des conditions de concurrence adéquates[939]. De même, l'ANASE à Bali, le 24 février 1976, a défini les principes auxquels les membres se soumettront dans leurs relations. La déclaration de Bangkok, tout comme le traite d'amitié, ne contiennent aucune obligation en matière de concurrence, bien qu'ils prévoient, tous deux une coopération entre les Etats membres en vue d'améliorer l'accès aux marchés[940].

---

[936] Les membres actuels sont Argentine, Bolivie, Brésil, Chili, Colombie, Cuba (1991), Equateur, Mexique, Paraguay, Pérou, Uruguay, Venezuela.
[937] Arabie Saoudite, Bahreïn, Emirats Arabes Unis, Koweït, Oman et Qatar
[938] http://www.gcc-sg.org/
[939] L'Article premier du traité d'Asunción de 1991.
[940] http://www.aseansec.org/history/leader67.htm voir aussi TASCHEREAU Rodrigue, « L'Association des Nations de l'Asie du Sud-Est (ANASE) », Groupe de recherche sur l'intégration continentale, Département de science politique Université du Québec à Montréal, 2001 peut être consulté en ligne aussi sur le lien www.unites.uqam.ca/gric/pdf/Taschreau-ASEAN_seul.pdf dernier visite le 25 novembre 2007.

En l'état actuel des choses, la plupart des accords régionaux ne contribuent guère jusqu'à présent à la coopération concernant des affaires particulières ayant trait au droit de la concurrence. Cette situation peut s'expliquer par le but primordial des accords régionaux. Le principal souci de ces derniers ne consiste pas à réglementer le droit de la concurrence mais à établir une union douanière, un marché commun ou une zone de libre échange parmi ces Etat signataires. Par ailleurs, il est possible qu'actuellement les accords régionaux ne constituent pas le meilleur outil pour empêcher les comportements anticoncurrentiels même s'il s'agit de coopération. En effet, au sein de groupements régionaux, la coopération peut être freinée par certaines craintes et différences. Ainsi, l'hétérogénéité des pays faisant partie de tels groupements en termes de taille, de niveau de développement ou de maturité des systèmes de concurrence dans certaines régions moins développées sont les principales raisons devant être soulignées pour cette inefficacité. En outre, la coopération peut aussi être freinée simplement parce que les échanges entre certains pays du groupement sont limités ou ne sont guère touchés par des pratiques commerciales restrictives. Il est donc probable qu'au moins au début, la coopération se développera de façon asymétrique entre les membres des groupements régionaux. A l'heure actuelle, c'est uniquement dans l'Union européenne ou l'Espace économique européen que les accords instituant le libre-échange ou un marché commun ont été directement utilisés à cette fin ; dans d'autres cas, ils ont ouvert la voie à une collaboration bilatérale. En dernière analyse, on peut imaginer que l'application effective de tous ces textes prendra du temps puisqu'elle nécessite un approfondissement et un apprentissage progressif dans la culture de la concurrence. Cependant, cette application évolue progressivement mais sûrement. L'établissement et le développement progressif d'une collaboration peuvent contribuer à faciliter les choses et à fixer les bases d'une coopération plus poussée.

Sous-section II - Les initiatives multilatérales pour renforcer le droit international de la concurrence

Au niveau multilatéral, les efforts pour trouver une solution aux problèmes du droit international de la concurrence sont nombreux. Depuis les années 1920, il y a toujours eu des discussions et des propositions pour une solution multilatérale en matière de droit de la concurrence[941]. Aussi bien les accords multilatéraux existant dans le domaine de la réglementation des échanges

---

[941] HEINEMANN Andreas, « La nécessité d'un droit mondial de la concurrence », *op.cit.*, p. 301.

internationaux que les textes élaborés par les organisations internationales traitent d'une manière plus ou moins directe d'importants aspects du droit de la concurrence sur le plan international[942]. Nous avons déjà abordé le contenu de ces projets qui tentent de réglementer le droit international de la concurrence[943]. Ces projets ont le mérite non négligeable d'avoir facilité les rapprochements entre les autorités chargées de contrôler la concurrence et d'avoir incité bon nombre de pays en voie de développement à adopter ou à étoffer leurs règles internes de concurrence. En effet, les dispositions normatives de la concurrence contenues dans ces divers textes apparaissent insuffisantes. Les mesures prises pour réglementer le commerce international et la politique de concurrence se sont souvent limitées à favoriser le mécanisme de consultation et la coopération alors que l'élaboration des dispositions impératives contre les comportements anticoncurrentiels est nécessaire pour assurer le respect de la concurrence internationale. Actuellement, parmi ces projets, seuls quelques-uns ont une importance

---

[942] ABDELGAWAD Waled, « Jalons de l'internationalisation du droit de la concurrence : vers l'éclosion d'un ordre juridique mondial de la *lex economica* », *op.cit.*, p. 161 à 196.

[943] Charte de la Havane instituant une Organisation International du Commerce, UN Doc. E/Conf. 2/78, 1948 ; The United Nations Draft Convention on Restrictive Business Practices ; Code de conduite sur les pratiques commerciales restrictives, L'ensemble de principes et de règles équitables convenus au niveau multilatéral pour le contrôle des pratiques commerciales restrictives, Résolution 35/63 du 5 décembre 1980, Semaine Juridique, J.C.P.1981, III, no.5188 ; CNUCED, The model law on competition, UNCTAD Series on Issues in Competition Law and Policy, TD/B/RBP/CONF.5/7/Rev.3,2007 ; Recommandation du Conseil de l'OCDE sur la coopération entre pays membres dans le domaine des pratiques anticoncurrentielles affectant les échanges internationaux, y compris celles des sociétés multinationales (20 juillet 1978) ; l'Ensemble de principes et de règles équitables convenus au niveau multilatéral pour le contrôle des pratiques commerciales restrictives, adopté par l'Assemblée générale aux termes de sa résolution 35/63 du 5 décembre 1980 ; Recommandation du Conseil de l'OCDE sur la coopération entre pays membres dans les domaines de conflit potentiel entre la politique de concurrence et la politique commerciale (C(86)65(FINAL), 23 octobre 1986) ; Recommandation du Conseil de l'OCDE concernant la façon de réduire au minimum les prescriptions contradictoires (1987) ; Acte final reprenant les résultats des négociations commerciales multilatérales du Cycle D'Uruguay (Marrakech, avril 1994) ; Recommandation révisée du Conseil de l'OCDE sur la coopération entre pays membres dans le domaine des pratiques anticoncurrentielles affectant les échanges internationaux (27 et 28 juillet 1995, C(95)130/FINAL) ; Recommandation du Conseil de l'OCDE concernant une action efficace contre les ententes injustifiables (13 mai 1998, C(98)35/FINAL) ; Accord de l'OMC sur les services de télécommunication de base (15 février 1997; entré en vigueur le 1er janvier 1998) ; OCDE, Principes directeurs à l'intention des entreprises multinationales, adoptés par les Gouvernements des 29 États membres de l'OCDE ainsi que de l'Argentine, du Brésil, du Chili et de la Slovaquie à la Réunion ministérielle de l'OCDE tenue le 27 juin 2000 ; Recommandation du Conseil de l'OCDE sur le contrôle des fusions (25 mars 2005,C(2005)34) ont été examiné dans la partie I, titre 1, chapitre 2, section 2 intitulé « les sources au niveau multilatéraux ».

pratique concernant le fonctionnement du droit international de la concurrence au marché mondial.

§ 1 – Les initiatives qui ne sont pas dotées d'une force obligatoire

En vue de la nécessité d'un droit et d'une politique mondiale de la concurrence, l'Organisation de coopération et de développement économiques (OCDE) est devenue l'un des forum les plus importants en matière de coopération et de rédaction de règles de base communes en relation avec le droit de la concurrence. Toutefois, bien qu'il existe un système de Global Forums pour le dialogue avec les Etats non-membres de l'organisation, l'effet persuasif de ces mécanismes est réduit en raison du caractère partiel de l'OCDE en tant qu'organisation des pays industrialisés[944]. Ainsi, les nombreux instruments adoptés par l'OCDE ont été négociés par un groupe restreint de pays même si des Etats non membres de l'OCDE peuvent s'associer à l'application des recommandations concernant la lutte contre les ententes injustifiables et le contrôle des fusions. Signalons aussi que les Principes directeurs à l'intention des entreprises multinationales ont été adoptés non seulement par les Etats membres de l'OCDE, mais encore par certains pays d'Amérique latine et par la République slovaque[945]. L'OCDE demande aux Etats d'adopter et d'appliquer effectivement un droit et une politique de la concurrence et énonce des règles et principes d'ordre général. L'OCDE a également adopté des textes concernant les fusions et les échanges d'informations dans les enquêtes sur les ententes, ainsi que les réformes réglementaires de nature à favoriser la concurrence. En outre, différents aspects du droit de la concurrence ont fait également l'objet d'importants travaux et discussions au sein de la CNUCED.

A – Les travaux effectués dans le cadre de l'OCDE

Parmi les nombreux travaux effectués dans le cadre de l'OCDE au sujet de la politique et du droit de la concurrence, certaines mesures méritent tout particulièrement d'être mentionnées du fait de leurs effets concrets : la recommandation adoptée en 1979, révisée en 1986 et en 1995 par le Conseil de l'OCDE sur la coopération entre Etats dans le domaine des pratiques

---

944 HEINEMANN Andreas, « La nécessité d'un droit mondial de la concurrence », *op.cit.*, p. 302.

945 CNUDED, *L'expérience acquise dans le domaine de la coopération internationale concernant la politique de concurrence et les mécanismes utilisés*, *op.cit.*, p. 16 et 17.

commerciales restrictives affectant les échanges internationaux[946], et la recommandation adoptée en 1998 concernant les actions efficaces contre les ententes injustifiées[947]. Grâce à ces recommandations, tout un ensemble de procédures de notification, d'échanges d'information, de consultation et de conciliation dans le but de renforcer la coopération entre Etats membres et de faciliter la collecte d'informations à l'étranger par leurs autorités de contrôle de la concurrence a été mis en place. Par ailleurs, elles ont permis de résoudre plus facilement les conflits découlant de l'application extraterritoriale de leurs législations nationales de concurrence. Pourtant, ce mécanisme ne pourrait prétendre à l'universalisme. Il s'est révélé incapable d'embrasser les multiples et complexes aspects nécessaires à l'éclosion d'un ordre concurrentiel international. D'une part, le respect de ce système n'est dicté que par de simples recommandations à caractère volontaire – les procédures qu'il institue ne priment pas sur les procédures nationales appliquées par les autorités nationales–, et d'autre part, ces recommandations ne se soucient que de quelques aspects de procédures facilitant la coopération internationale entre autorités de contrôle de la concurrence – elles sont complètement muettes à l'égard des règles matérielles[948].

Un autre instrument important est l'œuvre du Comité du droit et de la politique de la concurrence de l'OCDE, qui a soumis en 1994 au Conseil réuni au niveau des Ministres un « Rapport provisoire sur la convergence des politiques de concurrence »[949]. Celui-ci comportait une étude traçant les principaux points de convergence entre les politiques et les législations en matière de concurrence et faisait aussi état de la réalisation, dans ce domaine, d'importants progrès de nature à encourager la poursuite de travaux dans le but d'arriver à un consensus. Ce texte a incontestablement le mérite de refléter le point de vue des autorités de concurrence des pays membres de l'OCDE. Cette tentative demeure néanmoins au stade de projet de recherche prospective. Les principes de base désignent les concepts fondamentaux d'application générale sur lesquels un large accord pourrait se dégager, comme les principes proclamés par l'OMC de non-discrimination, de traitement national et de transparence. Les approches communes sont plus

[946] Recommandation révisée du Conseil de l'OCDE sur la coopération entre pays membres dans le domaine des pratiques anticoncurrentielles affectant les échanges internationaux, 27 et 28 juillet 1995, C(95)130/FINAL.
[947] Recommandation du Conseil de l'OCDE concernant une action efficace contre les ententes injustifiables, 13 mai 1998, C(98)35/FINAL.
[948] ABDELGAWAD Waled, « Jalons de l'internationalisation du droit de la concurrence : vers l'éclosion d'un ordre juridique mondial de la *lex economica* », *op.cit.*, p. 171.
[949] Interim Report on Convergence of Competition Policies, OCDE/GD (94)64, Paris 1994.

détaillées et plus précises et visent à élaborer certaines normes communes en matière de concurrence. Ce cadre n'a cependant aucun caractère contraignant et n'est pas assujetti à un mécanisme de règlement des différends mais il peut néanmoins servir pour inspirer les travaux futurs sur la recherche de principes communs en la matière[950].

Il est vrai que la déclaration et les décisions de l'OCDE ont aussi certains effets sur les sociétés et l'ordre international économique. Cette réglementation ne relève pas de la *hard law* (du droit dur), mais de la *soft law* (du droit mou). Toutefois, ces recommandations ont fait l'objet d'un enrichissement progressif par deux voies distinctes : d'une part, le mécanisme du « réexamen » périodique, qui permet de faire le point sur l'effectivité de la réglementation, et, le cas échéant, de la compléter sur tel ou tel aspect et d'autre part, le mécanisme de la clarification, forme d'interprétation qui fournit les éclaircissements nécessaires à une bonne application de ces textes. Ce mécanisme de clarification a été utilisé également pour mettre en œuvre les principes directeurs à l'intention des entreprises multinationales. Un nombre important de demandes de clarification a été formulé par les organismes consultatifs au cours des années 1970. La plupart de ces demandes portaient sur la section des principes directeurs, intitulée emploi et relations professionnelles, ce qui ne saurait surprendre à la lumière de la dégradation du marché de l'emploi dans les pays de l'OCDE au cours de cette période. Un certain nombre d'affaires importantes ont ainsi été évoquées à l'occasion de ces clarifications[951]. Les rapports du comité de l'investissement des entreprises multinationales ont pu jouer un rôle significatif dans le règlement de ces affaires. Aujourd'hui, cette procédure de clarification est moins fréquemment utilisée car les principes directoires sont désormais correctement interprétés et appliqués, donc effectivement respectés[952].

Finalement, la recommandation du Conseil de l'OCDE s'est révélée être un instrument relativement efficace de coopération internationale dans le cadre de l'application extraterritoriale des législations de concurrence. Les procédures de consultation ont complété le système des notifications.

[950] ABDELGAWAD Waled, « Jalons de l'internationalisation du droit de la concurrence : vers l'éclosion d'un ordre juridique mondial de la *lex economica* », *op.cit.*, p. 172.
[951] Affaires *Badger, Batco, Bendix, Citicorp, Firestone, ITT, Siemens, Hoover* et *Renault Vilvoorde* en particulier.
[952] CARREAU Dominique / JUILLARD Patrick, *Droit international économique*, *op.cit.*, p. 42 à 44.

Plusieurs affaires ont donné lieu à des consultations entre les Etats membres[953]. Certaines affaires ont même donné lieu à des consultations avec plus d'un Etat membre, conduites de manière bilatérale avec chacun des Etats intéressés[954]. De surcroît, les moyens[955] de l'OCDE se présentent comme un ensemble d'instruments interdépendants. C'est dans ce caractère d'interdépendance que la réglementation puise son équilibre puisque cela signifie que l'adhésion à un instrument emporte l'adhésion aux autres instruments. Or, ce triptyque a une logique interne. Les principes directeurs à l'intention des entreprises multinationales définissent les devoirs des entreprises multinationales vis-à-vis de l'Etat territorial, c'est-à-dire les droits de l'Etat territorial vis-à-vis des entreprises multinationales. Le traitement national définit les droits des entreprises multinationales vis-à-vis de l'Etat territorial – ou encore les devoirs de l'Etat territorial vis-à-vis de l'entreprise multinationale. Les droits et obligations tant de l'entreprise multinationale que de l'Etat territorial s'équilibrant les uns les autres, le troisième instrument à l'investissement international en tire la conséquence en préconisant l'élimination des obstacles et l'introduction de stimulants et ceci de manière à encourager l'investissement international[956].

B – Les travaux effectués au sein de la CNUCED

Contrairement à l'OCDE, l'ONU a une véritable dimension universelle. En 1980, l'Assemblée générale de l'ONU a adopté une résolution sous le titre « Ensemble de principes et règles équitables convenus au niveau international

[953] Par exemple dans l'enquête effectuée par la Commission sur l'éventuel abus de position dominante de la société IBM sur le marché des ordinateurs, la Commission avait demandé au ministère de la justice américain certaines précisions sur les critères appliqués pour évaluer les parts de marché de ce secteur.

[954] Ainsi, une affaire dans laquelle le ministère de la justice américain engagea une enquête sur le transport aérien fut notifiée à l'Allemagne, la Suisse et au Royaume-Uni et fut a l'origine de consultations organisées séparément avec chacun de ces Etats. Enfin, la Commission des Communautés notifia à plusieurs Etats membres ses décisions dans les deux affaires visant les producteurs de pâte à papier et d'aluminium et invita les Etats intéressés à des consultations. Dans l'affaire Pâtes de bois, les autorités de la Finlande, de la Norvège et de la Suède ont répondu positivement et ont procédé à ces consultations. A l'inverse, dans l'affaire concernant les producteurs d'aluminium, aucun des cinq pays, l'Australie, la Canada, la Norvège, la Suède ne répondit à l'offre de consultation.

[955] Principes directeurs à l'intention des entreprises multinationales, traitement national, stimulant et obstacles à l'investissement international etc.

[956] CARREAU Dominique / JUILLARD Patrick, *Droit international économique*, *op.cit.*, p. 43.

pour le contrôle des pratiques commerciales restrictives »[957]. Comme observé antérieurement, l'Ensemble est le seul instrument multilatéral qui ait une vocation universelle dans ce domaine, négocié sous les auspices de la CNUCED. Certes, ce code de conduite n'a pas de force juridique obligatoire, mais dans son cadre, la CNUCED a entrepris une multitude d'activités en matière de politique de la concurrence, allant d'études scientifiques sur tous les aspects de la politique de la concurrence jusqu'à l'adoption d'une loi type sur la concurrence[958], destinée aux pays en développement ou en transition qui ne disposent pas encore d'une législation nationale en la matière. A travers ses travaux, la CNUCED est devenue une organisation importante pour la diffusion internationale d'une « culture de la concurrence ». Par ailleurs, la CNUCED assure des programmes d'assistance technique, des service de consultation et de formation sur le droit et la politique de la concurrence, notamment à l'attention des pays en développement car un grand nombre d'entre eux ne sont pas encore dotés d'une législation moderne sur la concurrence.

Cependant, sans sous-estimer l'envergure de ses travaux, l'atout de l'organisation n'est pas forcément le traitement ou la décision mettant fin aux conflits concrets. Par conséquent, si la CNUCED est d'une aide précieuse pour la réflexion et l'assistance des pays nécessitant un soutien, elle ne constitue pas un forum idéal pour l'adoption de règles contraignantes ou de mécanismes de coopération multilatérale pour résoudre des cas spécifiques[959]. En effet, la CNUCED ne saurait répondre aux impératifs de l'édification d'un ordre concurrentiel international, eu égard aux multiples imperfections dont elle souffre[960]. Elle revêt même une efficacité pratique bien moindre que les recommandations de l'OCDE. L'absence de valeur obligatoire du Code, bien qu'elle n'enlève pas sa juridicité, fait néanmoins dépendre son application et sa mise en œuvre de la seule bonne volonté des entreprises multinationales et des Etats. Si le Code tire sa force du consensus dégagé entre les États lors de son élaboration, ce consensus s'est avéré fragile et superficiel, son autorité a été passablement vacillante par la suite.

---

[957] CNUDED, *L'expérience acquise dans le domaine de la coopération internationale concernant la politique de concurrence et les mécanismes utilisés*, *op.cit.*, p. 16.

[958] Loi type sur la concurrence, Projet de commentaire d'éléments pour les articles d'une loi ou de loi type, TD/RBP/CONF.5/7, Genève 2000.

[959] HEINEMANN Andreas, « La nécessité d'un droit mondial de la concurrence », *op.cit.*, p. 302.

[960] IDOT Laurence, *Le contrôle des pratiques restrictives de concurrence dans les échanges internationaux*, Thèse, Paris II, 1981, p. 640; MERCIAI Patrizio, *Les entreprises multinationales en droit international*, Bruxelles, Bruylant, 1993, p. 128ss.

Le texte lui-même témoigne dans les dispositions relatives au mécanisme institutionnel de ce fragile compromis en prévoyant que dans l'exercice de ses fonctions, ni le Groupe intergouvernemental ni aucun de ses organes subsidiaires n'agit comme un tribunal ou n'émet, de toute autre manière, de jugement quant aux activités ou à la conduite de tel ou tel gouvernement ou de telle ou telle entreprise à l'occasion d'une transaction commerciale précise. Par ailleurs, dans les dispositions portant sur les principaux types de pratiques anticoncurrentielles dont les entreprises devraient s'abstenir, le Code prévoit des interdictions liées aux règles de fond relevant des ententes horizontales, des ententes verticales et de l'abus de position dominante en des termes lacunaires et très généraux, ce qui laisse supposer une homogénéité de traitement de ces pratiques dans les différentes législations nationales, alors qu'un consensus n'est pas encore réalisé entre les droits nationaux dans ce domaine[961]. Malheureusement, ce texte adopté ne présente pas un grand intérêt pour régir les rapports internationaux de concurrence sur le marché mondial.

§ 2 – L'unique initiative ayant une force obligatoire[962]

À la différence des textes susmentionnés, les Accords du Cycle de l'Uruguay ont force obligatoire et sont étayés par de solides mécanismes de règlement des différends et des procédures générales de consultation applicables à tous les différends en relation avec l'OMC. Compte tenu des diverses dispositions en rapport avec le droit et la politique de la concurrence dans les articles ou accords de l'OMC,[963] ce mécanisme de règlement des différends peut jouer un rôle déterminant pour le droit de la concurrence au niveau international, à coté des obligations relatives aux consultations, à l'échange des enseignements confidentiels et à la courtoisie active. En outre, plusieurs principes de l'OMC, comme le principe de la nation la plus favorisée, la transparence, la non-discrimination et le traitement équitable intéressent directement le droit de la concurrence, même s'il ne s'agit pas de règles de concurrence en elle-même.

Dans le domaine commercial international, si ces accords internationaux permettent indéniablement de lutter contre les pratiques restrictives, il n'en demeure pas moins qu'ils ne sont pas privés de certaines lacunes. Ces

---

961 ABDELGAWAD Waled, « Jalons de l'internationalisation du droit de la concurrence : vers l'éclosion d'un ordre juridique mondial de la *lex economica* », *op.cit.,* p. 173.
962 Nous allons examiner ce sujet en profondeur dans la deuxième partie de notre thèse.
963 Voir la partie I, titre 1, chapitre 2, section 2 intitulé « les sources au niveau multilatéraux ».

accords ne révèlent leur pleine mesure que si les parties en présence ont un droit de la concurrence assez développé. Or, force est de constater que nombreux sont encore les Etats où l'absence de règles en matière de concurrence est érigée en mode de gestion du commerce international. Par ailleurs, la pluralité des accords n'assure en aucun cas l'unicité de la règle juridique internationale, condition sine qua non d'un commerce ouvert. Il apparait ainsi que la voie vers un commerce international assurant un égal accès au marché mondial passe par la multilatéralisation des règles de concurrence[964].

[964] OKIEMY Bienvenu, « L'O.M.C. face à la problématique de l'institution d'un droit international de la concurrence », *op.cit.*, p. 79.

CONCLUSION DU TITRE II

Alors que l'économie mondiale continue à se développer et que les mailles du réseau de relations commerciales se resserrent de plus en plus, les effets des pratiques anticoncurrentielles des entreprises sur les échanges commerciaux ne font que croître. Compte tenu de l'importance croissante des rapports entre la politique commerciale et la politique de concurrence, les organisations régionales et internationales telles que l'OCDE, l'OMC et l'ONU étudient les nouvelles mesures à prendre dans le domaine de la politique de concurrence internationale. De nombreuses discussions ont porté sur la forme que devraient revêtir ces solutions internationales. Les Etats, entraînés dans une course à la compétitivité, sont contraints de mettre en place une régulation de la concurrence qui ne fait que renforcer les jeux de pouvoir au sein de l'économie mondiale tout en les obligeant eux-mêmes, a fortiori pour les moins puissants d'entre eux, à se placer sous une réglementation. Ainsi, avec la globalisation économique, c'est probablement sur les relations entre les Etats et les grands oligopoles que les tensions de la rivalité semblent être survenues.

Par ailleurs, devant les obstacles posés à la multilatéralisation des règles de concurrence, d'autres formes de coordination ont été mises en place : inclusion de règles dites de « courtoisie » dans les accords bilatéraux ou multilatéraux, généralisation de la coopération entre les autorités nationales de concurrence. Cependant, ces procédures, qui ont permis une coopération effective notamment entre les autorités américaines et européennes, n'effacent pas les divergences d'intérêt ou de doctrine. Sur ce sujet, certains auteurs invoquent que la coopération bilatérale couplée avec la création et le renforcement des réseaux des autorités nationales de concurrence représentent les moyens les plus efficaces disponibles pour le règlement et l'application du droit de la concurrence dans l'ère actuelle de globalisation. En revanche, ces solutions n'ont pas empêché la montée en puissance du conflit transatlantique lors des fusions transatlantiques. Indépendamment de l'application extraterritoriale de la législation antitrust des différents pays, les enquêtes ouvertes au sujet des comportements anticoncurrentiels étrangers et la prise de mesures efficaces en la matière, continuent de se heurter à des obstacles de taille relevant de considérations pratiques. Pour s'acquitter efficacement de sa mission, l'autorité nationale de concurrence peut être amenée à faire parvenir des assignations à une partie à l'étranger, à exiger la production de documents situés à l'étranger, à obtenir la déposition de témoins étrangers et à faire valoir des réparations contre des parties ou avoirs à l'étranger. A chacune de ces étapes, la route est semée d'embûches juridiques et elle impose bien des contraintes à l'autorité de contrôle. Ainsi, il est souvent préférable que celle-ci mène son enquête avec l'assistance et la coopération actives de l'organisme étranger qui lui est son pendant[965].

Malgré les accords qui encouragent la coopération et la coordination dans l'application du droit de la concurrence de chaque pays, la régulation de marché mondial n'est toujours pas achevée. Ces accords de coopération contiennent également des dispositions relatives à la « courtoisie positive » dans le cas de comportements anticoncurrentiels intervenant dans un pays préjudiciables pour les consommateurs d'un autre pays. Ces accords peuvent être considérés comme des mesures importantes pour réduire les différends sur l'application extraterritoriale du droit de la concurrence et pour améliorer la communication entre les diverses autorités de contrôle. Sous un autre angle, le rôle éventuel que devrait jouer l'OMC dans la politique de concurrence a été également discuté et, notamment, le fait de savoir si elle devait interdire certaines pratiques ou se borner à servir de tribune à ceux qui s'opposent à de telles pratiques.

D'un autre coté, il est, dès lors, important de noter que les accords régionaux ont commencé à jouer un rôle très important dans le domaine du droit international de la concurrence. L'explosion du nombre d'accords régionaux dans de nombreuses régions du monde au cours des dernières années soulève d'importantes questions sur la signification de cette tendance pour les relations commerciales multilatérales dans un contexte de mondialisation croissante. Sous un autre angle, il est possible d'argumenter que certains nombres de forums régionaux, comme l'APEC, la COMESA, l'ALENA, ont pour fonction explicite de favoriser la culture de la concurrence. Ils obligent leurs membres à adopter un droit de la concurrence et des institutions qui réalisent sa mise en œuvre. Certes, tous les pays ne sont pas sur un même pied d'égalité concernant le niveau du développement économique. C'est d'ailleurs la raison pour laquelle la Charte de Havane a échoué. Aujourd'hui, nous sommes dans une autre phase qui pourrait parvenir au même objectif que celui prévu par la Charte, en passant par un autre chemin. En passant par les accords régionaux, les principes du droit de la concurrence s'épanouissent dans le monde entier. Le comportement de « passager clandestin » des pays qui n'ont pas de droit de la concurrence ne saurait durer plus longtemps dans cette ère de globalisation. Pour qu'un droit

---

[965] TRITELL Randolph, "Bilan de l'application de la législation antitrust américaine aux sociétés étrangères", *op.cit.*, p. 15.

international de la concurrence soit bénéfique pour l'ensemble des pays, il faut que chaque Etat dispose d'un droit de la concurrence nationale et l'applique efficacement. La régionalisation du droit de la concurrence prépare la voie au multilatéralisme. Par ce biais, il pourrait être possible d'obtenir une convergence des droits nationaux de la concurrence.

CONCLUSION DE LA PARTIE I

Dans le domaine du droit de la concurrence nationale, l'expérience américaine, d'abord, et le procédé européen, ensuite, ont constitué les fondements nécessaires pour comprendre et résoudre les problèmes du droit international de la concurrence. Ce dernier vise la réglementation de la concurrence à l'échelle mondiale. En conséquence, son but ne revêt pas un caractère différent des droits nationaux de la concurrence. La concurrence sert à promouvoir l'efficacité du marché, à améliorer le bien-être économique et à augmenter la croissance. Dans cette perspective, divers instruments pour promouvoir l'efficacité du marché et améliorer l'efficacité statique et dynamique ont été utilisés par les politiques de concurrence nationale. A la suite de l'interpénétration des marchés nationaux, une nécessité de transposer ces mécanismes au niveau international et réglementer le marché mondial a été ressentie par la communauté internationale et ce même avant la globalisation. Plusieurs projets au sein de l'ONU, de l'OCDE et de l'OMC ont été préparés afin de combler cette lacune, mais la spécificité du droit international et la conjoncture internationale ont abouti à la réalisation partielle de ces projets. C'est pourquoi les membres de la communauté internationale qui ont une tradition dans le domaine de la concurrence ont d'abord opté pour une solution unilatérale afin d'instaurer la réglementation du droit de la concurrence internationale.

Ainsi, l'application extraterritoriale du droit national de la concurrence d'un pays à des pratiques ayant des effets à l'extérieur du territoire de ce pays, qui est de nature, s'il se généralise, à créer des conflits de droits et une insécurité juridique très préjudiciable au fonctionnement du système économique international s'est développé. Pourtant, en l'espèce, le même comportement, ou la même opération de concentration, est alors susceptible d'être examiné par un grand nombre d'autorités nationales de concurrence qui applique des droits nationaux dont les dispositions de fond et de procédures ne sont pas obligatoirement les mêmes et qui sont donc susceptibles d'aboutir à des conclusions différentes. Le fait qu'on demande à ces autorités d'apprécier l'opération sur leur marché national peut les conduire à délaisser les effets anticoncurrentiels sur les marchés étrangers. En l'absence de coordination entre les autorités nationales de concurrence, cette situation peut se durcir. Prenons pour exemple la concentration entre *Boeing* et *McDonnell-Douglas* qui a été examinée à la fois par la *Federal Trade Commission* et par la Commission européenne. En appliquant le droit américain de concentration, la *Federal Trade Commission* n'a pas émis d'objections à l'égard de cette opération. En revanche, la Commission européenne a exigé des engagements pour l'accepter en se basant sur le droit communautaire. Jusqu'à l'affaire de *GE/Honeywell*, les systèmes existants du droit de la concurrence étaient plus au moins capables de traiter les affaires internationales mais cette affaire a mis en relief les défauts du système actuel. À partir de ces exemples, on peut facilement imaginer les conséquences d'une généralisation de ce type d'application extraterritoriale du droit de la concurrence. De telles décisions, divergentes, prises par différentes autorités pour un même cas créent des difficultés sérieuses pour les compagnies impliquées indépendamment des décisions économiques incorrectes prises par les entreprises. Les actionnaires subissent des préjudices importants et les fusions ayant échoué occasionnent également des coûts considérables et inutiles. De même, l'absence de standards communs rend les entreprises multinationales vulnérables surtout lors des opérations de fusion. Certes, les contrôles des pratiques anticoncurrentielles se sont considérablement développés, mais il y a une contradiction manifeste entre leur caractère national ou régional et le caractère international des opérations appréhendées. Un système de contrôle fondé sur des droits nationaux est donc par essence même limité.

En résumé, l'application extraterritoriale du droit de la concurrence a plusieurs conséquences. Des sociétés actives dans le commerce global peuvent être contraintes à notifier à des douzaines de juridictions leurs opérations de fusion et d'acquisition. Cela engendre des coûts considérables et soulève la question de savoir si ces politiques de concurrence pourraient être réalisées à des coûts inférieurs par l'acceptation de procédures de notification commune. Une deuxième conséquence de la multiplicité de l'application extraterritoriale des lois nationales de concurrence est que le même comportement peut être évalué au regard de normes divergentes. Ainsi, les décisions contradictoires des autorités nationales de concurrence constituent une insécurité juridique pour les particuliers. L'unilatéralisme contient par nature cette diversité qui rend les entreprises globales vulnérables. Un troisième sujet de préoccupation vient de la capacité institutionnelle des autorités nationales de concurrence. Plusieurs pays, en particulier en voie de développement, ont récemment élaboré des lois en matière de concurrence mais il leur manque l'expérience nécessaire pour les exécuter. Afin de corriger ces faiblesses, les autorités de concurrence et les tribunaux sont essentiels pour assurer l'exécution des politiques de concurrence et permettre d'améliorer la performance économique. En conséquence, la primauté de la compétence territoriale n'est plus reconnue tandis que l'application extraterritoriale des lois nationales est expressément reconnue voire recherchée. Ce retournement complet de perspective s'explique par le caractère véritablement international des marchés. Ainsi, les chefs de compétences classiques de l'Etat apparaissent de plus en plus dépassés en raison des progrès techniques et de la globalisation de l'économie mondiale.

Sachant que sans une coopération internationale on se trouverait dans une situation unilatérale « sauvage », la communauté internationale a provoqué la mise en place d'une coopération bilatérale et multilatérale et a renoncé au recours à des politiques unilatérales de résolution des conflits. Certains travaux de l'ONU ont encouragé la coopération internationale et permettent une assistance mutuelle des autorités chargées de la concurrence. Il importe aussi de révéler les nombreuses recommandations de l'OCDE qui se sont montrées de plus en plus efficaces. Si ces textes n'ont qu'un caractère volontaire et ne peuvent être sanctionnés juridiquement, ils sont à l'origine de nombreux accords bilatéraux. En revanche, la réglementation de la concurrence dans le cadre d'Organisations internationales régionales peut être imposée à leurs Etats membres. L'approche bilatérale souligne la coopération basée sur le régionalisme et le fonctionnalisme mais demeure similaire à l'expansion de l'approche unilatérale. Ainsi, par définition, la coopération bilatérale suppose un accord entre les parties sur la combinaison de leurs systèmes juridiques. En revanche, pour qu'un réseau d'accords bilatéraux soit réussi, cela requiert l'existence préalable d'un droit interne de la concurrence dans chacun des Etats parties à la convention. L'efficacité du système crée par les traités dépend spécialement du contenu de la coopération. Sur ce point, alors que les premiers accords prévoyaient particulièrement des mécanismes de notification, suivis éventuellement d'échanges d'informations, les textes de la deuxième génération ont introduit des procédures de coopération et de consultation assez développées. L'introduction du principe de courtoisie active et passive a apporté une souplesse à la répartition des compétences entre les autorités nationales de concurrence.

La coopération bilatérale, comme par exemple l'accord entre les Etats-Unis et l'Union européenne permet sans doute une amélioration dans le traitement de dossiers ayant un caractère d'extranéité, comme une concentration ou un accord de coopération, à travers les contacts qu'elle favorise entre les équipes qui traitent ces dossiers. Pour autant, certains éléments continuent de faire obstacle à la bonne marche des enquêtes et des actions consécutives aux comportements étrangers anticoncurrentiels susceptibles de se manifester du fait même des différences qui existent dans la façon dont les pays étrangers envisagent le rôle du droit de la concurrence et du fait des outils dont ils disposent aux fins d'enquêtes. De même, la poussée du bilatéralisme peut entraîner le double danger de favoriser les mesures discriminatoires à l'encontre des pays tiers à ces accords et d'offrir au pays qui dispose du pouvoir de négociation le plus puissant un champ propice pour imposer ses propres normes et détourner de ce fait le bilatéralisme au profit d'une nouvelle forme d'unilatéralisme.

D'un autre côté, même s'il est une étape nécessaire à la progression du multilatéralisme, le bilatéralisme ne donne pas vraiment un résultat satisfaisant sur le plan de l'internationalisation du droit de la concurrence. D'une part, généralement, les accords bilatéraux ne permettent pas aux autorités de concurrences nationales la possibilité d'échanger l'information confidentielle, essentielle pour la mise en place d'une coopération interinstitutionnelle efficace. Et, quand bien même il est possible d'échanger l'information confidentielle, il est nécessaire d'obtenir la permission explicite d'une ou des parties pour le faire. Cette situation est assez fréquente dans le cas des fusions où les parties peuvent en tirer un bénéfice. En revanche, dans les cas des cartels internationaux, les parties ont tendance à éviter de donner une telle permission qui peut se révéler nuisible et sont souvent peu disposées à faciliter les recherches des autorités anti-trust. D'autre part, le contenu des accords bilatéraux se limite à des aspects procéduraux et concerne peu ou pas du tout les règles substantielles applicables. Dépourvus de vocation universelle, les accords bilatéraux sont, en effet, incapables de surmonter efficacement les divergences des droits nationaux de pays qui n'y sont pas adhérents. Au final, les accords bilatéraux n'interviennent, le plus souvent, qu'entre partenaires commerciaux, Etats ou groupes régionaux, dont les réglementations et les politiques sur la concurrence se caractérisent par une forte convergence.

A partir des années 1950, on constate que le multilatéralisme moderne s'est fondé sur le rejet des accords régionaux et bilatéraux. En revanche, le développement des secteurs commerciaux intégrés reflète un désir historique de maximiser la force de chaque pays et de se développer. Les Etats-Unis et l'Union européenne sont deux modèles réussis d'un tel effort. A l'heure actuelle, le mouvement des accords commerciaux régionaux a pris une certaine ampleur. En revanche, les blocs commerciaux régionaux soulèvent des questions au sujet du protectionnisme régional et du conflit avec le GATT et l'OMC. Les Membres de l'OMC s'aperçoivent des avantages aussi bien que des inconvénients de l'intégration régionale, mais y sont contraints du fait de la nécessité de faire face à la concurrence internationale. L'accroissement du nombre d'accords commerciaux régionaux, associé à la préférence manifestée pour des accords de libre-échange bilatéraux, a entraîné un phénomène de chevauchement des zones couvertes par les accords. Chaque accord ayant tendance à créer son propre mini-régime commercial, la coexistence dans un pays de différentes règles commerciales s'appliquant à différents partenaires d'accords commerciaux régionaux est devenue fréquente. Cette situation peut faire obstacle aux flux commerciaux du simple fait des coûts qu'implique, pour les négociants, l'application des différents ensembles de règles commerciales.

En bref, les Etats sont motivés pour former des zones commerciales afin d'améliorer leur position économique. Il paraît fort logique que la réussite de l'unification de l'Union européenne ait été considérée comme une menace par ces Etats et ait stimulé leurs efforts face à la « forteresse européenne ». Comme il a pu être constaté, plusieurs formes d'alliances sont possibles mais les conflits demeurent éternels. La question primordiale est de savoir comment subordonner les intérêts des Etats à ceux du secteur commercial intégré afin de réaliser l'unité. Quels intérêts nationaux peuvent être reportés, et quelles sont les différences ? Ces efforts régionaux doivent être observés étroitement pour voir comment ils progressent vers l'intégration économique et probablement politique. La vitesse et la profondeur de l'intégration varient sûrement. Les groupes peuvent même se briser en sous-groupes progressant à différentes vitesses ou choisissant de coopérer seulement à quelques questions. Même la question du nationalisme gêne quelques efforts de groupement. L'équilibre sensible entre favoriser la croissance économique commerciale et le protectionnisme peut créer de grandes rivalités commerciales entre les « méga » groupes ou ouvrir la voie au libre échange de manière profitable pour toutes les nations.

Sur le plan multilatéral, les efforts pour trouver une solution aux problèmes du droit international de la concurrence sont nombreux. En effet, les premières tentatives de coopération en matière de droit de la concurrence ont révélé un certain nombre de faiblesses dues notamment à l'absence de mécanisme contraignant capable d'imposer des décisions aux membres participants sous l'autorité d'une organisation internationale. Cependant, les initiatives multilatérales existantes ont également des limitations importantes. Les projets multilatéraux ont souvent rencontré l'opposition politique significative des nations industrialisées qui ne veulent pas limiter leur marge de manœuvre dans le marché mondial. Il y a lieu de rappeler que, dans le cadre de l'ambitieux mouvement de coopération internationale de l'immédiat après guerre, visant à éviter les crises et qui s'est traduit notamment par la création du FMI et de la Banque Mondiale, la Charte de La Havane a été une tentative infructueuse d'introduire des règles de concurrence au niveau international. Depuis lors, les efforts de coopération sont demeurés modestes, même si les réunions et les travaux de l'OCDE représentent une contribution positive appréciée par l'ensemble des autorités nationales de concurrence. L'OCDE a été relativement efficace en accomplissant sa tâche avec succès. Cette organisation a influencé le développement de la coopération transfrontalière sur des questions de concurrence même si le profil de ses membres, limité à des pays industrialisés, a découragé l'appui des pays en voie de développement. Dans ce cadre, une initiative de l'OMC pourrait fournir le moyen le plus approprié pour un accord de concurrence internationale, puisqu'elle est en mesure de trancher les différends entre ses membres.

Cela dit, les autorités de concurrence des pays industrialisés, mettant en avant leur expérience en matière de coopération bilatérale, préfèrent multiplier les accords de coopération bilatérale, notamment ceux prévoyant le principe de courtoisie positive, avec les pays qui se sont déjà dotés d'une législation antitrust, et fournir l'assistance technique en vue d'encourager les autres Etats à adopter une loi sur la concurrence ; ces accords pourraient, par la suite, servir de fondement utile pour la recherche d'une convergence des droits nationaux. Elles recommandent également le recours aux traités d'entraide juridique et aux accords d'assistance internationale en matière d'application des lois antitrust autorisant les organismes antitrust à échanger les renseignements obtenus dans le cadre d'enquêtes pénales.

Ainsi, force est de constater qu'il n'existe, jusqu'à présent, aucun corpus de normes contraignantes en matière de concurrence au niveau international. A ce jour, aucune solution proposée par le droit international pour le bon fonctionnement du droit international de la concurrence ne s'est révélée satisfaisante. Aujourd'hui, le droit international de la concurrence ne constitue certainement pas un ordre juridique. Il n'existe aucun mécanisme efficace pour promouvoir l'efficacité du marché mondial. En conséquence, le droit international de la concurrence est toujours dans la tourmente. La situation actuelle, peu efficace, oblige plus que jamais la communauté internationale à prendre les mesures nécessaires permettant de trouver une solution équitable et efficiente pour remédier aux problèmes qui gangrènent le droit de la concurrence internationale. Ainsi, il existe une obligation imminente d'apporter une proposition à ce problème spécifique car la mondialisation étouffe le système actuel et met en difficulté les Etats et les personnes privées.

PARTIE II – UN ANCIEN DEFI DU DROIT INTERNATIONAL : ASSURER L'EFFICACITE DU DROIT INTERNATIONAL DE LA CONCURRENCE DANS LE MARCHE MONDIAL

L'idée de développer un cadre réglementaire de la concurrence au niveau international pour aborder les pratiques anticoncurrentielles transfrontalières et leurs impacts sur les échanges internationaux n'est pas nouvelle. Déjà en 1927, lors du forum économique mondial réalisé sous les auspices de la Société des Nations, le Professeur Oualid proposait une coordination internationale pour empêcher les conduites anticoncurrentielles contre les effets nuisibles des cartels internationaux[966]. Mais les différents projets, proposant diverses approches de la réglementation du droit international de la concurrence, n'ont jamais abouti. Cependant, les membres de la communauté internationale, en particulier l'Union européenne, n'ont cessé d'œuvrer en ce sens. Grace à ces efforts, en 2001, à la Conférence ministérielle de l'OMC tenue à Doha, les Ministres se sont même décidés en faveur d'un cadre multilatéral destiné à améliorer la contribution de la politique de la concurrence du commerce international. À la Conférence ministérielle de Cancun, il n'a pas été possible de parvenir à un consensus sur les modalités des négociations dans ce domaine. C'est pourquoi, en août 2004, le Conseil général de l'OMC a décidé d'abolir la question de la politique de la concurrence dans le cadre de l'OMC. Plusieurs raisons expliquent cet échec ; et notamment des raisons politiques, économiques et pratiques. En effet, un accord multilatéral au sein de l'OMC suppose la réalisation d'un consensus autour de normes substantielles, ainsi que sur leur mode d'exécution. Or, les Etats préféreraient encore définir et imposer leurs normes nationales, quitte à subir par ailleurs les politiques de concurrence parfois néfastes des autre Etats. La question de la souveraineté étatique est au cœur de ces réticences. Paradoxalement, la résistance des États face à l'élaboration d'un droit supranational en matière de concurrence contribue à leur faire perdre leur souveraineté face aux acteurs privés internationaux.

Malgré les problèmes qui entourent l'élaboration des règles de la politique de concurrence au sein de l'OMC, celle-ci pourrait aider à s'assurer que les conflits commerciaux dont la problématique est la concurrence soient résolus selon des règles et les procédures déterminées. En revanche, les règles existantes sont peu adéquates pour traiter ce genre de conflits. Dans cette

---

[966] OUALID William, « Les ententes industrielles internationales et leurs conséquences sociales – La défense des travailleurs et des consommateurs », Genève 1926. Doc. SdN, C.E.C.P. 94.

perspective, les mécanismes de règlement des différends et d'examen de la politique de la concurrence prennent une importance significative. Le système de droit économique international est en réalité un droit des politiques de la concurrence plutôt qu'un droit de la concurrence. Mais les questions fondamentales concernant les échanges commerciaux et le droit de la concurrence n'ont pas encore été résolues. Les accords commerciaux internationaux suppriment progressivement les entraves à la liberté du commerce, alors comment pouvons-nous empêcher qu'elles soient remplacées par les pratiques restrictives des entreprises qui deviennent des barrières privées à l'accès au marché ? Par quels moyens pouvons-nous améliorer la collaboration entre les autorités de concurrence nationales afin de parvenir à un consensus international sur les effets préjudiciables des ententes anticoncurrentielles ?

Ainsi, trouver de nouvelles approches est un besoin urgent pour arriver à une solution satisfaisante dans le domaine du droit international économique. Dans cette conjoncture, les mérites et les avantages de réconcilier le droit de la concurrence et le commerce international avec un marché de plus en plus global ont été discutés dans plusieurs arènes. Entre l'ONU, l'OCDE et l'OMC, c'est l'OMC qui semble être la manière la plus apte à pousser les économies vers une plus grande efficacité. La réduction des tarifs et des marchés et l'ouverture des marchés nationaux sont ses principaux outils. Pourtant, certains auteurs pensent qu'il y a une autre tâche significative qui pourrait être très utilement entreprise par l'OMC. Jusqu'à présent, aucun accord international d'objet spécifique de concurrence n'existe pour traiter de manière efficace les obstacles au commerce qui surgissent en raison des comportements anticoncurrentiels et échappent donc à tout contrôle juridique. En revanche, plusieurs accords de l'OMC négociés pendant le cycle de l'Uruguay contiennent des dispositions sur la politique de concurrence. Sera-t-il possible de résoudre les difficultés du droit international de la concurrence en s'y référant ? Même si cette hypothèse n'est pas probante, un autre argument doit être trouvé à l'absence d'intégration internationale et de cadre réglementaire unique surveillé par une institution supranationale en matière de concurrence. Il ne faut donc pas négliger la proposition d'adopter un accord plurilatéral au sein de l'OMC. Cet accord plurilatéral, visant une coopération accrue, devra contenir certains principes de base sur le droit de la concurrence. Mais son principal objectif doit être de réglementer les actes échappant à toute sanction du droit de la concurrence nationale et du droit du commerce international.

Autrement dit, son objectif doit être d'empêcher le crime parfait existant en droit international économique.

TITRE I – L'AMELIORATION RELATIVE DE L'EFFICACITE DU MARCHE MONDIAL SANS UNE REFORME STRUCTURELLE

Dans la première partie de notre étude, nous avons constaté que, via les règles du marché, l'efficacité économique se rapporte à l'utilisation et à l'attribution optimale des ressources et, de ce fait, maximise le bien-être social. Il en va de même pour le marché mondial. Néanmoins, pour différentes raisons, le fonctionnement efficace du marché mondial peut être perturbé comme dans un marché ordinaire. Normalement, lors de la défaillance du marché national, l'Etat intervient par plusieurs moyens, dont la politique de concurrence. En revanche, dans le cas particulier des défaillances du marché global, l'absence de pouvoir international suprême ne permet pas une telle intervention, pourtant décisive. De même, cette absence de pouvoir suprême permet aux entreprises privées de mener des activités anticoncurrentielles sans se soucier des obstacles. Ainsi, l'existence des cartels internationaux a pour résultat la fixation des prix et l'attribution territoriale à travers les frontières nationales, ce qui constitue une perte du bien-être net des consommateurs et des producteurs qui ne font pas partie dudit cartel. En effet, le système actuel propose très peu de solutions contre la possible apparition des oligopoles ou des monopoles globaux car la capacité des autorités nationales de concurrence à protéger leurs nationaux face à la conduite anticoncurrentielle transnationale est très limitée. De nos jours, bien que les cartels internationaux soient déjà présents et constituent un souci, les problèmes structurels sont plus spéculatifs. Les politiques de la concurrence sont dès lors placées dans des situations difficiles qui, sans être inédites, sont devenues plus apparentes et plus difficiles à gérer. En effet, si les nations bénéficient d'une concurrence interne, celles qui disposent d'entreprises dominantes gagnent aussi à l'existence de rentes accessibles sur les marchés étrangers. Ainsi, les politiques de la concurrence qui visent à sanctionner les pratiques restrictives créent, encouragent ou tolèrent des pratiques anticoncurrentielles lorsque celles-ci sont susceptibles de favoriser la compétitivité des entreprises nationales.

Il semble que cet état de fait rende légitime notre volonté d'examiner les tentatives de réglementation du droit international de la concurrence qui ont été menées jusqu'ici au sein de l'OMC. Ainsi, il sera possible de tirer les causes de leur échec et de juger si une réforme pourrait être possible dans ce domaine et avec quel espoir de succès ? D'autre part, il faut examiner aussi l'argument avancé par certains auteurs qui déclarent que le droit du commerce international contient déjà des dispositions nécessaires pour résoudre les difficultés du droit international de la concurrence. Dans cette perspective, une réforme n'est pas nécessaire, seule une interprétation conforme de ces dispositions est suffisante pour réglementer le sujet au sein de l'OMC.

Chapitre I – Les réformes idéalistes envisageant des solutions utopiques

L'ordre économique international accorde une place essentielle aux Etats souverains et égaux ; c'est pourquoi dans un premier temps, ce sont les Etats, sujets premiers du droit international, qui en ont été les principaux acteurs[967]. Ces acteurs ont tenté à de nombreuses reprises de règlementer le droit de la concurrence par un traité multilatéral. Toutes ces tentatives ont un point commun, elles ont toutes échoué. En revanche, ces textes constituent une source très importante pour le droit de la concurrence et montrent l'exemple pour les projets à l'avenir. Ainsi, l'idée de créer des règles de concurrence au niveau international n'est pas nouvelle et a même failli être réalisée en 1948 par la signature de la Charte de la Havane. Comme expliqué précédemment, cette tentative n'a pas abouti en raison du défaut de ratification par les principaux partenaires commerciaux de l'époque. Les actuels accords du GATT et de l'OMC se sont, quant à eux, principalement consacrés au traitement des entraves au commerce d'origine étatique ; ils ne se soucient pas ou peu des pratiques anticoncurrentielles des entreprises privées. Pendant cette période de 60 ans, un certain nombre d'initiatives ont été faites pour incorporer le droit de la concurrence au système du GATT et de l'OMC. Visant à atteindre une finalité aussi audacieuse que les projets précédents, ces tentatives de revitaliser le concept d'un système international de régulation de la concurrence sous la forme d'un traité multilatéral ont également échoué. Aujourd'hui encore, la doctrine recherche des solutions efficaces dans ce domaine.

Section I – Les récentes mais infructueuses tentatives visant l'inefficacité actuelle du droit international de la concurrence

L'échec de plusieurs tentatives de constituer un droit de la concurrence mondiale est dû à la perte d'intérêt des Etats-Unis pour mettre en place un régime international d'antitrust. Sur ce point, la doctrine des années 1970 a souligné qu'un accord international sur la concurrence est difficile car beaucoup d'Etats utilisent la restriction de commerce comme une arme contre les autres pays et rejettent l'entreprise privée comme forme optimum

[967] CASTILLO Maria, « Les grandes étapes de l'évolution de l'ordre économique international », Dans *Droit de l'économie internationale*, DAILLER Patrick - DE LA PRADELLE Géraud – GHERARI Habib, Editions Pedone, Paris 2004, p. 10.

d'activité économique[968]. En revanche, dans les années 90, il y a eu un revirement qui a remis la concurrence à l'ordre du jour des négociations internationales. Plusieurs facteurs ont joué un rôle dans ce changement. Premièrement, les politiques nationales ont été de plus en plus confrontées aux problèmes de concurrence débordant les espaces nationaux. Avec la vague de fusions et d'acquisitions internationales et la multiplication des cartels internationaux, les politiques nationales de concurrence ont joué une partie qu'elles ne pouvaient remporter[969]. Deuxièmement, les négociations commerciales ont rencontré de nouvelles problématiques d'accès au marché et de concurrence déloyale. Les Etats ont cherché à niveler le terrain de la concurrence. Troisièmement, les Etats-Unis ont revitalisé l'action antitrust[970]. Quatrièmement, la concurrence a complété les réformes économiques qui ont accompagné la mise en place d'une économie de marché ouverte sur l'extérieur et l'abandon des politiques de protection des industries locales. Le développement des politiques de la concurrence a été présenté comme un moyen d'accroître la compétitivité, tant celle des pays développés que celle des pays en développement. C'est dans ce nouveau contexte que la concurrence est devenue un sujet d'actualité[971].

---

[968] DAVIDOW Joel, "The Seeking of a *World Competition* Code: Quixotic Quest?", in *Competition in International Business : Law and Policy in Restrictive Practices*, SCHACHTER Oscar / HELLAWELL Robert (ed.), Columbia Press, New York, 1981, p. 362.

[969] Si l'on ajoute les fusions et acquisitions au niveau national, le phénomène prend des proportions gigantesques. Selon le rapport de ICPAC (Etats-Unis, *International Competition Policy Advisory Committee Report*, 2000 – www.usdoj.gov/atr/icpac), les fusions et acquisitions dans le monde ont totalisé plus de 3 000 milliards (trillion) de dollars américains. Une étude sur les ententes internationales a recensé 40 cartels internationaux ayant fait l'objet de poursuites par l'UE et les États-Unis. Ils ont eu des effets sur plusieurs années et plusieurs marchés. Une étude signalait qu'en 1997, les PED ont importé 81 milliards de dollars américains de biens affectés par la fixation des prix. Voir LEVENSTEIN Margaret C. / SUSLOW Valerie Y., « Private International Cartels and Their Effect on Developing Countries » *Background Paper for the World Bank's World Development Report 2001*, World Bank, Washington D.C, 2001.

[970] La politique de concurrence américaine n'a pas renoué avec l'approche structuraliste des années 60, mais les États-Unis ont réactivé l'antitrust. L'affaire Microsoft sous l'administration Clinton est révélatrice. Certes, l'administration Bush a été moins interventionniste. La décision contre Microsoft fut d'ailleurs renversée. En général, l'antitrust accorde plus de poids à l'analyse économique, aux gains d'efficacité, et aux solutions qui passent par le marché plutôt que par l'antitrust. DAVIDOW Joel, « United States Antitrust Developments in the New Millennium », *World Competition*, Volume 24, no. 3, 2001, p. 425 à 442.

[971] RIOUX Michèle, « Culture de concurrence : Les limites de l'antitrust international face à la concurrence globalisée », *Cahiers de recherche-CEIM (04-04)*, Groupe de recherche sur l'intégration continentale (GRIC), Université du Québec à Montréal, septembre 2004, p. 4 et 5.

Sous-section I – Les premières discussions historiques sur un système mondial efficace en vue de concilier les intérêts économiques des Etats

Après la Première Guerre Mondiale, on avait surtout cherché à remédier aux causes politiques des conflits notamment, le nationalisme, les ambitions territoriales et les traités secrets, ce qui paraissait alors déterminant. C'est dans cette perspective que la Société des Nations a été créée. L'organisation est essentiellement politique et n'est dotée que de compétences très limitées dans le domaine économique. On s'était en effet imaginé que l'équilibre économique mondial se rétablirait naturellement[972]. En revanche, déjà, pendant la Première Guerre Mondiale, le président américain Woodrow Wilson prévoyait dans ses fameux « quatorze points » la disparition des barrières économiques, vue comme un des points essentiels pour le maintien de la paix. Plusieurs travaux, sous formes de conférences internationales, ont été effectués par la Société des Nations qui a fait une proposition, espérant trouver un moyen de concilier les intérêts économiques des Etats. Lors de l'une de ces conférences, en 1920, à Bruxelles, la suppression des barrières économiques et l'égalité de traitement en matière commerciale, pour toutes les nations qui consentent à la paix, ont été conseillées. De plus, la conférence a recommandé l'adoption du libre échange aux diverses unités politiques européennes. Cependant, cette libéralisation a été jugée impraticable par de nombreux Etats[973].

Une autre conférence, réunie sous les auspices de la Société des Nations, la conférence économique internationale de Genève[974], a examiné la question des « ententes industrielles » et les effets qu'elles pourraient avoir sur les relations commerciales internationales[975]. Lors des délibérations de cette conférence, l'analyse des experts était divisée en deux camps. Le premier a attiré l'attention sur le fait que les ententes internationales pourraient avoir

---

[972] GERBERT Pierre / GHEBALI Victor – Yves / MOUTON Marie – Renée, *Le rêve d'un ordre mondial de la Société des Nations à Organisations des Nations – Unies*, éd. Imprimerie Nationale Paris, 1996, p.135.

[973] *Ibid.*, p. 72 et 73.

[974] Rapport et actes de la conférence économique internationale tenue à Genève du 4 au 23 mai 1927, Publication de la Société des Nations no. 1927. II.52 I et II.

[975] MARCEAU Gabrielle, *Antidumping and antitrust issues in free trade areas*, Clarendon Press, Oxford 1994, p. 59.

des effets bénéfiques sur la concurrence internationale,[976] alors que le second a mis l'accent sur la menace posée par les ententes internationales à l'intérêt public[977]. Dans ce climat, la conférence internationale n'a pris qu'une résolution invitant les Etats à créer un registre pour les cartels internationaux et à développer le recours à des arbitrages internationaux en cas de conflit. Les délégués ayant largement admis que les cartels internationaux ne pourraient être ni interdits, ni empêchés, ils ont opté pour la solution de réguler la matière au niveau international[978]. Ces textes, dépourvus de valeur obligatoire, constituent les premiers pas d'un droit international des pratiques anticoncurrentielles à la veille de la crise de 1929, qui a réveillé les nationalismes économiques et favorisé un protectionnisme.

Dans la période de l'entre-deux-guerres, les discussions à la Société des Nations sur la cartellisation des échanges internationaux n'ont pas abouti. Après la guerre, les Etats-Unis ont insisté pour que les Etats, notamment l'Allemagne et le Japon, prennent des mesures pour éliminer les pratiques qui faussaient la concurrence. Plusieurs pays ont adopté des politiques de concurrence. Cependant, cela était loin de constituer un cadre antitrust international. A certains égards, la création du GATT était motivée par la prise de conscience du fait que les précédentes tentatives pour libéraliser le commerce et ouvrir le marché étaient restées sans suite faute d'un système efficace fondé sur des règles permettant de maintenir la valeur des concessions tarifaires. Face à la pénétration de leurs marchés par des importations provenant surtout de pays en développement, entre 1860 et 1914, les pays avancés avaient riposté par de fortes hausses des droits de douanes, sans que des obligations multilatérales ne viennent les en empêcher. Mais ceux qui cherchaient à construire un nouvel ordre mondial après 1945 avaient surtout été marqués par l'expérience de l'entre-deux-guerres. L'adoption par les Etats-Unis en 1930 du *Smoot – Hawley Tariff Act* avait verrouillé de manière effective le plus grand marché mondial, provoquant de nombreuses actions protectionnistes dans le monde, la course à la dévaluation monétaire venant s'ajouter aux augmentations des droits de douanes. La récession économique de la fin des années 20 déboucha sur la

---

[976] WALLER Spencer W., "The Internationalization of Antitrust Enforcement", *Boston University Law Review*, Vol.77, 1997, p. 349 et 350.

[977] DE KIRALY Francis, "International Cartels and Their Effects on the Progress of International Law", *Transactions of the Grotius Society*, Vol. 15, Problems of Peace and War, Papers Read before the Society in the Year 1929, British Institute of International and Comparative Law, (1929), p. 28.

[978] *Ibid.*

Grande Dépression, dont on considère généralement qu'elle fut un facteur ayant contribué au déclenchement de la Deuxième Guerre Mondiale et dont il fallut 20 ans pour corriger les effets[979].

Sous-section II – Les tentatives de résurrection du droit international de la concurrence dans le système du GATT et de l'OMC

Après l'échec de la mise en œuvre du projet de Charte de la Havane, les Parties Contractantes ont revisité à plusieurs reprises la question des pratiques commerciales restrictives lors des sessions tenues au GATT.

§ 1 – Les premières initiatives du GATT de 1947

En 1954, les délégations du Danemark, de la Norvège et de la Suède ont déposé une proposition de révision de l'Accord général pour régler la question des pratiques commerciales restrictives en se référant au texte de la Charte de la Havane[980] et à la résolution du Conseil économique et social des Nations Unies du 21 septembre 1951 qui avait été refusé, de nouveau, par les efforts des Etats-Unis[981]. Cette proposition des délégations du Danemark, de la Norvège et de la Suède n'a pas été adoptée. Pourtant, le 5 novembre 1958, les Parties contractantes ont adopté la proposition de la délégation Norvégienne prévoyant l'établissement d'un Groupe d'experts chargé d'examiner dans quelle mesure les Parties contractantes devaient agir contre les pratiques restrictives de concurrence[982]. Les experts ont terminé leur rapport le 30 juin 1959 sans pouvoir parvenir à un consensus sur la question

---

[979] OMC, *Le Rapport du Conseil consultatif à M.Supachi Panitchpakdi*, Directeur général, SUTHERLAND Peter, BHAGWATİ Jagdish, BOTCHWEY Kwesi, FİTZGERLAD Niall, HAMADA Koichi, JACKSON John, LAFER Celso, MONTBRIAL de Theirry, OMC 2004, p. 16.

[980] *GATT*, Review of the General Agreement on restrictive business practices, proposals by the delegations of Denmark, Norway and Sweden, L/283, 17 novembre 1954, paragraphes 3,5 et spécialement la section (b) de la proposition est un "restatement" des articles de la Charte de la Havane.

[981] *ECOSOC*, Report of Ad.Hoc. Committee on Restrictive Business Practices on Governmental Measures Relating to Restrictive Business Practices; Analysis of Governmental Measures Relating to Restrictive Business Practices ; and Texts of National Legislative and Other Governmental Measures Relating to Restrictive Business Practices, 16th Session, Supp. NO.11, U.N. Doc. E/2380, E/2379, addendum. 2 E/AC.37/3, 30 of March 1953. ; HANSEN Patricia Isela, "Antitrust in the Global Market : Rethinking "Reasonable Expectations", *op.cit.*, p. 1607.

[982] *GATT*, Restrictive Business Practices, proposal by the Norwegian Delegation, L/893/Add.2, 5 November 1958, paragraphs (i) et (ii).

qui leur était soumise[983]. La majorité du Groupe a jugé qu'il était trop tôt pour recommander la négociation de règles multilatérales sur les pratiques commerciales restrictives de concurrence en invoquant que très peu des pays disposaient de normes nationales de concurrence[984]. Toutefois, ils ont unanimement reconnu que les cartels internationaux pouvaient freiner l'expansion du commerce international, compromettant ainsi les avantages des réductions des droits de douanes et les restrictions quantitatives ou porter atteinte de toute autre manière aux objectifs de l'Accord général et une coopération internationale était donc nécessaire pour lutter efficacement contre les pratiques restrictives ayant des effets dommageables dans le commerce international[985].

Le 18 novembre 1960, lors de la 17e session, les Parties contractantes ont adopté une résolution, recommandant aux Etats signataires de développer des consultations bilatérales ou multilatérales sur les pratiques commerciales restrictives, d'examiner la demande avec compréhension, de se prêter à des consultations avec la partie demanderesse afin d'arriver à une conclusion satisfaisante mutuelle et d'éliminer les effets des pratiques restrictives[986]. Dans la même résolution les Parties contractantes ont décidé que si les parties arrivaient à trouver un consensus à la suite de consultations, elles devaient informer la Secrétariat du GATT sur la réclamation soumise à consultation et la conclusion de celle-ci[987]. En revanche, dans le cas où elles n'arrivaient pas à régler leur différend, elles devaient simplement informer le secrétariat de la nature de la réclamation et de l'absence de consensus[988]. Cette résolution prenait en compte en grande partie le rapport du Groupe d'experts, particulièrement la reconnaissance des effets négatifs des pratiques restrictives sur le commerce international. Il est important de noter que dans le même rapport du Groupe d'experts, une proposition pour changer la définition des pratiques restrictives dans le commerce international avait été émise. Elle n'a pas trouvé le soutien de la majorité du groupe. Cette proposition envisageait de modifier la définition des pratiques

---

983 *GATT*, Restrictive Business Practices, Action by the Contracting Parties in Dealing with Restrictive Business Practices in International Trade, Report by Group of Experts, L/1015, 30 June 1959, p. 17.
984 *Ibid.*, p. 3, paragraphe 7.
985 *Ibid.*, p. 2, paragraphes 4 et 5.
986 *GATT*, Decisions of seventeenth session, Decisions, Declarations, etc. of the Contracting Parties Between the End of the Sixteenth Session and the End of the Seventeenth Session, L/1397, 5 décembre 1960, p. 17.
987 *Ibid.* paragraphe (a).
988 *Ibid.* paragraphe (b).

restrictives en réduisant celle-ci au comportement des entreprises ou une combinaison d'entreprises ayant une influence dominante sur le marché d'un ou plusieurs produits ou services entre deux ou plusieurs parties contractantes, dans la mesure où lesdites pratiques touchent aux intérêts des parties contractantes autres que celles qui ont juridiction sur les entreprises en cause[989]. Cette définition semble exclure les activités commerciales des Etats, pourtant incluses dans la définition faite par l'art.46 de la Charte de la Havane. Dans ce cas, elle restreint largement le champ d'application des pratiques restrictives de concurrence. En revanche, elle inclut tous les services dans la définition et cette fois, en élargissant son champ d'application. En tout cas, la résolution constitue le premier engagement multilatéral des Etats contre les pratiques anticoncurrentielles en tant que « *soft law* »[990].

Après ces occasions manquées au sein du GATT, ce n'est que lors du cycle de l'Uruguay, faisant acte de création de l'Organisation mondiale du commerce, que les espoirs ont été renouvelés en vue de la conclusion d'un accord multilatéral consacré à la concurrence. Tandis que les comportements anticoncurrentiels ont été brièvement considérés pendant les négociations du cycle de l'Uruguay, les signataires du GATT ont conclu qu'il n'existait pas un consensus international concernant les règles de concurrences les plus appropriées pour accomplir un progrès significatif au sujet d'un accord multilatéral de concurrence. Pourtant, le cycle d'Uruguay a réussi à présenter avec succès un certain nombre de dispositions de concurrence dans le droit de l'OMC[991]. Hélas, ces dispositions sont limitées dans leur portée et leur contenu ne vise que certains secteurs spécifiques. Certains projets ont alors été proposés afin d'obtenir un ordre juridique international du droit de la concurrence plus complet.

---

[989] *GATT*, Restrictive Business Practices, Action by the Contracting Parties in Dealing with Restrictive Business Practices in International Trade, Report by Group of Experts, *op.cit.* p.7, parag. 12 (vi).

[990] TAYLOR Martyn, *International Competition: A New Dimension for the WTO?*, *op.cit.*, p. 158.

[991] Nous avons examiné en détail ces dispositions dans la sous-section intitulée « les accords de l'Organisation mondiale du commerce».

§ 2 – Les propositions « minimales »

Selon les propositions « minimales », initialement défendues par le Professeur Fox[992] et reprises dans des termes assez proches par d'autres auteurs[993], s'il existe un besoin réel pour élaborer un accord multilatéral sur la concurrence au sein de l'OMC, cet accord devrait avoir pour unique objectif de consacrer le principe d'accès international au marché et d'éliminer toutes les barrières à l'entrée des entreprises étrangères aux marchés nationaux. Pour réaliser cet objectif, « les minimalistes » offrent d'intégrer dans l'accord multilatéral les principes fondamentaux de l'OMC qui sont le traitement national, le traitement de la nation la plus favorisée et la transparence. Ainsi, cette approche exclut du cadre de l'accord multilatéral l'adoption de règles de fond ayant un caractère obligatoire en matière de concurrence et est très hostile à l'élaboration d'une autorité supranationale de la concurrence. Selon cette proposition, le groupe spécial de règlement des différends ne serait pas assimilé à une institution judiciaire chargée de trancher un litige. Il aurait pour tâche de déterminer, eu égard aux faits et dans le respect des décisions de la juridiction nationale, si le droit interne a été appliqué de façon non discriminatoire[994]. De ce fait, la mise en œuvre du droit de la concurrence, la définition des pratiques interdites et la sanction seraient assurées par les législations nationales et les autorités étatiques. De surcroît, l'application des principes fondamentaux de l'OMC par les Etats membres contribuerait à renforcer l'efficacité de l'application du droit interne de la concurrence, à assurer la transparence dans le processus de prise de décision et à offrir aux entreprises étrangères un traitement non discriminatoire par rapport aux autorités nationales du pays d'accueil.

L'avantage de cette proposition est qu'elle est relativement facile à concrétiser. Selon le Professeur Fox, cette initiative est l'une des options les plus facilement réalisable par la communauté internationale puisqu'elle ne traite que du point d'intersection entre le commerce international et la

---

[992] FOX Eleanor M. "Toward World Antitrust and Market Access", *op.cit.,* p.13 ; FOX Eleanor M., "International Antitrust: Against Minimum Rules; For Cosmopolitan Principles" , *Antitrust Bulletin,* vol. 43, no. 1, March 1998., p. 5 à 13 ; FOX Eleanor M., "Competition Law and Millennium Round", *JIEL* Vol.2, Issue 4, 1999, p. 665 à 679.

[993] SHELTON Joanna R., "Competition Policy : What Chance for International Rules?", *OECD Journal of Competition Law and Policy*, Volume 1, Number 2, April 1999 , pp. 51 à 65 ; adde. *Revue de Droit des Affaires Internationales*, Vol.4, 1999, p. 457 à 470.

[994] FOX Eleanor M., "Competition Law and Millennium Round", *op.cit.,* p. 673.

concurrence qui consiste en l'accès au marché[995]. Or, le fait d'imposer aux Etats Membres de l'OMC d'interdire les pratiques restrictives qui érigent des barrières à l'entrée est assez ambitieux[996]. En revanche, cette solution ne résout pas les comportements nationaux et internationaux échappant à toute sanction et constitue un risque à la fois pour le commerce et la concurrence[997]. En ce sens, la proposition exclut les questions importantes du droit de la concurrence internationale, en réduisant sa finalité à l'élimination des restrictions d'origine publique à la concurrence entravant le libre accès au marché national. La protection de la concurrence ne devient ainsi pas une valeur en soi digne d'être protégée mais un support de la libéralisation du commerce, contrairement au droit interne qui cherche à établir un marché concurrentiel. De même, selon cette approche, le droit international sert plutôt à l'intérêt de la liberté du commerce. Par ailleurs, cette conception est incapable d'offrir un cadre susceptible de résoudre efficacement les problèmes liés à l'application extraterritoriale des législations nationales de la concurrence et les conflits entre les autorités nationales, dans la mesure où elle se contente de recourir à une application unilatérale par les autorités nationales de leur propre législation. Les principes fondamentaux de l'OMC, la non-discrimination et la transparence, ne suffisent pas à eux seuls à réaliser cet objectif[998].

§ 3 – Les initiatives proposant un véritable ordre concurrentiel mondial

Ces projets proposent de mettre en place un ordre juridique supranational mais la création d'une autorité internationale de concurrence semble être, compte tenu de l'état actuel du droit positif et de la politique internationale, un acte très hasardeux[999].

A – Le Code International de l'Antitrust de 1993 (Le projet du code de Munich)

De 1991 à 1993, un groupe privé composé de douze experts, d'académiciens et de praticiens de droit de la concurrence et du commerce, sous l'égide du

---

995 *Ibid.*,p. 665.

996 CHAREYRE DE BEAUMONT Anne, *Droit de la concurrence et globalisation*, *op.cit.*, p. 703.

997 Chapitre *infra.*intitulé « une obligation imminent de traiter les sujets échappant à toutes sanctions ».

998 ABDELGAWAD Waled, « Jalons de l'internationalisation du droit de la concurrence : vers l'éclosion d'un ordre juridique mondial de la *lex economica* », *op.cit.*, p. 178 et 179.

999 *Ibid.*, p. 183.

Max Planck Institut de l'Université de Munich, a rédigé un projet du Code international de la concurrence[1000], connu aussi sous le nom de « Code de Munich » [1001]. Le 10 juillet 1993, ils ont formellement proposé ce Code au directeur du GATT sous la forme d'un « accord commercial plurilatéral » susceptible d'être intégré dans l'annexe IV de l'accord de l'OMC lors des négociations du cycle de l'Uruguay[1002]. Le projet est articulé autour de principes pour la plupart empruntés à la codification internationale du droit de la propriété intellectuelle et de la loyauté des pratiques commerciales. Il s'agit des principes de l'application du droit matériel substantiel pour la résolution des problèmes de dimension internationale et non pas des règles de conflit de lois ; du traitement national, c'est-à-dire, la non-discrimination, en vertu du droit national, entre les nationaux et les étrangers et de l'incorporation en droit national de standards minimaux convenus par un accord international[1003]. La mise en œuvre des standards minimaux n'est pas assurée par l'effet direct des règles, contrairement aux conventions internationales dans le domaine de la propriété intellectuelle, mais repose sur l'initiative procédurale d'une autorité antitrust internationale et des Etats parties qui sont affectés par des pratiques commerciales restrictives[1004]. Le Code, en excluant les affaires purement nationales de son champ d'application, s'applique uniquement aux situations internationales, c'est-à-dire aux restrictions à la concurrence qui affectent au moins deux Etats

---

[1000] *International Antitrust Code*, Groupe de Munich, Antitrust & Trade Regulation Report BNA, Special supplement n° 1628, vol. 64, 19 août 1993.

[1001] Les Membres du groupe sont DREXL Josef, Institute of International Law-European and International Economic Law, University of Munich and Max Planck Institute for Foreign and International Patent, Copyright, and Competition Law; FIKENTSCHER Wolfgang, Institute of International Law-European and Law, of Munich (External Member); FOX Eleanor M., New York University, School of Law, FUCHS Andreas, University of Gottingen, School of Law, Institute of International Economic Law, HEINEMANN Andreas, Institute of International Law-European and International Economic Law, University of Munich, IMMENGA Ulrich, University of Gottingen School of Law, Institute of International Economic Law, former President of the German Monopoly Commission; KUNZ-HALLSTEIN Hans Peter, Max Planck Institute for Foreign and International Patent, Copyright and Competition Law, Munich ; PETERSMANNN Ernest-Ulrich, University of St.Gallen, School of Law; SCHUEP Walter R., University of Zurich; SHODA Akira, Tokyo University, School of Law; Tokyo; SOLTSYINSKI Stanislaw J., University of Poznan, School of Law and University of Pennsylvania, School of Law, Philadelphia; SULLIVAN Lawrence A., Southwestern University, School of Law, Los Angeles.

[1002] FIKENTSCHER Wolfgang / IMMENGA Ulrich, *Draft International Antitrust Code*, Editions Nomos Baden, 1995, p. 70.

[1003] Draft International Antitrust Code, Exposé des motifs, no.VI, p. 63 et 64.

[1004] Article 19 du projet de Code.

parties[1005]. Ainsi, le Code établit un système hybride et original qui combine les compétences des autorités nationales et les obligations de droit international public des Etats issues du Code. Si un Etat refuse de transposer les règles internationales ou en cas de transposition incorrecte, il sera condamné par le Panel pour violation du droit international public[1006].

Par l'élaboration d'un ensemble de règles de fond minimales applicables aux restrictions de concurrence transfrontalières, superposé aux législations internes, le projet de code prévoit une harmonisation. Le préambule évoque principalement deux raisons en faveur d'une harmonisation internationale du droit de la concurrence. Il mentionne, en premier lieu, le risque que des pratiques commerciales restrictives portent atteinte à l'ouverture des marchés voulue par le droit du GATT/OMC. En second lieu, il fait référence au droit commercial international *« lex mercatoria »*, élaboré par les entreprises dans l'intérêt du commerce international, et à la nécessité de compléter celui-ci par des règles qui tiennent également compte de l'intérêt des consommateurs. Il est possible d'évoquer d'autres raisons comme le fait que dans une économie globale, il devient de plus en plus important que les entreprises d'un pays puissent avoir accès aux marchés d'un autre pays, sans en être exclus en raison de pratiques commerciales restrictives. De même, il est important de supprimer les pratiques commerciales restrictives qui ont lieu dans un autre pays, comme les cartels à l'exportation, en raison de l'interdépendance économique des Etats ; l'existence simultanée du droit de dumping et du droit de libre-échange devient de plus en plus difficile à justifier. Par ailleurs, il est de plus en plus fréquent que plusieurs législations contenant des standards différents s'appliquent à une même transaction ; dans un régime global, les autorités devraient être en mesure d'apprécier les effets d'une transaction ou d'un comportement du point de vue du « *citizen of the world* ». On pourrait notamment envisager que le code favorise la convergence internationale des législations sur la concurrence[1007].

Ce projet propose une codification des règles communes minimales, fondées sur la distinction entre ententes interdites *per se* et celles de nature verticale nécessitant une approche basée sur la règle de raison. En ce qui concerne les accords horizontaux, le projet prévoit que ceux qui fixent les prix, divisent

[1005] Article 3, section 1 du projet de Code.
[1006] ABDELGAWAD Waled, « Jalons de l'internationalisation du droit de la concurrence : vers l'éclosion d'un ordre juridique mondial de la *lex economica* », *op.cit.*, p. 180 et 181.
[1007] MERKT Benoît, *Harmonisation internationale et entraide administrative internationale en droit de la concurrence*, *op.cit.*, p. 152 et 153.

les marchés selon les territoires ou fixent des quotas de production sont illégaux *per se*[1008]. Pour les autres accords horizontaux, qui ne sont pas illicites *per se* et qui sont donc évalués selon la règle de raison, la section 2 de l'article 4 du projet présume qu'ils sont illicites, à moins que les parties démontrent leurs effets positifs[1009]. Le groupe de Munich semble, sur ce point, s'être davantage inspiré du droit américain en exigeant une « atteinte déraisonnable », expression peu explicite[1010]. Le commentaire de l'article renvoie d'ailleurs à l'approche américaine à propos des accords qui n'ont pas pour objet d'exclure ou de mettre un concurrent dans une situation désavantageuse et qui font l'objet d'une analyse conformément à une règle de raison conduisant à une étude approfondie de leurs effets sur le marché concerné[1011]. L'absence d'autorité supranationale rend impossible à l'échelon international d'envisager des exemptions individuelles ou catégorielles telles que celles prévues par le droit allemand. C'est la raison pour laquelle l'introduction d'une règle de raison[1012], telle qu'elle existe en droit américain, semble plus apte à la situation[1013]. Quant aux accords verticaux, l'article 5 du projet déclare un certain nombre d'accords illégaux[1014]. Or, il n'existe pas de consensus sur la manière de les traiter. En effet, les restrictions verticales peuvent favoriser ou défavoriser la concurrence et l'évaluation dépend de plusieurs facteurs. Cette imprécision concernant les perspectives s'explique par le caractère véritablement incertain du texte qui a été critiqué par la doctrine[1015].

[1008] L'article 4, section 1 du projet de Code dispose que : « les accords, ententes et les pratiques concertées entre ou parmi les concurrents, qui consistent à fixer les prix, à diviser les clients ou les territoires ou à assigner des quotas sont interdits ».

[1009] La section 2 de l'article 4 du projet de Code dispose que : « toute entente : entre concurrents est interdite si elle porte une atteinte déraisonnable à la concurrence ».

[1010] CHAREYRE DE BEAUMONT Anne, *Droit de la concurrence et globalisation*, *op.cit.*, p. 680.

[1011] ROMANO Frank, *Mondialisation des politiques de concurrence*, *op.cit.*, p. 176.

[1012] Voire *supra* « Le droit antitrust américain comme une source d'inspiration ».

[1013] IMMENGA Ulrich, « La politique de concurrence dans le nouvel ordre commercial : renforcement de la coopération et des règles au niveau international. », Commission Européenne, *Rapport du groupe des experts*, Bruxelles, juillet 1995, p. 30.

[1014] L'article 5, section 2 du projet de Code dispose que : « Certaines stratégies de distribution sont présumées empêcher, restreindre ou fausser le jeu de la, concurrence de façon déraisonnable et sont illégales ».

[1015] ROMANO Frank, *Mondialisation des politiques de concurrence*, *op.cit.*, p. 177 ; CHAREYRE DE BEAUMONT Anne, *Droit de la concurrence et globalisation*, *op.cit.*, p. 682 ; TAYLOR Martyn, *International Competition Law : A New Dimension for the WTO* ?, *op.cit.*, p. 312 ; GERBER David J., "The U.S. -- European Conflict Over the Globalization of Antitrust Law: A Legal Experience Perspective", *New England Law Review* Vol.34 no.1,

Dans le domaine du contrôle des concentrations, le projet de Code prévoit un contrôle des concentrations de dimension internationale par les autorités nationales. L'article 8 du projet est très similaire à l'article 3 du Règlement européen 4064/89 sur les concentrations[1016]. De même, le projet ne vise que les opérations de dimension internationale déterminée selon un système de seuils[1017] et curieusement, il se réfère aux législations nationales pour les modalités de calcul du chiffre d'affaires[1018]. Son article 10 prévoit une procédure de notification préalable à la réalisation de la concentration. La notification d'une opération de dimension internationale doit être effectuée auprès des autorités nationales des pays concernés. Ces dernières sont obligées de communiquer l'opération de concentration, dans un délai d'une semaine, auprès de l'autorité internationale d'antitrust, l'organe international en charge de l'application du Code. Cette notification de la concentration entrainera la suspension de l'opération, pour une période de trois mois. Quant à l'appréciation matérielle de la concentration, elle est traitée par l'article 11 du projet de Code qui prévoit qu'une concentration qui crée ou accroît le pouvoir, pour une ou plusieurs entreprises ou qui empêche la concurrence effective sur le marché pertinent, est interdite par l'autorité de concurrence nationale. A cette fin, l'article 11, section 1(b) requiert que l'organe de contrôle tienne compte de la structure de tous les marchés en cause et pas uniquement celui dans lequel l'autorité de la concurrence est située[1019].

1991, p. 127; TARULLO Daniel K., "Norms and Institutions in Global Competition Policy", *AJIL* Vol.95, July 2000, p. 490.

[1016] Selon cet article « une opération de concentration est réalisée lorsque deux ou plusieurs entreprises ou une ou plusieurs personnes détenant déjà le contrôle d'une entreprise au moins, acquièrent directement ou indirectement, que ce soit par prise de participation au capital ou achat d'éléments d'actif, contrat ou tout autre moyen, le contrôle de l'ensemble ou de parties d'une ou plusieurs autres entreprises ».

[1017] L'article 9, section 2 définit une concentration internationale lorsque le chiffre d'affaires mondiales total de toutes les entreprises concernées est inférieur à 0.1 % du PNB de la Partie signataire affectée par la concentration ou plus de 90% du chiffre d'affaire mondiale de toutes les entreprises concernée est réalisé en dehors du territoire de la Partie signataire affectée par la concentration.

[1018] Commentaire no.3 de l'article 9 du Code.

[1019] Selon les termes de cet article l'organe de contrôle tient compte de la structure de tous les marchés en cause et de la concurrence réelle ou potentielle d'entreprises situées a l'intérieur ou a l'extérieur du territoire de l'Autorité nationale, de la position sur le marché des entreprises concernées et de leur puissance économique et financière, des possibilités de choix des fournisseurs et des utilisateurs, de leur accès aux sources d'approvisionnement ou aux débouches, de l'existence , en droit ou en fait de barrières à l'entrée, de l'évolution de l'offre et de la demande des produits et services concernés.

Par ailleurs, le projet de Code traite de l'abus de position dominante ainsi que de l'abus des droits de propriété intellectuelle. Selon les membres du Groupe de Munich, les conflits entre les législations sur les droits de propriété industrielle et le droit de la concurrence, dont l'abus de position dominante, peuvent être évités si l'on rédige des listes non exhaustives de clauses considérées comme inhérentes aux monopoles légaux ou acceptables selon la règle de raison[1020]. En effet, c'est l'approche adoptée par le projet du Code qui précise dans son article 6 que les droits de propriété intellectuelle visés sont ceux protégés par l'Organisation mondiale de la propriété intellectuelle. Quant à l'interdiction de l'abus de position dominante, l'article 14 du projet reprend l'article 82 du Traité de Rome en sa quasi totalité sauf la clause rendant incompatibles avec le marché commun les pratiques abusives qui consistent à « imposer de façon directe ou indirecte des prix d'achats ou de vente ou d'autres conditions de transaction non équitables » [1021]. Les commentaires du Code soulignent que l'alinéa (a) de l'article 82, n'a pas été reproduit car cet alinéa induit un contrôle des prix et celui-ci n'est nullement l'objectif du droit de la concurrence[1022]. Et enfin, le groupe d'experts a prévu des exceptions à l'application des dispositions envisageant l'interdiction de certaines activités, y compris celles conduisant à une position dominante. Ces exceptions concernent les activités qui contribuent à l'amélioration de la production, de la distribution ou de la fourniture de services, tout en contribuant au progrès économique et en réservant une partie équitable de bénéfice aux consommateurs[1023].

[1020] IMMENGA Ulrich, « La politique de concurrence dans le nouvel ordre commercial : renforcement de la coopération et des règles au niveau international. », *op.cit.*, p. 32.

[1021] Article 82 du Traité de Rome déclare qu'il est incompatible avec le marché commun et interdit, dans la mesure où le commerce entre États membres est susceptible d'en être affecté, le fait pour une ou plusieurs entreprises d'exploiter de façon abusive une position dominante sur le marché commun ou dans une partie substantielle de celui-ci. Ces pratiques abusives peuvent notamment consister à:

a) imposer de façon directe ou indirecte des prix d'achat ou de vente ou d'autres conditions de transaction non équitables ;

b) limiter la production, les débouchés ou le développement technique au préjudice des consommateurs;

c) appliquer à l'égard de partenaires commerciaux des conditions inégales à des prestations équivalentes, en leur infligeant de ce fait un désavantage dans la concurrence;

d) subordonner la conclusion de contrats à l'acceptation, par les partenaires, de prestations supplémentaires qui, par leur nature ou selon les usages commerciaux, n'ont pas de lien avec l'objet de ces contrats.

[1022] Commentaire no.3 de l'article 14 du Code.

[1023] Commentaire no.4 de l'article 14 du Code.

Ce projet prévoit non seulement une harmonisation internationale des règles de concurrence applicables sur le plan international, mais aussi l'établissement d'une autorité internationale de la concurrence « *International Antitrust Authority* »[1024] ainsi qu'une autorité judiciaire antitrust internationale « *International Antitrust Panel* »[1025] et la tenue d'un registre des pratiques commerciales restrictives de la concurrence notifiées par les Etats membres contenant également les pratiques non-notifiées qui viennent à la connaissance de l'autorité antitrust internationale. Logiquement, la section 1 de l'article 17 du projet oblige les Etats signataires à se doter d'une autorité nationale de concurrence indépendante qui joue un rôle important dans la mise en œuvre du système établi par le Code de Munich. Ce rôle est expliqué dans la même section que l'article qui déclare que chaque autorité nationale détient une compétence exclusive en matière de concurrence dans le champ d'application de cet accord. Toutefois, l'autorité internationale de la concurrence est la seule institution qui détienne une compétence exclusive dans les affaires de dimension internationale.

L'autorité internationale de concurrence aurait dû être insérée dans le cadre de l'OMC. Les modalités de nomination de son Président et de ses membres, ainsi que ses attributions sont minutieusement déterminées par le projet de Code[1026]. La section 2 de l'article 19 réglemente les compétences de l'autorité antitrust internationale de la concurrence. Selon cet article, l'autorité a le droit de demander à une autorité nationale de la concurrence d'intenter une action dans un cas particulier. Ainsi, l'autorité internationale de la concurrence ne joue pas un rôle de juridiction de première instance puisqu'elle ne peut pas porter plainte directement contre un opérateur privé et qu'elle doit faire respecter les dispositions de l'accord par l'aide des autorités nationales. En revanche, elle peut porter plainte auprès des tribunaux nationaux qui refusent d'agir à l'encontre des restrictions illicites à la concurrence et même entamer un recours à l'encontre des décisions des tribunaux nationaux selon les voies de recours instituées en droit interne et peut requérir devant les juridictions nationales à des injonctions visant à la

---

[1024] Article 19 du projet de Code.

[1025] Article 20 du projet de Code.

[1026] La section 1 de l'article 19 du projet de Code prévoit la création d'une autorité internationale de la concurrence dotée d'un président, expert en matière de concurrence et nommé pour six ans et d'un conseil, de vingt membres nommés par les Parties contractantes. L'indépendance de ces derniers, par rapport aux Parties contractantes sont assurée par l'octroi de l'immunité diplomatique et le caractère non-renouvelable de leur mandat.

non-exécution de pratiques commerciales restrictives à laquelle sont parties des personnes privées et des entreprises. En outre, l'autorité a le droit et le devoir d'opter pour la voie internationale et d'intenter une action devant l'instance judiciaire internationale, le Panel, contre un Etat signataire lorsque ce dernier ne respecte pas les obligations internationales relevant de l'accord[1027]. Enfin, l'autorité a un devoir général d'assistance en faveur des Etats membres dans l'adoption de leurs législations sur la concurrence.

Par ailleurs, la section 1 de l'article 20 prévoit l'institution d'un système de règlement des litiges de la concurrence, un « *International Antitrust Panel* » à titre permanant qui peut être saisi en cas de violation des obligations issues du Code de Munich, soit par un Etat membre, soit par l'autorité internationale de la concurrence[1028]. La juridiction antitrust internationale pourrait être saisie par tout Etat signataire qui estime qu'un autre Etat contractant ne respecte pas les obligations découlant de l'accord international, et ce, 60 jours après l'échec d'une procédure de consultation entre l'autorité antitrust internationale et les parties concernées. Ainsi, il est bien confirmé que les procédures devant le Panel ne sont déclenchées que par les parties contractantes et l'autorité internationale de la concurrence. En revanche, chaque individu ou entreprise privée concerné dans une affaire portée devant le Panel a le droit d'être entendu lors d'une audience[1029]. Le Panel ne prend ses décisions que sur le fondement du Code. Ses décisions ne peuvent prendre que deux formes, soit elles confirment la violation de l'accord due au fait qu'une partie contractante n'a pas mis en œuvre l'accord, soit elles confirment le fait que la mise en œuvre de l'accord par une partie contractante n'est pas suffisante[1030]. Les décisions du Panel ont une force contraignante[1031] sur le système juridique national. Si ses décisions ne sont pas respectées, les nouvelles procédures, fondées sur le non-respect de l'article 20, Section 4(b)[1032], pourront être engagées devant cette même

[1027] La section 2(e) de l'article 19 du projet de Code.

[1028] Selon le même article, les membres du Panel sont désignés par les parties contractantes sur la base d'un consensus. Leur mandat sera de six ans renouvelables une fois. Les candidats doivent être des experts dans le domaine du droit de la concurrence. Ils seront nommes à titre indépendant et non en tant que représentants d'un gouvernement.

[1029] Section 3 de l'article 20 du projet de Code.

[1030] Section 4 de l'article 20 du projet de Code.

[1031] Legally binding.

[1032] Commentaire no.4 de la section 4(d) d l'article 20 du Code.

instance. Ainsi, le Panel fonctionne aussi comme une instance d'appel dans un système international de règlement des différends[1033].

En résumé, le Code contient un certain nombre de principes de base qui proposent une intégration des droits de la concurrence et du droit du commerce avec la création de normes internationales en matière de commerce et de concurrence en vue de rapprocher les systèmes juridiques mondiaux. Une partie de la doctrine trouve que le Code de Munich, novateur, mérite d'être salué[1034]. En fait, le code du Groupe de Munich a été accueilli de façon favorable par certains Etats européens, sans doute parce qu'il se montre favorable à l'harmonisation et l'internationalisation du droit de la concurrence[1035]. En revanche, les autorités américaines ont manifesté une certaine opposition estimant que le code de Munich « était un document utopique qui ne donnerait pas jour à un produit fini »[1036]. Néanmoins, cela ne les a pas empêché d'approuver son approche qui mérite d'être défendue à long terme pour instituer un véritable ordre juridique de la concurrence internationale. Plusieurs raisons viennent conforter cette affirmation. Elle se vérifie surtout à l'égard de la conception de base qui soutient le fondement du cadre international du droit de la concurrence. Le système proposé par le Code est animé par une vision globale du droit de concurrence reconnaissant, comme c'est le cas en droit interne, que la protection de la concurrence est en soi une valeur du commerce international qui mérite d'être défendue. Le Code a pour but de combattre les pratiques anticoncurrentielles sur le marché mondial ; il contraste nettement avec la conception minimaliste. L'enjeu est de taille : à l'instar de la conception interne du droit de la concurrence, la finalité première du droit international de la concurrence est la protection de la concurrence en soi sur le marché

[1033] ROMANO Frank, *Mondialisation des politiques de concurrence*, *op.cit.*, p. 189 ; CHAREYRE DE BEAUMONT Anne, *Droit de la concurrence et globalisation*, *op.cit.*, p. 690.

[1034] LUZ Kathleen, "The Boeing-Mc Donnell Douglas Merger: Competition Law, Parochialism and the Need for a Globalized Antitrust System", *GWJILE*, Vol.32, 1999, p.171 ; MATSUSHITA Mitsuo, "Competition Law and Policy in the Context of the WTO Sytem", *DePaul Law Review* Vol.44, 1995, p. 1110.

[1035] GIFFORD Daniel J., "The Draft International Code Proposed at the Munich : Good Intentions Gone Awry", Minn.*JIL* Vol.6 No.1, 1997, p. 65 ; GASTLE Charles M., " The Convergence of International Trade and Competition Law Through a WTO Market Access Code ", *Currents: International Trade Law Journal* Vol.8, Winter 1999, p. 3; SWEENEY Brendan, "Globalisation of Competition Law and Policy : Some Aspects of the Interface Between Trade and Competition", *op.cit.*, p. 390.

[1036] WALLER Spencer W., "The Internationalization of Antitrust Enforcement", *op.cit.*, p. 347.

mondial et non la protection des concurrents et des opérateurs économiques en facilitant leur accès aux marchés nationaux. La lutte menée d'une manière isolée par chaque Etat à l'encontre des pratiques anticoncurrentielles commises par des entreprises étrangères doit être complétée par une action collective de la communauté des Etats contre les restrictions à la concurrence sur le plan international. La question n'est plus de mesurer uniquement les effets anticoncurrentiels produits sur le marché national d'un Etat donné par les pratiques commises par des entreprises étrangères, mais de combattre les restrictions de la concurrence sur le/ou les marchés supranationaux et ses effets dans une concurrence mondiale[1037].

Par ailleurs, de nombreuses critiques ont été adressées à ce Code et par certains même de ses rédacteurs[1038]. On lui a reproché de comporter des objectifs trop ambitieux ; aussi, il aurait été préférable d'opter pour une approche plus réaliste, qui vise à faire converger progressivement les droits nationaux[1039]. Certaines des normes matérielles proposées comme par exemple en matière de fusion et de restrictions verticales n'ont pas fait encore l'objet d'un consensus. A plus d'un égard, le projet du groupe de Munich est plus détaillé qu'une codification nationale comme le *Sherman Act* ou régionale comme le Traite CE. Or, le droit de la concurrence est un droit évolutif perméable aux changements économiques et sociaux et qui laisse une grande place à la pratique et à la création jurisprudentielle. Elaborer, à l'échelle internationale, une codification aussi détaillée risque d'avoir un effet asphyxiant. De plus, le projet de Code ne contient pas de définition de concepts centraux comme, par exemple, la notion de marché en cause. Il repose sur une structure institutionnelle peu réaliste. Comment, par

---

[1037] ABDELGAWAD Waled, « Jalons de l'internationalisation du droit de la concurrence : vers l'éclosion d'un ordre juridique mondial de la *lex economica* », *op.cit.*, p. 181.

[1038] PHILLIPS Bernard J., "Comments on the Draf International Antitrust Code", *Aussenwirtschaft* Vol.49, 1994, p.329 ; PETERSMANNN Ernst-Ulrich, "Proposals for Negotiating International Competition Rules in the GATT/WTO World Trade and Legal System", *op.cit.*, p. 275 ; JACKSON John H., "Alternative Approaches for Implementing Competition Rules in International Relations" , *Aussenwirtschaft* Vol.49, 1994, p. 195 ; FOX Eleanor M. "Toward World Antitrust and Market Access", *AJIL* Vol.91 No.1, 1997, p. 15 et 16 ; SAUVE Pierre / BEVIGLIA Americo, "Subsidiarity Perspectives on The New Trade Agenda", *JIEL* Vol.3, March 2000, p. 111.

[1039] IDOT Laurence, « Mondialisation, liberté et régulation de la concurrence: le contrôle des concentrations », *op.cit.,* p. 202 ; EGGE Michael George, "The Harmonization of Competition Laws Worldwide", *RJGBL*, Vol.2, Winter / Spring 2001, p. 98 ; MONTINI Massimiliano, "Globalisation and International Antitrust Co-operation", *FEEM Working Paper No. 69.99.*, September 1999, p. 12 ; PIILOLA Anu, "Assessing Theories of Global Governance: A Case Study of International Antitrust Regulation", *op.cit.,* p. 16.

exemple, imaginer le fonctionnement d'un droit de recours de l'autorité antitrust internationale dans le cadre des procédures nationales, lorsque celle-ci n'est pas partie à la procédure nationale ? Le projet de Code ne résout pas non plus la question de l'obtention des preuves à l'étranger par les autorités nationales de la concurrence et ne traite pas de l'échange d'informations commerciales entre l'autorité antitrust internationale, l'autorité antitrust judiciaire internationale et les autorités nationales. Il laisse subsister les législations nationales sur la concurrence et ne résout pas la question de l'entraide administrative internationale entre autorités de la concurrence dans l'application des législations nationales sur la concurrence[1040].

À vrai dire, la véritable réticence à l'égard du Code de Munich émane notamment des Etats ou des groupes d'Etats les plus puissants pour la raison de la « menace » pour leur souveraineté nationale. Certains Etats, dont les Etats-Unis et les membres de l'Union européenne, ont exprimé leur opposition à ce modèle en raison, surtout, de l'existence d'une autorité internationale de la concurrence. Ils expriment la crainte de voir cette autorité contrôler et remettre en cause les décisions prises par les autorités nationales de la concurrence et les arrêts rendus par les juridictions étatiques. Cette crainte ne peut être bien fondée que pour l'effort de l'harmonisation substantive du Code car la souveraineté des Etats n'est pas vraiment remise en cause par la création de l'autorité internationale de la concurrence puisque le Code a prévu une répartition des compétences entre l'autorité internationale et les autorités nationales. L'autorité internationale n'intervient qu'à l'occasion de pratiques ayant des effets anticoncurrentiels sur le marché mondial. De plus, même dans l'exercice de sa compétence, l'autorité internationale n'intervient que lorsque la pratique anticoncurrentielle contraire aux normes internationales n'est pas combattue par les autorités nationales, donc à titre seulement subsidiaire. En outre, l'autorité internationale de la concurrence ne détient pas un pouvoir d'investigation ou de sanction et elle ne peut qu'entamer une action soit au stade national auprès des juridictions nationales, soit devant l'« Antitrust Panel » au niveau international à l'encontre des autorités antitrust nationales qui refusent de prendre les mesures nécessaires à l'encontre d'une entreprise fautive. Ainsi, l'Antitrust Panel ne diffère pas sensiblement du système de règlement des litiges de l'OMC. La création de l'autorité de la concurrence n'est donc pas en soi de nature à justifier une crispation des

---

[1040] MERKT Benoît, *Harmonisation internationale et entraide administrative internationale en droit de la concurrence*, *op.cit.*, p. 156 et 157.

souverainetés[1041]. Ainsi, le Code représentant un modèle idéal pour réglementer le droit de la concurrence à l'échelon mondial a échoué puisque les Etats ne sont pas encore prêts à soutenir une telle proposition.

B – La proposition du Professeur SCHERER

En 1994, le Professeur Scherer a proposé un ensemble de politiques afin d'éliminer les restrictions évitables sur la concurrence internationale[1042]. Il a fondé son modèle sur la création d'un Office international de la politique de concurrence *(International Competition Policy Office)* qui devrait être placé sous l'égide de l'OMC. Selon l'auteur, cet Office obligerait les Etats à prendre des mesures pour éliminer les exemptions des cartels d'exportation et d'importation, l'abus de position dominante sur les marchés internationaux et les procédures d'autorisation des fusions. Il ne doutait pas de l'adoption d'un accord international à l'issue des négociations de l'Uruguay dans le cadre de la création de l'OMC puisque son ouvrage était publié. Il était tellement convaincu que la conclusion d'un accord international sur la réglementation des politiques de concurrence avait été identifiée par les négociateurs de cycle d'Uruguay comme une priorité absolue, qu'il n'a même pas discuté de l'existence ou non d'un accord international en la matière, présumant son existence dans le cadre de l'OMC[1043].

Suivant le modèle suggéré par le Professeur Scherer, l'Office international de la politique de la concurrence devait être, dans un premier temps, doté de pouvoirs d'enquête et, dans un deuxième temps, en charge de l'exécution de l'accord sur la concurrence[1044]. Un an après la ratification de l'accord international sur la concurrence, tous les cartels nationaux à l'importation ou à l'exportation et tous les cartels opérant à l'extérieur des frontières nationales de taille « substantielle » devaient être notifiés en détail à l'Office.

[1041] ABDELGAWAD Waled, « Jalons de l'internationalisation du droit de la concurrence : vers l'éclosion d'un ordre juridique mondial de la *lex economica* », *op.cit.*, p. 183.

[1042] SCHERER Frederic M., *Competition Policies for an Integrated World Economy*, Brookings Institution Press, Washington DC 1994, p. 89 à 97.

[1043] "Securing an international agreement on competition policy rules has been identified by the Uruguay Round negotiators as a high-priority item for the post Uruguay agenda. To move the ball forward toward the next round, I propose a set of international competition policies that recognizes individual nation's perceived need for exceptions and respects national sovereignty while moving as far as seems feasible toward eliminating avoidable restraints upon international competition." *Ibid.*, p. 92.

[1044] *Ibid.*, proposition 1.

En vertu de sa deuxième proposition, devaient être considérés comme « substantiels » les cartels dont les entreprises participantes réalisent, collectivement ou individuellement, plus de 100 millions de dollars de chiffre d'affaires dans toute catégorie de produits relavant des codes à quatre chiffres de la classification type pour le commerce international[1045]. En outre, toutes les entreprises ou tous les groupes d'entreprises, soumis à un contrat financier unifié et réalisant au moins 40% des exportations mondiales dans n'importe quelle catégorie de produits relevant des codes à quatre chiffres de la classification type du commerce international, devaient s'enregistrer auprès de l'Office et fournir des détails sur leur chiffre d'affaires annuel et la localisation de leurs principales activités[1046].

Pour le contrôle des activités monopolistiques, le projet prévoyait un mécanisme d'enquête pouvant être déclenché par les Etats contractants. Donc, si un Etat signataire de l'accord portait plainte à l'encontre de pratiques monopolistiques restreignant ou faussant les échanges internationaux, l'Office devait examiner ces dernières et rendre publics les résultats de son enquête assortis, le cas échéant, de mesures correctives. Afin de mener à bien cette tâche, l'auteur proposait qu'il soit assisté par les autorités de concurrence des pays signataires ou, s'il n'en existe pas dans le pays concerné, par d'autres autorités administratives ou judiciaires[1047].

Par ailleurs, le Professeur Scherer proposait que dans les trois ans suivant la création de l'Office international de la politique de la concurrence, les Etats signataires harmonisent leurs procédures de notification des opérations de concentrations internationales. Un formulaire identique, admis par tous les Etats contractants devait être adressé à l'Office avant la réalisation de l'opération. L'Office devait renvoyer ensuite la notification auprès des autorités de la concurrence des pays concernés par l'opération[1048]. Enfin,

---

[1045] Standard International Trade Classification (SITC).

[1046] Proposal 2. "One year after a new international competition policy agreement has been ratified, all substantial single-nation export and import cartels and all cartels operating across national boundaries must be registered, and the mechanisms of their operation must be documented, with the ICPO. "Substantial" means that any single enterprise, or confederation of enterprises participating together in a cartel, sustain international sales of $100 million a year or more in any relevant four-digit category of the Standard International Trade Classification. Furthermore, all substantial enterprises, or groups of enterprises subject to unified financial control, originating 40 percent or more of world exports in any four digit SITC category, must register with the ICPO, providing details on their annual sales and the locations of their principal operations."

[1047] SCHERER, Competition Policies for an Integrated World Economy, *op.cit.,* p.92.

[1048] *Ibid.,* proposition 3, p.92 et 93.

dans les cinq ans suivant la création de l'Office, les Etats contractants devaient harmoniser de façon substantielle certaines règles nationales de concurrence. Ainsi, tous les pays signataires devaient adopter des lois internes prohibant les cartels à l'exportation opérant depuis le territoire national. Les lois interdisant les cartels à l'importation devaient également être adoptées, exemption faite cependant les accords mis en place expressément en réponse aux activités des cartels à l'exportation ou d'entreprises en position dominante sur un marché mondial[1049]. Le Professeur Scherer reconnaissait que les Etats essaieraient de protéger leurs industries nationales en formulant des exceptions à l'interdiction générale posée par les lois nationales. L'auteur expliquait qu'il serait impossible de définir des critères à l'exemption communs et acceptables pour tous, en particulier concernant les types d'industries qui devaient en bénéficier. Chaque Etat devait donc indiquer une liste d'exemptions limitative pour éviter les suppressions politiques internes[1050].

Et pour finir, sept ans après la constitution de l'Office, ce dernier devait mettre en œuvre les standards internationaux concernant l'abus de position dominante et les concentrations. A partir de là, l'Office aurait eu le pouvoir de recevoir les plaintes des pays signataires portant sur les abus de position dominante, non seulement du fait d'entreprises réalisant plus de 40% de chiffre d'affaires à l'exportation pour des catégories de produits selon la nomenclature de la classification type pour le commerce international, mais également du fait de cartels. L'obtention des preuves et l'application de sanctions devaient être assurées avec l'aide des autorités de la concurrence nationale. En cas de non-action de leur part, l'OMC aurait permis à l'Etat victime de prendre des mesures à l'encontre des personnes, Etats ou entreprises à l'origine de l'abus. Au terme du projet, si une entreprise détient une part de marché d'au moins 40% sur une période de vingt ans ou plus grâce à des droits de propriété intellectuelle, les autres Etats signataires peuvent exiger de cette dernière l'octroi de licences. En ce qui concerne les concentrations, à nouveau, sept ans suivant la création de l'Office, le projet envisage de permettre aux autorités de la concurrence des Etats signataires de saisir ce dernier des concentrations qui risquent de conférer à la nouvelle entité une part de marché de 40% ou plus. Si l'Office estime que l'opération porte atteinte à la concurrence, il exigera des mesures correctrices pour les Etats membres, lesquels se référeront à leur législation nationale pour en

---

[1049] *Ibid.*, proposition 5 et 6.
[1050] *Ibid.*

assurer l'application[1051]. En effet, le Professeur Scherer estime que les Etats risquent de réagir aux règles anticartels et peuvent encourager les fusions à moins qu'une symétrie n'existe entre le droit des ententes et celui des concentrations[1052].

En analysant la proposition du Professeur Scherer, on constate que son projet, qui vise à édicter des règles de concurrence internationales, est moins ambitieux que le Code de Munich. A la différence de ce dernier, seuls les Etats peuvent saisir l'Office international de la politique de la concurrence contre les comportements anticoncurrentiels. Ainsi, la proposition du Professeur Scherer exclut totalement le droit d'agir aux entreprises, pourtant, elles aussi, peuvent être les victimes des comportements anticoncurrentiels mis en œuvre par d'autres entreprises ou par les Etats. Le fait de conférer uniquement aux Etats le droit de porter plainte contre des comportements anticoncurrentiels risque d'affaiblir le droit de la concurrence internationale et de restreindre sa portée car les intérêts des Etats ne sont pas forcément ceux du marché.

En outre, on peut considérer que ce projet confère un avantage injustifiable aux intérêts américains en lui permettant d'étendre l'application extraterritoriale du droit antitrust aux pratiques mises en œuvre à l'étranger[1053]. L'idée selon laquelle la seule application des lois antitrust américaines est suffisante pour empêcher des pratiques anticoncurrentielles internationales, est peu convaincante. À l'origine de cette croyance se trouve l'importance symétrique du marché américain pour les entreprises étrangères et des marchés étrangers pour les entreprises américaines. Par exemple, dans le domaine des cartels internationaux, sans une « active participation » des entreprises américaines, les cartels internationaux ne sont pas viables car un cartel mixte a forcément une composante américaine[1054]. Depuis, le Professeur Scherer est revenu sur cette idée, battue en brèche par la réalité des cartels détectés et condamnés par les autorités de concurrence[1055].

[1051] *Ibid.,* proposition 7 et 8.
[1052] *Ibid.* p.94.
[1053] *Ibid.*p. 96.
[1054] REZZOUK Med, « Cartels globaux, riposte américaine. L'ère Empagran? », *op.cit.,*p. 24.
[1055] Le Professeur Scherer déclare que « I once believed that unilateral action by the United States was sufficient to deter cartels, or at least to drive them deep underground. », SCHERER Frederic M.," Competition Policy and Trade Policy : The Need for Rapprochement", *New York Law School Review*, Vol. 47, 2003, p. 153 à 165.

C – Le rapport du groupe d'experts de l'Union européenneen 1995 et ses impacts au sein de l'OMC

Au moment où le Professeur Scherer préparait son projet, un groupe d'experts[1056], invité par le Commissaire européen chargé de la concurrence, a proposé une autre formule moins ambitieuse comportant un noyau central de règles minimales au niveau international[1057]. Plus tard, cette proposition a été affinée et reformulée par le vice-président de la Commission européenne[1058] et dans plusieurs communications de la Communauté et des Etats membres du Groupe de travail de l'OMC de l'interaction du commerce et de la politique de la concurrence[1059].

En tenant compte de l'usage limité de la coopération internationale à l'époque, le rapport décrit les raisons qui devraient amener à son renforcement en matière de politique de concurrence, les expériences de coopération bilatérale de l'Union européenne et le caractère insuffisant de la coopération internationale actuelle. Le rapport formule dans cette perspective un certain nombre de recommandations pour améliorer la coopération internationale et l'application des règles en matière de politique de concurrence qui vont aboutir à la construction progressive d'un accord multilatéral. Ainsi, après avoir renoncé aux projets supranationaux, l'Union européenne a présenté, dans ce sens, des propositions en faveur de l'ouverture des négociations entre Etats dans le but d'instituer un accord multilatéral sur la concurrence dont le contenu doit être constitué de quatre éléments. L'accord doit d'abord contenir la définition de principes de base, communs à l'OMC, garantissant l'adoption par tous les pays Membres d'une législation sur la concurrence et sa mise en œuvre effective en application

---

[1056] Les membres du Groupe sont IMMENGA Ulrich, JENNY Frederic, PETERSMANNN Ernest-Ulrich qui sont extérieur à la Commission et EHLERMANN Claus-Dieter, PONS Jean-François, ABBOTT Roderick, LAMOUREUX François, MARCHIPOINT Jean-François, JACQUEMIN Alexis qui sont des experts internes de la Commission.

[1057] La politique de concurrence dans le nouvel ordre commercial : renforcement de la coopération et des règles au niveau international, Rapport du Groupe des Experts : Commission européenne, Direction-Générale IV – Concurrence, COM (95) 359 final, 12 juillet 1995.

[1058] BRITTAN Leon, "The Need for a Multilateral Framework of Competition Rules", *Speech to the OECD Conference on Trade and Competition policy*, Paris, 29 juin 1999.

[1059] OMC, Groupe de travail de l'interaction du commerce et de la politique de la concurrence, « Communication de la Communauté européenne et ses Etats membres », 25 mai 1999, (WT/WGTCP/W 115); OMC, Groupe de travail de l'interaction du commerce et de la politique de la concurrence, « Communication de la Communauté européenne et de ses États membres », 11 juin 1997, (WT/WGTCP/W/1).

des principes de transparence et de non-discrimination. Ensuite, l'accord doit prévoir l'adoption de règles de fond en matière de concurrence par la recherche d'un consensus entre les Etats sur les pratiques particulièrement néfastes et choquantes. Parallèlement, il s'agit d'établir un instrument multilatéral de coopération entre les autorités de concurrence qui intègre les acquis des accords de coopération bilatérale, et notamment ceux conclus entre l'Union européenne et les Etats-Unis, avec l'application non obligatoire du principe de courtoisie positive. Enfin, un système de règlement des litiges doit être concçu, tout en s'interrogeant sur la possibilité d'adapter le système actuel de règlements des différends de l'OMC aux différends de concurrence[1060] ; ce système pouvant alors être appliqué lorsqu'un pays ne se conforme pas à ses engagements internationaux issus de l'accord multilatéral[1061].

Contrairement au projet du groupe de Munich, le Groupe d'experts de l'Union européenne n'envisage pas une harmonisation détaillée des règles de fond au niveau international à court ou moyen terme[1062]. En revanche, le Groupe d'experts a l'ambition d'aller au-delà d'un simple accord de courtoisie. A cette fin, ils ont déterminé un noyau dur de règles à respecter par tous les Etats parties à l'accord ; ces règles, convenues au niveau international, devant être intégrées dans les ordres juridiques des Etats membres selon le même principe d'adoption que les directives européennes[1063]. Pour ce qui est des accords horizontaux, la solution proposée est de rechercher un consensus au sujet de l'interdiction *per se* des accords de fixation des prix, la restriction de l'offre ou le partage des marchés et l'interdiction des cartels à l'exportation[1064]. Le groupe d'experts suggère que les autres accords horizontaux soient évalués selon la règle de la raison. S'agissant des accords verticaux, le Groupe a constaté que la divergence des opinions sur le sujet existait encore. Ainsi, une des solutions pourrait être d'interdire les accords dont l'effet restrictif sur la concurrence

[1060] ABDELGAWAD Waled, « Jalons de l'internationalisation du droit de la concurrence : vers l'éclosion d'un ordre juridique mondial de la *lex economica* », *op.cit.*, p. 184.

[1061] Par exemple, l'omission dans l'obligation d'adopter une loi de concurrence et d'assurer la transparence et la non-discrimination dans la mise en œuvre de cette loi.

[1062] MERKT Benoît, *Harmonisation internationale et entraide administrative internationale en droit de la concurrence*, *op.cit.*, p. 158.

[1063] C'est à dire les Etats auront une obligation de résultat sans être obligé de modifier leurs législations si une interprétation conforme est possible.

[1064] La politique de concurrence dans le nouvel ordre commercial : renforcement de la coopération et des règles au niveau international, Rapport du Groupe des Experts, *op.cit.*, p. 15.

ne serait pas compensé par un avantage pour le consommateur et/ou qui constitueraient un obstacle à l'entrée sur le marché. En ce qui concerne l'abus de position dominante, la proposition des experts va dans le sens d'une évaluation selon la règle inspirée de l'article 82 du Traité de Rome[1065]. Enfin, dans le domaine du contrôle des concentrations d'entreprises, les experts estiment qu'il faut d'abord harmoniser les procédures de contrôle (en s'appuyant sur une étude[1066] effectuée au sein de l'OCDE), sans pour autant créer un contrôle supranational contrairement à ce que propose le groupe de Munich[1067].

D'un autre côté, si les experts n'envisagent pas la création d'une autorité antitrust internationale, ni celle d'une autorité judiciaire antitrust internationale, ils proposent de mettre en place une structure nouvelle de règlement des différends. Selon eux, trois fonctions devraient être confiées à cet organisme international. D'abord, une fonction de forum au sein duquel seraient élaborés, revus et adaptés et, dans la mesure du possible, élargis, les principes communs destinés à être repris dans les législations nationales. L'organisme doit ensuite constituer un fichier des pratiques ayant un effet restrictif sur la concurrence, qui se ferait sur la base de notifications des Etats membres. Puis, finalement, il doit offrir une structure de règlement des différends entre Etats[1068]. Selon le Groupe de travail, le nouveau mécanisme devrait permettre de résoudre plusieurs types de différends internationaux. Il s'agit d'abord des différends portant sur des obligations internationales en matière de procédure. Ce genre de différends peuvent consister dans le non-respect de l'obligation de notification et d'information ou de l'obligation de courtoisie positive. En second lieu, le Groupe cherche à résoudre les différends concernant la non application par un Membre de sa législation sur la concurrence à l'encontre d'une pratique faisant l'objet d'une interdiction internationale *per se*. Enfin, la proposition faite par le Groupe vise à trancher les différends concernant les règles de raison internationales et les différends sur le fait que l'accès au marché est « annulé ou compromis » à la suite de pratiques anticoncurrentielles. Ce dernier type de différends suppose une règle dans le cadre de l'OMC qui prévoit le fait « d'annuler ou de

---

1065 *Ibid.*

1066 Il s'agit du rapport prepare par WHISH Richard / WOOD Diane, "Merger Cases in the Real World : A Study of Merger Control Procedures" *Competition Policy Workshop*, OCDE, Paris 1er avril 1994.

1067 La politique de concurrence dans le nouvel ordre commercial : renforcement de la coopération et des règles au niveau international, Rapport du Groupe des Experts, *op.cit.*, p. 15.

1068 *Ibid.*, p. 18.

compromettre », par des pratiques commerciales privées, les engagements en matière d'accès négociés au marché dans le cadre du GATT de 1994 ou du GATS, et pourrait donner lieu à une action, sauf si des mesures appropriées sont prises par le pays concerné pour y remédier[1069].

En dernière analyse, on peut considérer que le Groupe de travail a présenté les grandes lignes d'une approche possible de la concurrence dans le cadre de l'OMC. Son modèle assez réaliste écarte l'élaboration d'un code international de la concurrence et créé une autorité transnationale chargée de sa mise en œuvre, mais en même temps, il vise non seulement la recherche d'un consensus sur les règles de fond les plus importantes mais aussi la mise en place d'un système international de règlement des différends en matière de concurrence. De ce fait, il propose une base crédible à court et moyen termes pour fonder les racines d'une véritable internationalisation du droit de la concurrence, sachant qu'elle défend la recherche de principes communs contraignants et le recours à un système multilatéral de règlement des litiges. En revanche, il est, dès lors, important de noter que le système de règlement des litiges actuel de l'OMC ne prend pas en considération la spécificité du droit de la concurrence et interdit les plaintes intentées par les personnes privées[1070]. Or, les autorités américaines et une certaine partie de la doctrine ont critiqué vivement l'idée d'une harmonisation des règles de concurrence, notamment celle du contenu des principes communs applicables au fond[1071]. En dernière remarque, on peut ajouter que l'efficacité du mécanisme de coopération internationale serait limitée par le caractère facultatif du principe de courtoisie positive et par les mêmes obstacles que ceux rencontrés dans la mise en œuvre des accords de coopération bilatéraux[1072].

1069 *Ibid.*, p. 19 et 20.

1070 *Infra* dans la sous-section intitulée « les limites et les solutions apporté par les mécanismes de l'OMC.

1071 WALLER Spencer W., "The Internationalization of Antitrust Enforcement", *op.cit.*,p.347 ; WOOD Diane P., "The Impossible Dream: Real International Antitrust", *University of Chicago Legal Forum*, 1992, p. 277 et 278; GUZMAN Andrew, "Is International Antitrust Possible?", *op.cit,* p. 1548 ; McGINNIS John O., "The Political Economy of International Antitrust Harmonization", *William & Mary Law Review* Vol.45, December, 2003, p. 551 ; SWAINE Edward T., "The Local Law of Global Antitrust", *op.cit.*,p.668 et 669 ; MARSDEN Philip, "Antitrust" at the WTO, Antitrust, Fall 1998, p. 29 et30 ; MELAMED Douglas A., "Promoting Sound Antitrust Enforcement in the Global Economy", *International Antitrust Law & Policy*, Ed. HAWK Barry E., 2000, p.4 à 6.

1072 GRISAY Dominique, « Concurrence : Le droit européen dans le contexte international », *Journal des tribunaux. Droit européen.* No. 65, 2000, p. 9.

A la suite de la publication de ce rapport, la Commission l'a soumis à la consultation du Parlement européen, du Conseil de l'Union européenne et des Etat membres. Ils ont tous donné un avis favorable à l'adoption de normes internationales en matière de concurrence. Cet état de fait a rendu légitime la volonté de la Commission de proposer l'institution d'un groupe de travail chargé d'examiner les questions relatives à l'adoption d'un système multilatéral de contrôle de la concurrence qui a été approuvée par le Conseil[1073]. D'un autre côté, le Parlement européen a demandé la création d'une autorité internationale chargée de la concurrence, dotée de pouvoirs juridictionnels[1074]. Dans cette perspective, le Conseil a mandaté la Commission européenne pour négocier lors de la Conférence de Singapour un cadre international des règles de concurrence. Grâce à cette initiative de l'Union européenne, le 11 décembre 1996, lors de la Conférence de Singapour, une déclaration ministérielle préconisant, à l'initiative de l'Union européenne, « d'établir un groupe de travail chargé d'étudier les questions soulevées par les Membres au sujet de l'interaction du commerce et de la politique en matière de concurrence, y compris les pratiques anticoncurrentielles, afin de déterminer les domaines qui pourraient être examinés plus avant dans le cadre de l'OMC » a été adoptée[1075]. Le travail d'étude mené dans le cadre du Groupe de travail a été centré sur la clarification des principes fondamentaux, y compris la transparence, la non-discrimination et l'équité sur le plan de la procédure ; des dispositions relatives aux ententes injustifiables ; des modalités d'une coopération volontaire ; et sur le soutien en faveur du renforcement progressif des institutions chargées de la concurrence dans les pays en développement au moyen du renforcement des capacités[1076]. La réunion ministérielle qui s'est tenue à Doha en novembre 2001 a permis de parvenir à un accord sur un nouveau cycle de négociations. Ce cycle devait continuer sur la voie de l'amélioration de l'accès aux marchés. Cependant, il a été marqué par la contestation de la mondialisation et de l'OMC et les pays en développement y ont obtenu des marques d'attention qui ne leur avaient peut-être pas été prodiguées un ou deux ans auparavant. La Déclaration de Doha aborde

[1073] Commission européenne, Communication de la Commission au Conseil vers l'établissement d'un Cadre International des règles de concurrence, 18 juin 1996, COM (96) 284 final, p. 31.

[1074] Parlement européen, Résolution sur le rapport du groupe d'expert sur la politique de concurrence dans le nouvel ordre commercial : renforcement de la coopération et des règles au niveau international, JOCE No C 362 du 2 décembre 1996, p. 243 à 245.

[1075] JENNY Frédéric, « L'environnement économique international et les autorités de concurrence », *op.cit.*, p. 458.

[1076] http://www.wto.org/french/tratop_f/comp_f/comp_f.htm

également la question du commerce et la politique de la concurrence. Cependant, le lancement du nouveau cycle ne parvient pas à s'opérer, l'agriculture ayant repris le devant de la scène et cristallisant de vives oppositions avec les pays en développement et certains pays émergents. Un échec serait fortement préjudiciable au multilatéralisme[1077]. Sur le plan international, la concurrence n'a pas fait, ou très peu, partie des débats. S'il y a eu plusieurs débats au niveau international concernant la façon de contrôler les pratiques restrictives des entreprises, ils furent peu significatifs[1078]. Ainsi, en juillet 2004, le Conseil général de l'OMC a décidé que l'interaction entre la politique commerciale et la politique de la concurrence ne ferait plus partie du programme de travail énoncé dans la Déclaration ministérielle de Doha et que, par conséquent, il n'y aurait pas de travaux en vue de négociations sur l'une quelconque de ces questions dans le cadre de l'OMC pendant le Cycle de Doha[1079].

Enfin, il est important de noter que l'Union européenne a reformulé le rapport du groupe d'experts et changé de position lors de la préparation pour la Conférence ministérielle de Seattle[1080]. La nouvelle proposition européenne présente quatre principes selon lesquels, l'accord doit contenir des règles communes relatives à l'adoption au niveau national d'une législation sur la concurrence et son application. Ensuite, il y a lieu d'établir une discipline commune au sujet des pratiques anticoncurrentielles, notamment les ententes injustifiables qui ont un effet négatif sur le commerce international et l'investissement international. Après quoi, il faut inclure à l'accord des règles de coopération internationale contenant des dispositions relatives à la notification, aux consultations, à la courtoisie négative et positive et l'échange d'informations non confidentielles entre autorités nationales de la concurrence. Et enfin, il faut adopter le système de règlement des différends de l'OMC aux différends dans le domaine des pratiques commerciales restrictives[1081]. Ainsi, l'approche proposée par

---

[1077] JACQUET Jean-Michel / DELEBECQUE Philippe / CORNELOUP Sabine, *Droit du commerce international*, 1e Dalloz, Paris 2007, p. 102.
[1078] RIOUX Michèle, « Culture de concurrence : Les limites de l'antitrust international face à la concurrence globalisée », *op.cit.*, p. 3.
[1079] *Ibid.*
[1080] *OMC,* Preparations for the 1999 Ministerial Conference, EC Approach to Trade and Competition, Communication from the European Communities, WT/GC/W/191, 2 juin 1999 (99-2209).
[1081] *Ibid.;* PETERSMANN Ernest-Ulrich, "Competition-oriented reforms of the WTO world trade system : proposals and policy options", Towards WTO competition rules : key issues

l'Union européenne lors de la négociation d'un accord mondial sur la concurrence se distingue en deux principaux points par rapport au projet du groupe d'experts de 1995. La nouvelle approche ne contient pas de règles de fond relatives aux accords horizontaux, verticaux et l'abus de position dominante, mais uniquement des règles minimales qui devraient aller dans la direction d'une interdiction des ententes injustifiables. D'un autre côté, le système de règlement des différends s'applique seulement au cas où un Etat membre n'adopte pas en droit interne les règles convenues au niveau international.

En conséquence, toutes ces tentatives de résurrection du droit international de la concurrence dans le système du GATT et de l'OMC n'ont pas abouti à un accord multilatéral et aucune notification n'a été faite au Secrétariat du GATT malgré la décision prise en 1960[1082]. Les tentatives de résurrection du droit de la concurrence internationale, jusqu'en 1996, ont été menées dans d'autres institutions internationales : L'Organisation des Nations Unies et l'Organisation de coopération et de développement économiques.

Section II – Les raisons de l'échec : Difficultés insurmontables ?

La conclusion d'un accord sur la concurrence à l'OMC est rendue difficile par plusieurs facteurs. Les questions du coût-bénéfice, celle de leur distribution ainsi que les difficultés concernant le contenu d'un accord international sont les questions les plus difficiles à résoudre et se présentent comme les causes principales de l'échec de chacune des tentatives menées pour faire émerger un droit international de la concurrence. Les enjeux de la politique nationale sont les causes secondaires de ces échecs. Les monopoles étatiques et certains producteurs nationaux ont catégoriquement refusé le principe d'un accord contraignant au niveau international. En résumé, les Etats membres ont des intérêts économiques et politiques divergents. Ces derniers sont accentués par le défi institutionnel de l'OMC dont les négociations fonctionnent sur une base de concessions réciproques. Par ailleurs, l'industrie se montre, en général, peu enthousiaste, voire réticente, contrairement à d'autres secteurs, où elle a trouvé un intérêt direct dans les

---

and comments on the WTO Report (1998) on trade and competition : proceedings of the seminar, Zurich University, 8-10 July 1999 / ed. R. Zäch. Berne : Staempfli, 1999, p. 43 à 71.

[1082] *GATT,* Decisions of seventeenth session, Decisions, Declarations, etc. of the Contracting Parties Between the End of the Sixteenth Session and the End of the Seventeenth Session, *op.cit.*, p. 17 ; MARCEAU Gabrielle, *Antidumping and antitrust issues in free trade areas*, *op.cit.*, p. 65.

négociations, comme par exemple celui de la propriété intellectuelle[1083]. Certaines critiques sur ce point en invoquent un modèle mal adapté au droit de la concurrence[1084]. La mauvaise stratégie de négociations de ces questions, lors du cycle de Doha, est l'une des causes de l'échec de l'inclusion de la concurrence dans le droit de l'OMC. Ces obstacles pourraient facilement être surmontés si les Etats avaient des intérêts convergents or tel n'est pas le cas[1085]. La doctrine explique les raisons pour lesquelles les nombreuses tentatives de négocier un accord anti-trust international obligatoire ont échoué jusqu'ici sur ce point [1086].

Sous-section I – Les intérêts divergents

Il existe une divergence d'intérêt difficilement conciliable parmi les Etats et les groupements d'Etats. L'échec de la conférence ministérielle de Cancun a mis en évidence une profonde disparité entre les pays développés et les pays en développement. Par ailleurs, plusieurs points de divergence entre les Etats-Unis et l'Union européenne subsistent. Une autre difficulté vient de l'incertitude des coûts et des bénéfices d'un accord de concurrence pour les gouvernements. Tandis qu'un Etat peut exactement calculer les conséquences d'une réduction tarifaire, il est compliqué d'essayer de prévoir exactement qui bénéficierait et perdrait au terme d'un accord international dans le doamine de l'anti-trust. En revanche, afin de réussir les négociations des concessions au sein de l'OMC, une certaine formule doit être établie pour pouvoir évaluer si l'échange des concessions est équilibré. Et, quand les gouvernements sont incertains de la valeur et de l'impact distributionnel

---

[1083] MERKT Benoît, *Harmonisation internationale et entraide administrative internationale en droit de la concurrence*, *op.cit.*, p.163 et 164.

[1084] HINDLEY Brian, "Competition law and the WTO : alternative structures for agreement", Dans *Fair trade and harmonization*, Eds. BHAGWATTI Jagdish / HUDEC Robert, Vol. 2. Cambridge, MIT Press, 1996, p. 343.

[1085] JENNY Frédéric, "Globalization, Competition and Trade Policy: Issues and Challenges". Dans *Towards WTO Competition Rules*, ZACH Roger Ed. Staempfli Publishers Ltd. & Kluwer Law International, The Hague-London-Boston, Berne, 1998, p.3 ; BRADFORD Anu, "International Antitrust Negotiations and the False Hope of the WTO", *Harvard International Law Journal*, Vol.48, Summer 2007, p. 415 ; JENNY Frédéric, "Globalization, Competition and Trade Policy: Convergence, Divergence, and Cooperation" dans JONES Clifford A. / MATSUHITA Mitsuo, Ed., *Competition Policy in Global Trading System*, Kluwer Law International, The Hague, 2002, p. 295.

[1086] BRADFORD Anu, "International Antitrust Negotiations and the False Hope of the WTO", *Harvard International Law Journal*, Vol.48, Summer 2007; GUZMAN Andrew, "The Case for International Antitrust", *Boalt Working Papers in Public Law*, Paper 10, University of California Berkeley, June 1, 2003 ; GUZMAN Andrew, "Is International Antitrust Possible?", *op.cit.*

d'un accord, leur capacité d'échanger des engagements et des concessions réciproques est bloquée[1087]. Nous allons tenter d'examiner ces questions d'une manière brève et générale en nous appuyant sur les points essentiels.

§ 1 – Les intérêts communs relatifs réunissant les pays industrialisés

De manière générale, les pays industrialisés pourraient trouver un intérêt à développer une discipline multilatérale sur la concurrence à l'OMC pour améliorer les conditions d'accès aux marchés étrangers et obtenir un titre en droit international en vue d'intervenir contre les restrictions à la concurrence sur des marchés étrangers. Ils pourraient également trouver un intérêt à agir contre les cartels d'exportation à l'étranger qui produisent des effets sur leurs marchés[1088]. Au surplus, les règles internationales sur la concurrence pourraient limiter l'application extraterritoriale du droit étranger de la concurrence ce qui est l'une des raisons qui a justifié l'augmentation des accords de coopération bilatéraux qui se sont limités à répondre à la question de l'efficacité[1089]. En revanche, les pays industrialisés tendent à désavouer un accord international dans le domaine de la concurrence car ils se basent sur l'application extraterritoriale de leur droit de la concurrence nationale afin de remédier aux effets négatifs des comportements anticoncurrentiels ayant un effet sur leur territoire. Ils peuvent aussi trouver un intérêt à sauvegarder leurs cartels d'exportation. En outre, ces pays ont leur propre conception et leur propre culture de la concurrence et ils y sont très attachés[1090]. Il est difficile pour ces pays de renoncer à leur propre modèle de concurrence. Nous avons choisi d'étudier, encore une fois, le cas des Etats-Unis et de l'Union européenne, car ce sont les deux principaux acteurs tant pour le droit de la concurrence que pour le commerce international et parce qu'un système international du droit de la concurrence ne s'établira pas sans un commun accord entre eux.

[1087] BRADFORD (PIILOLA) Anu, "International Antitrust Negotiations and the False Hope of the WTO", *op.cit.*,p. 425.

[1088] MERKT Benoît, *Harmonisation internationale et entraide administrative internationale en droit de la concurrence*, *op.cit.*, p. 164.

[1089] *Supra.* « Les instruments juridiques de droit international pour assurer le fonctionnement du droit de la concurrence internationale au marché mondial ».

[1090] KARAKOÇ Oğuz, *La période d'internationalisation des règles de concurrence et les politiques des organisations internationales*, Mémoire pour devenir l'expert de l'Autorité de la concurrence, Ankara 2003, p. 57.

A – Les Etats-Unis

Après la deuxième guerre mondiale, les Etats-Unis étaient dans une position enviable : être le seul pays capable d'appliquer extraterritorialement ses lois. Dans une telle position, un Etat n'est aucunement incité à négocier un accord international. Il est donc logique que les Etats-Unis, en dépit de leur position, aient refusé de soutenir les efforts pour augmenter la coopération internationale en matière de politique de concurrence[1091]. En revanche, les Etats-Unis ont perdu leur position avantageuse car plusieurs Etats ont étendu de manière unilatérale l'application de leur droit national de la concurrence aux entreprises étrangères dont les activités internationales affectent leur marché national[1092]. De plus, l'interdépendance des marchés provoquée par la globalisation a donné une autre dimension au droit de la concurrence. En ce sens, les Etats-Unis admettent que quelques procédures de gestion puissent limiter l'accès au commerce et que la politique de concurrence soit l'une des nouvelles matières dans les négociations commerciales. Cependant, les Etats-Unis restent indifférents à l'harmonisation internationale des règles de concurrence et optent plutôt pour une coopération bilatérale au-delà du partage d'informations de base[1093]. Certains auteurs américains invoquent que les accords de coopération bilatéraux existants ont été soigneusement négociés et prennent en compte le niveau mutuel de confiance et la nature du système de politique de concurrence. Les accords plurilatéraux peuvent mener à des dispositions moins strictes et, par conséquent, ralentir le processus existant[1094].

D'un autre côté, la politique de concurrence aux Etats-Unis prévoit aussi de protéger les possibilités d'exportation et d'investissements à l'étranger des articles américains. D'une part, la loi *Webb-Pomerene, le Foreign Trade Antitrust Improvements Act,* ainsi que l'*Export Trading Company Act* de 1982 permettent que certaines ententes à l'exportation, conclues entre entreprises nationales, soient exemptées de l'application des règles de la concurrence. D'autre part, le ministère de la justice des Etats-Unis a, dans son guide de la concurrence internationale de 1977, clairement souligné la nécessité d'appliquer les règles antitrust aux comportements

---

[1091] GUZMAN Andrew, "Is International Antitrust Possible?", *op.cit.*, p. 1536.

[1092] *Infra.*, le chapitre intitulé l'application unilatérale du droit national de concurrence.

[1093] PAASMAN Berend, *Multilateral Rules on Competition Policy*, *op.cit.*, p. 40.

[1094] WOOD Diane P., "International Standards for Competition Law: An Idea Whose Time Has Not Come", *PSIO Occasional Paper, WTO Series No. 2*, Graduate Institute of International Studies, Geneva 1996, p. 34.

anticoncurrentiels à l'étranger affectant les exportations américaines. Cette position a été réaffirmée en 1992 par le ministère de la justice[1095]. De même, la section 301 du *Trade Act of* 1974 permet au Représentant américain au commerce de lancer des négociations avec un Etat étranger s'il considère que les droits des Etats-Unis découlant d'un traité commercial ont été violés, qu'une pratique d'un gouvernement étranger est « injustifiable », ou « peu raisonnable ou discriminatoire »[1096]. Si les négociations n'aboutissent pas à un résultat mutuel satisfaisant, les Etats-Unis peuvent imposer des sanctions économiques contre le gouvernement étranger. Puisque la section 301 inclut dans son champ d'application la tolérance du gouvernement étranger envers des activités anticoncurrentielles systématiques d'entreprises privées sur son territoire, les Etats-Unis ne veulent pas renoncer à ce système très efficace en adhérant à un mécanisme international de concurrence. Cette section a été renforcée en 1988. L'intervention du Président est plus impérative et la *Super 301* impose l'établissement d'une liste des pays coupables. Les pays incriminés disposent d'un à deux ans pour conclure un accord avec les Etats-Unis sous peine de représailles. La *Spéciale 301* impose à l'administration de dresser une liste de surveillance prioritaire indiquant les pays qui n'offrent pas une protection suffisante en matière de propriété intellectuelle et dans lesquels se pratiquent, selon les Etats-Unis, des piratages de produits américains[1097]. La Communauté européenne a mis en place en 1984, et révisé en 1994, une réglementation assez similaire dans son objet à la *Section 301*. Ce texte n'a presque jamais été utilisé par la Communauté. En effet, ces mécanismes ont été créés justement pour échapper à un autre système international, le système du règlement des différends de l'OMC.

Par ailleurs, il est intéressant de constater que la position des Etats-Unis quant à la négociation de règles sur la concurrence à l'OMC était partagée[1098]. Le bureau du Représentant américain au commerce[1099], qui est

[1095] FRIEDEL - SOUCHU Evelyne, *Extraterritorialité du droit de la concurrence aux Etats-Unis et dans la Communauté Européenne*, *op.cit.*, p. 5.

[1096] *Trade Act of 1974* § 301, as amended 19 USC § 2411 (1996) authorizes the US Trade Representative ('USTR') to initiate negotiations with a foreign state whenever the USTR determines that any US rights under a trade agreement have been violated or US benefits denied, or whenever the USTR determines that any act, policy or practice of a foreign government is 'unjustifiable', or 'unreasonable or discriminatory' and burdens or restricts US commerce.

[1097] SIROEN Jean-Marc, « Choix de la politique commerciale dans le cas de la concurrence imparfaite », p.40. http://www.dauphine.fr/ceresa/siroen/Plan2.pdf

[1098] BRADFORD (PIILOLA) Anu, "International Antitrust Negotiations and the False Hope of the WTO", *op.cit.*,p. 409.

[1099] The Office of the United States Trade Representative.

responsable de la politique commerciale internationale des Etats-Unis au niveau bilatéral et au niveau multilatéral, s'est déclaré favorable à des négociations sur la concurrence dans le cadre de l'OMC[1100]. Selon le sous-secrétaire d'Etat au commerce, la concurrence est l'un des cinq sujets les plus importants à négocier au sein de l'OMC[1101]. En revanche, les autorités chargées du contrôle de la concurrence ont rendu un avis défavorable pour l'adoption d'un accord multilatéral en matière de concurrence au sein de l'OMC[1102]. Leur position est justifiée par différents arguments, comme la crainte que les Etats-Unis puissent faire marche arrière lors des négociations de l'accord multilatéral. Certains auteurs défendent vivement l'idée que les négociations de règles sur la concurrence à l'OMC aboutiront à adopter un droit international de la concurrence sur la base du plus petit dénominateur commun à cause de l'hétérogénéité difficilement conciliable de l'OMC[1103]. En outre, il faut aussi signaler que les Etats-Unis sont peu disposés à remplacer les règles antidumping par des règles de concurrence internationale. Tant que les exportateurs s'engagent en dumping, les Etats-Unis croient au besoin de lois nationales antidumping. Un autre point problématique pour les Etats-Unis est que les négociations avec l'OMC exigeraient un compromis. Pour arriver à ce consensus, les négociations des règles de concurrence internationale devraient probablement faire l'objet de contreparties sur d'autres sujets, essentiels pour les Etats-Unis, comme par exemple la réforme agricole, des règles d'origine plus favorables ou une procédure de règlement des différends plus stricte[1104].

1100 ARHEL Pierre, « Droit international de la concurrence, s'orient-t-on vers des négociations ? »,*op.cit.*,p. 87.

1101 AARON David, "Remarks on Future WTO Issues", Contribution présentée dans une conférence organisée par le Congressional Institute for the Future and the *Brookings Institution, George Mason University, Washington, le 19 mars 1998.*

1102 KLEIN Joel I., "A note of Caution With Respect to a WTO Agenda on Competition Policy", Presented at The Royal Institute of International Affairs Chatham House London, November 18, 1996; http://www.usdoj.gov/atr/public/speeches/0998.htm, dernier visite le 19 mars 2008 ; WOOD Diane P., "The Internalization of Antitrust Law : Options of the Future", Before the DePaul Law Review Symposium Cultural Conceptions of Competition: Antitrust in the 1990's, February 3, 1995, http://www.usdoj.gov/atr/public/speeches/0099.htm

1103 WOOD Diane P., "The Internalization of Antitrust Law: Options of the Future", *op.cit.*; Wood Diane P., "Effective Enforcement of Antitrust Law for International Transaction", *BDAI, Antitrust 1995*, Washingt on, D.C., March 15, 1995, http://www.justice.gov/atr/public/speeches/0169.htm ; WOOD Diane P., "A Cooperative Framework for National Regulators", in *Public Policy and Global Technological Integration,* ABOTT Frderic M./ GERBER David J.,, Kluwer Law International, London, The Hague, Boston 1997, p. 196.

1104 PAASMAN Berend, *Multilateral Rules on Competition Policy*, *op.cit.*, p. 40.

B – L'Union européenne

Quant à l'Union européenne, elle est à la base des réflexions préparatoires et des propositions de négociation des règles sur la concurrence à l'OMC[1105]. Historiquement, les Etats membres de l'Union européenne se sont engagés dans des négociations compliquées sur beaucoup de questions, dont le droit de la concurrence fait partie. En effet, l'Union européenne a établi un droit de la concurrence qui a beaucoup de similitudes avec l'antitrust américain[1106]. En revanche, contrairement aux Etats-Unis, la protection du commerce extérieur n'est pas prise en compte et la Communauté n'a pas conçu de règles permettant aux seules entreprises européennes de développer leurs exportations[1107]. En outre, la Communauté européenne n'a pu mener de politiques commerciales plus strictes qu'après la réalisation du projet d'unification. Grâce à cette dernière, actuellement, une grande proportion de la consommation européenne relève d'une seule autorité, ce qui lui a permis d'appliquer ses lois extraterritorialement[1108]. En croyant aux négociations pacifiques au lieu de guerres commerciales, le principal intérêt que l'Union européenne a à retirer d'un accord international sur le droit de la concurrence est de limiter les comportements unilatéraux des Etats, en particulier ceux des Etats-Unis.

Par ailleurs, la Commission européenne est particulièrement concernée par le principe de l'accès au marché. Beaucoup de partenaires commerciaux de l'Union européenne ne disposent pas d'un système de droit de la concurrence efficace. Les pratiques anticoncurrentielles dans ces pays peuvent empêcher les entreprises européennes de pénétrer dans ces marchés et une disparité de concurrence peut ainsi en résulter. Tout en étant conscient de la difficulté d'établir une autorité de la concurrence supranationale, l'Union européenne a l'intention de réduire la portée des négociations à la création de procédures intergouvernementales, semblables au GATT. Ainsi,

---

[1105] MERKT Benoît, *Harmonisation internationale et entraide administrative internationale en droit de la concurrence*, *op.cit.*, p. 166.

[1106] Pour une analyse détaillée sur ce sujet voir KESKIN Cenk, *Les aspects communs et différents de droit de la concurrence américain et européen*, Mémoire du DEA de l'Union européenne, L'Université Galatasaray, Istanbul 2003 ; GUZMAN Andrew, "Is International Antitrust Possible?", *op.cit.*, p. 1537.

[1107] FRIEDEL - SOUCHU Evelyne, *Extraterritorialité du droit de la concurrence aux Etats-Unis et dans la Communauté Européenne*, *op.cit.*, p. 4.

[1108] GUZMAN Andrew, "Is International Antitrust Possible?", *op.cit.*, p. 1537.

elle favorise l'approche progressive que nous avons examinée en détail précédemment[1109].

§ 2 – Les pays en développement

Les économies des pays en développement sont souvent caractérisées par une forte intervention gouvernementale et des capitaux publics, une grande importante du secteur agricole et de celui des services tandis que l'industrie est peu développée et que la production se limite à un produit ou à un petit nombre de marchandises, un secteur privé officiel peu développé avec, pour corollaire, une forte économie « souterraine » et enfin, la dépendance des importations de produits manufacturés. En revanche, il est important de noter que ces critères ne se retrouvent pas dans tous les pays en développement. Par exemple, l'économie de l'Inde et de l'Afrique du Sud sont très diversifiées et leurs secteurs manufacturiers sont assez développés[1110].

En raison de particularités économiques et sociales qui leurs sont propres, l'idée s'est répandue, contrairement aux pays industrialisés, que ces pays nécessitent une approche différente du droit de la concurrence[1111]. Cette conviction reflète la controverse persistante entre l'approche de développement et l'approche de concurrence. Selon l'approche de développement, les effets de la législation sur l'évolution du pays doivent être pris en considération, tandis que selon l'approche de concurrence, il faut

---

[1109] *Supra.* « Le rapport du groupe d'experts de l'Union européenne en 1995 et ses impacts au sein de l'OMC ».

[1110] Towards a Healthy Competition Culture, Centre for Competition, Investment and Economic Regulation, CUTS, Jaipour, 2003, p.14, http://www.cuts-international.org/THC.pdf visité le 23 mars 2008.

[1111] CORRERA Carlos Maria, *Competition Law and Development Policies*, in ZACH Roger (Ed.), *Towards WTO Competition Rules*, Staempfli Publishers Ltd. & Kluwer Law International, The Hague-London-Boston, Berne Berne 1998, p. 361; SINGH Ajit, *Competition and Competition Policy in Emerging Markets : International and Developmental Dimensions*, G-24 Discussion Paper Series, UNCTAD/GDS/MDPB/G24/18, Genève 2002, p.15; UNCTAD, *The Role of Competition Policy for Development in Globalizing World Markets*, UNCTAD Series on Issues in Competition Law and Policy, Genève 1999, p. 59 ; KRUGMAN Paul / OBSTFELD Maurice / CAPELLE-BLANCARD Gunther / CROZET Matthieu, *Economie internationale*, 7e édition Pearson 2006, p. 659 ; WAKED Dina, "Antitrust in the Developing World: The Why and How of Adoption and its Implications for International Antitrust", *Researching Current Issues in Global Competition Law and Policy*, Conference international , The Interdisciplinary Centre for Competition Law and Policy of Queen Mary, University of London (ICC) in collaboration with Goodenough College, London, 7th of March 2008.

procéder à une application plus ou moins classique du droit de la concurrence. Si l'on tient compte de la souplesse dont le droit de la concurrence dispose sous forme d'exceptions ou de règles spéciales applicables à des secteurs économiques particuliers, et si l'on accepte qu'une politique industrielle ne soit pas exclue par le droit de la concurrence, l'écart entre les deux positions n'est pas trop important. Dans ce contexte, l'argument des « industries naissantes »[1112] peut également être retenu, par exemple, en autorisant la coopération entre les entreprises pour créer de nouveaux pôles industriels. Il correspond, aujourd'hui, à l'idée commune de promouvoir la concurrence non seulement à court terme, mais également à moyen et long termes et ainsi préférer l'efficience dynamique à l'efficience statique[1113]. Bien entendu, dans la mesure où le droit de la concurrence nationale constitue un instrument juridique destiné à promouvoir l'efficacité économique, ce droit reflétera également le niveau de développement économique et juridique du pays considéré. Ainsi, la question la plus difficile consiste à savoir si la conception du droit de la concurrence en tant que telle doit être changée pour les besoins des pays en développement. Un droit de la concurrence plus administratif et interventionniste sera plus adapté dans les pays en transition où, d'une part, les structures juridiques sont sous-développées, et d'autre part, la capacité des juridictions à recourir à l'expertise économique est limitée et où les programmes de privatisation hâtifs ont transformé les monopoles publics en monopoles privés[1114].

En principe, l'économie des pays en développement est caractérisée par le rôle primordial des petites et moyennes entreprises. De fait, les problèmes de position dominante ne se posent que très rarement et peuvent être résolus, le cas échéant, par des exceptions qui leur sont destinées, ce qui n'est pas inhabituel en droit de la concurrence. En outre, les critères matériels d'interdiction ou d'autorisation d'une fusion ne feront pas l'objet d'une harmonisation, les Etats garderont ainsi une grande flexibilité en matière de contrôle de concentration. Dans les autres branches du droit de la concurrence, mis à part le contrôle des concentrations, l'application du principe de traitement national ne semble pas non plus inconciliable avec la

[1112] Infant Industry Argument.
[1113] HEINEMANN Andreas, « La nécessité d'un droit mondial de la concurrence », *op.cit.* p. 316.
[1114] JENNY Frédéric, « L'environnement économique international et les autorités de concurrence », dans Rapport Public 2001 – Les autorités administratives indépendantes. *La Documentation Française*, Paris 2001, p. 451; WAKED Dina, "Antitrust in the Developing World: The Why and How of Adoption and its Implications for International Antitrust", *op.cit.*

situation spécifique des pays en développement. Concernant les ententes injustifiables, par exemple, on peut observer une tolérance plus grande envers les entreprises nationales. Il en va de même pour l'abus de position dominante. Quant aux ententes horizontales simples et aux restrictions verticales, il semble plus important de formuler des règles optimales pour le bien public que de faire une distinction entre des sociétés nationales et étrangères. Les particularités des grandes entreprises multinationales peuvent être prises en compte au moyen du critère objectif de la force sur un marché. Il est tout à fait légitime que l'autorisation d'accords restrictifs soit plus difficile pour les compagnies en position forte ou même dominante que pour les entreprises sans influence particulière[1115].

Ce n'est donc pas le droit de la concurrence en tant que tel qui cause un malaise auprès des pays en développement, mais plutôt l'application des principes fondamentaux de l'OMC à cette matière, en particulier l'application du principe de traitement national. Ainsi, certains pays en développement perçoivent le traitement national comme un danger. Selon ces pays, une discrimination des entreprises étrangères, en particulier des grandes entreprises multinationales, devrait être possible en faveur des entreprises nationales[1116]. Par exemple, une fusion entre entreprises nationales pour créer une nouvelle unité compétitive devrait toujours être admissible, alors qu'une fusion entre entreprises étrangères dans des circonstances comparables devrait être interdite[1117]. En outre, les ressources des pays en développement sont restreintes, et ceux-ci ne disposent pas toujours de structures administratives fortes. La mise en œuvre d'un système efficace de contrôle des pratiques anticoncurrentielles semble donc particulièrement difficile[1118].

La Déclaration ministérielle de Doha a particulièrement souligné le « soutien en faveur du renforcement progressif des institutions chargées de la concurrence dans les pays en développement » et a promis une flexibilité à

1115 HEINEMANN Andreas, « La nécessité d'un droit mondial de la concurrence », *op.cit.* p. 317 et 318.

1116 OMC, *Gouvernement de l'Inde, Communication de l'Inde au Groupe de travail de l'interaction du commerce et de la politique de la concurrence*, 26 septembre 2002, WT/WGTCP/W/216, paragraphes 10 et 11.

1117 SINGH Ajit, Competition and Competition Policy in Emerging Markets : International and Developmental Dimensions, *op.cit.*, p. 20.

1118 HEINEMANN Andreas, « La nécessité d'un droit mondial de la concurrence », *op.cit.* p. 318.

leur égard[1119]. Mais cela n'a pas empêché les pays en développement d'exclure la concurrence lors de la Conférence ministérielle de Cancun[1120]. Depuis l'échec de cette dernière, plusieurs Etats Membres de l'OMC, spécialement l'Inde, ont rejeté non seulement l'idée de règles multilatérales en matière de concurrence, mais également celle d'un accord plurilatéral[1121]. Pourtant, en 1980, les pays en développement s'étaient montrés favorables à doter d'une force juridique obligatoire l'ensemble des règles et principes convenus au niveau multilatéral en matière de contrôle des pratiques commerciales restrictives[1122]. Aujourd'hui, ils sont plutôt réticents à adopter des règles contraignantes et détaillées dans ce domaine. Pour les pays industrialisés, une évolution exactement inverse peut être observée[1123]. En outre, les pays en développement craignent que le droit de la concurrence puisse être utilisé pour démanteler leurs monopoles étatiques, et que le non respect de l'accord de l'OMC sur la concurrence puisse déclencher des sanctions dans d'autres domaines comme la rétorsion croisée, tandis que les pays occidentaux escomptent un meilleur accès aux marchés[1124]. En revanche, ces préoccupations peuvent être atténuées en soulignant que – en raison de la légitimité d'une politique industrielle, de la validité du principe de l'opportunité et de l'existence d'une grande flexibilité quant aux exceptions – l'application de sanctions dans ce domaine présupposera un comportement étatique particulièrement grave[1125].

[1119] Déclaration ministérielle de Doha du 14.11.2001 (WT/MIN(01)/DEC/1), paragraphe 25. Pourtant, les pays en développement ont pour objectif d'accepter une dilution du traitement spécial et différencié en échange du meilleur accès aux marchés et d'un renforcement des règles.

[1120] http://www.wto.org/french/thewto_f/minist_f/min03_f/min03_f.htm visité le 24 mars 2008. Les pays en développement ont pour objectif d'accepter une dilution du traitement spécial et différencié en échange d'un renforcement des règles et du meilleur accès aux marchés, en particulier, l'accès au marché américain des cotons africains.

[1121] OMC, Communication présentée conjointement par le Bangladesh (au nom du Groupe des PMA), le Botswana, la Chine, Cuba, l'Egypte, l'Inde, l'Indonésie, le Kenya, la Malaisie, le Nigéria, l'Ouganda, les Philippines, la Tanzanie, le Venezuela, la Zambie, et le Zimbabwe, WT/GC/W522, 12 décembre 2003, p. 2.

[1122] Le code de conduite des Nations Unies sur les pratiques commerciales restrictives est examiné en détail dans la première partie de notre étude.

[1123] Pour une analyse détaillée de ce sujet, voir CARREAU Dominique / JUILLARD Patrick, *Droit international économique*, *op.cit.*, p.29 à 32 ; FIDLER David, "Competition Law and International Relations", *op.cit.*, p. 581.

[1124] HEINEMANN Andreas, « La nécessité d'un droit mondial de la concurrence », *op.cit.* p. 317 et 318.

[1125] *Ibid.,* p. 319. ; CHAREYRE DE BEAUMONT Anne, *Droit de la concurrence et globalisation*, *op.cit.*, p.776.

Pourtant, les pays en développement pourraient tirer avantage de règles multilatérales sur la concurrence car elles permettent d'assurer la protection des consommateurs et des petites et moyennes entreprises contre les ententes illégales et contre les abus de positions dominantes, non seulement contre des entreprises étrangères, mais également contre des intérêts organisés dans leur propre pays. Sans une législation sur la concurrence, les pays en développement n'ont pas le pouvoir d'empêcher ou de réprimer ces ententes internationales[1126]. En outre, il convient de noter que les pays en développement, qui sont pourtant souvent victimes de pratiques anticoncurrentielles mises en œuvre sur leur territoire par des entreprises multinationales de pays développés, ne sont pourtant généralement pas liés par des accords de coopération avec ces pays et ne peuvent donc bénéficier de leur aide pour sanctionner les pratiques anticoncurrentielles dont ils sont victimes[1127]. Il ne semble donc pas exclu que les pays en développement parviennent à évoluer favorablement vers un accord dans le domaine de la concurrence puisqu'ils en ont aussi besoin. Cet avis est partagé par ceux qui – pour le reste – plaident en faveur d'une plus grande flexibilité de ces pays en cette matière[1128]. Selon la conception soutenue ci-dessus, les conditions découlant d'un futur accord de l'OMC sur la concurrence seront suffisamment souples pour répondre aux besoins spécifiques de ce groupe de pays. Il n'est donc pas utile d'abroger les principes fondamentaux de l'OMC, comme par exemple le principe du traitement national[1129].

§ 3 – Les entreprises multinationales

Bien que les entreprises multinationales[1130] – ou sociétés transnationales – ne soient pas des sujets de droit international au sens classique, elles sont aujourd'hui les principaux opérateurs du système des relations

---

[1126] CHAREYRE DE BEAUMONT Anne, *Droit de la concurrence et globalisation*, *op.cit.*, p.777.

[1127] JENNY Frédéric, « L'environnement économique international et les autorités de concurrence », *op.cit.*, p.457.

[1128] SINGH Ajit, Competition and Competition Policy in Emerging Markets : International and Developmental Dimensions, *op.cit.*, p. 8.

[1129] HEINEMANN Andreas, « La nécessité d'un droit mondial de la concurrence », *op.cit*,. p. 317 et 318.

[1130] L'entreprise multinationale est un groupement d'entreprises commerciales présentant une certaine permanence, placé sous la direction d'une mère située dans un Etat, et comprenant des sociétés filiales ou affiliées situées dans plusieurs autres Etats.

internationales économiques[1131]. A cet égard, il n'est pas inutile de rappeler qu'en 2001 sur les cent plus grandes entités économiques, 21 étaient des Etats, et 79 des sociétés transnationales[1132]. Autant dire que ces dernières réalisent l'essentiel des échanges économiques internationaux ; qu'elles sont les principaux opérateurs du commerce international ; qu'elles réalisent la quasi-totalité des investissements internationaux, et qu'elles sont à l'origine de l'essentiel des paiements internationaux. De ce fait, les entreprises multinationales demeurent au centre du système économique mondial. Elles tendent à organiser un système économique propre, autonome, selon leurs intérêts et menacent les Etats dans leur souveraineté absolue[1133].

Ce retournement complet de perspectives s'explique par le caractère véritablement complexe de la globalisation. Les années 60 marquent un changement radical tenant au fait que les facteurs de production ne sont plus immobilisés à l'intérieur des frontières. Non seulement les marchandises continuent à circuler d'un pays à l'autre, mais les unités de production et les capitaux financiers franchissent désormais les frontières. Ce mouvement de « déterritorialisation » transforme les grandes entreprises en entreprises multinationales. Ce sont les entreprises qui effectuent des investissements directs et qui mettent en place des réseaux de filiales à l'étranger qui, soit produisent pour le marché local, soit, lorsqu'elles se spécialisent étroitement, exportent leur production vers d'autres filiales du groupe. L'investissement à l'étranger s'accompagne d'exportations de capitaux à long terme du pays de la société mère vers le pays d'implantation et pousse également au développement des marchés financiers internationaux. En résumé, l'espace économique de l'entreprise ne se confond plus avec son territoire national d'origine[1134].

On se souvient de la dénonciation violente et systématique de la puissance et du comportement des « multinationales » vis-à-vis des pays du tiers monde. Ce discours a singulièrement perdu de son ampleur, il a même changé de

---

[1131] COURET Alain, « Les groupes multinationaux », dans *le Traité de doit du commerce international*, sous la direction de BEGUIN Jacques / MENJUCQ Michel, Litec Paris, 2005, p. 233.

[1132] World Investment Report, Transnational Corporations and Export Competitiveness, UNCTAD/WIR/2002, p. 90.

[1133] CARREAU Dominique / JUILLARD Patrick, *Droit international économique*, *op.cit.*, p. 38.

[1134] MICHALET Charles-Albert, « Souveraineté nationale et mondialisation », dans *Mondialisation et gouvernance mondiale,* Ed. LAROCHE Josépha, Institut de Relations Internationales et Stratégiques, Presses Universitaires de France, 2003, p. 35.

sens. C'est à l'égard des pays développés que leur comportement est critiqué : elles « *délocalisent* »![1135] De nos jours, à l'occasion de leurs restructurations récurrentes, toutes les entreprises multinationales conduisent des stratégies visant à atténuer les contraintes découlant des territoires nationaux où elles sont implantées. La multinationalisation de l'entreprise vise, entre autres objectifs, à atténuer les contraintes subies dans son pays d'origine en procédant à un investissement direct à l'étranger, à un endroit où celles-ci sont moins prégnantes[1136]. Ainsi, il n'est nullement excessif de parler de concurrence des droits. C'est exactement la perspective qu'adoptent les grands groupes lorsqu'ils considèrent les législations étatiques[1137].

Dans cette perspective, une opération de *délocalisation* d'activités économiques devrait entraîner des bénéfices certains pour les pays hôtes[1138] : apport en capital ou en nature, apport de biens corporels ou incorporels qui, à terme, devrait avoir des « retombées » positives pour l'économie considérée. Pourtant, une perturbation peut-être ressentie par l'Etat de territorialité. Les pays importateurs d'investissements, pressés par la nécessité, accorderaient aux entreprises multinationales des incitations disproportionnées, provoquant ainsi une insignifiance de leur apport, voire leur inexistence. D'autre part, ces pays pourraient assister au pillage de leurs ressources naturelles par les multinationales auxquelles un droit international de caractère traditionnel, et tout entier préoccupé par leur protection, accorderait des armes supplémentaires. Et surtout, la délocalisation des activités industrielles s'opère tant au bénéfice qu'au préjudice des Etats, et ce, pour au moins deux raisons : d'une part, elle est susceptible d'entrainer la destruction d'emplois industriels, et par suite, de contribuer à la dégradation des marchés de l'emploi, marché dont la situation n'est pas prospère dans les pays développés ; d'autre part, si elle peut engendrer les courants d'exportation, elle peut également engendrer des courants de réimportation, qui, à terme, pèseront, eux aussi, sur les paiements extérieurs. Cette mobilité accrue des activités économiques en fonction des coûts de production comparés se

---

[1135] FARJAT Gérard, « Les pouvoirs privés économiques », dans *Souveraineté étatique et marché internationaux à la fin du 20e siècle.* À propos de 30 ans de recherche du CREDIMI, Mélanges en l'honneur de Philippe KAHN , Litec, 2000, p. 616.

[1136] ANDREFF Wladimir, « La restructuration stratégique des firmes multinationales et l'Etat « mondialisateur » », dans *Mondialisation et gouvernance mondiale,* Ed. LAROCHE Josepha Institut de Relations Internationales et Stratégiques, Presses Universitaires de France, 2003, p. 45 et 46.

[1137] FARJAT Gérard, « Les pouvoirs privés économiques », *op.cit.*, p. 645.

[1138] L'Etat sur le territoire duquel l'entreprise multinationale procédera un investissement.

trouve à l'évidence au cœur même des préoccupations des entreprises multinationales dans leur logique de maximisation du profit. Elle place incontestablement les Etats et leurs systèmes administratifs, juridiques et politiques dans une situation de *concurrence* à laquelle ils ne sont guère habitués : l'Etat, à son corps défendant, est ainsi devenu une composante du marché international. De ce fait, les effets négatifs des entreprises multinationales n'épargneraient pas non plus l'Etat de nationalité de l'entreprise[1139].

A l'heure actuelle, les dispositions commerciales sont favorables aux intérêts des entreprises multinationales. Elles visent essentiellement les barrières à l'accès aux marchés nationaux et à la promotion des politiques de concurrence non-discriminatoires pour les entreprises étrangères. En revanche, il est plus difficile d'imaginer la manière dont les Etats, plus particulièrement les pays en développement, imposeront des règles de concurrence à des acteurs aussi puissants que les entreprises multinationales. Celles-ci bénéficient ainsi du vide institutionnel qui existe en droit de la concurrence internationale. Par ailleurs, les entreprises multinationales sont également les principales demandeuses de nouveaux cadres normatifs. Si elles exploitent la fragmentation de l'environnement juridique international, elles demandent également que les cadres juridiques nationaux soient harmonisés. Que ce soit dans les tentatives d'intégrer la concurrence dans les accords commerciaux ou dans les nouvelles orientations de la coopération internationale en matière antitrust, les demandes des entreprises multinationales sont au premier plan. Il s'agit de lever les contraintes au déploiement de leurs réseaux transnationaux qui perdurent sur les marchés nationaux. Il s'agit également de favoriser l'harmonisation des cadres réglementaires afin de réduire les incertitudes et les lourdeurs administratives liées à l'existence de multiples cadres réglementaires à l'échelle mondiale. L'une des demandes les plus pressantes est de trouver une solution aux problèmes de « sur-régulation » des fusions-acquisitions. Actuellement, l'examen de ces opérations requiert quelquefois des entreprises de se soumettre à plus de 50 examens nationaux dont les procédures et les objectifs diffèrent de manière considérable[1140].

[1139] CARREAU Dominique / JUILLARD Patrick, *Droit international économique*, *op.cit.*, p. 38 et 39.

[1140] RIOUX Michèle, « Culture de concurrence : Les limites de l'antitrust international face à la concurrence globalisée », *op.cit.*, p. 11 et 12.

Ainsi, les entreprises tendent à favoriser la coopération et l'harmonisation étendues dans le domaine des fusions, afin d'obtenir une convergence procédurale, une sécurité juridique améliorée et des coûts de transaction diminués. Un droit de la concurrence national (ou régional) n'a pour finalité que la préservation de la concurrence sur son territoire. Dans son évaluation, l'autorité de contrôle ne doit prendre en compte que les effets de l'opération sur le marché national. Le test permettant de décider si l'opération peut être, ou non, acceptée est toujours examiné par rapport à ce marché. Ce principe, de prime abord logique, soulève dans le cas des mégafusions un problème technique et un problème politique. Une première difficulté technique tient au fait que de plus en plus souvent les marchés deviennent mondiaux. Tel est le cas, par exemple, dans le domaine aéronautique, ou encore dans les secteurs liés aux nouvelles technologies. Si l'on admet que le marché géographique est mondial, l'autorité de concurrence aura beaucoup plus de difficulté à identifier les problèmes de concurrence et à établir notamment le pouvoir de marché ou la domination de la nouvelle entité. Il y a, par conséquent, une contradiction entre une concurrence qui s'exerce à un niveau mondial et une règle qui ne permet d'appréhender que les effets sur un marché national. Une deuxième difficulté est de nature plus politique. En effet, l'autorité de contrôle peut être tentée de favoriser les concentrations qui permettent la constitution d'un champion national[1141]. Le fait qu'on lui demande d'apprécier l'opération sur son marché peut la conduire à délaisser les effets anticoncurrentiels sur les marchés étrangers. Le risque est accru lorsque le texte de référence ajoute que, dans l'appréciation de la concentration, l'autorité de contrôle doit prendre en compte la compétitivité internationale de l'entreprise. À défaut de vouloir ou de pouvoir clairement défendre la thèse d'un champion national, l'autorité de contrôle peut parfaitement bloquer une opération dont elle pense qu'elle pourrait nuire à son champion national[1142]. L'internationalisation de l'économie, qui amène aujourd'hui un changement de perspectives pour apprécier le champ géographique réel d'une situation dominante sur un marché national, voire sur le marché européen, peut être nécessaire pour permettre la survie d'une entreprise en forte situation concurrentielle internationale, si ses concurrents peuvent bénéficier de « chasses gardées » dans leur pays d'origine[1143].

[1141] FARJAT Gérard, « Les pouvoirs privés économiques », *op.cit.*, p. 641.

[1142] IDOT Laurence, « Mondialisation, liberté et régulation de la concurrence : Les contrôle des concentrations », *op.cit.*, p. 180.

[1143] PRAGER Jean-Claude, *La politique économique aujourd'hui*, Ellipses, Paris 2002, p. 49.

Par ailleurs, les débats d'après-guerre s'inscrivaient dans un paradigme caractérisé par la recherche d'un contrôle des pratiques restrictives des entreprises multinationales et d'une prise en compte des besoins des pays en développement. Le paradigme a changé et, en matière de concurrence, on tend plutôt à promouvoir une culture de la concurrence à travers l'émergence de disciplines commerciales et la convergence des politiques de concurrence. La nouvelle culture de la concurrence favorise l'économie de marché bien plus que la concurrence[1144]. Par ailleurs, cette conception ne serait pas capable d'offrir un cadre susceptible de résoudre efficacement les problèmes liés à l'application extraterritoriale des législations nationales de la concurrence et les conflits entre autorités nationales, dans la mesure où elle se contente de recourir à une application unilatérale par les autorités nationales de leur propre législation. Les principes fondamentaux de l'OMC (non-discrimination et transparence) ne suffisent pas à eux seuls à réaliser cet objectif[1145]. Il est difficile d'assurer une relative efficacité du droit international de la concurrence en l'absence de toute norme de concurrence applicable au fond et d'un mécanisme de règlement des litiges.

§ 4 – Les marchés non uniformes

La définition du marché considéré d'un produit dans le droit et la politique de la concurrence a une importance primordiale[1146]. Celui-ci est défini par le processus de détermination de la gamme de produits de substitution voisins du produit fourni par les entreprises dont le comportement fait l'objet d'une enquête. Comme l'a dit la Cour suprême des Etats-Unis, « le marché est composé de produits qui ont des possibilités raisonnables de substitution aux fins pour lesquelles ils sont fabriqués : le prix, l'utilisation et les qualités considérés »[1147]. Ainsi, il est difficile d'évaluer les effets d'une pratique restrictive de concurrence sur les marchés de différents Etats. Autrement dit, les faits à évaluer ne sont pas les mêmes sur les différents marchés pertinents car une législation, même uniforme, produira inévitablement des résultats différents. Ainsi, l'harmonisation internationale n'est pas apte, dans le

---

[1144] RIOUX Michèle, « Culture de concurrence : Les limites de l'antitrust international face à la concurrence globalisée », *op.cit.*, p. 12.

[1145] ABDELGAWAD Waled, « Jalons de l'internationalisation du droit de la concurrence : vers l'éclosion d'un ordre juridique mondial de la *lex economica* », *op.cit.*, p. 179.

[1146] *Supra,* « Définir les frontières du marché raisonnablement ».

[1147] *Standard Oil Co. of California and Standard Stations Inc.* v. *United States*, 337 U.S. 293, 299 S.Ct. 1051, 93 L.Ed. 1371, (1949).

domaine du droit de la concurrence à produire des résultats uniformes[1148]. Si deux entreprises fusionnent, leurs parts de marché dans l'Etat où s'est réalisée la fusion peuvent être insignifiantes et ne soulever aucune objection, mais être importantes dans un autre Etat et nécessiter un examen approfondi[1149].

Les règles du droit de la concurrence harmonisées ne produiront de résultats homogènes, non-contradictoires, que si les marchés qu'ils régissent sont uniformes sur plusieurs plans comme la structure du marché, les conditions d'entrée et de sortie, la règlementation locale etc. L'harmonisation du droit de la concurrence ne produira jamais plus d'harmonie que la divergence des cadres ne le lui permet[1150]. Par conséquent, l'harmonisation générale du droit international de la concurrence laisse peu d'espoir à une solution optimale en ce qui concerne la réglementation du marché mondial. De ce constat, le fait que les législations sur la concurrence ont un contenu différent n'est pas le problème principal du droit international de concurrence[1151]. Les difficultés trouvent également leur origine dans l'absence de coopération efficace dans le domaine. A notre avis, une harmonisation internationale limitée à ce qui est nécessaire pour permettre une coopération internationale sera suffisant pour atteindre une efficacité optimale dans le marché mondial. Les accords commerciaux régionaux peuvent constituer un bon exemple sur ce sujet[1152]. Ces accords, souvent mais pas toujours, comprennent non seulement des règles de procédure concernant la coopération, mais également des règles de fond, qui prévoient une certaine harmonisation, bien que cet aspect soit beaucoup moins prononcé, voire inexistant, dans les accords de libre-échange[1153]. Cette convergence est une convergence « douce » et lente mais

---

[1148] WOOD Diane P., "International Standards for Competition Law: An Idea Whose Time Has Not Come", *op.cit.,* p. 34.

[1149] MERKT Benoît, *Harmonisation internationale et entraide administrative internationale en droit de la concurrence, op.cit.,* p. 177.

[1150] ULLRICH, Hanns, "International Harmonisation of Competition Law : Making Diversity a Workable Concept", Comparative competition law : approaching an international system of antitrust law : proceedings of the workshop, Bruges, College of Europe, July 3-5, 1997, organized in cooperation with FIKENTSCHER Wolfgang and IMMENGA Ulrich / ed. ULLRICH Hanns, Baden : Nomos, 1998, p. 55.

[1151] MERKT Benoît, *Harmonisation internationale et entraide administrative internationale en droit de la concurrence*, *op.cit.,* p. 178.

[1152] *Supra.* « Les approches régionales, plurilatérales et multilatérales ».

[1153] CNUCED, *L'expérience acquise dans le domaine de la coopération internationale concernant la politique de concurrence et les mécanismes utilisés, op.cit.*, p. 9.

elle est incontestablement de nature à faciliter la coopération internationale à terme[1154].

§ 5 – La résistance nationale

Le droit et la politique de concurrence peuvent représenter un intérêt national car ils sous-tendent des notions d'image et d'identité nationales. Dans cette perspective, le droit de la concurrence peut répondre à plusieurs objectifs qui ont souvent un caractère nationaliste dans la mesure où il s'agit bien de défendre le marché national contre toute atteinte, quelle que soit son origine. Par exemple, aux Etats-Unis, ces objectifs peuvent être la protection du commerce intérieur et extérieur, la protection du consommateur ainsi que le développement des possibilités d'exportation des entreprises américaines[1155]. En matière de concurrence, les dispositions prévoyant des exemptions dans la réglementation britannique rappellent le pragmatisme du caractère national britannique. De même, l'Allemagne associe étroitement son droit de la concurrence à son identité nationale. La présence « de clause allemande » dans l'art. 2 du Règlement communautaire no. 4064/89 concernant les concentrations souligne cet exemple[1156]. De la même façon, l'Union européenne s'est rendue compte de l'importance du droit de la concurrence lors de la construction du marché commun européen. Toutefois, l'absence de loi de concurrence dans la plupart des Etats dans le monde montre également des intérêts nationaux bien définis[1157]. De la même manière, certains Etats ont tendance à sauvegarder leurs monopoles étatiques. Par conséquent, il est logique qu'ils soient réticents à la conclusion d'un accord international qui aura une influence sur ces points sensibles. Les politiques de concurrence, comme les politiques commerciales, auxquelles elles sont liées, concernent traditionnellement des situations limitées à l'espace national. Or, les entreprises opèrent aujourd'hui sur des marchés mondiaux, dépassant donc le cadre des Etats. Par conséquent, on se trouve, à présent, devant une situation qui ne favorise pas nécessairement les comportements coopératifs. La plupart des pays sont convaincus de l'intérêt pour tous d'instaurer une politique de la concurrence efficace et d'ouvrir les marchés intérieurs, mais cette rationalité collective entre en contradiction

---

[1154] JENNY Frédéric, « L'environnement économique international et les autorités de concurrence », *op.cit.*, p. 454.

[1155] FRIEDEL - SOUCHU Evelyne, *Extraterritorialité du droit de la concurrence aux Etats-Unis et dans la Communauté Européenne*, *op.cit.*, p. 3.

[1156] L'article prévoit un processus spécial en matière de concentrations affectant la concurrence sur les marchés nationaux « distincts ».

[1157] FIDLER David, "Competition Law and International Relations", *op.cit.*, p. 568.

avec leur rationalité individuelle ; étant donné le comportement des autres pays, ils peuvent avoir intérêt à limiter la politique de la concurrence en fermant leur marché national et en tentant de favoriser la naissance de champions nationaux[1158].

D'un autre côté, certains auteurs invoquent l'incertitude des coûts et des bénéfices d'un accord de droit international dans le domaine de la concurrence, celui-ci pouvant provoquer de fortes résistances nationales[1159]. De ce fait, les groupes d'intérêt, qui jouent un rôle primordial en analysant la probabilité et le contenu d'un accord du commerce international, ne reçoivent pas une information exacte, pouvant être traduite en politique d'Etat. Ainsi, aucun groupe d'intérêt puissant ne semble inciter à la conclusion d'un accord en droit international de la concurrence. En effet, lors des négociations au sein de l'OMC, peu d'entreprises, d'organismes, d'industries, ou de groupes de consommateurs avaient activement supporté l'accord. En particulier, les organismes de consommateurs, représentant différents intérêts, ont été inactifs dans leurs tentatives de pousser en faveur d'une coopération internationale accrue dans le domaine du droit international de la concurrence. Au surplus, quand les gouvernements sont incertains de la valeur et de l'impact distributionnel d'un accord, leur volonté d'échanger des engagements et des concessions réciproques est bloquée[1160]. En revanche, il existe des exemples qui mette en évidence le coût pour la collectivité de l'absence de coopération en matière de droit de la concurrence au fur et mesure que se développe l'économie des marchés nationaux. Il n'est pas inutile de rappeler, à cet égard, l'expérience exemplaire des Etats-Unis et du Canada, dont les très ambitieux programmes de coopération adoptés en 1990, permettent, notamment, la mise en œuvre coordonnée des pouvoirs d'enquête des autorités des deux pays. Alors que, pendant de nombreuses années, au Canada, de fortes tensions nationalistes ont empêché toute coopération en matière de concurrence avec les autorités des Etats-Unis, le développement de l'économie de marché au Canada et l'interpénétration croissante des marchés nord-américains ont finalement

---

[1158] PRAGER Jean-Claude / François VILLEROY de GALHAU, *18 leçons sur la politique économique : À la recherche de la régulation*, *op.cit.*, p. 86.
[1159] BRADFORD (PIILOLA) Anu, "International Antitrust Negotiations and the False Hope of the WTO", *op.cit.*, p. 426.
[1160] *Ibid.*, p. 425.

convaincu les autorités canadiennes de l'intérêt d'une coopération effective[1161].

Sous-section II – L'absence de consensus sur les questions substantielles

La montée en puissance des entreprises multinationales et le déploiement de réseaux corporatifs transnationaux ont révélé l'inefficacité des régulations nationales et les insuffisances des institutions internationales face aux nouveaux enjeux que posent les processus d'intégration en profondeur liés à la globalisation[1162]. Au lieu d'ajuster les politiques nationales et l'ordre économique international à un environnement économique globalisé, et par le fait même difficilement maîtrisable, les Etats ont adopté le Consensus de Washington, ou pour dire mieux, des politiques économiques néolibérales. L'abandon des politiques interventionnistes, la remise en cause du système de *Bretton Woods*, les accords de libéralisation commerciale, façonnent graduellement un nouvel ordre économique dont les Etats-Unis sont les principaux architectes. Après avoir amorcé le mouvement de déréglementation et de libéralisation, les Etats-Unis ont fait avancer leur vision de l'économie mondiale - une économie mondiale *libérée de toute contrainte.* L'application du *Trade and Competitiveness Act* et la signature d'accords commerciaux sont autant d'occasions de préciser les fondements d'une gouvernance de l'économie mondiale qui privilégie le principe de concurrence et soutient la globalisation économique. L'enjeu est surtout lié à l'approfondissement des réformes économiques pour créer l'environnement institutionnel nécessaire au bon fonctionnement des marchés et à une véritable libéralisation économique. La nouvelle culture de concurrence s'inscrit dans cette logique[1163] et est considérée comme une menace contre la souveraineté nationale. En outre, une divergence existe en raison de

---

[1161] JENNY Frédéric, « L'environnement économique international et les autorités de concurrence », *op.cit.*, p. 454 et 455.

[1162] L'intégration en profondeur se distingue par le rôle que jouent les entreprises multinationales dans les processus intégratifs par rapport à une intégration en surface essentiellement fondée sur les échanges commerciaux entre entreprises nationales. L'intégration en profondeur comporte un volet institutionnel important ; à ce sujet, voir DEBLOCK Christian, BRUNELLE Dorval et RIOUX Michèle, « La Zone de libre-échange des Amériques et la reconfiguration des relations économiques continentales dans une perspective d'intégration en profondeur », dans H. Régnault (dir), *Régionalisme et intégration des petites économies,* Economica, Paris, 2003, p. 313 a 325.

[1163] RIOUX Michèle, « Culture de concurrence : Les limites de l'antitrust international face à la concurrence globalisée », *Cahiers de recherche-CEIM (04-04)*, Groupe de recherche sur l'intégration continentale (GRIC), Université du Québec à Montréal, septembre 2004, p. 5 et 6.

l'absence de consensus au sujet du modèle de règles de concurrence appropriées.

§ 1 – L'absence de consensus au sujet des règles de concurrence les plus appropriées

Un accord international en droit de la concurrence est difficile à réaliser non seulement parce qu'il existe des intérêts divergents mais également en raison de l'absence de consensus au sujet du modèle de règles de concurrence. Il est difficile de trouver un accord sur l'objectif poursuivi par des règles de concurrence même au niveau national. Cette situation n'est qu'une simple conséquence des grandes différences philosophiques existant entre les systèmes économiques. Par exemple, en droit américain, la concurrence est une fin en soi ; toute autre considération en dehors de la concurrence est rejetée. Pourtant, le système communautaire profite de la concurrence comme un outil pour réaliser les objectifs fixés par l'article 2 TCE. Les débats intérieurs se sont élevés sur la fonction même du droit de la concurrence. Même si les Etats ont conclu des accords bilatéraux pour résoudre les problèmes relevant du droit international de la concurrence, il est difficile d'admettre un consensus sur le rôle du droit de la concurrence au sein de la société internationale[1164]. Ceci est valable même si l'Union européenne a établi un droit de la concurrence qui a beaucoup de similitudes avec l'antitrust américain. En général, les réformes structurelles aux Etats-Unis et dans l'Union européenne vont dans la même direction, mais il n'y a pas de doute que les divergences subsistent. Ceci est principalement dû à une approche différente quant au rôle du marché, qui trouve ses racines dans une perception différente du rôle social et culturel de l'économie en Europe[1165]. Cette divergence trouve son expression dans plusieurs points essentiels du droit de la concurrence.

Dans le domaine des ententes horizontales, il y a plus de convergence que de diversité. Cette dernière existe surtout sur les méthodes appliquées par les autorités nationales de concurrence. Par exemple, les Etats-Unis et la Communauté européenne ont une approche différente pour déterminer

[1164] FIDLER David, "Competition Law and International Relations", *op.cit.*, p. 585.

[1165] SMITHERMAN Charles W., The Future of Global Competition Governance : Lessons From the Transatlantic, *op.cit.*,p.822 à 824 ; VON MEIBOM Wolfgang / GEIGER Andreas, « A *World Competition* Law as *Ultima Ratio* », *E.C.L.R.* No.9, 2002, p.447 ; KESKIN Cenk, *Les aspects communs et différents de droit de la concurrence américain et européen*, *op.cit.*, p. 115.

l'atteinte à la concurrence[1166]. Le droit américain considère très peu d'accords comme illicites *per se* en raison de leurs effets sur la concurrence sans se livrer à un examen approfondi. Dans sa forme la plus pure, le droit américain exige un examen détaillé afin de concrétiser les effets concurrentiels de l'entente[1167]. En revanche, l'autorisation accordée en droit européen n'est pas simplement le fruit d'un examen approfondi effectué sur les effets de l'entente dans la concurrence mais aussi les avantages socio-économiques créés par celle-ci.

L'exemple devient plus significatif lorsqu'on étudie les ententes verticales. Ces dernières sont *per se* illégales dans le droit de la concurrence européen tandis qu'elles sont soumises à la règle de raison aux Etats-Unis[1168]. En Amérique, depuis l'arrêt *Sylvania,* une analyse détaillée des effets réels de ce type d'accord a été peu à peu étendue à l'ensemble des restrictions verticales ne se rapportant pas aux prix[1169]. L'évolution dans la Communauté européenne a été plus compliquée à cause du souci d'intégration dans le marché unique[1170]. La prohibition communautaire des accords verticaux, ayant pour objectif ou pour effet d'isoler les marchés nationaux, est la pierre angulaire qui distingue le droit communautaire du droit américain[1171]. Il est possible que la sévérité de la Commission envers la concurrence *intra-brand* et l'objectif d'intégration du marché sacrifient les gains de productivité tirés de la distribution et portent atteinte à la concurrence *inter-brand*. La balance d'intérêt entre les gains de productivité verticale et la concurrence inter-brand d'une part et l'objectif de l'intégration du marché et les préoccupations distributives d'autre part, est considérée comme l'un des problèmes les plus controversés du droit de la concurrence européenne[1172]. En effet, l'appréciation des effets favorables ou défavorables des restrictions verticales n'est pas une tâche aisée, puisque chaque droit national leur a préservé un traitement personnalisé, à telle enseigne que la même pratique

---

1166 HAWK Barry. E. "La révolution antitrust américaine : une leçon pour la Communauté?", *RTDE* no.1, 1989, p. 5.

1167 *Chicago Board of Trade c. U.S.*, 246 U.S. 231, 238 (1918).

1168 MERKT Benoît, *Harmonisation internationale et entraide administrative internationale en droit de la concurrence*, *op.cit.*, p. 172.

1169 *Continental TV Inc. V GTE Sylvania Inc.* 433 US 36 (1977).

1170 SMITHERMAN Charles W., The Future of Global Competition Governance : Lessons From the Transatlantic, *op.cit.*, 2004, p. 823.

1171 HAWK Barry, "La révolution antitrust américaine : une leçon pour la Communauté?", *op.cit.*, p. 30.

1172 TERHORST George, "The reformation of the EC Competition Policy on Vertical Restraints", *Northwestern Journal of International Law & Business*, Vol.21, 2000, p. 352.

peut être tantôt tolérée tantôt interdite d'un pays à un autre, voire même au sein du même ordre juridique à des époques différentes, selon les critères d'évaluation mis en avant par les autorités ou juridictions compétentes[1173]. De même, l'abus de position dominante, ou la « monopolisation » se prête habituellement à des appréciations différenciées et son évaluation suppose une analyse détaillée et complexe. Un consensus sur l'harmonisation des normes de la concurrence dans ce domaine est encore difficile à réaliser. En dépit de quelques rapprochements entre les droits nationaux, des différences non négligeables sont présentes au niveau des règles matérielles applicables[1174].

En outre, malgré l'existence d'un concept général commun en matière de traitement des fusions et des acquisitions, des différences considérables s'opposent aussi[1175]. Les législations nationales peuvent avoir également une approche différente de la dangerosité d'une concentration. Le contrôle d'une concentration a parfois été considéré comme une activité inhabituelle parce qu'il implique un jugement *ex ante* sur le futur. Par nature, ce contrôle donne nécessairement lieu à plus de controverses que la poursuite d'un cartel international. Des méthodes uniformes ne sont pas toujours suivies et, en tout état de cause, confrontées à la même opération, les autorités de contrôle peuvent aboutir à des résultats variables. Ce sont bien évidemment les divergences dans les méthodes d'appréciation qui sont la principale source d'inquiétude[1176]. Le cas de GE/Honeywell explique la polémique concernant le critère approprié pour bloquer une fusion globale[1177].

Toujours du fait de traditions et de cultures juridiques différentes entre les Etats, on trouve des divergences qui trouvent leur expression dans plusieurs règles de droit. Par exemple, il est presque impossible d'obtenir l'accord du Congrès Américain sans prévoir de sanctions de caractère pénal dans un

---

1173 ABDELGAWAD Waled, « Jalons de l'internationalisation du droit de la concurrence : vers l'éclosion d'un ordre juridique mondial de la *lex economica* », *op.cit.,* p. 188.
1174 *OCDE*, Interim Report on Convergence of Competition Policies, *op.cit.*, p. 342.
1175 VOGEL Louis, *Droit de la concurrence et concentration économique*, Economica no.364, 1988, p. 350 et ss ; SMITHERMAN Charles W., The Future of Global Competition Governance : Lessons From the Transatlantic, *op.cit.*, 2004, p. 829.
1176 IDOT Laurence, « Mondialisation, liberté et régulation de la concurrence : Les contrôle des concentrations », *op.cit.*, p. 180.
1177 VON MEIBOM Wolfgang / GEIGER Andreas, "A *World Competition* Law as *Ultima Ratio*", *op.cit.*, p. 447; SMITHERMAN Charles W., The Future of Global Competition Governance : Lessons From the Transatlantic, *op.cit.*, 2004, p. 826.

accord international de concurrence[1178]. Par ailleurs, selon le point de vue américain, les autres Etats devraient permettre aux parties privées de présenter un recours dans le domaine de le concurrence devant les tribunaux puisqu'aux Etats-Unis les actions privées en matière de politique de concurrence sont très importantes et constituent la plupart des affaires d'antitrust. D'un autre côté, l'absence de consensus trouve également son expression dans la diversité et le foisonnement des propositions de projets de codification internationale[1179]. En effet, il devient de plus en plus difficile de faire le point dans un projet de codification sur un modèle économique qui cherche à décrire comment et sur quelles bases les intérêts nationaux des Etats agissent. Par ailleurs, on observe une évolution convergente des droits de la concurrence à travers le monde. Le modèle européen est, d'ailleurs, en passe de devenir le modèle dominant de droit de la concurrence notamment parce que le système de notification d'accords éventuellement anticoncurrentiels, la possibilité pour l'administration de conférer des exemptions par catégories, d'imposer des injonctions, ou d'infliger des sanctions pécuniaires semble particulièrement adapté pour les pays en transition où les juridictions ordinaires n'ont ni les moyens ni l'expertise nécessaire pour mettre en œuvre un droit de la concurrence[1180]. Cette domination du modèle européen constitue une autre inquiétude des Etats-Unis[1181].

§ 2 – Le refus d'attribuer des compétences étatiques à une organisation internationale

La question de la souveraineté et les débats qu'elle engendre ont toujours été au cœur du droit international public[1182]. La première formulation théorique explicite de la souveraineté comme critère essentiel de l'Etat est attribuée à Jean BODIN. Son approche est incontestablement liée à la situation de l'époque et elle résulte d'une observation effective des faits politiques

---

1178 *Ibid.,*p. 446.

1179 Voir *supra* les initiatives proposant un véritable ordre concurrentiel mondial ; MERKT Benoît, *Harmonisation internationale et entraide administrative internationale en droit de la concurrence*, *op.cit.,* p. 174.

1180 JENNY Frédéric, « L'environnement économique international et les autorités de concurrence », *op.cit.*, p. 454.

1181 BRADFORD (PIILOLA) Anu, "International Antitrust Negotiations and the False Hope of the WTO", *op.cit.,* p. 408.

1182 JENNINGS Robert, "Sovereignty and International Law", sous la direction de KREIJEN Gerald (Ed.), *State, Sovereignty, and International Governance*, New York University Press, New York 2002, p. 27.

d'alors[1183]. Parmi les différents types de sujets, existants ou virtuels, du droit international, l'Etat occupe encore et toujours une place privilégiée car lui seul possède la souveraineté[1184]. Traditionnellement, quatre grandes particularités s'attachent à la souveraineté. Premièrement, un Etat est souverain car il détient l'autorité politique suprême et le monopole de l'exercice légitime de la force sur son territoire. Deuxièmement, c'est l'Etat qui a le pouvoir de réglementer la circulation à travers ses frontières. Troisièmement, c'est lui qui définit librement ses choix de politiques étrangères. Enfin, il est reconnu par les autres comme une entité indépendante ayant le droit de n'être soumise à aucune ingérence extérieure. Ces attributs de la souveraineté n'ont jamais été absolus mais, ensemble, ils constituaient le socle prévisible de l'ordre mondial. Aujourd'hui, il est significatif que chacun de ces attributs – autorité interne, contrôle des frontières, autonomie en matière de politique et non-ingérence, soit remis en cause comme jamais jusqu'ici[1185]. Nos institutions, nées de l'après-guerre, ont été conçues dans un contexte international particulier, qui s'est aujourd'hui mondialisé[1186]. Dans le champ du discours économique, les concepts de mondialisation et de souveraineté nationale apparaissent comme deux catégories incompatibles. Plus précisément, la sauvegarde de la souveraineté nationale d'un pays et la dynamique de la mondialisation sont posées en termes conflictuels[1187]. Certains observateurs invoquent même qu'aujourd'hui, les Etats les plus puissants ne devraient plus être considérés comme des autorités suprêmes et souveraines[1188]. Les frontières nationales n'ont plus de raison d'être, si ce n'est pour contenir les mouvements migratoires du Sud vers le Nord. Dans le champ de l'économie, les Etats ont

---

[1183] CARREAU Dominique, *Droit international*, *op.cit.*, p. 34.

[1184] DUPUY Pierre-Marie, *Droit International Public*, 8e Ed.Dalloz, Paris, 2006, p. 31 ; DINH Nguyen Quoc / DAILLER Patrick / PELLET Alain, *Droit international public*, *op.cit.*, p. 407.

[1185] HAAS N. Richard, "Sovereignty : Existing Rights, Evolving Responsibilities", discours prononcé à la School of Foregin Service et au Centre Mortara d'Etudes internationales de l'Université Georgetown, 14 janvier 2003, p.2 ; JACKSON John H., *"Sovereignty - Modern: A New Approach to an Outdated Concept",* Am. J. Int'l L. Vol.97, 2003, p. 782.

[1186] BRUS Marcel, "Bridging the Gap between Sovereignty and International Governance: The Authority of Law" sous la direction de KREIJEN Gerald (Ed.), *State, Sovereignty, and International Governance*, New York University Press, New York 2002, p. 19 ; HARDT Michael / NEGRI Antonio, Empire, Harvard University Press, Cambridge 2000, p. 137.

[1187] MICHALET Charles-Albert, « Souveraineté nationale et mondialisation », *op.cit.*, p. 29.

[1188] HARDT Michael / NEGRI Antonio, *Empire*, Harvard University Press, Cambridge 2000, préambule ; FARJAT Gérard, « Les pouvoirs privés économiques », dans *Souveraineté étatique et marché internationaux à la fin du 20e siècle.* À propos de 30 ans de recherche du CREDIMI, Mélanges en l'honneur de Philippe KAHN, Litec, 2000, p. 641.

cédé leur souveraineté à quelques grands groupes industriels et financiers qui « font » les marchés[1189]. Ces observations ont tendance à simplifier des rapports complexes, elles nous permettent de comprendre certains aspects de la mondialisation.

La mobilité des activités productives qui peuvent être délocalisées d'un territoire à un autre, en fonction de la stratégie des multinationales, et les mouvements de capitaux financiers qui se déplacent à la vitesse de la lumière d'une place financière à une autre sont des caractéristiques de cette ère[1190]. Cette « révolution » emporte plusieurs conséquences. En premier lieu, les « champions nationaux » deviennent multinationaux. En second lieu, l'autorité des gouvernements et des administrations locales sur ces entreprises – plus largement sur l'activité économique – s'affaiblit, et l'idée d'une planification nationale, même indicative, devient alors sans fondement. En troisième lieu, une partie croissante des échanges commerciaux internationaux change de nature avec la multiplication des flux financiers et des échanges transfrontaliers. Or, les Etats Nations ne parvenant plus à contrôler leurs économies ont choisi de s'adapter. Il était vital, à leurs yeux, que le processus d'unification du droit reste en grande partie sous leur contrôle et leur direction. En l'absence de tout Etat mondial, le contrôle des Etats sur l'uniformisation du droit a du passer par une coopération internationale. Les Etats ont ainsi su conserver un certain contrôle sinon sur la production, du moins sur la reconnaissance des normes juridiques applicables au commerce international. On constate en pratique que le droit transnational, issu directement de la globalisation de l'économie, recouvre en partie le droit international, issu des Etats, et un droit national, fruit de leur incapacité à appréhender toutes les réalités et les spécificités du commerce international[1191].

Il est certain que quelques-uns des exemples les plus complexes et contestables des principes de répartition des pouvoirs sont fournis par la mondialisation et les problèmes qui l'accompagnent et qui obligent à créer des institutions multilatérales capables d'y faire face ou de s'adapter à celles qui sont en place. Naturellement, les obligations conventionnelles de ces institutions empiètent largement sur des domaines relevant des politiques

---

[1189] MICHALET Charles-Albert, « Souveraineté nationale et mondialisation », *op.cit.*, p. 39.
[1190] *Ibid.*, p. 30.
[1191] RIFFARD Jean-François, « Mondialisation de l'économie et internalisation du droit des affaires : une abdication de l'Etat de droit ? » Sous la direction de MOCKLE Daniel, *Mondialisation et l'Etat de droit*, Bruylant, Bruxelles 2002, p. 279.

internes, y compris la réglementation économique. Cela signifie que les mécanismes de coopération internationale entreront presque inévitablement en conflit avec la « souveraineté » nationale et avec des intérêts nationaux particuliers, dont la santé économique sera affectée, et même compromise par des obligations internationales. Il n'est donc pas étonnant que certaines organisations internationales, par exemple l'OMC, apparaissent comme la structure la mieux adaptée pour résoudre les problèmes actuels au niveau international, mais qu'en même temps, elle soit la cible d'attaques. Pourtant, il est possible d'adopter un point de vue contraire et positif. Lorsqu'ils font confiance à une organisation internationale et s'engagent à en respecter les procédures et les disciplines, les gouvernements se restituent à eux-mêmes une part de la « souveraineté » qu'ils avaient perdue dans le processus de mondialisation. Peut être les gouvernements perdent-ils la capacité d'assurer une réglementation efficace au niveau national, mais ils reprennent partiellement en main leur destinée économique au niveau multilatéral. S'il est nécessaire d'éviter ou de corriger les dysfonctionnements du marché, cela se fera de plus en plus sur le plan multilatéral. En effet, les organisations internationales comme l'OMC renforcent la souveraineté nationale[1192]. C'est la raison pour laquelle les arguments concernant la perte de « souveraineté » sont souvent inconsidérés et fallacieux[1193]. Néanmoins, de plus en plus souvent, les Etats sont impuissants à adopter des réglementations efficaces dans l'économie mondialisée, en particulier en ce qui concerne les facteurs économiques mondiaux et mobiles. Et pourtant, les marchés ne fonctionneront pas sans des institutions efficaces offrant le cadre nécessaire pour protéger la fonction du marché. Le problème crucial est donc le besoin créé par la mondialisation de mettre en place des institutions internationales appropriées. Si une analyse poussée amenait à conclure que l'OMC est une enceinte adéquate pour regrouper certaines de ces activités de coopération, on pourrait imaginer qu'elle devienne par essence un niveau international de décision en matière de réglementation économique[1194].

Par ailleurs, l'adoption de normes internationales devrait conduire à résoudre le problème de la violation des règles antitrust grâce à des solutions

---

[1192] RAUSTIALA Kal, "Rethinking The Sovereignty Debate in International Economic Law", *JIEL* Vol.6 No.4, 2003, p. 841.
[1193] RIFFARD Jean-François, « Mondialisation de l'économie et internalisation du droit des affaires : une abdication de l'Etat de droit ? » *op.cit.*, p. 279.
[1194] OMC, *Le Rapport du Conseil consultatif à M.Supachi PANITCHPAKDI*, Directeur général, SUTHERLAND Peter, BHAGWATİ Jagdish, BOTCHWEY Kwesi, FİTZGERLAD Niall, HAMADA Koichi, JACKSON John, LAFER Celso, MONTBRIAL de Theirry, OMC 2004, p. 38 et 39.

mondiales coordonnées et donc plus efficaces[1195]. En ce sens, l'institutionnalisation d'une autorité internationale chargée de la mise en œuvre des règles internationales et de la supervision de leur application effective par les autorités nationales est assez intéressante. De ce constat, pour traiter les problèmes de l'internationalisation des pratiques anticoncurrentielles, on peut songer à la création d'un droit supranational de la concurrence, mis en œuvre par une autorité ayant des pouvoirs d'investigation et de sanction dans tous les Etats membres. C'est la solution qui a été choisie dans le cas de l'Union européenne. Le modèle communautaire de droit de la concurrence exerce une certaine fascination dans le reste du monde car, d'une part, la norme supranationale européenne ne remplace pas mais se superpose à la norme nationale de chacun des Etats membres et, d'autre part, la mise en œuvre de la norme supranationale est assurée, concurremment, par l'autorité supranationale et les autorités nationales. Une solution de ce type paraît ainsi très attrayante pour les pays qui, soucieux de préserver leurs spécificités, ne souhaitent ni abandonner leur droit national de la concurrence ni confier intégralement à une autorité supranationale la mise en œuvre du droit de la concurrence[1196].

En revanche, certains pays refusent l'idée que la souveraineté doit nécessairement être partagée. Il est vrai que, dans certains cas, la cession de souveraineté va suffisamment loin pour que des organes judiciaires rendent des jugements contre le pouvoir exécutif de leur pays sur la base d'obligations découlant d'un traité international. Cependant, ce qui importe au bout du compte, c'est de savoir si l'équilibre entre la perte d'une certaine marge d'action au niveau mondial et les avantages de la coopération et de la primauté du droit au niveau multilatéral est positif[1197]. Pourtant, cette solution suppose un abandon substantiel de souveraineté. Dès lors qu'il y a coexistence entre une norme supranationale et des droits nationaux, il ne peut y avoir de véritable indépendance de l'une sur les autres. Ceci ne pose pas de problèmes insurmontables si les pays acceptant de se soumettre à une norme supranationale sont relativement homogènes du point de vue de leur niveau de développement et si l'unique objet de la loi de concurrence est la

---

[1195] ROMANO Frank, *Mondialisation des politiques de concurrence*, *op.cit.*, p. 173.

[1196] JENNY Frédéric, « L'environnement économique international et les autorités de concurrence », *op.cit.*, p. 449.

[1197] OMC, Le Rapport du Conseil consultatif à M.Supachi PANITCHPAKDI, Directeur général, SUTHERLAND Peter, BHAGWATİ Jagdish, BOTCHWEY Kwesi, FİTZGERLAD Niall, HAMADA Koichi, JACKSON John, LAFER Celso, MONTBRIAL de Theirry, OMC 2004, p. 39.

promotion de l'efficience économique. Mais, l'hétérogénéité des droits de la concurrence est souvent due à des considérations historiques, politiques, sociologiques et économiques propres à chacun des pays considérés. Dès lors, la création d'un droit supranational de la concurrence remplaçant les droits nationaux ou mis en œuvre parallèlement aux droits nationaux peut se concevoir uniquement dans le cadre restreint d'un petit nombre de pays relativement homogènes du point de vue de leurs structures juridiques et économiques. La supranationalité ne peut constituer une solution au problème global posé par l'interpénétration des marchés nationaux[1198].

Comme on peut le constater dans d'autres domaines, la résistance des Etats face à l'érosion de leur souveraineté est l'obstacle principal à la création d'un code global sur la concurrence. En général, les Etats ne sont pas favorables à l'élaboration de règles supranationales et encore moins à la création d'une autorité internationale qui viendrait se substituer aux autorités nationales. Dans cette perspective, l'élaboration de règles antitrust minimales à l'échelle internationale n'est envisageable qu'à très long terme. En revanche, la tentative d'une harmonisation internationale des règles de concurrence, sans arriver à obtenir un minimum de consensus de fond et la crainte exprimée notamment par les Etats-Unis que la codification des règles au niveau international puisse avoir pour conséquence la suppression ou au moins l'affaiblissement des mesures antidumping nationales, sont l'une des vraies raisons pour lesquelles les Etats se sont sentis menacés dans leurs souverainetés[1199]. Toutefois, certains Etats sont favorables à ce que l'OMC joue un rôle important en matière de concurrence. Par exemple, selon les documents de travail du Bureau de la concurrence et d'Industrie du Canada en vue de définir la position canadienne, le Canada semble appuyer l'idée d'une nouvelle série de négociations commerciales qui aborderaient les problèmes de concurrence afin de faire progresser une politique de la concurrence à l'échelle mondiale[1200].

Par ailleurs, il convient de garder présent à l'esprit que même lorsqu'ils sont unis par un traité relatif à l'adoption de normes communes ou qu'ils participent à un même système institutionnel ou groupement d'Etat, les Etats continuent de disposer d'une marge d'action normative et décisionnelle

---

[1198] JENNY Frédéric, « L'environnement économique international et les autorités de concurrence », *op.cit.*, p. 450 et 451.

[1199] Le Code pouvant avoir pour vocation de remplacer les mesures antidumping, certains Etats perdront une arme très efficace dans les conflits commerciaux internationaux.

[1200] RIOUX Michèle, « Vers un droit mondial de concurrence ? », *op.cit.*, p. 26.

inhérente à leur qualité de souverain. L'existence de cette marge d'action ou sa réappropriation par des Etats confrontés à la défense de leurs propres intérêts sont source de dysfonctionnements voire de conflits, dont la scène économique internationale contemporaine donne de nombreux exemples[1201]. Il semble improbable que les Etats acceptent dans un avenir proche de céder une partie de la souveraineté nationale nécessaire pour réaliser une solution efficace dans le domaine du droit international de la concurrence. Même si l'exemple de l'Union européenne nous montre qu'il n'est pas impossible que les Etats nations puissent abandonner une partie de leur souveraineté pour la poursuite d'un but commun, une telle solution sera beaucoup plus difficile à l'échelle mondiale[1202].

En somme, on peut conclure que l'obstacle le plus important à l'adoption d'un droit de la concurrence mondial est constitué des divergences d'intérêts des Etats. Ainsi, les Etats-Unis sont davantage enclins à prôner une application extraterritoriale de leur législation que l'adoption d'un droit de la concurrence mondial. Leur opposition à un projet multilatéral tient vraisemblablement au fait qu'ils ne veulent pas renoncer à une partie de leur souveraineté qui devrait être partagée avec une organisation multilatérale. Les pays en développement se montrent également réticents à souscrire à un projet qui les empêcheraient d'accéder, en soumettant les comportements de leurs entreprises aux règles d'un jeu économique adopté aux pays occidentaux, à un niveau de développement qu'ils estiment indispensable pour promouvoir la viabilité et la compétitivité de leurs entreprises[1203]. Sur ce point, on peut dire que l'essentiel n'est pas d'inciter ou d'obliger les pays en développement à adopter un droit de la concurrence interne, mais de mettre en place des règles internationales destinées à protéger de manière adéquate les marchés vulnérables de ces pays[1204]. Au vu des aménagements expliqués ci-dessus, la perspective de l'adoption rapide d'un accord sur la concurrence dans le cadre de l'OMC est très incertaine. Le projet de texte ministériel de la conférence de Cancún en 2003 n'a jamais été adopté. Une crise a touché l'ensemble des négociations à l'OMC. Si l'on prend en compte toutes ces difficultés, il serait très optimiste de conclure que ces

---

[1201] JACQUET Jean-Michel / DELEBECQUE Philippe / CORNELOUP Sabine, *Droit du commerce international*, 1e ed., Dalloz, Paris 2007, p. 90.

[1202] VON MEIBOM Wolfgang / GEIGER Andreas, "A *World Competition* Law as *Ultima Ratio*", *op.cit.*, p. 449.

[1203] CHAREYRE DE BEAUMONT Anne, *Droit de la concurrence et globalisation*, *op.cit.*, p. 799.

[1204] DREXL Josef, "International Competition Policy after Cancun : Placing a Singapore Issue on the WTO Developing Agenda", *World Competition*, Vol.23, No. 3, p. 445.

obstacles seront faciles à surmonter. Les divergences sont fondamentales des deux cotés de l'Atlantique et entre pays développés et pays en développement. En revanche, un accord plurilatéral ne rassemblant que les pays de l'OMC désireux d'y adhérer peut contribuer à relancer le processus.

Chapitre II – Accroître l'efficacité du droit international de la concurrence par les mécanismes existants du droit du commerce international

Aujourd'hui, le commerce ne connaît pas de frontières. Sa vocation à rechercher toujours de nouveaux marchés afin de se développer, alliée au progrès des techniques modernes de télécommunications et de transports, font qu'aujourd'hui le monde est perçu par les opérateurs économiques comme un seul et vaste marché. La mondialisation de l'économie et des échanges internationaux découle directement de cette idée. Elle est, en ce sens, un phénomène naturel, puisqu'elle va de pair avec l'essor du commerce international. La globalisation est d'autant plus naturelle qu'elle est la conséquence directe du principe qui gouverne, qu'on le veuille ou non, les relations économiques internationales : la liberté des échanges[1205].

Par ailleurs, nous avons constaté *supra* que le droit international de la concurrence est bénéfique pour l'économie mondiale[1206]. Malgré l'existence suffisante des sources matérielles dans ce domaine, la conjoncture politique n'a pas permis l'établissement d'un véritable ordre juridique international de la concurrence. De même, les accords de coopération n'ont qu'une portée limitée pour résoudre les problèmes actuels du marché mondial. En conséquence, dans une perspective pragmatique on se demandera s'il est possible d'accroître l'efficacité du droit international de la concurrence par les mécanismes existant du droit du commerce international. En effet, cette tâche n'est pas facile à accomplir. D'abord, il faut être conscient que malgré leur similitude, le commerce international et le droit de la concurrence ne poursuivent pas toujours les mêmes objectifs. Les discussions sur les questions du commerce et de la concurrence deviennent encore plus compliquées quand elles combinent les pratiques anticoncurrentielles privées. Ainsi, sera-t-il possible de concilier le droit international de la concurrence et le droit du commerce international en théorie? Dans l'affirmative, nous pourrons renvoyer à certains mécanismes du commerce international, en particulier le système de règlement des différends de l'OMC afin de réglementer le marché mondial via les principes du droit de la concurrence et protéger le bien-être mondial. Ce faisant, nous réussirons à

[1205] RIFFARD Jean-François, « Mondialisation de l'économie et internalisation du droit des affaires : une abdication de l'Etat de droit ? » Sous la direction de MOCKLE Daniel, *Mondialisation et l'Etat de droit*, Bruylant, Bruxelles 2002, p. 276.

[1206] Voir partie I, titre I, chapitre I.

donner au droit international de la concurrence un nouveau souffle sans réaliser une réforme structurelle au sein de l'OMC ou passer par les difficiles phases de négociations d'un accord multilatéral.

Section I – Le rapport entre le commerce international et la concurrence internationale

Théoriquement, la politique commerciale et la politique de concurrence ont des objectifs et des valeurs communes, étant donné qu'elles contribuent à rendre les marchés intérieurs plus concurrentiels et qu'elles améliorent par conséquent la répartition des ressources, l'efficacité et le bien-être des consommateurs. En effet, les restrictions aux échanges empêchent l'accès au marché. On admet en général que la libéralisation commerciale encourage en même temps la déréglementation du marché. En conséquence, le droit de la concurrence peut sauvegarder le marché déréglementé dans un environnement concurrentiel qui sera souhaitable pour les consommateurs et pour le libre échange. Malgré ces points communs en théorie, dans la pratique, les objectifs du commerce international et ceux de la politique de concurrence sont parfois divergents[1207].

Sous-section I – Les similitudes et différences entre le droit international de la concurrence et le droit international du commerce

Le droit de la concurrence et le droit du commerce international sont fondés sur des approches théoriques qui poursuivent des objectifs communs. En revanche, le droit international de la concurrence présente des particularités par rapport au droit du commerce international. Cela résulte en premier lieu de la conception différente de la notion d'accès au marché et des barrières à l'accès au marché, mais aussi des destinataires et du champ d'application des deux branches du droit. En effet, certaines dispositions du GATT-OMC permettent aux Etats de prendre des mesures pour limiter ou bloquer la concurrence étrangère, c'est notamment le cas des mesures antidumping et des restrictions volontaires sur les importations et les exportations[1208]. Ces mesures ont permis de préserver le système GATT-OMC, mais elles ont aussi constitué une source supplémentaire de pratiques restrictives et

---

1207 *OMC,* Rapport au Conseil général du groupe de travail de l'interaction du commerce et de la politique de la concurrence du 7 juin 1999, (WT/WGTCP/W127), p.5; STERN Paula, « Pour une nouvelle politique américaine de la politique américaine de la concurrence liée au commerce », *Perspectives économiques* Vol.4 No.1, février 1999, p. 18.

1208 Cf. chapitre consacré à la finalité du droit international de la concurrence *supra.*

constituent d'autres points de friction entre le droit du commerce international et le droit international de la concurrence.

§ 1 – Des approches théoriques ayant les mêmes finalités

L'ensemble de la doctrine s'est accordé sur le fait que la concurrence et la libéralisation du commerce partagent des objectifs communs d'efficience économique et du bien-être du consommateur, et que la politique de la concurrence est perçue comme un complément au libre-échange[1209]. Comme le droit de la concurrence, la libéralisation des échanges repose sur plusieurs théories économiques qui ont évolué avec le temps. Il nous semble utile d'étudier brièvement ces approches théoriques du commerce international pour mieux saisir le rapport entre ce dernier et la concurrence internationale.

La libéralisation des échanges est un processus qui vise à faciliter et augmenter le commerce des produits, des services et des savoirs ainsi que le transfert de technologie entre deux ou plusieurs Etats. En revanche, l'analyse des échanges pose plusieurs questions : comment peut-on expliquer les échanges internationaux ? Quels sont les gains qu'un pays peut espérer tirer du commerce international ? Les économistes ont donné plusieurs réponses à

[1209] ANDERSON Robert D. / HOLMES Peter, "Competition Policy and the Future of the Multilateral Trading System", *JIEL* Vol.5 No.2, 2002, p. 532; TAYLOR Martyn, *International Competition Law: A New Dimension for the WTO?*, *op.cit.*, p.163; HEINEMANN Andreas, « La nécessité d'un droit mondial de la concurrence » , *op.cit.*, p.306; *OMC,* Rapport au Conseil général du groupe de travail de l'interaction du commerce et de la politique de la concurrence du 7 juin 1999, *op.cit.*, p. 5 ; OCDE, Travaux du groupe conjoint sur les échanges et la concurrence, « Options internationales pour renforcer la cohérence entre les politiques des échanges et de la concurrence », (COM/TD/DAFFE/CLP (99) 102/final), note approuvée par ce groupe le 9 février 2000 ; OCDE, Groupe conjoint sur les échanges et la concurrence, « Consistencies and Inconsistencies between Trade and Competition Policies », COM/TD/ DAFFE/CLP (98) 25/FINAL, 25 février 1999 ; STERN Paula, « Pour une nouvelle politique américaine de la politique américaine de la concurrence liée au commerce », *op.cit.*, p. 18 ; PRINCEN Sebastiaan, " EC Compliance with WTO Law: The Interplay of Law and Politics", *EJIL* Vol.15 No.3, 2004, p. 555-574 ; SWEENEY Brendan, "Globalisation of Competition Law and Policy : Some Aspects of the Interface Between Trade and Competition", *op.cit.*, p. 395 ; RIOUX Michèle, « Penser la concurrence dans le contexte de la globalisation économique », *Cahiers de recherche-CEIM (01-10)*, Groupe de recherche sur l'intégration continentale (GRIC), Université du Québec à Montréal, août 2001, p. 11 ; LIGNEUL Nicolas, *L'élaboration d'un droit international de la concurrence entre les entreprises*, *op.cit.*, p. 244 *A contrario :* ABDELGAWAD Waled, « Jalons de l'internationalisation du droit de la concurrence : vers l'éclosion d'un ordre juridique mondial de la *lex economica* », *op.cit.*, p.178 ; PIILOLA Anu, "Assessing Theories of Global Governance: A Case Study of International Antitrust Regulation", *op.cit.*, p. 232.

ces questions car l'origine des écarts de prix entre producteurs nationaux et producteurs du reste du monde est une question théorique traitée par l'analyse économique depuis Adam Smith.

A – Les théories traditionnelles de l'échange international

Selon Adam Smith, chaque pays est plus efficace que les autres dans la production d'au moins un bien. Ainsi, un produit ne peut être exporté que si les producteurs bénéficient de coûts plus faibles et donc d'une productivité plus élevée que leurs concurrents [1210]. C'est l'avantage absolu dans la production d'un bien qui détermine la spécialisation de chaque pays[1211]. Avec la théorie des avantages absolus, le pays qui dispose, pour la fabrication de tel ou tel produit, d'une productivité plus élevée que celle de ses concurrents, doit se spécialiser dans la production de ce produit. En se spécialisant dans la production d'un bien (ce qui signifie l'abandon de la production des autres biens), le pays approfondit la division du travail. C'est ainsi que la liberté des échanges va accroître le bien-être de l'ensemble des pays. On peut donc suggérer que la théorie des avantages absolus exclut l'échange réciproque entre pays ayant des niveaux très différents de développement.

En revanche, selon la théorie de l'avantage comparatif qui a été élaborée par David Ricardo en 1817 en tant qu'explication analytique fondamentale de l'origine des gains tirés du commerce, ce n'est pas l'avantage absolu qui compte mais l'avantage relatif[1212]. Autrement dit, un pays, qui est moins efficace que les autres pays dans la production de tous les biens qui peuvent être échangés, sera relativement moins inefficace dans la production d'au moins un bien. D'après cette théorie, chaque pays a avantage à se spécialiser dans la production et le commerce du produit pour lequel il a un bénéfice de coût relatif par rapport aux productions des autres pays. D'après le principe de l'avantage comparatif, les pays (A) et (B) ont toujours intérêt à faire du commerce l'un avec l'autre, même si (A) est le meilleur pour tout, pour les automobiles comme pour le pain. S'il est très nettement supérieur comme constructeur automobile et juste un peu meilleur comme boulanger, (A) aura toujours intérêt à investir ses ressources là où il excelle - construire des

---

[1210] SMITH Adam, *An Inquiry into the Nature and Cause of the Wealth of Nations*, *op.cit.*, p. 514.

[1211] Dernier consultation au 4 mai 2008 www.ladocumentationfrancaise.fr/revues-collections/problemes-conomiques/theories/economieint.shtml

[1212] RICARDO David, *Des principes de l'économie politique et de l'impôt*, Collection Champs, Flammarion, Paris, 1977, p. 111 à 131.

automobiles - et à exporter ses produits vers (B), lequel devrait continuer à investir dans ce qu'il sait faire le mieux – le pain - pour le vendre à (A), même s'il n'est pas aussi efficace que celui-ci. Le commerce resterait ainsi profitable pour l'un et pour l'autre. Un pays n'a donc pas besoin d'être le meilleur dans tous les domaines pour profiter du commerce[1213].

Au début du XXème siècle, les grandes économies industrielles ont acquis un niveau de développement comparable. Désormais, le capital technique joue un rôle de plus en plus grand dans la production et il devient difficile de fonder l'explication des échanges internationaux sur les seuls critères de productivité du travail et le modèle Ricardien apparait de moins en moins adapté à l'explication des échanges entre les grandes économies[1214]. Alors, un nouveau modèle connu sous plusieurs noms a été lancé pour expliquer l'échange international par l'abondance ou la rareté relative des divers facteurs de production dont sont dotés les pays[1215]. Les économies se différencient parce qu'elles ne disposent pas des mêmes ressources productives : les facteurs de production comme le travail, le capital, la terre cultivable, les ressources naturelles, sont inégalement répartis au plan mondial, pour des raisons géographiques et historiques. Chaque pays a donc tendance, premièrement, à se spécialiser dans les biens nécessitant des facteurs de production qu'il possède en abondance relativement aux autres pays, deuxièmement, à exporter des biens qui renferment beaucoup de facteurs qu'il possède en abondance et, troisièmement, à importer des biens qui nécessitent beaucoup de facteurs qui lui manquent[1216]. Ce théorème a longtemps occupé une place centrale dans la théorie du commerce, parce qu'il permet d'aborder en même temps les questions des spécialisations, de l'échange et de la distribution des revenus[1217]. Mais cette analyse repose sur

---

[1213] NAKACHE Delphine, « Un cadre multilatéral sur la concurrence au sein de l'OMC est-il favorable aux consommateurs canadiens ? », Rapport d'Option consommateurs présenté au Bureau de la Consommation d'Industrie Canada, Juin 2005, p. 22.

[1214] KRUGMAN Paul / OBSTFELD Maurice / CAPELLE-BLANCARD Gunther / CROZET Matthieu, *Economie internationale*, *op.cit.*, p. 46.

[1215] Il fut d'abord publié par Bertil Ohlin, *Interregional and International Trade, Harvard University Press, Cambridge, 1933* qui attribua la copaternité du modèle à son directeur de thèse, Eli Heckscher. En 1941, Paul Samuelson et Wolfgang Stolper "Protection and Real Wages", *Review of Economic Studies*, IX, Novembre 1941, p. 58 à 67 en déduisirent un théorème important sur la rémunération des facteurs, qui fut systématiquement incorporé dans la présentation du modèle, désormais connu sous l'acronyme HOS.

[1216] ALLEGRET Jean-Pierre / LE MERRER Pascal, *Economie de la mondialisation*, De Boeck, Bruxelles 2007, p. 130 ss.

[1217] KRUGMAN Paul / OBSTFELD Maurice / CAPELLE-BLANCARD Gunther / CROZET Matthieu, *Economie internationale*, *op.cit.*, p. 76.

des hypothèses contestables comme les méthodes de production qui sont les mêmes partout, les rendements qui sont constants, les facteurs de production qui ne se déplacent pas d'un pays à l'autre et elle ne permet pas de comprendre pourquoi les pays qui ont des dotations factorielles semblables échangent des produits d'une même catégorie, ni pourquoi certains pays choisissent des spécialisations qui se révèlent rapidement défavorables[1218].

En revanche, ces analyses sont limitées, car les modèles fondés sur les différences internationales de coût sont souvent brocardés et ne reflètent pas la réalité. Les théories traditionnelles de l'échange international sont caractérisées par leur nature déterministe. Cette nature déterministe découle des hypothèses de concurrence pure et parfaite, avec unicité mondiale des fonctions de production et rendements décroissants. Il est difficile de se contenter de ces analyses parce que les biens ne sont pas homogènes, les techniques de production ne sont pas identiques et ces modèles ne permettent pas d'évaluer l'impact des échanges sur la répartition des revenus ni de comprendre les caractéristiques des échanges intra-branches[1219]. Les nouvelles théories du commerce international se situent au contraire dans le monde réel, celui de la concurrence imparfaite, qui implique à la fois la divergence des prix, tant entre les nations qu'au sein de chaque produit différencié ; tant sur l'innovation portant sur les conditions de production que sur la réponse à la demande et aussi sur les rendements croissants de la production[1220]. En conséquence, des tentatives d'introduction de la recherche et développement comme facteur explicatif du commerce international ont vu le jour[1221]. Ainsi, les « nouvelles » théories du commerce international reviennent sur les limites exposées ci-dessus.

B – Les nouvelles théories de l'échange international

Les nouvelles théories du commerce international ne correspondent pas à un corps d'analyse unifié, mais plutôt à un ensemble de travaux développés par différents auteurs qui s'éloignent radicalement des principes retenus par la

---

[1218] ALLEGRET Jean-Pierre / LE MERRER Pascal, *Economie de la mondialisation*, *op.cit.*, p. 141.

[1219] LEMOINE Mathilde / MADIES Philippe / MADIES Thierry, *Les grandes questions d'économie et finance internationales*, *op.cit.*, p. 67.

[1220] LAFAY Gérard, *Initiation à l'économie internationale*, 2e éd. Economica, Paris, 2006, p. 183.

[1221] LEMOINE Mathilde / MADIES Philippe / MADIES Thierry, *Les grandes questions d'économie et finance internationales*, De Boeck, Bruxelles 2007, p. 63.

théorie traditionnelle[1222]. Dans un premier temps, les économistes constatent que les pays qui ont des dotations factorielles semblables commercent entre eux. Michael Posner explique cette situation par l'innovation[1223]. En créant de nouveaux procédés, certains pays peuvent devenir exportateurs, indépendamment de leurs avantages ou de leurs dotations. Un commerce naît quand les consommateurs des pays étrangers demandent le bien incorporant le nouveau procédé sur la base de l'écart technologique. Si l'innovateur réussit à faire des économies d'échelle, il peut maintenir son avantage et exporter en étant plus compétitif. Cette approche met en lumière une dimension importante de la concurrence internationale : l'innovation. Un pays aura donc une situation avantageuse si ses entreprises ont une compétitivité fondée sur la qualité technologique de leur spécialisation[1224]. A ce modèle, Raymond Vernon ajoute une approche dynamique avec son modèle de cycle de vie du produit[1225]. Selon Raymond Vernon, les innovations sont à l'origine du cycle de vie d'un produit. Elles se produisent dans des pays riches de capital physique et humain. Le coût élevé de l'innovation est amorti car ces biens nouveaux peuvent s'écouler sur un marché suffisamment grand et solvable. Une fois que le marché national est maîtrisé, le produit est exporté. Au fur et à mesure que le produit se banalise, le coût des facteurs de production redevient prédominant. La production est alors délocalisée vers des pays à main d'œuvre bon marché. L'un des avantages de cette théorie est la manière flexible dont elle explique non seulement comment le commerce se met en place mais également pourquoi il est remplacé par les investissements directs à l'étranger[1226].

Les rendements d'échelle croissants constituent une autre source de commerce international entre les pays identiques qui échangent les mêmes biens[1227]. Cet élément existe lorsque la production devient de plus en plus efficace, lorsqu'elle croit. Dans le commerce international, l'importance des

---

[1222] RAINELLI Michel, « Les théories du commerce international » dans *Mondialisation et commerce international*, Cahiers français No.325, mars-avril 2005, p. 31.

[1223] POSNER Michael V., "International Trade and Technical Change", Oxford Economic Papers vol.13, octobre 1961, p. 323 à 341.

[1224] ALLEGRET Jean-Pierre / LE MERRER Pascal, *Economie de la mondialisation*, *op.cit.*, p. 141.

[1225] VERNON Reymond, "International Investment and International Trade in the Product Cycle", *Quarterly Journal of Economics*, Vol. 80, No. 2 , 1966, p. 190 à 207.

[1226] HARRISON Andrew / DALKIRAN Ertuğrul / ELSEY Ena, *Business international et mondialisation*, traduit par FONGANG Siméon, De Boeck, Bruxelles 2004, p. 283.

[1227] ALLEGRET Jean-Pierre / LE MERRER Pascal, *Economie de la mondialisation*, *op.cit.*, p. 142.

rendements croissants a été soulignée à l'intérieur de branches par Paul Krugman[1228]. En effet, de nombreux secteurs d'activité sont caractérisés par la présence d'économie d'échelle (ou les rendements croissants) : la production y est d'autant plus efficiente que la quantité produite est moins importante et implique que la production augmente plus vite que la taille des unités de production, donc les coûts unitaires diminuent quand la production augmente[1229]. A eux seuls, ces rendements d'échelles croissants peuvent expliquer l'existence du commerce international[1230]. Les rendements d'échelle sont externes à l'entreprise lorsqu'ils trouvent leur origine à l'extérieur de l'entreprise (liées à la taille du secteur), qu'ils bénéficient de la même façon à toutes les entreprises du secteur et qu'ils se manifestent avec l'augmentation de la production de la branche. Les rendements d'échelle sont internes à l'entreprise lorsqu'ils sont croissants avec la production de l'entreprise elle-même (liées à la taille de l'entreprise)[1231].

Par ailleurs, les rendements d'échelle internes peuvent engendrer des imperfections de la concurrence et créer un modèle de concurrence monopolistique et un modèle de dumping. Si plusieurs entreprises bénéficient d'économies d'échelle, c'est celle qui a la chance d'arriver la première sur le marché qui se trouve en situation de monopole. Lorsque le marché est trop important pour être alimenté par une seule entreprise, ou lorsque les économies d'échelle internes sont progressivement annulées par des économies d'échelle internes liées au gigantisme, la structure du marché peut se stabiliser en oligopole. En outre, si les économies d'échelle externes sont importantes, un pays qui dispose initialement d'une industrie de grande taille peut maintenir cet avantage, même si un pays voisin pourrait produire les mêmes biens à moindre coût. Dans ces conditions, certains pays peuvent préférer une situation d'autarcie au libre échange[1232]. Ces nouvelles analyses ont aussi apporté un éclairage important sur le comportement relatif à la demande[1233]. Ainsi, par l'innovation comme par les économies d'échelle, la technologie est toujours source de création d'avantages pour les entreprises

---

[1228] KRUGMAN Paul, "Increasing Returns, Monopolistic Competition and International Trade", *Journal of International Economics*, Vol.9, 1979, p. 469 à 479.

[1229] ALLEGRET Jean-Pierre / LE MERRER Pascal, *Economie de la mondialisation*, *op.cit.*, p. 142.

[1230] KRUGMAN Paul / OBSTFELD Maurice / CAPELLE-BLANCARD Gunther / CROZET Matthieu, *Economie internationale*, *op.cit.*, p. 122.

[1231] *Ibid.*,p. 148.

[1232] *Ibid.*

[1233] ALLEGRET Jean-Pierre / LE MERRER Pascal, *Economie de la mondialisation*, *op.cit.*, p. 145.

nationales. De tels avantages sont d'origine micro-économique, alors que les facteurs de production qui sont propres à chaque pays sont de nature macro-économique[1234].

Si la dynamique du commerce international tend à favoriser la constitution de monopoles, il semble que le protectionnisme est justifié pour contrôler les abus de position dominante des monopoles étrangers ou bien empêcher leur constitution. Ainsi, l'imperfection de la concurrence constitue un argument théorique suffisant pour contester les thèses du libre-échange. En revanche, la première réponse à cette supposition vient de la théorie des marchés contestables[1235]. En effet, selon cette théorie, une entreprise en situation de monopole est contrainte de se soumettre aux exigences de la concurrence si elle ne veut pas voir surgir de nouveaux concurrents. La seconde réponse est que l'intervention protectionniste suscite des représailles et provoque au final une dégradation économique de tous les acteurs. Face à ces nouveaux arguments et aux études économétriques sur le sujet, on a finalement vu les nouveaux théoriciens du commerce international adopter une position favorable au libre-échange. Aujourd'hui, la question est d'identifier ce que peut être une politique qui mette en œuvre une stratégie active de spécialisation qui ne doit pas s'opposer à la logique de diversification. Ainsi, l'intérêt d'une stratégie de diversification est de réduire les risques de chocs externes et de renforcer une dynamique de croissance à long terme. Il apparaît que dans un processus de mondialisation caractérisé par un échange de « tâches », les économies les plus attractives sont celles qui offrent la plus large palette de facteurs de production, c'est-à-dire la condition d'une spécialisation diversifiée[1236].

En conclusion, on constate que les théories de l'échange international ont plusieurs préoccupations communes avec le raisonnement qui sous-tend le droit de la concurrence[1237]. Le commerce international cherche, tout comme les politiques de concurrence, à promouvoir l'efficience, à faire progresser le bien-être économique, à améliorer la distribution et à augmenter la croissance économique[1238]. D'un autre coté, ce bref exposé théorique permet

---

[1234] LAFAY Gérard, *Initiation à l'économie internationale*, *op.cit.*, p. 184.
[1235] Nous allons examiner cette théorie dans la prochaine sous-section.
[1236] ALLEGRET Jean-Pierre / LE MERRER Pascal, *Economie de la mondialisation*, *op.cit.*, p. 164.
[1237] *Supra «* la rationae économique du droit de la concurrence ».
[1238] *OMC*, Rapport au Conseil générale du groupe de travail de l'interaction du commerce et de la politique de la concurrence du 8 décembre 1998, *op.cit.*, p. 13.

de démontrer que les politiques de concurrence et celles de libéralisation des échanges ont clairement un autre objectif identique : réduire ou supprimer les obstacles et distorsions affectant les marchés. Théoriquement, les deux politiques dérivent du fait que les marchés fonctionnent mieux sans contraintes artificielles. Dans les deux cas, la notion d'accès au marché est un élément principal pour réaliser ces objectifs. En effet, il y a des points d'interaction réciproque. Une politique commerciale protectionniste peut empêcher que le droit de la concurrence fournisse entièrement les avantages destinés au bien-être des individus. Les obstacles élevés à l'importation découragent les sociétés étrangères à accéder au marché intérieur et peuvent priver les consommateurs de plusieurs avantages qu'ils pourraient obtenir d'un régime légal qui a autrement favorisé la concurrence. De la même façon, un monopole national peut exclure des importations du marché intérieur, quoique les obstacles à l'importation soient faibles. L'importance de cette synergie des politiques apparaît d'autant mieux lorsqu'elle fait défaut. En effet, l'absence de politique nationale de la concurrence peut décourager ou empêcher l'accès aux biens étrangers à un coût réduit pour les consommateurs ; de même, l'absence d'une libéralisation des échanges décourage ou empêche l'accès à des biens ou producteurs étrangers favorisant la concurrence. Les deux politiques reposent ainsi, du moins en partie, sur l'idée qu'un marché exempt de distorsions maximise l'efficience et l'allocation des ressources au sein de l'économie[1239]. En revanche, malgré cette concordance théorique, il subsiste des points de divergences entre ces deux domaines.

§ 2 – Les points de dissemblance entre le droit international du commerce et le droit international de la concurrence

Les distinctions quant aux sujets réglementés indiquent un point important de divergence entre le droit du commerce international et le droit international de la concurrence. Le rapport du Groupe de travail de l'OMC de décembre 1998 sur les relations entre la politique commerciale et la politique de concurrence fait ressortir des différences entre elles, tout en mettant l'accent sur leur complémentarité[1240]. Le rapport indique que la politique commerciale a fondamentalement trait à l'action de l'Etat tandis que la politique de concurrence se concentre sur le comportement des entreprises.

[1239] NAKACHE Delphine, « Un cadre multilatéral sur la concurrence au sein de l'OMC est-il favorable aux consommateurs canadiens ? », *op.cit.*, p. 22.

[1240] *OMC*, Rapport au Conseil générale du groupe de travail de l'interaction du commerce et de la politique de la concurrence du 8 décembre 1998, *op.cit.*

La politique commerciale porte traditionnellement sur les mesures prises à la frontière alors que la politique de concurrence réglemente les conditions de concurrence et le comportement des entreprises à l'intérieur d'un pays. Par ailleurs, pour illustrer cette complémentarité, on se réfère au rôle de la politique de concurrence pour assurer un accès effectif au marché et au rôle de la libéralisation du commerce pour faciliter la suppression des mesures gouvernementales qui encouragent le comportement anticoncurrentiel des entreprises. Il convient, toutefois, de mentionner que dans la plupart des pays qui appliquent une législation moderne sur les pratiques commerciales restrictives, la loi vise les entreprises d'Etat de la même façon que les entreprises privées.

A – Les destinataires distincts des deux branches du droit et ses conséquences

Historiquement, la réglementation du droit du commerce international vise les restrictions gouvernementales aux échanges, essentiellement la régulation nationale du commerce transfrontalier. Ainsi, les négociations commerciales ont été axées sur la libéralisation des mesures gouvernementales aux frontières qui peuvent fausser les flux commerciaux ou qui le font effectivement[1241]. Pour cela, le droit du commerce international lie les Etats par leurs engagements multilatéraux et essaie d'empêcher que les gouvernements utilisent divers types d'entraves non-tarifaires aux échanges pour échapper à leurs engagements. Or, on peut considérer que le droit du commerce international réglemente l'une des facettes structurelle du marché international. Par ailleurs, la création d'un système néolibéral suppose la libéralisation des échanges, c'est à dire la lutte contre les obstacles publics aux échanges mais aussi l'élaboration d'un droit de la concurrence, c'est-à-dire la lutte contre les obstacles au commerce d'origine privée. Dans cette perspective, la réglementation du droit international de la concurrence vise les comportements anticoncurrentiels privés. En principe, les normes en matière de concurrence ont pour finalité d'organiser la concurrence elle-même sur le marché, entendue au sens objectif, c'est-à-dire qui ne se réduit pas au seul intérêt des concurrents. Le droit international de la concurrence, eu égard à sa finalité, aura pour vocation d'être *le régulateur* des pouvoirs privés économiques[1242]. En revanche, on notera à cette occasion que le droit

[1241] CHAREYRE DE BEAUMONT Anne, *Droit de la concurrence et globalisation*, *op.cit.*,p. 712.

[1242] ABDELGAWAD Waled, « Jalons de l'internationalisation du droit de la concurrence : vers l'éclosion d'un ordre juridique mondial de la *lex economica* », *op.cit.*, p. 179.

de la concurrence peut également protéger les producteurs dans plusieurs hypothèses. La puissance considérable des entreprises multinationales a mis en avant le problème de la réglementation des conduites anticoncurrentielles de celles-ci. De la même façon, même dans l'hypothèse où la politique de concurrence a pour objet de favoriser la situation du consommateur, elle favorise par voie de conséquence la baisse des prix, donc la compétitivité des entreprises[1243]. En outre, le droit international de la concurrence cherche essentiellement à favoriser l'adoption de règles adéquates qui réduisent les comportements anticoncurrentiels transfrontaliers. Ainsi, on peut considérer que le droit international de la concurrence réglemente le comportement dans le marché.

En résumé, le droit du commerce international a pour but de réglementer la libéralisation des échanges sur la base d'une réciprocité interétatique qui doit conduire à la hausse simultanée des exportations des Etats[1244]. Le droit commercial des Etats Membres de l'OMC, qui est conforme aux règles de cette organisation, précise effectivement les cas dans lesquels des restrictions compensatoires au commerce, sous forme de droits de douanes, peuvent être imposées aux entreprises qui se livrent à des pratiques commerciales déloyales, ou les cas dans lesquels un pays peut imposer des mesures limitant le commerce en rétorsion de pratiques commerciales d'un autre pays. À l'opposé, le droit de la concurrence porte essentiellement sur la protection de la concurrence et des consommateurs, mais non sur celle des entreprises concurrentes[1245]. Ainsi définis, les objectifs du commerce international peuvent entrer en contradiction avec ceux des politiques de concurrence. En effet, celles-ci s'adressent en général aux entreprises et protègent les consommateurs alors que le droit du commerce international ne traite que des politiques publiques et régit les relations entre Etats. Puisque les barrières étatiques, comme les droits de douanes, les restrictions quantitatives et les mesures d'effet équivalent, sont supprimées à l'échelle mondiale à travers l'OMC, elles ne doivent pas être relayées par des barrières privées que les entreprises dressent à travers les cartels, les abus de

[1243] LIGNEUL Nicolas, *L'élaboration d'un droit international de la concurrence entre les entreprises*, *op.cit.*,p. 245.
[1244] SIROEN Jean-Marc, « Politique(s) de la concurrence dans une économie globale », *op.cit.*,p. 135.
[1245] STERN Paula, « Pour une nouvelle politique américaine de la politique américaine de la concurrence liée au commerce », *op.cit.*, p. 18.

position dominante ou les fusions. Ainsi, le droit de la concurrence peut assurer la libre circulation des biens en éliminant les entraves privées[1246].

Le fait que le droit du commerce international règle seulement la conduite gouvernementale, plutôt que des comportements privés, a des implications importantes pour la méthodologie adoptée par les deux disciplines dans le contexte des engagements internationaux. Afin de régler les entraves gouvernementales aux échanges et réglementer le commerce international, le droit du commerce international adresse des obligations légales directement aux Etats. En revanche, le droit international de la concurrence ne s'applique qu'indirectement à ses destinataires. Il exige pour les Etats de prendre les mesures nécessaires pour réglementer les comportements anticoncurrentiels privés. Ainsi défini, il s'agit d'une obligation de résultat qui ressemble au mécanisme d'adaptation des directives par les Etats membres dans le système de l'Union européenne. L'application du droit international de la concurrence à la conduite anticoncurrentielle privée est donc nécessairement indirecte. En outre, les structures et les processus de règlementation du commerce international et du règlement du droit international de la concurrence sont tout à fait différents. Considérant que le commerce a développé une structure internationale unifiée pour trancher une large gamme de conflits, l'application des règles de concurrence demeure interne et diversifiée. Le résultat est que le droit international de la concurrence a autant de structures de résolution de conflit que d'Etats, chacun disposant d'une loi de concurrence à imposer. Les mécanismes institutionnels de mise en œuvre du droit de la concurrence reflètent les particularités et l'héritage des systèmes administratifs et judiciaires de chaque pays. De la même manière, la politique commerciale est mise en œuvre par un éventail d'institutions. La libéralisation est souvent unilatérale, et résulte d'un processus associant plusieurs organismes sous l'autorité ministérielle. Dans certains cas, elle est entreprise dans le cadre d'un accord régional de libéralisation impliquant des négociations intergouvernementales. Parfois encore, elle peut être le fruit d'une négociation multilatérale. Dans tous les cas, il s'agit d'un processus essentiellement politique engagé par les gouvernements[1247]. De cette manière, alors que le droit du commerce international bénéficie d'un effet régulateur direct, le droit international de la concurrence ne peut le réaliser qu'indirectement. Il est dès lors important de

---

[1246] HEINEMANN Andreas, « La nécessité d'un droit mondial de la concurrence », *op.cit.*, p. 306.

[1247] CHAREYRE DE BEAUMONT Anne, *Droit de la concurrence et globalisation*, *op.cit.*,p. 716 et 717.

noter qu'afin d'être conforme à l'approche courante de l'OMC et du droit international public, tous les engagements du droit international de la concurrence doivent être formulés de telle manière qu'ils soient appliqués seulement aux Etats, et non pas directement aux entités privées.

B – La signification différente de l'accès au marché pour les deux branches du droit

En général, la concurrence peut être définie comme un processus et n'est pas un but ou une fin en soi. D'une part, il est vrai que la notion d'accès au marché peut avoir une signification particulière pour le droit de la concurrence. Mais, lorsqu'un marché est déjà concurrentiel, la politique de concurrence est en grande partie neutre sur la question des nouveaux entrants. L'avantage marginal dérivant des nouveaux entrants sur un marché déjà concurrentiel n'est pas la principale préoccupation du droit de la concurrence. En revanche, l'accès au marché a une signification très souvent différente pour les autorités du commerce[1248]. Le système commercial multilatéral tel qu'élaboré par les accords du GATT/OMC constitue un ensemble de normes ayant pour finalité de libérer les échanges internationaux et de veiller à ce que les mesures gouvernementales n'aient pas d'effets défavorables sur les concurrents étrangers à l'intérieur des marchés nationaux ; pour ce faire le principe d'accès au marché met ainsi principalement l'accent sur la garantie de traitement national et la non-discrimination entre concurrents étrangers et nationaux[1249]. Dans cette perspective, l'accès au marché est un droit qui est protégé fortement par le droit du commerce international. En effet, cette situation résulte du fait que la théorie commerciale est dominée par la théorie du libre échange tandis que la pratique commerciale est souvent guidée par des politiques profondément protectionnistes.

[1248] MARSDEN Philip, *A Competition Policy for the WTO*, Cameron May, London, 2003, p. 125 à 128 ; MARSDEN Philip, "A WTO "Rule of Reason"?", *European Competition Law Review* Vol.19, 1998, p. 530 à 535; EPSTEIN Julian, "The Other Side of Harmony: Can Trade and Competition Laws Work Together in the International Marketplace?", *op.cit.*, p. 361.

[1249] ABDELGAWAD Waled, « Jalons de l'internationalisation du droit de la concurrence : vers l'éclosion d'un ordre juridique mondial de la *lex economica* », *op.cit.*, p. 178 et 179.

Contrairement à la nature orientée par le « processus » du droit de la concurrence, la politique commerciale est orientée par le « résultat »[1250]. Ainsi, l'objectif est « l'affaire », et non certaines normes objectives telles que, par exemple, le bien-être des consommateurs[1251]. Les entreprises et les autorités de commerce regardent donc l'accès au marché comme un droit naturel des acteurs économiques. Théoriquement, ceci doit signifier une « occasion » d'accéder à un marché étranger, tandis que dans la pratique ceci devient souvent un droit d'accéder à un marché étranger[1252]. Lorsqu'un Etat règlemente les barrières privées d'accès à son marché, il le fait selon ses engagements en vertu du droit commercial et ne considère pas si ce marché était déjà concurrentiel. Dans cette perspective, l'objectif n'est pas nécessairement d'augmenter le bien-être[1253]. Ceci a mené certains commentateurs à rejeter complètement l'application des principes de concurrence dans le domaine du droit commercial. Selon ces auteurs, les principes du droit de la concurrence peuvent contredire le principe d'accès au marché du commerce international en raison de la notion d'efficience nuancée[1254]. En revanche, dans le contexte international, l'impunité dans laquelle se trouvent de nombreuses entreprises ayant des comportements déloyaux et le cloisonnement des marchés qui en découlent, conduisent à limiter la concurrence et l'innovation qui devrait suivre. Dans ce sens, la politique de concurrence semble conforme à l'intérêt général[1255].

Par ailleurs, les politiques commerciales ne sont pas neutres sur les structures de marché et, de ce fait, les effets des politiques commerciales dépendent de la nature même et de l'intensité de la concurrence mondiale.

[1250] BARRINGER William H., "Competition Policy and Cross Border Dispute Resolution: Lessons Learned from the U.S.-Japan Film Dispute." *George Mason Law Review* Vol.6, no. 3, 1998, p. 462.

[1251] HUDEC Robert, "A WTO Perspective on Private Anti-Competitive Behavior in World Markets", *New England Law Review* Vol. 34, 1999, p. 82 et 83.

[1252] YOUNG Michael K., "Lessons from the Battlefront: US–Japan Trade Wars and their Impact on the Multilateral Trading System", *George Washington International Law Review*, Vol. 33, 2001, p. 753 à 789.

[1253] HOEKMAN Bernard, "Competition Policy and the Global Trading System: A Developing Country Perspective", *Policy Research Working Paper*, World Bank, WPS1735, 1997, p. 8.

[1254] WOLFF Alan, "The (Notionally) Bridgeable Chasm between Antitrust and Trade Policy", *New York Law School Law Review*, Vol.47 no., 2003, p.167; HUDEC Robert, "A WTO Perspective on Private Anti-Competitive Behavior in World Markets", *op.cit.*, p. 83.

[1255] LIGNEUL Nicolas, *L'élaboration d'un droit international de la concurrence entre les entreprises*, *op.cit.*, p. 245.

Les contradictions entre les politiques de concurrence, d'une part, et les politiques industrielles et commerciales, d'autre part, ont souvent été soulignées. Un certain nombre de conflits commerciaux ont ainsi porté sur les obstacles structurels aux échanges[1256]. La discrimination dont, sur un marché donné, seraient victimes les entreprises étrangères, ne reposerait pas sur une décision administrative référencée comme protectionniste mais trouverait son origine dans les structures mêmes du marché. Si les autorités sont visées c'est donc moins pour leur politique commerciale que pour une mise en œuvre accommodante de leurs règles de concurrence. Ainsi, les relations exclusives qu'entretiennent les sous-traitants ou les distributeurs avec les producteurs et, plus largement, certaines formes d'intégration verticale d'une industrie, influenceraient suffisamment l'accès au marché pour bloquer les entrants potentiels étrangers. Ces obstacles relèvent souvent des politiques d'entreprise comme les contrats à long terme, le mode de gestion des stocks, etc. Par ailleurs, un système non-coopératif, au sens de la théorie des jeux peut conduire à une situation de dilemme du prisonnier où chaque nation, selon ses moyens, contourne les accords de libéralisation par une application moins exigeante et plus discriminatoire du droit de la concurrence. La fonction coopérative du GATT/OMC serait alors mise en échec par la réalité ou la menace de ce dumping concurrentiel[1257].

En conclusion, il faut rappeler que tous les problèmes de droit de la concurrence ne sont pas ceux du droit du commerce international et vice-versa. Le rôle joué par les standards posés par le droit du travail ou le droit de l'environnement qui créent des barrières à l'accès au marché ne constitue pas normalement un sujet du droit de la concurrence. En revanche, il existe des preuves solides qui attestent que les barrières privées d'accès au marché limitent la croissance du commerce international. L'existence de ces barrières empêche les Etats d'exécuter leurs obligations en vertu du droit du commerce international. Le droit de la concurrence peut réglementer de tels comportements nuisibles. C'est ce raisonnement qui lie le droit et la politique de concurrence au commerce international[1258]. Ainsi, il devient important de savoir s'il est possible de concilier théoriquement les deux branches du droit.

[1256] Mexique – Les mesures affectant les services de télécommunication, *op.cit.* ; Japon - Les mesures affectant les pellicules et papiers photographiques destinés aux consommateurs, *op.cit.* ; Etats-Unis – mesures affectant les bois et résineux en provenance du Canada, *op.cit.*

[1257] SIROEN Jean-Marc, « Choix de la politique commerciale dans le cas de la concurrence imparfaite » *op.cit.* , p. 77.

[1258] FOX Eleanor, "Toward World Antitrust and Market Access", *op.cit.*, p. 1.

Sous-section II – La possibilité de conciliation entre le commerce international et le droit international de la concurrence

La politique commerciale favorise la réalisation de ces objectifs dans la mesure où elle abaisse les obstacles publics au commerce international, alors que la politique de la concurrence s'attaque d'abord aux pratiques anticoncurrentielles des entreprises qui bloquent l'accès aux marchés ou le fonctionnement efficace des marchés[1259]. Chacun de ces deux instruments ne peut être pleinement efficace sans l'autre[1260]. Il a aussi été dit que la fonction centrale de l'OMC est de promouvoir l'égalité des chances des Membres dans le système mondial du commerce. Une politique de concurrence est donc indispensable pour cela, ce qui confirme l'interdépendance et la complémentarité du commerce et de la politique de la concurrence[1261]. Ainsi, les économistes ont développé un concept qui peut concilier le droit international de la concurrence et le droit du commerce international.

§ 1 – Les perspectives croisées entre le commerce international et la concurrence internationale

La raison d'être de la libéralisation commerciale multilatérale est, généralement, de fixer des conditions, au niveau international, qui soient compatibles avec le bien-être mondial des consommateurs et avec la réalisation d'une efficience productive mondiale. Bien entendu, l'accord des gouvernements souverains est nécessaire pour se rapprocher de cet objectif et, en conséquence, il s'agit d'une « activité permanente ». C'est l'une des raisons pour lesquelles le principe de la nation la plus favorisée constitue une composante vitale du système GATT / OMC. Par comparaison, l'analyse de la concurrence porte davantage sur le bien-être du ou d'une catégorie de consommateur, que sur un marché spécifique[1262]. Outre son rôle complémentaire à celui de la libéralisation des échanges, la concurrence peut

---

[1259] Voir notamment la communication des États-Unis sur les interactions entre le commerce et la politique de la concurrence (W/66). Elle fait remarquer qu'il y a un grand chevauchement entre le commerce et la politique de la concurrence, car cette dernière peut aussi s'attaquer aux obstacles imposés par les pouvoirs publics au fonctionnement des forces du marché par l'intermédiaire d'actions de promotion de la concurrence.

[1260] Voir la communication des États-Unis (W/66, paragraphe 11) et les commentaires du représentant de la Communauté européenne et ses États membres (M/3, paragraphe 4).

[1261] OMC, Rapport au Conseil générale du groupe de travail de l'interaction du commerce et de la politique de la concurrence du 8 décembre 1998, *op.cit.*, p. 14.

[1262] OCDE, « Echanges et concurrence : quelles politiques pour demain? », Groupe conjoint de l'OCDE sur les échanges et la concurrence. Paris, 1999, p. 28.

constituer un filet de sécurité important permettant aux Etats de réduire la réglementation directe des prix et des marchés. Le droit de la concurrence peut sauvegarder les intérêts des consommateurs et de la protection sociale, contribuant ainsi au soutien politique en faveur de la réforme de la réglementation. En conséquence, aussi bien la politique commerciale que la politique de la concurrence peut favoriser largement la concurrence et les consommateurs, bien que l'une concerne l'action de l'Etat « à la frontière », alors que l'autre concerne l'action privée « au-delà de la frontière ». En fait, cette distinction n'est pas toujours claire dans la pratique[1263].

Par ailleurs, l'application de mesures de politique commerciale ne dispense pas toujours les entreprises de leurs obligations en vertu du droit de la concurrence. Une analyse des différentes circonstances dans lesquelles les mesures commerciales sont pertinentes du point de vue de la politique de concurrence peut contribuer à mettre en évidence ces synergies[1264]. Ainsi, le droit de la concurrence peut intervenir si, à la suite de l'adoption d'une mesure de politique commerciale, des producteurs nationaux ou étrangers s'engagent dans des pratiques anticoncurrentielles qui limitent encore davantage les échanges ou ont une incidence négative sur la protection des consommateurs. Il peut s'agir à la fois d'accords et de pratiques concertées entre concurrents, nationaux et étrangers, que d'éventuels abus de position dominante. L'application du droit de la concurrence, dans ces conditions, constitue une garantie importante pour limiter tout risque que les mesures de politique commerciale n'encouragent une structure anticoncurrentielle du marché ou ne se traduisent par des restrictions non transparentes et permanentes des flux commerciaux[1265].

D'un autre coté, les autorités de la concurrence peuvent aussi jouer un rôle dans le domaine de la politique commerciale par une action de sensibilisation à l'appui d'une politique commerciale ouverte en mettant en évidence les avantages de la libéralisation du point de vue du bien-être du consommateur, en renforçant la structure de la concurrence sur le marché. Celle-ci peut revêtir différentes formes et modalités particulières, qui dépendent du cadre juridique et institutionnel national. Les autorités de

---

[1263] OCDE, « Complémentarités entre la politique commerciale et la politique de la concurrence », Groupe conjoint sur les échanges et la concurrence, COM/TD/DAFFE/CLP(98)98/FINAL, 15 septembre 1999, p. 5.

[1264] *Ibid.*

[1265] CHAREYRE DE BEAUMONT Anne, *Droit de la concurrence et globalisation*, *op.cit.*,p. 712.

concurrence peuvent participer directement aux initiatives de libéralisation et de déréglementation des échanges, en particulier lorsque des disciplines complémentaires du droit de la concurrence sont considérées comme indispensables pour s'assurer que les avantages de cette libéralisation ne sont pas annulés par les pratiques anticoncurrentielles des entreprises dominantes. Les autorités de concurrence peuvent aussi être consultées lorsque, dans le cadre de l'application de la loi sur les recours commerciaux, des problèmes se posent concernant la structure de la concurrence sur le marché.

§ 2 – La conciliation par la théorie des marchés contestables

Les synergies entre le droit du commerce international et le droit de la concurrence surgissent en raison d'un chevauchement entre le concept de barrière à l'entrée, issu du droit de la concurrence, et celui d'accès au marché, venant du commerce international. Puisque le chevauchement de ces deux concepts est imparfait, les économistes suggèrent des moyens de réconciliation entre les deux théories. Ainsi, une nouvelle vague de pensée, qui s'attache principalement à la concurrence imparfaite et aux comportements des agents économiques plus qu'aux structures du marché est née. Cette théorie, nommée théorie des marchés contestables ou théorie des marchés disputables, développée par certains membres de l'école de Chicago[1266], est devenue la base de plusieurs courants de pensée qui nient l'existence de relations automatiques, du moins significatives, entre concentration et pouvoir de marché et donnent ainsi aux politiques de la concurrence d'autres objectifs que la lutte contre les structures qui renforcent les concentrations et l'élimination des positions dominantes[1267].

Selon cette théorie, un marché contestable est défini par le fait que l'absence de barrières à l'entrée serait déterminée par la similarité des conditions de coûts pour les firmes établies et les concurrents potentiels et une situation où les concurrents potentiels ont la possibilité d'entrée et de sortie sans coûts irrécupérables. Le processus concurrentiel est évalué en fonction du rôle de la concurrence potentielle. Autrement dit, un marché est dit contestable

---

[1266] COASE Ronald H., "Law and Economics at Chicago", *Journal of Law and Economics*, Vol.36, No.1, University of Chicago Press, 1993, p. 239 à 254.

[1267] SCHOENBAUM Thomas J., "The Concept of Market Contestability and the New Agenda of the Multilateral Trading System", *American Society of International Law Insights*, 1996, http://www.asil.org/insights/insight2.htm , dernière visite le 25 avril 2008; SCHOENBAUM Thomas J., "The Theory of "Contestable Markets" in International Trade: A Rationale for "Justifiable" Unilateralism to Combat Restrictive Business Practices?", 30 *Journal of World Trade*, Vol.30 No.3, 1996, p. 161 à 190.

lorsqu'il n'y a pas de barrière juridique à l'entrée ou à la sortie, lorsque les entreprises ont accès aux mêmes technologies et lorsque l'information est disponible et transparente. La simple pression exercée par la possibilité d'une concurrence potentielle maintient les prix et les profits à un niveau efficient même en l'absence de concurrence au sens classique. Si les entreprises ont une position dominante, celle-ci n'est que le résultat passager d'un processus de régulation concurrentielle aboutissant finalement à une organisation plus efficace du système productif. Ce courant de pensée préconise donc un « faible » droit de la concurrence qui se limiterait à interdire de la part des Etats des barrières à l'entrée (barrières légales de type normatif préjudiciables à l'entrée sur le marché, barrières non tarifaires en langage OMC ou mesures d'effets équivalent en langage communautaire) et de la part des entreprises des coûts d'installation irrécupérables[1268]. Ainsi, si le monopole fait un profit important sur un marché contestable, une entreprise concurrentielle entre sur le marché, propose un prix plus bas, et en conséquence, l'entreprise d'origine subit des pertes, doit baisser les prix, et le concurrent se retire. C'est pourquoi, le monopole va maintenir les prix au niveau du coût marginal – son profit est théoriquement nul et le marché est parfaitement concurrentiel sans un grand nombre de concurrents. Cette situation garantit la concurrence et donc l'efficience des entreprises présentes sur le marché, même si elles sont peu nombreuses[1269].

Le concept de concurrence s'est donc éloigné de l'absolu concurrentiel qui coïncide avec une situation de marché caractérisée par un grand nombre d'offreurs indépendants. D'ailleurs, plutôt que de parler de marché concurrentiel, il est significatif qu'il soit de plus en plus question de marchés dits « contestables ». L'analyse des structures du marché cède ainsi la place à l'étude des possibilités d'entrée et de sortie. Dans cette perspective, la concentration industrielle - voire l'absence de concurrence - n'est pas incompatible avec la contestabilité des marchés. Il suffit de déterminer si la concurrence est possible et non qu'elle existe puisque la possibilité d'entrée d'un concurrent a un effet disciplinaire sur les entreprises dominantes qui seront obligées de fixer un prix qui coïncide avec le coût marginal de production pour éviter l'entrée de concurrents potentiels. L'optimum

---

[1268] BOY Laurence, « Le droit de la concurrence : Régulation et/ou contrôle des restrictions à la concurrence », *op.cit.* p. 13.

[1269] Voir. BAUMOL, William J., "Contestable Markets: An Uprising in the Theory of Industrial Structure", *American Economic Review,* Vol. 72, 1982, p. 1 à 15 ; BAUMOL William J. / PANZAR John C. / WILLIG Robert D., *Contestable Markets and the Theory of Industry Structure*, New York, Harcourt Brace Jovanovitch, 1982.

économique en concurrence pure et parfaite est donc généralisé à l'ensemble des situations concrètes de marché[1270].

Par ailleurs, l'approche moderne, en termes de marchés contestables a nuancé la pertinence du critère de concentration et la signification du marché pertinent. Selon cette théorie, le marché national n'est plus nécessairement « pertinent » dans plusieurs industries ; donc, selon la notion de marché contestable, les dangers de la concentration sur le plan national sont moins importants pour le consommateur. Le degré de contrôle sur un marché donné n'est plus un critère d'évaluation suffisant, il convient de tenir compte également de l'impact que peuvent avoir sur la concurrence locale les importations de produits étrangers ou l'implantation potentielle ou effective d'entreprises étrangères. Il conviendrait même de prendre en compte la situation de la concurrence sur les marchés étrangers avec lesquels les marchés locaux sont en corrélation[1271]. Or, à partir du moment où le marché pertinent n'est plus le marché national mais le marché mondial, ce sont les conditions de concurrence prévalant sur ce marché qui détermineront la taille d'efficience des entreprises, auquel cas ce qu'il est important d'examiner, c'est la taille requise pour rencontrer les exigences de la concurrence sur le marché mondial, d'une part, et le degré de « contestabilité » du marché national, voire du marché mondial lui-même comme c'est de plus en plus le cas, d'autre part. L'apport de la théorie des « marchés contestables » est ici fondamental : le niveau de concurrence réelle sur un marché est une chose, le niveau de « contestabilité » de ce marché en est une autre. Sur un marché monopolistique, les abus de position dominante sont toujours possibles, mais le risque qu'une telle situation se présente est néanmoins circonscrit par l'autodiscipline des marchés face à la menace de voir entrer à tout moment de nouveaux arrivants. Et, à partir du moment où la concurrence peut venir de n'importe où, ce qui est aujourd'hui le cas avec la globalisation, rien n'interdit de penser, non seulement que la formation d'entreprises de grande taille est une question de survie sur des marchés devenus mondiaux, mais également que le consommateur y trouve son compte pour autant que les marchés soient contestables. L'accent mis sur les objectifs d'efficacité dynamique, c'est-à-dire principalement sur l'innovation, est aussi un facteur

[1270] RIOUX Michèle, « Débats économiques et concurrence », *Cahiers de recherche - CEIM (2000-08)*, Centre études internationales et mondialisation, Groupe de recherche sur l'intégration continentale (GRIC), Université du Québec à Montréal, juillet 2000, p. 9 et 10.

[1271] RIOUX Michèle, « Penser la concurrence dans le contexte de la globalisation économique », *Cahiers de recherche-CEIM (01-10)*, Groupe de recherche sur l'intégration continentale (GRIC), Université du Québec à Montréal, août 2001, p. 9.

important. Il contribue à assouplir le droit de la concurrence dans la mesure où l'on considère que les changements technologiques rapides remettent sans cesse en cause la durabilité des positions dominantes (mis à part la question des brevets) et favorisent la contestabilité des marchés, mais aussi, et parallèlement, que le regroupement d'entreprises et la coopération en matière de recherche et de développement entraînent des progrès technologiques dont les consommateurs peuvent profiter[1272].

En fin de compte, on peut observer que la politique de concurrence et la politique commerciale partagent un objectif complémentaire fondamental, l'élimination et la réduction des barrières aux marchés et les distorsions de ceux-ci. Lorsque les objectifs communs sont poursuivis avec vigueur, la libéralisation des échanges et l'application de la politique de concurrence sont complémentaires et se renforcent mutuellement. A cet égard, l'Accord de l'OMC sur les services de télécommunications de base constitue le meilleur exemple du renforcement mutuel des objectifs des politiques de la concurrence et des échanges. Cet accord vise à la fois les mesures gouvernementales et les pratiques privées et traite aussi bien les actions aux frontières que celles qui ont lieu à l'intérieur des frontières, faisant intervenir les instruments et les concepts de la politique des échanges et de la politique de concurrence[1273]. De même, les objectifs de la politique des échanges que sont la libéralisation commerciale, la non discrimination et la transparence peuvent largement contribuer à renforcer la concurrence sur les marchés. Dans le même ordre d'idée, l'établissement et la mise en œuvre vigoureuse d'une législation rationnelle sur la concurrence et de politique de concurrence peuvent généralement faire beaucoup pour assurer des conditions favorables à l'expansion et au maintien d'échange libre ou ouvert entre les pays.

Ainsi, nous avons tenté de montrer que la complémentarité entre les deux politiques est un élément clé de leur efficacité. En l'absence d'une politique de la concurrence efficace, les gains de la libéralisation des échanges peuvent être compromis, suite aux restrictions aux échanges imposées par les entreprises privées ou publiques. Inversement, en l'absence d'un processus soutenu de libéralisation des échanges, l'incidence de la politique de la

---

[1272] DEBLOCK Christian / BRUNELLE Dorval / RIOUX Michèle, « Mondialisation, concurrence et gouvernance : Émergence d'un espace juridique transnational dans les Amériques », *Cahiers de recherche-CEIM (02-03)*, Groupe de recherche sur l'intégration continentale (GRIC), Université du Québec à Montréal, mars 2002, p. 12 et 13.

[1273] OCDE, « Echanges et concurrence : quelles politiques pour demain? », *op.cit.*, p. 28.

concurrence dans la promotion de la contestabilité des marchés est limitée[1274]. Puisque nous avons constaté qu'il est possible de concilier le droit international de la concurrence et le droit du commerce international en théorie, nous pouvons maintenant examiner s'il est possible de se référer au droit du commerce international et, en particulier, au système de règlement des différends de l'OMC afin de réglementer le marché mondial via les principes du droit de la concurrence.

Section II – Les dispositions du GATT/OMC au service du droit international de la concurrence

Les règles commerciales multilatérales de l'OMC ont prouvé leur importance à l'occasion des nombreux conflits commerciaux de ces dernières années, impliquant des questions de politique de concurrence. Les instruments du droit de l'OMC restent donc utilisés, même si l'efficacité du droit international de la concurrence est susceptible d'être considérablement réduite par l'exclusion de nombreux secteurs des mécanismes de l'OMC. Selon certains auteurs, les règles actuelles de l'OMC seraient suffisantes pour remédier aux problèmes du droit international de la concurrence[1275]. Il ne serait donc pas nécessaire d'en adopter d'autres. Les défenseurs de cette proposition invoquent, pour justifier cette thèse, l'existence des dispositions des accords du GATT/OMC en relation avec le droit de la concurrence et suggèrent l'application du règlement des différends de l'OMC aux conflits découlant des ces dispositions. Ainsi, des plaintes s'appuyant sur l'article XXIII peuvent être formées. D'ailleurs, en se basant sur les dispositions de l'Accord du GATT et de l'OMC en relation avec le droit de la concurrence,

---

[1274] OCDE, « Complémentarités entre la politique commerciale et la politique de la concurrence », Groupe conjoint sur les échanges et la concurrence, COM/TD/DAFFE/CLP(98)98/FINAL, 15 septembre 1999, p. 13.

[1275] PETERSMANN Ernst-Ulrich, "Proposals for Negotiating International Competition Rules in the GATT/WTO World Trade and Legal System", *op.cit*, p. 241 à 243; MAVROIDIS Petros / VAN SICLEN Sally, "The Application of the GATT/WTO Dispute Resolution System to Competition Issues", *JWT*, Vol.31, no.5, 1997, p. 10 ; ALVEREZ - JIMENEZ Alberto, "Emerging WTO Competition Jurisprudence and its Possibilities for Future Development", *Northwestern School of Law Journal of International Law & Business*, Vol.24, 2004, p. 442 ; HAUSER Heinz / SCHOENE Rainer, "Is There a Need for International Competition Rules?", *Aussenwirtschaft*, Vol.49, 1994, p. 205 ss.; HOEKMAN Bernard / MAVROIDIS Petros, "Competition, Competition Policy and the GATT", *The World Economy* Vol.17, 1994, p. 121 à 150 ; REY Jean-Jacques / ROBERT Eric, *Institutions économiques internationales*, Bruylant, Bruxelles, 1997, p. 84; SWEENEY Brendan, "Globalisation of Competition Law and Policy : Some Aspects of the Interface Between Trade and Competition", *op.cit.*, p. 389.

une jurisprudence de droit de la concurrence est en train de naître[1276]. Si cette hypothèse est pertinente, il sera possible de règlementer au moins une partie du droit international de concurrence sans réaliser une réforme structurelle.

Sous-section I – Les mécanismes de l'OMC disponibles mais peu adéquats dans le domaine de concurrence internationale

A l'heure actuelle, parmi les projets récents, nous constatons une tendance à l'internationalisation de la politique de la concurrence au sein de l'OMC, car les pratiques commerciales restrictives peuvent annuler les avantages découlant de la libéralisation du commerce international et compromettre les résultats du droit issu du GATT/OMC. Par exemple, l'effet de la suppression d'un contingent à l'importation pour un produit (X) dans un Etat (A) peut être supprimé si : Les entreprises de l'Etat (A) forment un cartel d'importation dont le but est de limiter la quantité d'importation du produit (X) ou si elles s'entendent entre elles afin de boycotter le produit (X).[1277] Est-ce que le système de règlement des différends dans le droit du GATT/OMC s'applique à ce type de pratiques commerciales restrictives, et à quelles conditions ? Pour pouvoir répondre à cette question il faut d'abord examiner, sans entrer dans les détails, les principales caractéristiques du système de règlement des différends en droit du GATT/OMC[1278].

[1276] ALVEREZ - JIMENEZ Alberto, "Emerging WTO Competition Jurisprudence and its Possibilities for Future Development", *Northwestern School of Law Journal of International Law & Business,* Vol.24, 2004, p. 441 et 508.

[1277] MERKT Benoît, *Harmonisation internationale et entraide administrative internationale en droit de la concurrence*, *op.cit.*, p. 83.

[1278] Pour une étude approfondie voir en particulier : RUIZ FABRI Hélène, « Le règlement des différends au sein de l'OMC : Naissance d'une juridiction, consolidation d'un droit », dans *Souveraineté étatique et marché internationaux à la fin du 20e siècle.* À propos de 30 ans de recherche du CREDIMI, Mélanges en l'honneur de Philippe KAHN , Litec, 2000, p. 303 à 335 ; RUIZ FABRI Hélène, « Le règlement des différends dans le cadre de l'OMC », *Journal du droit international,* 1997, p. 709 à 755 ; RUIZ FABRI Hélène, « Le contentieux de l'exécution dans le règlement des différends de l'O.M.C. » ., *Journal du droit international*, 2000, p. 605 à 645 ; RUIZ FABRI Hélène, « Organisation mondiale du commerce (Organe de règlement des différends) » , dans CADIET Loïc (dir.), *Dictionnaire de la justice*, *PUF,* 2004, p. 951 à 954 ; GHERARI Habib, « Le recours aux procédures intégrées des organisations internationales économiques : Le système de règlement des différends de l'OMC », dans *Droit de l'économie internationale,* sous la direction de DAILLIER Patrick, de LA PRADELLE Géraud, GHERARI Habib, Editions Pedone, Paris 2004, p. 937 à 951 ; LESAFFRE Hubert, *Le règlement des différends au sein de l'O.M.C et le droit de la responsabilité internationale*, Thèse Université Paris X Nanterre, 2007.

§ 1 – Les principales caractéristiques du système de règlement des différends dans le droit du GATT/OMC

Dans les articles XXII et XXIII, l'Accord général de 1947 instituait un système interne de règlement des différends commerciaux, original mais embryonnaire, qui s'est trouvé être un mécanisme de conciliation unique. L'une des contributions les plus marquantes de l'Accord général de 1994 est la création d'un mécanisme de règlement des différends obligatoire, codifié dans un nouveau Mémorandum d'Accord sur les règlements des différends[1279]. Celui-ci harmonise non seulement les règles de procédure qui s'étaient multipliées dans les différents Codes adoptés dans le cadre du Cycle de Tokyo en 1979, mais institue aussi une procédure d'arbitrage contraignante, comprenant deux degrés de juridiction et permettant de formuler des recommandations obligatoires de mise en conformité avec le droit de l'OMC. La procédure actuelle est gérée par l'Organe de règlement des différends (ci-après ORD), constitué au sein de l'OMC, et se déroule en trois phases : une phase de consultations, une procédure de type juridictionnel devant un groupe spécial complétée, le cas échéant, par une procédure d'appel et une phase de mise en œuvre des recommandations formulées[1280]. La raison d'être du règlement des différends au titre de l'article XXIII du GATT de 1994, est d'assurer aux membres, directement ou indirectement, les avantages du GATT de 1994[1281]. C'était aussi celle du règlement des différends dans le cadre du GATT de 1947. Dans le cas où un Membre considérerait que ses avantages se trouvent annulés ou compromis du fait des circonstances indiquées à l'article XXIII, il peut alors recourir au mécanisme de règlement des différends[1282]. Sauf quelques exceptions, le

[1279] Mémorandum d'Accord sur les règles et procédures régissant le règlement des différends.

[1280] LUFF David, *Le droit de l'Organisation mondial du Commerce*, *op.cit.*, p. 775.

[1281] L'article XXIII paragraphe 1 a la teneur suivante : Dans le cas où une partie contractante considérerait qu'un avantage résultant pour elle directement ou indirectement du présent Accord se trouve annulé ou compromis, ou que la réalisation de l'un des objectifs de l'Accord est entravée du fait *a)* qu'une autre partie contractante ne remplit pas les obligations qu'elle a contractées aux termes du présent Accord ; *b)* ou qu'une autre partie contractante applique une mesure, contraire ou non aux dispositions du présent Accord ; *c)* ou qu'il existe une autre situation, ladite partie contractante pourra, en vue d'arriver à un règlement satisfaisant de la question, faire des représentations ou des propositions écrites à l'autre ou aux autres parties contractantes qui, à son avis, seraient en cause. Toute partie contractante ainsi sollicitée examinera avec compréhension les représentations ou propositions qui lui auront été faites.

[1282] Etats- Unis – Mesures affectant les importations des chemises et blouses de laine, WT/DS33/AB/R, 25 avril 1997, p. 14.

mécanisme de règlement des différends de l'OMC peut être utilisé pour tout litige ou contentieux relatif à l'application des accords de l'OMC[1283].

Par ailleurs, il est important de noter que les obligations résultant du droit du GATT/OMC ne s'appliquent qu'aux Etats et pas aux entreprises, d'où l'impossibilité de principe de soumettre les pratiques commerciales restrictives à un contrôle dans le cadre de la procédure de règlement des différends. Il est, en revanche, possible de rattacher le comportement de l'Etat à des pratiques commerciales restrictives et de cette manière, de présenter des cas relatifs à des pratiques commerciales restrictives dans le cadre du système de règlement des différends de l'OMC[1284]. Quoi qu'il en soit, le droit de l'OMC ne produit d'effets directs dans les Etats membres de l'Organisation et les rapports des groupes spéciaux ou de l'Organe d'appel ne bénéficient pas de l'autorité de la chose jugée[1285].

§ 2 – Les voies d'action prévue par le droit du GATT/OMC

En bref, après un échec de consultations, tout Membre de l'OMC peut introduire une action devant l'ORD lorsqu'il considère que l'un des avantages résultant pour lui, directement ou indirectement, d'un ou plusieurs accords de l'OMC, se trouve annulé ou compromis, ou que la réalisation de l'un des objectifs du ou des accord(s) invoqué(s) est entravée par une mesure prise par un autre Membre de l'OMC[1286]. La mesure en question peut donc constituer une violation de l'une des règles contenues dans les accords de l'OMC, ou, sans violer une règle juridique contenue dans les accords, annuler ou réduire les avantages découlant d'un des objectifs de l'accord, ou enfin résulter de toute autre situation qui a pour effet d'annuler ou de compromettre les avantages résultant des accords de l'OMC[1287].

A – La plainte en cas de violation l'article XXIII : 1(a)

Ce type de plainte est le plus fréquemment utilisé et consiste, pour le Membre de l'OMC qui en fait usage, à invoquer une infraction à une

---

1283 Art. I et Appendice 1 du Mémorandum d'accord sur le règlement des différends et également, l'art. XVI para. 4 de l'Accord de Marrakech.

1284 MERKT Benoît, *Harmonisation internationale et entraide administrative internationale en droit de la concurrence*, *op.cit.*, p. 87.

1285 V. *infra* partie II, Titre II Chapitre II.

1286 Art. III para. 3 du Mémorandum d'accord sur le règlement des différends.

1287 LUFF David, *Le droit de l'Organisation mondial du Commerce*, *op.cit.*, p. 779.

obligation souscrite au titre d'un des accords de l'OMC[1288]. Lorsque l'infraction est établie, il y a en principe une présomption que celle-ci annule ou compromette un avantage résultant de l'accord invoqué, c'est-à-dire qu'elle ait une «incidence défavorable » sur le plaignant. Il appartient alors au Membre mis en cause de réfuter cette présomption[1289]. La détermination de l'existence d'une violation d'une des dispositions des accords de l'OMC et la réfutation éventuelle de la présomption de l'annulation ou de la réduction des avantages qui en résulte doivent répondre à des règles strictes relatives à la charge de la preuve pour chacune des parties au différend[1290].

À titre d'exemple, un Etat violerait ses engagements du GATT/OMC s'il élaborait un règlement obligatoire exigeant des sociétés locales de ne pas effectuer d'importations. Ceci pourrait être une violation de principe du traitement national posé par l'article III du GATT qui prévoit que les taxes et impositions intérieures ainsi que les réglementations nationales relatives à la commercialisation ne doivent pas frapper les produits importés d'une façon discriminatoire par rapport aux produits nationaux. Ou, en d'autres termes, ces impositions et réglementations ne doivent pas être appliquées « de façon à avantager la production nationale», qu'il s'agisse d'imposer plus lourdement les produits importés[1291] ou de les soumettre à une réglementation commerciale moins favorable sur le territoire[1292]. Ainsi, l'article III du GATT interdit toute mesure nationale traitant différemment les produits importés des produits nationaux similaires ou concurrents et ayant pour effet réel ou potentiel de protéger la production nationale de ces produits[1293]. L'interdiction de toute discrimination est générale, quelle que soit l'origine d'un produit ou d'un service, nationale ou tierce[1294]. L'éventail des mesures visées est donc extrêmement large[1295]. Toutefois, les Etats membres n'ont cessé d'adopter des réglementations qui constituent des obstacles non tarifaires. De ce fait, l'article III est souvent interprété dans la jurisprudence de l'OMC afin de préciser les critères de référence pour une

---

[1288] SWEENEY Brendan, "Globalisation of Competition Law and Policy : Some Aspects of the Interface Between Trade and Competition", *op.cit.*, p. 385.
[1289] Art. III para. 8 du Mémorandum d'accord sur le règlement des différends.
[1290] LUFF David, *Le droit de l'Organisation mondial du Commerce*, *op.cit.*, p. 779.
[1291] Art.III para.2 du GATT.
[1292] Art.III para. 4 du GATT.
[1293] LUFF David, *Le droit de l'Organisation mondial du Commerce*, *op.cit.*, p. 81.
[1294] LESAFFRE Hubert, « Les règles de fond », *op.cit.*, p. 349.
[1295] RUIZ FABRI Hélène / SOREL Jean-Marc, « Organisation du commerce international », *op.cit.*, p. 95.

appréciation du principe de non-discrimination entre les produits importés et les produits nationaux[1296].

Selon l'Organe d'appel, pour qu'il y ait violation de l'article III paragraphe 4, trois éléments doivent être réunis : les produits importés et les produits nationaux en cause doivent être des « produits similaires » ; la mesure en cause doit être « une loi, un règlement ou une prescription affectant la vente, la mise en vente, l'achat, le transport, la distribution et l'utilisation de ces produits sur le marché intérieur » ; et les produits importés doivent être soumis à un traitement « moins favorable » que celui accordé aux produits nationaux similaires[1297]. Une différence formelle de traitement entre les produits importés et les produits nationaux similaires n'est donc ni nécessaire, ni suffisante pour démontrer qu'il y a violation de l'article III paragraphe 4. La question de savoir si les produits importés sont soumis ou non à un traitement « moins favorable » que les produits nationaux similaires devrait plutôt être appréciée en se demandant si une mesure modifie les conditions de concurrence au détriment des produits importés sur le marché en question[1298]. Reconnaissant que toute demande non impérative ne peut cependant être considérée comme une mesure au sens de l'article III, le Groupe spécial a développé deux critères permettant d'attribuer, ou non, une mesure à un gouvernement. Premièrement, l'existence d'incitations ou le manque d'incitations suffisantes pour que des mesures non contraignantes prennent effet : deuxièmement, une application des mesures en cause qui dépendent essentiellement d'une action ou intervention étatique[1299].

Dans cette perspective, le principe du traitement national est considéré comme la clé de voûte de l'ordre commercial international qui assure

[1296] Voir en particulier les affaires Japon – Taxes sur les boissons alcooliques, WT/DS8/11, WT/DS10/11, WT/DS11/8, commenté in RUIZ FABRI Hélène, *Chronique du règlement des différends de l'OMC : JDI* 1999, Vol.2, p. 458 ; Communauté européennes – Mesures affectant l'amiante et les produits en contenant, WT/DS135/AB/R, *Chronique du règlement des différends de l'OMC : JDI* 2001, Vol.3, p. 948 ; Japon - Les mesures affectant les pellicules et papiers photographiques destinés aux consommateurs, *op.cit.* ; République dominicaine – mesures affectant l'importation et la vente de cigarettes sur le marché intérieur, WT/DE302/AB/R, 25 avril 2005.

[1297] Corée – Mesures affectant les importations de viande de bœuf fraîche, réfrigérée et congelée, Rapport de l'Organe d'appel, AB-2000-8 WT/DS161, 169/AB/R (00-5347), adopté le 10 janvier 2001, para. 133.

[1298] *Ibid.*, para. 137.

[1299] Japon — Commerce des semi-conducteurs (BISD 35S/116), Rapport du Groupe spécial (GATT), BISD 35S/116, 4 mai 1988, para. 109; Voir aussi HUDEC Robert, "A WTO Perspective on Private Anti-Competitive Behavior in World Markets", *op.cit.*, p. 97.

l'égalité de traitement entre opérateurs économiques étrangers et nationaux[1300]. Cette clause est ainsi destinée à assurer des conditions égales de concurrence entre les produits sur un marché national donné. Puisque le droit de la concurrence fait partie de la réglementation intérieure des Etats, il est soumis à la règle de non-discrimination de l'article III GATT 1994 et il est possible que l'application discriminatoire par un Etat de son droit de la concurrence puisse faire l'objet d'une plainte pour violation[1301]. Selon Mitsuo Matsushita, même une non-application discriminatoire, par un Etat, de son droit de la concurrence peut faire l'objet d'une plainte pour violation[1302]. Ainsi, une plainte en vertu de l'article XXIII peut être acceptée si la partie plaignante peut prouver que les mesures gouvernementales *de jure* ou *de facto,* discriminatoires, favorisent la conduite anticoncurrentielle des parties privées en remplissant toutes les conditions citées ci-dessus. Au surplus, ce principe existe dans plusieurs accords de l'OMC et ces dispositions peuvent faire l'objet d'une procédure identique à celle précédemment expliquée[1303].

Par ailleurs, la plainte pour violation pourrait également permettre de contester les cartels d'importation qui sont de nature à supprimer les avantages découlant d'une concession tarifaire. Au Japon, les cartels

---

[1300] LESAFFRE Hubert, « Les règles de fond », dans *Droit de l'économie internationale*, DAILLER Patrick / DE LA PRADELLE Géraud / GHERARI Habib, Editions Pedone, Paris 2004, p. 349.

[1301] MAVROIDIS Petros / VAN SICLEN Sally, "The application of the GATT/WTO dispute resolution system to Competition Issues", *op.cit.*, p. 10.

[1302] Pour ce cas particulier, l'auteur donne l'exemple suivant: "In country A, the competition law authority has stringently and consistently prohibited buying cartels including import cartels. Under the circumstances, here is reasonable expectation that the authority proceeds against such a cartel if it can catch one or if there is a complaint with sufficient evidence. In the past, many complaints were filed and the authority had acted vigorously on the basis of such complaints. Exporters of country B intended to export a product to country A but the buying cartel in country A refused to purchase the product. Exporters filed a complaint with the competition authority in country A. However, in this particular case, the authority refused to take action. MATSUSHITA Mitsuo, "Restrictive Business Practices and the WTO/GATT Dispute Settlement Process", dans: *International Trade Law and the GATT/WTO Dispute Settlement System,* PETERSMANN E.-U (ed.), Kluwer Law International, London, The Hague, Boston, 1999, p.3 70.

[1303] Art. II, para.1 de l'Accord sur les obstacles techniques au commerce ; art II de l'Accord sur les mesures concernant les investissements et liées au commerce ; art XVII de l'Accord générale sur le commerce des services ; art.III de l'Accord sur les aspects des droits de propriété intellectuelle qui touchent au commerce ; art. V de l'Accord sur les marchés publics ; Art.B.2 du Mémorandum d'accord sur les engagements relatifs aux services financiers.

d'importation doivent faire l'objet d'une notification au Département du commerce qui peut, dans certaines circonstances, les exempter en application de l'*Import and Export Transaction Law*[1304]. Or, exempter un cartel à l'importation équivaut à encourager une pratique commerciale restrictive. Une telle mesure pourra faire l'objet d'une plainte pour violation du fait que l'article XI paragraphe 3[1305] de l'Accord sur les sauvegardes interdit aux Etats Membres de l'OMC d'encourager ou de soutenir l'adoption ou le maintien de cartels d'importation[1306].

Ainsi, les exemples[1307] ci-dessus montrent qu'il est possible d'imaginer un certain nombre de situations dans lesquelles les pratiques commerciales restrictives, dans la mesure où elles contreviennent à une disposition spécifique d'un Accord OMC, peuvent faire l'objet d'une plainte pour violation[1308].

B – Le mécanisme de non-violation selon l'article XXIII : 1(b)

La plainte en cas de non-violation de l'article XXIII : 1 (b) GATT 1994 est une particularité du système de règlement des différends en droit du GATT/OMC[1309]. Elle va en effet au-delà des dispositions traditionnelles d'accords internationaux en matière de règlement des différends[1310]. Cette disposition reconnaît qu'un Etat, par une mesure, peut manquer à ses obligations, sans pour autant contrevenir à une disposition spécifique d'un

---

[1304] MATSUSHITA Mitsuo, *International Trade and Competition Law, Oxford University Press*, Oxford 1993, p.182.

[1305] Cet article stipule que « Les Membres n'encourageront ni ne soutiendront l'adoption ou le maintien en vigueur, par des entreprises publiques et privées, de mesures non gouvernementales équivalentes à celles qui sont visées au paragraphe 1».

[1306] ROESSLER Frieder, "Should principles of competition policy be incorporated into WTO law through non-violation complaints?", *JIEL* Vol.2, No.3, 1999, p. 413.

[1307] Pour des autres exemples des textes mentionnant des pratiques privées anticoncurrentielles v. SIROEN Jean-Marc, « Choix de la politique commerciale dans le cas de la concurrence imparfaite » *op.cit.* , p. 93.

[1308] MERKT Benoît, *Harmonisation internationale et entraide administrative internationale en droit de la concurrence*, *op.cit.*, p. 90.

[1309] Communautés Européennes – Mesures affectant l'amiante et les produits en contenant - AB-2000-11 - Rapport de l'Organe d'appel, WT/DS135/AB/R, 12 mars 2001, para. 186 « Comme le Groupe spécial chargé d'examiner l'affaire Japon - Mesures affectant les pellicules et papiers photographiques destinés aux consommateurs (Japon - Pellicules), nous considérons que le recours prévu à l'article XXIII : 1 b) "devrait être envisagé avec prudence et demeurer exceptionnel ».

[1310] MERKT Benoît, *Harmonisation internationale et entraide administrative internationale en droit de la concurrence*, *op.cit.*, p. 90.

accord international. Autrement dit, cette plainte permet à un Etat membre de l'OMC d'introduire une action devant l'ORD contre une mesure d'un autre membre qui bien que ne contrevenant pas spécifiquement à une règle, n'en annule ou compromet pas moins les avantages résultant pour le plaignant d'un accord de l'OMC ou entrave la réalisation de l'un de ses objectifs[1311]. Elle est disponible quelque soit la mesure litigieuse, même si celle-ci est justifiée au titre d'une exception spécifique aux dispositions des accords de l'OMC[1312]. En quelque sorte, la plainte en cas de non-violation vise à protéger les attentes légitimes « *legitimate expectations* » des parties contractantes[1313]. Ceci reflète l'un des premiers objectifs du GATT de 1994, celui d'instaurer un équilibre des avantages entre les parties contractantes et consiste en une application du principe général de bonne foi dans l'exécution et la négociation des traités[1314].

Quand il n'y a pas de violation, la partie plaignante doit fournir une justification détaillée de ses allégations d'annulation ou de réduction des avantages résultant des accords de l'OMC[1315]. Cette procédure se distingue ainsi de la procédure pour violation dans laquelle l'annulation ou la réduction des avantages est présumée exister. Ainsi, une plainte en situation de non-violation est théoriquement possible lorsque la partie plaignante établit que l'un des objectifs d'un accord de l'OMC est entravé par la mesure controversée. Cette deuxième alternative dans le texte du Mémorandum d'accord n'a toutefois jamais été utilisée de manière distincte des allégations d'annulation ou de réduction des avantages et est tombée en désuétude comme moyen d'action séparé[1316]. Par ailleurs, une plainte en situation de non violation ne peut aboutir à une recommandation de retrait de la mesure adressée à la partie défenderesse[1317], mais uniquement à une recommandation de procéder à un ajustement, qui soit mutuellement

---

[1311] Art. 26 du Mémorandum d'accord sur le règlement des différends ; Art. XXX para. 1 (b) du GATT ; Art. XXIII para.3 de l'AGSC.

[1312] Communautés Européennes – Mesures affectant l'amiante et les produits en contenant - AB-2000-11 - Rapport de l'Organe d'appel, *op.cit.*, para. 187.

[1313] COTTIER Thomas / KRISTA Nadakavukaren Schefer, "Non-violation Complaints in WTO/GATT Dispute Settlement : Past, Present and Future", in *International Trade Law and the GATT/WTO Dispute Settlement System* ed. PETERSMANN Ernst-Ulrich, Kluwer law International, London, 1997, p. 145 ; PANIZZON Marion, Good Faith in the Jurisprudence of the WTO, Studies in International Trade Law, Hart Publishing, Oxford, 2006, p. 357 ss.

[1314] Corée – Mesures affectant les marchés publics - Rapport du Groupe spécial, WT/DS 163/R, 1er mai 2000, para.7.93.

[1315] Art. 26 para.1(a) du Mémorandum d'accord sur le règlement des différends.

[1316] LUFF David, *Le droit de l'Organisation mondial du Commerce, op.cit.,* p. 82.

[1317] Art. 3.7 du Mémorandum d'accord sur le règlement des différends.

satisfaisant pour les parties[1318]. Or, les mesures prises visent à octroyer une compensation afin de restaurer l'équilibre des avantages. Trois conditions doivent être remplies pour satisfaire aux exigences de la plainte en cas de non-violation. L'Etat requérant doit d'abord prouver l'application d'une « mesure » par un Membre de l'OMC. Ensuite, il doit montrer l'existence d'un bénéfice résultant de l'Accord. Et enfin, il doit établir un lien de causalité entre la réduction et la mesure prouvant que la réduction est la conséquence de la mesure[1319].

Les dispositions relatives à des situations de non-violation ont souvent été invoquées lorsqu'une réduction tarifaire négociée et consolidée avait été annulée par l'octroi de subventions nationales sur les mêmes produits par le pays importateur[1320]. Pourtant, elles font l'objet d'un large débat, dans la mesure où elles pourraient créer des obligations pour les parties sans pour autant que celles-ci n'y aient souscrit formellement. C'est pourquoi plusieurs auteurs se montrent sceptiques quant à l'utilisation de la plainte en cas de non-violation dans le domaine du droit de la concurrence afin de pallier l'absence de codification internationale dans ce domaine[1321]. En revanche, d'autres sont d'avis que la plainte en cas de non-violation est la voie la plus prometteuse pour développer une jurisprudence en droit du GATT/OMC. Selon ces auteurs, il suffit pour ce faire de considérer que le support d'un Etat à des pratiques commerciales restrictives ou l'inapplication du droit national de la concurrence peut, dans certains cas, constituer une *« mesure »* en violation de l'engagement pris dans le GATT (1994) de ne pas fermer le

---

[1318] Art. 26 para.1(b) du Mémorandum d'accord sur le règlement des différends.

[1319] Japon - Les mesures affectant les pellicules et papiers photographiques destinés aux consommateurs, *op.cit.*, para 10.36 ; Communauté européennes – Mesures affectant l'amiante et les produits en contenant, *op.cit.*, para.186.

[1320] PETERSMANN Ernest-Ulrich, "Violation-complaints and non-violation complaints in Public International Trade Law", *German Yearbook of International Law,* Vol.34, 1991, p. 175 à 229.

[1321] ROESSLER Friedler, "Should Principles of Competition Policy be Incorporated into WTO Law Through Non-Violation Complaints ?", *JIEL,* 1999, p. 413 ; ROESSLER Friedler, "The Concept of Nullification and Impairment in the Legal System of the World Trade Organization", dans *International Trade Law and the GATT/WTO Dispute Settlement System*, PETERSMANN E.-U (ed.), Kluwer Law International, London, The Hague, Boston, 1997, p.125 ss; BLACKHURST Richard, "Competition Policies: National versus Multilateral Jurisdiction", *Aussenwirtschaft*, 1994, p. 225; LIGNEUL Nicolas, *L'élaboration d'un droit international de la concurrence entre les entreprises*, *op.cit.*, p. 229 ; JACKSON John H., "Alternative Approaches for Implementing Competition Rules in International Relations", *Aussenwirtschaft,* Vol.49, 1994, p. 177 à 200.

marché national[1322]. Par exemple, un cartel d'exportation dans un pays (A) restreint la quantité de biens (X) à exporter dans un pays (B) afin d'augmenter le prix des biens (X) dans le pays (B). Imaginons que le cartel d'exportation est formellement exempt du droit de la concurrence du pays (A) par les autorités de ce même pays selon la procédure d'exemption des cartels d'exportation, telle qu'il en existe une par exemple aux Etats-Unis. L'article XI du GATT de 1994 interdit en principe les restrictions quantitatives à l'exportation. Si l'on qualifie l'exemption de mesure et si les conditions de l'article XI sont réunies, il est possible de contester une législation nationale qui exempte les cartels qui ne produisent des effets que sur les marchés d'exportation[1323]. Cette approche pourrait s'avérer plus efficace que de s'engager dans une entreprise d'harmonisation internationale du droit de la concurrence[1324].

C – Le cas exceptionnel de l'article XXIII : 1 (c)

Le Mémorandum d'accord sur le règlement des différends permet également aux Etats Membres de l'OMC d'introduire une action lorsque les avantages résultant des accords de l'OMC sont annulés ou compromis, ou lorsque la réalisation des objectifs de ces accords est entravée, non pas en raison d'une mesure, licite ou non, imputable à un Membre, mais comme conséquence de toute autre situation[1325]. Historiquement, cette action avait pour objet de permettre aux Parties contractantes du GATT d'entamer des négociations en période de crise ou dans d'autres circonstances exceptionnelles perturbant le commerce de manière telle qu'elles étaient empêchées de bénéficier des

---

[1322] HOEKMAN Bernard / MAVROIDIS Petros, "Competition, Competition Policy and the GATT", The World Economy Vol.17, 1994, p. 121 à 150 ; HAUSER Heinz / SCHOENE Rainer, "Is There a Need for International Competition Rules?", *Aussenwirtschaft*, 1994, p 205 à 222 ; MAVROIDIS Petros / BACCHETTA Marc / HORN Henrik, "Do Negative Spill-Overs from Nationally Pursued Competition Policy Provide a Case for Multilateral Competition Rules?", In EHLERMANN Claus-Dieter and LAUDATI Laraine (ed), *European Competition Law Annual 1997: Objectives of Competition Policy*, Hart Publishing, Oxford, 1998, p. 271 à 309.

[1323] MAVROIDIS Petros, « Les pratiques restrictives du commerce: la question de la répartition des compétences entre la Communauté Européenne et ses Etats membres dans le cadre de l'Organisation Mondiale du Commerce », *Annuaire Français de Droit International* XLII, 1996, p. 870.

[1324] MERKT Benoît, *Harmonisation internationale et entraide administrative internationale en droit de la concurrence*, *op.cit.*, p. 92.

[1325] Article 26 para.2 du Mémorandum d'accord sur le règlement des différends. Article XXIII para.1 (c) du GATT.

avantages qu'elles étaient en droit d'attendre[1326]. En effet, aucune demande d'établissement d'un groupe spécial n'a été formulée sur la base de cette disposition, bien que ce type d'action permette à tout membre de l'OMC de saisir l'ORD dans toute situation de quelque nature qu'elle soit qui, à ses yeux, compromet les objectifs de l'OMC ou l'empêche de bénéficier des avantages qu'il est en droit d'attendre de ces accords. De même, en raison de la nature politique de ce genre de plainte, la procédure est moins contraignante que dans le cadre des deux autres actions et un droit de veto subsiste toujours contre les décisions des Groupes spéciaux[1327]. En outre, l'utilisation de cette voie dans le domaine de la concurrence sera limitée du fait que ni les groupes spéciaux, ni l'Organe d'appel n'ont de pouvoirs d'investigation comparables à celui des autorités nationales et la démonstration sera rendue difficile par le fait que non seulement le contenu des législations sur la concurrence, mais aussi leur mise en œuvre, peuvent fortement varier dans le temps[1328].

Avant d'arriver à une conclusion finale, et même si les dispositions du GATT et de l'OMC peuvent constituer un fond suffisant pour régir les rapports internationaux de concurrence, il faut examiner les décisions des groupes spéciaux, de l'Organe de règlement des différends et de l'Organe d'appel pour constater l'application de ces règles aux cas pratiques.

Sous-section II – L'évaluation de la jurisprudence concernant le droit de la concurrence au sein de l'OMC[1329]

En examinant les décisions des groupes spéciaux, de l'ORD et de l'Organe d'appel, on constate qu'à partir de 1983, leurs rapports ont envisagé

[1326] LUFF David, *Le droit de l'Organisation mondial du Commerce*, *op.cit.*, p. 781 et 782.

[1327] La phase ultérieure d'adoption du rapport et celle qui est relative à la mise en œuvre de ses recommandations sont régies par l'ancienne procédure, non-contraignante édictée dans la Décision du 12 avril 1989 sur l'amélioration des règles et procédures du GATT relatives au règlement différends. IBDD S36/64-70. Article 26 para.2 du Mémorandum d'accord sur le règlement des différends.

[1328] ROESSLER Friedler, "The Concept of Nullification and Impairment in the Legal System of the World Trade Organization", *op.cit.*, p. 140.

[1329] La jurisprudence de l'OMC concernant la concurrence comporte d'abord, tout le panel des décisions où les Etats membres sont forcés d'empêcher l'existence ou d'atténuer les effets d'un certain comportement anticoncurrentiel privé. Ensuite, la jurisprudence inclus les rapports où les Etats membres sont obligés de s'assurer que leurs entreprises privés se comporteront de la manière pro-concurrentielle comme prévue par le droit de l'OMC.

directement la question des pratiques restrictives de concurrence[1330]. La référence au concept économique de concurrence, et, consécutivement, son utilisation dans l'interprétation de la clause du traitement de la nation la plus favorisée[1331], par le renvoi désormais direct à la libre concurrence dans les panels relatifs à l'anti-subvention[1332] et à l'article III de l'Accord général[1333], ont été constatés par les groupes spéciaux. Tout récemment, dans l'affaire *Telmex*[1334]*,* le Groupe spécial a jugé que le Mexique s'était rendu coupable de n'avoir pas mis sa législation interne en conformité avec les règles de l'Accord général sur le commerce des services. Ainsi, l'affaire *Telmex* se présente comme la première jurisprudence de l'OMC admettant véritablement que le droit national de la concurrence d'un Etat membre peut aussi constituer une barrière à l'accès au marché national.

[1330] FLORY Thiebaut (sous la dir. de), « Chroniques du règlement des litiges de l'OMC » – 1er. juillet 1999-31 décembre. 1999», *Revue du Marché Commun et de l'Union Européenne* no.434, 2000, p. 47 à 56 ; LIGNEUL Nicolas, *L'élaboration d'un droit international de la concurrence entre les entreprises*, *op.cit.*, p. 82.

[1331] L'Article 1er de l'Accord général et l'article II de l'Accord général sur le Commerce des services ont tranchés dans ce sens dans les panels suivants : Japon - Droits de douanes appliqués aux importations de bois d'œuvre d'épicéa, de pin et de sapin coupé à dimensions. Rapport du Groupe spécial, IBDDS36/184, 19 juillet 1989 ; Etats-Unis – Refus d'accorder le traitement de la nation la plus favorisée aux chaussures autres qu'en caoutchouc en provenance du Brésil. Rapport du Groupe spécial DS18/R, IBDD, S39/142, 19 juin 1992.

[1332] CEE – Primes et subventions versée aux transformateurs et aux producteurs d'oléagineux et de protéines apparentées destinées à l'alimentation des animaux. Rapport du Groupe spécial, IBDD, S37/91, 25 janvier 1990 ; Etats-Unis – Droits compensateurs sur la viande de porc fraiche, réfrigérée et congelée en provenance du Canada. Rapport du Groupe spécial, IBBD, S38/32, 11 juillet 1991 ; Etats-Unis – mesures affectant les bois et résineux en provenance du Canada. Rapport du Groupe spécial SCM/153, 19 février 1993 ; Etats-Unis – impositions de droits compensateurs sur les importations de saumons frais et réfrigérés en provenance de Norvège. Rapport du Groupe spécial SCM/153, 28 avril 1994 ; Brésil – impositions de droits compensatoires provisoires et définitifs sur la poudre de lait et certaines types de lait en provenance de la Communauté économique européenne. Rapport du Groupe spécial SCM/179, 2 avril 1994.

[1333] Etats – Unis – normes concernant l'essence ancien et nouvelle formules. Rapport du Groupe spécial, de l'Organe d'Appel et de l'Organe de Règlement des Différends, WT/DS/9, 20 mai 1996 ; Argentine – mesures affectant les importations de chaussures, textiles, vêtements et autres articles. Rapport du Groupe spécial, WT/DS56/R, 25 novembre 1997 ; Inde – protection conférée par un brevet pour les produits pharmaceutiques et de produits chimiques pour l'agriculture. Rapport de l'Organe d'Appel, WT/DS50/AB/R, 19 décembre 1997 ; Communautés Européennes – mesures affectant l'importation de certains produits provenant de volailles. Rapport du Groupe spécial, WT/DS69/R, 12 mars 1998 ; Japon - Les mesures affectant les pellicules et papiers photographiques destinés aux consommateurs, *(Fuji c. Kodak)*, WT/DS44/R, 31 Mars 1998 ; Mexique – Les mesures affectant les services de télécommunication, WT/DS204/R, 1 Juin 2004.

[1334] Mexique – Les mesures affectant les services de télécommunication, *op.cit.*

§ 1 – L'absence de prise en compte du droit de la concurrence jusqu'en 1983

Au départ, les groupes spéciaux constitués dans le cadre de l'article XXIII de l'Accord général sur les Tarifs douaniers et le Commerce (GATT de 1947) se sont contentés de lutter contre les pratiques d'Etat visant à annuler ou compromettre les baisses de droit de douanes consentis à partir de cette période. Ainsi, pendant les premières années de l'existence du système GATT/OMC en général et du système de Règlement des Différends en particulier, les préoccupations des parties contractantes ont principalement porté sur les conditions d'abaissement des droits de douanes. Dans ce contexte, il est logique qu'aucun rapport des Groupes Spéciaux adoptés par les Parties Contractantes n'ait fait référence au concept de concurrence[1335]. Mais, avec le développement du libre échange et les échanges internationaux depuis la fin de la seconde guerre mondiale, les groupes spéciaux ont commencé, dès 1973, à utiliser le concept de concurrence. Or, ce dernier a fait son apparition dans les décisions des panels à l'occasion de l'interprétation des articles I, III, XI et XVII de l'Accord général sur les Tarifs douaniers et le Commerce[1336]. Cette utilisation a été très vite étendue à la reconnaissance d'une véritable liberté de la concurrence mais les décisions des Groupes spéciaux n'ont fait référence qu'au concept économique de concurrence[1337].

A partir de 1983, les rapports des groupes spéciaux ont envisagé directement la question des pratiques restrictives de concurrence mise en œuvre par les

---

[1335] LIGNEUL Nicolas, *L'élaboration d'un droit international de la concurrence entre les entreprises*, *op.cit.*, p. 82 et 83 ; CHAREYRE DE BEAUMONT Anne, *Droit de la concurrence et globalisation*, *op.cit.* p. 366.

[1336] Royaume Unis – Contingents de la Zone Dollar, Rapport du Groupe Spécial adopté le 30 juillet 1973 et publié sous la côte L/3891 aux IBDD supplément n° 20, p. 259 ss. ; CEE - Mesures appliquées aux protéines destinées à l'alimentation des animaux. Rapport du Groupe Spécial adopté le 14 mars 1978 et publié sous la côte L/4599 aux IBDD supplément n° 25, p. 53 ss ; CEE - Régime concernant les prix minimaux à l'importation, le certificat et le cautionnement pour certains produits transformés à base de fruits et légumes, Rapport du Groupe Spécial adopté le 18 octobre 1978 et publié sous la côte L/4687 aux IBDD supplément n° 25, p. 75 ss. ; Communauté européennes – restitutions à l'importation de sucre. Rapport du Groupe Spécial adopté le 10 novembre 1980 et publié sous la côte L/5011 aux IBDD supplément n° 27, pp. 74 ss.

[1337] Pratiques suivies par la Belgique en matière d'impôt sur le revenu. Rapport du Groupe Spécial adopté le 2 décembre 1976 et publié sous la côte L/4424 aux IBDD supplément n° 23; p. 139 ; Pratiques suivies par la France en matière d'impôts sur le revenu, Rapport du Groupe Spécial adopté le 2 décembre 1976 et publié sous la côte L/4423 aux IBDD supplément n° 23 ; p. 126.

Parties contractantes ou leurs ressortissants[1338]. De même, l'utilisation des concepts de substituabilité et d'atteinte à la concurrence dans l'interprétation des dispositions des accords du système GATT/OMC s'est poursuivie avec les dispositions relatives au traitement national[1339], aux restrictions quantitatives à l'importation[1340] et aux entreprises commerciales d'Etat[1341]. Par exemple, dans le différend opposant le Canada et la CEE à propos du papier journal, la délégation canadienne a soutenu que ce qui était au cœur du litige était « la sureté et la prévisibilité des consolidations effectuées dans le cadre de l'Accord général » et que la restriction des importations empêchait les exportateurs canadiens de participer à la concurrence[1342]. En revanche, malgré ces développements, le modèle d'accès au marché fondé sur les principes de non-discrimination, sur la clause de la nation la plus favorisée et sur le traitement national n'étaient plus suffisants. Si les marchés internationaux étaient plus ouverts, les entreprises ont fait face à de nouveaux obstacles comme, par exemple, les réseaux de distribution fermés, l'alliance stratégique, le manque de transparence dans les réglementations et leur application. Ainsi, la concurrence était au centre des nouveaux problèmes auxquels l'OMC devait répondre. Il ne faisait aucun doute que « la nouvelle arène internationale » se trouvait désormais à l'intérieur des frontières, ce qui signifiait que les règles commerciales devaient incorporer

---

[1338] FLORY Thiebaut (sous la dir. de), « Chroniques du règlement des litiges de l'OMC », *Revue du marché commun et de l'Union Européenne* no.429, 1999, p.401 à 413 ; FLORY Thiebaut (sous la dir. de), « Chroniques du règlement des litiges de l'OMC», *Revue du marché commun et de l'Union Européenne* no.425, 1999, p. 121 à 127.

[1339] Par exemple dans les panels Etats-Unis – taxes sur le pétrole et sur certains produits d'importation, Rapport du Groupe Spécial adopté le 17 juin 1987 publié sous la côte L6175 aux IBDD supplément n° 34, p. 154 et s. ; Japon – Droits de douane, fiscalité et pratiques en matière d'étiquetage concernant les vins et les boissons alcooliques importées, Rapport du groupe spécial adopté le 10 novembre 1987 publié sous la côte L/6216 aux IBDD supplément n° 34, p. 92 et s. (appréciation du caractère substituable entre les vins et spiritueux japonais et les vins et spiritueux importés au Japon) ; Communautés européennes - Mesures affectant l'importation de certains produits provenant de volailles. Rapport du Groupe spécial, WT/DS69/R, 12 mars 1998 ; Mesures communautaires concernant les viandes et les produits carnés (hormones) - AB-1997-4 - Rapport de l'Organe d'appel, WT/DS26/AB/R et WT/DS48/AB/R, 16 janvier 1998.

[1340] Corée – Restrictions à l'importation de la viande de bœuf. Rapport du Groupe Spécial adopté le 7 novembre 1989 et publie sous la cote L/6505 aux IBDD Supplément no.36, p. 261ss.

[1341] Communautés européennes - Régime applicable à l'importation, à la vente et à la distribution des bananes - AB-1997-3 - Rapport de l'Organe d'appel, WT/DS27/AB/R, 9 septembre 1997 ; Canada - Certaines mesures concernant les périodiques - AB-1997-2 - Rapport de l'Organe d'appel, WT/DS31/AB/R, 30 juin 1997.

[1342] Communauté européenne – Papier journal, Rapport du Groupe Spécial adopté le 20 novembre 1980 et publié sou la côte L/5680, IBDD supplément no.31, p. 125 ss.

les dispositions touchant les domaines de la politique nationale[1343]. L'affaire contre le Japon – les mesures affectant les pellicules et les papiers photos destinés aux consommateurs – portée devant l'OMC, est un exemple concret qui illustre comment les conditions et les politiques internes de la concurrence affectent les débats autour du concept d'accès au marché[1344].

§ 2 – L'évolution des décisions de groupe spécial : vers un droit mondial de la concurrence ?

Les pratiques anticoncurrentielles empêchant l'accès au marché des entreprises étrangères ont conduit à un certain nombre de conflits commerciaux, tels que l'affaire *Kodak-Fuji* ou celle des mesures affectant les services de télécommunication – *Telmex*. Ces précédents montrent que l'article XXIII sur la non-violation peut être appliqué en cas de non-application ou d'application discriminatoire de la politique de concurrence concernant les pratiques anticoncurrentielles qui affectent les conditions d'accès au marché de la concurrence étrangère.

En 1995, l'entreprise américaine *Eastman Kodak* (ci-après Kodak) a porté plainte contre les pratiques déraisonnables de *Fuji film* au Japon sur la base de la section 301 *US Trade Act.*[1345] En acceptant cette plainte, les États-Unis ont, pour la première fois, examiné une affaire liée aux pratiques anticoncurrentielles. Suite à cette plainte concernant les conditions d'accès au marché japonais de pellicules photographiques, les États-Unis ont demandé l'ouverture de consultations avec le Japon en alléguant que les mesures de libéralisation commerciale prises par le Japon avaient été suivies de contremesures pour structurer le marché de la photographie grand public

[1343] RIOUX Michèle, « Vers un droit mondial de concurrence ? », *op.cit.*, p. 4.
[1344] HANSEN Isela Patricia, "Antitrust in the Global Market: Rethinking "Reasonable Expectations", *op.cit.*, p. 1601.
[1345] L'entreprise Kodak a choisi de ne pas porter l'affaire devant les autorités japonaises ou américaines de la concurrence, qui traitent normalement de tels cas, mais devant les autorités commerciales pour deux raisons. Premièrement l'application des lois étrangères aux problèmes de concurrence sur les marchés étrangers est controversée. A l'époque, les Etats-Unis n'avaient pas encore signé d'accord de coopération en matière de concurrence avec le Japon de telle sorte que, formellement, les autorités américaines ne pouvaient demander la coopération de la Japan Fair Trade Commission qui est l'autorité chargée de mettre en œuvre la loi japonaise sur la concurrence. Deuxièmement, il y avait une incertitude sur l'application de la politique de concurrence puisque l'analyse, selon qu'elle eut été faite en fonction du marché japonais ou du marché mondial, aurait conduit à des conclusions divergentes et aussi parce que l'application de la Section 2 de la loi Sherman aurait pu être contestée même si la compétence des autorités américaines avait été reconnue.

de manière à empêcher Kodak de se faire une place importante sur le marché japonais. Les consultations n'ont pas permis de résoudre le différend. De ce fait, en 1996, les Etats-Unis ont demandé l'établissement d'un Groupe spécial, en invoquant que certaines lois et règlements japonais affectant la distribution et la vente sur le marché intérieur de pellicules et papiers photographiques annulaient ou compromettaient les avantages au sens de l'article XXIII 1 (a) GATT 1994 du fait que le Japon ne s'était pas conformé à ses obligations au titre de l'article III sur le traitement national en matière de réglementation intérieure, au titre de l'article X sur la transparence et au sens de l'article XXIII 1 (b) GATT 1994. Par ces mesures, le Japon aurait annulé ou compromis les concessions tarifaires qu'il avait accordées pour les pellicules et papiers photographiques noir et blanc ou couleur destinés aux consommateurs dans le cadre des négociations commerciales multilatérales. Le 31 mars 1998, le Groupe spécial est arrivé aux conclusions que les Etats-Unis n'ont pas démontré que les « mesures » japonaises annulaient ou compromettaient leurs avantages, au sens de l'article XXIII 1(b) GATT 1994[1346] et a rejeté la plainte, tout en acceptant d'examiner cette affaire ; il a confirmé qu'il était possible d'élargir les procédures des différends de l'OMC pour y inclure les comportements déloyaux d'entreprises qui sont tolérés par les États membres d'où proviennent ces entreprises[1347]. Ainsi, le Groupe a ouvert la voie à un plus grand recours à la procédure de règlement des différends de l'OMC en rapport avec des pratiques commerciales restrictives.

Par ailleurs, en 1997 un important développement s'est réalisé. Les 69 Etats constituant le groupe sur les télécommunications de base sont parvenus à un Accord sur la libéralisation des services de télécommunications[1348]. Ainsi, 57 listes d'engagements représentant 69 gouvernements Membres de l'OMC ont été arrêtées. Ces listes sont annexées au quatrième Protocole de l'Accord général sur le commerce des services. Les préoccupations relatives à l'établissement d'un cadre réglementaire favorable à l'entrée sur le marché ont été examinées en profondeur pendant les négociations. De nombreux participants ont proposé que des disciplines réglementaires soient inscrites dans les listes à titre d'engagements additionnels, de manière à préserver la

---

[1346] Japon - Les mesures affectant les pellicules et papiers photographiques destinés aux consommateurs, *(Fuji c. Kodak)*, WT/DS44/R, 31 Mars 1998.
[1347] RIOUX Michèle, « Vers un droit mondial de concurrence? », *op.cit.*, p. 5 ; SWEENEY Brendan, "Globalisation of Competition Law and Policy : Some Aspects of the Interface Between Trade and Competition", *op.cit.*, p. 390.
[1348] Annexe sur les télécommunications de l'Accord général sur le commerce des services.

valeur des engagements pris en matière d'accès aux marchés. Les participants ont réussi à élaborer un ensemble de principes, régissant notamment les sauvegardes contre les pratiques anticoncurrentielles, les garanties en matière d'interconnexion, la transparence des procédures de licences, et l'indépendance des organes réglementaires, qui est reproduit dans un texte négocié d'un commun accord et intitulé Document de référence. La portée de ce dernier est double : assurer l'effectivité en droit national des garanties d'accès au marché et soumettre leur transposition à un contrôle dans le cadre de la procédure de règlement des différends de l'OMC[1349]. La particularité du domaine des télécommunications est que, dans la plupart des pays au monde, il se présentait sous le régime de monopole légal qui conférait à un ou seulement quelques opérateurs le droit de fournir des services. Lorsque la libéralisation a lieu, l'ancien monopole a été fortement avantagé sur le marché, car il disposait d'une longue expérience et d'une clientèle fidèle à son réseau. Le document de référence contient des principes visant à assurer que les avantages du fournisseur principal ne tournent pas au détriment des concurrents qui cherchent à bénéficier de la libéralisation. Ces principes constituent un droit de la concurrence *sui generis* dans un domaine particulier. Lorsqu'un fournisseur bénéficie d'une position de monopole ou de droits spéciaux, les obligations du document de référence complètent celles de l'article 8 de l'Accord général sur le commerce des services[1350]. Les règles de concurrence de l'Accord sur la libéralisation des services de télécommunications renforcent les garanties d'accès au marché dans un domaine particulier tout en disposant qu'aussi longtemps qu'il n'y a pas de réglementation générale en matière de concurrence dans le cadre de l'OMC, des réglementations spécifiques seront nécessaires[1351].

[1349] BRONCKERS, Marco C.E.J., "Trade and Competition Interlinkages: The Case of Telecom" (September 1999). FEEM Working Paper No. 68-99. Available at SSRN: http://ssrn.com/abstract=200613 or DOI: 10.2139/ssrn.200613, p. 2.

[1350]MERKT Benoît, *Harmonisation internationale et entraide administrative internationale en droit de la concurrence*, *op.cit.*, p. 80.

[1351] HOEKMAN Bernard / LOW Patrick / MAVROIDIS Petros C., "Regulation, Competition Policy and Market Access Negotiations: Lessons from the Telecommunications Sector" in HOPE E. and MAELENG P. (ed.) *Competition and Trade Policies: Coherence or Conflict?* , Studies in the Modern World Economy, Vol. 13. London and New York: Routledge, 1998, p. 115 à 139.

La première véritable affaire relevant du droit de la concurrence au sein de l'OMC ressort de l'AGCS[1352]. Les Règles sur les services à grande distance internationaux (Règles GDI) du Mexique disposaient que *Telmex*, le plus gros fournisseur de services de télécommunications du Mexique, devait négocier avec les fournisseurs étrangers une taxe de règlement pour les appels entrants et appliquer cette taxe à l'interconnexion pour le trafic d'arrivée en provenance des Etats-Unis ; que *Telmex* devait transférer une part du trafic à d'autres fournisseurs ou accepter une partie du trafic en provenance de ces derniers, selon que la proportion de trafic d'arrivée était supérieure ou inférieure à sa proportion de trafic de sortie et que *Telmex* pouvait conclure avec d'autres opérateurs des « accords d'indemnisation financière », qui devaient être approuvés par les autorités mexicaines. Les Etats-Unis ont déposé une plainte devant l'Organe de règlement des différends de l'OMC, alléguant que la taxe d'accès n'était pas fondée sur les coûts et que le Mexique avait bel et bien mis en place une entente autorisée par l'Etat entre opérateurs de télécommunications, entravant ainsi le trafic d'arrivée en provenance de l'étranger, ce qui était contraire au Document de référence[1353]. Le 17 août 2000, les États-Unis ont demandé l'ouverture de

---

[1352] FOX Eleanor M., "The WTO's First Antitrust Case – *Mexican Telecom* : A Sleeping Victory For Trade and Competition", *JIEL* 2006, p. 272 ; MARSDEN Philip, "Trade And Competition -- WTO Decides First Competition Case -- With Disappointing Results", *Competition Law Insight*, may 2004, p. 3 à 9.

[1353] Les Etats-Unis invoquent alors que le fait que : le Mexique n'a pas veillé à ce que *Telmex* assure l'interconnexion des fournisseurs de services de télécommunications de base des Etats-Unis pour les services transfrontaliers, suivant des modalités, à des conditions et moyennant des taxes fondées sur les coûts qui soient raisonnables, est incompatible avec les obligations de ce pays au titre des sections 2.1 et 2.2 du Document de référence, telles qu'elles sont inscrites dans la Liste d'engagements spécifiques du Mexique annexée à l'AGCS, GATS/SC/56/Suppl.2 ; le fait que le Mexique n'a pas pris des mesures empêchant *Telmex* d'adopter des pratiques anticoncurrentielles est incompatible avec les obligations de ce pays au titre de la section 1.1 du Document de référence, telles qu'elles sont inscrites dans la Liste d'engagements du Mexique annexée à l'AGCS, GATS/SC/56/Suppl.2; et, en particulier, que les Règles GDI du Mexique (plus précisément la règle 13 ainsi que les règles 3, 6, 10, 22 et 23) habilitent *Telmex* à diriger un cartel qui lui permet de fixer les taxes d'interconnexion internationale et de restreindre l'offre des services de télécommunications de base inscrits dans la Liste du Mexique ; le fait que le Mexique n'a pas fait en sorte que les fournisseurs de services de télécommunications de base des États-Unis aient un accès raisonnable et non discriminatoire aux réseaux et services publics de télécommunication, et l'usage de ces réseaux et services, est incompatible avec les obligations de ce pays au titre de la section 5 a) et b) de l'Annexe de l'AGCS sur les télécommunications; et, en particulier, le Mexique n'a pas fait en sorte que les fournisseurs de services des Etats-Unis puissent avoir accès aux réseaux et services publics de télécommunication et en avoir l'usage au moyen: d'une interconnexion suivant des modalités et à des conditions raisonnables pour l'offre, par des opérateurs disposant de leurs propres installations et des entreprises de commercialisation, des services consultations avec le Mexique, mais les parties ne sont pas arrivées à une solution mutuellement satisfaisante. Ainsi, le 10 novembre 2000, les Etats-Unis ont demandé à l'ORD d'établir un Groupe spécial pour examiner les mesures prises par le Mexique dans le domaine du commerce des services de télécommunications de base et à valeur ajoutée.[1354] En août 2002, un Groupe spécial a été formé afin de trancher le litige[1355].

Le Groupe spécial a remis son rapport final aux parties le 12 mars 2004 en donnant partiellement raison aux Etats–Unis. Ce rapport a été adopté le 2 avril 2004[1356]. Dans ce dernier, le Groupe spécial a estimé que les Règles GDI imposaient à *Telmex* des pratiques qui étaient « anticoncurrentielles » au sens du Document de référence. Il a rejeté les arguments du Mexique faisant valoir que ces mesures favorisaient la concurrence et empêchaient les pratiques abusives de fournisseurs étrangers, et que, grâce à l'existence d'une législation de la concurrence, il appliquait effectivement des mesures appropriées pour empêcher les pratiques anticoncurrentielles[1357]. De plus, le Groupe spécial a déclaré que les doctrines nationales qui reposent sur le fait qu'une entreprise qui se conforme à une prescription législative spécifique est à l'abri d'une constatation de violation d'une loi nationale générale ne sont pas applicables en l'espèce. En effet, en vertu des principes du droit international public et conformément à la Convention de Vienne, une prescription imposée par un Membre de l'OMC sur la base de son droit interne à un fournisseur principal ne peut porter atteinte unilatéralement aux engagements internationaux souscrits par ce membre et contractés envers les autres Membres de l'OMC[1358]. Toutefois, le Groupe spécial a affirmé que – au-delà de ses constatations concernant la fixation horizontale des prix et la répartition des marchés entre fournisseurs concurrents de services de télécommunications de base – l'expression « pratiques anticoncurrentielles » pouvait être interprétée différemment par les Membres de l'OMC.

---

inscrits dans la Liste d'engagements ; et de circuits loués à usage privé pour la fourniture, par des opérateurs disposant de leurs propres installations et des entreprises de commercialisation, des services inscrits dans la Liste d'engagements. Les États-Unis demandent aussi que le Groupe spécial recommande que le Mexique mette ses mesures en conformité avec ses obligations au titre de l'AGCS.

[1354] Voir WT/DS204/2.

[1355] Le Groupe spécial était composé de Ernst-Ulrich PETERSMAN, Raymond TAM et Björn WELLENIUS.

[1356] Mexique - Mesures visant les services de télécommunication - Rapport du Groupe spécial, WT/DS204/R, 2 avril 2004.

[1357] *Ibid.*, para.8.1.

[1358] *Ibid.*, para.7.244.

Dans cette affaire, les conclusions et le raisonnement du Groupe spécial étaient en rapport, dans une large mesure, avec l'interprétation du Document de référence et les notions propre au droit et la politique de la concurrence. Par exemple, lorsqu'il arrive à la conclusion que le « marché donné » au sens du Document de référence est la terminaison au Mexique d'appels téléphoniques en provenance des États-Unis, il s'est référé à la notion de substitution de la demande, qui était « au cœur du processus de définition du marché tel qu'il était utilisé par les autorités chargées de la concurrence »[1359]. De plus, le Groupe spécial a interprété le contenu des pratiques anticoncurrentielles et a décidé que l'expression comprenait les accords horizontaux sur la fixation des prix et le partage des marchés conclus par des fournisseurs, ainsi que les restrictions verticales et l'abus de position dominante qui étaient généralement découragés ou rejetés au niveau national ou international. Pour arriver à cette conclusion, le Groupe spécial a examiné la situation au regard du droit international, et noté que le sens de l'expression « pratiques anticoncurrentielles » et l'importance de la lutte contre ces pratiques étaient également soulignés par les dispositions connexes de certains instruments internationaux, de telles références étant déjà contenues dans la Charte de La Havane, et figurant désormais dans l'Ensemble des principes et des règles équitables, convenus au niveau multilatéral pour le contrôle des pratiques commerciales restrictives[1360], ainsi que dans la Recommandation de l'OCDE sur les ententes injustifiables qui préconise la stricte prohibition des cartels. Par ailleurs, les travaux du Groupe de travail de l'OMC avait fait mention des effets pernicieux des ententes injustifiables et avait convenu que de telles ententes devaient être interdites[1361].

Ce genre de litige révèle que les différences structurelles entre les marchés ainsi que les différences au niveau des lois et de leur application sont désormais au centre des problèmes d'accès au marché. Il apparaît aussi que les États Membres de l'OMC devront faire en sorte que les conditions internes de concurrence ne posent pas de problèmes d'accès aux firmes étrangères. On comprend donc que les problèmes d'accès au marché motivent des discussions en vue d'arriver à un accord sur les mesures anticoncurrentielles qui touchent au commerce. À l'inverse, l'ouverture des

---

[1359] *Ibid.*, para.7.152.

[1360] Résolution 35/63 du 5 décembre 1980, Semaine Juridique, J.C.P.1981, III, no.5188.

[1361] Mexique - Mesures visant les services de télécommunication - Rapport du Groupe spécial, *op.cit.*, para.7.236.

marchés à la concurrence étrangère soulève aussi la question de ses effets anticoncurrentiels. Les accords GATT/OMC s'adressent avant tout aux conditions d'ouverture des marchés à la concurrence étrangère, mais, dans certains cas, les dispositions permettent aux États de prendre des mesures pour limiter ou bloquer celle-ci ; c'est notamment le cas des mesures antidumping, dont les États font un usage croissant[1362].

En fin de compte, nous constatons que, dans leurs rapports, les groupes spéciaux ont évoqué les règles normatives du droit de la concurrence de deux façons différentes. D'une part, ils ont interprété les dispositions modestes de droit de la concurrence contenues dans les accords du système GATT/OMC, sans dégager de nouvelles règles, sur le marché international, dans le domaine des pratiques restrictives. D'autre part, les groupes spéciaux sont allés plus loin, en statuant sur les mesures édictées unilatéralement par les Etats membres du système GATT/OMC quand elles visent à empêcher les comportements anticoncurrentiels d'entreprises agissant sur leur marché national par une application extraterritoriale de leur droit de la concurrence, par une interprétation extensive de la définition du dumping, par l'analyse de ces pratiques anticoncurrentielles avec les éléments d'une subvention dont la légalité est contestée ou enfin en prenant des dispositions de droit interne de la concurrence interdisant l'accès au marché par des entreprises ressortissantes d'Etats tiers. Mais cette interprétation n'a pas permis de créer un droit international de la concurrence fondé sur la combinaison de l'application des droits locaux de la concurrence avec l'interprétation extensive des dispositions des accords du système GATT/OMC. Elle a toutefois permis de mettre en évidence les lacunes du système commercial multilatéral ne sanctionnant pas les pratiques anticoncurrentielles des entreprises[1363].

Enfin, on peut conclure, qu'à priori, le système de règlement des différends de l'OMC est susceptible de résoudre certains types de litiges liés à l'application de l'accord multilatéral sur la concurrence. Les litiges relatifs à la conformité des lois nationales sur la concurrence aux obligations des États, fixée dans l'accord OMC sur la concurrence, pourraient être réglés selon les procédures existantes, car il s'agit d'examiner la conformité d'une loi nationale avec les normes de l'accord ou d'évaluer si cette loi s'applique d'une manière transparente par les autorités nationales. Or, cette

---

[1362] RIOUX Michèle, « Vers un droit mondial de concurrence ? », *op.cit.*, p. 6.

[1363] LIGNEUL Nicolas, *L'élaboration d'un droit international de la concurrence entre les entreprises*, *op.cit.*, p. 91 à 93.

compatibilité ne serait toujours pas garantie car le mécanisme de règlement des différends de l'OMC a été initialement institué pour résoudre les litiges inhérents aux problèmes de commerce entre États membres et ne prend toujours pas en considération la dimension de la concurrence et la spécificité des conflits transnationaux dans cette matière. On peut relever rapidement certaines manifestations de l'inadaptation du système de règlement des différends de l'OMC avec le particularisme qui caractérise l'application des normes de concurrence et qui est lié essentiellement au fait que le cadre multilatéral de l'OMC ne condamne pas les pratiques illicites commises par des opérateurs privés[1364]. Si les accords de l'OMC multiplient les références aux pratiques privées anticoncurrentielles, les compétences de l'OMC en matière de concurrence restent, sinon inexistantes, du moins très limitées. Dans quelques rares cas, où les textes mentionnent des pratiques privées anticoncurrentielles, les interlocuteurs restent les Etats. Eux seuls peuvent être sanctionnés s'ils sont impliqués dans des pratiques restrictives, ce qui est, en général, très difficile à démontrer[1365]. Ainsi, il faut souligner que la compétence de l'OMC sur les affaires traitant de pratiques anticoncurrentielles reste limitée. Toutefois, il faut examiner les autres pratiques anticoncurrentielles ainsi que les fusions ou les pratiques concertées des entreprises sans intervention de l'Etat.

[1364] ABDELGAWAD Waled, « Jalons de l'internationalisation du droit de la concurrence : vers l'éclosion d'un ordre juridique mondial de la *lex economica* », *op.cit.*, p.1 92 et 193.

[1365] SIROEN Jean-Marc, « Choix de la politique commerciale dans le cas de la concurrence imparfaite » *op.cit.* , p. 94.

CONCLUSION DU TITRE I

La concurrence et la libéralisation des échanges ont globalement le même objectif : réduire ou supprimer les obstacles et les distorsions affectant les marchés. Le principe général qui doit, aux yeux de certains économistes, guider la définition des règles, est celui du maintien d'une concurrence sur des marchés contestables. Ce principe doit s'appliquer indistinctement aux entreprises comme aux États. L'enjeu, à l'heure actuelle, consiste à transposer ce principe au niveau international et partant, à construire le cadre juridique d'une société civile globale en émergence dans la mouvance de l'ouverture des frontières et de la transnationalisation des pratiques des acteurs économiques. Le libéralisme contemporain avec son principe de séparation entre les espaces public et privé serait en passe de déborder et de sortir du cadre étroit des frontières nationales à l'intérieur desquelles il avait été édifié jusqu'ici[1366]. En ce sens, il s'agirait d'élargir le champ d'action de la politique de la concurrence de manière à y intégrer tous les aspects de la politique économique qui affectent la concurrence et d'assurer la contestabilité des marchés en adoptant des mesures qui vont résolument dans le sens du libre-échange, de la réduction des barrières à l'investissement international et de la déréglementation. En conséquence, la globalisation a pour effet d'assouplir les politiques nationales de la concurrence au nom de la défense de la compétitivité. En revanche, elle a également pour effet de renforcer les autorités nationales, et surtout, de les internationaliser dès lors que les pratiques étrangères sont jugées déloyales dans le cas des entreprises et laxistes dans celui des législations[1367].

Or, les différences structurelles entre les marchés ainsi que les divergences au niveau des lois et de leur application sont désormais au centre des problèmes d'accès au marché, d'où l'intérêt, selon certains, d'en arriver à un accord international sur ce sujet. Il est évident que ce ne sont pas toutes les pratiques anticoncurrentielles qui ont un effet sur le commerce international, mais un tel accord ferait en sorte que les politiques commerciale et de concurrence ne se contredisent pas. À l'heure actuelle, il existe des mesures relatives à la concurrence dans certains accords de l'OMC. Dans ces accords,

---

[1366] DEBLOCK Christian / BRUNELLE Dorval, « Globalisation et nouveaux cadres normatifs », *Cahiers de recherche-CEIM (98-02)*, Groupe de recherche sur l'intégration continentale (GRIC), Université du Québec à Montréal, septembre 1998, p. 15.

[1367] RIOUX Michèle, « Penser la concurrence dans le contexte de la globalisation économique », *Cahiers de recherche - CEIM (01-10),* Groupe de recherche sur l'intégration continentale (GRIC), Université du Québec à Montréal, août 2001, p. 10.

l'approche reste cependant circonscrite et les dispositions des accords du système du GATT/OMC ont une portée très restreinte dans le domaine du droit de la concurrence. Au surplus, les voies prévues par l'article XXIII de GATT 1994 ne sont pas destinées à un contrôle direct de la concurrence internationale. En effet, elles concernent en premier lieu les Etats Membres de l'OMC et non les parties privées, ce qui ne semble pas adapté au développement des entreprises multinationales et à la mondialisation de l'économie. Malgré l'effort de la doctrine et les décisions des Groupes spéciaux d'interpréter le droit du GATT et de l'OMC en conformité avec le droit de la concurrence, il est difficile de prétendre que le droit existant peut être étendu pour appréhender les rapports internationaux de concurrence ; il paraît donc légitime d'avoir recours à un nouvel accord pour régir ces rapports.

TITRE II – RECHERCHE D'UNE SOLUTION OPTIMALE POUR L'EFFICACITE : UN ACCORD PLURILATERAL AU SEIN DE L'OMC

Jusqu'ici, notre recherche s'est attachée à démontrer que le droit international de la concurrence se trouve à l'heure actuelle dans une impasse. L'application extraterritoriale des législations nationales, parfois divergentes, la coopération bilatérale ou régionale et les négociations internationales ont atteint leurs limites. Même si chaque Etat maîtrise son droit interne de la concurrence, décidant de l'ouverture de son marché, ainsi que du degré de concurrence qui y règne, le droit de la concurrence d'un Etat ne lui appartient pas entièrement. Afin d'assurer le fonctionnement du droit international de la concurrence, les Etats, d'une part, tentent de réglementer leurs marchés intérieurs, et d'autre part, coopèrent sur le plan international, où ils sont sur un pied d'égalité. En revanche, les difficultés liées à l'exercice de la compétence dans le domaine du droit de la concurrence et dans le cadre de l'économie internationale résultent de l'opposition des intérêts économiques nationaux. Les membres de la société internationale essaient de trouver des solutions à leur conflit d'intérêts mais ces solutions sont souvent loin d'être équitables. Par ailleurs, les règles actuelles du commerce mondial sont inefficaces en matière de protection de la concurrence. Le constat est clair : il n'existe pas de droit international de la concurrence efficace. Pourtant, il existe des pratiques anticoncurrentielles qui empêchent le commerce et la concurrence internationale et qui ne sont réglementées efficacement ni par le droit du commerce international ni par le droit national de la concurrence. Les règles du commerce international, élaborées par les commençants, reflètent les intérêts de ces derniers, et pas suffisamment ceux des tiers, en particulier des consommateurs, raison pour laquelle il faudrait les compléter par des règles de concurrence[1368]. Cet état de fait rend légitime la volonté de négocier un nouvel accord international qui peut corriger la situation de sous-réglementation et augmenter le bien être global. Ainsi, nous étudierons d'abord les situations où les comportements internationaux et nationaux échappent à toute sanction et, ensuite, nous tenterons de proposer une solution pour combler cette lacune juridique.

[1368] MERKT Benoît, *Harmonisation internationale et entraide administrative internationale en droit de la concurrence*, *op.cit.*, p. 153.

Chapitre I – Une obligation urgente de traiter les situations échappant à toutes sanctions

Il existe actuellement un problème d'ajustement entre l'économie de marché et la régulation, qui trouve sa source dans la non-coïncidence entre la délimitation de la normativité juridique et les marchés économiques dont on voudrait réguler le fonctionnement. Cette explosion des territoires est associée au phénomène de mondialisation. Il y a donc un rapport dialectique entre la régulation et la mondialisation. Il serait plus juste d'évoquer une « difficulté » dialectique : au moment même où les échanges et les rapports de force ne sont plus arrêtés par les frontières, il faudrait que des règles bornant les comportements soient prises, ce que l'on désigne souvent comme la nécessité d'une « régulation de la globalisation », alors que les procédés publics de régulation sont eux-mêmes affaiblis, les frontières à l'intérieur desquelles ils se déployaient perdant de leur lisibilité[1369]. Dans cette conjoncture, la caractéristique fondamentale de l'économie de marché globale est l'importance croissante, sur le plan international, d'une série de questions considérées naguère comme relevant principalement ou entièrement de la politique ou de la réglementation intérieure. Cela a déjà eu des conséquences pour l'action gouvernementale notamment en matière de politiques industrielle, fiscale, environnementale et de l'emploi. Cela pourrait aussi avoir une forte influence sur l'accès au marché et le droit de la concurrence. Si la réduction des barrières « officielles » est compromise par le maintien ou le renforcement des barrières « privées », les concessions se révèlent fictives et inopérantes. L'abolition de la perception des droits de douanes, des quotas et des interdictions d'importations ne peut pourtant empêcher de manière absolue la protection du marché et des producteurs nationaux contre les défis de la concurrence. C'est la raison pour laquelle l'interdiction des mesures ayant pour effet un protectionnisme déguisé est nécessaire. De plus, on ne peut négliger le fait que les ententes et la coordination des entreprises sur certains comportements puissent avoir un impact sur la libre concurrence, comparable à celui des restrictions étatiques. En effet, de telles ententes créent des entraves au libre accès au marché dont les effets ne peuvent être réduits que par des frais supplémentaires, ce qui diminue la compétitivité des producteurs étrangers. Pour éviter cela, il est nécessaire que les États prévoient des règlements empêchant les entreprises

[1369] FRISON – ROCHE Marie-Anne, « Définition du droit de la régulation économique », dans *les régulations économiques : légitimité et efficacité*, sous la direction de FRISON – ROCHE Marie-Anne, *op.cit.*, p. 10.

de conclure ces ententes. L'existence de telles règles est indispensable pour compléter le système de marché ouvert, régi par une véritable concurrence. Une autre condition pour l'ouverture efficace d'un marché commun mondial est l'existence de mécanismes d'arbitrage qui rendent possibles la constatation des infractions aux obligations imposées aux États et la fixation de sanctions. L'absence d'un tel mécanisme permettrait aux États dont la présence sur le marché est important d'en profiter pour dicter aux autres États leur vision de l'ouverture de marché[1370].

Par ailleurs, la perte de crédibilité des accords rend plus difficile le maintien du cadre coopératif. La carence du multilatéralisme risque alors de favoriser la multiplication des initiatives unilatérales dangereuses pour l'équilibre des relations commerciales internationales. Néanmoins, comme nous avons tenté de le montrer, la question n'est pas uniquement celle des « obstacles structurels » qui protégeraient certains marchés nationaux. Elle concerne aussi le comportement des grandes entreprises sur les marchés mondiaux qui, du fait même de la mondialisation, échappent au contrôle réglementaire de certains Etats, parfois complices des atteintes aux règles générales de concurrence[1371]. Les activités anticoncurrentielles des entreprises, qu'elles soient ou non menées avec la participation, l'appui ou sous le contrôle des pouvoirs publics, ont une incidence croissante sur l'économie globale. Parmi ces activités, on trouve : les accords d'exclusivité entre fabricants et détaillants, les pratiques d'éviction, le verrouillage ou les stratégies visant à empêcher l'entrée sur le marché. Toutes ces pratiques peuvent porter atteinte au processus de concurrence internationale et réduire les possibilités d'accès au marché et de présence sur celui-ci. Certaines structures d'organisation du marché peuvent provoquer des effets similaires : les alliances stratégiques, les cartels internationaux et les co-entreprises dans les secteurs de haute technologie ; les interactions entre entreprises privées et pouvoirs publics – notamment l'existence de monopoles d'État, de procédures concernant la définition de normes et les exceptions, de droit ou de fait, à la législation de la concurrence, comme les aides publiques. De la même façon, les gouvernements peuvent agir au détriment de la concurrence par des pratiques telles que la restriction volontaire sur les exportations ou les accroissements volontaires sur les importations ou les marchés publics.

[1370] EHRICKE Ulrich, « Les principes de libération et de libéralisation : de l'ouverture des marchés à l'adaptation aux conditions de la concurrence globale. L'exemple de la CE », *Revue Internationale de Droit Économique*, 2003, p. 362 et 364.

[1371] SIROEN Jean-Marc, « Choix de la politique commerciale dans le cas de la concurrence imparfaite » *op.cit.* , p. 94.

De ce constat, on observe qu'il existe une lacune juridique car aucune norme juridique ne s'applique aux comportements nuisibles à la concurrence internationale[1372]. En effet, les ordres juridiques internes n'empêchent qu'une partie seulement des pratiques anticoncurrentielles. Tel est le cas pour le droit du commerce international qui a pour principale préoccupation d'assurer le libre échange. La concurrence, exclue des accords de l'OMC/GATT, n'est pas protégée efficacement par le droit du commerce international. De plus, ces comportements anticoncurrentiels peuvent avoir des effets négatifs sur le commerce international. A l'heure actuelle, certains comportements d'agents publics, privés ou hybrides sont nuisibles à la concurrence internationale et au commerce international en même temps. Pourtant, ces actes ne sont réprimés ni par les droits de la concurrence nationaux ni par le droit du commerce international. Il est donc impératif d'étudier en quoi ce vide juridique peut être lourd de conséquences pour le bien être mondial.

Section I – Les actes internes échappant à toute sanction

Les obstacles, de droit ou de fait, à l'accès au marché et les distorsions du marché international se sont aggravés. Les problèmes ont pris une dimension nouvelle qui déborde le cadre de la notion traditionnelle d'accès au marché, essentiellement liée à une série d'obstacles gouvernementaux aux frontières. Il est donc utile d'attirer l'attention des gouvernements sur une approche plus vaste, plus ciblée et mieux coordonnée de l'accès au marché, visant à promouvoir leur ouverture à la concurrence mondiale. Cette approche plus large permettrait de s'attaquer plus efficacement aux nouvelles dimensions de l'accès au marché et, en particulier, aux nombreux obstacles qui se situent « derrière la frontière » et qui entravent ou faussent la circulation internationale des biens, des services, des idées, des capitaux et des personnes. A cet effet, il faudrait, de manière équilibrée, tenir compte de la large gamme d'obstacles potentiels, publics ou privés, à l'accès effectif au marché ou à la présence effective sur celui-ci, afin que la suppression des entraves dans un domaine donné soit étayée par des efforts menés ailleurs, qu'elle soit coordonnée avec eux et qu'elle leurs soit complémentaire, qu'il s'agisse des restrictions à l'investissement, des politiques nationales en

[1372] DEBLOCK Christian, « Mercantilism, *Compétitivisme* and the New Role of the State », *Cahiers de recherche-CEIM (02-09)*, Groupe de recherche sur l'intégration continentale (GRIC), Université du Québec à Montréal, 2002, p. 2.

matière de réglementation ou des pratiques anticoncurrentielles du secteur privé[1373].

Aujourd'hui, il est incontestable que les pratiques anticoncurrentielles des agents privés sur le marché intérieur peuvent constituer des barrières non-tarifaires au commerce international en empêchant les entreprises étrangères d'accéder au marché intérieur. Ces pratiques peuvent revêtir plusieurs formes comme par exemple le boycottage, l'obligation de revente, le cloisonnement « *foreclosure* », l'exclusion du marché, les prix prédateurs, le refus de vente, les contrats couplés, les ventes liées[1374] et les obligations d'exclusivité. Par ailleurs, les Etats peuvent jouer une influence directe ou indirecte sur la concurrence internationale. Les gouvernements prennent parfois certaines mesures protectrices qui vont faciliter les comportements anticoncurrentiels des entreprises nationales. Plus directement, les activités commerciales des Etats peuvent restreindre le commerce international et fausser la concurrence sur le marché mondial. De même, ces obstacles à l'accès au marché ont une influence négative sur le bien être mondial car ils sont en contradiction avec les théories de l'avantage comparatif et des marchés contestables. Ainsi, les barrières privées et publiques à l'accès au marché limitent la croissance du commerce international et faussent la concurrence. On s'attend à ce que ce problème s'aggrave à mesure que les affaires deviennent plus globales[1375]. Par ailleurs, même si les Etats ont la volonté de réprimer les pratiques anticoncurrentielles, ils ne réussissent pas toujours à la mettre en œuvre soit du fait d'une mauvaise et inefficace exécution des lois nationales, soit du fait de lois inadéquates.

[1373] WINSLOW Terry, « Recommandations de l'OCDE en matière de concurrence, pays en développement, et éventuelles règles de concurrence de l'OMC », *Revue de l'OCDE*, Paris, 2001, p. 136.

[1374] La Cour suprême des Etats-Unis a défini comme suit les clauses de vente liée : "une partie accepte de vendre un certain produit, mais uniquement à la condition que l'acheteur, de son côté, lui achètera un produit différent (ou lié), ou du moins convient de ne pas acheter ce produit à un autre fournisseur". *Northern Pac. Ry* v. *United States*, 356 U.S. 1, 5-6, 78 S.Ct. 514, 518, 2 L.Ed.545 (1958). Elle a en outre déclaré : "Le contrat ordinaire de vente liée force le client à prendre un produit ou une marque dont il ne veut pas nécessairement, pour en obtenir un qu'il souhaite vraiment acquérir. Cette entente étant foncièrement contraire à la concurrence, nous (la Cour suprême) avons jugé que son utilisation par une société établie risque 'd'affaiblir notablement la concurrence', même si la proportion d'échanges commerciaux visée est relativement faible".*Brown Shoe Co.* v. *United States*, 370 U.S. 294, 330, 82 S.Ct. 1502, 1926, 8 L.Ed.2d 510 (1962).

[1375] SWEENEY Brendan, "Globalisation of Competition Law and Policy : Some Aspects of the Interface Between Trade and Competition", *op.cit.*, p. 434.

Sous-section I – La protection accordée suite à une volonté politique nationale

En principe, un pays n'est concerné que par les effets sur ses propres marchés, et non par les marchés des autres pays ou par le marché mondial, lorsqu'il décide d'appliquer ses lois ou de prendre des mesures économiques concernant ses marchés. Cette situation mène soit à la « sous-règlementation » soit à la « sur-règlementation »[1376]. En outre, si l'imperfection des marchés crée des opportunités de gains pour les pays, les Etats seront eux-mêmes tentés de créer ces occasions en favorisant ou, du moins, en tolérant des pratiques anticoncurrentielles. La mise en place d'une politique commerciale stratégique peut ainsi exiger un relâchement de la loi antitrust pour les entreprises exportatrices ou importatrices. Dans de nombreux Etats, encore imprégnés d'une sensibilité mercantile, l'ardente obligation de remporter la « guerre économique » et de promouvoir ses « champions nationaux » domine les objectifs considérés comme plus futiles de la politique anticoncurrentielle. Celle-ci peut alors omettre de sanctionner les politiques commerciales restrictives alors même qu'elle serait compétente pour le faire.

Une des hypothèses privilégiées ici est que, dans les secteurs concernés, les Etats confrontés à la mondialisation, et qui ne peuvent empêcher la remise en cause des monopoles nationaux, sont amenés à choisir ou tolérer une pratique concertée, qui maintient une partie des rentes de monopole. Certains instruments de la politique commerciale comme les accords d'autolimitation ou les droits antidumping sont, par nature, anticoncurrentiels. Même si cette perspective est restrictive, ces instruments peuvent être analysés comme des actes de nature concertée qui poussent à la hausse des prix, à l'accroissement de la rente de l'ensemble des producteurs et à la contraction du surplus des consommateurs. La réalité fondamentale est que le marché international est un élément considérable d'extension des pouvoirs privés. Les droits nationaux, voire régionaux de la concurrence, pousseront les pouvoirs privés à une extension internationale et les pouvoirs privés recevront pratiquement un renfort de leurs Etats. Les groupes qui peuvent craindre d'être l'objet de poursuites, au plan interne, vont rechercher une extension internationale ; et la politique industrielle des Etats développés dans l'ordre économique libéral consiste sans doute en premier lieu à soutenir leurs groupes à l'endroit où se

---

[1376] GUZMAN Andrew, "Is International Antitrust Possible?", *op.cit.*, p. 1511 et 1512.

jouent les batailles économiques décisives. Une fois de plus, on retrouve une alliance objective entre les pouvoirs privés et leurs Etats[1377].

§ 1 – Les exemptions

La mondialisation du marché encourage parfois les pays fortement impliqués dans les relations d'échanges internationaux à adopter des politiques laxistes, voire même anticoncurrentielles dans le but de favoriser la compétitivité internationale de leurs propres firmes. L'absence de normes internationales de la concurrence renforce la poursuite de la politique étatique protectionniste basée sur la logique du « chacun pour soi » au détriment du bien-être des consommateurs des pays étrangers[1378]. Dans ce sens, la politique commerciale peut favoriser d'abord la cartellisation des producteurs « nationaux » aussi bien dans le pays importateur que dans le pays exportateur. Ces cartels assument deux fonctions essentielles : ils exercent une pression sur les autorités et, le cas échéant, participent à la gestion du commerce administré[1379]. Dans cette perspective, un pays peut exempter expressément certaines pratiques anticoncurrentielles dans sa législation nationale. L'existence des externalités économiques négatives dans la prise de décision de la réglementation signifie que les gouvernements sont susceptibles de permettre la conduite nationale qui a un effet positif sur le bien-être domestique, nonobstant des effets négatifs sur les pays étrangers ou un effet nuisible sur le bien-être global. Historiquement, ceci s'est produit dans le contexte des exemptions accordées par les lois nationales de concurrence aux cartels d'importations et aux cartels d'exportations. Dans la quasi-totalité des pays ayant une législation relative aux pratiques commerciales restrictives, la loi peut, soit exempter expressément de telles ententes de son champ d'application à condition qu'elles fassent l'objet d'une notification, soit simplement ne pas s'appliquer à ces dernières en vertu du « principe des effets », selon lequel de tels arrangements ne sont pas visés par la loi si les effets ne se font pas sentir sur le marché intérieur.

[1377] FARJAT Gérard, « Les pouvoirs privés économiques », dans *Souveraineté étatique et marché internationaux à la fin du 20e siècle.* À propos de 30 ans de recherche du CREDIMI, Mélanges en l'honneur de Philippe KAHN , Litec, 2000, p. 644.

[1378] ABDELGAWAD Waled, « Jalons de l'internationalisation du droit de la concurrence : vers l'éclosion d'un ordre juridique mondial de la *lex economica* », *op.cit.*, p. 167.

[1379] A titre d'exemple on peut citer le partage des quotas ou la collecte d'informations.

A – Les cartels d'importations

En principe, les cartels d'importation sont des arrangements horizontaux entre les acheteurs d'un bien ou d'un service dans un pays afin de coordonner l'importation du bien ou du service en question. Ils font souvent office d'organisme d'achat centralisé pour l'approvisionnement d'un secteur donné en matières premières. Ils peuvent être constitués en vue de faire contrepoids à la puissance commerciale des cartels d'exportation d'autres pays et c'est une pratique souvent utilisée par les pays importateurs. Par exemple, dans le secteur de l'automobile, la politique commerciale a exercé un effet direct de cartellisation en incitant les constructeurs européens à se réunir dans *l'Association des constructeurs d'automobiles européens* regroupant les firmes européennes et les filiales américaines installées en Europe. Celle-ci avait pour fonction de représenter quasi officiellement les producteurs auprès de la Commission. Symétriquement, les producteurs japonais se sont regroupés dans la *Japan Automobile Manufactures Association* (JAMA). En outre, dans le secteur des composants électroniques, les « menaces » à la concurrence internationale ont également favorisé la constitution de lobbies voire de cartels. Pourtant, compte tenu du caractère captif de certaines productions, les firmes américaines étaient, dans les années 1980, différemment exposées à la concurrence japonaise. La production des *captive producers* tels que *IBM*, *AT&T*, *Hewlett-Packard* ne couvrait que les besoins de consommation interne. En tant qu'acheteurs nets de semi-conducteurs, ils souhaitaient s'approvisionner à des prix bas. En revanche, les *merchant producers* tels que *Motorola*, *TI*, *Intel*, *AMD, National Semiconductor* ou *Micron* militaient en faveur d'une diminution des importations qui permettrait le maintien de prix élevés. En 1977, plusieurs *merchant producers* ont créé la SIA (*Semiconducteur Association*). Quatre grands *merchant producers* ont formé parallèlement un comité d'action politique soutenant financièrement la campagne de certains candidats. La majeure partie de ces firmes étaient géographiquement concentrées en Californie ce qui permettait de concentrer l'effort de lobbying. Parallèlement, les producteurs de l'industrie informatique, principaux consommateurs de semi-conducteurs, formaient l'AEA (*American Electronic Association*). Même s'ils se plaignaient de difficultés d'accès au marché japonais, leur objectif était aussi d'équilibrer le pouvoir d'influence de la SIA dans les semi conducteurs. Trois grands fabricants d'ordinateurs, *IBM*, *Tandem* et *Hewlett-Packard* ont créé au début de l'année 1989 le *Computer Systems Policy Project* (CSPP), sorte de forum pour coordonner les actions politiques dans le domaine de l'électronique. Dès le mois de mai 1989, un bon nombre d'autres entreprises se sont joint au CSPP. Du côté japonais, les producteurs associés dans l'EIAJ (*Electronic Industry Association of Japan*) sont intervenus sur le continent américain pour contrer les mesures antidumping et la *Section 301*. Afin de réduire les tensions commerciales, le Japon s'est efforcé d'accroître la part des entreprises étrangères sur les ventes de semi-conducteurs dans le cadre de l'Accord nippo-américain de 1986. En mai 1988, les acheteurs japonais de semi-conducteurs, notamment *Hitachi*, *NEC* et *Toshiba*, ont créé un comité au sein de *l'Electronic Industries Association of Japan* afin d'aider les fabricants étrangers de semi conducteurs à obtenir un accès facilité au marché japonais. Par ailleurs, le Minitry of International Trade and Industry (MITI) a créé *l'International Semiconductor Coopération Center*, INSEC, pour faciliter la tâche des sociétés étrangères désireuses de s'implanter sur le marché national. En 1982, dès les premières accusations de dumping, les firmes *NEC* et *Fujitsu* ont décidé de suspendre leurs ventes sur le marché américain. Lorsque l'enquête a débuté, en mars 1982, le prix des DRAMs 64K avait doublé du fait d'un rationnement des exportations. En réponse aux frictions commerciales, le Japon a ainsi répondu en incitant l'industrie à diminuer le niveau des exportations, c'est-à-dire à constituer un cartel d'exportation. Trois mois plus tard, en juillet 82, le Ministère de la justice américain a informé le MITI que les firmes japonaises faisaient l'objet d'une enquête pour savoir si un cartel avait bien été formé dans le but de décider des niveaux de prix et de quantités aux Etats-Unis[1380].

Ces exemples montrent que lorsque les producteurs d'un pays exportateur forment un cartel d'exportation, il y a une grande chance pour que les consommateurs du pays importateur forment un cartel d'importation en réaction. Ainsi, les effets nuisibles sur les marchés internationaux peuvent surgir lorsque les membres du cartel d'importation exercent leur puissance collective de marché afin d'empêcher les produits étrangers d'accéder au marché intérieur. De tels effets de puissance du marché peuvent être aggravés si les membres du cartel d'importation contrôlent stratégiquement les barrières importantes à l'entrée, telles que les licences d'importation ou les systèmes de distribution. Cependant, puisque les mesures gouvernementales sont susceptibles d'être mises à mal en vertu du droit de l'OMC, les cartels d'importation sont de plus en plus structurés sans participation gouvernementale directe. De tels effets de puissance du marché peuvent également être aggravés si les membres de cartel bénéficient

[1380] SIROEN Jean-Marc, « Choix de la politique commerciale dans le cas de la concurrence imparfaite », *op.cit.*, p. 79 et 80.

collectivement d'une puissance substantielle sur le marché en tant qu'acheteurs à l'échelon global. Ainsi, le cartel d'importation peut exercer sa puissance sur un marché oligopolistique pour réduire le prix d'achat des produits au détriment des exportateurs dans les pays étrangers. Dans la mesure où les cartels d'importation peuvent être liés aux mesures gouvernementales, une plainte pourrait être formée en vertu des accords de l'OMC. Cependant, cette voie d'action ne peut aboutir à un résultat satisfaisant sauf si le cartel a été formé en prémisse d'une mesure gouvernementale[1381].

Dans la plupart des pays, les cartels d'importation sont soumis au champ d'application du droit de la concurrence nationale. Cependant, il y a des circonstances dans lesquelles les lois nationales de concurrence ne s'appliquent pas. En général, ces dernières ne sont concernées que si le cartel d'importation a un effet sur la concurrence nationale ; en conséquence, les effets sur le commerce international échappent à leur champ d'application. En outre, les autorités nationales peuvent autoriser des cartels d'importation sur la base d'avantages d'efficacité excédant tous les effets anticoncurrentiels sur le marché intérieur. Les cartels d'importation sont souvent autorisés par les gouvernements nationaux, par exemple sur la base de la réalisation de bénéfices productifs significatifs, incluant les avantages permettant à des sociétés de réduire les coûts de transactions et d'obtenir des économies d'échelle pécuniaires par des escomptes et des remises en bloc. Par ailleurs, les gouvernements se fondent sur une autre raison pour autoriser ou exempter un cartel d'importation, invoquant que ce dernier, une fois autorisé ou exempté, verra sa capacité d'abuser de sa puissance de marché circonscrite aux limites expresses de l'autorisation ou de l'exemption.

B – Les cartels d'exportations

Le cas des cartels d'exportation est similaire à la situation des cartels d'importation. Ils sont l'opposé du cartel d'importation et constituent généralement des ententes parmi les entreprises dans un pays exportant leurs marchandises et services vers les marchés étrangers. Les cartels d'exportation permettent à des exportateurs d'augmenter leur puissance de marché en s'entendant sur le prix, sur le nombre d'unité à produire et sur le cloisonnement d'un marché en vue d'acquérir de plus grands bénéfices au détriment des acheteurs étrangers. Pour des raisons commerciales, les cartels

[1381] Japon - Les mesures affectant les pellicules et papiers photographiques destinés aux consommateurs, *(Fuji c. Kodak)*, WT/DS44/R, 31 Mars 1998.

à l'exportation sont en principe exemptés du champ d'application du droit de la concurrence des pays exportateurs nets. Cette solution est la conséquence du fait que le droit de la concurrence vise essentiellement à protéger le bien-être du consommateur dans l'économie nationale, et pas sur les marchés étrangers. L'exemption des cartels à l'exportation est censée permettre aux petites et moyennes entreprises de collaborer entre elles afin de conquérir les marchés étrangers[1382]. Selon la doctrine des effets, l'autorité régulatrice de la concurrence d'un pays est compétente pour les pratiques qui sont susceptibles d'avoir des effets anticoncurrentiels sur le territoire national. Peu importe que ces pratiques soient mises en œuvre par des entreprises situées dans ce pays ou par des entreprises situées à l'étranger mais exportant vers ce pays. A l'inverse, l'autorité nationale de la concurrence d'un pays n'est pas compétente pour connaître des pratiques anticoncurrentielles qui n'ont pas d'effet, ou ne sont pas susceptibles d'avoir d'effet sur son territoire national. Ainsi, les ententes à l'exportation sont généralement exclues du champ d'application des lois de concurrence[1383].

Par exemple, aux Etats-Unis, la section 1 du *Sherman Act* dispose que « tout contrat, toute association sous forme de trust ou autrement ou toute entente en vue de restreindre les échanges ou le commerce entre les différents Etats de l'union *ou avec les pays étrangers* sont déclarés illégaux ». Ainsi, une entente entre des entreprises japonaises, produisant ses effets anticoncurrentiels uniquement sur le marché japonais ne relève de la compétence des autorités antitrust américaines que si elle est de nature à restreindre la capacité des entreprises américaines d'exporter au Japon. Dans cette perspective, les pratiques commerciales restrictives à l'exportation devraient être couvertes par le droit de la concurrence américaine. Pourtant, le Congrès américain a exempté les ententes à l'exportation conclues entre entreprises américaines de l'application du droit antitrust sous certaines conditions. Ces conditions sont définies dans la loi *Webb-Pomerene* de 1918 d'une part et dans l'*Export Trading Company Act* de 1982 d'autre part. La loi *Webb-Pomerene* permet aux entreprises, normalement uniquement concurrentes entre elles, de se grouper afin de former des ententes à l'exportation. Cette loi offre une dérogation strictement limitée aux ententes dont l'objet ne peut être que l'exportation de biens. La loi ne couvre pas non plus les conduites qui auraient un effet anticoncurrentiel aux États-Unis ou

[1382] MERKT Benoit, *Harmonisation internationale et entraide administrative internationale en droit de la concurrence*, *op.cit.*, p. 191.

[1383] JENNY Frédéric, « L'environnement économique international et les autorités de concurrence », *op.cit.*, p. 441.

qui porteraient atteinte à des entreprises nationales concurrentes aux membres de l'entente à l'exploitation. La loi *Webb-Pomerene* a été appliquée à des ententes dont les membres dominaient le marché. Or, les décisions prises par une association à l'exportation dont les membres recouvrent une part substantielle du marché national peuvent influencer l'offre et le prix sur ce même marché. Les tribunaux américains ont ainsi reconnu que la réussite d'une entreprise à l'exportation porte inévitablement atteinte au commerce extérieur des entreprises. De plus, l'association lie ses membres de manière telle qu'elle risque d'affecter leur propre rapport de concurrence sur le marché national[1384]. En revanche, malgré la loi *Webb-Pomerene* les entreprises américaines n'ont pas cessé de se plaindre du fait que cette loi les empêche de développer leurs exportations. L'*Export Trading Company Act* a ainsi été élaboré en 1982 pour augmenter le nombre des exportations américaines de biens et de services des entreprises nationales tout en excluant les entreprises étrangères.

En droit européen, comme en droit antitrust américain, les cartels d'exportation sont licites lorsque leurs effets se produisent exclusivement à l'extérieur du territoire de la Communauté[1385]. L'exemption des cartels d'exportation résulte de la jurisprudence de la CJCE, selon laquelle une pratique commerciale restrictive destinée à ne produire des effets que sur les marchés étrangers, n'affecte pas le commerce entre Etats membres au sens du droit européen de la concurrence[1386]. Dans une autre affaire, la Cour a jugé qu'un contrat de distribution exclusive n'a pas pour objet de restreindre la concurrence dans la Communauté, mais d'assurer au producteur la pénétration d'un marché à l'extérieur de la Communauté[1387]. Ainsi, il est confirmé en droit européen de la concurrence que les accords qui restreignent la concurrence à l'extérieur de la Communauté sont exclus de son champ d'application dans la mesure où ces accords sont susceptibles de produire également des effets à l'intérieur de la Communauté.

Par ailleurs, les politiques de cartel d'exportation ou d'importation peuvent échapper au champ d'application des accords de GATT/OMC si elles

---

[1384] FRIEDEL - SOUCHU Evelyne, *Extraterritorialité du droit de la concurrence aux Etats-Unis et dans la Communauté Européenne*, *op.cit.*, p. 68 à 71.
[1385] *Ibid.*, p. 78.
[1386] *Suiker Unie et autres c. Commission*, aff. C- 40 à 48 et 54 à 56/, 111, 113 et 114/74 du 16 décembre 1975 JOCE, 1975, p. 2038.
[1387] *Javico International et Javigo AG c. Yves Saint Laurent Parfums SA,* aff. C – 303/96 du 28 avril 1998, Rec.1998, p. I -01983.

demeurent conformes à certains principes. L'Article XI paragraphe 1 du GATT interdit les restrictions quantitatives non tarifaires aux échanges. Une restriction quantitative aux échanges se définit comme toute mesure établie ou maintenue par un Etat, qui est susceptible d'avoir pour effet de restreindre l'importation, ou l'exportation ou la vente pour l'exportation des marchandises[1388]. A titre d'exemple, ont été considérés comme procédés restrictifs l'exigence de prix minimaux à l'importation[1389], les limitations concernant les points de vente ou concernant les utilisateurs finaux[1390], les retards excessifs dans la délivrance de licences d'importation automatiques[1391], ainsi que les prescriptions relatives à l'équilibrage des échanges en vertu desquelles les opérateurs sont enjoints à ne pas importer plus qu'ils n'exportent[1392]. En revanche, l'inaction d'un gouvernement pour enquêter sur des cartels et les empêcher de fonctionner n'est pas en soi une restriction visée par l'Article XI paragraphe 1 du GATT, bien que les cartels puissent opérer en pratique comme des restrictions quantitatives[1393]. En effet, les gouvernements sont peu enthousiastes à agir contre les cartels d'exportation puisque ce sont eux qui les ont rendus réalisables grâce aux exemptions prévues dans les législations nationales. En outre, dans la mesure où la conduite de cartels d'exportation n'implique pas de restrictions quantitatives, telles que les fixations de prix, elle tombera en dehors du champ d'application de potentiel de l'article XI paragraphe I du GATT.

De nos jours, les cartels d'exportation peuvent déclencher des guerres commerciales significatives et peuvent donner lieu à des représailles de partenaires commerciaux. L'affaire de *Daishowa* en est un exemple[1394]. Un groupe d'exportateurs américains de pâte de bois avaient formé un cartel d'exportation, autorisé par des exemptions prévues selon les lois américaines. En contre mesure, un groupe d'importateurs japonais de pâte de

---

[1388] Japon — Commerce des semi-conducteurs (BISD 35S/116), Rapport du Groupe spécial (GATT), BISD 35S/116, 4 mai 1988, para. 104 ; Inde – Restriction quantitatives à l'importation de produit agricoles, textiles et industriels, Rapport du Groupe spécial, WT/DS90/R, 6 avril 1999, para.5.128.

[1389] Inde – Restriction quantitatives à l'importation de produit agricoles, textiles et industriels, Rapport du Groupe spécial, WT/DS90/R, 6 avril 1999, para.5.142.

[1390] *Ibid.*

[1391] *Ibid.*

[1392] Inde – Mesures concernant le secteur automobile, Rapport du Groupe spécial, WT/DS146/R, WT/DS/R, 21 décembre 2001, para.7.268, 7.277.

[1393] Argentine – Mesures visant l'exportation de peaux de bovins et l'importation de cuirs finis. Rapport du Groupe spécial, WT/DS155/R, 19 décembre 2000, para. 11.52.

[1394] *Daishowa International v. North Coast Export Co.* 1982-3 Trade Reg Rep (CCH) 64, 71, 785 (ND Cal, 1982)

bois a formé un cartel d'importation au Japon pour boycotter les producteurs de pâte de bois américains et, simultanément, il a attaqué la validité du cartel d'exportation américain en vertu des lois antitrust des Etats-Unis en invoquant la fixation du prix et le refus de vente. Dans la même affaire, les exportateurs américains ont poursuivi les importateurs japonais en invoquant l'application extraterritoriale du *Sherman Act* au cartel d'importation au Japon. Finalement, le tribunal fédéral de San Francisco a jugé qu'en vertu de la législation américaine, le cartel d'exportation était exempté de l'application des lois antitrust américaines ; en revanche, le cartel japonais d'importation tombait dans le champ d'application de cette législation. Cette sentence a été jugée fortement injuste par le Japon et a déclenché un incident diplomatique[1395].

Finalement, on peut arriver à la conclusion que sans une exemption explicite, les cartels d'exportation et d'importations tombent dans le champ d'application des lois nationales de la concurrence. En général, les exemptions sont basées sur des considérations de politique publique nationale. Cependant, la difficulté majeure de telles exemptions est qu'elles prennent uniquement en considération les effets internes et non les effets de débordement sur les marchés étrangers ou les effets néfastes plus larges sur le marché international. En outre, les politiques de cartel d'exportation et d'importation ne sont pas efficacement soumises au mécanisme au règlement des différends de l'OMC, lorsqu'elles demeurent conformes aux principes des accords du GATT et de l'OMC.

§ 2 – Les politiques industrielles abusives

Les politiques industrielles impliquent généralement l'intervention des gouvernements sur les marchés afin de changer les structures de l'industrie et d'augmenter la productivité des industries pour stimuler la croissance économique et le développement. A défaut, les conditions de concurrence restent différentes dans chaque Etat et empêchent les économies d'échelle et le développement d'une politique industrielle cohérente. En droit international, il n'y a aucun consensus pour harmoniser les politiques industrielles des Etats, aucune volonté politique de réaliser des économies d'échelle au niveau mondial et surtout aucune règle constitutionnelle internationale de nature à conférer une quelconque légitimité à une organisation régulatrice d'un marché prétendument global. Ainsi, il revient

[1395] TAYLOR Martyn, *International Competition Law: A New Dimension for the WTO?*, *op.cit.*, p. 234.

encore à chaque Etat de rechercher souverainement les conditions de son développement et de l'équilibre qu'il souhaite établir entre les valeurs économiques et les autres. Il est ainsi responsable de la redistribution des ressources, par hypothèse accrues grâce au commerce, sur son territoire. Il lui appartient également de développer une politique industrielle efficace qui tienne compte des réalités sociales et économiques, telles que les éventuelles restructurations, générées par la libéralisation des échanges[1396].

En pratique, les politiques industrielles peuvent être en contradiction avec les principes du droit du commerce international et échapper à toute sanction. Les politiques industrielles sont souvent conçues de manière à exploiter les exemptions, les ambigüités et la mise en œuvre inefficace du système commercial international[1397]. Par exemple, les politiques de substitution d'importation cherchent à protéger l'industrie nationale en empêchant que les produits ou services étrangers entrent sur le marché national. Ainsi, ces politiques sont en elles-mêmes protectionnistes et demeurent controversées par la théorie économique. Les politiques qui promeuvent les exportations adoptent l'approche inverse et cherchent à augmenter les exportations au lieu de limiter les importations. Le Japon, la Corée et Taiwan ont mis ce type de politiques industrielles en application durant la période allant de 1950 à 1960 et ont accordé des aides financières et des concessions réglementaires pour promouvoir l'exportation[1398]. Ces politiques peuvent également générer des fusions forcées entre les entreprises d'exportation pour augmenter la concentration dans le secteur.

En principe, l'OMC ne prévoit pas d'interdire aux Etats membres de s'engager dans des politiques industrielles. L'OMC cherche plutôt à les guider pour qu'ils puissent adopter des politiques industrielles qui n'impliquent pas d'instruments commerciaux restrictifs contradictoires avec le droit du commerce international. Dans la mesure où les politiques industrielles sont discriminatoires, elles affectent l'exportation ou l'importation. Dans ce cas, un certain nombre de dispositions de l'Accord de l'OMC peuvent s'appliquer. Le domaine des subventions et des mesures

---

1396 LUFF David, *Le droit de l'Organisation mondial du Commerce*, *op.cit.*, p. 9 et 10.

1397 HUDEC Robert, "Industrial Subsidies : Tax Treatment of Foreign Sales Corporation", dans *Transatlantic Economic Disputes. The EU, the US and the WTO*, Eds. PETERSMANN Ernest-Ulrich / POLLACK Mark A., International Economic Law Series, General Edit. JACKSON John H., Oxford, 2003, p. 175 à 205.

1398 TAYLOR Martyn, *International Competition Law: A New Dimension for the WTO?*, *op.cit.*, p. 238.

compensatoires, comme celle du dumping, fait l'objet de règles détaillées contenues dans un accord spécifique de l'OMC. Relevons qu'elles revêtent une importance pratique considérable puisqu'elles déterminent les conditions d'octroi des aides d'Etat et conditionnent le contenu de la politique industrielle des pays[1399]. Ces dernières ont fait l'objet de plaintes au sein de l'OMC et sont parfois à la base de tensions très importantes entre les Membres, certains intérêts industriels étant particulièrement sensibles et élevés[1400]. Par exemple, en 1996, la Communauté européenne, le Japon et les Etats-Unis ont porté plainte contre le programme national pour le secteur automobile de l'Indonésie. Dans son rapport, distribué aux membres le 2 juillet 1998, le Groupe spécial a constaté que l'Indonésie contrevenait aux dispositions des articles Ier et II:2 du GATT de 1994, de l'article 2 de l'Accord sur les mesures concernant les investissements et de l'article 5 c) de l'Accord sur les subventions et les mesures compensatoires[1401]. Dans une communication datée du 15 juillet 1999, l'Indonésie a informé l'ORD qu'elle avait publié, le 24 juin 1999, une nouvelle politique concernant l'industrie automobile, qui mettait effectivement en œuvre les recommandations et décisions de l'ORD en la matière. Mais, avec le temps, les instruments de la politique industrielle ont changé. Les nouveaux instruments incluent désormais des soutiens d'investissement financiers, des zones de transformation pour l'exportation, des actions antidumping, des mesures de sauvegarde, des subventions non-prohibées et des instruments conformes à l'exemption de la balance des paiements de l'OMC. Par ailleurs, les politiques industrielles ont souvent permis des arrangements concertés sur les marchés intérieurs. De ce fait, les exportateurs ont augmenté leur puissance de marché, parfois par l'intermédiaire de cartels d'exportation. La pratique anticoncurrentielle découlant de telles politiques peut échapper aux sanctions des législations nationales de concurrence du fait des exemptions prévues expressément pour des raisons de politique industrielle. De même, la participation manifeste du gouvernement à de telles conduites les rend irréfragables en vertu du principe de l'Acte de l'Etat[1402]. Ces complications permettent aux politiques industrielles d'échapper aux sanctions du droit du commerce international ainsi que du droit national de la concurrence.

[1399] LUFF David, *Le droit de l'Organisation mondial du Commerce*, *op.cit.*,p. 130.

[1400] Canada – Mesures visant l'exportation des aéronefs, Rapport du Groupe spécial, WT/DS70/R, 14 avril 1999.

[1401] Indonésie - Certaines mesures affectant l'industrie automobile, Rapport du Groupe spécial, WT/DS54/R, WT/DS55/R, WT/DS59/R, WT/DS64/R, le 2 juillet 1998.

[1402] CARREAU Dominique, *Droit international*, *op.cit.*, p. 592.

Sous-section II – La défaillance du système juridique interne

Souvent, la conduite anticoncurrentielle des entreprises sur le marché intérieur est nuisible pour le bien être global dans le contexte de pratiques concertées. En général, elles sont considérées comme suffisamment nuisibles à la concurrence quand il existe des collusions qui diminuent sensiblement la concurrence sur un marché approprié, bien que certaines formes de conduite concertées puissent être considérées comme suffisamment néfastes pour qu'elles soient considérées *per se* anticoncurrentielles. Plus généralement, les conduites anticoncurrentielles échappent à toute sanction, spécialement lorsque les lois nationales de concurrence sont inadéquates ou que leur mise en exécution sont inefficace.

§ 1 – Une mise en exécution inefficace : la pratique du *« Kansei-dango »*

La conduite d'un cartel national qui a un effet défavorable sur le commerce international peut également échapper aux sanctions lorsque les lois nationales de concurrence ne sont pas mises en place efficacement. L'application inefficace peut surgir quand un pays n'identifie pas convenablement les effets de la conduite anticoncurrentielle sur les nouveaux arrivants étrangers sur le marché national. Par exemple, au Japon, le gouvernement est traditionnellement doté d'un système de licences pour les soumissionnaires qui veulent proposer une offre aux projets de construction de travaux publics. Seuls les constructeurs généraux disposant d'une licence sont autorisés à le faire. Le régime d'autorisation japonais implique donc l'exclusion des concurrents étrangers. L'un des critères déterminant pour accorder les permis aux entrepreneurs est l'expérience précédemment acquise en ce domaine sur le territoire japonais. Par définition, une telle expérience ne peut être obtenue que par les entrepreneurs généraux autorisés. Cet environnement réglementaire a créé les conditions idéales pour la formation de cartels parmi les entrepreneurs japonais connue sous le nom de « *kansei-dango* »[1403]. Ainsi, l'objectif premier de toute politique de passation de marchés, de promouvoir l'efficience, c'est-à-dire la sélection du fournisseur proposant le prix le plus bas ou, plus généralement, le meilleur rapport qualité-prix, a échoué au Japon. Par ailleurs, le préjudice causé au commerce international par la pratique du *kansei-dango* a déclenché des conflits commerciaux violents

---

[1403] OCDE, "Public Procurement : The role of Competition Authorities in Promoting Competititon", DAF/COMP(2007)34, 8 janvier 2008, p. 111.

entre le Japon et les Etats-Unis pendant les années quatre-vingts concernant l'accès par les sociétés américaines au marché de construction Japonais[1404].

Aujourd'hui, les pratiques en matière de *kansei-dango* pourraient probablement être mises en cause en suivant le raisonnement prononcé par le groupe spécial dans l'affaire *Kodak - Fuji*[1405]. Il est largement admis que les ententes injustifiables, qui désignent les accords entre concurrents visant à fixer des prix, procéder à des soumissions concertées, établir des restrictions de production ou partager des marchés, constituent l'une des formes les plus graves et nuisibles de conduite anticoncurrentielle. Par conséquent, les pays intensifient leurs efforts pour lutter contre ces pratiques[1406]. Dans les pays de l'OCDE et ailleurs dans le monde, l'interdiction des ententes injustifiables est aujourd'hui considérée comme une composante indispensable au bon fonctionnement du marché. Dans cette perspective, l'Accord sur les marchés publics de l'OMC contient un certain nombre d'obligations détaillées en matière de procédure que les entités contractantes sont tenues de respecter pour garantir l'application effective des principes fondamentaux. Ces derniers visent à assurer que l'accès au marché soit réellement ouvert et que les produits et les fournisseurs étrangers bénéficient d'une possibilité égale d'entrer en concurrence pour obtenir le marché public[1407]. Selon l'article VII, alinéa 2 « *les entités ne devront pas donner à un fournisseur des informations concernant un marché déterminé d'une manière qui aurait pour effet d'empêcher la concurrence* ». Par ailleurs, l'article XV de l'Accord sur les marchés publics fait référence aux solutions concertées. Il définit en détail les circonstances dans lesquelles les règles normales relatives aux procédures d'appel d'offres ouvertes ou sélectives ne seront pas nécessairement applicables, ce qui englobe le cas où les solutions concertées ont été déposées. Cependant, les pratiques en matière de *kansei-dango* peuvent constituer une exception à la norme, car la plupart des formations de cartels n'aurait pas une participation ou un soutien gouvernemental et ainsi ne serait pas efficacement réglementé par le droit de l'OMC. En effet, les Etats ont tendance à

[1404] JACKSON John H., "Statement on Competition and Trade Policy before the U.S. Senate Committee on Judiciary", *Journal of World Trade,* Vol.26, no.5, 1992, p. 111 à 116.

[1405] Japon - Les mesures affectant les pellicules et papiers photographiques destinés aux consommateurs, *op.cit.*

[1406] MACI Marsela, "US – EU comparison of enforcement rules against bid rigging : Should and could Europe do more about it?", Researching Current Issues in Global Competition Law and Policy, Interdisciplinary Centre for Competition Law and Policy (ICC), Queen Mary, University of London and Goodenough College, International PhD conference, 7.3.2008, Londres.

[1407] Il s'agit des articles VII à XVI.

cloisonner les marchés publics pour des raisons politiques et économiques, en menaçant les entreprises qui ont besoin de pénétrer dans un marché plus vaste que celui de l'Etat, dont elles dependent.

En ce qui concerne l'application du droit de la concurrence nationale, techniquement, la pratique de *kansei-dango* est illégale en vertu de la loi japonaise de concurrence. Cependant, les autorités japonaises n'ont pas appliqué efficacement la loi. Ainsi, l'exemple de *kansei-dango* illustre que même là où les lois nationales de concurrence existent, elles ne sont pas nécessairement appliquées efficacement. En conséquence, la conduite anticoncurrentielle privée peut nuire au commerce international et à la concurrence internationale. Il faut aussi ajouter que ces dernières années, la *Japanese Fair Trade Commission* a très largement réussi à faire appliquer les dispositions de la loi antitrust japonaise pour lutter contre les soumissions concertées. Le Japon pense que cette évolution positive va se poursuivre grâce aux amendements à la loi antitrust, entrés en vigueur en janvier 2006. Ces amendements permettent à la *Japanese Fair Trade Commission* d'infliger des surtaxes plus lourdes en cas de falsification avérée. Ils instaurent également des programmes de clémence, qui n'existaient pas encore au Japon, et confèrent des pouvoirs d'instruction à la *Japanese Fair Trade Commission*. Ces amendements ont déjà produit des résultats positifs. Par exemple, la *Japanese Fair Trade Commission* a reçu une centaine de demandes de clémence depuis janvier 2006 et, en vertu des nouveaux pouvoirs d'enquête qui lui ont été conférés, a transmis plusieurs dossiers de falsification au Procureur général[1408]. Il est clair que sans les pressions internationales concernant l'application efficace du droit national de la concurrence, une telle conduite aurait pu échapper à une réglementation efficace.

§ 2 – Les réglementations nationales inefficaces : les *« keiretsu »*

Du point de vue du droit national de la concurrence, la notion de restrictions verticales s'applique à certaines catégories de pratiques commerciales qui ont trait à la revente de produits par des fabricants ou des fournisseurs et sont donc énoncées dans des accords entre opérateurs d'une branche commerciale située à différentes phases de la chaîne de la valeur ajoutée. Elles comprennent la fixation de prix de revente, les relations d'exclusivité et les restrictions concernant les marchés réservés ou d'exclusivité territoriale

[1408] OCDE, "Public Procurement : The role of Competition Authorities in Promoting Competititon", *op.cit.*, p. 111.

imposées aux distributeurs. Cependant, il convient de noter que la jurisprudence aux États-Unis a généralement témoigné d'une attitude plus favorable à l'égard des restrictions verticales. La Division antitrust du Département de la justice, dans ses Directives de 1985 définissant la politique applicable à l'égard des restrictions verticales, indiquait qu'elle n'exercerait pas d'action en justice contre les entreprises recourant à des pratiques verticales si elles détenaient moins de 10 % du marché et que les pratiques verticales d'entreprises dont la part de marché dépassait 10 % ne donneraient pas forcément matière à contestation, mais feraient l'objet d'un examen approfondi, fondé sur la notion de « caractère raisonnable ». Toutefois, la définition même de l'abus de position dominante et les moyens d'éviter ce phénomène *a priori* ne s'appuient pas sur les mêmes normes qu'il y a une vingtaine d'années, et les experts s'accordent généralement à reconnaître que les critères retenus de nos jours sont beaucoup plus logiques. La politique de concurrence de l'Union européenne appelle des observations semblables. Les normes et les procédures sur lesquelles elle repose sont différentes de celles des Etats-Unis, en partie parce qu'elle met l'accent sur le démantèlement des barrières à l'intégration de ses divers marchés nationaux. Ainsi, par exemple, la plupart des restrictions verticales sont illicites en Europe, en particulier si elles entravent les échanges entre pays européens. Toutefois, des branches d'activité tout entières peuvent demander une dérogation et, si celle-ci leur est consentie, elles ne sont pas assujetties aux interdictions[1409].

L'inefficacité des gouvernements concernant les législations et la politique de concurrence nationale touchant aux restrictions verticales peuvent léser le commerce international et la concurrence internationale en élevant des obstacles à l'accès au marché pour des entreprises internationales. Aujourd'hui, les conflits portent moins sur des questions classiques de barrières « officielles » que sur des barrières « privées » à l'entrée parfois considérées comme des obstacles « structurels »[1410]. Les *keiretsu* japonais pourraient ainsi s'analyser comme des cartels verticaux qui permettraient aux firmes industrielles et financières japonaises de contrôler les réseaux de distribution et de sous-traitance. Ils apposeraient ainsi de véritables barrières privées à l'entrée des importations[1411]. En échange de l'engagement à long

---

[1409] V. *infra* section I intitulé les sources au niveau national et régional.

[1410] SIROEN Jean-Marc, « Choix de la politique commerciale dans le cas de la concurrence imparfaite » *op.cit.* , p. 91.

[1411] AOKI Masahiko, *Information, Incentives and Bargaining in the Japanese Economy*, Cambridge University Press, 1988, p. 216 à 218. *A contrario* LAWRENCE Robert Z. /

terme du fabricant, le cocontractant réalise des investissements spécifiquement destinés à satisfaire les besoins du producteur qui n'ont aucune valeur pour les sociétés qui ne font pas partie du *keiretsu.* Il existe plusieurs types de *keiretsu.* Par exemple, les *keiretsu* de distribution, une forme particulière de *keiretsu* vertical qui repose sur une maison mère et son réseau de distribution sur le marché en aval[1412] ou les *keiretsu* financiers, qui regroupent les principales entreprises de secteurs industriels variés. Ainsi, les entreprises sont liées entre elles par des participations croisées qui atteignent en moyenne 18% ; les *keiretsu* verticaux formés par une maison mère autour de laquelle on crée un réseau de filiales et de fournisseurs attitrés. En 1977, Toyota était par exemple directement lié à 168 fournisseurs, lesquels contractaient avec 5437 fournisseurs, qui eux-mêmes disposaient d'un réseau de 41 731 fournisseurs. Les fournisseurs ne sont d'ailleurs pas indépendants financièrement de Toyota, qui détient en moyenne 25 % de leur capital.[1413] En 1990, *Japanese Fair Trade Commission* a estimé que 90 % de toutes les transactions nationales de longue durée au Japon étaient de nature *keiretsu*[1414].

Dans les années quatre-vingts et le début des années quatre-vingt-dix, les allégations d'arrangements de cloisonnement vertical ont déclenché un certain nombre de conflits commerciaux entre les Etats-Unis et le Japon[1415]. Les Etats-Unis ont accusé les fabricants de voiture japonais de cloisonner le marché automobile japonais aux constructeurs américains par les rapports verticaux de *keiretsu.* En outre, les Etats-Unis ont fait allusion aux lois japonaises inadéquates. En revanche, en raison des difficultés que nous avons constatées précédemment, il est assez difficile, en droit du commerce international, de prouver le rapport entre les mesures gouvernementales et le

---

SAXONHOUSE Gary R., "Efficient or Exclusionist ? The Import Behaviour of Japanese Corporate Groups", *Broking Papers on Economic Activity,* Vol. 1991, No.1, 1991, p. 311 à 341.

[1412] SHEARD Paul, "*Keiretsu*, competition and market access", in GRAHAM Edward M., RICHARDSON David J. (Eds), *Global Competition Policy*, Institute of International Economics, Washington, DC., 1995, p. 506 à 508.

[1413] FRUIN Mark, The Japanese Enterprise System : Cooperative Structures and Competitive Strategies, Clarendon Press, Oxford, 1992, p. 271.

[1414] TAYLOR Martyn, *International Competition Law: A New Dimension for the WTO?*, *op.cit.*, p. 209.

[1415] Etats-Unis — Imposition des droits d'importation sur les automobiles en provenance du Japon au titre des articles 301 et 304 de la Loi de 1974 sur le commerce extérieur, WT/DS56, du 17 mai 1996, Solutions mutuellement convenues notifiées le 19 juillet 1995 ; Japon - Mesures affectant les services de distribution - Demande de consultation présentée par les États-Unis, S/L/22, WT/DS45/1, le 20 juin 1996.

comportement anticoncurrentiel privé[1416]. Même dans le cas où les mesures gouvernementales existent, il est souvent difficile d'apporter la preuve de la discrimination *de jure* ou *de facto*. Les autorités nationales japonaises de la concurrence sont assez tolérantes concernant les pratiques de *keiretsu*. En conséquence, il n'existe aucune réglementation efficace concernant ce type de comportements qui mettent en danger les relations commerciales entre les partenaires commerciaux et restreignent la concurrence internationale.

Section II – Les actes internationaux échappant à toute sanction

Il existe aussi des pratiques internationales qui peuvent être nuisibles pour le bien-être de l'économie mondiale pour les mêmes raisons que celles que nous avons expliquées dans la section précédente. La conduite internationale, incluant la conduite anticoncurrentielle à travers un certain nombre de juridictions nationales ou sur les marchés internationaux, peut restreindre les échanges internationaux entre les Etats. De telles déformations peuvent réduire le bien-être global en empêchant les Etats de se spécialiser dans leurs secteurs d'avantage comparatif. Un cartel international peut augmenter les prix et imposer le partage géographique des marchés à ses membres afin d'imposer des prix discriminatoires. De même, un fournisseur avec une puissance significative sur le marché international pourrait agir de la même manière qu'une entreprise avec une telle puissance sur un marché intérieur. Par ailleurs, certaines mesures gouvernementales ayant une portée internationale comme les restrictions volontaires sur les exportations, les accroissements volontaires sur les importations, ainsi que certaines activités commerciales de l'Etat qui sont un composant significatif de la politique commerciale, peuvent faciliter le comportement anticoncurrentiel des entreprises au niveau international.

Sous-section I – Les cartels internationaux

Historiquement, les cartels internationaux dominent le commerce international. Le vaste mouvement de dérégulation engagé depuis le début des années quatre-vingts dans la plupart des pays développés et l'élimination progressive des barrières tarifaires aux échanges dans le cadre des négociations du GATT puis de l'OMC est fondé sur l'idée que l'élimination des obstacles publics à l'interpénétration des marchés est de nature à intensifier la concurrence sur les marchés internationaux et à améliorer

---

[1416] V. la section II *supra* consacrée aux dispositions du GATT/OMC au service du droit international de la concurrence.

l'efficacité économique globale. Mais, parallèlement à ces évolutions, on assiste à un phénomène inquiétant : le développement de cartels internationaux grâce auxquels des entreprises constituent des barrières privées aux échanges en se répartissant les marchés et en éliminant la concurrence entre elles par les prix. On retrouve ainsi au niveau mondial un phénomène qui a pu être observé au niveau européen : plus la concurrence est libre, plus les marchés nationaux s'interpénètrent et plus forte est la tentation pour les acteurs économiques de s'entendre[1417]. En effet, le groupe de travail de l'OMC sur la politique du commerce et de la concurrence signale l'existence d'un grand nombre de cartels internationaux qui ont été également identifiés par diverses autorités de concurrence[1418].

§ 1 – Les pratiques des cartels internationaux

Une situation d'entente horizontale restrictive, dénommée également « collusion » ou « cartel », apparaît lorsque plusieurs firmes concurrentes décident, selon des modalités diverses et plus ou moins formelles, de coordonner leur comportement dans le seul but de réduire l'intensité concurrentielle sur un marché, et ce au détriment des consommateurs. Ainsi, « les cartels sont des accords conclus entre entreprises indépendantes ou des décisions d'associations d'entreprises, en vue d'influencer la production ou la commercialisation par la restriction ou l'élimination de la concurrence et d'altérer ou de modifier de manière artificielle les conditions du marché. Ils sont l'expression d'une volonté de réglementation privée, et le plus souvent secrète, du marché et des relations économiques par des groupes oligopoles »[1419].

Le cartel le plus connu est l'Organisation des pays exportateurs de pétrole (OPEP) qui est une organisation intergouvernementale de pays visant à négocier avec les sociétés pétrolières pour tout ce qui touche à la production de pétrole, son prix et les futurs droits de concessions[1420]. Un autre exemple notoire de cartel international, est le cartel du gros équipement électrique qui, pendant plusieurs dizaines d'années, a permis à une cinquantaine de producteurs, regroupés sous l'égide d'une association internationale, de

---

1417 JENNY Frédéric, « L'environnement économique international et les autorités de concurrence », *op.cit.*, p. 445.

1418 OMC, Rapport au Conseil générale du groupe de travail de l'interaction du commerce et de la politique de la concurrence du 8 décembre 1998, *op.cit.*, p. 30.

1419 COMBE Emmanuel, *Economie et politique de la concurrence*, *op.cit.*, p. 105.

1420 www.opec.org

mettre en œuvre une très vaste répartition de marché concernant la totalité des gros équipements électriques dans le monde entier à l'exception des États-Unis et de la Communauté européenne. Outre le fait que ce cartel constituait une entente organisée sur un très grand nombre de marchés publics passés par les gouvernements de pays désireux d'améliorer leur capacité de production, de transport ou de distribution d'électricité, les membres du cartel mettaient en œuvre des prix de prédation lorsqu'ils étaient en concurrence avec de nouveaux producteurs non membre du cartel. Cette technique a été utilisée notamment pour éliminer l'industrie brésilienne du gros équipement électrique. L'un des aspects intéressants de cette affaire, pour notre propos, est que les producteurs brésiliens, acculés à la faillite, n'ont jamais pu faire condamner le cartel, en dépit du fait qu'ils détenaient de nombreuses preuves de ces agissements. En effet, le droit de la concurrence était à l'époque inexistant au Brésil et les autorités tant américaines qu'européennes auxquelles ces preuves ont été présentées ont estimé que ce cartel ne relevait pas de leur compétence dès lors qu'il n'y avait pas de répartition de marché en matière de gros équipement électrique sur leur territoire et, dans le cas des États-Unis, que ce cartel ne nuisait pas à la capacité d'exportation des entreprises américaines du secteur[1421].

On aurait tort de croire que le cas du gros équipement électrique est un cas isolé ou qu'il reflète une réalité dépassée. Des indices précis de l'existence d'un vaste cartel à l'exportation mis en œuvre par l'ensemble des sidérurgistes européens et asiatiques ont été présentés au milieu des années quatre-vingt-dix à l'OCDE. Selon les allégations de cet accord, connu sous le nom d' « *East of Burma Agreement* », la zone comprise entre le Japon et l'Europe est divisée selon une ligne passant à l'est de Myanmar. Les sidérurgistes asiatiques ne peuvent y exporter qu'une quantité limitée. Lorsque les sidérurgistes d'un pays contreviennent à ces accords et exportent plus que le quota qui leur est alloué, les sidérurgistes de la zone où ils ont « indûment » exporté sont autorisés à mettre en œuvre des mesures de rétorsion. Selon les allégations présentées à l'OCDE, les prix à l'export sont par ailleurs des prix d'entente déterminés lors de réunions biannuelles[1422].

[1421] JENNY Frédéric, « L'environnement économique international et les autorités de concurrence », *op.cit.*, p. 446.
[1422] *Ibid.*

§ 2 – Les cartels internationaux et la globalisation

Non seulement la globalisation n'impose pas le respect spontané de pratiques concurrentielles, mais elle peut rendre plus difficile la mise en œuvre de politique de concurrence. Alors que la globalisation suscite un processus endogène de création de monopoles naturels mondiaux, il n'existe pas de processus institutionnel équivalent qui autoriserait une régulation mondiale des monopoles ou oligopoles mondiaux. La globalisation des marchés pose, en effet, la double difficulté dans la mise en place d'une régulation mondiale : d'une part, elle complique la définition des objectifs des politiques de la concurrence et, d'autre part, elle limite les compétences des autorités nationales[1423]. Ainsi, il est évident que les autorités nationales ont des difficultés à contrôler efficacement l'émergence des oligopoles et monopoles mondiaux. Une fois ces derniers établis, il pourrait être trop tard pour une intervention qui puisse remédier à la situation[1424].

Par ailleurs, la chute des tarifs douaniers, qui favorisent les échanges intra-firme, la libéralisation, les encouragements aux investissements directs, la dérégulation des entreprises publiques et le développement de nouvelles techniques de communication, ont modifié les stratégies des entreprises en les conduisant, le cas échéant, à rechercher les regroupements. Cette situation ne permet pas seulement d'offrir aux consommateurs des produits plus variés et aux producteurs des biens d'équipement plus performants, mais elle favorise aussi l'apparition de nouveaux produits et de nouveaux secteurs qui ne peuvent atteindre leur seuil de rentabilité que sur un marché élargi. Elle rend également possible les productions de réseaux externalisés lorsque la masse critique d'utilisateurs se situe à un niveau supérieur à celui des marchés nationaux. Sans l'accès au marché mondial, ni *Airbus*, ni *Boeing* n'auraient eu la chance d'atteindre un seuil de rentabilité suffisant. Mais, de la pharmacie aux systèmes d'exploitation d'ordinateurs, ce secteur est loin d'être le seul concerné. Si la globalisation favorise donc la concurrence dans les anciens secteurs, elle accélère leur déclin en favorisant la réallocation des investissements et de la recherche-développement, vers les secteurs peu concurrentiels et globalisés par nature. La globalisation peut donc avoir pour conséquence de permettre la production de biens

[1423] SIROEN Jean-Marc, « Politique(s) de la concurrence dans une économie globale », dans *Les Nouvelles Approches de la Concurrence*, (dir.) BIENAYME Alain, Economica, Paris 2002, p. 133.
[1424] PIILOLA Anu, "Assessing Theories of Global Governance: A Case Study of International Antitrust Regulation", SJIL Vol.39, issue 2, summer 2003, p. 239.

inaccessibles à des marchés isolés ou de permettre la « privatisation » de monopoles naturels. Cette création d'entreprise « endogène » à l'ouverture des marchés améliore donc le bien-être global mais en même temps, conduit à l'apparition de monopoles mondiaux[1425].

D'ailleurs, la demande d'intervention des autorités régulatrices de la concurrence a augmenté. En revanche, ces dernières se heurtent à des limites insurmontables lorsqu'elles cherchent à mettre en œuvre le droit national de concurrence à l'égard d'entreprises à l'étranger. Dans la plupart des cas, il est difficile pour une autorité nationale de concurrence de constater, à juste titre, une concentration. Si la concurrence potentielle est grande, il ne faut pas interdire une concentration d'entreprises en se basant sur des parts de marché élevées dans le marché national. Ainsi, une position de quasi-monopole dans le marché national ne doit pas soulever d'objections du point de vue des autorités nationales de concurrence du fait que le marché pertinent est soumis à une forte concurrence potentielle. En évaluant les effets d'une concentration, l'autorité nationale de concurrence doit prendre en compte l'évolution du marché et la situation des entreprises dans la concurrence internationale. La compétitivité des entreprises sur le plan international pourrait en effet justifier une concentration pouvant être nocive à l'échelle nationale. C'est la raison pour laquelle une autorité nationale de concurrence doit tenir compte de la concurrence internationale dans le cadre de la délimitation du marché et de la concurrence potentielle[1426].

Ainsi, la globalisation des marchés rend plus difficile une régulation du monopole si les agences de régulation restent nationales[1427]. La globalisation favorise non seulement l'apparition de secteurs « naturellement » concentrés, mais également de secteurs peu contestables. En effet, le caractère « naturel » de la concentration trouve son origine dans l'importance des charges fixes irrécouvrables, liées aux activités de recherche et à la constitution de « réseaux », barrières à l'entrée, qui protègent durablement le premier entrant. Si les innovations stimulées par la globalisation favorisent des structures de marché peu contestables, elles compliquent la mise en œuvre des prescriptions qui ont accompagné certaines dérégulations qui

---

[1425] SIROEN Jean-Marc, « Politique(s) de la concurrence dans une économie globale », *op.cit.*, p. 126 et 127.

[1426] MERKT Benoît, *Harmonisation internationale et entraide administrative internationale en droit de la concurrence*, *op.cit*, p. 358.

[1427] SIROEN Jean-Marc, « Politique(s) de la concurrence dans une économie globale », *op.cit.*, p. 131.

dissociaient la fourniture d'infrastructure d'une exploitation concurrentielle. Ainsi, une certaine politique de rationalisation par les autorités des agences de régulation sur les firmes multinationales est indispensable. Cette politique devrait exiger également que l'accès aux infrastructures puisse être assuré de façon non discriminatoire à l'encontre des entreprises ou des fournisseurs étrangers, et équitable à l'encontre des entreprises ou des contribuables nationaux qui en auraient assuré le financement préalable. L'accès aux infrastructures pose, en effet, la question du *free riding* qui, faute d'Etat mondial disposant du pouvoir légal de lever un impôt « global », est plus difficile à régler au niveau international. Le caractère non contestable des marchés mondiaux est d'ailleurs en partie entretenu par le renforcement du droit de la propriété intellectuelle. L'accord ADPIC de l'OMC conforte ainsi les barrières face à la contestation dans les secteurs concernés. Il assure le droit de monopole des entreprises sinon sur leurs produits finaux, du moins sur leurs techniques de production[1428]. En conséquence, la globalisation a joué un rôle de catalyseur dans la constitution des cartels internationaux.

§ 3 – Les cartels internationaux et l'absence de sanction

Les cartels internationaux peuvent échapper à l'application efficace des lois nationales de la concurrence du fait d'exemptions expresses ou en raison de lois inadéquates. Or, les autorités nationales de concurrence sont incapables de mener des enquêtes et des investigations sur la fixation des prix et sur le partage de marchés dans le territoire des Etats étrangers, ce qui les rend impuissantes face à la réalité des cartels internationaux[1429]. Par exemple, si des entreprises forment un cartel à l'étranger en vue de fixer le prix des produits ou coordonner les offres dans le cadre de soumissions publiques en territoire national, les autorités nationales de ce pays ne pourront souvent pas intervenir, faute de moyens de coopération internationale[1430]. Il faut noter que certains cartels internationaux sont conçus pour ne pouvoir être détectés par les autorités de concurrence des Etats-Unis ou de l'Union Européenne, soit parce que leurs auteurs veillent à ne pas les mettre en œuvre aux Etats-Unis et en Europe soit parce qu'ils s'arrangent pour que les éléments qui pourraient servir à établir la preuve de ces pratiques soient conservés dans

---

[1428] *Ibid.*, p. 128.

[1429] PIILOLA Anu, "Assessing Theories of Global Governance: A Case Study of International Antitrust Regulation", *op.cit.*, p. 239.

[1430] MERKT Benoît, *Harmonisation internationale et entraide administrative internationale en droit de la concurrence*, *op.cit*, p. 369.

des territoires où les autorités de ces pays ne peuvent intervenir[1431]. Ce n'est que récemment, grâce notamment aux efforts vigoureux entrepris sous l'administration Clinton par le Département de la Justice des Etats-Unis pour lutter contre les cartels internationaux qui avaient un effet anticoncurrentiel dans ce pays, que l'ampleur du phénomène a pu être appréciée. Il suffit de rappeler ici que, dans les quatre dernières années, plus d'une trentaine de cartels internationaux ayant des effets aux Etats-Unis ont été découverts et font actuellement l'objet d'une instruction[1432]. Ainsi, les autorités de la concurrence sont devenues plus actives notamment à l'égard des firmes « globales » comme *Microsoft* ou à l'encontre des firmes étrangères[1433].

Par ailleurs, il est intéressant de noter que si la réalité d'un cartel est rarement mise en doute, les autorités de concurrence de l'Union européenne, du Japon ou de la Corée n'ont néanmoins pas jugé utile de vérifier les allégations qui leur étaient présentées dans l'enceinte de l'OCDE. En effet, dès lors qu'il s'agit d'un cartel dont les effets ne concernent que les marchés d'exportation de ces pays, ces autorités ne sont plus compétentes pour appliquer le droit national. De même, comme les membres du cartel se réunissent régulièrement soit dans un pays de la communauté soit en Asie, au Japon ou en Corée, les pays victimes de cartel, tel que l'Inde, le Pakistan, ou la Russie, qui sont dotés d'un droit de la concurrence, ne sont pas à même de réunir les preuves qui leur permettraient d'appliquer leur propre droit national pour faire cesser les pratiques qui renchérissent le prix de leurs importations d'acier[1434].

Du point de vue du droit international, les cartels ne sont pas réglementés par le droit de l'OMC, leurs comportements étant typiquement celui d'entreprises privées et non des conduites de gouvernement. En outre, généralement, les cartels internationaux n'empêchent pas l'accès au marché ou ne provoquent pas une forme de discrimination qui est envisagée par le droit de l'OMC. Ainsi, une discrimination matérielle effectuée par des gouvernements est rare. Pour cette raison, en principe, il n'est pas possible de prendre une mesure en s'appuyant sur les accords de l'OMC contre les

---

[1431] JENNY Frédéric, « L'environnement économique international et les autorités de concurrence », *op.cit.*, p. 447.

[1432] *Ibid.*

[1433] SIROEN Jean-Marc, « Politique(s) de la concurrence dans une économie globale », *op.cit.*, p. 124.

[1434] JENNY Frédéric, « L'environnement économique international et les autorités de concurrence », *op.cit.*, p. 447.

cartels internationaux. Dans le cas de l'OPEP, qui implique la conduite gouvernementale, les membres du cartel ont un certain nombre d'arguments potentiels pour soutenir que leurs activités ne constituent pas une violation du droit de l'OMC. Selon eux, il n'y a aucune restriction à l'exportation quantitative qui constitue une violation de l'article XI du GATT, car l'OPEP dispose de quotas de production non discriminatoires et l'article XI : 2 (b) du GATT permet des restrictions quantitatives considérées comme nécessaires pour le marketing des produits dans le commerce international. En outre, l'article XX (h) du GATT prévoit une exemption pour les mesures entreprises en vertu d'engagements au terme de n'importe quel accord intergouvernemental quand il s'agit de produits qui se conforment aux critères soumis aux parties contractantes de l'OMC[1435]. Cependant, l'OPEP est une exception. Un cartel international de caractère gouvernemental d'une telle ampleur a une forte probabilité d'être réglementé par le droit de l'OMC[1436].

En l'absence d'un encadrement juridique fiable de l'internationalisation des problèmes de concurrence, l'accentuation du mouvement de concentration économique internationale comporte le risque de donner libre cours à l'intensification incontrôlée des pouvoirs de monopole des entreprises multinationales et à la multiplication de pratiques anticoncurrentielles de dimension internationale[1437]. L'incessante montée des pouvoirs économiques privés en marge de tout contrôle pourrait constituer une menace sérieuse au commerce international et à la concurrence internationale. A l'inverse, il serait préoccupant que les cartels s'installent dans un pays pour échapper au contrôle d'autorités étrangères de la concurrence et qu'un pays devienne leur terre d'accueil, les laissant libre d'abuser de leur position dominante pour produire des effets sur les marchés étrangers.

Sous-section II – Les actes anticoncurrentiels étatiques

Les gouvernements peuvent restreindre la concurrence internationale en introduisant des mesures commerciales ou en menant eux-mêmes directement les activités commerciales.

[1435] CNUCED, *Trade Agreements, Petroleum and Energy Policies*, UNCTAD/ITCD/TSB/9, Geneva, 2000, p. 15 à 19.

[1436] TAYLOR Martyn, *International Competition Law: A New Dimension for the WTO?*, *op.cit.*, p. 214.

[1437] ABDELGAWAD Waled, « Jalons de l'internationalisation du droit de la concurrence : vers l'éclosion d'un ordre juridique mondial de la *lex economica* », *op.cit.*, p. 166.

§ 1 – Les mesures commerciales étatiques

De nos jours, les gouvernements ont davantage recours à différents types de barrières, comme les quotas d'importation légale de quantités importées, les restrictions volontaires aux exportations ou la limitation de quantités exportées, souvent imposées à la demande du pays importateur[1438]. Ces mesures commerciales étatiques ont un caractère international en raison de leurs effets, ressentis au niveau international. Ainsi, ces actes, notamment les restrictions volontaires sur les exportations et les accroissements volontaires sur les importations peuvent faciliter le comportement anticoncurrentiel international.

A – Les restrictions volontaires sur les exportations

Une alternative aux quotas d'importation est la restriction volontaire aux exportations. Les restrictions volontaires à l'exportation sont des restrictions quantitatives particulières, largement utilisées aujourd'hui, par lesquelles le pays importateur incite les pays exportateurs à réduire leurs livraisons. Il s'agit d'un quota sur le commerce imposé non pas par le pays importateur, mais par l'exportateur lui-même. Ainsi, d'un point de vue économique, une restriction volontaire d'exportation est identique à un quota d'importation. Son coût est donc très important pour le pays importateur et toujours plus élevé que celui d'un droit de douane équivalent. Cette restriction volontaire se reporte simplement sur les exportateurs, qui la répercuteront sur le prix, ce dernier équilibrant le marché pour le montant restreint des ventes. Il est évident qu'une restriction volontaire maximise le coût de la restriction des importations, en termes de revenu réel du pays importateur[1439]. Il faut noter que le mot « volontaire » est une façade pour dissimuler au public qu'il s'agit de protection. Les restrictions sont toujours demandées par les pays importateurs, les pays exportateurs exigeant en compensation de la réduction de leurs exportations, d'administrer les licences d'exportation et donc d'obtenir des rentes[1440]. D'autre part, on peut distinguer deux grandes catégories de restrictions volontaires sur les exportations : celles qui sont relativement « poreuses » parce qu'elles s'appliquent à des catégories de

---

[1438] KRUGMAN Paul / OBSTFELD Maurice / CAPELLE-BLANCARD Gunther / CROZET Matthieu, *Economie internationale*, *op.cit.*, p. 182.

[1439] CAVES Richard E. / FRANKEL Jeffrey A. / JONES Ronald W., *Commerce et paiements internationaux*, de Broeck, Paris, 2003, p. 281 et 282.

[1440] On pourrait également noter que les pays importateurs sont prêts à payer.

produits peu différenciés[1441] et celles qui ne le sont pas. Pour les restrictions volontaires sur les exportations appliquées aux catégories de produits relativement poreuses, il y a souvent contournement des restrictions par divers moyens, dont la redéfinition des catégories de produits. Pour les restrictions volontaires sur les exportations s'appliquant aux catégories qui ne sont pas poreuses, il n'y a pas contournement direct[1442]. Cependant, il y a d'autres moyens plus indirects de les contourner comme l'investissement direct dans les pays les demandant[1443].

Les restrictions volontaires sur les exportations sont le résultat de négociations bilatérales directes entre pays importateur et pays exportateur. Bien souvent, les restrictions volontaires aux exportations sont imposées à la demande du pays importateur et acceptées par l'exportateur afin de prévenir toute autre restriction encore plus défavorable[1444]. Ces négociations en dehors du GATT se distinguent des quotas en raison des facteurs suivants : elles sont administrées par le pays exportateur, pour une période déterminée et portent généralement sur des catégories de produits assez larges. Ces caractéristiques de restrictions volontaires sur les exportations impliquent des différences importantes par rapport aux quotas. D'abord, comme certains pays, généralement les petits exportateurs, ne sont pas couverts par la restriction, ils peuvent augmenter leurs exportations vers le pays importateur qui a négocié la restriction. Ensuite, les restrictions volontaires sur les exportations diffèrent des quotas par leurs effets distributifs. Enfin, comme les négociations ont lieu pour un niveau de produit déterminé, les pays exportateurs peuvent ajuster le choix de leurs exportations, conduisant souvent à un effet de montée en gamme. Il convient également de souligner que les négociations menées bilatéralement ont des effets de débordement qui méritent d'être analysés. D'abord, il y a la possibilité que les pays non soumis à la restriction volontaire sur les exportations puissent accroitre leur part de marché. Il y a ensuite l'effet « domino » qui provient de la crainte des autres pays importateurs qui n'ont pas signé de restrictions volontaires sur les exportations et qui sont incités à le faire pour éviter d'être submergés par des détournements d'exportations vers eux. Il y a alors des incitations pour les

---

[1441] Par exemple dans les secteur des chaussures et textiles.

[1442] DE MELO Jaime / GRETHER Jean-Marie, *Commerce international*, De Boeck & Larcier, Paris, Bruxelles, 1997, p. 508 et 509.

[1443] A titre d'exemple on peut citer les investissements des Japonais dans le secteur automobile dans les pays où ils ont été soumis aux restrictions volontaires sur les exportations.

[1444] Dans cet exemple le pays importateur est en position avantageuse à cause de la taille de son marché.

pays exportateurs à exporter vers les marchés non encore soumis à une restriction volontaire sur les exportations, pour se trouver dans une situation plus favorable dans le cas où ils seraient amenés à négocier une restriction volontaire avec ces pays suite à un effet de domino[1445].

Historiquement, l'utilisation des restrictions volontaires à l'exportation a commencé par un accord informel avec le Japon en 1957 afin de limiter les exportations de textiles de coton et protéger l'industrie textile américaine[1446] car les Etats-Unis ont rarement imposé unilatéralement des quotas sur leurs importations de produits manufacturés mais ont très largement utilisé les restrictions volontaires à l'exportation pour réguler les quantités de biens expédiées par les exportateurs vers les Etats-Unis. La restriction des exportations japonaises a surtout eu pour conséquence d'accroitre les possibilités d'exportations pour les autres producteurs étrangers à qui les restrictions furent alors généralisées. Les industries textiles, empêchées d'exporter leurs tissus de coton vers les Etats-Unis, ont alors développé la production et les exportations d'autres produits textiles. Par conséquent, la concurrence par les importations s'est accrue pour les autres textiles ainsi que pour les produits finis d'habillement. Il en a résulté un élargissement inexorable de la portée des restrictions négociées pour les exportateurs de textiles, ce qui a conduit en fait à l'Accord Multifibres, un accord parapluie recouvrant des quotas bilatéraux négociés entre de nombreux pays importateurs et exportateurs[1447]. L'exemple le plus emblématique est la limitation, dans les années quatre-vingts, des exportations d'automobiles japonaises vers les marchés américains et européens[1448]. Or, les Etats-Unis ont imposé au Japon l'usage des restrictions volontaires à l'exportation afin d'endiguer le flot des exportations d'automobiles japonaises vers le marché américain[1449].

Dans les années 1960 et 1970, les goûts des consommateurs américains en matière de voitures étaient tellement différents de ceux du reste du monde

---

[1445] DE MELO Jaime / GRETHER Jean-Marie, *Commerce international*, *op.cit.*, p. 508 et 509.

[1446] TURNER Charlie, "Voluntary Export Restraints on Trade Going to the United States", *Southern Economic Journal*, Vol. 49, No. 3, January 1983, p. 797.

[1447] CAVES Richard E. / FRANKEL Jeffrey A. / JONES Ronald W., *Commerce et paiements internationaux*, *op.cit.*, p. 283.

[1448] KRUGMAN Paul / OBSTFELD Maurice / CAPELLE-BLANCARD Gunther / CROZET Matthieu, *Economie internationale*, *op.cit.*, p. 198.

[1449] CAVES Richard E. / FRANKEL Jeffrey A. / JONES Ronald W., *Commerce et paiements internationaux*, *op.cit.*, p. 158.

que l'industrie automobile américaine était largement à l'abri de la concurrence étrangère. Pourtant, en 1979, la forte augmentation du prix du pétrole et les pénuries temporaires d'essence ont eu pour conséquence de modifier rapidement le secteur automobile américain : la part de marché des « grosses américaines », construites pour les grands espaces et très gourmandes en essence, s'est brusquement contractée au profit des voitures plus petites et plus économiques. Les constructeurs japonais, dont les coûts de production étaient particulièrement compétitifs, se sont précipités vers cette nouvelle demande. Les fabricants américains, qui constituent un puissant groupe de pression, se sont alors mobilisés pour demander une protection commerciale. Mais plutôt que d'agir de façon unilatérale, au risque de déclencher une guerre commerciale, le gouvernement américain a demandé au Japon de limiter ses exportations. Par crainte d'éventuelles représailles, ce dernier a accepté et signé un accord en 1981[1450]. Celui-ci autorisait l'exportation de 1,68 million d'automobiles japonaises vers les Etats-Unis. Ce chiffre a ensuite été porté à 1,85 million entre 1984 et 1985 avant d'être abandonné. Il n'est pas simple d'estimer les effets de cette restriction volontaire : premièrement, parce que les voitures japonaises et américaines ne sont pas des substituts parfaits ; deuxièmement, parce que les constructeurs japonais ont répondu à ce quota en améliorant la qualité de leur production et en vendant des voitures plus grandes et équipées d'un plus grand nombre d'options ; enfin, parce que la structure du marché automobile est bien loin de correspondre aux hypothèses de la concurrence parfaite. Néanmoins, les résultats observés ont été dans l'ensemble conformes à ceux prédits par la théorie économique : le prix des voitures japonaises a augmenté aux Etats-Unis, procurant ainsi une rente pour les entreprises nippones. Le gouvernement américain estime aujourd'hui que pour la seule année 1984, ces mesures ont coûté 3,2 milliards de dollars, constituées pour l'essentiel de transferts vers le Japon plutôt que de pertes d'efficience[1451]. Il est important de noter qu'initialement au moins, les quotas sur les textiles négociés par les Etats-Unis limitaient non pas les quantités fixes mais plutôt le taux maximal de croissance des ventes ou des parts de marché des exportations de pays étrangers. De tels accords étaient supposés limiter les «

[1450] LOCHMANN Michael W., "The Japanese Voluntary Restraint on Automobile Exportations: An Abandonment of the Free Trade Principles of the GATT and the Free Market Principles of the US Antitrust Law", *Harward International Law Journal*, Vol.27, 1996, p. 99 à 157 ; FILLINGER Tamera, "The Anatomy of Protectionism: The Voluntary Restraint Agreements on Steel Imports", *UCLA Law Review,* Vol.35, 1988, p. 953 à 997.

[1451] KRUGMAN Paul / OBSTFELD Maurice / CAPELLE-BLANCARD Gunther / CROZET Matthieu, *Economie internationale*, *op.cit.*, p. 199.

perturbations » des marchés américains, et ils ont parfois été appelés accords de régulation commerciale. L'essentiel de la politique actuelle de gestion du commerce international vise à limiter le taux de croissance des importations ou le taux de décroissance de l'industrie nationale, et pas nécessairement à préserver éternellement la part de marché de l'industrie nationale[1452].

En conséquence, les restrictions volontaires sur les exportations, qui sont un phénomène récent puisqu'à quelques exceptions près elles n'existaient pas avant le milieu des années soixante-dix, contournent le GATT puisqu'elles sont négociées bilatéralement entre pays exportateur et pays importateur. Les accords sont souvent négociés pour une durée bien déterminée, les négociations ayant lieu directement au niveau des représentants de l'industrie en question. Les négociations aboutissent à un accord sur les quantités qui seront exportées. Les restrictions volontaires sur les exportations ont trois caractéristiques : elles discriminent les pays exportateurs puisqu'elles sont seulement appliquées aux exportations du pays qui les a négociées ; les négociations portent souvent sur de grandes catégories de produits, laissant ainsi une marge de manœuvre d'ajustement pour les exportateurs quant au choix de leur gamme de produits sous restrictions volontaires sur les exportations ; et enfin, tandis que les rentes qui résultent d'une restriction quantitative incombent au pays importateur en général, les détenteurs de licences d'importations et de rentes qui résultent d'une restriction volontaire sur les exportations incombent au pays exportateur car l'un des éléments de la négociation d'une restriction volontaire est que l'allocation des licences est effectuée par eux[1453].

Lors des trente dernières années, les restrictions volontaires sur les exportations sont devenues l'un des moyens principaux pour les pays développés faisant partie du GATT de protéger leurs industries en déclin. Parmi les secteurs qui ont été soumis à des restrictions volontaires sur les exportations, renouvelés régulièrement depuis 1960 et devenant probablement de plus en plus restrictif, on trouve les secteurs de l'automobile, de l'acier, de l'électronique mais également des secteurs traditionnels comme la chaussure[1454]. L'un des accomplissements des négociations du cycle de l'Uruguay devait être la diminution de l'utilisation des restrictions volontaires sur les exportations. A la suite de la

[1452] CAVES Richard E. / FRANKEL Jeffrey A. / JONES Ronald W., *Commerce et paiements internationaux*, *op.cit.*, p. 283.
[1453] DE MELO Jaime / GRETHER Jean-Marie, *Commerce international*, *op.cit.*, p. 426.
[1454] *Ibid*, p.508.

reconnaissance des effets préjudiciables des restrictions volontaires sur les exportations, les Membres de l'OMC ont décidé de ne pas mettre en application de nouvelles restrictions et d'éliminer les restrictions existantes[1455]. Pourtant, les restrictions volontaires sur les exportations ont rarement fait l'objet de plaintes auprès de l'OMC car elles sont basées essentiellement sur un accord bilatéral en vertu duquel les deux nations reçoivent un avantage, ce qui ne donne pas lieu à un conflit. Puisque les parties tierces à l'accord ont rarement un intérêt légitime à défendre, ils ne sont pas concernés par l'accord non plus[1456].

Ainsi, les restrictions volontaires sur les exportations ne sont pas sujettes à un règlement efficace car elles ont traditionnellement échappé au règlement de l'OMC pour des raisons diplomatiques et stratégiques. En outre, la conduite anticoncurrentielle résultant des restrictions volontaires sur les exportations a également échappé à la règlementation en vertu des exemptions des lois nationales de concurrence. Dans l'hypothèse où un gouvernement a imposé une restriction volontaire sur les exportations à l'industrie nationale, les entreprises mettant en œuvre la mesure peuvent toujours nier leur responsabilité en invoquant la contrainte résultant de l'acte du gouvernement. En résumé, les restrictions volontaires sur les exportations échappent à une réglementation efficace et constituent un facteur de déséquilibre pour le marché mondial.

B – Les accroissements volontaires sur les importations

Dans la même famille de mesures, négociées bilatéralement, il faut citer les accroissements volontaires d'importations. Elles prennent la forme inverse des restrictions volontaires sur les exportations. Une augmentation volontaire sur les importations comporte essentiellement un engagement fait de la part d'un Etat importateur d'acheter un certain volume de produits ou d'assurer

---

[1455] L'accord sur les sauvegardes, Annexe 1A. L'art. 11 : 1(b) dispose qu'en outre, un Membre ne cherchera pas à prendre, ne prendra ni ne maintiendra de mesure d'autolimitation des exportations, d'arrangement de commercialisation ordonnée ou toute autre mesure similaire à l'exportation ou à l'importation. Sont incluses les mesures prises par un seul Membre et celles qui relèvent d'accords, d'arrangements et de mémorandums d'accord signés par deux Membres ou plus. Toute mesure de ce genre qui sera en application à la date d'entrée en vigueur de l'Accord sur l'OMC sera rendue conforme au présent accord ou éliminée progressivement, conformément aux dispositions du paragraphe 2.

[1456] *Contrario,* ITOH Motoshige / NAGAOKA Sadao, "VERs, VIEs and Global Competition", dans *Global Competition Policy,* GRAHAM Edward M. / RICHARDSON David J. (Eds). , Institute for International Economics, 1997, p. 481.

une part de marché à un Etat exportateur[1457]. Jusqu'à présent, elles sont invoquées par les pays ayant une forte puissance d'exportation afin d'éviter les barrières à l'entrée de pays importateur. Dans de telles circonstances, le pays exportateur peut contraindre le pays d'importation à signer un accord d'accroissements « volontaires » d'importations en l'obligeant à acheter un certain volume de ses produits. Comme les restrictions volontaires sur les exportations, les accroissements volontaires sur les importations ne sont pas réellement volontaires non plus. En revanche, les accroissements volontaires sur les importations se distinguent quelque peu des restrictions volontaires. Tandis qu'une restriction volontaire sur les exportations peut limiter l'offre, un accroissement sur les importations ne produit pas obligatoirement le même effet. Au contraire, il est possible qu'un tel arrangement puisse réellement renforcer la concurrence sur le marché d'importation dans l'éventualité où il existe des obstacles substantiels à l'importation et si les marchandises d'importations sont subsidiaires des produits nationaux du pays importateur. Mais, en tout état de cause, il est essentiel d'éliminer toute barrière existant sur le marché, afin d'améliorer le bien-être global. Par ailleurs, à certains égards, les accroissements volontaires sur les importations peuvent avoir les mêmes implications que les restrictions volontaires sur les exportations. Elles modifient artificiellement l'allocation des ressources. Cette situation est manifeste dans une économie fermée où le gouvernement oblige certaines entreprises à acheter afin d'augmenter les ventes d'un groupe particulier de fournisseurs. Car les entreprises d'exportation, en garantissant une part de marché sur le marché d'importation, ont peu d'incitation pour réduire les prix et pour améliorer la qualité du produit ; au contraire, elles peuvent même chercher à augmenter les prix pour exploiter leur position assurée sur le marché en question. Dans ce cas, la répartition des ressources sur le marché sera considérablement déviée. À cet égard, le processus d'accroissement d'importation est anticoncurrentiel en lui-même. Or, c'est une forme d'intervention du gouvernement dans les activités commerciales. En outre, les entreprises doivent coordonner leurs activités pour augmenter avec succès les importations. En d'autres termes, il doit y avoir comportement concerté parmi les entreprises. Si ceci n'implique pas nécessairement le comportement de cartel, il comprend nécessairement un risque de comportement concerté anticoncurrentiel parmi les entreprises

[1457] KRISHNA Kala / ROY Suddhasatwa / THURSBY Marie, "Implementing Market Access", *Review of International Economics*, Volume 6, Number 4, November 1998 , p. 530.

dans d'autres activités. En tout cas, ce genre d'intervention du gouvernement contredit certainement l'idée fondamentale du libre échange[1458].

Les accroissements volontaires sur les importations ont été développés pour la première fois vers la fin des années quatre-vingt par les Etats-Unis afin d'augmenter ses exportations sur le marché japonais. En résumé, le gouvernement américain a demandé au gouvernement et à l'industrie japonaise d'augmenter les ventes de produits américains au Japon en estimant qu'il existait de fortes barrières à l'entrée au marché japonais. Ainsi, le Japon a été contraint d'augmenter son volume d'importations sur certains produits comme les semi-conducteurs, les automobiles, les pièces détachées, l'équipement médical et le verre plat[1459]. Le différend concernant les semi-conducteurs entre le Japon et les Etats-Unis a été déclenché dans ce contexte. Les Etats-Unis invoquaient que les producteurs japonais exportaient ses semi-conducteurs à un prix inférieur à celui qu'ils les vendaient sur son propre marché au détriment des exportateurs de semi-conducteur américains. Or, le Japon a été contraint par les Etats-Unis de signer un accord d'accroissement volontaire sur les importations de semi-conducteurs, qui a été complété par un accord de restriction volontaire d'exportations. Selon ces accords, les entreprises japonaises étaient « volontairement » d'accord pour acheter au moins 20% de leurs besoins intérieurs nationaux de semi-conducteur aux Etats-Unis[1460].

Par ailleurs, comme les restrictions volontaires sur les exportations, les accroissements volontaires sur les importations peuvent violer les accords de l'OMC. Ainsi, les articles I, XI, XIII et XIX du GATT sont applicables à condition qu'il y ait une participation suffisante de la part des Etats membres. En revanche, une action concernant les accroissements volontaires sur les importations a plus de chance de réussite qu'une action concernant les restrictions volontaires en raison de son caractère discriminatoire sur les tierces parties. Cependant, jusqu'à ce jour, une application efficace concernant les accroissements volontaires sur les importations fait défaut. Jusqu'ici, l'affaire la plus connue concernant les accroissements volontaires sur les importations a été apportée par la Communauté européenne alléguant

---

1458 ITOH Motoshige / NAGAOKA Sadao, "VERs, VIEs and Global Competition", *op.cit.*, p. 488.

1459 TAYLOR Martyn, *International Competition Law: A New Dimension for the WTO?*, *op.cit.*, p. 248.

1460 ITOH Motoshige / NAGAOKA Sadao, "VERs, VIEs and Global Competition", *op.cit.*, p. 489.

que le Japon avait donné aux Etats-Unis un traitement préférentiel concernant le commerce de semi-conducteurs[1461]. Comme les restrictions volontaires sur les exportations, les accroissements volontaires sur les importations sont sujets à la prohibition de l'accord de sauvegarde de l'OMC. En conséquence, ils sont maintenant considérés comme une violation du droit de l'OMC sauf quand ils sont employés comme mesures de sauvegardes autorisées. En dernière analyse, on peut répéter les mêmes arguments que nous avons exprimés concernant les restrictions volontaires sur les exportations. La conduite anticoncurrentielle reposant sur un accroissement volontaire d'importation peut échapper à la règlementation efficace des lois nationales de concurrence en raison de l'exemption expressément prévue pour des raisons d' « ordre public » et peuvent constituer une menace contre le commerce international ainsi que la concurrence internationale. Ainsi, il est préférable d'augmenter le niveau de protection apporté par l'accord de sauvegarde de l'OMC.

§ 2 – Les activités commerciales d'Etat

Les gouvernements peuvent affecter la concurrence internationale non seulement au moyen de mesures commerciales, mais également en s'engageant directement dans des activités commerciales. Les deux exemples les plus importants des activités commerciales étatiques qui peuvent compromettre la concurrence internationale sont les marchés publics et les entreprises commerciales d'Etat.

A – Les marchés publics[1462]

Les marchés publics sont au cœur d'un formidable enjeu économique[1463]. Ils ont une importance économique considérable tant au plan national qu'international, et représentent une part significative du PIB national. Sur le plan interne, la passation des marchés publics de biens et de services par les organismes publics permet d'obtenir les ressources indispensables, nécessaires aux gouvernements pour assurer les services publics et remplir

---

[1461] Japon — Commerce des semi-conducteurs (BISD 35S/116), Rapport du Groupe spécial (GATT), BISD 35S/116, 4 mai 1988.

[1462] Nous avons examiné ce sujet en détail dans la première partie de notre étude dans la sous-section intitulée la réglementation des actes de caractère public affectant la concurrence internationale.

[1463] GHERARI Habib, « Les marchés publics », dans *Droit de l'économie internationale*, DAILLER Patrick / DE LA PRADELLE Géraud / GHERARI Habib, Editions Pedone, Paris 2004, p. 493.

d'autres tâches. Les systèmes de marchés publics ont une incidence significative sur l'utilisation des fonds publics et, plus généralement, sur la confiance du public dans le gouvernement et la bonne gestion des affaires publiques. L'obtention d'une bonne efficacité économique, l'accès du public à l'information et les chances équitables pour les fournisseurs de concourir aux marchés publics, sont autant de conditions essentielles d'un régime de marchés publics performant. Comme les marchés publics de biens et de services représentent une part importante du marché d'un pays pour les fournisseurs étrangers, ils ont aussi un poids très important dans les échanges internationaux et peuvent intéresser les fournisseurs étrangers au même titre que les fournisseurs nationaux. À cet égard, les principes de transparence et de concurrence équitable et efficace mentionnés précédemment gardent toute leur pertinence dans le contexte international[1464].

Ainsi, lorsque les gouvernements jouissent d'un pouvoir significatif sur le marché comme acheteurs, ils peuvent abuser de cette puissance de marché afin d'influencer la concurrence[1465]. Assez souvent, les gouvernements cherchent à atteindre les objectifs politiques et économiques nationaux au moyen de politiques de marchés publics[1466]. Les politiques de marchés publics peuvent, par exemple, discriminer en faveur de certaines industries déterminées en exigeant que les entités publiques achètent un pourcentage indiqué à certaines entreprises nationales. Entre autre exemple, on peut citer le *Buy American Act* de 1933 qui repose sur le principe de préférence en faveur des produits et services américains[1467]. Les politiques de marchés publics peuvent également être conçues pour limiter le commerce international par l'intermédiaire d'une variété d'autres dispositifs comprenant, par exemple, des prohibitions d'acheter, des marges de préférence, des placer-apartés[1468] , des compensations (offsets)[1469] et des conditions de

---

[1464] http://www.wto.org/french/tratop_f/gproc_f/overview_f.htm

[1465] VAGSTAD Steinar, "Promoting Fair Competition in Public Procurement", *Journal of Public Economics*, Vol.58, No.2, October 1995, p. 284.

[1466] McAFEE Randholph P. / McMILLAN John, "Government Procurement and International Trade", *Journal of International Economics*, Vol.26, No.3-4, may 1998, p. 291.

[1467] GHERARI Habib, « Les marchés publics », *op.cit.*, p. 493.

[1468] Les placer-apartés de fourniture sont des tentatives législatives d'apporter l'équité à un système avec une préférence pour les grandes entreprises.

[1469] Un exportateur qui est engagé dans des échanges offset est contraint, pour obtenir un marché, de réceptionner ou de faire acheter les biens ou services de son client étranger, ceux-ci venant compléter ou remplacer le règlement pécuniaire. Les produits d'offset ne sont pas toujours des produits fabriqués par l'importateur. Ils peuvent provenir d'une autre entreprise appelée tiers vendeur, liée à l'importateur par contrat. Après avoir réceptionné les produits de compensation, l'exportateur peut ensuite les revendre, soit à l'utilisateur final, soit à un soumissions discriminatoires. Dans la mesure où les politiques de marchés publics du gouvernement imposent des conditions plus favorables aux entreprises nationales, elles placent les fournisseurs étrangers dans une position défavorable et fonctionnent ainsi comme une barrière déguisée au commerce international[1470].

D'un autre coté, le traitement discriminatoire de certaines industries par un gouvernement a un impact significatif sur la concurrence internationale et peut avoir comme conséquence d'importantes pertes de bien-être au niveau international. Jusqu'à récemment, les marchés publics ont été exclus de l'application des principales règles commerciales multilatérales dans le cadre du GATT et de l'OMC. Dans l'Accord général sur les tarifs douaniers et le commerce, négocié initialement en 1947, les marchés publics étaient expressément exclus de l'obligation fondamentale de traitement national. Plus récemment, les marchés publics ont encore été exclus des principaux engagements en matière d'accès aux marchés prévus dans l'Accord général sur le commerce des services. Au fil du temps, les Membres du GATT et de l'OMC ont donc cherché des moyens de traiter la question des marchés publics dans le système commercial multilatéral. Trois domaines d'activités principaux apparaissent : l'Accord plurilatéral sur les marchés publics (AMP) ; les négociations sur les marchés publics dans le domaine des services en application de l'article XIII:2 de l'AGCS ; et les travaux sur la transparence des marchés publics dans le cadre du Groupe de travail créé par la Conférence ministérielle de Singapour en 1996[1471]. En revanche, l'Accord de l'OMC sur les marchés publics est un accord plurilatéral auquel un nombre limité d'Etats Membres de l'OMC ont adhéré[1472]. D'ailleurs,

---

négociant. Il peut également s'adresser - directement ou par l'intermédiaire d'un opérateur spécialisé - à un tiers acheteur qui s'engage à prendre livraison des produits de compensation en contrepartie d'une rémunération.

[1470] NAEGELEN Florence / MOUGEOT Michel, "Discriminatory Public Procurement Policy and Cost Reduction Incentives", *Journal of Public Economics*, Vol.67, No.3, March 1998, p. 349.

[1471] HOEKMAN Bernard M. / MAVROIDIS Petros C., *Law and Policy in Public Purchasing: The WTO Agreement on Government Procurement*, Ann Arbor: The University of Michigan Press 1997, p. 225.

[1472] À l'heure actuelle, 40 Membres de l'OMC sont visés par l'Accord sur les marchés publics. Ces Membres sont les suivants : le Canada ; les Communautés européennes, y compris leurs 27 États membres ; les Etats-Unis ; Hong Kong ; Chine ; l'Islande ; Israël ; le Japon ; la Corée ; le Liechtenstein ; le Royaume des Pays-Bas en ce qui concerne Aruba ; la Norvège ; Singapour et la Suisse. Dix-neuf autres Membres de l'OMC ont le statut d'observateur au titre de l'Accord. La liste des Membres est la suivante : Albanie, Argentine, Arménie, Australie, Cameroun, Chili, Chine, Colombie, Croatie, Géorgie, Jordanie, Moldova, Mongolie, Oman, certaines affaires ont été tranchées par le mécanisme de règlement des différends de l'OMC en s'appuyant sur cet accord plurilatéral[1473]. On peut penser que l'idéal sera de réglementer les marchés publics par les droits nationaux de la concurrence. En revanche, les activités de marché public des gouvernements sont sujettes à des exemptions expresses des lois nationales de concurrence dans beaucoup de pays. De cette manière, les comportements ayant un effet nuisible significatif sur la concurrence peuvent échapper à la règlementation. En outre, dans le cas de la participation directe du gouvernement, l'application extraterritoriale des lois de concurrence peut également être contrecarrée par des défenses telles que l'*Act of State.* Ainsi, il existe toujours une lacune dans ce domaine qui menace le bien être de l'économie mondiale.

B – Les entreprises commerciales d'Etat

Les entreprises d'Etat, possédées, sanctionnées, contrôlées ou soutenues par le gouvernement sont généralement autorisées à s'engager dans des activités commerciales[1474]. Ces entreprises peuvent servir d'instrument pour mettre en œuvre des mesures commerciales incompatibles avec les dispositions de l'OMC. La plus courante est le non-respect des obligations en matière d'accès aux marchés. Ainsi, les pouvoirs publics peuvent utiliser une entreprise commerciale d'État pour protéger le marché intérieur en fixant à un très haut niveau le prix de revente d'un produit importé, ce qui revient à annuler les concessions tarifaires consolidées dans les listes à l'OMC et à violer l'article II du GATT de 1994. L'attribution de subventions aux entreprises commerciales d'État qui font surtout de l'exportation peut aller à

Panama, République kirghize, Sri Lanka, Taipei chinois et Turquie. En outre, quatre organisations intergouvernementales, à savoir le Fonds monétaire international (FMI), le Centre du commerce international CNUCED/OMC, l'Organisation de coopération et de développement économiques (OCDE) et la Conférence des Nations Unies sur le commerce et le développement (CNUCED) ont également le statut d'observateur auprès du Comité des marchés publics de l'OMC, qui administre l'Accord.

[1473] Japon — Achat d'un satellite de navigation — Notification de la solution convenue d'un commun accord, WT/DS73/5, 3 mars 1998 et Corée — Mesure affectant les marchés publics (pratiques de passation des marchés suivies par l'Autorité chargée de la construction des aéroports de Corée), WT/DS163/7, 6 Novembre 2000.

[1474] WTO, "Operations of State Trading Enterprises as they Relate to International Trade", Background Paper by the WTO Secretariat, World Trade G/STR/2, 25 October 1995; JOSLING Tim, "State Trading: The Achilles Heel of the WTO?", PSIO Occasional Paper, WTO Series Number 1. Geneva, Switzerland: The Program for the Study of International Organization, the Graduate Institute of International Studies, Institut universitaire de hautes études internationales, 1997.

l'encontre des disciplines applicables aux subventions à l'exportation. Même dans le cas où les pouvoirs publics, qui agissent par l'intermédiaire des entreprises commerciales d'Etat, n'ont pas pour intention de déformer les échanges, les opérations de ces entreprises peuvent avoir un tel effet. Ainsi, la protection de la santé publique, souvent invoquée pour justifier le maintien de monopoles sur l'alcool et les boissons alcoolisées, peut déformer notablement le commerce de ces produits. C'est seulement lorsqu'on peut examiner les activités des entreprises commerciales d'État qu'on est en mesure d'analyser leurs effets sur le commerce et, en fin de compte, d'élaborer des règles plus efficaces[1475].

L'article XVII du GATT de 1994 est le principal article traitant des entreprises commerciales d'État et de leurs activités. Il prévoit que ces entreprises se conformeront, dans leurs achats ou ventes qui se traduisent par des importations ou des exportations, aux principes généraux de non-discrimination et qu'elles s'inspireront uniquement de considérations d'ordre commercial lorsqu'elles prendront des décisions en matière d'importation ou d'exportation. Cet article dispose en outre que les membres doivent notifier chaque année à l'OMC la liste de leurs entreprises commerciales d'État qui, au terme du Mémorandum d'accord de l'OMC (paragraphe 1) sur l'interprétation de l'article XVII, répond à la définition suivante : « Entreprises gouvernementales et non gouvernementales, y compris les offices de commercialisation, auxquelles ont été accordés des droits ou privilèges exclusifs ou spéciaux, y compris des pouvoirs légaux ou constitutionnels, dans l'exercice desquels elles influent, par leurs achats ou leurs ventes, sur le niveau ou l'orientation des importations ou des exportations ». Un point particulièrement important de cette définition est l'expression « dans l'exercice desquels elles influent ... sur le niveau ou l'orientation des importations ou des exportations », car c'est exactement ce que vise la réglementation du commerce d'État dans le cadre de l'OMC — l'effet de distorsion que les opérations des entreprises commerciales d'Etat pourraient avoir sur le commerce. Au demeurant, l'OMC ne cherche pas à interdire ni même à décourager la mise en place ou le maintien de ces entreprises ; il s'agit simplement de garantir qu'elles ne fonctionneront pas d'une façon incompatible avec les règles de l'OMC. Outre ces dispositions fondamentales de l'article XVII et du Mémorandum d'accord, un certain nombre d'autres articles du GATT traitent d'une façon ou d'une autre du commerce d'État. La note interprétative se rapportant aux articles XI

[1475] http://www.wto.org/french/tratop_f/statra_f/statra_f.htm

(Elimination générale des restrictions quantitatives), XII (Restrictions destinées à protéger l'équilibre de la balance des paiements), XIII (Application non discriminatoire des restrictions quantitatives), XIV (Exceptions à la règle de non-discrimination) et XVIII (Aide de l'Etat en faveur du développement économique) indique que, dans ces articles, les expressions restrictions à l'importation ou restrictions à l'exportation visent également les restrictions appliquées par le moyen de transactions relevant du commerce d'Etat. Si l'on considère cet ensemble de règles qui s'ajoute à l'obligation de notification figurant dans l'article XVII, on voit que l'objectif est double : d'une part, accroître la transparence dans ce domaine comme moyen de mettre en œuvre des politiques liées au commerce, et d'autre part, garantir que l'entreprise commerciale d'Etat ne sera pas utilisée pour appliquer des mesures incompatibles avec les règles de l'OMC. Les obligations fondamentales des membres au titre des règles régissant cette matière peuvent se résumer en quatre points : la non-discrimination, communément désignée sous le principe de la nation la plus favorisée ; l'absence de restrictions quantitatives ; la préservation de la valeur des concessions tarifaires ; et la transparence[1476].

En résumé, une entreprise d'Etat peut également constituer un obstacle non discriminant à l'accès au marché. Mais cet obstacle sera plus ou moins marqué selon que l'entreprise d'Etat se trouve en situation de monopole ou exerce ses activités dans le secteur concurrentiel. Une entreprise d'Etat peut en outre bénéficier, de façon disproportionnée, d'avantages spéciaux comme des garanties d'emprunts accordées par l'Etat, de dotations budgétaires particulières, des avantages fiscaux, des exemptions aux règles de la concurrence à même de lui conférer un avantage concurrentiel par rapport aux entreprises à capitaux privés. Enfin, le comportement d'une entreprise d'Etat peut fausser la concurrence en faveur des entreprises nationales, au détriment des entreprises étrangères[1477]. Dans le cas de la participation gouvernementale, les engagements de l'OMC s'appliquent directement à la conduite anticoncurrentielle de l'entreprise commerciale d'Etat[1478]. Les lois nationales de la concurrence prévoient souvent des exemptions explicites

---

[1476] *Ibid.*

[1477] OCDE, Monopoles / Entreprises d'Etat, Groupes de négociation de l'Accord multilatéral sur l'investissement (AMI), DAFFE/MAI(96)9, 7 mars 1996, p. 2.

[1478] Canada - Mesures visant l'importation de lait et l'exportation de produits laitiers, Rapport du Groupe spécial, WT/DS70/R WT/DS103/RW, 11 juillet 2001 ; Corée – Mesures affectant les importations de viande de bœuf fraîche, réfrigérée et congelée, Rapport de l'Organe d'appel, AB-2000-8 WT/DS161, 169/AB/R (00-5347), adopté 10 janvier 2001.

pour les entreprises commerciales d'Etat, en particulier lorsqu'elles sont en position de monopoles. De même, l'application extraterritoriale des lois de concurrence est habituellement empêchée par la défense de l'*Act of State*. Tandis que l'article XVII du Mémorandum d'accord a sensiblement amélioré l'application du droit de l'OMC aux entreprises commerciales d'Etat, on pourrait aller encore plus loin en optant pour plus de transparence[1479].

En l'espèce, l'intérêt croissant pour un régime concurrentiel de dimension globale s'explique principalement par le fait qu'il est reconnu que l'élimination des barrières commerciales doit être complétée par l'application de politiques de la concurrence pour garantir l'accès des concurrents étrangers aux marchés ; qu'il est nécessaire d'introduire certains principes de concurrence pour réduire l'utilisation de recours commerciaux comme l'antidumping ; et que le pouvoir de marché des firmes multinationales requiert l'élaboration d'un cadre réglementaire de la concurrence à l'échelle globale[1480]. Dans une dynamique de globalisation dominée par une rivalité oligopolistique entre de puissants oligopoles qui entraînent par ailleurs les États dans une course à la compétitivité pour offrir, à leurs entreprises, les meilleures conditions possibles de compétitivité et, à leurs territoires, les meilleures conditions possibles d'insertion dans l'économie mondiale, comment contrôler les pratiques anticoncurrentielles ? Les réponses ne viennent pas facilement[1481]. Car, plus que jamais, le comportement des entreprises qui exercent des activités dans un pays donné a une incidence sur les consommateurs et sur les entreprises à l'étranger. Cette évolution est due en partie au moins au succès de la libéralisation des échanges commerciaux par le truchement de l'OMC et de divers arrangements bilatéraux ou régionaux. La mondialisation du commerce soulève de nouvelles questions délicates. Par ailleurs, les relations entre la politique de la concurrence et les autres politiques des pouvoirs publics aussi. Bien souvent ces dernières introduisent des distorsions qui entravent le processus concurrentiel. En conséquence, les autorités responsables de la concurrence doivent intervenir de façon plus active dans la formulation des politiques gouvernementales pour faire en sorte que les marchés restent libres, ouverts, souples et adaptables.

[1479] TAYLOR Martyn, *International Competition Law: A New Dimension for the WTO?*, *op.cit.*, p. 257.

[1480] RIOUX Michèle, « Vers un droit mondial de concurrence ? », *op.cit.*, p. 4.

[1481] RIOUX Michèle, « Culture de concurrence : Les limites de l'antitrust international face à la concurrence globalisée », *Cahiers de recherche-CEIM (04-04)*, Groupe de recherche sur l'intégration continentale (GRIC), Université du Québec à Montréal, septembre 2004, p. 5.

On peut conclure que le droit international est encore lacunaire en ce qui concerne le contrôle international des pratiques commerciales restrictives. Il est loin de maîtriser les activités des pouvoirs économiques internationaux privés. Les approches restent encore le plus souvent nationales, d'où des frictions assez fréquentes dues aux prétentions de certains pays à vouloir donner à leurs propres lois un effet « extraterritorial ». On ressent ainsi la nécessité d'adopter un traité international pour prévenir et régler les conflits de souveraineté et de juridiction[1482]. L'absence d'une approche internationale du droit de la concurrence pose plusieurs problèmes. D'abord, la situation actuelle risque de nuire au commerce international par les pratiques anticoncurrentielles. Les bénéfices découlant de l'abolition des barrières étatiques ont ainsi disparu. L'une des raisons les plus importantes d'internationaliser les règles de concurrence est donc de compléter le processus de libéralisation du commerce international[1483]. Dans ce domaine, l'universalité matérielle de l'OMC n'est que partielle, un certain nombre de secteurs continuant à lui échapper. Certains accords de l'OMC, notamment l'accord sur les télécommunications de base et l'accord sur les droits de propriété intellectuelle qui touchent au commerce, ont incorporé des mesures relatives à la concurrence, mais l'approche est encore très circonscrite. Il s'agit d'aller plus loin et de faire en sorte que les États prennent en considération les effets directs et indirects que leurs politiques économiques peuvent avoir sur la concurrence, de faire de la politique de la concurrence un élément clé de l'élaboration des politiques économiques et d'appliquer le droit de la concurrence aux pratiques anticoncurrentielles d'une manière cohérente. Dans cette perspective, la rencontre de Doha n'a fait que jeter les fondations d'un Cadre multilatéral de la concurrence[1484]. L'idée d'un commerce international, délesté de bon nombre d'obstacles, n'a donc été que de courte durée. En effet, très vite, il est apparu que la libéralisation, par l'élimination des obstacles aux échanges, pouvait encore être entravée en raison de l'existence d'un ensemble de mesures ayant un effet restrictif ; ces mesures n'étant pas assujetties aux règles internationales ou nationales en matière de concurrence. Le désenchantement ne s'est pas arrêté là. Les obstacles aux échanges rencontrés dans un cadre multilatéral pouvaient et

[1482] CARREAU Dominique, *Droit international*, *op.cit.*, p. 191.
[1483] PIILOLA Anu, "Assessing Theories of Global Governance: A Case Study of International Antitrust Regulation", *op.cit.*, p. 207.
[1484] Voir CLARKE Julien et EVENETT Simone, "A Multilateral Framework for Competition Policy?", EVENETT Simone (dir.), *The Singapore Issues and the Word Trading System : The Road to Cancun and Beyond*, Bern, World Trade Institute, 2003, p. 77 à 169.

peuvent ainsi toujours être remis en cause par une stratégie de maximisation des avantages nationaux au détriment de la collectivité internationale. Cette réalité a révélé la nécessité d'un accord international sur les règles de concurrence. A défaut, le nouvel organe régulateur du système commercial multilatéral sera analysé comme une œuvre inachevée. En effet, comment peut-on vouloir dynamiser les échanges par l'édiction de règles commerciales libérales sans l'institution d'un droit international de la concurrence qui veille au maintien d'un environnement concurrentiel égal pour tous[1485] ?

[1485] OKIEMY Bienvenu, « L'O.M.C. face à la problématique de l'institution d'un droit international de la concurrence », dans, *l'Organisation mondial du commerce : Vers un droit mondial du commerce ?*, sous la direction d'OSMAN Filali, Bruylant Bruxelles 2001, p.62.

Chapitre II – La possibilité d'un accord pour améliorer l'efficacité du marché global

Nous avons constaté *supra* que ni le droit de l'OMC, ni les droits nationaux de concurrence n'assurent l'efficacité nécessaire à la réglementation du droit international de la concurrence. La mondialisation de l'économie, due à la fois à l'augmentation du volume du commerce, au développement et à l'action des groupes transnationaux de sociétés et à la globalisation des marchés financiers, étend le champ des problèmes juridiques liés au commerce international. Ainsi, la communauté mondiale est confrontée au besoin d'adopter une stratégie commune et de fixer des règles dans des domaines qui n'appartiennent pas au noyau central traditionnel du commerce mondial[1486]. De ce constat, il ressort de manière unanime qu'il est nécessaire d'internationaliser le système de contrôle des pratiques restrictives de concurrence. En revanche, sur les méthodes, les divergences apparaissent[1487]. Il faut donc une réforme pour combler cette lacune qui laisse subsister certains comportements fautifs. Celle-ci doit prendre la forme d'un accord international. Puisque cette idée n'est pas nouvelle, il nous semble utile d'examiner d'abord la faisabilité d'un tel accord du fait de la conjoncture actuelle. La question de faisabilité repose sur plusieurs éléments. Il faut d'abord s'interroger sur la forme que doit prendre cet accord : est-ce un traité seul, indépendant, ou un accord au sein d'une organisation internationale ? Si la seconde option a plus de chance d'aboutir, il faut alors travailler sur le choix de l'organisation. Il s'agit de déterminer l'enceinte la mieux placée pour réglementer le droit international de la concurrence et la manière d'y parvenir. Une fois tous ces points réglés, il faudra se consacrer à un autre problème fondamental, en relation avec la faisabilité de l'accord : quel doit être son contenu optimal ? En effet, un compromis doit être atteint sur ce sujet afin d'assurer qu'un maximum d'Etats le signe, sans toutefois succomber au danger d'une réglementation trop générale et minimaliste.

[1486] CARREAU Dominique / JUILLARD Patrick, *Droit international économique*, Dalloz 2e édition, Paris 2005, p. 335.

[1487] IDOT Laurence, « Mondialisation, liberté et régulation de la concurrence : Les contrôle des concentrations », *op.cit.*, p. 191 ; FARJAT Gérard, « Les pouvoirs privés économiques », dans *Souveraineté étatique et marché internationaux à la fin du 20e siècle.* À propos de 30 ans de recherche du CREDIMI, Mélanges en l'honneur de Philippe KAHN , Litec, 2000, p. 644 ; HEINEMANN Andreas, « La nécessité d'un droit mondial de la concurrence » , *op.cit.*, p.321 ; SMITHERMAN Charles W., The Future of Global Competition Governance : Lessons From the Transatlantic, 19 *Am. U. Int'l L. Rev.* 769, 2004, p. 859.

Section I – Quelle réforme pour un droit international de la concurrence efficace ?

L'approche suivie depuis la Deuxième Guerre mondiale a consisté à jeter graduellement les bases juridiques de l'économie mondiale à partir d'États qui négociaient les conditions d'accès à leurs marchés sur une base réciproque. Cette approche a sans doute permis la reconstruction de l'économie internationale, mais elle est devenue trop lourde pour être efficace, et surtout, mal adaptée aux exigences d'une économie mondiale où il s'agit moins de gérer les rapports entre les États que de définir le cadre général dans lequel devrait se déployer l'activité des entreprises et ce, dans l'ensemble des domaines qui affectent de près ou de loin leurs opérations. En vue de doter cet espace privé de décision d'un cadre normatif adapté à ses contraintes et défis, il conviendrait donc, selon le modèle libéral, de passer à une nouvelle étape. Cette étape devrait permettre de consacrer, sur le plan juridique, une intégration économique à l'échelle planétaire qui ne transiterait plus par les États mais par les marchés et ce, afin de surmonter les entraves posées par les droits nationaux. Il s'agit alors de substituer à l'approche fondée sur des transactions entre droits, devoirs, et responsabilités des uns et des autres, une approche fondée sur la sanction d'une obligation de résultat imposée universellement auprès de tous. Il y aurait ainsi une exigence de sécurité, en provenance du système lui même, exigence à laquelle il revient aux pouvoirs publics de répondre pour que ce système puisse opérer de la manière la plus efficace et la plus propice qui soit au développement du progrès économique et social[1488].

Au niveau international, la principale préoccupation des accords est d'éviter les entraves au commerce d'origine étatique. C'est le cas pour les actuels accords du GATT et de l'OMC qui ont été principalement consacrés au traitement de ces entraves. Les accords internationaux multilatéraux se soucient peu des pratiques anticoncurrentielles des entreprises privées. Cette pratique, relevant la nature de droit international public, n'admet que les Etats et les organisations internationales comme sujets et a perdu sa logique au regard des derniers changements apportés par la globalisation. De nos jours, même un seul individu peut jouer un rôle déterminant dans le commerce international. C'est la raison pour laquelle il est temps de considérer la concurrence dans un sens plus large que celui qui est retenu

[1488] DEBLOCK Christian / BRUNELLE Dorval, « Globalisation et nouveaux cadres normatifs », *Cahiers de recherche-CEIM (98-02)*, Groupe de recherche sur l'intégration continentale (GRIC), Université du Québec à Montréal, septembre 1998, p. 16.

dans les réglementations existantes. Si l'on admet qu'un marché global aura des effets positifs pour les économies traditionnelles de tous les États du globe, une levée des barrières mondiales du commerce est nécessaire. Les marchés nationaux fermés doivent être transformés en marchés ouverts et il est nécessaire de les relier globalement. Il s'agit de réaliser un marché mondial dans lequel les marchandises peuvent circuler comme s'il n'y avait pas de frontières nationales. Les conséquences d'une telle ouverture mondiale des marchés sont d'une grande portée[1489].

Dans un monde en voie de mondialisation où il est souvent impossible pour les Etats d'atteindre seuls d'importants objectifs de gouvernance, des actions communes fondées sur un traité sont l'unique moyen de surmonter cette incapacité de plus en plus grande. C'est particulièrement vrai sur le plan des affaires économiques, qui sont souvent dirigées par des structures économiques mondiales – sociétés de marchés et réseaux de distribution mondiaux – que les Etats, agissant individuellement, ne peuvent pas gérer ou réglementer efficacement. Par conséquent, une compatibilité entre la nature des problèmes et les possibilités de solution ne peut résulter que de réponses institutionnalisées à un niveau supérieur à celui des États nationaux et d'une coordination des réglementations nationales[1490]. La coopération au sein d'une institution créée par un traité est peut-être la meilleure solution[1491]. Ainsi, la création d'une institution de régulation et d'arbitrage au niveau mondial permettrait de limiter les comportements opportunistes[1492].

Sous-section I – Questions préalables à la négociation d'un accord sur le droit international de la concurrence

Puisque la nécessité d'une réforme est évidente en droit international de la concurrence, il est important de déterminer le chemin à suivre. L'une des questions essentielles est de savoir si un nouveau traité, créant une nouvelle organisation internationale est nécessaire ou pas. Dans la négative, il faudra

---

[1489] EHRICKE Ulrich, « Les principes de libération et de libéralisation : de l'ouverture des marchés à l'adaptation aux conditions de la concurrence globale. L'exemple de la CE », *RIDE*, 2003, p. 359.

[1490] *Ibid.*, p. 360.

[1491] OMC, Le Rapport du Conseil consultatif à M.Supachi Panitchpakdi, Directeur général, SUTHERLAND Peter, BHAGWATİ Jagdish, BOTCHWEY Kwesi, FİTZGERLAD Niall, HAMADA Koichi, JACKSON John, LAFER Celso, MONTBRIAL de Theirry, OMC 2004, p. 33.

[1492] PRAGER Jean-Claude / François VILLEROY de GALHAU, *18 leçons sur la politique économique : À la recherche de la régulation*, *op.cit.*, p. 87.

négocier l'accord au sein d'une organisation internationale déjà existante. Dans ce cas, le choix de l'organisation internationale devient la question fondamentale. En outre, afin que cet accord soit réalisable, il faut aussi tenir compte de la sensibilité des acteurs qui y seront soumis[1493]. Or, nombre de questions soulevées par cette proposition de réforme méritent d'être approfondies.

§ 1 – Un accord indépendant ou dans le cadre d'une organisation existante ?

Quand on a l'intention de négocier un accord dans le domaine du droit international de la concurrence, il est possible de choisir entre différentes options. En premier lieu, il est possible de négocier un nouvel accord international dans le domaine de la concurrence, ayant qualité d'accord autonome[1494], cet accord créant ses propres institutions afin de réaliser les objectifs fixés par le traité. Ce cadre juridique international indépendant de toute autre organisation existante devra faire face aux pratiques anticoncurrentielles internationales et examiner les pratiques relevant tant du domaine privé que public. Les prérogatives de cette instance auront une portée plus étendue que celle de l'OMC et du GATT qui ne peuvent avoir compétence que dans la mesure où un Etat est impliqué dans la pratique en question[1495]. Donc, en réalité, il s'agit de négocier et de créer une nouvelle organisation internationale qui réglementera le droit international de la concurrence. Etant donné que la concurrence est un sujet assez complexe, il peut paraître avantageux d'avoir une organisation se concentrant sur ce sujet seul. En revanche, l'établissement d'une nouvelle organisation nécessite des fonds considérables puisque la plupart des organisations internationales existantes souffrent déjà du manque de moyens financiers, ce qui les pénalise dans la réalisation de leurs missions. Les pays en développement rencontrent particulièrement de difficultés à payer leurs cotisations au sein des organisations internationales. Or, on peut tenir pour acquis que la communauté internationale n'a pas pour ambition de créer et financer une nouvelle organisation internationale à laquelle serait confiée cette

---

[1493] PIILOLA Anu, "Assessing Theories of Global Governance: A Case Study of International Antitrust Regulation", *SJIL*, Vol.39, issue 2, summer 2003, p. 207.
[1494] FOX Eleanor M., "Competition Law and Millennium Round", *JIEL*, Vol.2, Issue 4, 1999, p. 674 à 678 ; VON MEIBOM Wolfgang – GEIGER Andreas, « A World Competition Law as *Ultima Ratio* », *E.C.L.R.* No.9, 2002, p. 448.
[1495] ROMANO Frank, *Mondialisation des politiques de concurrence*, *op.cit.*, p. 190 et 191.

mission[1496]. En résumé, la négociation d'un traité international créant une nouvelle organisation, réglementant le droit international de la concurrence, n'est pas la solution la plus économique[1497].

Par ailleurs, l'efficacité d'un accord en dehors du cadre institutionnel existant dépend des engagements qui pourront être réalisés concrètement. Il présente cependant l'avantage d'être beaucoup plus flexible, car indépendant des engagements existants. Mais cela peut empêcher la faisabilité du projet, les thèmes à couvrir lors des négociations étant alors nécessairement plus étendus. Nous avons constaté *supra* que les projets ambitieux, contenant des dispositions détaillées, ont tous échoué[1498]. En réalité, cette flexibilité est bornée par le fait que l'adhésion des grandes puissances mondiales à l'accord dépendra du contenu et du mécanisme de mise en œuvre des engagements pris. De surcroît, un degré plus approfondi d'intégration internationale consisterait à établir un cadre réglementaire unique, sanctionné par une institution supranationale, ce qui permettrait de dépasser le principe de traitement national. À l'heure actuelle, il ne semble pas exister de consensus pour mettre en place un tel mécanisme. En conséquence, un accord établissant une organisation dotée de pouvoirs supranationaux n'attirera que très peu d'Etats. Toutefois, une centralisation supranationale éloigne aussi la prise de décision des producteurs et des consommateurs[1499]. Ainsi, l'efficacité de l'accord sera fortement diminuée, voire inexistante. De même, la portée géographique du traité autonome dépendrait du nombre de nations faisant partie de l'accord. Cela impliquerait probablement moins d'Etats membres que l'OMC ou l'ONU mais potentiellement plus que l'OCDE.

Par ailleurs, l'obstacle le plus important pour la conclusion d'un accord indépendant traitant uniquement de la concurrence est la difficulté de négocier et la mise en application des concessions à accorder aux Etats qui ont intérêt à garder un *statu quo*. En effet, certains Etats subiront des pertes nettes en adhérant à un système qui réglementera la concurrence internationale. En signant un accord international sur la concurrence, ces

---

[1496] JENNY Frédéric, « L'environnement économique international et les autorités de concurrence », *op.cit.*, p. 460.

[1497] PIILOLA Anu, "Assessing Theories of Global Governance: A Case Study of International Antitrust Regulation", *SJIL*, Vol.39, issue 2, summer 2003, p. 238.

[1498] Voir en particulier le chapitre intitulé les réformes idéalistes envisageant les solutions utopiques.

[1499] SIROEN Jean-Marc, « Politique(s) de la concurrence dans une économie globale », *op.cit.*, p. 134.

Etats perdront leurs avantages économiques[1500]. Ces derniers demanderont donc des compensations en contrepartie de leur adhésion. De plus, ces négociations et le système de compensation risquent d'être très compliqués. Dans cette perspective, il serait plus avantageux de négocier l'accord au sein d'une organisation internationale qui dispose déjà d'un mécanisme qui peut assurer la mise en œuvre d'un système de contrepartie déterminée. Selon nous, ce point crucial constitue l'un des points les plus importants, qui milite pour que les négociations soient organisées au sein d'une organisation internationale existante. En considérant les avantages politiques, économiques et pragmatiques actuels, nous considérons qu'un accord de droit international dans le domaine de la concurrence a plus de chance de se réaliser au sein d'une organisation internationale déjà existante. En revanche, le choix de l'enceinte nécessite une étude approfondie.

§ 2 – Le choix de l'organisation internationale adéquate pour la réglementation du droit international de la concurrence

Nous avons jusqu'ici examiné différents travaux effectués par les organisations internationales dans le domaine du droit international de la concurrence[1501]. Parmi les organisations internationales existantes, l'ONU, l'OCDE et l'OMC sont celles qui pourraient réglementer le droit international de la concurrence. Il convient donc, tout d'abord, de trouver le meilleur lieu d'accueil pour une initiative en matière de concurrence, suffisamment représentatif pour que la plupart des pays, développés ou en voie de développement, s'y reconnaissent. Même si l'OCDE est devenue l'un des forums les plus importants en matière de coopération et de rédaction des règles de bases communes en relation avec le droit transnational de la concurrence, l'effet persuasif de ces mécanismes est réduit en raison du caractère partiel de l'OCDE, davantage représentative des pays industrialisés. En effet, l'échec de l'OCDE sur l'Accord multilatéral sur l'investissement (AMI) démontre la limite de cette organisation

---

[1500] GUZMAN Andrew, "Is International Antitrust Possible?", *NYULRev*, Vol.73, No.5, 1998, p. 1501 à 1548 ; BRADFORD (PIILOLA) Anu, "International Antitrust Negotiations and the False Hope of the WTO", *Harvard International Law Journal*, Vol.48, summer 2007, p. 383 à 440 ; PAASMAN Berend, Multilateral Rules on Competition Policy: An Overview of the Debate, United Nations Economic Commission for Latin America and the Caribbean, Division of Trade and Development Finance, International Trade Unit, 1999 , p. 26.

[1501] *Supra* dans les sous-sections intitulés « les tentatives de surrection du droit international de la concurrence en GATT / OMC » et « les initiatives multilatérales dans le fonctionnement du droit international de la concurrence ».

internationale quand il s'agit d'une représentation à grande échelle[1502]. Donc, du fait de sa représentation, insuffisante, nous pouvons exclure l'OCDE.

Contrairement à l'OCDE, l'ONU a une véritable dimension universelle. La Conférence des Nations Unies pour le Commerce et le Développement (CNUCED) est devenue l'organe compétent pour le droit de la concurrence au sein de la communauté internationale. En revanche, comme nous l'avons examiné antérieurement, certains pays peuvent avoir ponctuellement intérêt à ne pas coopérer, soit avec certains autres pays, soit sur certaines affaires. Il est également nécessaire que le cadre choisi permette de garantir le respect des engagements en matière de concurrence. La CNUCED ne dispose d'aucun mécanisme contraignant vis-à-vis de ses membres, pourtant nécessaire pour une réglementation efficace du droit international de la concurrence. A la lumière de ces considérations, l'OMC reste l'organisation qui présente le plus d'avantage[1503] : le premier tient au fait que l'OMC réunit 153 Etats et que ses membres réalisent l'essentiel du commerce international[1504] ; le deuxième tient au fait que, dans le cadre de l'OMC, les membres négocient des engagements et que des mécanismes de consultation en cas de conflits commerciaux et de règlements des différends permettent d'en assurer le respect ; le troisième est que certains accords négociés dans le cadre de l'OMC contiennent déjà des dispositions concernant la concurrence. Tel est, par exemple, le cas de l'annexe sur les Télécommunications de l'accord sur les services (GATS) négociés à

[1502] Les négociations sur l'AMI ont été entamées par les gouvernements lors de la réunion annuelle du Conseil de l'OCDE au niveau des Ministres en mai 1995. Les participants étaient les gouvernements de tous les pays de l'OCDE à l'époque – Allemagne, Australie, Autriche, Belgique, Canada, Corée, Danemark, Espagne, Etats-Unis, Finlande, France, Grèce, Hongrie, Irlande, Islande, Italie, Japon, Luxembourg, Mexique, Norvège, Nouvelle-Zélande, Pays-Bas, Pologne, Portugal, République tchèque, Royaume-Uni, Suède, Suisse et Turquie – ainsi que les Communautés européennes. L'Argentine, le Brésil, le Chili et Hong-Kong, Chine ont participé en qualité d'observateurs dès le départ. La Lettonie, la Lituanie et la République slovaque ont été également invitées ultérieurement en qualité d'observateurs. Selon le mandat fixé par les gouvernements, l'AMI devait être un "traité international autonome ouvert à tous les pays Membres de l'OCDE et de la Communauté européenne, ainsi qu'à l'adhésion des pays non membres". Son objectif était d'établir, pour l'investissement international, un large cadre multilatéral comportant des normes élevées de libéralisation des régimes d'investissement et de protection de l'investissement et doté de procédures efficaces de règlement des différends. Suite à des négociations intenses, pendant une période de trois ans, qui s'est prolongée jusqu'en mai 1998, et une pause de six mois pendant laquelle aucune réunion officielle de négociateurs n'a eu lieu, les négociations ont cessé en décembre 1998.

[1503] IDOT Laurence, « Mondialisation, liberté et régulation de la concurrence : Les contrôle des concentrations », *op.cit.*, p. p. 199.

[1504] Au 16 mai 2008.

Singapour qui oblige les Etats signataires à faire en sorte que leur monopoles publics ou les entreprises, auxquelles ils ont consenti des droits exclusifs, ne mettent pas en œuvre des pratiques abusives destinées à fermer l'accès à leur marché national[1505]. À cet égard, il existe une familiarité évidente entre le droit de la concurrence et le mécanisme de résolution des différends de l'OMC[1506]. Plus important encore, enfin, les négociations et le système de compensation permettront de convaincre les Etats qui perdront leurs avantages économiques en adhérant à un éventuel accord dans le domaine de la concurrence. Dans cette perspective, il serait très avantageux de négocier l'accord au sein de l'OMC qui dispose déjà d'un mécanisme efficace de contrepartie.

Par ailleurs, une autre raison en faveur du choix de l'OMC dans ce contexte, est le lien entre la libéralisation des échanges commerciaux et le droit de la concurrence. Les barrières étatiques supprimées à l'échelle mondiale à travers l'OMC ne doivent pas être relayées par des barrières privées que les

---

[1505] JENNY Frédéric, « L'environnement économique international et les autorités de concurrence », *op.cit.*, p. 460 et 461.

[1506] Japon - Droits de douanes appliqués aux importations de bois d'œuvre d'épicéa, de pin et de sapin coupé à dimensions. Rapport du Groupe spécial, IBDDS36/184, 19 juillet 1989 ; Etats-Unis – Refus d'accorder le traitement de la nation la plus favorisée aux chaussures autres qu'en caoutchouc en provenance du Brésil. Rapport du Groupe spécial DS18/R, IBDD, S39/142, 19 juin 1992 ; CEE – Primes et subventions versée aux transformateurs et aux producteurs d'oléagineux et de protéines apparentées destinées à l'alimentation des animaux. Rapport du Groupe spécial, IBDD, S37/91, 25 janvier 1990 ; Etats-Unis – Droits compensateurs sur la viande de porc fraiche, réfrigérée et congelée en provenance du Canada. Rapport du Groupe spécial, IBBD, S38/32, 11 juillet 1991 ; Etats-Unis – mesures affectant les bois et résineux en provenance du Canada. Rapport du Groupe spécial SCM/153, 19 février 1993 ; Etats-Unis – impositions de droits compensateurs sur les importations de saumons frais et réfrigérés en provenance de Norvège. Rapport du Groupe spécial SCM/153, 28 avril 1994 ; Brésil – impositions de droits compensatoires provisoires et définitifs sur la poudre de lait et certaines types de lait en provenance de la Communauté économique européenne. Rapport du Groupe spécial SCM/179, 2 avril 1994 ; Etats – Unis – normes concernant l'essence ancien et nouvelle formules. Rapport du Groupe spécial, de l'Organe d'Appel et de l'Organe de Règlement des Différends, WT/DS/9, 20 mai 1996 ;
Argentine – mesures affectant les importations de chaussures, textiles, vêtements et autres articles. Rapport du Groupe spécial, WT/DS56/R, 25 novembre 1997 ; Inde – protection conférée par un brevet pour les produits pharmaceutiques et de produits chimiques pour l'agriculture. Rapport de l'Organe d'Appel, WT/DS50/AB/R, 19 décembre 1997 ; Communautés Européennes – mesures affectant l'importation de certains produits provenant de volailles. Rapport du Groupe spécial, WT/DS69/R, 12 mars 1998 ; Japon - Les mesures affectant les pellicules et papiers photographiques destinés aux consommateurs, *(Fuji c. Kodak)*, WT/DS44/R, 31 Mars 1998 ; Mexique – Les mesures affectant les services de télécommunication, WT/DS204/R, 1 Juin 2004.

entreprises dressent à travers les cartels, les abus de position dominante ou les fusions. Ainsi, le droit de la concurrence assure la libre circulation des biens en éliminant les entraves privées. Certes, toutes les pratiques anticoncurrentielles n'ont pas un effet sur le commerce international. Mais les rapports étroits entre la suppression des barrières étatiques et des barrières privées sont une base suffisamment stable pour attribuer l'ensemble du droit international de la concurrence à l'OMC, même dans la mesure où les pratiques concernées n'affectent pas l'accès au marché. Par conséquent, en attribuant le droit transnational de la concurrence à l'OMC, il ne s'agit pas de monopoliser toutes les matières du droit économique au sein de cette organisation, mais simplement de prendre en considération une liaison indissociable, beaucoup plus profonde, comme, par exemple, le lien entre la libéralisation du commerce et la protection de la propriété intellectuelle qui a abouti à l'accord international sur la protection des droits intellectuels[1507]. Dès lors que l'instance mondiale compétente en matière d'échanges internationaux est l'Organisation Mondiale du Commerce, que sa contribution à la libéralisation des échanges et donc à la globalisation des marchés est constatée, il parait *a priori* naturel de penser à cette organisation lorsque la question d'une « globalisation » des règles de concurrence est posée[1508]. De fait, cette évolution est d'ores et déjà constatée dans certains des accords constitutifs de Marrakech, ce qui autorise, par exemple, une étude de l'OCDE à considérer que « *les accords de l'OMC traitent bien en fait dans une certaine mesure de la relation entre le commerce et la concurrence* »[1509].

En revanche, il existe des critiques concernant un accord sur le droit international de la concurrence au sein de l'OMC. Ces obstacles peuvent être synthétisés par le constat suivant : l'OMC est une instance spécialisée dans les politiques commerciales ; elle organise la libéralisation des échanges sur la base d'une réciprocité interétatique qui doit conduire à la hausse simultanée des exportations des Etats membres. Ainsi définis, les objectifs de l'OMC peuvent entrer en contradiction avec ceux des politiques de la

[1507] HEINEMANN Andreas, « La nécessité d'un droit mondial de la concurrence » , *op.cit.*, p. 305 et 306.

[1508] SIROEN Jean-Marc, « Politique(s) de la concurrence dans une économie globale », *op.cit.*, p. 134.

[1509] OCDE, Eléments relatifs à la concurrence inclus dans les accords commerciaux internationaux. Aperçu générale des accords de l'OMC après le cycle d'Uruguay, COM/TD/DAFFE/CLP(98) 26/ FINAL 1999.

concurrence[1510]. En effet, celles-ci s'adressent aux entreprises et protègent les consommateurs alors que l'OMC ne traite que des politiques publiques et arbitre entre les Etats. L'OMC n'est d'ailleurs compétente qu'à l'égard des comportements anticoncurrentiels qui impliquent les Etats et les autorités publiques. Certains Etats, comme les Etats-Unis, redoutent la « pollution » des objectifs concurrentiels par des objectifs commerciaux et, peut-être, une remise en cause du pouvoir de marché de leurs entreprises nationales par des autorités étrangères. Pourtant, s'il est vrai que l'OMC est fondée sur une dynamique mercantiliste de promotion des exportations, elle n'en a pas moins réussi à promouvoir la libéralisation des échanges. Par analogie, rien ne prouve que des conceptions qui seraient peu concurrentielles au niveau national ne conduiraient pas à accroître la concurrence au niveau mondial en protégeant les autorités de la concurrence de pressions protectionnistes qui deviendraient incompatibles avec les règles commerciales multilatérales. Si l'OMC peut admettre que la défense des exportateurs nationaux est légitime, l'internationalisation des règles de la concurrence visera aussi à empêcher que cet objectif ne se réalise au détriment des autres pays.

Il résulte de cette analyse que, pour l'adoption de règles contraignantes, l'OMC est le cadre qui s'impose. Contrairement à l'OCDE, l'appartenance des États du monde à l'OMC est quasi universelle. Contrairement à la CNUCED, l'OMC n'est pas simplement un forum de discussion aboutissant à l'adoption de *soft law*, mais au contraire une organisation internationale composée d'une multitude d'accords précis dotés de la force juridique obligatoire et qui dispose – avec le Mémorandum d'accord sur le règlement des différends – d'un instrument unique en droit international public pour la mise en œuvre de ces règles. Enfin, des structures légères comme l'*International Competition Network* sont excellentes pour l'intensification de la coopération multilatérale ainsi que pour la diffusion des expériences, mais ne peuvent servir de base à un projet qui aurait des ambitions plus grandes. Les organisations et structures mentionnées ont leurs propres mérites et ne doivent certainement pas être sous estimées. Cependant, pour l'adoption d'un dispositif obligatoire d'une portée mondiale en matière de droit de la concurrence, l'OMC est l'enceinte à laquelle il faut accorder la préférence[1511].

[1510] GRIFFIN Joseph P., "Jurisdiction and Enforcement: Foreign Governmental Reactions to U.S. Assertions of Extraterritorial Jurisdiction", *op.cit.*, p. 521.
[1511] HEINEMANN Andreas, « La nécessité d'un droit de la concurrence », *op.cit.*, p. 303 et 305.

Sous-section II – Les questions liées à un accord sur le droit de la concurrence au sein de l'OMC

Il serait faux de croire que le processus de négociation d'un accord international en matière de concurrence est abandonné suite à l'échec de Cancun. Les efforts pour réaliser un accord se poursuivent, car il est clair que si les Etats étaient libres d'agir dans leur propre intérêt, le résultat serait rarement optimal. Ainsi, si toutes les parties demeurent prêtes à des compromis dans certains domaines, rien ne s'oppose à ce qu'un accord de droit de la concurrence soit conclu au sein de l'OMC, la tâche du droit mondial de la concurrence consistant alors à donner un cadre raisonnable à l'intensification du commerce qui en résultera. En revanche, la réussite des négociations ne sera pas aisée et dépend de plusieurs facteurs[1512]. D'ailleurs, le choix entre un accord multi ou plurilatéral et, ensuite, son contenu et son mécanisme d'exécution, seront déterminants sur le nombre de participants.

§ 1 – La faisabilité d'un accord au sein de l'OMC

Une fois le choix de l'organisation internationale adéquate fait, vient ensuite la question de savoir si la mise en place d'un tel accord peut être réalisée. Tel n'était pas le cas à la conférence de Cancún. Mais il faut se garder d'en tirer des conclusions hâtives. Dans le domaine du commerce international, les négociations ont toujours pris leur temps. L'impasse dans laquelle se trouvent les négociations d'un accord international en matière de concurrence ne doit cependant pas amener à conclure que la perspective d'adopter un tel accord est abandonnée. D'ailleurs, sur le plan théorique, l'inclusion du droit de la concurrence au sein de l'OMC a été encouragée par de nombreux auteurs[1513]. Sur le plan pratique, les Etats développés et en développement continuent d'œuvrer à l'échelle régionale ou au moyen de la

---

[1512] V. *supra* le chapitre intitulé « les réformes idéalistes envisageant les solutions utopiques ».

[1513] PETERSMANN Ernest-Ulrich, " International Competition Rules for Governments and for Private Business : A "Trade Law Approach" for Linking Trade and Competition Rules in the WTO", dans *Public Policy and Global Technological Integration,* ABBOTT Frederick/ GERBER David (Ed.) , Kluwer Law International, London, The Hague, Boston 1997, p. 222 ; MONTINI Massimiliano, "Globalisation and International Antitrust Co-operation", *op.cit.*, p. 12 ; RIOUX Michèle, « Vers un droit mondial de concurrence ? », *op.cit.*, p. 28 ; *A contrario* FOX Eleanor, « Competition Law and the Millenium Round », *op.cit.*est sceptique envers l'OMC en tant que forum pour un droit général de la concurrence. Elle a atténué cette position dans l'article "International Antitrust and the Doha Dome", *op.cit.*. ; PONS Jean-François, "Is it time for an international agreement on antitrust ?", dans *The future of transnational antitrust : from comparative to common competition law,* ed. by DREXL Josef, 2003, p. 351.

coopération bilatérale. La convergence des lois de concurrence en Europe et l'adoption de règles nationales en la matière par des pays toujours plus nombreux démontrent l'intérêt de tous les Etats dans ce domaine[1514]. La question devrait être éloignée des affrontements politiques et de l'opposition entre le Nord et le Sud[1515]. Il s'agit de convaincre les gouvernements et les opérateurs économiques, qui luttent contre les restrictions de concurrence, ou qui peuvent en retirer un quelconque bénéfice tant dans les pays développés que dans les pays en développement, qu'elle contribue à résoudre les problèmes soulevés par la globalisation[1516], tout en gardant à l'esprit que l'objectif de libéralisation des marchés peut avoir l'effet inverse[1517].

D'un autre coté, les Etats mesurent leur compétitivité les uns par rapport aux autres[1518]. Cette situation porte en elle un élément de fracture dans les relations internationales économiques, cette confrontation provoquant la hausse du régionalisme économique. Les Etats-Unis continuent cependant à juger préférable, en raison de leur puissance politico-économique, d'éviter tout système multilatéral trop contraignant[1519]. Pourtant, la perception de l'intérêt commun de la concurrence au niveau international repose sur l'idée de réciprocité. Si l'un des Etats prétend que les relations économiques ne fonctionnent pas sur des bases réciproques, il sera difficile de parler d'un intérêt commun de la concurrence au niveau international[1520]. Dans une perspective économique, pour atteindre un niveau mondial efficace, la mise en œuvre du droit de la concurrence doit maximiser le bien-être global en équilibrant les gains d'efficacité des économies d'échelle créées par de plus grandes sociétés contre la réduction de rendement résultant de l'allocation de plus grandes sociétés pour exercer leur puissance du marché[1521]. Cependant, dans la pratique, les Etats n'agissent pas spécifiquement pour avantager

---

[1514] LLOYD Peter, "When Should New Areas of Rules be Added to the WTO?", *WTR* Vol.4, no.2, 2005, p. 280.

[1515] ROMANO Frank, Mondialisation des politiques de concurrence, *op.cit.*,p. 223.

[1516] DREXL Josef, « Les principes de protection des interets diffus et des biens collectifs: quel ordre public pour les marches globalises? », *RIDE*, Vol 17; No.3/4, 2003, p. 387.

[1517] DREXL Josef, "International Competition Policy after Cancun : Placing a Singapore Issue on the WTO Developing Agenda", *World Competition*, Vol.23, No. 3, p. 419 à 458.

[1518] PAASMAN Berend, Multilateral Rules on Competition Policy: An Overview of the Debate, *op.cit.*, p. 26 ss.

[1519] PRAGER Jean-Claude / François VILLEROY de GALHAU, *18 leçons sur la politique économique : À la recherche de la régulation*, *op.cit.*, p. 87.

[1520] FIDLER David, « Competiiton Law and International Relations », *International and Comparitive Law Quarterly* No.41, 1992, p. 585.

[1521] PAASMAN Berend, *Multilateral Rules on Competition Policy: An Overview of the Debate*, *op.cit.*, p. 25.

l'efficacité globale, mais surtout pour favoriser leurs économies nationales. Par conséquent, l'obstacle principal à l'efficacité globale demeure politique, essentiellement sur la base des frontières nationales. Comme nous l'avons vu antérieurement, le problème à résoudre est celui qui permettra de réaliser une coopération effective en matière de concurrence, tout en respectant la souveraineté nationale des Etats.

En conséquence, l'analyse économique joue un rôle important dans la stratégie de négociations d'un accord international sur la concurrence. En supposant que les Etats membres autorisent leurs représentants à négocier seulement sur les questions qui concernent directement la politique de concurrence, ce qui implique que les négociateurs ne pourront offrir de concessions ou prévoir de paiements de transfert, la probabilité de succès de la conclusion d'un accord est très faible. Il serait plus prometteur pour les négociations d'organiser une réunion avec des représentants ayant autorité pour consentir aux paiements de transferts. Bien qu'il soit difficile d'établir la somme exacte des transferts et leur répartition parmi les bénéficiaires et les non bénéficiaires de l'accord, les participants pourraient au moins estimer la valeur des transferts et autoriser leur paiement. Selon le jeu de la coordination et des conséquences distributionnelles[1522], les Etats rencontrent des difficultés pour juger des avantages découlant d'un accord international sur la concurrence. Quoique la coordination soit dans l'intérêt des Etats, ils ne peuvent pas prévoir la valeur des différentes solutions. Ainsi, les Etats ont des difficultés à négocier les concessions[1523]. Il est important de signaler que les paiements de transfert ne doivent pas se faire en espèces. Dans le contexte de l'OMC, 153 Etats membres sont potentiellement en mesure de négocier un accord international de concurrence s'ils peuvent obtenir des concessions dans d'autres secteurs de négociation pour compenser les pertes dues à la conclusion de cet un accord. Autrement dit, si d'autres questions sont sur la table, les bénéficiaires potentiels d'un accord dans le domaine de la concurrence pourront compenser les Etats défavorisés. L'importance des gains de l'accord dépend du nombre de parties et du degré d'idéalisme de leurs politiques. Un accord entre deux pays poursuivant des politiques semblables devrait être facile à réaliser mais rapportera uniquement des gains modestes concernant le bien être global. Si les Etats perçoivent que les

---

[1522] Pour un examen détaille de ce concept v. BRADFORD Anu, "International Antitrust Negotiations and the False Hope of the WTO", *Harvard International Law Journal*, Vol.48, summer 2007, p. 383 à 440.

[1523] *Ibid.*, p. 399.

coûts excèdent les avantages proposés par la coordination, ils préféreront le *statu quo*.

En conclusion, on peut déduire que l'accord international sur le droit et la politique de concurrence continue d'être difficile car tous les pays n'en tireront pas de bénéfice. Cela vient du problème que le droit de la concurrence cherche lui-même à résoudre. La politique et le droit de la concurrence sont prévus pour augmenter le bien-être des consommateurs. Puisque les entreprises et les consommateurs sont distribués de façon inégale à travers le monde, les gouvernements n'ont pas d'intérêts identiques. Un Etat qui est un exportateur net de marchandises peut choisir de sous-règlementer le comportement des entreprises. En agissant ainsi, il favorise ses propres sociétés au préjudice des consommateurs étrangers. En revanche, un Etat importateur net, capable d'appliquer extra-territorialement ses lois fera exactement l'opposé en sur-réglementant les comportements des entreprises afin de protéger ses consommateurs des entreprises étrangères. Sans application extraterritoriale des lois nationales, tous les Etats préféreront sous-réglementer le comportement anticoncurrentiel parce que les coûts de la règlementation seront supportés uniquement par leurs entreprises[1524]. Ainsi, ce modèle nous prouve que sans une coopération internationale, la mise en œuvre des politiques nationales ne permettra pas de réaliser une politique globale optimale. L'accord de l'OMC sur la concurrence aura plus de chance de se voir le jour si des négociations sont conduites sur une large base, incluant tout un éventail de questions. En structurant les négociations de cette façon, les pays qui sont favorables à une réglementation dans le domaine de la concurrence internationale pourront accorder davantage de compensations aux Etats victimes d'une baisse de bien-être. Certes, le jeu des négociations est toujours d'obtenir plus tout en concédant moins mais il arrive un moment où les Etas se posent la question : faut-il arrêter la négociation et formaliser l'acquis même si certains pays campent sur leur position de « passager clandestin » ?

§ 2 – Le choix entre un accord plurilatéral, multilatéral ou un système à deux vitesses

Un autre point important pour l'adoption d'un accord international en matière de concurrence est de déterminer les conditions de son adoption. Il existe deux types d'accords dans le cadre du régime de l'OMC. Les accords

[1524] GUZMAN Andrew, "Is International Antitrust Possible?", *op.cit.*, p. 1548.

multilatéraux et les accords plurilatéraux. Le choix entre le caractère multi ou plurilatéral déterminera par conséquent son étendue. Alors, faut-il adopter un accord plurilatéral ou un accord multilatéral ? Sur ce point, la doctrine est partagée[1525]. Pour qu'un accord de concurrence soit incorporé au droit du GATT et de l'OMC, il doit être inséré à l'Accord instituant l'OMC, compilation formelle de tous les accords en ce domaine. La procédure pour modifier l'Accord de l'OMC est définie à l'article X. Cet article propose deux possibilités d'amendement : l'accord de concurrence pourrait être incorporé comme accord plurilatéral en annexe 4 de l'accord de l'OMC, contraignant seulement pour les Etats membres qui l'ont accepté, ou bien, l'accord de concurrence pourrait être incorporé comme accord multilatéral à l'annexe 1, contraignant pour tous les Membres de l'OMC. Une décision de consensus par la conférence ministérielle serait exigée dans tous les cas. S'il n'y a pas consensus pendant la période de 90 jours après que la proposition soit présentée formellement à la Conférence ministérielle, à moins que celle-ci ne décide d'une période plus longue, elle décidera, à une majorité des deux tiers des Membres, de présenter ou non aux Membres, pour acceptation, l'amendement proposé[1526]. Une fois incorporé, l'accord serait présenté aux Etats Membres de l'OMC pour ratification formelle.

La condition liée au consensus a un impact critique sur le contenu probable d'un tel accord. Trois points de vue, distincts, ont émergé concernant

---

[1525] Les partisans d'un accord multilatéral sont CHAREYRE DE BEAUMONT Anne, *Droit de la concurrence et globalisation, op.cit.*, p. 723 ; LAMY Pascal, « La relance des négociations de l'agenda de Doha pour le Développement », Discours devant le Parlement européen, Strasbourg, 13 janvier 2004; LIGNEUL Nicolas, *L'élaboration d'un droit international de la concurrence entre les entreprises*, *op.cit.*, p. 248 ; MONTINI Massimiliano, "Globalisation and International Antitrust Cooperation", *op.cit.,* p. 12 ; KAZZI Habib, *Le contrôle des pratiques anticoncurrentielles et des concentrations entre les entreprises dans une économie mondialisée : Contribution à l'étude de l'application international du droit économique*, Presse universitaires d'Aix-Marseille, 2007, p. 489 par contre TAYLOR Martyn, *International Competition Law : A New Dimension for the WTO?*, *op.cit.,*p. 423; MERKT Benoît, *Harmonisation internationale et entraide administrative internationale en droit de la concurrence*, *op.cit.*, p. 372 ; Les partisans d'un accord multilatéral sont CHAREYRE DE BEAUMONT Anne, , PETERSMANN Ernest-Ulrich, « La politique de concurrence dans le nouvel ordre commercial : renforcement de la coopération et des règles au niveau international », Annexe au rapport du Groupe des Experts. Bruxelles : Commission européenne, Direction-Générale IV - Concurrence, 1995, p. 42 ; PETERSMANN Ernest-Ulrich, " International Competition Rules for Governments and for Private Business : A "Trade Law Approach" for Linking Trade and Competition Rules in the WTO", *op.cit.*, p. 253. sont favorable à un accord plurilatéral.

[1526] L'Article X : 1 de l'Accord de Marrakech instituant l'Organisation Mondiale du Commerce.

l'inclusion d'un accord international dans le domaine de la concurrence au sein de l'OMC. Actuellement, la plupart des pays en développement reste opposée à la négociation d'un tel accord. Les Etats-Unis et ses partenaires s'opposeraient quant à eux à tout accord de concurrence ayant un caractère contraignant. L'Union européenne, le Japon et leurs partenaires respectifs sont plutôt favorables aux négociations immédiates d'un accord contraignant, multi ou plurilatéral. Ainsi, il est clair que les partisans de l'accord sont obligés de prendre en compte les réticences des pays en développement puisque leur soutien est nécessaire pour un consensus explicite sur les modalités de négociations. Les accords de l'OMC contiennent déjà des concessions importantes accordées aux pays en développement et de telles concessions pourraient être également prévues pour l'accord en matière de concurrence. A titre d'exemple, une plus grande flexibilité et une plus grande assistance technique peuvent être accordées, à côté des concessions spéciales et des plus grandes périodes d'adaptation. Les pays en développement devraient également être dotés d'une option d'exemptions selon leur besoin d'établir les établissements et les processus nécessaires pour permettre l'adoption d'un droit de la concurrence nationale efficace. Grâce à ces concessions, les pays en développement pourraient soutenir un accord plurilatéral de concurrence, qui deviendrait alors politiquement faisable[1527].

Les accords plurilatéraux couvrent davantage de pays que les accords régionaux, mais moins que les accords multilatéraux. S'ils relèvent d'une autre logique, la démarche dans laquelle ils s'inscrivent est identique, sur le plan qualitatif, à celle sous-tendant les accords régionaux et multilatéraux. Plus le nombre de pays participant est réduit, plus les avantages et inconvénients des accords plurilatéraux devraient être proches de ceux des accords régionaux. A l'inverse, plus le nombre de pays participants est important, plus ces avantages et inconvénients devraient être proches de ceux des accords multilatéraux[1528]. Dans cette perspective, les auteurs du *Draft International Antitrust Code* avaient opté pour le caractère plurilatéral de l'accord[1529]. À son contenu ambitieux correspondait le renoncement à une validité universelle. La retenue quant à la participation a rendu possible la

---

1527 TAYLOR Martyn, *International Competition Law: A New Dimension for the WTO?*, *op.cit.*,p. 421 et 422.

1528 CHAREYRE DE BEAUMONT Anne, *Droit de la concurrence et globalisation*, *op.cit.*, p. 721.

1529 Voir *supra* le paragraphe intitulé « les initiatives proposant un véritable ordre concurrentiel mondial ».

rédaction d'un texte qui ne tient pas compte des différents stades dans lesquels les nations se trouvent en matière de droit de la concurrence. Si l'on opte pour un contenu plus modeste, il est possible d'être plus ambitieux quant au taux d'adhésion. Compte tenu du nombre croissant d'États qui se dotent d'un droit de la concurrence, la portée d'un accord de l'OMC devrait être générale. En ce qui concerne les Membres de l'OMC qui ne disposent pas encore d'une législation en la matière, des délais transitoires et une assistance de la part des pays plus expérimentés pourraient être prévus[1530].

Par ailleurs, une autre proposition a été faite d'opter pour un accord multilatéral à contenu plutôt modeste, mais d'y ajouter un deuxième accord, cette fois plurilatéral, qui serait plus ambitieux et pourrait contenir notamment des règles sur le contrôle des concentrations ou sur la coopération des autorités nationales (*two-tier approach*)[1531]. Cette proposition déboucherait sur un système à deux vitesses. À côté d'un accord pour tous les Membres de l'OMC contenant les principes de base mais renonçant à des contraintes précises, il y aurait un deuxième accord qui ne serait accepté que par les États prêts à prendre un engagement plus profond. Le « charme » de cette proposition consiste à cumuler les deux modèles présentés ci-dessus : l'approche minimale serait adoptée par un accord multilatéral pour tous les Membres de l'OMC, l'approche maximale serait retenue dans un accord plurilatéral pour un cercle plus restreint d'États. D'un autre côté, l'accord de base risque de rester sans signification si toutes les composantes « ambitieuses » demeurent réservées à l'accord plurilatéral. Par ailleurs, il ne semble guère réaliste d'arriver, après des décennies d'âpres discussions sur l'opportunité et la faisabilité d'un droit mondial de la concurrence, non pas à un mais à deux accords. Le but poursuivi par la proposition de deux accords échelonnés, c'est-à-dire la prise en compte des différences dans le monde en matière de droit de la concurrence ainsi que le désir de flexibilité, est accessible par d'autres moyens, notamment par des exemptions, des périodes de transition ou une assistance technique. Par conséquent, un seul accord multilatéral qui crée une base commune pour le contrôle du comportement concurrentiel dans le monde doit être envisagé. Ceci n'exclut pas qu'un nombre restreint d'États se mette d'accord, de façon plurilatérale, sur des questions non couvertes par l'accord multilatéral[1532].

[1530] HEINEMANN Andreas, « La nécessité d'un droit de la concurrence », *op.cit.*, p. 311.
[1531] OMC, Rapport au Conseil général du Groupe de travail de l'interaction du commerce et de la politique de la concurrence du 27 novembre 2003, (WT/WGTCP/W/128/Rev.3)
[1532] HEINEMANN Andreas, « La nécessité d'un droit de la concurrence », *op.cit.*, p. 312.

Actuellement, la coopération internationale en matière de concurrence croît en importance. On le remarque au niveau des accords bilatéraux et régionaux ainsi qu'au niveau des travaux de l'OCDE, de la CNUCED et de l'OMC[1533]. Il y avait un effort pour étendre le droit international public de la concurrence au-delà des accords bilatéraux et régionaux. Un tel exemple consiste en l'élaboration d'un code international du droit de la concurrence liant tous les Etats. Certains accords de l'OMC ont d'ailleurs incorporé des principes en matière de concurrence, notamment l'accord antidumping, l'accord sur les mesures concernant les investissements et liées au commerce, l'accord sur les aspects des droits de propriété intellectuelle qui touchent au commerce et l'accord sur les télécommunications de base[1534]. À cet égard, il est vrai qu'un accord multilatéral demeure l'instrument optimal pour la concurrence internationale puisqu'il promet des règles de concurrence uniformes s'appliquant à tous les pays. Incontestablement, l'approche multilatérale constituerait la voie préférable et permettrait une élimination, ou au moins une atténuation des conflits de juridictions interétatiques. Cependant, les bénéfices potentiels offerts par un accord multilatéral présentent aussi les plus grands obstacles à sa réalisation. L'obligation de tenir compte des intérêts nationaux divers va entraîner des négociations multilatérales lentes, encombrantes, chères, incertaines et qui, surtout, vont trouver un consensus au plus bas dénominateur commun. En effet, plusieurs Etats contestent l'intérêt d'élaborer en matière de concurrence un cadre multilatéral contraignant et sont plutôt favorables à faire appel aux mécanismes volontaires existants de coopération bilatérale et multilatérale notamment ceux établis dans le cadre de l'OCDE. En revanche, la négociation d'un accord multilatéral, plus à même d'appréhender la concurrence internationale ne semble réalisable qu'une fois que tous les Membres de l'OMC se seront dotés d'un droit de la concurrence effectif[1535]. Cela suppose, pour le cas des pays en développement, de leur laisser un temps d'adaptation, tout en leur octroyant une aide technique et financière. En fin de compte, cet état de fait rend légitime la volonté des auteurs qui penchent pour un accord plurilatéral sur la concurrence au sein de l'OMC.

[1533] *Supra* la section consacrée aux approches régionales, plurilatérales et multilatérales.
[1534] RIOUX Michèle, « Vers un droit mondial de concurrence ? », *op.cit.*, p.3.
[1535] PANTZ Dominique, *Institutions et politiques commerciales internationales : du GATT à l'OMC*, Armand Colin, Paris 1998, p.224.

§ 3 – La mise en œuvre d'un accord international sur la concurrence par l'OMC

Une fois l'accord international de la concurrence adopté, certaines fonctions devront être assurées par l'OMC. Dans cette perspective, pour déterminer si la capacité actuelle de l'OMC est suffisante, il faut examiner les nouvelles tâches qui seront attribuées à l'OMC et la conformité de la structure actuelle de l'OMC avec l'accomplissement de ses nouvelles fonctions.

A – La capacité institutionnelle de l'OMC dans le cadre d'un accord international sur la concurrence

Un accord international de la concurrence pourrait être exécuté en grande partie par l'OMC au moyen des trois fonctions. Une fonction de secrétariat, qui assurera l'administration générale de l'accord ; une fonction de conformité, favorisant le respect de l'accord par les Etats membres et une fonction de règlement des différends, impliquant la diminution et la résolution des conflits concernant le droit de la concurrence. Parmi ces trois fonctions, la fonction de l'administration générale de l'Accord pourrait être effectuée par le secrétariat existant de l'OMC à condition de renforcer son personnel spécialisé en droit de la concurrence[1536]. Pourtant, les autres fonctions mentionnées mériteraient d'être approfondies vu le nombre de questions soulevées en connections avec elles. Le système légal international n'a pas d'autorité exécutive qui puisse prendre des mesures d'application analogues à celles qui existent dans les systèmes légaux nationaux. Par conséquent, les traités internationaux dépendent d'autres mécanismes institutionnels pour assurer leur mise en œuvre effective.

En ce qui concerne la fonction de conformité de l'Accord, elle peut être assurée par l'ORD qui a, conformément aux accords de l'OMC, la capacité d'autoriser des sanctions par des membres de l'OMC contre d'autres membres. Comme entité quasi-juridique[1537], l'ORD peut assurer la fonction de « gardien » de l'accord international de concurrence. De même, les mécanismes intergouvernementaux de surveillance comme par exemple les consultations entre les États, l'arbitrage, la médiation, l'installation d'un

---

[1536] TAYLOR Martyn, *International Competition Law: A New Dimension for the WTO?*, *op.cit.*,p. 370.

[1537] RUIZ FABRI Hélène, « Le juge de l'OMC : ombres et lumières d'une figure judiciaire singulière », *RGDIP* tome.110 no.1, 2006, p. 40.

groupe d'experts permanent[1538], la coopération plus étroite des autorités nationales ou – globalement – l'assistance technique et le renforcement des capacités peuvent être envisagés. L'instrument préconisé est pourtant la création d'un mécanisme d'examen par les pairs (*peer review*). Un tel mécanisme ne vise pas au respect d'obligations concrètes mais cherche à donner une analyse générale de la politique de la concurrence dans un pays et faire des propositions afin de l'améliorer. Les conseils ne sont pas donnés dans une relation de subordination mais par des « pairs », c'est-à-dire par l'ensemble ou par un nombre plus restreint de Membres de l'OMC. Dans ce dernier cas, il existe un examen général par les pairs sous la forme du « Mécanisme d'examen des politiques commerciales », selon l'annexe 3 de l'Accord instituant l'Organisation mondiale du Commerce. Certes, le Mécanisme d'examen des politiques commerciales couvre l'ensemble de la politique commerciale. Mais souvent l'examen s'étend aussi à la politique de la concurrence. Il paraît donc plus opportun de renforcer le volet concurrence dans le Mécanisme d'examen des politiques commerciales existant que de créer de nouvelles structures dans la même organisation, avec le danger du double emploi. Il faut aussi noter que, quelle que soit la solution trouvée pour l'examen par les pairs, elle ne sera jamais une alternative, mais seulement un complément au règlement des différends[1539]. Quant à la fonction de règlement des différends de l'OMC, plusieurs points importants nécessitent d'être clarifiés.

B – Les problèmes concernant le règlement des différends de l'OMC et le droit de la concurrence

Il n'y a pas de consensus en vue de déterminer si le régime ordinaire de l'OMC concernant le règlement des différends convient aussi au droit de la concurrence. L'opinion répandue selon laquelle ces règles ne sont pas appropriées au domaine de la concurrence demeure[1540]. En revanche, selon les règles générales de l'OMC, le Mémorandum d'accord sur le règlement

[1538] Selon le modèle de l'art. 24 al. 3 et 4 de l'Accord sur les subventions et les mesures compensatoires, ou, dans une moindre mesure, de l'annexe 2 de l'Accord sur les obstacles techniques au commerce.

[1539] HEINEMANN Andreas, « La nécessité d'un droit de la concurrence », *op.cit.*, p. 313.

[1540] *UNCTAD*, Roles of Possible Dispute Mediation Mechanisms and Alternative Arrangements, Including Voluntary Peer Reviews, in Competition Law and Policy, TD/B/COM.2/CLP/37 du 24 avril 2003, p. 1 : « There is a consensus that it would not be appropriate to fully apply binding dispute settlement in connection with any possible multilateral framework on competition policy. » ; IDOT Laurence, « Mondialisation, liberté et régulation de la concurrence: le contrôle des concentrations », *op.cit.*, p. 204.

des différends s'applique en principe à tous les accords multilatéraux, bien que quelques uns aient été modifiés[1541], tandis que son application aux accords plurilatéraux dépend d'une adoption séparée[1542]. Par conséquent, si un accord OMC sur la concurrence était adopté en tant qu'accord multilatéral, l'applicabilité du Mémorandum d'accord sur le règlement des différends serait la conséquence logique. Dans ce contexte, la probabilité des conflits internationaux demeure élevée. Dans ce domaine, les différends entre Etats demeurent considérables, notamment parce que des intérêts nationaux importants peuvent être en jeu. De ce fait, il est important de déterminer la nature du litige relevant du droit de la concurrence et la conformité des sanctions prévues par le mécanisme du droit de l'OMC.

1 – La nature des conflits en droit de la concurrence et l'ORD

Afin d'identifier les mécanismes institutionnels appropriés pour atténuer les conflits de concurrence internationale, il est utile de déterminer la nature des litiges en matière de concurrence. Le règlement des litiges de la concurrence nécessite, dans le cadre d'une enquête détaillée, un difficile travail de collecte des faits et des données et une analyse casuistique économique sophistiquée. Ainsi, des doutes ont été émis sur la capacité des membres du groupe spécial de l'OMC à acquérir la compétence nécessaire pour traiter les problèmes de concurrence de nature complexe qui nécessitent le recours à la maîtrise de notions économiques[1543]. En revanche, cet obstacle peut être facilement surmonté par la nomination d'experts. D'ailleurs, en vertu du règlement de l'OMC, le groupe spécial peut, le cas échéant, faire appel à des experts[1544]. Par ailleurs, depuis 1998, sous l'impulsion de l'Organe d'appel de l'OMC, cette dernière a admis la possibilité pour un Groupe spécial[1545] comme pour l'Organe d'appel lui-même d'accueillir des mémoires d'*amicus curiae* non sollicité par ces derniers[1546]. En bref, la complexité des litiges

---

[1541] Art. 1 Mémorandum d'accord sur le règlement des différends et les Appendices 1 et 2.

[1542] L'appendice 1 du Mémorandum d'accord sur le règlement des différends.

[1543] MAVROIDIS Petros / VAN SICLEN Sally, "The Application of the GATT/WTO Dispute Resolution System to Competition Issues", *Journal of World Trade*, Vol.31, no.5, 1997, p.42 ; FOX Eleanor M., "Toward World Antitrust and Market Access", *American Journal of International Law*, Vol.91, No.1, 1997, p. 12.

[1544] Selon l'article 13 du Mémorandum d'accord sur les règles et procédures régissant le règlement des différends.

[1545] Etats-Unis – Prohibition à l'importation de certaines crevettes et de certains produits à base de crevettes, Rapport de l'Organe d'Appel, WT/DS58/R, 15 mai 1998, para.110.

[1546] Dans l'affaire États-Unis - Imposition de droits compensateurs sur certains produits en acier au carbone, plomb et bismuth lamines à chaud originaires du Royaume-Uni, Rapport de l'Organe d'Appel, WT/DSI38/AB/R, 10 mai 2000. Pour la première fois, l'Organe d'appel a antitrust ne pourrait pas, selon nous, constituer un obstacle sérieux au règlement des litiges antitrust étant donné le niveau de compétence et de formation des membres du groupe spécial et le fait que bon nombre de différends commerciaux se caractérisent par une complexité croissante[1547]. À cet égard, l'ORD s'est déjà montrée capable de juger de questions substantielles en matière de concurrence[1548].

Reste que si les signataires d'un accord international de la concurrence décident de se soumettre au mécanisme de règlement des différends de l'OMC, plusieurs problèmes dont le contrôle de la légalité ou de l'opportunité se poseraient. L'opportunité de l'application du Mémorandum d'accord au cadre plurilatéral sur la concurrence n'est engagée que sous l'unique angle du respect des obligations *de jure*, c'est-à-dire de la conformité de l'action des Etats aux engagements pris dans le cadre plurilatéral, tels que les engagements d'adopter une législation sur la concurrence ou d'instaurer une autorité de contrôle indépendante pour la mettre en œuvre[1549]. En même temps, l'accord exigerait que les lois des Etats membres soient conformes aux règles, principes et obligations adoptés au niveau plurilatéral. Cette approche est justifiée par la conviction qu'il faut préserver l'opportunité des poursuites, qui est une notion fondamentale en matière d'application du droit de la concurrence. Or, pour les litiges soumis au système de l'OMC, la question qui se pose est essentiellement celle de savoir dans quelle mesure les lois nationales d'un État sont conformes à ses obligations à l'égard de l'OMC. Ainsi, la législation interne est fréquemment mise en cause dans les différends. L'article XVI : 4 de l'Accord sur l'OMC dispose que « Chaque Membre assurera la conformité de ses lois, réglementations et procédures administratives avec ses obligations telles qu'elles sont énoncées dans les Accords figurant en annexe ». En conséquence, dans un différend, il est fréquent que la plainte ne porte pas sur la question de savoir si une taxe intérieure est imposée par le défendeur sur une cargaison de produits importés ; en revanche, le plaignant conteste directement la loi fiscale intérieure en tant que telle en faisant valoir qu'elle

---

reconnu explicitement qu'il avait le pouvoir discrétionnaire d'accepter les communications d'*amicus curiae*.

[1547] ABDELGAWAD Waled, « Jalons de l'internationalisation du droit de la concurrence : vers l'éclosion d'un ordre juridique mondial de la *lex economica* », *op.cit.* p. 194 et 195.

[1548] *Supra* section intitulé les dispositions du GATT/OMC au service du droit international de la concurrence.

[1549] EHLERMAN Claus Dieter / EHRING Lothar, "WTO Dispute Settlement and Competition Law: Views from the Perspective of the Appellate Body's Experience", *Fordham Int'l L. J.*, Vol. 26 no.6, juin 2003, p. 1526.

est incompatible avec l'article III : 2 du GATT de 1994 lorsque différentes taxes intérieures sont imposées par ladite loi sur deux sortes différents de produits « similaires ». En d'autres termes, la plainte visera l'existence de la loi plutôt que son application particulière. En pareil cas, plusieurs questions relatives à la législation intérieure doivent être examinées avant que la question de sa conformité aux règles de l'OMC ne puisse être tranchée.

Il y a donc un rejet clair de l'examen de la conformité *de facto* dans le cadre contraignant du Mémorandum d'accord. En d'autres termes, l'ORD n'aurait pas compétence pour analyser l'application de lois internes dans des cas d'espèce et, par conséquent, pour réexaminer l'opportunité de décisions rendues par les autorités nationales de contrôle[1550]. L'ORD ne saurait en aucun cas être érigée en instance d'appel des décisions nationales, pas plus qu'elle n'empiéterait sur les prérogatives traditionnelles des juridictions nationales. Par conséquent, l'accord de l'OMC sur la concurrence ne contiendrait pas de dispositions visant à trancher les litiges individuels et encore moins à imposer des obligations aux entreprises ou à développer les pouvoirs d'enquête et de sanction à leur encontre[1551]. En revanche, en tant que moyen de faire respecter les règles, l'application du Mémorandum d'accord sur certains points de droit présente des limites. Puisqu'une évaluation *de jure* ne porte que sur la lettre de la loi, on ne constaterait de non-conformité que lorsqu'une loi serait expressément contraire à des obligations plurilatérales, par exemple si elle instituait une discrimination à l'égard des entreprises étrangères. En l'espèce, il est rare que les lois soient ainsi rédigées. En revanche, on constate souvent une discrimination *de facto*. Pour en déterminer l'existence, l'ORD devrait évaluer les institutions et les décisions nationales, ce qui soulève le problème de l'opportunité des poursuites. D'un autre coté, un contrôle de la conformité *de jure* présuppose qu'il existe une loi sur la concurrence. Or, de nombreux Membres de l'OMC, en particulier les pays en développement, n'ont pas de telles lois, et un cadre plurilatéral qui opterait pour cette approche les contraindrait à adopter au moins un droit de base sur la concurrence.

[1550] *OMC,* Rapport au Conseil général du Groupe de travail de l'interaction du commerce et de la politique de la concurrence du 27 novembre 2003, *op.cit.,* para. 20 ; *OMC,* Communication de l'OCDE, Aperçu des mécanismes d'exécution envisageables dans un cadre multilatéral sur la concurrence, WT/WGTCP/W/240, 25 juillet 2003, para 39.

[1551] KAZZI Habib, *Le contrôle des pratiques anticoncurrentielles et des concentrations entre les entreprises dans une économie mondialisée : Contribution à l'étude de l'application international du droit économique*, *op.cit.*, p. 440 et 441.

Par ailleurs, les Etats ont peur de perdre une partie de leur souveraineté en acceptant l'application du règlement des différends de l'OMC au droit de la concurrence. Dans presque tous les cas, l'acceptation d'un traité suppose le transfert d'une partie du pouvoir de décision des Etats à une institution internationale. Paradoxalement, c'est précisément pour cette raison que des « nations souveraines » acceptent un traité : elles ont conscience que la coopération qu'encourage le traité créera une situation plus avantageuse que celle qui existe sans cela[1552]. À cet égard, l'incertitude provient de la crainte des Membres de l'OMC que l'application du règlement des différends débouche sur un contrôle supranational des décisions individuelles que les autorités nationales ont prises. Même les États qui sont en principe en faveur d'un accord de l'OMC sur la concurrence ne veulent pas aller aussi loin. En revanche, la résistance des États contre l'élaboration d'un droit supranational en matière de concurrence contribue paradoxalement à leur faire perdre leur souveraineté face aux acteurs privés internationaux[1553]. Il faut cependant concéder à cette position que la mise en œuvre du droit de la concurrence se caractérise – du moins dans ses aspects de droit public – par une certaine flexibilité. Vu les capacités limitées et la nécessité d'établir des priorités au niveau international, l'accord international en matière de concurrence n'effectuera pas un contrôle de légalité des décisions des autorités nationales de concurrence. En bref, un contrôle *de jure* est tout à fait conciliable avec une application du règlement des différends au droit de la concurrence[1554]. En conséquence, un mécanisme d'exécution qui ne porterait que sur l'évaluation des lois au regard du droit mettrait les autorités nationales à l'abri d'un examen supranational de leurs décisions[1555]. Le cadre purement étatique du système de règlement des différends de l'OMC ne devrait donc pas être affecté[1556].

En dernier lieu, rappelons que l'existence du remarquable mécanisme de règlement des différends était justement l'une des raisons pour rattacher l'accord international du droit de la concurrence au système de l'OMC[1557].

[1552] OMC, *Le Rapport du Conseil consultatif à M.Supachi Panitchpakdi, Directeur général*, SUTHERLAND Peter, BHAGWATİ Jagdish, BOTCHWEY Kwesi, FİTZGERLAD Niall, HAMADA Koichi, JACKSON John, LAFER Celso, MONTBRIAL de Theirry, *op.cit.*, p. 33.

[1553] RIOUX Michèle, « Vers un droit mondial de concurrence ? », *op.cit.*, p. 33.

[1554] HEINEMANN Andreas, « La nécessité d'un droit de la concurrence », *op.cit.*, p.313.

[1555] CHAREYRE DE BEAUMONT Anne, *Droit de la concurrence et globalisation*, *op.cit.*, p.758.

[1556] ARHEL Pierre, « Droit international de la concurrence, s'orient-t-on vers des négociations ? », *op.cit.*, p.87.

[1557] *Supra.*

En outre, à la suite du cycle de l'Uruguay, le processus de résolution des conflits du GATT a été sensiblement amélioré. Des contraintes de temps ont été imposées pour accélérer des auditions et le droit de veto a été éliminé en grande partie. A l'heure actuelle, l'OMC dispose d'un mécanisme efficace de règlement des différends basé sur des règles complètes, qui utilisent le pouvoir légal substantiel[1558]. De ce fait, on peut conclure que l'OMC a la capacité de résoudre les conflits du droit international de la concurrence.

[1558] Le Mémorandum d'accord dispose qu'un Membre devra engager des consultations dans un délai de 30 jours à compter de la demande de consultations d'un autre Membre. S'il n'y a pas de règlement dans les 60 jours à compter de la demande de consultations, la partie plaignante pourra demander l'établissement d'un groupe spécial. Si les consultations sont refusées, la partie plaignante pourra demander directement l'établissement d'un groupe spécial. Les parties pourront convenir volontairement d'avoir recours à d'autres moyens de règlement des différends, y compris les bons offices, la conciliation, la médiation et l'arbitrage. Lorsqu'un différend n'est pas réglé par voie de consultations, le Mémorandum d'accord exige l'établissement d'un groupe spécial, au plus tard à la réunion de l'ORD suivant celle à laquelle la demande aura été présentée, à moins que l'ORD se prononce par consensus contre cet établissement. Le Mémorandum d'accord définit également des règles spécifiques et des délais pour les décisions à prendre concernant le mandat et la composition des groupes spéciaux. Un mandat type sera appliqué, à moins que les parties ne conviennent d'un mandat spécial dans un délai de 20 jours à compter de l'établissement du groupe spécial. Si un accord sur la composition du groupe spécial n'intervient pas entre les parties dans le même délai de 20 jours, le Directeur général pourra en décider. Les groupes spéciaux devront normalement être composés de trois personnes ayant des compétences et une expérience appropriées et venant de pays dont le gouvernement n'est pas partie au différend. Le secrétariat tiendra une liste d'experts satisfaisant à ces critères. La procédure des groupes spéciaux est exposée en détail dans le Mémorandum d'accord. Un groupe spécial devra normalement terminer ses travaux dans un délai de six mois ou, en cas d'urgence, dans les trois mois. Le rapport d'un groupe spécial pourra être examiné par l'ORD pour adoption dans les 20 jours après sa communication aux Membres. Il sera adopté dans un délai de 60 jours à compter de sa distribution, à moins que l'ORD ne décide par consensus de ne pas l'adopter, ou que l'une des parties ne notifie à l'ORD son intention de faire appel. Par ailleurs, le concept d'examen en appel est un élément nouveau important du Mémorandum d'accord. Un Organe d'appel qui est composé de sept membres permanents, dont trois siégeront pour une affaire donnée. L'appel est limité aux questions de droit couvertes par le rapport du groupe spécial et aux interprétations de droit données par celui-ci. La durée de la procédure d'appel ne devra pas dépasser 60 jours à compter de celui où une partie a formellement notifié sa décision de faire appel. Un rapport établi en appel sera adopté par l'ORD et accepté sans condition par les parties au différend dans les 30 jours suivant sa distribution aux Membres, à moins que l'ORD ne se prononce par consensus contre son adoption. Une fois que le rapport d'un groupe spécial ou de l'Organe d'appel sera adopté, la partie concernée devra notifier ses intentions concernant la mise en œuvre des recommandations adoptées. S'il ne lui est pas matériellement possible de s'y conformer immédiatement, la partie concernée se verra accorder un délai raisonnable, qui sera décidé soit par accord des parties et sur approbation de l'ORD dans un délai de 45 jours à compter de l'adoption du rapport, soit par arbitrage dans un délai de 90 jours à compter de l'adoption. En tout état de cause, l'ORD tiendra régulièrement sous surveillance la mise en

2 – La conformité du droit international de la concurrence aux sanctions de l'OMC

Un certain nombre de commentateurs, en particulier Jagdish Bhagwati, ont invoqué le fait que l'application des sanctions commerciales de l'OMC à d'autres domaines n'est pas appropriée[1559]. Puisque l'OMC a un système efficace de règlement des différends, certains groupes d'intérêt peuvent chercher à mettre en avant leurs intérêts dans la phase de réglementation via l'utilisation des sanctions commerciales de l'OMC[1560]. Selon ces auteurs, une telle utilisation des sanctions commerciales met en péril les engagements commerciaux négociés et constitue une exception au principe de non-discrimination de l'OMC et, en effet, peut constituer une occasion pour rétablir les barrières commerciales. De cette manière, l'objectif de l'OMC de libéralisation du commerce international peut être empêché par l'utilisation du mécanisme des règlements des différends de l'OMC. Finalement, l'abus des sanctions commerciales finirait par affaiblir la capacité de l'OMC à réaliser ses objectifs commerciaux. En outre, Waled Abdelgawad remarque que sur le plan de la sanction des normes internationales de la concurrence, le système de règlement des différends de l'OMC ignore un bon nombre de mesures et procédés de sanctions de violation des règles de concurrence : injonctions adressées aux entreprises ayant pour but de corriger leurs comportements déviants, amendes et actions privées des dommages et intérêts. Les moyens de sanction dont dispose l'ORD ne sont pas adaptés aux spécificités du droit de la concurrence car cette sanction consiste en dernier lieu à autoriser l'État victime à prendre des mesures de contre-rétorsion. Les mesures correctives prévues par l'OMC étaient initialement instituées pour résoudre les différends relatifs au commerce et aux échanges des marchandises[1561].

œuvre des recommandations jusqu'à ce que la question soit résolue. D'autres dispositions contiennent des règles relatives à la compensation ou à la suspension de concessions dans le cas où les recommandations ne seront pas mises en œuvre. Les parties pourront, dans un délai spécifié, entreprendre des négociations en vue de se mettre d'accord sur une compensation mutuellement acceptable. Si ces négociations ne peuvent aboutir, une partie au différend pourra demander à l'ORD l'autorisation de suspendre l'application de concessions ou d'autres obligations à l'égard de l'autre partie concernée.

[1559] BHAGWATI Jagdish N., "Afterword: The Question of Linkage", *AJIL* Vol.96 no.1, January 2002, p. 127.

[1560] CHARNOVITZ Steve, The Moral Exception in Trade, *VJIL*,Vol.38, summer 1998, p. 701.

[1561] ABDELGAWAD Waled, « Jalons de l'internationalisation du droit de la concurrence : vers l'éclosion d'un ordre juridique mondial de la *lex economica* », *op.cit.* p. 195.

Pour pouvoir répondre à ces arguments d'une façon satisfaisante, il faut calculer le coût des sanctions commerciales et les bénéfices résultant d'un accord international de concurrence. Mesurer avec précision l'importance des gains de bien être d'un accord de concurrence au sein l'OMC va au-delà de notre étude, mais nous pouvons affirmer que les avantages nets d'un tel accord seraient réels[1562]. L'existence d'un droit d'imposer des sanctions étant susceptible d'assurer la conformité des engagements par les Etats signataires, elle s'impose par conséquent. Pourtant, chaque Etat contre lequel sont prises des sanctions commerciales est susceptible de souffrir de coûts économiques directs. En outre, les coûts indirects peuvent aussi affecter des tierces parties. Par exemple, les sanctions ne visent pas forcément les entreprises privées auteur de la pratique anticoncurrentielle. Les mesures peuvent nuire au pays imposant la sanction et aux consommateurs dans les deux pays. Les pays tiers peuvent également souffrir de l'imposition des sanctions commerciales, du fait des variations dans les flux commerciaux.

En revanche, les sanctions du commerce se présentent comme le « dernier recours » dans le droit de l'OMC et elles ont rarement été appliquées dans la pratique[1563]. En ce sens, le système de règlement des différends de l'OMC a pour principal objectif d'assurer la sécurité et la prévisibilité du système commercial multilatéral[1564]. Lorsque l'ORD adopte un rapport de groupe spécial (ou de l'Organe d'appel), les conclusions et recommandations contenues dans ce rapport deviennent contraignantes uniquement pour les parties au différend. Le Mémorandum d'accord indique que, lorsque les parties ne peuvent trouver une solution mutuellement convenue, l'objectif premier est normalement d'obtenir le retrait de la mesure dont il est constaté qu'elle est incompatible avec les dispositions de l'Accord sur l'OMC[1565]. Dans une plainte pour violation ayant abouti, le groupe spécial ou l'Organe d'appel a constaté une incompatibilité avec les dispositions de l'Accord sur l'OMC et a formulé cette constatation dans ses conclusions. Le groupe spécial ou l'Organe d'appel conclut alors en recommandant que le Membre concerné rende sa mesure conforme au droit de l'OMC[1566]. Le Mémorandum

---

[1562] *Supra* sous-section consacré à la rationae économique du droit de la concurrence.

[1563] CHARNOVITZ Steve, "The WTO's Problematic Last Resort Against Compliance", *Aussenwirtschaft*, Vol. 57, no.4, 2002, p. 413. L'auteur note que dans les 65 cas qui sont allés au jugement final, seuls 6 ont eu comme conséquence l'autorisation de la suspension des concessions ou d'autres engagements. De ces 6 cas autorisés, seulement trois ont eu réellement comme conséquence l'application des sanctions commerciales.

[1564] Art. 3 para. 2 du Mémorandum d'accord sur le règlement des différends.

[1565] *Ibid.* Art. 3 para. 7.

[1566] *Ibid.* Art. 19 para. 1.

d'accord précise clairement que la compensation et la suspension de concessions (contre-mesures) ne sont que des mesures temporaires ne permettant pas de résoudre le différend[1567]. La seule mesure corrective permanente consiste, pour la partie perdante, à « rendre sa mesure conforme » aux accords pertinents visés, comme le prévoit l'article 19 du Mémorandum d'accord.

Sur cette base, les avantages résultant d'un accord de concurrence de l'OMC sont susceptibles d'être sensiblement supérieurs par rapport aux coûts globaux des sanctions commerciales. Ainsi, il nous semble approprié de recourir aux sanctions commerciales pour imposer un accord international de concurrence au sein de l'OMC.

Section II – Le contenu proprement dit de l'Accord

Un accord de l'OMC sur la concurrence se limiterait à obliger les États à adopter des politiques sur la concurrence en respectant certains principes communs, à rechercher des approches de base communes concernant le contrôle des pratiques restrictives et à encourager la coopération et la mise en place de certains mécanismes de règlements des différends. Il ne s'agirait donc pas, pour l'instant, de remettre en cause l'idée que les dispositions de l'OMC s'adressent avant tout aux pratiques des États et que le contrôle des pratiques restrictives relève des compétences nationales[1568]. Par ailleurs, il est important de déterminer les règles substantielles contenues dans un accord international sur la concurrence. Plus l'accord contient de dispositions substantielles, plus les difficultés quant à son adaptation sont susceptibles de surgir.

Sous-section I – Les principes fondamentaux

Un accord de l'OMC sur la concurrence engagerait les États à respecter cinq principes : la transparence, la non-discrimination, le traitement différencié, l'équité de la procédure et le principe de coopération. En outre, plus spécifiquement, il est question d'interdire les ententes injustifiables, de préciser les modalités d'une coopération volontaire et de favoriser le renforcement progressif des institutions de la concurrence dans les pays en développement.

[1567] *Ibid.* Art. 3 para.7 ; art. 21 para.6 et art. 22 para.1.

[1568] RIOUX Michèle, « Vers un droit mondial de concurrence ? », *op.cit.*, p. 25.

§ 1 – Un principe de coopération internationale

Le principe de la coopération est un principe fondamental du droit international et il est confirmé dans des documents internationaux constitutifs comme la Déclaration relative aux principes du droit international touchant les relations amicales et la coopération entre les Etats, votée par l'Assemblée générale de l'ONU[1569]. Le principe de la coopération internationale est déjà inclus dans un certain nombre de dispositions de l'OMC, notamment par rapport au règlement du comportement anticoncurrentiel. Une obligation de coopérer par rapport au comportement anticoncurrentiel a été expressivement incorporée à l'OMC, dès 1994, par l'article IX de AGCS[1570], et l'article 40 des ADPIC[1571]. Ces exemples montrent que les Etats membres de l'OMC doivent se concerter en vue d'éliminer les pratiques qui peuvent restreindre la concurrence.

Par ailleurs, dans le contexte du droit international de la concurrence, l'obligation de coopérer a été exprimée dans plusieurs instruments internationaux[1572]. Récemment, une autre initiative a été lancée par les Etats-Unis qui regroupe déjà des responsables des autorités de concurrence de plus de cent pays et/ou des représentants du monde des affaires, du milieu universitaire et de certaines organisations internationales compétentes telles que l'OCDE et la CNUCED, ceux-ci ayant un rôle consultatif important durant les travaux engagés[1573]. Ainsi, le Réseau International de la Concurrence (RIC) a été créé en 2001 à New York[1574]. L'une des caractéristiques particulières du RIC vient du fait qu'il ne s'agit pas d'une

---

[1569] Résolution 2625 (XXV) de l'ONU votée le 24 Octobre 1970.

[1570] L'Article IX de l'Accord général sur le commerce de services dispose que « Les Membres reconnaissent que certaines pratiques commerciales des fournisseurs de services, autres que celles qui relèvent de l'article VIII, peuvent limiter la concurrence et par là restreindre le commerce des services. Chaque Membre se prêtera, à la demande de tout autre Membre, à des consultations en vue d'éliminer les pratiques visées au paragraphe 1 ».

[1571] L'Article 40 de l'Accord sur les Aspects des droits de propriété intellectuelle qui touchent au commerce prévoit que les Membres conviennent que certaines pratiques ou conditions en matière de concession de licences touchant aux droits de propriété intellectuelle qui limitent la concurrence peuvent avoir des effets préjudiciables sur les échanges et entraver le transfert et la diffusion de technologie et chaque Membre se prêtera à des consultations avec tout autre Membre si demande lui en est faite en relation avec ces pratiques préjudiciables.

[1572] *Supra* le paragraphe intitulé les accords prévoyant les règles de coordination et de coopération dans le domaine de concurrence.

[1573] SOUTY François, « Une commissaire canadienne à la tête du RIC: Sheridan Scott », *Concurrences* N° 3-2007, p. 12.

[1574] www.internationalcopetitionetwork.org

organisation intergouvernementale. Ses fondateurs ont pris l'option d'une approche informelle et volontaire fondée sur le souci des autorités de concurrence de répondre avec célérité et efficacité aux défis de la mondialisation de l'économie et des pratiques restrictives de concurrence dans un intérêt mutuel[1575]. Ainsi, le RIC assure la continuité de l'action menée et les tâches logistiques par un dialogue informel renforcé avec les Groupes de travail et les autorités des pays qui accueillent les conférences annuelles. En conséquence, le RIC a vocation à constituer à terme un forum d'échanges informels et larges d'où résulteront des lignes directrices et des principes communs servant de base à l'ensemble des législations sur la concurrence, qui seraient appliqués sur une base volontaire par les autorités concernées[1576]. La voie de la coopération entre les autorités nationales de concurrence peut constituer une solution adaptée aux problèmes consistant à concilier la nécessité de lutter contre les pratiques anticoncurrentielles transnationales tout en respectant la souveraineté nationale des Etats et la diversité de leurs droits de la concurrence[1577]. En revanche, le RIC ne constitue ni un concurrent ni un substitut à la conclusion d'un accord sur la concurrence au sein de l'OMC[1578]. Cette recherche de complémentarité est clairement mise en exergue par l'ancien président du *Steering Group*[1579]. Dans cette perspective, le RIC est une organisation axée uniquement sur la mise en application du droit de la concurrence[1580].

Ainsi, la coopération internationale dans le domaine du droit et de la politique de concurrence, définie au sens large, recouvre la coopération visant à prévenir les conflits entre gouvernements ; faciliter la lutte contre les pratiques commerciales restrictives ; fournir une assistance technique pour l'élaboration, la révision ou l'application du droit et de la politique de la concurrence, cette assistance étant offerte par des pays qui ont une certaine expérience en la matière à ceux qui en ont moins ; promouvoir le

---

1575 KAZZI Habib, *Le contrôle des pratiques anticoncurrentielles et des concentrations entre les entreprises dans une économie mondialisée : Contribution à l'étude de l'application international du droit économique*, *op.cit.*, p. 564.

1576 *Ibid*, p. 570.

1577 JENNY Frédéric, « L'environnement économique international et les autorités de concurrence », *op.cit.*, p. 452.

1578 FINCKENSTEIN Konrad V., "International Antitrust Policy and the International Competition", in *International Antitrust Law & Policy*, Fordham Corp. L. Institute HAWK Barry (Ed.), 2002, p. 38.

1579 *Ibid.* En l'absence d'un secrétariat permanent, l'ICN opère essentiellement par l'intermédiaire de réunions régulières de *Steering Group.*

1580 SOUTY François, « Une commissaire canadienne à la tête du RIC: Sheridan Scott », *op.cit.*,p. 12.

rapprochement ou l'harmonisation du droit et de la politique de la concurrence ; accroître la libéralisation du commerce ou ses avantages ; promouvoir l'efficience, le bien-être et le développement ; réduire les coûts de transaction pour les entreprises ; et appuyer l'intégration économique. La coopération en matière d'antitrust peut être bénéfique du fait qu'elle permet de minimiser les conflits, de renforcer l'efficacité des mesures d'application de la législation et de promouvoir la convergence analytique. Dans cette perspective, le principe de coopération doit être inclus dans l'accord de l'OMC sur la concurrence.

§ 2 – Le principe de non discrimination

Un futur accord-cadre sur la concurrence devra se conformer au principe de non-discrimination, fondement du système commercial multilatéral actuel. Ce principe reconnait deux avantages importants dans la mise en œuvre effective du droit et de la politique de la concurrence. D'une part, il favorise une approche équitable à l'égard des investisseurs étrangers et contribue par conséquent à sécuriser leurs investissements. Ensuite, dans le contexte actuel de mondialisation et de concurrence internationale, les autorités de contrôle sont parfois soumises à des contraintes de politique industrielle nationale et des pressions émanant de divers groupes d'influence. Un principe de l'OMC sur le traitement national s'appliquant spécifiquement à la politique de la concurrence permettrait aux gouvernements et aux autorités de concurrence de mieux résister à de telles pressions[1581]. Lors de l'application des lois de concurrence, de nombreuses situations ont soulevé le problème de la discrimination car le champ d'application des lois sur la concurrence concerne tant les aspects de la procédure que leur mise en œuvre sur le fond, renvoyant ainsi aux principes du traitement national et de la nation la plus favorisée.

A – Le principe de la nation la plus favorisée

Aux termes des Accords de l'OMC, les pays ne peuvent pas, en principe, établir de discrimination entre leurs partenaires commerciaux[1582]. D'une manière générale, la clause de la nation la plus favorisée signifie que, toutes les fois qu'un pays réduit un obstacle tarifaire ou ouvre un marché, il doit le faire pour les mêmes biens ou services provenant de chacun de ses

[1581] OMC, *Les principes fondamentaux de l'OMC : le traitement national, le traitement de la nation la plus favorisé et la transparence*, WT/WGTCP/W/114,14 avril 1999, p. 4 et ss.
[1582] L'art.1 para.1 du GATT.

partenaires commerciaux. Grace à ce principe, il est possible de créer des droits au profit d'Etats tiers[1583]. Ainsi, dans le domaine du droit de la concurrence le principe exige qu'une entreprise étrangère ne soit pas soumise à un niveau plus élevé de concurrence sur le marché intérieur qu'une autre entreprise étrangère, uniquement en raison de sa nationalité. Dans le contexte du droit international de la concurrence, ce principe garantit l'égalité de traitement entre les opérateurs économiques étrangers. Plus précisément, le principe de la clause de la nation la plus favorisée impose l'égalité de traitement de toutes les parties contractantes afin d'établir des conditions de concurrence identiques pour tous les produits importés similaires[1584].

B – Le principe du traitement national

Selon ce principe, les produits importés et les produits nationaux doivent être traités de manière égale, du moins une fois que le produit importé a été admis sur le marché. Il doit être de même pour les services, les marques de commerce, les droits d'auteur et les brevets étrangers et nationaux. Ce principe accorde à d'autres pays le même traitement que celui qui est appliqué à ses propres nationaux, ce qui figure dans les trois principaux Accords de l'OMC[1585], même si, là encore, il est énoncé en des termes légèrement différents d'un accord à l'autre. En droit de la concurrence ce principe prévoit qu'une entreprise étrangère entrant sur un marché ne soit pas soumise à un niveau plus élevé de concurrence que les entreprises nationales, du fait de leur nationalité. Au-delà de l'hypothèse de discrimination envers des entreprises étrangères, la discrimination peut également prendre la forme d'un traitement plus favorable accordé aux entreprises nationales dans un cas particulier ou entre deux cas. Ainsi, il est intéressant de signaler que le traitement des cartels à l'exportation n'est pas prévu dans bon nombre de législations internes pour favoriser les entreprises exportatrices nationales. Dans le domaine des cartels d'exportation ou d'importation, le principe de non-discrimination peut donc jouer un rôle important.

[1583] DAILLIER Patrick / PELLET Alain, *Droit international public*, 7e éd. LGDJ, Paris 2002, p. 245.

[1584] COTTIER Thomas, « Les tâches de l'OMC : évolution et défis », *RIDE*, Vol.18, no.4, 2004, p. 276.

[1585] L'article 3 du GATT, l'article 17 de l'AGCS et l'article 3 de l'Accord sur les ADPIC.

D'un autre coté, l'application des principes de non-discrimination aux aspects de procédure, s'agissant de la mise en œuvre de la législation sur la concurrence, semble relativement simple. Les règles de procédure pour la saisine de l'instance en charge de la concurrence, pour engager et participer aux enquêtes, aux affaires et aux recours, etc. doivent s'appliquer également à toutes les parties, quelle que soit leur nationalité. Or, si l'adoption de critères expressément discriminatoires demeure rare, les différences tant dans les objectifs alloués à la législation sur la concurrence que dans les critères d'analyse adoptés en matière d'ententes ou de concentrations qui prennent en compte des avantages non liés à la concurrence, peuvent apparaître comme la promotion des entreprises nationales au détriment des entreprises étrangères. La détection d'une telle discrimination peut être d'autant plus difficile qu'elle peut traduire l'existence de situations qui justifieraient pleinement le traitement différent[1586]. Par ailleurs, l'interpénétration et l'interdépendance des principes directeurs de l'OMC rappellent à cet égard le rôle majeur joué par le traitement spécial et différencié dans la mise en œuvre de ces deux principes au sein du système multilatéral de l'OMC.

En résumé, l'application de ces principes de l'OMC peut être transposée par analogie dans le domaine du droit et de la politique de concurrence et peut exiger qu'un accord de concurrence internationale impose une obligation aux Etats de ne pas faire de distinction formelle entre les entreprises sur la base de leur nationalité. Pourtant, certaines exemptions peuvent être prévues dans le contexte de l'accord de la concurrence d'une telle manière que la discrimination est justifiable pour des raisons légitimes d'ordre public.

§ 3 – La transparence

Le bon fonctionnement du système commercial multilatéral suppose que les politiques et les pratiques commerciales nationales soient transparentes. Les Membres de l'OMC et les opérateurs privés en tant que principaux acteurs du commerce international doivent avoir des informations précises sur les conditions des échanges en vue d'accroitre la sécurité juridique de leur stratégie commerciale. Une surveillance régulière plus efficace du respect des engagements souscrits dans le cadre de l'OMC et une transparence accrue permet d'améliorer la qualité du débat intergouvernemental au sujet

---

[1586] OCDE, *Principes fondamentaux de non-discrimination, de transparence et d'équité en matière de procédure dans un cadre multilatéral sur la concurrence*, CCNM/GF/COMP/TR(2003)6,23 avril 2003, para. 7 et 8.

de questions ponctuelles pouvant surgir entre les Membres et, plus généralement, du débat public sur l'évolution du commerce international[1587].

En matière de concurrence, la législation doit être mise en œuvre de façon claire et transparente. Celle-ci est en effet rédigée dans des termes généraux, sous forme de dispositions cadres, et appliquée techniquement au cas par cas. La spécificité de la matière, dont le champ d'application est extrêmement large, vise à toucher à la fois les entreprises et leurs conseils mais également le public au sens large, renforçant les obligations des Etats en vue de satisfaire des besoins variés. Il s'agira tout d'abord de répondre aux besoins de nature technique des opérateurs économiques à travers une bonne compréhension de la législation, des théories et des stratégies qui la sous-tendent, ainsi que de ses modalités d'application. Un accès rapide aux décisions de jurisprudence de l'autorité en charge de la concurrence est indispensable et, le cas échéant, des tribunaux et instances judiciaires, y compris la justification analytique et juridique des décisions. Il en est de même d'une bonne compréhension des procédures d'enquête et d'exécution mises en œuvre par l'autorité en charge de la concurrence et les juridictions de droit commun[1588]. Ainsi, s'il est indispensable de publier et de mettre à la disposition de tous les opérateurs la législation et les textes d'application sur la concurrence, une véritable transparence va beaucoup plus loin. Elle suppose que l'autorité en charge de la concurrence rende public non seulement le raisonnement sur lequel s'appuient ses décisions mais également les procédures par lesquelles elle parvient à ces décisions. Ces informations devraient être rendues publiques sous diverses formes afin d'être accessibles et de pouvoir être comprises par l'ensemble des parties intéressées.

Dans cette perspective, l'accord de l'OMC sur la concurrence pourrait incorporer une obligation de publier et de notifier. L'obligation de publier pourrait non seulement prescrire la publication du cadre législatif approprié, des lois de la concurrence et des règlements de chaque Etat, mais pourrait également exiger la publication des directives et des communications. Les obligations spécifiques de notification peuvent être prévues pour identifier les exclusions et les exemptions sectorielles. D'un autre coté, cette obligation de notification peut être demandée dans le contexte de courtoisie négative et positive.

[1587] BLIN Olivier, *L'Organisation mondiale du commerce*, ellipses, 2e ed., Paris, 2004, p.4 8.

[1588] OMC, Rapport au Conseil général du Groupe de travail de l'interaction du commerce et de la politique de la concurrence du 27 novembre 2003, *op.cit.*, p. 8 et ss.

§ 4 – Le principe du procès équitable

Tandis que les principes de non-discrimination et de transparence sont fondamentaux dans le droit de l'OMC, il y a un autre principe qui est fondamental à l'Etat de droit lui-même, à savoir le principe du procès équitable. Ce principe fondamental est partagé universellement par tous les pays fondés sur l'Etat de droit et la démocratie. Ainsi, l'aménagement du pouvoir a pour objectif l'institution d'un Etat de droit caractérisé par la volonté d'éliminer l'arbitraire des gouvernants. L'Etat de droit implique aussi un encadrement juridique du pouvoir et l'indépendance de l'autorité juridictionnelle[1589].

Parallèlement à la garantie des règles non discriminatoires, le respect du principe d'équité sur le plan de la procédure semble une exigence indispensable à l'efficacité d'un accord-cadre sur la concurrence. Même si elles semblent plus fortement ancrées dans le domaine de la politique de concurrence que dans celui de la politique commerciale, les diverses dispositions liées à ce principe au sein des Accords de l'OMC visent deux éléments : la nécessité d'assurer une procédure loyale et équitable dans le cadre de délibérations administratives et judiciaires et la possibilité de révision des décisions qui en résultent[1590]. Partant du principe que les acteurs de la mise en œuvre de la législation peuvent avoir des droits et des intérêts forts divergents dans l'optique de l'équité au plan de la procédure, les travaux des Groupes de travail distinguent clairement trois catégories de destinataires : les défendeurs, qui sont principalement des entreprises ou hommes d'affaires ; les victimes et plaignants privés auxquels des comportements anticoncurrentiels ont porté préjudice ; et les demandeurs ou témoins dans les procédures menées par l'autorité en charge de la concurrence ainsi que le public au sens large[1591]. Chacun de ces groupes a des exigences minimales spécifiques qui doivent être satisfaites par les Etats signataires à un accord en matière de concurrence.

Le concept de procès équitable est une base importante du droit du commerce international dont on constate l'existence dans les accords de l'OMC. Par exemple, les accords sur le marché public et la propriété

[1589] PACTET Pierre / MELIN-SOUCRAMANIEN Ferdinand, *Droit constitutionnel*, 26e éd., Dalloz, Paris, 2007, p. 120.

[1590] OCDE, Principes fondamentaux de non-discrimination, de transparence et d'équité en matière de procédure dans un cadre multilatéral sur la concurrence, *op.cit.*, para. 38.

[1591] *Ibid.*, para. 54 et ss.

intellectuelle contiennent des dispositions détaillées sur le procès équitable. De même, la jurisprudence de l'OMC reconnait le principe de procès équitable en tant que condition importante du droit de l'OMC[1592]. Les parties aux enquêtes et procédures relatives à la concurrence doivent avoir l'assurance que les procédures applicables protègent convenablement leurs droits et intérêts. De cette manière, un tel principe peut non seulement guider l'application du droit de la concurrence au niveau international, mais peut également influencer le futur développement de l'OMC. Dans le contexte de l'élaboration d'un accord de concurrence au sein de l'OMC, le principe du procès équitable renforce les sauvegardes procédurales et structurelles par rapport à l'administration et à l'application de la loi nationale de concurrence par des autorités de concurrence nationales.

§ 5 – Le principe d'un traitement spécial et différencié

Les Accords de l'OMC contiennent actuellement près de 145 dispositions accordant, sous différentes formes, un traitement spécial et différencié aux pays en développement et plus particulièrement aux pays les moins avancés[1593]. Ces dispositions peuvent faciliter les possibilités commerciales par l'accès aux marchés, préserver les intérêts des pays en développement, prévoir une plus grande flexibilité des engagements, ou encore autoriser des périodes de transition accompagnées, si nécessaire, par une assistance technique adéquate[1594]. Leur intérêt et leur efficacité éventuels dans un accord-cadre de l'OMC sur la concurrence appellent naturellement quelques observations car toute forme de traitement spécial et différencié devra permettre aux pays bénéficiaires de garder leurs dispositifs législatifs et réglementaires en matière de concurrence ainsi que la souplesse qu'exigent leurs objectifs de développement[1595]. Dans cette perspective, un traitement spécial et différencié accordé aux pays en développement au sein d'un accord de l'OMC sur la concurrence doit prendre en considération leurs disparités juridiques, économiques et culturelles ainsi que la nécessité d'avancer les objectifs de développement qui se situent à l'interface du

[1592] Etats-Unis – Prohibition à l'importation de certaines crevettes et de certains produits à base de crevettes, Rapport de l'Organe d'Appel, *op.cit.*

[1593] OMC, Implementation of Special and Differential Treatment Provisions in WTO Agreements and Decisions, WT/COMTD/W/77/Rev.1 21 septembre 2001, p. 2 et 3.

[1594] OMC, Developing Countries and the Multilateral Trading System: Past and Present, Background Note by the Secretariat, 17-18 mars 1999, p. 27 et s.

[1595] OMC, Rapport au Conseil général du Groupe de travail de l'interaction du commerce et de la politique de la concurrence du 27 novembre 2003, *op.cit.*, parag. 101 à 115.

commerce et de la concurrence dans ces pays[1596]. Toutefois, l'application des dispositions que préconise ce type de traitement ne devrait pas être utilisé pour retarder ou dispenser l'introduction de disciplines en matière de concurrence[1597].

Un accord plurilatéral sur la concurrence, fondé sur un certain nombre de principes fondamentaux, déjà pilier des Accords de l'OMC, vise à assurer la poursuite de la croissance du commerce international en renfonçant par la même occasion l'efficacité et la légitimité de l'OMC[1598]. La multiplication des opérations de concentration transfrontalières et des cartels internationaux sur les prix ou la division des marchés nationaux peut en effet réduire à la fois les bénéfices tirés de la libéralisation du commerce et les politiques de développement des Membres. L'adoption et l'application effective d'un droit et d'une politique de la concurrence ainsi qu'une coopération internationale accrue entre les autorités de contrôle s'avèrent donc de plus en plus indispensables. L'amélioration des programmes de coopération et plus particulièrement de renforcement des institutions et la création d'un climat de confiance mutuelle seraient facilitées par l'adoption d'un certain nombre de principes fondamentaux. En d'autres termes, les principes de coopération, de non-discrimination, de transparence, du procès équitable, et du traitement différencié sont les pierres angulaires du système commercial multilatéral, ceux-ci étant appelés à jouer un rôle identique dans la mise en œuvre d'un accord-cadre relatif à la concurrence. Enfin, nous arrivons à la conclusion qu'il est possible d'affirmer que des normes concurrentielles claires et basées sur des structures de mise en œuvre efficaces et transparentes soient la meilleure garantie pour la lutte contre les pratiques restrictives et contre tout risque de discrimination[1599].

[1596] KAZZI Habib, *Le contrôle des pratiques anticoncurrentielles et des concentrations entre les entreprises dans une économie mondialisée : Contribution à l'étude de l'application international du droit économique*, *op.cit.*, p. 481.

[1597] OCDE, Le rôle du « traitement spécial et différencié » à l'interface des échanges de la concurrence et du développement, 7 mai 2002, COM/TD/DAFFE/COMP(2001)21/FINAL, para.62.

[1598] OMC, Les principes fondamentaux de l'OMC : le traitement national, le traitement de la nation la plus favorisée et la transparence, WT/WGTCP/W114, 14 avril 1999, § 4 et 5.

[1599] KAZZI Habib, *Le contrôle des pratiques anticoncurrentielles et des concentrations entre les entreprises dans une économie mondialisée : Contribution à l'étude de l'application international du droit économique*, *op.cit.*, p.471 et 479.

Sous-section II – Le contenu optimal de l'Accord prospectif

Le contenu de l'Accord de l'OMC sur la concurrence dépend largement de la question de l'harmonisation des lois au niveau international. Une fois les domaines sélectionnés, les règles substantielles du droit de la concurrence pourront être déterminées et l'on pourra prévoir la modification éventuelle des Accords de l'OMC.

§ 1 – La question de l'harmonisation des droits nationaux de la concurrence

L'harmonisation internationale des lois consiste en général en un processus par lequel les Etats négocient et s'accordent sur l'uniformité (ou presque) des normes substantielles[1600]. La vague de codification des lois dans le contexte international a suivi les pratiques de la communauté commerciale privée[1601]. Logiquement, l'harmonisation internationale des lois exige que chaque Etat modifie ses lois nationales pour adopter une norme « idéale », internationalement convenue. Un accord de l'OMC sur la concurrence peut avoir un effet de catalyseur en vue d'une harmonisation internationale des lois nationales de concurrence, prescrivant un standard idéal convenu et laissant aux Etats ayant ratifié un délai durant lequel ils adopteront le cadre normatif et modifieront leurs lois nationales de concurrence. De surcroît, la convergence progressive du droit de la concurrence procurera les avantages par rapport à l'harmonisation rapide d'excédent de coopération par la création de codes internationaux ou l'utilisation d'établissements transnationaux[1602]. L'harmonisation est un projet qui doit être soigneusement défini en entreprenant une analyse détaillée, afin d'en évaluer correctement les coûts et avantages. De même, il est nécessaire d'entreprendre une analyse coûts-avantages en vue de déterminer s'il faut réaliser une convergence légère, une harmonisation partielle ou une harmonisation complète des lois nationales de concurrence qui seront chacune évaluées par rapport au *statu quo*. Dans le meilleur des cas, un accord de l'OMC sur la concurrence doit chercher à réaliser cet état de convergence ou d'harmonisation des lois

---

[1600] FOX Eleanor M., "Harmonization of Law and Procedures in a Globalized World: Why, What, and How?", *Antitrust Law Journa,l* vol.60 no.1, 1992, p.593 à 598 ; CHENG Chia-Jui / LIU Lawrence S. / WANG Chih-Kang, *International Harmonisation of Competition Laws*, Dordrecht/Boston/London: Martinus Nijoff, New York, 1995.

[1601] WIENER Jarrod, "Globalization and the Harmonization of Law", Pinter, London-New York 1999, p.192

[1602] SMITHERMAN Charles W., "The Future of Global Competition Governance: Lessons From the Transatlantic", *AUILR* Vol.19, 2004, p.774.

nationales de concurrence pour réaliser les plus grands avantages pour la société internationale. En revanche, il est extrêmement difficile de mesurer de tels coûts et avantages en l'absence de données historiques appropriées. A cet égard, une analyse non-quantitative peut fournir un résultat approximatif de la nature probable de ces coûts et avantages[1603].

D'un autre coté, l'harmonisation des lois nationales de la concurrence par un accord au sein de l'OMC ferait ressortir les questions de sous-réglementation ainsi que la réglementation excessive et alignerait les lois nationales de concurrence à un niveau optimal[1604]. En particulier, une plus grande convergence des lois nationales mènerait les Etats à traiter une même conduite anticoncurrentielle de façon semblable, réduisant de ce fait le problème de sous-réglementation et la réglementation excessive. Parallèlement, les coûts de transactions et les défaillances du système diminueraient en conséquence[1605]. Afin d'identifier les coûts de l'harmonisation complète, il est possible d'estimer le coût total de l'adoption d'une loi « idéale » par l'ensemble des Etats. Nécessairement, l'identification de cette « loi idéale » est un processus normatif difficile, car chaque nation aura sa propre perception subjective quant à son contenu[1606]. De ce constat, lorsque les différences entre les lois nationales sont significatives (comme dans le cas du droit de la loi de concurrence), la probabilité d'arriver à un consensus pendant des négociations multilatérales est relativement faible[1607]. De même, une loi « idéale » de concurrence suppose nécessairement une taille adaptée à tous. L'harmonisation complète des lois de concurrence ne distingue pas les différences entre les lois nationales qui peuvent être basées sur des différences légitimes résultant des économies, des marchés et des politiques divergentes et leurs différents

---

1603 CNUCED, Eléments qui permettraient de faire ressortir les avantages que procurerait l'application de principes du droit et de la politique de la concurrence concernant le commerce international et le développement, TD/B/COM.2/EM/10/Rev., 25 mai1998, para.11.

1604 WIENER Jarrod, "Globalization and the Harmonization of Law", *op.cit.*, p. 196.

1605 PICCIOTTO Sol, "The Regulatory Criss-Cross :Interaction between Juridictions and the Constraction of Global Regulatory Networks", in *International Regulatory Competition and Coordination: Perspectives in Economic Regulation in Europe and the US*, Eds. BRATTON William / McCAHERY Joseph / SCOTT Colin / PICCIOTTO Sol, Clarendon, Oxford, 1996, p. 116 et 117.

1606 FOX Eleanor M., "Antitrust and Regulatory Federalism : Races Up, Down and Sideways", *New York University Law Review*, Vol.75, 2000, p. 1799.

1607 NICOLAIDES Phedon, "Towards multilateral rules on Competition", *World Competition* Vol.17 no.3, 1994, p. 12.

objectifs distributionnels[1608]. D'un autre coté, la pleine harmonisation suppose que le droit idéal de la concurrence sera également un droit optimal qui assurera la maximisation du bien-être international. En réalité, certains Etats joueront d'une plus forte influence lors de l'élaboration de ce droit afin d'imposer leurs intérêts nationaux qui ne seront pas toujours en conformité avec le bien-être international.

Selon une autre analyse, les avantages marginaux de l'harmonisation diminuent vers la pleine harmonisation, alors que les coûts marginaux d'harmonisation augmentent. En revanche, les coûts et les avantages pour réaliser une plus grande convergence ou harmonisation ne sont pas nécessairement uniformes à travers tous les aspects du droit de la concurrence. Par exemple, la convergence dans certains domaines du droit de la concurrence réalisera des avantages considérablement plus grands que l'harmonisation partielle d'autres domaines. En tout état de cause, l'Accord de l'OMC sur la concurrence doit chercher à sélectionner les domaines du droit de la concurrence qui tireraient le plus de bénéfices possibles d'une plus grande convergence. En ce sens, la difficulté résultant d'une approche sélective est d'identifier ces domaines. Nécessairement, ceci exige un examen détaillé des divergences entre les droits nationaux de la concurrence et les coûts et avantages liés à l'harmonisation de ces différences. Un certain nombre d'études comparatives a été effectué sur ce sujet[1609]. Ces études indiquent les principaux domaines du droit de la concurrence qui peuvent faire l'objet d'une convergence sélective au profit du bien-être global[1610]. Les dispositions de l'Accord de l'OMC sur la concurrence seront déterminées selon ces études complexes.

[1608] ROSENTHAL Douglas E. / NICOLAIDES Phedon, "Harmonizing Antitrust : The Less Effective Way to Promote International Competition", dans *Global Competition Policy,* GRAHAM Edward M. / RICHARDSON David J. (Eds). , Institute for International Economics, 1997, p. 368.

[1609] En particulier DOERN Bruce G. / WILKS Stephan, Comparative Competition Policy : *National Institutions in a Global Market*, Clarendon Oxford Press, 1996 ; GRAHAM Edward M. / RICHARDSON David J. (Eds). Global Competition Policy, Institute for International Economics, 1997.

[1610] GRAHAM Edward M. / RICHARDSON David J., "Conclusions and Recommendations", dans *Global Competition Policy,* GRAHAM Edward M. / RICHARDSON David J. (Eds). , Institute for International Economics, 1997, p. 553 à 558 ; BRAULT Dominique, *Droit de la concurrence comparé. Vers un ordre concurrentiel mondial?* , Economica, Paris 1995.

§ 2 – Les règles substantielles du droit de la concurrence

Un accord plurilatéral de l'OMC, obligeant les Etats signataires à respecter les domaines du droit de la concurrence où il existe déjà une forte convergence, aura une forte chance d'aboutir lors des négociations. On peut ainsi espérer que le nombre de pays adhérents à cet accord sera élevé. Dans cette perspective, il importe d'effectuer un examen comparatif de chaque type de pratique anticoncurrentielle, afin de déterminer s'il existe entre les droits nationaux des convergences permettant de dégager des tendances générales et d'esquisser certains principes communs contraignants.

A – Les ententes

En droit de la concurrence, les ententes injustifiables couvrent les cas les plus nuisibles pour la concurrence, comme la fixation du prix, la limitation de la production, la répartition de la clientèle et la division géographique du marché. Ces pratiques sont considérées en elles-mêmes comme illégales dans presque tous les droits nationaux. Il est unanimement acquis que ces ententes ont des effets dévastateurs pour le bien-être des consommateurs : elles provoquent un transfert à sens unique du surplus au profit des producteurs. Un consensus se dégage dès lors pour soumettre ce type d'ententes à un régime d'interdiction *per se*[1611].

Au niveau international, la convergence entre États au sujet de la condamnation quasi unanime des ententes injustifiables s'est traduite par l'adoption au sein de l'OCDE le 15 mars 1998 de la « Recommandation du Conseil concernant une action efficace contre les ententes injustifiables »[1612], qui précise que « les pays membres devraient faire en sorte que leur législation de la concurrence mette fin aux ententes injustifiables et ait un effet dissuasif à l'égard de ces ententes ». La Recommandation précise également que dans ce domaine même un accord multilatéral demeure possible. Selon le groupe de travail de l'interdiction du commerce et de la politique de la concurrence cette Recommandation constitue un cadre utile et un engagement des pays participants dans la lutte contre les ententes

---

[1611] ABDELGAWAD Waled, « Jalons de l'internationalisation du droit de la concurrence : vers l'éclosion d'un ordre juridique mondial de la *lex economica* », *op.cit.* p. 187.

[1612] OCDE [C (98) 35/ FINAL ; OCDE, Committee on Competition Law and Policy (1994), « Interim Report on Convergence of Competition Policies », *Aussenwirtschaft.*, 1994, p. 334. Annex « Areas of Convergence in Competition Law », op. cit., p. 343 ; CNUCED, Projet de commentaires d'éléments pour les articles d'une loi ou de loi types, Série de la CNUCED sur les questions relatives au droit et à la politique de la concurrence, TD/RBP/CONF.5/7, p. 24.

injustifiables[1613]. À cet égard, le contenu et les objectifs de cette Recommandation peuvent fournir aux États une base solide pour adopter un principe commun au sein de l'OMC sur cette question. Un principe général d'interdiction a priori de ces ententes pourrait facilement être adopté dans un accord de l'OMC sur la concurrence[1614]. Ainsi, les ententes horizontales, qui sont constituées d'accords conclus entre entreprises distinctes opérant sur un même marché, sont condamnées à l'unanimité[1615]. En revanche, en ce qui concerne le traitement des restrictions verticales, il existe une forte divergence parmi les droits nationaux. Le groupe de travail de l'OMC propose sur ce point de dresser une liste illustrative des facteurs que les autorités d'exécution pourraient prendre en considération, en ménageant l'équilibre requis dans chaque cas[1616].

Par ailleurs, comme nous l'avons examiné *supra,* les cartels à l'exportation et à l'importation sont des accords entre entreprises nationales qui ont pour objectif de limiter la concurrence sur les marchés étrangers des pays importateurs ou exportateurs en fixant un prix à l'exportation ou en répartissant ces marchés. Ce type d'ententes traduit clairement le paradoxe dans l'attitude de nombreux États qui condamnent fermement les pratiques illicites commises par les entreprises étrangères sur leurs territoires nationaux. En se référant aux explications que nous avons mentionnées précédemment, on pourrait considérer ces ententes comme interdites *per se* et contraires par nature aux principes communs de fond de l'accord OMC sur la concurrence.

B – L'abus de position dominante

Si quelques règles communes peuvent être envisageables dans le cadre de restrictions horizontales, il sera, en revanche, extrêmement difficile de définir des règles communes pour les abus de position dominante, à la fois parce qu'il n'existe pas de consensus parmi les économistes sur les mesures

---

[1613] OMC, Rapport au Conseil générale du groupe de travail de l'interaction du commerce et de la politique de la concurrence du 30 novembre 2000, *op.cit.,* p. 9.

[1614] OMC, Rapport au Conseil générale du groupe de travail de l'interaction du commerce et de la politique de la concurrence du 8 décembre 1998, *op.cit.,* p. 28.

[1615] LIGNEUL Nicolas, *L'élaboration d'un droit international de la concurrence entre les entreprises*, *op.cit.*, p. 291.

[1616] OMC, Rapport au Conseil générale du groupe de travail de l'interaction du commerce et de la politique de la concurrence du 8 décembre 1998, *op.cit.,* p.28 ; SWEENEY Brendan, "Globalisation of Competition Law and Policy : Some Aspects of the Interface Between Trade and Competition", *op.cit.*, p. 391.

les plus appropriées en la matière et parce qu'il pourrait y avoir conflit entre des mesures destinées à accroître la concurrence et l'efficacité des mesures conçues pour garantir l'accès aux marchés[1617]. En conséquence, l'abus de position dominante se prête habituellement à des appréciations différenciées. Un consensus sur l'harmonisation des normes de la concurrence dans ce domaine est encore difficile à réaliser. Le consensus fait défaut entre États eu égard aux facteurs nécessaires à l'établissement et à la preuve de l'existence d'une position dominante, aux critères retenus pour la définition du marché en cause, à la délimitation des seuils à partir desquels l'entreprise est censée détenir une part déterminante du marché et, enfin, à l'analyse à faire prévaloir dans la détermination du caractère abusif d'une pratique : celle axée sur le comportement de l'entreprise ou bien celle basée sur la structure du marché[1618].

Malgré les divergences, on voit naître les manifestations d'un rapprochement dans ce domaine : l'objectif visé par les normes est davantage de protéger la concurrence en elle-même que les concurrents pris individuellement. En outre, il est à noter que la définition du marché en cause tend à être soumise à une approche convergente dans les pays membres de l'OCDE ; les autorités ont souvent, cumulativement ou alternativement, recours à deux méthodes : la délimitation du marché par rapport au produit ou bien en fonction de la dimension géographique[1619]. D'un autre coté, le groupe de travail de l'OMC a préféré adopter dans ce domaine une approche réaliste pour favoriser un éventuel accord des États au sein de l'OMC et a proposé d'élaborer une liste de pratiques abusives qui peuvent avoir pour effet d'interdire des marchés à la concurrence et un ensemble de critères à appliquer pour déterminer l'existence d'une position dominante sur le marché[1620]. En revanche, pour ce qui est de l'abus de position dominante, domaine où le droit de la concurrence repose sur une évaluation au cas par cas, une règle commune ne semble pas la bonne approche parce qu'elle élimine la flexibilité, essentielle à une évaluation appropriée[1621].

[1617] HAUSER Heinz / SCHOENE Rainer, "Is There a Need for International Competition Rules?", *op.cit.,*p. 213.

[1618] ABDELGAWAD Waled, « Jalons de l'internationalisation du droit de la concurrence : vers l'éclosion d'un ordre juridique mondial de la *lex economica* », *op.cit.* p. 190.

[1619] OCDE, Committee on Competition Law and Policy (1994), « Interim Report on Convergence of Competition Policies », *op.cit.,*p. 342.

[1620] OMC, Rapport au Conseil générale du groupe de travail de l'interaction du commerce et de la politique de la concurrence du 8 décembre 1998, *op.cit.,* p. 28.

[1621] OMC, Rapport au Conseil générale du groupe de travail de l'interaction du commerce et de la politique de la concurrence du 11 octobre 1999, *op.cit.*, para.79.

C – Les concentrations

Dans le domaine des concentrations, en dépit de quelques rapprochements des droits nationaux, des différences non négligeables sont présentes au niveau des règles matérielles applicables[1622]. Les différences substantielles portent sur deux points cruciaux. La première difficulté est la question de la délimitation des marchés. Dans ce domaine, les méthodes ne sont pas uniformes et, en tout état de cause, confrontées à la même opération, les autorités de contrôle aboutissent parfois à des résultats variables. Les différences d'analyse sont encore plus importantes pour le marché géographique. Indépendamment de ce point non négligeable, dans la mesure où il conditionne la suite du raisonnement, ce sont bien évidemment les divergences dans les méthodes d'appréciation qui sont la principale source d'inquiétude. Les contrôles des concentrations sont en général classés en deux grandes catégories : ceux qui reposent sur un bilan concurrentiel pur et ceux qui introduisent des éléments politiques dans l'évaluation. La séparation entre le « pur concurrentiel » et les « considérations économiques et politiques » est loin d'être aussi tranchée. Dans le dernier type de contrôle, des critères autres que purement concurrentiels peuvent intervenir dans l'analyse. À l'inverse, dans l'autre type de contrôle, les autorités se limitent très souvent à un bilan concurrentiel, en particulier si celui-ci s'avère positif. Par ailleurs, deux systèmes relevant du même groupe peuvent encore reposer sur des critères différents[1623].

Ainsi, il paraît peu probable d'attendre dans un avenir proche l'avènement, dans ce domaine, de règles de fond de portée universelle ou internationale. En revanche, la tâche à court terme doit être consacrée à l'harmonisation des règles de procédure car, sur ce terrain, des convergences peuvent être réalisées notamment sur à la procédure, les formulaires de notification, le délai d'examen des dossiers et les échanges de renseignements. Une telle convergence suppose avant tout un renforcement de la coopération entre autorités nationales[1624]. Les propositions et recommandations intéressantes ont été émises dans ce domaine par le Comité du droit et de la politique de l'OCDE en vue de notifier les fusions à un stade préliminaire aux autorités

---

[1622] VOGEL Louis, « Droit de la concurrence et concentration économique », *Economica*, 1988, n° 364, p. 350.

[1623] IDOT Laurence, « Mondialisation, liberté et régulation de la concurrence : Les contrôle des concentrations », *op.cit.*, p. 180.

[1624] OMC, Rapport au Conseil générale du groupe de travail de l'interaction du commerce et de la politique de la concurrence du 8 décembre 1998, *op.cit.*, p. 28.

susceptibles de mener des investigations, faciliter l'échange des informations confidentielles entre autorités de la concurrence, protéger les informations et développer un modèle permettant aux parties d'une fusion de renforcer la confidentialité des informations en vue de permettre l'échange d'informations entre les autorités des pays concernés par l'opération[1625]. L'accord de l'OMC sur la concurrence peut dans ce cas s'inspirer de plusieurs travaux établis au sein des organisations internationales[1626].

Un accord de l'OMC constitue un vrai défit pour la réalisation du droit international de la concurrence. L'adoption d'un mécanisme de contrôle trop souple et d'un contenu très limité diminuerait sensiblement l'effectivité et la légitimité de cet accord. De plus, en laissant une fois encore les pratiques anticoncurrentielles sans sanction, le processus de libéralisation du commerce et la protection des consommateurs à travers les engagements des Etats à adopter et à appliquer des politiques de concurrence compatibles avec le bien-être mondial sera mise en danger. Face à ce défi, une solution à la fois efficace et acceptable par tous pourrait résulter de la recherche de la complémentarité autour de l'instauration d'un double mécanisme. Ainsi, dans les domaines du droit de la concurrence où il n'existe pas de possibilité de prévoir des règles contraignantes, on pourrait recourir aux mécanismes de *soft law*[1627]. Le concept du droit mou (*soft law*) fait appel à la force obligatoire, au droit et à la contrainte juridique. Il se définit, positivement et négativement, par rapport aux règles de droit classique, celles du droit civil ou du droit pénal, par exemple. Il s'en rapproche car il décrit des comportements que son auteur souhaite voir adopter par ses destinataires, aux fins de coordonner les actions des individus dans la société et de favoriser leur coopération. Le droit mou se distingue du droit classique parce que, dans le sens que le texte cherche à préciser, il *n'oblige* ou *ne contraint* pas. La contrainte juridique est variable et modulable et l'absence d'obligation n'est pas une question de fait, mais une question de droit. Le destinataire de la norme n'est, *en droit*, pas obligé de la respecter. L'inexistence d'une obligation juridique ne signifie pas pour autant que la violation de la norme reste sans conséquence pour son destinataire. En

---

1625 ABDELGAWAD Waled, « Jalons de l'internationalisation du droit de la concurrence : vers l'éclosion d'un ordre juridique mondial de la *lex economica* », *op.cit.* p. 192.

1626 OCDE, Committee on Competition Law and Policy (1994), « Interim Report on Convergence of Competition Policies », *op.cit.*,p.346 ; OCDE, Fusions internationales et politique de concurrence, Paris, 1988.

1627 TAYLOR Martyn, *International Competition Law: A New Dimension for the WTO?*, *op.cit.*,p. 360.

d'autres termes, la différence ne vient pas de l'existence ou de l'absence de sanction, mais plutôt de l'intention de l'auteur de la norme, soit d'obliger sur le terrain du droit (droit classique), soit de contraindre autrement ou de ne pas contraindre[1628]. Par ailleurs, l'absence de force obligatoire de la *soft law* a d'importantes conséquences juridiques ; son non respect n'engage pas la responsabilité de l'Etat et ne peut faire l'objet d'un recours juridictionnel. N'étant pas un accord international, il n'est pas soumis au respect des règles spécifiques du droit des traités. En revanche, cet instrument est très largement utilisé dans les relations internationales et exerce un attrait croissant sur les Etats du fait de sa souplesse, adaptée aux conditions mouvantes de la vie internationale, tout spécialement en matière économique. Au surplus, l'expérience montre que ces instruments ne sont, en fait, ni moins respectés, ni moins contraignants que des traités en bonne et due forme[1629].

En droit de l'OMC, certains sujets ont été traités par des normes de droit mou. La référence au Codex alimentaires dans le cadre de l'Accord sur l'application des mesures sanitaires et phytosanitaires et le renvoi aux normes internationales par l'Accord sur les obstacles techniques au commerce sont des exemples où le droit de l'OMC fait recours au « droit mou ». Ainsi, il est possible de considérer que le droit mou peut aussi constituer une piste pour réglementer le droit international de la concurrence. En revanche, la caractéristique du « droit mou » repose sur la proclamation de normes et règles dont la portée pratique n'est pas toujours facile à déterminer. C'est la raison pour laquelle nous accueillions cette piste avec un certain scepticisme sous la réserve que le droit international de la concurrence mou peut progressivement se « durcir » et comporter un corpus de règles juridiques relativement complet dans le cadre universel et régional. Malgré le caractère non contraignant de la *soft law*, il servirait ainsi de cadre pour négocier les divergences de fond des droits nationaux de la concurrence et les intérêts nationaux en conflit[1630]. Le système contraignant de règlement des différends de l'OMC n'interviendrait que pour les sujets prévus explicitement au sein de l'Accord de la concurrence.

[1628] CULOT Henri, « Soft law et le droit de l'OMC », *RIDE* Vol.19, 2000, p. 253 et ss ; HANSEN Isela Patricia, "*Antitrust in the Global Market: Rethinking "Reasonable Expectations", op.cit.*, p. 1611.

[1629] V. DAILLIER Patrick / PELLET Alain, *Droit international public*, *op.cit.*, p. 389.

[1630] CULOT Henri, « Soft law et le droit de l'OMC », *op.cit.* , p. 253.

§ 3 – La mise en conformité du droit du commerce international avec le droit international de la concurrence

Une fois adopté, l'Accord de l'OMC sur la concurrence peut entrer en conflit avec le droit positif de l'OMC. Dans cette perspective, les mesures commerciales devraient être évitées où leur utilisation devrait être modifiée pour assurer une conformité avec le principe des marchés contestables. Pour cela, le principe de *soft law* nous semble le meilleur instrument pour encourager des mesures commerciales nationales favorisant la concurrence internationale. En ce qui concerne les mesures nationales contraires à l'esprit du droit international de la concurrence, elles doivent être définies d'une manière précise et leur utilisation doit être limitée dans le temps. Vue les intérêts conflictuels des Etats, une approche substantielle obligatoire et ambitieuse ne recueillera qu'un succès limité dans le contexte international. Pourtant ceci n'implique pas que certains amendements substantiels minimaux aux accords existants de l'OMC ne puissent être réalisés. Ainsi, il sera possible d'assurer la conformité entre le droit du commerce international positif et le droit international de la concurrence. Sur ce sujet, dans le domaine des restrictions volontaires sur les exportations, des accroissements volontaires sur les importations, de l'antidumping, des politiques industrielles abusives des Etats membres, et des actes anticoncurrentiels étatiques, des réformes peuvent être tentées.

Axées sur la défense des intérêts des producteurs nationaux contre la concurrence étrangère, les mesures d'antidumping peuvent être détournées à des fins protectionnistes. Contrairement aux politiques de la concurrence, les mesures antidumping ne requièrent pas la preuve de prédation ; toute entreprise étrangère qui exporte des produits à un prix moindre est une cible potentielle. Elles ne considèrent pas que l'existence de bas prix peut refléter une efficience plus grande. L'accord qui a mis un terme à l'Uruguay Round a considérablement amélioré le système antidumping, en ce qui concerne les règles qui servent à déterminer le préjudice, les procédures, la définition de la marge de dumping et la durée d'application des mesures. Ces améliorations, quoique substantielles, n'impliquent toutefois aucun rapprochement des mesures antidumping et des règles de concurrence. Par ailleurs, les États n'ont pas renoncé à prendre des mesures drastiques de manière unilatérale ; les législations commerciales aux Etats-Unis, notamment le fameux article 301, peuvent toujours être appliquées à des concurrents jugés déloyaux[1631].

D'un autre coté, pour certains auteurs, le droit de la concurrence pourrait être un moyen plus efficace et plus équitable de lutter contre la segmentation internationale des marchés par des politiques de prix différentes et pour lutter contre le risque de monopolisation lié au dumping[1632]. Il s'agirait concrètement d'assurer la soumission en toute circonstance des actions antidumping au contrôle de la politique de concurrence. D'abord, il faut souligner que l'abolition des droits antidumping et leur remplacement par des législations sur la concurrence n'est possible à ce jour que dans des marchés fortement intégrés. D'un autre coté, certains experts soulignent la nécessité d'une refonte de l'Accord antidumping de l'OMC qui serait plus utile que des réformes parcellaires des législations nationales. Afin de réduire les marges d'interprétation des Etats membres et des panels, les consignes concernant la phase d'investigation mériteraient d'être plus détaillées de même que le calcul de la marge de dumping[1633]. Comme moyen alternatif, nous proposons que les lois antidumping soient soumises à une réforme progressive par l'intermédiaire de l'intégration progressive des principes de concurrence. Dans cette perspective, le code antidumping de l'OMC doit exiger une enquête de concurrence qui précédera ou complétera toutes les enquêtes d'antidumping. De même, la substitution de la notion de « produits similaires» par le concept de « marché pertinent » constituerait, selon nous, un moyen plus efficace pour remédier aux politiques anticoncurrentielles de ces dernières années. La réalisation de ces réformes fera disparaître une partie des contradictions entre le code d'antidumping et la promotion d'une plus grande concurrence internationale. En conséquence, l'adoption de ces recommandations nécessite un certain temps pour réaliser

[1631] RIOUX Michèle, « Penser la concurrence dans le contexte de la globalisation économique », *op.cit.*, p. 18 et 19.

[1632] PETERSMAN Ernest-Ulrich, « International Competition Rules for Governments and for Private Business : A "Trade Law Approach" for Linking Trade and Competition Rules in the WTO, dans ABBOTT Frederick/ GERBER David (Ed.) *Public Policy and Global Technological Integration*, Kluwer Law International, London, The Hague, Boston 1997, p. 246 ss ;_MESSERLIN Patrick, « Should antidumping Rules be Replaces by National or International Competition Rules ? », *World Competition* Vol.18, 1995, p. 53; PAASMAN Berend, Multilateral Rules on Competition Policy : An Overview of the Debate,*op.cit.*, p.27 ; LIPSTEIN Robert A.," Using Antitrust Principles to Reform Antidurnping Law", dans *Global Competition Policy*, GRAHAM Edward M. / RICHARDSON David J., Institute for International Economics, 1997, p.4 05 à 408.

[1633] RICHEZ Béatrice, « L'OMC et la pratique antidumping », *Revue de droit des affaires internationales,* no.1, 2003, p. 87 et 88.

pour une plus grande convergence des lois antidumping dans un contexte de droit de la concurrence. En ce qui concerne les restrictions volontaires sur les exportations et les accroissements volontaires sur les importations, ils ont été réglementés par l'Accord relatif aux sauvegardes. Auparavant, ces pratiques constituaient des dérogations au système général de l'OMC et du GATT. Pourtant, il existe encore une marge de manœuvre pour améliorer la situation actuelle. En conséquence, l'Accord relatif aux sauvegardes peut être modifié pour une plus grande conformité aux principes de concurrence internationale[1634].

De même, les restrictions volontaires sur les exportations ne sont pas sujettes à une réglementation efficace car elles ont traditionnellement échappé au règlement de l'OMC pour des raisons diplomatiques et stratégiques. La conduite anticoncurrentielle résultant des restrictions volontaires sur les exportations a échappé également à la règlementation en vertu des lois nationales de la concurrence dues à l'exemption expresse de la loi. Dans l'hypothèse où un gouvernement a imposé une restriction volontaire sur les exportations à l'industrie nationale, les entreprises mettant en œuvre la mesure peuvent toujours se défendre et nier leur responsabilité résultant de l'application extraterritoriale des lois des autres Etats, en invoquant la contrainte résultant de l'acte du gouvernement. En résumé, les restrictions volontaires sur les exportations échappent à une réglementation efficace et constituent un facteur de déséquilibre pour le marché mondial.

Selon le mécanisme institué par l'article 2, les accords commerciaux plurilatéraux négociés entre un nombre limité de pays membres peuvent être inclus à l'annexe 4 en tant que partie intégrante de l'accord OMC. Pour être efficace, un accord international dans le domaine de la concurrence devrait donc être adopté sous cette forme. Par ailleurs, il n'est pas utile qu'il réalise une harmonisation complète des lois nationales de concurrence mais plutôt qu'il cherche à réaliser une convergence sélective des lois nationales de concurrence dans les secteurs qui présentent des avantages optimums. De même, certaines mesures commerciales de l'OMC pourraient tirer bénéfice d'une telle approche y compris les lois d'antidumping, la prohibition des restrictions volontaires sur les exportations et l'accroissement volontaire sur les importations. Enfin, lorsque le consensus international n'existe pas sur les questions particulières, elles pourraient être traitées par la *soft law*.

[1634] Nous avons examiné ce sujet *supra* dans la sous – section intitulée les actes anticoncurrentielles étatiques.

CONCLUSION DU TITRE II

Depuis très longtemps, il y a des discussions et des propositions pour une solution multilatérale en matière de droit de la concurrence. La mondialisation de l'économie, issue à la fois de l'augmentation du volume du commerce, de la globalisation des marchés financiers et du développement et de l'action des groupes transnationaux de sociétés, étend le champ des problèmes juridiques liés au commerce international. Ainsi, la société mondiale est confrontée au besoin d'adopter une stratégie commune et d'établir les règles dans des domaines qui n'appartiennent pas au noyau dur du commerce mondial. De ce constat, la doctrine conclue, de manière unanime, qu'il est nécessaire d'internationaliser le système de contrôle des pratiques restrictives de concurrence. En revanche, sur les méthodes, les divergences apparaissent. Même le choix de l'enceinte pose des questions difficiles à résoudre. En l'absence d'un projet concret au niveau international, les comportements ayant un effet nuisible sur le marché mondial ont été traités par les instruments juridiques existants. D'une part, on a utilisé les droits nationaux pour réprimer certains actes et de l'autre, on a tenté de combler le manque de règles internationales par le biais de l'OMC ; mais aucune de ces deux solutions n'est capable de réglementer de manière efficace le marché mondial. En effet, les droits nationaux favorisent leurs intérêts aussi bien dans la lettre que lors de l'application des textes. De plus, plusieurs exemptions prévues par les lois nationales ont diminué l'effet de la réglementation. Enfin, les Etats, en tant qu'acteurs principaux de l'économie, agissent eux-mêmes au détriment du droit de la concurrence.

Du point de vue du droit international, l'absence d'autorité suprême n'a pas permis de réaliser une réglementation efficace. En revanche, en raison de son mécanisme de règlement des différends, efficace, et sa proximité avec la concurrence, on peut penser que l'OMC pourrait résoudre certains problèmes du droit international de la concurrence. En s'appuyant sur les éventuelles restrictions du commerce, certaines affaires de concurrence ont été portées devant l'ORD de l'OMC. Certains auteurs ont suggéré d'étendre la portée de certaines dispositions de l'Accord de l'OMC/GATT afin de satisfaire les besoins de réglementation du droit international de la concurrence. Mais les solutions ont toutes une portée limitée qui laissent le droit international lacunaire. En conséquence, une fois encore, ni le droit de l'OMC, ni les droits nationaux de concurrence n'assurent l'efficacité nécessaire à la réglementation du droit international de la concurrence. Contrairement à la mondialisation du commerce, le contrôle en matière de droit de la concurrence est national, parfois régional, enrichi d'une coopération plus ou moins étroite entre les autorités compétentes. Contrairement à d'autres domaines du droit, nous sommes donc confrontés en matière de concurrence à un cumul de législations nationales plutôt qu'à un vide juridique ou une abdication des droits. D'un autre côté, l'absence de politique de concurrence et la passivité dans ce domaine de certains Etats peuvent entraver l'accès au marché au détriment d'entreprises étrangères. Il est donc nécessaire de combler cette lacune en adoptant un accord international sur la concurrence doté d'une force juridique obligatoire et de rassembler le plus grand nombre d'États possible. L'enceinte idéale pour un tel accord est l'OMC, laquelle remplit tous les critères. Dans l'intérêt d'une participation maximale, la forme d'un accord plurilatéral devrait être choisie. En contrepartie, un compromis devra être atteint en ce qui concerne le contenu de l'accord, sans toutefois succomber au danger d'une solution minimale.

CONCLUSION DE LA PARTIE II

Effectuer une réglementation concernant le droit de la concurrence au niveau mondial est une question difficile à résoudre. Plusieurs tentatives ont été faites pour développer un droit international de la concurrence. Pourtant, les débats et les instruments développés n'ont jamais réellement pu remettre en question le principe de souveraineté des États en matière de concurrence ni créer de contraintes fortes vis-à-vis du comportement des entreprises. Mais, avec la mondialisation et la libéralisation des marchés mondiaux, la politique de concurrence gagne en importance. En insistant sur les objectifs d'efficience poursuivis par le système commercial multilatéral, la mondialisation soulève la question cruciale de savoir dans quelle mesure les pouvoirs publics sont disposés à voir les valeurs de la concurrence jouer un rôle dans les politiques poursuivies et la réglementation. Aujourd'hui, la communauté s'intéresse de plus en plus à la concurrence car son rôle sur l'efficience des marchés est devenu évident. De plus, l'ouverture des marchés et la libéralisation des échanges internationaux via un droit international de la concurrence constituent un sujet très attirant pour les Etats et pour les grandes entreprises. A ce titre, l'hypothèse d'une alliance entre les États et les entreprises multinationales est avancée[1635]. Les préoccupations des entreprises, essentiellement la levée des contraintes au développement de leurs activités, rejoignent celles des États. La problématique est complexe puisque la concurrence globalisée implique tout autant les entreprises que les États eux-mêmes dans une rivalité oligopolistique.

Sous un autre angle, à la suite de l'échec des tentatives de réglementation du droit international de la concurrence, une voie pragmatique a été tentée. Ainsi, la question de la politique de la concurrence a été envisagée dans les dispositions existantes du commerce international, en cherchant à promouvoir la concurrence sans législation en la matière. Même si l'efficacité du droit international de la concurrence est susceptible d'être considérablement réduit par l'exclusion de nombreux secteurs des mécanismes de l'OMC, le recours aux instruments du droit de cette organisation pour assurer une certaine efficacité dans le domaine de la concurrence internationale pourrait constituer la solution tant recherchée. Par ailleurs, puisque beaucoup de conflits commerciaux de ces dernières années

[1635] RIOUX Michèle, « Culture de concurrence : les limites de l'antitrust international face à la concurrence globalisée », *Cahiers de recherche-CEIM (04-04),* Groupe de recherche sur l'intégration continentale (GRIC), Université du Québec à Montréal, septembre 2004, p. 12.

ont impliqué des questions de politique de concurrence, les règles commerciales multilatérales de l'OMC ont prouvé leur importance. Selon cette école de pensée, la réglementation actuelle de l'OMC serait suffisante pour remédier aux problèmes du droit international de la concurrence. Il ne sera donc pas nécessaire d'en adopter d'autres. Théoriquement, la compatibilité de la théorie de la concurrence avec la libéralisation des échanges, reposant sur la théorie de l'avantage comparatif, soit l'aptitude particulière d'un pays à fournir un produit ou un service à un coût relativement moindre que les autres produits ou services, a encouragé les défenseurs de cette proposition. Malgré les efforts de la doctrine, de l'ORD et de l'OMC, le droit du GATT et de l'OMC ne peut être étendu pour appréhender les rapports internationaux de concurrence. Cette hypothèse n'étant pas assez pertinente, il est donc impossible de règlementer certaines parties du droit international de la concurrence sans réaliser une réforme.

Afin de parvenir à un résultat satisfaisant, il nous paraît donc légitime d'avoir recours à un nouvel accord pour réglementer le droit international de la concurrence. L'établissement d'une nouvelle organisation internationale n'étant pas assez rentable, ni réaliste, nous pensons qu'il est préférable de négocier cet accord au sein de l'OMC, qui a une véritable dimension universelle. Mais cela n'est pas le seul avantage dont l'OMC dispose. En effet, grâce aux débats et aux négociations autour d'un système de compensation, les Etats qui perdront leurs avantages économiques en adhérent à un éventuel accord dans le domaine de la concurrence, pourraient tout de même en accepter le principe. De plus, en cas de conflit, le mécanisme de règlement des différends peut permettre de résoudre ces oppositions en faisant respecter les engagements pris par les Etats membres. Par ailleurs, la familiarité évidente de l'ORD avec la concurrence internationale facilitera la lourde tâche d'assurer la sécurité juridique dans le marché mondial. Ainsi, il y a une logique à discuter la politique de concurrence au moyen d'un accord international plurilatéral, puisqu'une partie des Etats membres ne dispose toujours pas d'un droit national de concurrence. Un tel accord peut efficacement éviter que les entreprises construisent de nouveau les barrières d'accès après que ces dernières ont été réduites ou supprimées dans les procédés de libéralisation et d'intégration. Au surplus, un accord international sur la concurrence pourrait remplacer la législation antidumping, qui a eu beaucoup d'effets négatifs. D'un autre coté, la pertinence des principes fondamentaux de l'OMC pour l'application effective d'une politique de la concurrence et le rôle essentiel que ces principes pourraient jouer dans un cadre plurilatéral sur la concurrence instituent donc un aspect essentiel des travaux effectués au sein des différentes organisations intergouvernementales, et plus particulièrement par le Groupe de travail de l'OMC. Il faut aussi ajouter que, par souci d'efficacité, l'Accord devra chercher à sélectionner les domaines du droit de la concurrence qui tireront le plus de bénéfice possible d'une large convergence.

CONCLUSION GENERALE

En l'état actuel du droit international de la concurrence, il n'y a pas de solution évidente. Avec la diffusion du système de l'économie de marché, la nécessité d'un droit mondial de la concurrence s'est renforcée. Le processus historique par lequel des individus, des activités humaines et des structures politiques voient leur dépendance mutuelle à l'échelle de la planète croître, favorise l'interdépendance des économies et contribue à l'expansion des échanges. La globalisation pousse les entreprises à traiter le monde comme un vaste et unique marché. Le domaine de la concurrence pourrait être un exemple remarquablement réussi de mondialisation du droit avec des normes et des procédures contraignantes.

La nécessité d'une globalisation des règles juridiques applicables au droit international de la concurrence est indéniable mais les Etats, de peur de perdre tout contrôle sur leur marché, freinent le mouvement et repoussent l'adoption d'un droit international et supranational de la concurrence. Dans cette conjoncture, contrairement à la mondialisation du commerce, le contrôle en matière de droit de la concurrence est national ou régional, et s'enrichi parfois d'une coopération plus ou moins étroite entre les autorités compétentes. L'idée de créer un véritable droit international de la concurrence n'est pas nouvelle. La Charte de la Havane a tenté en son temps de créer une organisation supranationale pour réglementer la concurrence internationale. Cette solution semblait appropriée pour créer un marché mondial de libre concurrence. Pourtant, les évènements se sont réalisés de telle façon que ce grand projet s'est limité au GATT de 1947 qui n'était qu'une partie de la Charte. S'il est vrai que sans commerce il n'y a ni marché ni concurrence, la réglementation des pratiques restrictives du commerce international se présente comme l'une des solutions pour atteindre un marché mondial non faussé.

D'un autre coté, l'Etat occupe toujours une place centrale dans la structure du droit international. Ce sont les gouvernements nationaux qui protègent les fondements de la société, la démocratie et les droits de l'homme, de même que le fonctionnement des marchés. C'est d'autant plus vrai que les institutions internationales sont généralement dépourvues de mécanismes efficaces pour réaliser les objectifs communs et garantir la « légitimité démocratique ». Contrairement aux gouvernements nationaux, elles peuvent rarement offrir aux différents intérêts en jeu les possibilités d'une participation appropriée. Dans cette perspective, les Etats ont tenté de résoudre les problèmes du droit international de la concurrence par l'application extraterritoriale de leurs droits. Ainsi, historiquement, seules des solutions unilatérales ont été envisagées, bien qu'elles ne soient pas satisfaisantes pour la communauté internationale. Les tensions entre les grandes puissances économiques du fait de l'application extraterritoriale ont vite ouvert la voie à d'autres développements.

Au début des années 90, afin de résoudre les conflits liés à l'application extraterritoriale, plusieurs accords bilatéraux d'entraide administrative en droit international de la concurrence ont été conclus. Ils mettent l'accent sur la coopération internationale entre les autorités de concurrence lorsque des intérêts communs sont en jeu. Les Etats ont ainsi tenté de résoudre les problèmes, aggravés par la mondialisation, liés au droit de la concurrence. Les accords bilatéraux, qui préservent la souveraineté des Etats, se présentent donc comme l'instrument juridique priviligié du droit international. Dès la seconde moitié des années 90, une nouvelle forme d'accords bilatéraux cherche à surmonter les obstacles à l'échange d'informations confidentielles et à encourager les actions entre autorités de la concurrence. Toutefois, par définition, la coopération bilatérale nécessite l'existence préalable d'un droit interne de la concurrence dans chacun des Etats parties à la convention et suppose qu'un accord sur la combinaison de leurs systèmes juridiques soit possible. Ainsi, il ne s'agit que d'un renforcement de la collaboration parmi les Etats qui sont déjà dotés d'un droit de la concurrence. Ce type d'accords influence donc très peu l'élargissement du champ d'application du droit international de la concurrence. De même, aujourd'hui, du fait de l'ampleur de la globalisation, il serait naïf de penser que les Etats puissent réglementer le marché mondial par voie de coopération bilatérale. Par ailleurs, les affaires internationales les plus importantes sont liées aux intérêts étatiques. Les efforts pour créer des « champions nationaux » sont autant d'obstacles à la coopération des Etats au niveau international et à leur volonté d'empêcher les pratiques restrictives du commerce dans le marché mondial. Aujourd'hui, l'idéalisme ne peut l'emporter sur les intérêts fondamentaux des Etats et des grandes entreprises internationales, spécialement dans les secteurs fortement dominé par les subventions étatiques. Dans ce cas, les Etats ne laissent aucune opportunité aux entreprises concurrentes d'entrer sur leur marché et renforcent même les barrières qui le leur permettraient. En résumé, la coopération entre Etats n'élimine pas le danger de décisions administratives divergentes. C'est la raison pour laquelle ce mécanisme ne semble pas le bon moyen pour créer un marché mondial non faussé.

Cela étant, si on les considèrent dans leur ensemble, les accords bilatéraux ont une signification qui va au-delà du bilatéralisme et préparent la voie à une approche régionale ou multilatérale du droit international de la concurrence. C'est de là qu'est née la vague des accords régionaux qui a envahi le droit international. Cette évolution, directement liée à la globalisation, examine les problèmes de la concurrence internationale parmi d'autres. En effet, il est aujourd'hui inenvisageable d'instaurer un système normatif isolé dans le domaine du droit international de la concurrence, où les marchés sont de plus en plus intégrés. En revanche, la prolifération d'accords commerciaux régionaux, surtout lorsqu'ils englobent des domaines politiques non réglementés de manière multilatérale, renforcent les risques d'incohérences entre les règles et les procédures ainsi qu'entre les accords commerciaux régionaux et le cadre multilatéral. Cela risque d'entraîner une confusion en matière de réglementation, la distorsion des marchés régionaux et de graves problèmes de mise en œuvre, surtout lorsque les accords commerciaux régionaux se recouvrent partiellement. En revanche, il est possible que ces accords complètent le système commercial multilatéral et renforcent sa mise en œuvre. Mais, par leur nature même, ils ont un caractère discriminatoire ; ils s'écartent du principe de la nation la plus favorisée, pierre angulaire du système commercial multilatéral. Leurs effets sur la libéralisation du commerce mondial et sur la croissance économique ne sont pas clairs du fait de leur impact économique régional *ex ante*. Bien que ces accords soient conçus pour avantager les pays signataires, les résultats peuvent être décevants si l'on ne diminue voire si l'on n'élimine pas complètement les distorsions dans l'attribution des ressources et le détournement des échanges et investissements, présents potentiellement dans tout processus d'accord commercial régional. L'impact économique net de ces accords dépend sans aucun doute de leur conception et du choix des principaux paramètres internes, en particulier l'ampleur de la libéralisation des échanges et le nombre de secteurs visés. La libéralisation simultanée des échanges sur la base du principe de la nation la plus favorisée par les parties à ces accords, soit unilatéralement soit dans le contexte de négociations commerciales multilatérales, peut jouer un rôle important pour réduire les distorsions potentielles, au niveau régional comme au niveau mondial. Par exemple, la réglementation de la concurrence dans le cadre d'Organisations internationales régionales peut être exigée des Etats membres de ces organisations. Cette exigence s'explique par le fait que dans le droit intégré, l'organisation internationale peut imposer des obligations à ses membres, et par là même, limiter leur souveraineté.

D'un autre côté, au niveau multilatéral, les efforts pour trouver une solution aux problèmes du droit international de la concurrence se poursuivent. Au niveau multilatéral, les travaux de l'OCDE ont abouti à une révision en 1995 de la recommandation sur la coopération entre les Etats dans le domaine des pratiques commerciales restrictives affectant les échanges internationaux et, en 1998, à l'adoption d'une recommandation portant condamnation des ententes injustifiables. Enfin, depuis 1998, les travaux du Groupe de travail sur les échanges et la concurrence de l'OMC fournissent la base d'une réflexion au sujet d'une réglementation multilatérale du droit de la concurrence dans le cadre de l'OMC. Ces projets ont le mérite non négligeable d'avoir facilité les rapprochements entre les autorités chargées de contrôler la concurrence et d'avoir incité bon nombre de pays en voie de développement à adopter ou à étoffer leurs règles internes de concurrence. En revanche, les mesures prises pour réglementer le commerce international et la politique de concurrence se sont souvent limitées à favoriser le mécanisme de consultation et la coopération alors que l'élaboration des dispositions impératives contre les comportements anticoncurrentiels est nécessaire pour assurer le respect de la concurrence internationale. De fait, les dispositions normatives de la concurrence contenue dans ces divers textes paraissent insuffisantes.

A l'heure actuelle, permettre ou ne pas imposer une réglementation restrictive peut appporter aux industries nationales un bénéfice supplémentaire et un transfert de bien-être. Les gouvernements peuvent être tentés de protéger leurs industries en appliquant de manière souple les règles de concurrence et autres mesures de sauvegarde interdites par divers cycles commerciaux. Il serait souhaitable que les débats sur la concurrence aboutissent au développement d'un droit international de la concurrence permettant à la fois d'accroître les bénéfices de la libéralisation économique, de contrôler la concentration économique et de maîtriser quelque peu la globalisation économique. Malheureusement, les initiatives actuelles sont loin d'être à la hauteur des défis que soulève la concurrence globalisée : elles privilégient les intérêts des pays industrialisés et des grandes entreprises et réduisent considérablement les possibilités d'élaborer et de mettre en œuvre des politiques économiques favorables à l'intérêt public. Le droit international de la concurrence est donc confronté au paradoxe suivant : constitué pour garantir aux Etats membres le caractère mutuel des avantages tirés du commerce, il est aujourd'hui susceptible de les empêcher d'équilibrer, par une politique effective de la concurrence, les positions dominantes acquises par certaines entreprises globales. De ce fait, si le droit international de la concurrence devrait être pensé comme un moyen de contrebalancer la mondialisation des marchés, les initiatives actuelles favorisent plutôt la globalisation économique et les intérêts des acteurs oligopolistiques les plus puissants. Les nouvelles règles du jeu soutiennent le processus de globalisation plutôt que de chercher à en maîtriser les effets néfastes et les imperfections. Il ne s'agit pas véritablement de développer des règles pour contraindre les acteurs privés à agir de manière à ne pas fausser le marché, ou à contrer l'émergence de puissants oligopoles nationaux et transnationaux, mais de réduire l'interventionnisme des États et de mettre la coopération internationale au service d'une mondialisation néo-libérale. A défaut de volonté politique pour encadrer les comportements des acteurs privés, la nouvelle culture de la concurrence favorise un ordre juridique qui accompagne la globalisation économique sans la maîtriser.

Pour ces raisons, l'état actuel du droit international de la concurrence n'est pas satisfaisant. De nos jours, résoudre les problèmes comme le terrorisme international ou le commerce international, surpassent la capacité d'un seul Etat. L'Etat nation n'est pas doté des instruments nécessaires pour assurer l'efficacité dans ces domaines. La solution doit donc être trouvée au sein des organisations internationales. Mais celles-ci ne peuvent agir efficacement sans l'attribution de compétences. Tant que les Etats manifesteront une certaine réticence à partager une partie de leur souveraineté, le système international en matière de concurrence restera inefficace et injuste ; mais l'élaboration d'un droit mondial de la concurrence n'est actuellement pas réaliste. Une telle évolution n'est souhaitée ni par les États ni par les entreprises. Ce qui tend à se développer est davantage une gouvernance de la rivalité concurrentielle fondée sur une *culture de concurrence.*[1636] Cette culture de concurrence se manifeste par l'établissement de nouvelles disciplines commerciales et de nouvelles formes de coopération internationale en matière de concurrence.

Il serait également peu réaliste de considérer que les activités commerciales transfrontalières puissent être totalement exemptes d'obstacles à l'entrée ; certains, en effet, ne pouvant être éliminés par aucune règle, comme par exemple les différences de culture ou de goût ou les avantages d'échelle obtenus par les premiers arrivés sur un marché. La distinction doit toutefois être définie plus clairement et avec plus de cohérence qu'elle ne l'a été

[1636] RIOUX Michèle, « Culture de concurrence : Les limites de l'antitrust international face à la concurrence globalisée », *Cahiers de recherche-CEIM (04-04),* Groupe de recherche sur l'intégration continentale (GRIC), Université du Québec à Montréal, septembre 2004, p.6.

jusqu'à présent dans les enceintes multilatérales et cette question contribue fortement, entre autres, à faire accepter le système multilatéral par l'opinion publique. Assurer l'ouverture des marchés exige donc un effort pour veiller à ce que des activités publiques ou privées anticoncurrentielles ne faussent pas indûment le processus concurrentiel sur tel ou tel marché intérieur. Les produits, services, idées, investissements et hommes d'affaires étrangers doivent pouvoir soutenir la concurrence sur ce marché dans des conditions similaires ou comparables à celles des producteurs locaux.

Il serait donc opportun, pour une plus grande efficacité, d'adopter un accord international sur la concurrence doté de force juridique obligatoire, rassemblant le plus grand nombre d'États possible. L'OMC semble l'enceinte idéale pour un tel accord, puisqu'elle remplit les critères essentiels. Pour une participation maximale, il serait préférable que l'accord soit plurilatéral. En contrepartie, un compromis devra être obtenu sur le contenu de l'accord, sans toutefois succomber au danger d'une solution minimale. Les principes directeurs du droit du commerce international, c'est-à-dire la transparence, la non-discrimination, et l'équité au plan de la procédure, ainsi que les règles relatives aux ententes injustifiables sont des éléments nécessaires, mais insuffisants. Il faut au moins y ajouter certaines règles générales et abstraites sur les ententes et l'abus de position dominante empêchant l'accès au marché. En ce qui concerne le contrôle des concentrations, un consensus rassemblant l'ensemble des Membres de l'OMC ne parait pas à ce jour envisageable. En revanche, la tâche à court terme doit être consacrée à l'harmonisation des règles de procédure car, sur ce terrain, des convergences peuvent être réalisées. L'application du règlement des différends devra être assurée sans restriction aux violations *de jure*. Toutefois, l'autorité nationale demeurera – sur la base du principe de l'opportunité – libre de prendre des mesures contre certaines pratiques anticoncurrentielles ou d'y renoncer. Seul un exercice manifestement abusif du pouvoir discrétionnaire, comme par exemple la tolérance d'une entente injustifiable de grande portée, ou l'inactivité systématique contre des comportements cloisonnant le marché national, constitueraient une violation *de facto* de l'accord sur la concurrence.

Surtout, cet accord de l'OMC sur le droit de la concurrence, contribuera au développement harmonieux des échanges économiques internationaux entre les Etats, réduira les conflits liés à l'application extraterritoriale du droit de la concurrence, favorisera une meilleure compréhension des politiques de concurrence étrangères et une prise en compte des intérêts des autres Etats et permettra un traitement harmonieux des cas d'intérêts communs, en facilitant la coopération des autorités de la concurrence dans la délimitation du marché géographique et du marché du produit pertinent. Par ailleurs, il permettra l'échange d'informations confidentielles entre les autorités de la concurrence, la coordination des mesures d'application, à certaines conditions l'application du droit la concurrence pour le compte d'une autorité étrangère de la concurrence et une coopération approfondie lorsque la ou les entreprises concernées autorisent les échanges d'informations confidentielles. Ainsi, ce domaine du droit est particulièrement apte à démontrer que l'économie de marché crée la plus grande utilité pour la population à condition que certaines exigences soient remplies et certaines règles respectées. L'implantation du droit de la concurrence au sein de l'OMC pourrait montrer que le commerce international ne devrait pas être basé sur un capitalisme débridé mais au contraire soumis à des règles visant l'intérêt public. Par conséquent, la nécessité d'un droit mondial et supranational de la concurrence est indéniable. Vient ensuite la question de savoir si la mise en place d'un tel accord peut se faire rapidement. Même si cela n'a pas été le cas à la conférence de Cancún, il faut se garder d'en tirer des conclusions définitives. Dans le domaine du commerce international, les négociations ont toujours pris leur temps. La conclusion d'un accord dans le domaine de la concurrence pourrait répondre aux critiques liées à la mondialisation et renforcer la légitimité de l'OMC. Qu'ils soient ou non Membres de l'OMC, les Etats pourraient donc, dans les prochaines années, parvenir à un consensus et s'entendrent sur l'importance d'un système commercial multilatéral, davantage respectueux de la concurrence.

Jurisprudence

Jurisprudence internationale

Cour permanente de justice internationale et Cour internationale de justice

Affaire *Barcelona Traction*, 5 février 1970, C.I.J., Recueil 1970, p.3 et ss.

Affaire du *Lotus*, 7 novembre 1927, Cour permanente de justice internationale, Recueil des Arrêts n° 9, 1927, p.4 et ss.

Affaire du *Mandat d'arrêt du 11 avril 2000, République démocratique du Congo c. Belgique*, 14 février 2002, C.I.J., Rec.2002

Organisation Mondiale de Commerce

Argentine – Mesures affectant les importations de chaussures, textiles, vêtements et autres articles. Rapport du Groupe spécial, WT/DS56/R, 25 novembre 1997.

Argentine – Mesures visant l'exportation de peaux de bovins et l'importation de cuirs finis. Rapport du Groupe spécial, WT/DS155/R, 19 décembre 2000.

Belgique – Pratiques suivies en matière d'impôt sur le revenu. Rapport du Groupe Spécial adopté le 2 décembre 1976 et publié sous la côte L/4424 aux IBDD supplément n° 23; p. 139 ss.

Brésil – Programme de financement des exportations pour les aéronefs, Rapport du groupe spécial, WT/DS46/R, 14 avril 1999.

Brésil – Impositions de droits compensatoires provisoires et définitifs sur la poudre de lait et certaines types de lait en provenance de la Communauté économique européenne. Rapport du Groupe spécial SCM/179, 2 avril 1994.

Canada – Mesures visant l'exportation des aéronefs, Rapport du Groupe spécial, WT/DS70/R, 14 avril 1999.

Canada - Certaines mesures concernant les périodiques - AB-1997-2 - Rapport de l'Organe d'appel, WT/DS31/AB/R, 30 juin 1997.

Canada - Mesures visant l'importation de lait et l'exportation de produits laitiers, Rapport du Groupe spécial, WT/DS70/R WT/DS103/RW, 11 juillet 2001.

CEE – Primes et subventions versée aux transformateurs et aux producteurs d'oléagineux et de protéines apparentées destinées à l'alimentation des animaux. Rapport du Groupe spécial, IBDD, S37/91, 25 janvier 1990.

CEE – Mesures appliquées aux protéines destinées à l'alimentation des animaux. Rapport du Groupe Spécial adopté le 14 mars 1978 et publié sous la côte L/4599 aux IBDD supplément n° 25, pp. 53 ss.

CEE – Régime concernant les prix minimaux à l'importation, le certificat et le cautionnement pour certains produits transformés à base de fruits et légumes, Rapport du Groupe Spécial adopté le 18 octobre 1978 et publié sous la côte L/4687 aux IBDD supplément n° 25, pp. 75 ss.

Communauté européennes – Restitutions à l'importation de sucre. Rapport du Groupe Spécial adopté le 10 novembre 1980 et publié sous la côte L/5011 aux IBDD supplément n° 27, pp. 74 ss

Communauté européenne – Papier journal, Rapport du Groupe Spécial adopté le 20 novembre 1980 et publié sou la côte L/5680, IBDD supplément no.31, p.125 ss.

Communautés européennes – Mesures affectant l'importation de certains produits provenant de volailles. Rapport du Groupe spécial, WT/DS69/R, 12 mars 1998.

Communauté européennes - Mesures communautaires concernant les viandes et les produits carnés (hormones) - AB-1997-4 - Rapport de l'Organe d'appel, WT/DS26/AB/R et WT/DS48/AB/R, 16 janvier 1998

Communauté européennes – Mesures affectant l'amiante et les produits en contenant, WT/DS135/AB/R, 12 mars 2001.

Communautés européennes - Régime applicable à l'importation, à la vente et à la distribution des bananes - AB-1997-3 - Rapport de l'Organe d'appel, WT/DS27/AB/R, 9 septembre 1997.

Corée - Mesures affectant les marchés publics - Rapport du Groupe spécial, WT/DS 163/R, 1er mai 2000.

Corée – Mesures affectant les importations de viande de bœuf fraîche, réfrigérée et congelée, Rapport de l'Organe d'appel, AB-2000-8 WT/DS161, 169/AB/R (00-5347), adopté 10 janvier 2001.

Corée – Restrictions à l'importation de la viande de bœuf. Rapport du Groupe Spécial adopté le 7 novembre 1989 et publie sous la cote L/6505 aux IBDD Supplément no.36, p. 261ss.

Etats-Unis – Refus d'accorder le traitement de la nation la plus favorisée aux chaussures autres qu'en caoutchouc en provenance du Brésil du Groupe spécial DS18/R, IBDD, S39/142, 19 juin 1992.

Etats-Unis – Droits compensateurs sur la viande de porc fraiche, réfrigérée et congelée en provenance du Canada. Rapport du Groupe spécial, IBBD, S38/32, 11 juillet 1991.

Etats-Unis – Mesures affectant les bois et résineux en provenance du Canada. Rapport du Groupe spécial SCM/153, 19 février 1993.

Etats-Unis — Imposition de droits d'importation sur les automobiles en provenance du Japon au titre des articles 301 et 304 de la Loi de 1974 sur le commerce extérieur, WT/DS56, du 17 mai 1996, Solutions mutuellement convenues notifiées le 19 juillet 1995.

Etats-Unis – Mesures affectant les importations des chemises et blouses de laine, WT/DS33/AB/R, 25 avril 1997.

Etats-Unis – Prohibition à l'importation de certaines crevettes et de certains produits à base de crevettes, Rapport de l'Organe d'Appel, WT/DS58/R, 15 mai 1998.

Etats-Unis – Traitement fiscal des « sociétés de ventes à l'étranger », Rapport de l'Organe d'Appel, WT/DS108/AB/R, 24 février 2000.

Etats-Unis – Taxes sur le pétrole et sur certains produits d'importation, Rapport du Groupe Spécial adopté le 17 juin 1987 publié sous la côte L6175 aux IBDD supplément n° 34, p. 154 et s.

Etats-Unis – Impositions de droits compensateurs sur les importations de saumons frais et réfrigérés en provenance de Norvège. Rapport du Groupe spécial SCM/153, 28 avril 1994.

Etats – Unis – Normes concernant l'essence ancien et nouvelle formules. Rapport du Groupe spécial, de l'Organe d'Appel et de l'Organe de Règlement des Différends, WT/DS/9, 20 mai 1996.

États-Unis - Imposition de droits compensateurs sur certains produits en acier au carbone, plomb et bismuth lamines à chaud originaires du Royaume-Uni, Rapport de l'Organe d'Appel, WT/DSI38/AB/R, 10 mai 2000.

Etats – Unis – Article 211 de la Loi générale de 1998 portant ouverture de crédits. Rapport du Groupe spécial, de l'Organe d'Appel et de l'Organe de Règlement des Différends, WT/DS176, 2 février 2002.

France – Pratiques suivies en matière d'impôts sur le revenu, Rapport du Groupe Spécial adopté le 2 décembre 1976 et publié sous la côte L/4423 aux IBDD supplément n° 23; p. 126 ss.

Inde – Protection conférée par un brevet pour les produits pharmaceutiques et de produits chimiques pour l'agriculture. Rapport de l'Organe d'Appel, WT/DS50/AB/R, 19 décembre 1997.

Inde – Restriction quantitatives à l'importation de produit agricoles, textiles et industriels, Rapport du Groupe spécial, WT/DS90/R, 6 avril 1999.

Inde – Mesures concernant le secteur automobile, Rapport du Groupe spécial, WT/DS146/R, WT/DS/R, 21 décembre 2001.

Indonésie - Certaines mesures affectant l'industrie automobile, Rapport du Groupe spécial, WT/DS54/R, WT/DS55/R, WT/DS59/R, WT/DS64/R, le 2 juillet 1998.

Japon - Les mesures affectant les pellicules et papiers photographiques destinés aux consommateurs, *(Fuji c. Kodak)*, WT/DS44/R, 31 Mars 1998.

Japon — Commerce des semi-conducteurs (BISD 35S/116), Rapport du Groupe spécial (GATT), BISD 35S/116, 4 mai 1988.

Japon — Achat d'un satellite de navigation — Notification de la solution convenue d'un commun accord, WT/DS73/5, 3 mars 1998.

Japon – Taxes sur les boissons alcooliques, WT/DS8/11, WT/DS10/11, WT/DS11/8, 1er novembre 1996.

Japon – Droits de douanes appliqués aux importations de bois d'œuvre d'épicéa, de pin et de sapin coupé à dimensions. Rapport du Groupe spécial, IBDDS36/184, 19 juillet 1989.

Japon - Mesures affectant les services de distribution - Demande de consultation présentée par les États-Unis, S/L/22, WT/DS45/1, le 20 juin 1996.

Japon – Droits de douane, fiscalité et pratiques en matière d'étiquetage concernant les vins et les boissons alcooliques importées, Rapport du groupe spécial adopté le 10 novembre 1987 publié sous la côte L/6216 aux IBDD supplément n° 34, p. 92 et s.
Mexique – Les mesures affectant les services de télécommunication, WT/DS204/R, 1 Juin 2004.

République dominicaine – mesures affectant l'importation et la vente de cigarettes sur le marché intérieur, WT/DE302/AB/R, 25 avril 2005.

Royaume Unis – Contingents de la Zone Dollar, Rapport du Groupe Spécial adopté le 30 juillet 1973 et publié sous la côte L/3891 aux IBDD supplément n° 20, pp. 259 ss.

Jurisprudence régionale

Cour de Justice des Communauté européenne et du Tribunal de première instance

AhlstörmOsakeytiö et autres c. Commission (Pâtes de bois), aff. jointes C-89, 104, 114, 116, 117 et 125 à 129/85, du 27.9.1987, Rec.1988, p. 5193 ss.

Ahmed Saeed, aff. C-66/86 du 11.4.1989, Rec.1989, p.803 ss.

Automec/Commission, aff. T-24/90 du 28.9.1992, Rec.1992, p. II-2223 ss.

Beguelin Import/G.L. Import Export, aff. C-22/71 du 25.11.1971, Rec.1971, p.949 ss

British American Tobacco Company Ltd. et R.J Reynolds Industries Inc. aff. jointes C - 142, 156/84 du 14.11.1987, Rec.1987, p.4487 ss.

BRT/ SABAM, aff. C- 127/73 du 20.1.1974, Rec.1974, p.51 ss.

Consten et Grundig, aff.C- 56 et 58/64 du 13.7.1966, Rec.1966, pp.431 ss.

Delimitis/Henninger Braü AG, aff. C-234/89 du 28.2.1991, Rec.1991, p. I-935 ss.

Europemballage Corporation et Continental Can Company c. Commission (Continental Can), aff. C-6/72 du 21.2.1973, Rec.1973, p.215 ss.

General Electric c. Commission, aff.210/01 du 14 décembre 2005, Rec.2006, p.155 ss.

Gencor c/Lohnro, aff. T-102/96 du 25.3.1999, Rec.1996, p.753ss

Guerlin, aff. C-253/78 et C-1-3/79 du 10.7.1980, Rec. 1980, p.2327 ss.

Hofner et Elser, aff. C- 41/9 du 23.4.1991, Rec. 1991, p.1979 ss.

Ferrier Nord, aff. C - 219/95 du 17.7.1997, Rec.1997, p.4411 ss.

Hugin, aff. C - 22/78 du 31.5.1979, Rec.1979, p.1869 ss.

Javico International et Javigo AG c. Yves Saint Laurent Parfums SA, aff. C – 303/96 du 28 avril 1998, Rec.1998, p. I -01983.

Instituto Chemioterapico Italiano Spa c. Commission (Zoja), aff. Jointes C- 6 et 7/73, du 6 mars 1974, JOCE, 1974, Rec.1974, p.223 ss.

Imperial Chemical Industries c. Commission (Matières colorantes), CJCE, aff. C-48/69 du 14 juillet 1972, Rec. 1972, p.619 ss

Metro-Saba, CJCE, aff. 26/76, du 25 octobre 1977, *Rec.*, p. 1875.

Miller, aff. C - 19/77 du 1.02.1978, Rec. 1978, p.131 ss.

Musique Diffusion française et les autres, aff. jointes C - 100 à 103/80 du 7.6.1983, Rec.1983, p.1825 ss.

Remia, aff. C-42/84 du 11.7.1985 Rec.1985, p.2545 ss.

République française c. Commission, aff.327/91 du 9 août 1994, Rec.1994, p.3641 ss.

Suiker Unie et autres c. Commission, aff. C- 40 à 48 et 54 à 56/, 111, 113 et 114/74 du 16 décembre 1975 JOCE, 1975, p.1663 ss.

Walt Wilhelm, aff. C-14/68 du 13.2.1969, Rec.1969, p.1 ss.

Van Schijndel, aff. C-430 et 431/93 du 14.12.1995, Rec.1995, p. I-4728 ss.

Vereeniging van Cementhandelaren, aff. C - 8/72 du 17.10.1972, Rec. 1972, p.977 ss.

Voelk/Vervaecke, aff. C-5/69 du 9.7.1969 Rec.1969, p.295 ss.

Zuchener c/Bayerische Vereinsbank, aff. C-172/80 du 14.7.1981, Rec. 1981, p.2021 ss.

Jurisprudence nationale

Les arrêts des tribunaux des Etats-Unis

Américain Banana Co v. United Fruit Co., 213 US 347 (1909)

Arizona c. Maricopa County Medical Society, 457 U.S. 332 (1982)

Board of Trade of Chicago v. U.S., 246 US 231 (1918)

Broadcast Music Inc. V. Columbia Broadcasting System Inc (BMI), 441 US 1 (1979)

Continental TV Inc. V GTE Sylvania Inc. 433 US 36 (1977)

Daishowa International v. North Coast Export Co. 1982-3 Trade Reg Rep (CCH) 64, 71, 785 (ND Cal, 1982)

Den Norske Stats Oljeselskap A.S. v. Heeremac V.O.F., 241 F.3d 420 (5th Cir. 2001).

Empagran S.A. v. F. Hofmann-La Roche Ltd., 315 F.3d 338 (D.C. Cir. 2003).

Hartford Fire Insurance v. California, 509 US 764 (1993)

Hoffmann-La Roche Ltd. and all v Empagran S.A., 542 U.S. 2004

Jefferson Parish Hospital Dist. N°2 c. Hyde, 466 US, (1984)

Kruman v. Christie's Int'l PLC, 284 F.3d 384 (2d. Cir. 2002).

Laker Airways Ltd. v. PanAm World Airways, 103 FRD 42 (DDC 1984), publié dans ILM, 1984, p. 748 ss.

Munn v.Illinois, 94 U.S. (4 otto) 113, 24 L.Ed.77. (1877)

National Society of Professional Engineers v US., 229 US (1978)

Northwest Wholesale Stationers c. Pacific Stationers & Printing Co., 105 S, Ct. 2613 (1985)

Société Nationale Industrielle AERospatiale v. United States District Court, 107 S. Ct. 2542 (1987)

Standart Oil Co. (N.J.) v U.S., 221 US 1 (1911)

Standard Oil Co. of California and Standard Stations Inc. v. *United States*, 337 U.S. 293, 299 S.Ct. 1051, 93 L.Ed. 1371, (1949)

Timberlane Lumber Co. v. Bank of America, 549 F. 2d 597, 9th Cir. (1976)

U. S. v. Aluminum Co. Of America, 148 F. 2d 416, 2rd Cir. (1945)

U.S. v. American Tobacco, 221 US 106 (1911)

U.S. v. General Electrics Co., 82 F. Supp. 753, D.N.J. (1949)

U.S. v. Imperial Chemicals Co., 145 F.Supp. 215, S.D.N.Y. (1952)

U.S. v. Nippon Paper Industries, 109 F.3d 1, 8 1st Cir. (1997), cert.denied 118 S.Ct.685 (1998)

U. S. v. Microsoft Corp., 1995-2 Trade Cas. (CCH) 71,096 (D.D.C.) 1995

U. S. v. Microsoft Corp., 253 F.3d 34, D.C. Cir.(2001)

U. S. v. Watchmakers of Switzerland Information Center Inc., Trade Cases 77, 414 (S.D.N.Y. 1962)

Wasbasch St Louis & Pacific Railway Co. v. Illinois State, 118 US 557 (1885)

Zenith Radio Corp. v. Matsushita Electric Industrial Co., Ltd. ET AL
494 F.Supp. 1263, US District Court, ED. Pa. June 26, 1980.

Bibliographie

Ouvrages

- ABDELGAWAD Walid (sous la dir.), Mondialisation et droit de la concurrence, Litec, Paris, 2008.

- ABRAHAM – FROIS Gilbert, Introduction à la micro-économie, Economica, Paris 2004.

- ABRAHAM – FROIS Gilbert, Economie politique, 7e ed. Economica, Paris 2001.

- ALLEGRET Jean-Pierre / LE MERRER Pascal, Economie de la mondialisation, De Boeck, Bruxelles 2007.

- AOKI Masahiko, Information, Incentives and Bargaining in the Japanese Economy, Cambridge University Press, 1988.

- ASLAN Yılmaz, Rekabet Hukuku, Ekin, Bursa, 2001

- AUBY Jean-Bernard, La globalisation, le droit et l'Etat, Editions Montchrestien, Paris 2003.

- BAUMOL William J. / PANZAR John C. / WILLIG Robert D., Contestable Markets and the Theory of Industry Structure, New York, Harcourt Brace Jovanovitch, 1982.

- BEGG David / FISCHER Stanley / DORNBUSCH Rudiger, Micro économie, 2ème ed. Dunod, Paris 2002.

- BEGUIN Jacques / MENJUCQ Michel RUIZ Le traité de doit du commerce international, (sous la dir.de), Litec Paris, 2005.

- BERNIER Bernard / VEDIE Henri-Louis, Initiation à la microéconomie, Dunod 2e ed. Paris 2005.

- BIEBER Roland / DE COURTEN Alix / GABLIN Samuel, Introduction au droit européen de la concurrence, Stæmpfli Editions SA Berne, 2002

- BLASSELLE Richard, Traité de droit européen de la concurrence, tome II B, éd. publisud 2005.

- BLIN Olivier, L'Organisation mondiale du commerce, ellipses, 2e ed., Paris, 2004.

- BOYER Robert, Théorie de la régulation, Collection repères, éditions la découverte, Paris 2004.

- BRAULT Dominique, Politique et pratique du droit de la concurrence en France, L.G.D.J., Paris 2004.

- BRAULT Dominique, Droit et la politique de la concurrence, Economica, Paris 1997.

- BRAULT Dominique, Droit de la concurrence comparé. Vers un ordre concurrentiel mondial? , Economica, Paris 1995.

- BROWNLIE Ian, Principles of Public International Law, 6th Edition, Oxford University Press 2003.

- CARREAU Dominique / JUILLLARD Patrick, Droit international économique, Dalloz 3e édition, Paris 2007.

- CARREAU Dominique, Droit international, Pedone 9e édition, Paris 2007

- CARTOU Louis / CLERGERIE Jean-Louis / GRUBER Annie / RAMBAUD Patrick, L'Union européenne, 6ème ed. Dalloz Paris 2006.

- CAVES Richard E. / FRANKEL Jeffrey A. / JONES Ronald W., Commerce et paiements internationaux, de Broeck, Paris, 2003.

- CHARBIT Nicolas, Le droit de la concurrence et le secteur public, L'Harmattan, 2002.

- CHENG Chia-Jui / LIU Lawrence S. / WANG Chih-Kang, International Harmonisation of Competition Laws, Dordrecht/Boston/London: Martinus Nijoff, New York, 1995.

- CHEROT Jean-Yves, Droit public économique, 2e ed. Economica, Paris 2007

- COLIN Frédéric, Droit public économique, Gualino, Paris 2005.

- COMBE Emmanuel, Economie et politique de la concurrence, Dalloz, Paris, 2005.

- DAILLIER Patrick / de LA PRADELLE Géraud / GHERARI Habib (sous la direction de), Droit de l'économie internationale, Editions Pedone, Paris 2004.

- DAILLIER Patrick / PELLET Alain, Droit international public, 7e éd. LGDJ, Paris 2002.

- DAIRE Eugène, Dissertation sur la nature de la richesse, Guillaumin, Paris 1843.

- DAVID François, Les échanges commerciaux dans la nouvelle économie mondiale, Collection Major, PUF, Paris, 1994.

- DE MELO Jaime / GRETHER Jean-Marie, Commerce international, De Boeck & Larcier, Paris, Bruxelles, 1997.

- DECOCQ André / DECOCQ Georges, Droit de la concurrence interne et communautaire, L.G.D.J., Paris 2002.

- DELVOLVE Pierre, Droit public de l'économie, Dalloz, Paris 1998.

- DINH Nguyen Quoc / DAILLER Patrick / PELLET Alain, Droit international public, 7 éd. LGDJ Paris 2002.

- DOERN Bruce G. / WILKS Stephan, Comparative Competition Policy : National Institutions in a Global Market, Clarendon Oxford Press, 1996.

- DU MARAIS Bertrand, Droit public de la régulation économique, Presses de sciences-po et Dalloz, Paris 2004.

- DUPUY Pierre-Marie, Droit International Public, 8e Ed.Dalloz, Paris, 2006.

- DUTHEIL de la ROCHERE Jacqueline, Droit communautaire matériel, Les Fondamentaux, Hachette Paris 2001.

- ENCOA David / GUESNERIE Roger, Politique de la concurrence, Conseil d'analyse économique, *La Documentation Française*, Paris, 2006

- ETNER François, Microéconomie, PUF Paris 2006.

- ERDEM Ercüment, Türk ve AT Rekabet Hukukunda birleşme ve devralmalar, Beta, İstanbul, 2003.

- FARJAT Gérard, Pour un droit économique, PUF, Paris 2004.

- FIKENTSCHER Wolfgang / IMMENGA Ulrich, Draft International Antitrust Code, Editions Nomos Baden, 1995.

- FOX Eleanor M. / SULLIVAN Lawrence A. / PERITS Rudolph J.R., Cases and Materials on U.S. Antitrust in Global Context, 2nd ed. American Casebook Series, West Group 2004.

- FRISON – ROCHE Marie - Anne, Droit de la régulation, Dalloz, Paris 2001.

- FRISON-ROCHE Anne-Marie / BONFILS Sébastien, Les grands questions du droit économique, Ed.PUF, Paris 2005.

- FRISON-ROCHE Marie-Anne / PAYET Marie-Stéphane, Droit de la concurrence, 1er éd. Dalloz, Paris 2006.

- FRUIN Mark, The Japanese Enterprise System : Cooperative Structures and Competitive Strategies, Clarendon Press, Oxford, 1992.

- GAUTRON Jean-Claude, Droit européen 12ème éd. Dalloz, Paris 2006

- GAVALDA Christian / PARLEANI Gilbert, Droit des affaires de l'Union européenne, 5ème ed. Litec, Paris 2006.

- GERBER David, Law and Competition in Twentieth Century Europe : Protecting Prometheus, Clarendon Press, Oxford, 1998.

- GERBERT Pierre / GHEBALI Victor – Yves / MOUTON Marie – Renée, Le rêve d'un ordre mondial de la Société des Nations à Organisations des Nations – Unies, éd. Imprimerie Nationale, Paris, 1996.

- GRAHAM Edward M. / RICHARDSON David J. (Eds). Global Competition Policy, Institute for International Economics, 1997.

- HARDT Michael / NEGRI Antonio, Empire, Harvard University Press, Cambridge 2000.

- HARRISON Andrew / DALKIRAN Ertuğrul / ELSEY Ena, Business international et mondialisation, traduit par FONGANG Siméon, De Boeck, Bruxelles 2004.

- HARRISON Jeffrey L. / MORGAN Thomas D. / VERKUIL Paul R., Regulation and Deregulation, American Casebook Series, Thomson West 2004.

- HOEKMAN Bernard M. / MAVROIDIS Petros C., Law and Policy in Public Purchasing: The WTO Agreement on Government Procurement, Ann Arbor: The University of Michigan Press 1997.

- JACKSON John H. / DAVEY William J. / SYKES Alan O., Legal Problems of International Economic Relations: Cases, Materials and Text, 4th. Ed. American Casebook Series, West Group 2002

- JACKSON John H, The World Trading System, Law and Policy of International Economic Relations, The MIT press, 1990.

- JACQUET Jean-Michel / DELEBECQUE Philippe / CORNELOUP Sabine, Droit du commerce international, 1e Dalloz, Paris 2007.

- JOLIET René, The Rule of Reason in Antitrust Law, Faculté de Droit, Liège, Martinus Nijhoff, La Haye, 1967.

- JONES Clifford A. / MATSUHITA Mitsuo, Ed., Competition Policy in Global Trading System, Kluwer Law International, The Hague, 2002.

- KRUGMAN Paul / OBSTFELD Maurice / CAPELLE-BLANCARD Gunther / CROZET Matthieu, Economie internationale, 7e edition, Pearson 2006.

- LAFAY Gérard, Initiation à l'économie internationale, 2e éd. Economica, Paris 2006.

- LASOK K.P.E / LASOK Dominik., Law & Institutions of the European Union, 7th ed. Butterworths 2001.

- LE MIRE Pierre, Droit de l'Union européenne et politiques communes, 4ème éd. Dalloz Paris 2006.

- LEMOINE Mathilde / MADIES Philippe / MADIES Thierry, Les grandes questions d'économie et finance internationales, De Boeck, Bruxelles 2007.

- LEVASSEUR Alain, Droit des Etats-Unis, Dalloz, Paris, 1994.

- LEVEQUE François / MENIERE Yann, Economie de la propriété intellectuelle, Collection repères, éditions la découverte, Paris 2003.

- LUCAS DE LEYSSAC Claude / PARLEANI Gilbert, Droit du marché, PUF, Paris 2002.

- LUFF David, Le droit de l'Organisation mondial du Commerce, L.G.D.J. – Bruylant 2004.

- MADDALON Philippe, La notion de marché dans la jurisprudence de la cour des justices de communautés européennes, LGDJ, Paris, 2007.

- MALAURIE – VIGNAL Marie, L'abus de position dominante, L.G.D.J., Paris 2003.

- MALHERBE Jacques, Pratiques du Commerce : Concurrence Tome IV, Ed. UCL, Université Catholique de Louvain, 2001.

- MARCEAU Gabrielle, Antidumping and antitrust issues in free trade areas, Clarendon Press, Oxford 1994.

- MARCOU Gérard / MODERNE Franck, Droit de la régulation, service public et intégration régionale, l'Harmattan, coll. Logiques juridiques, II. Tomes, Paris 2005.

- MARSDEN Philip, A Competition Policy for the WTO, Cameron May, London, 2003.

- MATCHETTE Robert B, Guide to Federal Records in the National Archives of the United States, National Archives and Records Administration, Washington, DC, 1996.

- MATSUSHITA Mitsuo, International Trade and Competition Law, Oxford University Press, Oxford 1993.

- MERCIAI Patrizio, Les entreprises multinationales en droit international, Bruxelles, Bruylant, 1993.

- MOUSSERON Jean-Marc / RAYNARD Jacques/ FABRE Régis / PIERRE Jean-Luc, Droit du commerce international, 3e ed. Litec, Paris 2003.

- MOCKLE Daniel (ed.), Mondialisation et l'Etat de droit, Bruylant, Bruxelles 2002.

- NICOLAS-VULLIERME Laurence, Droit de la concurrence, Vuibert, Paris, 2008.

- PAASMAN Berend, Multilateral Rules on Competition Policy: An Overview of the Debate, United Nations Economic Commission for Latin America and the Caribbean, Division of Trade and Development Finance, International Trade Unit, 1999.

- PACTET Pierre / MELIN-SOUCRAMANIEN Ferdinand, Droit constitutionnel, 26e éd., Dalloz, Paris, 2007.

- PANIZZON Marion, Good Faith in the Jurisprudence of the WTO, Studies in International Trade Law, Hart Publishing, Oxford, 2006.

- PANTZ Dominique, Institutions et politiques commerciales internationales : du GATT à l'OMC, Armand Colin, Paris 1998.

- POILLOT - PERUZZETTO Sylvaine / LUBY Monique, Le droit communautaire appliqué à l'entreprise, Dalloz, Paris 1998.

- PRAGER Jean-Claude, La politique économique aujourd'hui, Ellipses, Paris 2002.

- PRAGER Jean-Claude / François VILLEROY de GALHAU, 18 leçons sur la politique économique : À la recherche de la régulation, 2e ed. Seuil, Paris 2006.

- QUESNAY François, "Observations sur le droit naturel des hommes réunis en société" Journal de l'agriculture, du commerce et des finances-Tome II première partie, 4-35, septembre 1765.

- REY Jean-Jacques / ROBERT Eric, Institutions économiques internationales, Bruylant, Bruxelles, 1997.

- RICARDO David, Des principes de l'économie politique et de l'impôt, Collection Champs, Flammarion, Paris, 1977.

- ROSIAK Patricia, Les transformations du droit international économique, L'Harmattan, Paris, 2003.

- SALMON Jean (sous dir.), Dictionnaire de droit international public, Bruylant, Bruxelles 2001.

- SAMUELSON Alain., Les grandes courants de la pensée économique 3e éd., Grenoble : Presses Universitaires de Grenoble, 1990.

- SAMUELSON Paul A. / NORDHAUS William D., Micro-économie 14e édition, les éditions d'organisation, Paris 1995

- SCHAFFER Richard / EARLE Beverly / AGUSTI Filiberto, International Business Law and its Environment, Thomson, West, 6th Ed., 2004.

- SCHERER Frederic M. / ROSS David, Industrial Market Structure and Economic Performance, 3th Ed. Houghton, New York, 1990.

- SCHERER Frederic M., Competition Policies for an Integrated World Economy, Brookings Institution Press, Washington DC 1994.

- SOUTY François, Le droit et la politique de la concurrence de l'Union européenne 3ème éd., Montchrestien Paris 2003.

- SMITH Adam, An Inquiry into the Nature and Cause of the Wealth of Nations, 1776, reprinted by Methuen 5th ed. London, 1904.

- STEINER Josephine / WOODS Lorna, Textbook on EC Law, 8th ed. Oxford University Press 2003.

- TAYLOR Martyn, International Competition Law: A New Dimension for the WTO?, Cambridge University Press 2006.

- TERCINET Anne, Droit européen de la concurrence, Gualino, Paris 2000.

- VARIAN Hal R., Introduction à la microéconomie, 6e éd. De Boeck, Bruxelles 2006.

- VISCUSI W. Kip / VERNON M. John / HARRINGTON E. Joseph Jr., Economics of Regulation and Antitrust, 2nd ed. MIT Press 1995.

- VOGEL Louis, Droit de la concurrence et concentration économique, Economica no.364, 1988.

- WIENER Jarrod, Globalization and the Harmonization of Law, Pinter, London-New York 1999.

Thèses et mémoires

- BRONSARD Camille, Dualité microéconomique et théorie du second best, Thèse Université de Louvain, CORE, Vander, 1971.

- BASEDOW Jürgen, Souveraineté territoriale et globalisation des marchés : le domaine d'application des lois contre les restrictions de la concurrence, RCADI 1997, Tome 264, Martinus Nijoff Publishers, The Hague, Boston, London 1998

- CHAREYRE DE BEAUMONT Anne, Droit de la concurrence et globalisation, Thèse Université Panthéon-Assas, Paris II, 2006.

- FASQUELLE Daniel, Droit américain et droit communautaire des ententes, GLN Joly Editions, 1993.

- FRIEDEL - SOUCHU Evelyne, Extraterritorialité du droit de la concurrence aux Etats-Unis et dans la Communauté européenne, LGDJ, Paris 1994.

- GANIOT Jérôme, La concurrence un souffle nouveau pour les collectivités locales ?, Institut d'Etudes politiques de Lyon, Mémoire soutenu le 21 septembre 2001.

- IDOT Laurence, Le contrôle des pratiques restrictives de concurrence dans les échanges internationaux, Thèse Université Panthéon-Assas, Paris II, 1981.

- JOLİET René, The Rule of Reason in Antitrust Law, Faculté de Droit, Liège, Martinus Nijhoff, La Haye, 1967.

- KARAKOÇ Oğuz, La période d'internationalisation des règles de concurrence et les politiques des organisations internationales, Mémoire pour devenir l'expert de l'Autorité de la concurrence, Ankara 2003.

- KAZZI Habib, Le contrôle et des concentrations entre les entreprises dans une économie mondialisée : Contribution à l'étude de l'application international du droit économique, Presse universitaires d'Aix-Marseille, 2007.

- KESKIN Cenk, Les aspects communs et différents de droit de la concurrence américain et européen, Thèse de DEA de l'Union européenne, L'Université Galatasaray, Istanbul 2003.

- LESAFFRE Hubert, Le règlement des différends au sein de l'O.M.C et le droit de la responsabilité internationale, Thèse Université Paris X Nanterre, 2007.

- LIGNEUL Nicolas, L'élaboration d'un droit international de la concurrence entre les entreprises, Bruylant, Bruxelles 2001.

- MERKT Benoît, Harmonisation internationale et entraide administrative internationale en droit de la concurrence, Editions Peter Lang, Neuchâtel 2000.

- OHLIN Bertil, Interregional and International Trade, Harvard University Press, 1933

- PAYET Maire-Stéphane, Droit de la concurrence et droit de la consommation, Dalloz, Paris 2001.

- ROMANO Frank, Mondialisation des politiques de concurrence, L'Harmattan, 2003.

Articles et contributions

- ABBOT Frederick M., "First Report (Final) to the Committee on International Trade Law of the International Law Association on the Subject of Parallel Importation", *JIEL*, Oxford University Press, 1998, p.607 ss.

- ABBOT Frederick M., "The North American Integration Regime and Its Implications for the World Trading System", Seminar and Workshop on Advanced Issues in Law and Policy of the European Union, NAFTA and WTO, Harvard Law School, Harvard Jean Monnet Working Paper 2/99.

- ABDELGAWAD Waled, « Jalons de l'internationalisation du droit de la concurrence : vers l'éclosion d'un ordre juridique mondial de la *lex economica* », *RIDE,* 2001/2, p.161 à 196.

- ALFORD Roger P., "The Extraterritorial Application of Antitrust Laws: The United States and European Community Approaches", *VJIL*, Vol.33, no.1, 1992, p.1 à 50.

- ALVEREZ - JIMENEZ Alberto, "Emerging WTO Competition Jurisprudence and its Possibilities for Future Development", *Northwestern School of Law Journal of International Law & Business,* Vol.24, 2004, p.441 à 510.

- ANDERSON Robert D. / HOLMES Peter, "Competition Policy and the Future of the Multilateral Trading System", *JIEL,* Vol.5 No.2, 2002, p. 531 à 563.

- ANDREFF Wladimir, « La restructuration stratégique des firmes multinationales et l'Etat « mondialisateur » », dans *Mondialisation et gouvernance mondiale,* Ed. LAROCHE Josepha, Institut de Relations Internationales et Stratégiques, Presses Universitaires de France, 2003, p. 45 à 66.

- ARHEL Pierre, « Droit international de la concurrence, s'orient-t-on vers des négociations ? », *Revue du marché commun et de l'Union Européenne*, n° 425, février 1999, p.84 à 90.

- ARROW Kenneth, "Methodological Individualism and Social Knowledge", *AER*, Papers and Proceedings, Vol.84, No.2, 1994, p. 1à 9.

- BAADE Hans W., "The Legal Effects of Codes of Conduct for Multinational Enterprises'", *German Year Book of International Law*, Vol.22, 1979, pp.11 et ss.

- BARRINGER William H., "Competition Policy and Cross Border Dispute Resolution: Lessons Learned from the U.S.-Japan Film Dispute", *George Mason Law Review*, Vol.6, no. 3, 1998, p. 459 à 477.

- BASEDOW Jurgen, "International Antitrust: From Extraterritorial Application to Harmonization", *LLR*, vol.60, Summer 2000, p.1037 à 1052.

- BAUMOL, William J., "Contestable Markets: An Uprising in the Theory of Industrial Structure", *American Economic Review,* Vol. 72, 1982, p. 1 à 15.

- BERLIN Dominique, « La compétence internationale des droits internes de la concurrence », dans *Les dimensions internationales de la politique de la concurrence*, Association Française d'Etude de la Concurrence, Journée du 30 mars 1994, p.7 et ss.

- BHAGWATI Jagdish N., "Afterword: The Question of Linkage", *AJIL* Vol.96 no.1, January 2002, p. 126 à 145.

- BLACKHURST Richard, "Competition Policies: National versus Multilateral Jurisdiction", *Aussenwirtschaft*, 1994, p. 223 à 229.

- BLAUG Mark, "Is Competition Such a Good Thing? Static Efficiency versus Dynamic Efficiency", *Review of Industrial Organisation*, Vol.19, No.1, 2001, p.37 a 48.

- BOETTKE Peter J., "Where Did Economies Go Wrong : Modern Economics as a Flight From Reality", *Critical Review*, Vol.11, no.1, 1997, p.11-64.

- BORK Robert H. "Ancillary Restraints and the Sherman Act", 15 *ABA* Antitrust Section, 1959, p.211 à 224.

- BOY Laurence, « Le droit de la concurrence : Régulation et/ou contrôle des restrictions à la concurrence », European University Institute Working Paper LAW No. 2004/9.

- BRADFORD (PIILOLA) Anu, "International Antitrust Negotiations and the False Hope of the WTO", *Harvard International Law Journal*, Vol.48, summer 2007, p. 383 à 440.

- BRITTAN Leon, "The Need for a Multilateral Framework of Competition Rules", Speech to the OECD Conference on Trade and Competition policy, Paris, 29 juin 1999.

- BROBERG Morten P., "The European Commission's Extraterritorial Powers in Merger Control The Court of First Instance's Judgment in Gencor v. Commission", *International and Comparative Law Quarterly*, Vol. 49, No. 1. (Jan., 2000), pp. 172-182.

- BRONCKERS Marco C.E.J., "Trade and Competition Interlinkages: The Case of Telecom" (September 1999), FEEM Working Paper No. 68-99. Available at SSRN: http://ssrn.com/abstract=200613

- BRUS Marcel, "Bridging the Gap between Sovereignty and International Governance: The Authority of Law" in *State, Sovereignty, and International Governance,* KREIJEN Gerald (Ed.), New York University Press, New York 2002, p. 3 à 25.

- CASTILLO Maria, « Les grandes étapes de l'évolution de l'ordre économique international », dans *Droit de l'économie internationale*, DAILLER Patrick / DE LA PRADELLE Géraud / GHERARI Habib, Editions Pedone, Paris 2004, p.9 à19.

- CHARNOVITZ Steve, The Moral Exception in Trade, *VJIL,*Vol.38, summer 1998, p.689 à 746.

- CHARNOVITZ Steve, "The WTO's Problematic Last Resort Against Compliance", *Aussenwirtschaft*, Vol. 57, no.4, 2002, p. 409 à 439.

- CHEVALIER Jacques, « Mondialisation du droit ou droit de la mondialisation ? », in *Le droit saisi par la mondialisation*, Ed. MORAND Charles Albert, Bruylant, 2001, p.37 à 61.

- CHIMNI B.S., "International Institutions Today: An Imperial Global State in the Making", *EJIL*, vol.15 No.1, 2004, p.1 ss.

- CLARK John M., "Towards a Concept of Workable Competition", *AER* Vol.30, 1940, p. 241 à 256.

- CLARKE Julien et EVENETT Simone, "A Multilateral Framework for Competition Policy?", in *The Singapore Issues and the Word Trading System : The Road to Cancun and Beyond,* EVENETT Simone (dir.), Bern, World Trade Institute, 2003, p.77 à 169.

- CLAUDEL Emmanuelle, « Vers un droit international de la concurrence ? », dans *Droit de l'économie internationale,* DAILLIER Patrick, de LA PRADELLE Géraud, GHERARI Habib (sous la direction de), Editions Pedone, Paris 2004, p. 405 à 420.

- COASE Ronald H., "Law and Economics at Chicago", *Journal of Law and Economics*, Vol.36, No.1, University of Chicago Press, 1993, p. 239 à 254.

- CORRERA Carlos Maria, "Competition Law and Development Policies", in *Towards WTO Competition Rules,* ZACH Roger (Ed.), Staempfli Publishers Ltd. & Kluwer Law International, The Hague-London-Boston, Berne, 1998, p. 361 à 393.

- COTTIER Thomas, « Les tâches de l'OMC : évolutions et défis », *Revue Internationale de Droit Economique,* Vol. XVIII, No.3, 2004, p. 273 à 291.

- COTTIER Thomas, "The Prospects of Intellectual Property in GATT", *Common Market Law Review,* Vol. 28, 1991, p.383. ss.

- COTTIER Thomas / KRISTA Nadakavukaren Schefer, "Non-violation Complaints in WTO/GATT Dispute Settlement : Past, Present and Future", in *International Trade Law and the GATT/WTO Dispute Settlement System,* ed. PETERSMANN Ernst-Ulrich, Kluwer law International, London, 1997, p. 145 à 183.

- COURET Alain, « Les groupes multinationaux », dans *le Traité de doit du commerce international*, sous la direction de BEGUIN Jacques / MENJUCQ Michel, Litec Paris, 2005, p. 169 à 269.

- CULOT Henri, « Soft law et le droit de l'OMC », *RIDE* Vol.19, 2000, p.251 à 289.

- DALLENNE Pierre, « Mondialisation versus Régionalisation : les paradoxes de la politique commerciale américaine », dans *La nouvelle hiérarchie des puissances dans la mondialisation au 21e siècle*, sous dir. de DALLENNE Pierre, Ellipses, Paris 2004, p.418 à 440.

- DAVIDOW Joel / CHILES Lisa, "The United States and the Issue of the Binding or Voluntary Nature of International Codes of Conduct Regarding Restrictive Business Practices, *AJIL*, Vol.72, 1978, p. 247 à 271.

- DAVIDOW Joel, "The Seeking of a World Competition Code: Quixotic Quest?", in *Competition in International Business : Law and Policy in Restrictive Practices*, SCHACHTER Oscar / HELLAWELL Robert (ed.), Columbia Press, New York, 1981, p.352 à 404.

- DAVIDOW Joel, "United States Antitrust Developments in the New Millennium", *World Competition*, Vol. 24, no. 3, 2001, pp. 425 à 442.

- DE KIRALY Francis, "International Cartels and Their Effects on the Progress of International Law", *Transactions of the Grotius Society*, Vol. 15, Problems of Peace and War, Papers Read before the Society in the Year 1929, British Institute of International and Comparative Law, (1929), pp. 17 à 33.

- DE LEON Ignacio, "The Dilemma of Regulating International Competition under the WTO System", dans *International Economic Regulation*, Ed. KELSEY, Jane, Dartmouth, 2002, p.355 à 370.

- DEBLOCK Christian / BRUNELLE Dorval / RIOUX Michèle, « La Zone de libre-échange des Amériques et la reconfiguration des relations économiques continentales dans une perspective d'intégration en profondeur », dans *Régionalisme et intégration des petites économies,* REGNAULT H. (dir), Économica, Paris, 2003, pp. 313 à 325.

- DEBLOCK Christian / BRUNELLE Dorval / RIOUX Michèle, « Mondialisation, concurrence et gouvernance : Émergence d'un espace juridique transnational dans les Amériques », Cahiers de recherche-CEIM (02-03), Groupe de recherche sur l'intégration continentale (GRIC), Université du Québec à Montréal, mars 2002.

- DEBLOCK Christian, « Mercantilism, *Compétitivisme* and the New Role of the State », Cahiers de recherche-CEIM (02-09), Groupe de recherche sur l'intégration continentale (GRIC), Université du Québec à Montréal, 2002.

- DEBLOCK Christian / BRUNELLE Dorval, « Globalisation et nouveaux cadres normatifs », Cahiers de recherche-CEIM (98-02), Groupe de recherche sur l'intégration continentale (GRIC), Université du Québec à Montréal, septembre 1998.

- DELCOURT Jacques, « Mondialisation ou globalisation : Quelle différence ? », dans *Les défis de la globalisation : Babel ou Pentecôte ?* sous la direction de DELCOURT Jacques et DE WOOT Philippe, Presses universitaires de Louvain, 2001, p. 15 à 34.

- DICKSON Peter R., "The Static and Dynamic Mechanics of Competition: A Comment on Hunt and Morgan's Comparative Advantage Theory", Journal of Marketing, Vol.60, No.4, 1996, p.102 à 106.

- DMITRIEV Vladimir Karpovich, "The Theory of Competition of Augustine Cournot", Economic Essays on Value, Competition and Utility, Cambridge University Press, 1974, pp. 97 à 178.

- DOMKE Martin, "The United Nations Draft Convention on Restrictive Business Practices", *International and Comparative Law Quarterly*, Vol.4, No.1, 1955, p. 129 à 140.

- DRABA Robert E., " International Antitrust : Supreme Court Decides the Meaning of "Give Rise to a Claim" and "Foreign Tribunal", *Loyola University Chicago International Law Review*, Vol. 2, Issue 1, 2004, p.129 à 151.

- DREXL Josef, « Les principes de protection des interets diffus et des biens collectifs: quel ordre public pour les marches globalises? », *RIDE*, Vol 17; No. 3/4, 2003, p. 387 à 410.

- DREXL Josef, "International Competition Policy after Cancun : Placing a Singapore Issue on the WTO Developing Agenda", *World Competition*, Vol.23, No. 3, p.419 à 458.

- DUNFEE Thomas W. / FRIEDMAN Aryeh S., "The Extra-Territorial Application of United States Antitrust Laws: A Proposal for An Interim Solution", *OSLJ* Vol. 45, Fall 1984, p. 883 à 932.

- EGGE Michael George, "The Harmonization of Competition Laws Worldwide", *Richmond Journal of Global Law and Business*, Vol.2, Winter / Spring 2001, p.93 à 108.

- EHRICKE Ulrich, « Les principes de libération et de libéralisation : de l'ouverture des marchés à l'adaptation aux conditions de la concurrence globale. L'exemple de la CE », *Revue Internationale de Droit Économique*, 2003, p.357 à 372.

- EHLERMAN Claus Dieter, "Managing Monopolies : The Role of the State in Controlling Market Dominance in the European Community", *ECLR* Vol.2., 1993, p.61 et ss.

- EHLERMAN Claus Dieter / EHRING Lothar, "WTO Dispute Settlement and Competition Law: Views from the Perspective of the Appellate Body's Experience", Fordham Int'l L. J., Vol. 26, no.6, juin 2003, p. 1505 à 1561.

- EVENETT Simone / LEVENSTEIN Margaret / SUSULOW Valerie, "International Cartel Enforcement : Lessons from the 1990s", *World Economy,* Vol. 24, no. 9, septembre 2001, pp. 1221-1245.

- EPSTEIN Julian, "The Other Side of Harmony: Can Trade and Competition Laws Work Together in the International Marketplace?", American University International Law Review, Vol.17, 2002, p.343 à 367.

- FARJAT Gérard, « Les pouvoirs privés économiques », dans *Souveraineté étatique et marché internationaux à la fin du 20e siècle.* À propos de 30 ans de recherche du CREDIMI, Mélanges en l'honneur de Philippe KAHN , Litec, 2000, p. 613 à 661.

- FIRST Harry, " The Development of International Antitrust", dans DREXL Josef (Ed.), *The Future of Transnational Antitrust – From Comparative to Common Competition Law*, Berne 2003, p.23 ss.

- FIDLER David, "Competition Law and International Relations", *International and Comparative Law Quarterly* Vol.41, No.3, 1992, p.563 à 589.

- FILLINGER Tamera, "The Anatomy of Protectionism: The Voluntary Restraint Agreements on Steel Imports", *UCLA Law Review,* Vol.35, 1988, p. 953 à 997.

- FINCKENSTEIN Konrad V., "International Antitrust Policy and the International Competition", in *International Antitrust Law & Policy*, Fordham Corp. L. Institute HAWK Barry (Ed.), 2002, p.. 37 à 46.
- FLORY Thiebaut (sous la dir. de), « Chroniques du règlement des litiges de l'OMC – 1. er. juillet 1999 - 31 décembre. 1999», *Revue du marché commun et de l'Union Européenne* no.434, 2000, p.47 à 56.
- FLORY Thiebaut (sous la dir. de), « Chroniques du règlement des litiges de l'OMC », *Revue du marché commun et de l'Union Européenne,* no.429, 1999, p.401 à 413
- FLORY Thiebaut (sous la dir. de), « Chroniques du règlement des litiges de l'OMC», *Revue du marché commun et de l'Union Européenne,* no.425, 1999, p.121 à 127.
- FOER Albert A., "The U.S. Unilateral Hypothesis", Presented at Anti-Trust and Globalization Conference Centro nazionale di prevenzione e difesa sociale Courmayeur Mont Blanc, September 19, 2003.
- FOER Albert A. / LANDE Robert H., "The evolution of United States Antitrust Law : The past, present, and (possible) future.", *Nihon University Comparative Law*, Vol.16, 1999, pp 149-172.
- FOX Eleanor M., "The WTO's First Antitrust Case – *Mexican Telecom* : A Sleeping Victory For Trade and Competition", *JIEL,* 2006, p. 271 à 292.
- FOX Eleanor M., "International Antitrust and the Doha Dome", *VJIL*, Vol.43, 2003, p. 911 à 932.
- FOX Eleanor M., "International Antitrust: Against Minimum Rules; For Cosmopolitan Principles (International Competition Policy)" *Antitrust Bulletin,* vol. 43, no. 1, March 1998., p.5 à 13.
- FOX Eleanor M., "Competition Law and Millennium Round", *JIEL,* Vol.2, Issue 4, 1999, p. 665 à 679.
- FOX Eleanor M., "Toward World Antitrust and Market Access", *American Journal of International Law*, Vol.91, No.1, 1997, p. 1 à 25.

- FOX Eleanor M., “Harmonization of Law and Procedures in a Globalized World: Why, What, and How?”, *Antitrust Law Journal* vol.60 no.1, 1992, p.593 à 598

- FOX Eleanor M., “Antitrust and Regulatory Federalism : Races Up, Down and Sideways”, *New York University Law Review*, Vol.75, 2000, p.1780 à 1807..

- FRISON – ROCHE Marie-Anne, « Définition du droit de la régulation économique », dans *les régulations économiques : légitimité et efficacité*, sous la direction de FRISON – ROCHE Marie-Anne, presses de Sciences PO et Dalloz 2004, p.7 à 15.

- FRISON – ROCHE Marie-Anne, « Les différentes définitions de la régulation », La régulation : monisme ou pluralisme ?, Petites Affiches no.82, 10 juillet 1998, p. 5 à 7.

- GAILLARD Louis, « L’entraide internationale en matière judiciaire et arbitrale : L’état des questions », Récents développements en matière d’entraide civile, pénale et administrative, CEDIDAC, Lausanne 2004, p.35 à 79.

- GARCIA RUBIO Mariano, « Réflexion sur le prétendu exercice des fonctions supranationales par les organes de règlement des différends de l’O.M.C.», dans, *l’Organisation mondial du commerce : Vers un droit mondial du commerce ?,* sous la direction d’OSMAN Filali, Bruylant Bruxelles 2001, p.245 à 261.

- GASTLE Charles M., “The Convergence of International Trade and Competition Law Through a WTO Market Access Code”, *Currents: International Trade Law Journal*, Vol.8, winter 1999, p.3 à 25.

- GERBER David J., « Les doctrines européenne et américaine du droit de la concurrence » dans *la Modernisation du droit de la concurrence*, sous la direction de CANIVET Guy, L.G.D.J. Paris 2006, p.106 à 131.

- GERBER David J., “The U.S. -- European Conflict Over the Globalization of Antitrust Law: A Legal Experience Perspective”, *New England Law Review,* Vol.34 no.1, 1991, p.123 à 143.

- GHERARI Habib, « Le recours aux procédures intégrées des organisations internationales économiques : Le système de règlement des différends de l'OMC », dans *Droit de l'économie internationale,* sous la direction de DAILLIER Patrick, de LA PRADELLE Géraud, GHERARI Habib, Editions Pedone, Paris 2004, p.937 à 951.

- GHERARI Habib, « Les marchés publics », dans *Droit de l'économie internationale*, DAILLER Patrick / DE LA PRADELLE Géraud / GHERARI Habib, Editions Pedone, Paris 2004, p.493 à 505.

- GIFFORD Daniel J., "The Draft International Code Proposed at the Munich: Good Intentions Gone Awry", Minn.JIL Vol.6 No.1, 1997, p.1 à 66.

- GRAHAM Edward / RICHARDSON David, « La voie américano-européenne vers le multilatéralisme dans la politique de la concurrence internationale », *Institut d'économie internationale, Perspectives économiques, Revue électronique de l'Agence d'information des Etats-Unis,* Vol. 4, No. 1, Février 1999, p.29 à 33.

- GRIFFIN Joseph P., "Jurisdiction and Enforcement: Foreign Governmental Reactions to U.S. Assertions of Extraterritorial Jurisdiction", *GMLR*, Spring 1998, p.505 à 523.

- GRAHAM Edward M. / RICHARDSON David J., "Conclusions and Recommendations", dans *Global Competition Policy,* GRAHAM Edward M. / RICHARDSON David J. (Eds). , Institute for International Economics, 1997, p.547 à 579.

- GRISAY Dominique, « Concurrence : Le droit européen dans le contexte international », *Journal des tribunaux*, Droit européen. No. 65, 2000, p. 1 à 11.

- GUZMAN Andrew, "Is International Antitrust Possible?", *NYULRev*, Vol.73, No.5, 1998, p.1501 à 1548.

- GUZMAN Andrew, "The Case for International Antitrust", Boalt Working Papers in Public Law, Paper 10, University of California Berkeley, June 1, 2003.

- HAAS N. Richard, "Sovereignty : Existing Rights, Evolving Responsibilities", discours prononcé à la School of Foregin Service et au Centre Mortara d'Etudes internationales de l'Université Georgetown, 14 janvier 2003.

- HANSEN Isela Patricia, "Antitrust in the Global Market: Rethinking "Reasonable Expectations" ", *SCLR,* Vol.73, 1999, p.1601 à 1649.

- HARBERGER Arnold, "Monopoly and Resource Allocation", *American Economic Review*, Vol.44, No.2, Papers and Proceedings of the 66th Annual Meeting of the American Economic Association, May 1954, p.77 à 87.

- HAUSER Heinz / SCHOENE Rainer, "Is There a Need for International Competition Rules?", *Aussenwirtschaft*, Vol.49, 1994, p. 205 à 222.

- HAWK Barry. E. « La révolution antitrust américaine : une leçon pour la Communauté? », *RTDE*, no.1, 1989, p.5 à 33.

- HAYEK Friedrich A., "The Use of Knowledge in the Society", *AER,* Vol. XXXV, No.4, p.19 à 30.

- HEINEMANN Andreas, « La nécessité d'un droit mondial de la concurrence », *Revue Internationale de Droit Economique*, Vol. XVIII, No.3, 2004, pp.293 à 324.

- HINDLEY Brian, "Competition law and the WTO : alternative structures for agreement", dans *Fair trade and harmonization*, Eds. BHAGWATTI Jagdish / HUDEC Robert, Vol. 2. Cambridge, MIT Press, 1996, p. 333 à 348.

- HOEKMAN Bernard, "Competition Policy and the Global Trading System: A Developing Country Perspective", Policy Research Working Paper, World Bank, WPS1735, 1997.

- HOEKMAN Bernard / MAVROIDIS Petros, "Competition, Competition Policy and the GATT", *The World Economy,* Vol.17, 1994, p. 121 à 150.

- HOEKMAN Bernard / MAVROIDIS Petros, « Externalités des politiques et compétition dans le secteur des technologies de pointe : concurrence et coopération multilatérale au-delà de l'OMC » dans, *L'accès au marché après le cycle d'Uruguay : Perspectives sur l'investissement, la concurrence et la technologie*, Paris 1996, p.215 ss.

- HOEKMAN Bernard / LOW Patrick / MAVROIDIS Petros C., "Regulation, Competition Policy and Market Access Negotiations: Lessons from the Telecommunications Sector" in *Competition and Trade Policies: Coherence or Conflict?*, HOPE E. and MAELENG P. (ed.), Studies in the Modern World Economy, Vol. 13. London and New York: Routledge, 1998, pp. 115 à 139.

- HUDEC Robert, "A WTO Perspective on Private Anti-Competitive Behavior in World Markets", *New England Law Review*, Vol. 34, 1999, p. 79 à 100.

- HUDEC Robert, "Industrial Subsidies : Tax Treatment of Foreign Sales Corporation", dans *Transatlantic Economic Disputes. The EU, the US and the WTO*, Eds. PETERSMANN Ernest-Ulrich / POLLACK Mark A., International Economic Law Series, General Edit. JACKSON John H., Oxford, 2003, p.175 à 205.

- HUTCHINGS Michael, "The competition between law and economics", *ECLR* Vol.9, 2004, p.531 ss.

- JACKSON John H., "Alternative Approaches for Implementing Competition Rules in International Relations", *Aussenwirtschaft* Vol.49, 1994, p. 177 à 200.

- JACKSON John H., " Reflections on Constitutional Changes to the Global Trading System", dans *Public Policy and Global Technological Integration,* ABBOTT Frederick/ GERBER David (Ed.) , Kluwer Law International, London, The Hague, Boston 1997, p. 185 à 193.

- JACKSON John H., "Sovereignty - Modern: A New Approach to an Outdated Concept", *Am. J. Int'l L.,* Vol.97, 2003, p.782 à 802.

- JACKSON John H., "Statement on Competition and Trade Policy before the U.S. Senate Committee on Judiciary", *Journal of World Trade,* Vol.26, no.5, 1992, p. 111 à 116.

- JANOW Merit, "Transatlantic Cooperation on Competition Policy", dans *Antitrust Goes Global: What Future for the Transatlantic Cooperation?* , Eds. EVENETT Simon J. / LEHMANN Alexander / STEIL Benn, Brookings 2000, p. 29 à 57.

- JENNINGS Robert, "Sovereignty and International Law", *State, Sovereignty, and International Governance,* sous la direction de KREIJEN Gerald (Ed.), New York University Press, New York 2002, p.27 à 45.

- JENNY Frédéric, « L'environnement économique international et les autorités de concurrence », dans Rapport Public 2001 – Les autorités administratives indépendantes. *La Documentation Française*, Paris 2001, p.441 à 462.

- JENNY Frédéric, "Globalization, Competition and Trade Policy: Issues and Challenges", dans *Towards WTO Competition Rules*, ZACH Roger Ed. Staempfli Publishers Ltd. & Kluwer Law International, The Hague-London-Boston, Berne, 1998, p.3 à 43.

- JENNY Frédéric, "Globalization, Competition and Trade Policy: Convergence, Divergence, and Cooperation", dans *Competition Policy in Global Trading System*, JONES Clifford A. / MATSUHITA Mitsuo, Ed., Kluwer Law International, The Hague, 2002, p. 295 a 334.

- JOSLING Tim, "State Trading: The Achilles Heel of the WTO?", PSIO Occasional Paper, WTO Series Number 1. Geneva, Switzerland: The Program for the Study of International Organization, the Graduate Institute of International Studies, Institut universitaire de hautes études internationales, 1997.

- JUILLARD Patrick, « L'Evolution des sources du droit des investissements », *Recueil de cours de l'Académie de Droit International de La Haye*, Vol.250, Martinus Nijhoff, 1994, p. 9 à 216.

- IDOT Laurence, « Mondialisation, liberté et régulation de la concurrence: le contrôle des concentrations », *Revue Internationale de Droit Economique*, Vol. XVI, No.2-3, 2002, p. 175 à 205.
- IDOT Laurence, « Premières vues sur l'arrêt *General Electric c. Commission* du 15 décembre 2005 », *Europe*, no.2, fevrier 2006, p.4 à 7.
- IMMENGA Ulrich, « La politique de concurrence dans le nouvel ordre commercial : renforcement de la coopération et des règles au niveau international. », Commission Européenne, Rapport du groupe des experts, Bruxelles, juillet 1995.
- ITOH Motoshige / NAGAOKA Sadao, "VERs, VIEs and Global Competition", dans *Global Competition Policy,* GRAHAM Edward M. / RICHARDSON David J. (Eds). , Institute for International Economics, 1997, p.475 à 499.
- KERSE Christopher S., « Enforcing Community Competition Policy under Articles 88 and 89 of the EC Treaty – New Powers for U.K. Competition Authorities, *ECLR* 1/1997, p.17 ss.
- KESKİN A. Cenk, « Evolution de la jurisprudence américaine et européenne vers la théorie de l'effet dans l'application unilatérale du droit de la concurrence », *Galatasaray Üniversitesi Hukuk Fakültesi Dergisi* 2007/1, s.83 – 107.
- KLEIN Joel I., "A note of Caution With Respect to a WTO Agenda on Competition Policy", Presented at The Royal Institute of International Affairs Chatham House London, November 18, 1996.
- KLEIN Joel, « Elargissement de la coopération internationale contre les comportements anticoncurrentiels », Institut d'économie internationale, *Perspectives économiques, Revue électronique de l'Agence d'information des Etats-Unis,* Vol. 4, No. 1, Février 1999, p.5 à 10.
- KOPPER Samuel K.C., "The International Regulation of Cartels. Current Proposals", *Virginia Law Review*, Vol.40, No.8, 1954, p.1005 à 1028

- KOVACIC William, “Institutions, and Convergence in International Competition Policy”, Présentation faite lors de l’Assemblé Annuelle de l’American Society of International Law, Washington, D.C., du 5 avril 2003.

- KOVAR Robert, “Le droit communautaire de la concurrence et la règle de raison”, *RTDE,* no.2, 1987, p.237 à 254.

- KRISHNA Kala / ROY Suddhasatwa / THURSBY Marie, “Implementing Market Access”, *Review of International Economics*, Volume 6, Number 4, November 1998 , p. 529 à 544.

- KRUGMAN Paul, “Increasing Returns, Monopolistic Competition and International Trade”, *Journal of International Economics*, Vol.9, 1979, p.469 à 479.

- KÜHN Kai-Uwe, “Germany”, dans *Global Competition Policy*, GRAHAM Edward M. / RICHARDSON David J., Institute for International Economics, 1997, p.116 à 149.

- LAMY Pascal, « La relance des négociations de l’agenda de Doha pour le Développement », Discours devant le Parlement européen, Strasbourg, 13 janvier 2004,SPEECH/04/11 http://europa.eu/rapid/pressReleasesAction.do?reference=SPEECH/04/11&format=PDF&aged=1&language=FR&guiLanguage=en, visité le 26 mai 2008.

- LANG Jeffry, « Le commerce international, la réglementation nationale et la politique de la concurrence », *Perspectives économiques*, Vol.4 No.1, février 1999, p.22 à 25.

- LANKARANI Leila, « une autre loi « loi d’application extraterritoriale » américaine », *RTD eur,* Vol.42 no.1, janvier – mars 2006, p.97 à 130.

- LAWRENCE Robert Z. / SAXONHOUSE Gary R., “Efficient or Exclusionist ? The Import Behaviour of Japanese Corporate Groups”, *Broking Papers on Economic Activity,* Vol. 1991, No.1, 1991, p.311 à 341.

- LEE Lawrence Jahoon, "Barcelona Traction in the 21st century: revisiting its customary and policy underpinnings 35 years later", *SJIL* Vol.42, 2006, p.237 à 290.

- LEE Marc et MORAND Charles, "Competition Policy in the WTO and FTAA : A Trojan Horse for International Trade Negociations?" , Canadian Center for Policy Alternatives, 2003.

- LEIBENSTEIN Harvey "Allocative Efficiency v. X-Efficiency", *AER* Vol. 56, 1966, p.392.

- LESAFFRE Hubert, « Les règles de fond », dans *Droit de l'économie internationale*, DAILLER Patrick / DE LA PRADELLE Géraud / GHERARI Habib, Editions Pedone, Paris 2004, p.339 a 354.

- LLERENA Patrick / LORENTZ André, "Cumulative Causation and Evolutionary Micro-Founded Technical Change", *Revue économique*, Vol. 55, No.6, 2004, p. 1191 à 1214.

- LLOYD Peter, "When Should New Areas of Rules be Added to the WTO?", *WTR* Vol.4, no.2, 2005, p. 275 à 293.

- LIEFMANN Robert, "Monopoly or competition as the basis of government trust policy » *Quarterly Journal of Economics*, Vol.29, No.2, février 1915, p. 308 à 325.

- LITAN Robert E., "The First Microsoft Case" dans *Antitrust Goes Global: What Future for the Transatlantic Cooperation?* , Eds. EVENETT Simon J. / LEHMANN Alexander / STEIL Benn, Brookings 2000, p. 174 à 176.

- LIPSTEIN Robert A.," Using Antitrust Principles to Reform Antidurnping Law", dans *Global Competition Policy*, GRAHAM Edward M. / RICHARDSON David J., Institute for International Economics, 1997, p.405 à 438.

- LOCHMANN Michael W., "The Japanese Voluntary Restraint on Automobile Exports: An Abandonment of the Free Trade Principles of the GATT and the Free Market Principles of the US Antitrust Law", *Harward International Law Journal*, Vol.27, 1996, p.99 à 157.

- LUZ Kathleen, "The Boeing-Mc Donnell Douglas Merger: Competition Law, Parochialism and the Need for a Globalized Antitrust System", *George Washington Journal of International Law & Economics*, Vol.32, 1999, p.155 à 177.

- LYON - CAEN Antoine, "Entreprises multinationales et droit européen de la concurrence" dans *L'entreprise multinationale face au droit*, GOLDMAN Berthold /FRANCESCAKIS Phocion (sous la direction de), Litec – Paris, 1977, p. 325ss.

- MARCOU Gérard, « La notion juridique de régulation », *AJDA*, no.7, 20 février 2006, p.347 à 353.

- MARSDEN Philip, "Trade And Competition -- WTO Decides First Competition Case -- With Disappointing Results", *Competition Law Insight*, may 2004, p. 3 à 9.

- MARSDEN Philip, "Antitrust" at the WTO", *Antitrust*, Fall 1998, p. 28 à 30.

- MARSDEN Philip, "A WTO "Rule of Reason"?", *European Competition Law Review*, Vol.19, no.8, 1998, p.530 à 535.

- MATSUSHITA Mitsuo, "Restrictive Business Practices and the WTO/GATT Dispute Settlement Process", dans *International Trade Law and the GATT/WTO Dispute Settlement System*, PETERSMANN Ernest-Ulrich (ed.), Kluwer Law International, London, The Hague, Boston, 1999, p.359 à 373.

- MATSUSHITA Mitsuo, "Competition Law and Policy in the Context of the WTO Sytem", *DePaul Law Review*, Vol.44, 1999, p. 1097 à 1118.

- MAVROIDIS Petros / VAN SICLEN Sally, "The Application of the GATT/WTO Dispute Resolution System to Competition Issues", *Journal of World Trade*, Vol.31, no.5, 1997, p.5 à 48.

- MAVROIDIS Petros / BACCHETTA Marc / HORN Henrik, "Do Negative Spill-Overs from Nationally Pursued Competition Policy Provide a Case for Multilateral Competition Rules?", In EHLERMANN

Claus-Dieter and LAUDATI Laraine (eds), *European Competition Law Annual 1997: Objectives of Competition Policy*, Hart Publishing, Oxford, 1998, p. 271 à 309.

- MAVROIDIS Petros, « Les pratiques restrictives du commerce: la question de la répartition des compétences entre la Communauté Européenne et ses Etats membres dans le cadre de l'Organisation Mondiale du Commerce », Annuaire Français de Droit International XLII, 1996, p. 864 à 871.

- MAYER Pierre, « Droit international public et droit international privé sous l'angle de la notion de compétence », *Revue Critique de Droit International Privé,* Vol.68 , 1979, p.349 à 388.

- McAFEE Randholph P. / McMILLAN John, "Government Procurement and International Trade", *Journal of International Economics*, Vol.26, No.3-4, may 1998, 291 à 308.

- McGINNIS John O., "The Political Economy of International Antitrust Harmonization", *William & Mary Law Review,* Vol.*45*, December, 2003, p.549 à 594.

- MELAMED Douglas A., "Promoting Sound Antitrust Enforcement in the Global Economy", *International Antitrust Law & Policy*, Ed. HAWK Barry E., 2000, p.1 à 9.

- MEHTA Kirti, "International Competition Policy Co-operation", dans *Transatlantic Economic Disputes. The EU, the US and the WTO*, Eds. PETERSMANN Ernest-Ulrich / POLLACK Mark A., International Economic Law Series, General Edit. JACKSON John H., Oxford, 2003, p. 281 à 297.

- MENDELSON Maurice, "The Subjective Element in Customary International Law", *British Yearbook of International Law*, Vol.66, 1995, pp.177 à 208.

- MESSERLIN Patrick, « Should antidumping Rules be Replaces by National or International Competition Rules? », *World Competition* Vo.18, 1995, p. 37 ss.

- MICHALET Charles-Albert, « Souveraineté nationale et mondialisation », dans *Mondialisation et gouvernance mondiale,* Ed. LAROCHE Josepha, Institut de Relations Internationales et Stratégiques, Presses Universitaires de France, 2003, p.29 à 45.

- MONJARDET Bernard / HUDRY Olivier, « Théorie du choix social : cinquantenaires », *Mathematics and Social Sciences*, no.163, p.5 à 7.

- MONTINI Massimiliano, "Globalisation and International Antitrust Co-operation", FEEM Working Paper No. 69.99., September 1999, Available at SSRN: http://ssrn.com/abstract=200611 visite dernier le 29 février 2008.

- MOREILLON Laurent, « Coopération et entraide judicaire internationale civile administrative et pénale : un état des lieux », Récents développements en matière d'entraide civile, pénale et administrative, CEDIDAC, Lausanne 2004, p. 13 à 35.

- MORGAN Elanor J. / MGGUIRE Steven M., "Transatlantic divergence : GE-Honeywell and the EU's merger policy", *Journal of European Public Policy*, vol.11,no.1 2004, p.39 à 56.

- MULLER Markus, "The European Commission's Decision against Microsoft: A Violation of the Antitrust Agreements between the United States and the European Union?", *ECLR*, Vol. 26, juin 2005, p. 309 à 315.

- NAEGELEN Florence / MOUGEOT Michel, "Discriminatory Public Procurement Policy and Cost Reduction Incentives", *Journal of Public Economics*, Vol.67, No.3, March 1998, p.349 à 367.

- NAKACHE Delphine, « Un cadre multilatéral sur la concurrence au sein de l'OMC est-il favorable aux consommateurs canadiens ? », Rapport d'Option consommateurs présenté au Bureau de la Consommation d'Industrie Canada, Juin 2005.

- NEVEN Damien / RÖLLER Lars-Hendrik, « The allocation of jurisdiction in international antitrust », *European Economic Review*, Vol.44, September 2000, p. 845 à 855.

- NICOLAIDES Phedon, “Towards multilateral rules on Competition”, *World Competition,* Vol.17 no.3, 1994, p. 5 à 48.

- NORTH C. Douglass / THOMAS Paul Robert, “An Economic Theory of the Western World”, *The Economic History Review*, New Series Vol.23, Issue 1, 1970, p.1 à 17.

- NOURRY Alex, “The WorldCom-MCI Case” dans *Antitrust Goes Global: What Future for the Transatlantic Cooperation?*, Ed. EVENETT Simon J. / LEHMANN Alexander / STEIL Benn, Brookings 2000, p. 188 à 191.

- OKIEMY Bienvenu, « L’O.M.C. face à la problématique de l’institution d’un droit international de la concurrence », dans, *l’Organisation mondial du commerce : Vers un droit mondial du commerce ?,* sous la direction d’OSMAN Filali, Bruylant Bruxelles 2001, p.61 à 86.

- OUALID William, « Les ententes industrielles internationales et leurs conséquences sociales – La défense des travailleurs et des consommateurs », Genève 1926. Doc. SdN, C.E.C.P. 94.

- PARLEANI Gilbert, « la liberté de la concurrence est-elle effective? Droit communautaire et droit français » *Les libertés écononomiques* sous la direction de DRAGO Guillaume et LOMBARD Martine, Editions Panthéon-Assas, Paris 2003, p.97 à 104.

- PERROT Anne, « Abus de position dominante : prédation, ventes liées, remises », dans politiques de la concurrence, *La Documentation Française*, Paris 2006, p.257 à 269.

- PETERSMANN Ernest-Ulrich, “ International Competition Rules for Governments and for Private Business : A “Trade Law Approach” for Linking Trade and Competition Rules in the WTO”, dans *Public Policy and Global Technological Integration,* ABBOTT Frederick/ GERBER David (Ed.) , Kluwer Law International, London, The Hague, Boston 1997, p. 221 à 255.

- PETERSMANN Ernest-Ulrich, “Competition-oriented reforms of the WTO world trade system : proposals and policy options”, *Towards WTO competition rules : key issues and comments on the WTO Report on trade and competition* : proceedings of the seminar, Zurich University, 8-10 July 1999 / ed. R. Zäch. Berne : Staempfli, 1999, p. 43 à 71.

- PETERSMANN Ernest-Ulrich, « La politique de concurrence dans le nouvel ordre commercial : renforcement de la coopération et des règles au niveau international », Annexe au rapport du Groupe des Experts. Bruxelles : Commission européenne, Direction-Générale IV - Concurrence, 1995, p. 40 à 57.

- PETERSMANN Ernst-Ulrich, "Proposals for Negotiating International Competition Rules in the GATT/WTO World Trade and Legal System", *Aussenwirtschaft* Vol.3, 1994, p.231 à 280.

- PETERSMANN Ernest-Ulrich, Violation-complaints and non-violation complaints in Public International Trade Law, *German Yearbook of International Law,* Vol.34, 1991, p. 175 à 229.

- PHILLIPS Bernard J., "Comments on the Draf International Antitrust Code", *Aussenwirtschaft,* Vol.49, 1994, p.327 à 348.

- PICCIOTTO Sol, "The Regulatory Criss-Cross :Interaction between Juridictions and the Constraction of Global Regulatory Networks", in *International Regulatory Competition and Coordination: Perspectives in Economic Regulation in Europe and the US*, Eds. BRATTON William / McCAHERY Joseph / SCOTT Colin / PICCIOTTO Sol, Clarendon, Oxford, 1996, p.89 à 124.

- PIILOLA Anu, "Assessing Theories of Global Governance: A Case Study of International Antitrust Regulation", *SJIL*, Vol.39, issue 2, summer 2003, p. 207 à 252.

- PONS Jean-François, "Is it time for an international agreement on antitrust ?", dans *The future of transnational antitrust : from comparative to common competition law,* ed. by DREXL Josef, 2003, p. 349 à 362.

- POSNER Michael V., "International Trade and Technical Change", *Oxford Economic Papers*, Vol.13, octobre 1961, p. 323 à 341.

- PRIETO Catherine, « Quelle concurrence face à la mondialisation économique ? L'Europe entre audace et ralliement », *Concurrences - Revues des droits de la concurrence*, No.1, 2005, p.20 à 31.

- PRINCEN Sebastian, " EC Compliance with WTO Law: The Interplay of Law and Politics", *EJIL* Vol.15 No.3, 2004, p.555 à 574.

- QUENEUDEC Jean-Pierre, « Un arrêt de principe : L'Arrêt de la C.I.J. du 14 février 2002 », Actualité et Droit International, mai 2002, p.1 à 4.

- RADICATI DI BROZOLO Luca, "Antitrust Claims: Why Exclude Them from the Hague Jurisdiction and Judgments Convention?", *ECLR* issue12, 2004, p.780 à 788.

- RAHL James, "Conspiracy and the Anti-Trust Laws ", *Illinois Law Review No.44 III.*, 1950, p.745 à 768.

- RAINELLI Michel, « Les théories du commerce international » dans *Mondialisation et commerce international*, Cahiers français No.325, mars-avril 2005, p. 28 à 33.

- RAUSTIALA Kal, "Rethinking the Sovereignty Debate in International Economic Law", *JIEL* Vol.6 No.4, 2003, p.841 à 878.

- REY Patrick, « Concurrence par les mérites », dans *la modernisation du droit de la concurrence* sous. la dir. de CANIVET Guy, L.G.D.J., Paris 2006, p.151 à 163.

- REZZOUK Med, « Cartels globaux, riposte américaine. L'ère Empagran? », *Revue Internationale de Droit Économique* 2005/1, p. 51 à 90.

- REZZOUK Med, « Portée extraterritoriale du *Sherman Act* : Perspectives après l'épilogue de l'affaire du cartel des vitamines », *Revue Internationale de Droit Économique,* Vol.1, 2007, p. 69 à 90.

- RICHEZ Béatrice, « L'accord de juillet 2004 à l'OMC : Un manquement d'ambition ? », *RMC*, n° 484, janvier 2005, p.26 ss.

- RICHEZ Béatrice, « L'OMC et la pratique antidumping », *Revue de droit des affaires internationales,* no.1, 2003, p. 79 à 89.

- RIEM Fabrice, « Concurrence effective ou concurrence efficace ? L'ordre concurrentiel en trompe-l'œil », *RIDE,* Vol.22, no.1, 2008, p.67 et 91.

- RIFFARD Jean-François, « Mondialisation de l'économie et internalisation du droit des affaires : une abdication de l'Etat de droit ? » dans *Mondialisation et l'Etat de droit*, sous la direction de MOCKLE Daniel, Bruylant, Bruxelles 2002, p.275 à 290.

- RIZZA Cesare, "The Duty of National Competition Authorities to Display Anti-Competitive Domestic Legislation And the Resulting Limitations on the State Action Defence Case C-198/01 CIF), *ECLR,* Vol.2, 2004, p.12 ss.

- RIOUX Michèle, « Culture de concurrence : Les limites de l'antitrust international face à la concurrence globalisée », Cahiers de recherche-CEIM (04-04), Groupe de recherche sur l'intégration continentale (GRIC), Université du Québec à Montréal, septembre 2004.

- RIOUX Michèle, « Penser la concurrence dans le contexte de la globalisation économique », Cahiers de recherche-CEIM (01-10), Groupe de recherche sur l'intégration continentale (GRIC), Université du Québec à Montréal, août 2001.

- RIOUX Michèle, « Concurrence et bien commun », dans *Le bien commun comme réponse à la mondialisation,* DELAS Olivier et DEBLOCK Christian (dir), Bruxelles, Bruylant, 2003, pp. 219 à 246.

- RIOUX Michèle, « Globalisation et concurrence », *Études Internationales*, Vol XXXIII, no. 1, mars 2002, pp. 109-136.

- RIOUX Michèle, « Vers un droit mondial de concurrence ? », Cahiers de recherche- CEIM (99-08), Centre études internationales et mondialisation, Groupe de recherche sur l'intégration continentale (GRIC), Université du Québec à Montréal, décembre 1999.

- RIOUX Michèle, « Débats économiques et concurrence », Cahiers de recherche-CEIM (2000-08), Centre études internationales et mondialisation, Groupe de recherche sur l'intégration continentale (GRIC), Université du Québec à Montréal, juillet 2000.

- ROESSLER Frieder, "Should principles of competition policy be incorporated into WTO law through non-violation complaints?", *JIEL* Vol.2, No.3, 1999, p. 413 à 421.

- ROESSLER Friedler, « The Concept of Nullification and Impairment in the Legal System of the World Trade Organization », in *International Trade Law and the GATT/WTO Dispute Settlement System,* PETERSMANN E.-U (ed.), Kluwer Law International, London, The Hague, Boston, 1997, p.125 à 142.

- ROSENTHAL Douglas E. / NICOLAIDES Phedon, "Harmonizing Antitrust : The Less Effective Way to Promote International Competition", dans *Global Competition Policy,* GRAHAM Edward M. / RICHARDSON David J. (Eds). , Institute for International Economics, 1997, p.355 à 383.

- ROWLEY William J. / WAKIL Omar K., "The Internationalisation of Antitrust : The Need for a Global Competition Forum", article présenté lors de conférence organisée par le Burreau de la concurrence canadienne, *Canadian Competition Policy : Preparing for the Future* entre le 19 et 20 juin 2001, p.11 et 12.

- RUIZ FABRI Hélène / SOREL Jean-Marc, « Organisation du commerce international », dans *le Traité de doit du commerce international*, sous la direction de BEGUIN Jacques / MENJUCQ Michel, Litec Paris, 2005, p.65 à 161.

- RUIZ FABRI Hélène, « Le règlement des différends au sein de l'OMC : Naissance d'une juridiction, consolidation d'un droit », dans *Souveraineté étatique et marché internationaux à la fin du 20e siècle.* À propos de 30 ans de recherche du CREDIMI, Mélanges en l'honneur de Philippe KAHN , Litec, 2000, p. 303 à 335.

- RUIZ FABRI Hélène, « Le règlement des différends dans le cadre de l'OMC », *Journal du droit international,* 1997, p. 709 à 755.

- RUIZ FABRI Hélène, « Le contentieux de l'exécution dans le règlement des différends de l'O.M.C. », *Journal du droit international*, 2000, p. 605 à 645.
- RUIZ FABRI Hélène, « Organisation mondiale du commerce (Organe de règlement des différends) », dans CADIET Loïc (dir.), Dictionnaire de la justice, *PUF*, 2004, p. 951 à 954.
- RUIZ FABRI Hélène, « Le juge de l'OMC : ombres et lumières d'une figure judiciaire singulière », *RGDIP* tome.110 no.1, 2006, p. 39 à 83.
- RYNGAERT Cedric, "Foreign-to-Foreign Claims : the US Supreme Court's Decision (2004) v the English High Court's Decision (2003) in the Vitamins Case", *ECLR* Vol.10, 2004, p.611 à 616.
- SAADA Estelle, « La politique de la concurrence », dans *La politique économique et ses instruments*, sous la dir. FERRANDON Benoît, *Les notices de La Documentation Française,* 2004, p.73 à 79.
- SAMUELSON Paul / STOLPER Wolfgang, "Protection and Real Wages", *Review of Economic Studies*, IX, Novembre 1941, p. 58 à 73.
- SAUVE Pierre / BEVIGLIA Americo, "Subsidiarity Perspectives on The New Trade Agenda", *JIEL,* Vol.3, March 2000, p 83 à 114.
- SHEARD Paul, "*Keiretsu*, competition and market access", in GRAHAM Edward M., RICHARDSON David J. (Eds), *Global Competition Policy*, Institute of International Economics, Washington, DC., 1995, p.501 à 546.
- SCHERER Frederic M., "Antitrust, Efficiency and Progress", *NYULRev*, Vol.62, 1987, p.998.
- SCHERER Frederic M., " Competition Policy and Trade Policy : The Need for Rapprochement", *New York Law School Review*, Vol. 47, 2003, p.153 à 165.

- SCHMITZ Stefan, "How Dare They? European Merger Control and the European Commission's Blocking of the GE/Honeywell Merger", *JIEL*, Vol.23, 2002, p.325 à 356.

- SCHOENBAUM Thomas J., "The Concept of Market Contestability and the New Agenda of the Multilateral Trading System", *American Society of International Law Insights*, 1996, http://www.asil.org/insights/insight2.htm , dernier visite le 25 avril 2008.

- SCHOENBAUM Thomas J., "The Theory of "Contestable Markets" in International Trade: A Rationale for "Justifiable" Unilateralism to Combat Restrictive Business Practices?", *Journal of World Trade*, Vol.30 No.3 , 1996, p. 161 à 190.

- SHELTON Joanna R., "Competition Policy : What Chance for International Rules?", OECD Journal of Competition Law and Policy, Volume 1, Number 2, April 1999 , pp. 51 à 65 ; adde. *Revue de Droit des Affaires Internationales*, Vol.4, 1999, p.457 à 470.

- SMITHERMAN Charles W., "The Future of Global Competition Governance: Lessons From the Transatlantic", *AUILR*, Vol.19, 2004, p.769 à 881.

- SINGH Ajit, Competition and Competition Policy in Emerging Markets : International and Developmental Dimensions, G-24 Discussion Paper Series, UNCTAD/GDS/MDPB/G24/18, Genève 2002.

- SIROEN Jean-Marc, « Politique(s) de la concurrence dans une économie globale », dans *Les Nouvelles Approches de la Concurrence*, (dir.) BIENAYME Alain, Economica, Paris 2002, p.123 à 144.

- SIROEN Jean-Marc, « Intégration régionale et multilatéralisme » dans *Mondialisation et commerce international*, Cahiers français No.325, mars-avril 2005, p. 43 à 49.

- SIROEN Jean-Marc, « Choix de la politique commerciale dans le cas de la concurrence imparfaite», http://dauphine.fr/siroen/PublicationsSiroen.html#ouvrages

- SIROEN Jean-Marc, « Globalisation et gouvernance. Une approche par la théorie des biens publics », Colloque *Crise de l'État, revanche des sociétés. Nouveaux regards sur les relations transnationales*, 72° Congrès de l'ACFAS, UQAM, Montréal, Canada (11-12 mai 2004). http://www.dauphine.fr/ceresa/siroen/UQAM.pdf,

- SOUTY François, « La Cour suprême des Etats-Unis et les pratiques anticoncurrentielles mondiales : réflexions sur les arrêts Empagran et Intel v. AMD », *Les Petites Affiches*, no.189, 21 septembre 2004, p. 1 à 13.

- SOUTY François,« Une commissaire canadienne à la tête du RIC: Sheridan Scott, *Concurrences* N° 3, 2007, p. 6 à 12.

- STEINBERGER Helmut , "Sovereignty", *Encyclopedia of Public International Law,* sous la direction de BERNHARDT Rudolf, Vol. 10, Ed.North Holland, 1987, p.408 à 429.

- STERN Brigitte, « Les dits et les non dits de la Cour internationale de Justice dans l'affaire RDC contre Belgique », *International Law Forum du droit international*, Vol.4 No.3 Mars 2002, p.104 à 116.

- STERN Brigitte, « Une tentative d'élucidation du concept d'application extraterritoriale », *Revue Québécoise de droit international,* No.3, 1987, p. 49 à 78.

- STERN Brigitte, « Quelques observations sur les règles internationales relatives à l'application extraterritoriale du droit », *Annuaire Français de Droit International*, 1986, p.7 à 52.

- STERN Paula, « Pour une nouvelle politique américaine de la politique américaine de la concurrence liée au commerce », *Perspectives économiques,* Vol.4 No.1, février 1999, p.18 à 22.

- SWAINE Edward T., "The Local Law of Global Antitrust", *William and Mary Law Review*, Vol.43, No.2, December 2001, p.627 à 706.

- SWEENEY Brendan, "Globalisation of Competition Law and Policy : Some Aspects of the Interface Between Trade and Competition",

Melbourne Journal of International Law, Vol.5 No.2, October 2004, p. 375 à 434.

- TAKAAKI Kojima, "International conflicts over the Extraterritorial Application of Competition Law in a Borderless Economy", Fellowship Paper, Weatherhead Center for International Affairs, Harvard University, 2001–02.

- TARULLO Daniel K., "Norms and Institutions in Global Competition Policy", *AJIL*, Vol.95, July 2000, p. 478 à 504.

- TASCHEREAU Rodrigue, « L'Association des Nations de l'Asie du Sud-Est (ANASE) », Groupe de recherche sur l'intégration continentale, Département de science politique Université du Québec à Montréal, 2001. www.unites.uqam.ca/gric/pdf/Taschreau-ASEAN_seul.pdf dernier visite le 25 novembre 2007.

- TAYLOR Martyn, "Looking to the Future: Towards the Exclusive Application of Competition Law?" *Business Law International*, Vol.5 No.2, 2004, pp.172 à 221.

- TEMPLE – LANG John, « L'application nationale du droit européen de la concurrence », Rapport générale, XVIIIème Congrès FIDE, Stockholm 1998.

- TEMPLE – LANG John, "The Duties of National Authorities Under Community Constitutional Law", *ELRev*, Vol.23, 1998, p.109 à 131.

- TERHORST George, "The reformation of the EC Competition Policy on Vertical Restraints", *Northwestern Journal of International Law & Business*, Vol.21 2000, p.343 à 378.

- TESAURO Giuseppe, "The relationship between the European Commission and the Competition Authorities of the EC Member Countries", Dans *Europaischen und Internationalen Kartellrecht,* BAUDENBACHER C. (Ed), Neuste Entwicklungen im., Sechstes St. Galler Internationales Kartellrechtforum 1999, Helbing & Lichtenhahn, Basel, Genf, München 2000, p.154 à 161.

- THOUVENIN Jean – Marc, « Les subventions et les mesures compensatoires », dans *Droit de l'économie internationale,* sous la direction de DAILLIER Patrick, de LA PRADELLE Géraud, GHERARI Habib, Editions Pedone, Paris 2004, p.397 à 404.

- TRITELL Randolph, "Bilan de l'application de la législation antitrust américaine aux sociétés étrangères", *Perspectives économiques,* Vol.4 No.1, février 1999, p.14 à 17.

- TUOT Thierry / TEBOUL Gérard, « Fondement et régimes des aides de l'Etat aux entreprises en France », Etudes et documents de Conseil d'Etat, no.41, 1990, p.147 à 159.

- TURNER Charlie, "Voluntary Export Restraints on Trade Going to the United States", *Southern Economic Journal*, Vol. 49, No. 3, January 1983, p. 793 à 803.

- ULLRICH Hans, « L'ordre concurrentiel dans la pensée juridique », dans *Mondialisation et droit de la concurrence,* ABDELGAWAD Walid (sous la dir.), Litec, Paris, 2008, p.51 à 82.

- ULLRICH Hanns, "Competitor Cooperation and the Evolution of Competition Law : Issues for Research in a Perspective of Globalisation", in *The Future of Transnational Antitrust*, DREXL Josef (ed.), Berne 2003, p.159 à 223.

- ULLRICH Hanns, « L'ordre concurrentiel : Rapport de synthèse ou « variations sur un thème de Nice », L'ordre concurrentiel – Mélanges en l'honneur d'Antoine PIROVANO, Editions Frison-Roche, Paris 2003, p. 663 à 686.

- ULLRICH, Hanns, "International Harmonisation of Competition Law : Making Diversity a Workable Concept", Comparative competition law : approaching an international system of antitrust law : proceedings of the workshop, Bruges, College of Europe, July 3-5, 1997, organized in cooperation with FIKENTSCHER Wolfgang and IMMENGA Ulrich / ed. ULLRICH Hanns, Baden : Nomos, 1998, p. 43 à 74.

- VAGSTAD Steinar, "Promoting Fair Competition in Public Procurement", *Journal of Public Economics*, Vol.58, No.2, October 1995, p. 283 à 307.

- VERNON Reymond, "International Investment and International Trade in the Product Cycle", *Quarterly Journal of Economics*, Vol. 80, No. 2 , 1966, p. 190 à 207.

- VON MEIBOM Wolfgang – GEIGER Andreas, "A World Competition Law as *Ultima Ratio*", *ECLR,* Vol.23 No.9, 2002, p.445 à 453.

- WAKED Dina, "Antitrust in the Developing World: The Why and How of Adoption and its Implications for International Antitrust", Researching Current Issues in Global Competition Law and Policy, Conference international , The Interdisciplinary Centre for Competition Law and Policy of Queen Mary, University of London (ICC) in collaboration with Goodenough College, London, 7th of March 2008.

- WALKER Hermann Jr., "Provisions on Companies in United States Commercial Treaties ", *AJIL*, Vol. 50, No. 2., Apr., 1956, pp. 373 à 393

- WALKER Hermann Jr., "Modern Treaties of Friendship, Commerce and Navigation", *Minnesota Law Review* Vol.42, April 1958, p. 805 à 824.

- WALKER Hermann Jr., "The Post-War Commercial Treaty Program of the United States", *Political Science Quarterly*, Vol. 73, No. 1. March., 1958, pp. 57 à 81.

- WALLER Spencer W., "The Internationalization of Antitrust Enforcement", *Boston University Law Review*, Vol.77, 1997, p.343 à 403.

- WHISH Richard / WOOD Diane P., "Merger Cases in the Real World : A Study of Merger Control Procedures", Competition Policy Workshop, OCDE, Paris 1er avril 1994.

- WINSLOW Terry, « Recommandations de l'OCDE en matière de concurrence, pays en développement, et éventuelles règles de concurrence de l'OMC », *Revue de l'OCDE*, Paris, 2001, p. 125 à 152.

- WINSTON Clifford, "Economic Deregulation: Days of Reckoning for Microeconomists" *Journal of Economic Literature*, Vol.31, No.3, 1993, p.1263 à 1289.

- WOOD Diane P., "The Impossible Dream: Real International Antitrust", University of Chicago Legal Forum, p.277 à 313.

- WOOD Diane P., "A Cooperative Framework for National Regulators", in *Public Policy and Global Technological Integration,* ABOTT Frderic M./ GERBER David J., Kluwer Law International, London, The Hague, Boston 1997, p.195 à 205.

- WOOD Diane P., "International Standards for Competition Law: An Idea Whose Time Has Not Come", *PSIO* Occasional Paper, WTO Series No. 2, Graduate Institute of International Studies, Geneva 1996.

- WOOD Diane P., "The Internalization of Antitrust Law: Options of the Future", Before the DePaul Law Review Symposium Cultural Conceptions of Competition: Antitrust in the 1990's, February 3, 1995, ww.usdoj.gov/atr/public/speeches/0099.htm dernier visite le 20 mars 2008.

- WOOD Diane P., "The Internalization of Antitrust Law: Options of the Future", *op.cit.*; Wood Diane P., "Effective Enforcement of Antitrust Law for International Transaction", Business Development Associates, Inc. Antitrust 1995, Washington, D.C., March 15, 1995, http://www.justice.gov/atr/public/speeches/0169.htm, dernier visite le 20 mars 2008.

- YAMANE Hiroko, "Trade and Competition in the Japanese Competition Experience", *JIEL* Vol.2, 1999, p. 537 à 545.

- YOUNG Michael K., "Lessons from the Battlefront: US–Japan Trade Wars and their Impact on the Multilateral Trading System", *George Washington International Law Review*, Vol. 33, 2001, p. 753 à 789.

Rapports et textes officiels

- Accord entre la République fédérale d'Allemagne et la France concernant la coopération dans le domaine des pratiques commerciales restrictive du 28 mai 1984, 26 ILM 531 (1987).

- Accord entre le gouvernement des États-Unis d'Amérique et la Commission des Communautés européennes concernant l'application de leurs règles de concurrence - Échange de lettres interprétées avec le gouvernement des Etats-Unis d'Amérique. Traduction non officielle, JOCE n° L 95 du 27.04.1995, p. 47 ss.

- Accord entre les Communautés européennes et le gouvernement des États-Unis d'Amérique concernant la mise en œuvre des principes de courtoisie active dans l'application de leurs règles de concurrence, JOCE n° L 173 du 18.06.1998, p.28 ss.

- Accord entre les Communautés européennes et le gouvernement du Canada concernant l'application de leur droit de la concurrence, JOCE L 175 du 10 juillet 1999, p.50 ss.

- Accord entre la Communauté européenne et le gouvernement du Japon concernant la coopération en matière de pratiques anticoncurrentielles, JOCE L 183 du 22 juillet 2003, p. 12 ss.

- Accord établissant une association entre la Communauté européenne et ses Etats membres, d'une part, et la République du Chili, JOCE n° L 352 du 30.12.2002, p.3 ss.

- Accord-cadre interrégional de coopération entre la Communauté européenne et ses Etats membres, d'une part, et le Marché commun du Sud et ses Etats parties, d'autre part, JOCE n° L 69, du 19.03.1996, p.4 à 22.

- Accord-cadre de coopération commerciale et économique entre la Communauté économique européenne et la République argentine, JOCE n° L 295 du 26.10.1990, p. 67 à 73.

- Accord-cadre de coopération entre la Communauté économique européenne et la République fédérative du Brésil, JOCE n° L 262 du 1.11.1995, p. 54 à 65.

- Accord de coopération entre la Communauté européenne et la République d'Afrique du Sud, JOCE n° L 341 du 30.12.1994, p. 62 à 65.

- Accord de coopération entre la Communauté économique européenne et les pays parties au traité général d'intégration économique centre-américaine (Costa Rica, El Salvador, Guatemala, Honduras et Nicaragua) ainsi que Panama, JOCE n° L 172 du 30.6.1986, p. 2 à 11.

- Accord modifiant l'accord de partenariat entre les membres du groupe des États d'Afrique, des Caraïbes et du Pacifique, d'une part, et la Communauté européenne et ses États membres, d'autre part, signé à Cotonou le 23 juin 2000, JOCE n° L 209, du 11.8.2005, p. 27 à 53.

- Agreement between the Government of the US of America and the Government of the Federal Republic of Germany Relating to Mutual Co-operation Regarding Respective Business Practices, Bonn, 23th of June 1976, 27 UST 1956, 15 ILM 1282, (1976).

- Agreement between the Government of the US of America and the Government of the Commonwealth of Australia Relating to Mutual Co-operation on Antitrust Matters, 29th of June 1982, 34 UST 3888, 21 ILM 702, (1982).

- Agreement between the Government of the United States of America and the Government of the State of Israel Regarding the Application of Their Competition Laws,15th of March 1999, www.usdoj.gov

- Agreement between the Government of the United States of America and the Government of Japan Regarding the Application of Their Competition Laws,7th October 1999, www.usdoj.gov

- Agreement between the Government of the United States of America and the Government of the Federative Republic of Brazil Regarding Cooperation Between Their Competition Authorities in the Enforcement of Their Competition Laws,26th of October 1999, www.usdoj.gov

- Agreement between the Government of the United States of America and the Government of The United Mexican States Regarding the Application of Their Competition Laws,11th of July 2000, www.usdoj.gov

- Agreement between the Government of the US of America and the Government of Australia on Mutual Antitrust Enforcement Assistance, Washington DC, 27 April 1999, www.usdoj.gov

- Australia-New Zealand Closer Economic Relations Trade Agreement, concluded 28 March 1983, commenced 1 January 1984 (1983) 22 ILM 948.

- Australia's Foreign Proceedings (Excess of Jurisdiction) Act, No. 3 (1984) (Austl.), *as amended by* Foreign Judgments Act, No. 112 (1991).

- Memorandum of Understanding Between the Government of the United States of America and the Government of Canada as to Notification, Consultation, and Cooperation with Respect to the Application of National Antitrust Laws, 9th of March 1984, 23 ILM. 275 (1984).

- *Antitrust Civil Process Act*, 15 *U.S.C.A.* 1311-14 (1988)

- *Clayton Act* of 1914, 15 U.S.C., § 12-27, 29 U.S.C § 52-53

- *CEMAC,* Règlement no. 1/99/UEAC-CM-639 portant Réglementation des Pratiques Commerciales Anticoncurrentielles.

- *CEMAC,* Règlement no. 4/99/UEAC-CM-639 portant Réglementation des Pratiques Etatiques Affectant le Commerce entre les Etats membres.

- *CNUCED*, Conclusion concertées du Groupe intergouvernemental d'experts du droit et de la politique de la concurrence à sa deuxième session, TD/B/COM.2/19QTD/B/COM.2/CLP/14.

- *CNUCED*, The Development Dimension of Competition Law and Policy, UNCTAD Series on Issues in Competition Law and Policy, Geneva, 1999.

- *CNUCED*, Projet de commentaires d'éléments pour les articles d'une loi ou de loi types, Série de la CNUCED sur les questions relatives au droit et à la politique de la concurrence, TD/RBP/CONF.5/7.

- *CNUCED*, The model law on competition, UNCTAD Series on Issues in Competition Law and Policy, TD/B/RBP/CONF.5/7/Rev.3,2007.

- *CNUCED* (2000), Rapport sur l'investissement dans le monde 2000: Les fusions et acquisitions et le développement, UNCTAD/WIR/2000.

- *CNUCED (1997),* World Investment Report 1997: Transnational Corporations, Market Structure and Competition Policy, New York, UNCRAD/ITE/IIT/5.

- *CNUCED*, Revised draft of possible elements for article on a model law or laws and commentaries on the elements, TD/B/RBP/81, 12 août 1991.

- *CNUCED*, Évaluation de programmes de coopération technique du 20 octobre 2000 lors de sa 917e séance plénière, Conclusions concertées 464 (XLVII).

- *CNUCED*, Trade Agreements, Petroleum and Energy Policies, UNCTAD/ITCD/TSB/9, Geneva, 2000.

- *CNUCED*, La politique de concurrence et les pratiques commerciales restrictives, Groupe intergouvernemental d'experts des pratiques commerciales restrictives, TD/B/RBP/INF.36, 29 janvier 1996.

- *CNUCED,* Eléments qui permettraient de faire ressortir les avantages que procurerait l'application de principes du droit et de la politique de la concurrence concernant le commerce international et le développement, TD/B/COM.2/EM/10/Rev., 25 mai1998.

- *CNUCED*, The model law on competition, UNCTAD Series on Issues in Competition Law and Policy, TD/B/RBP/CONF.5/7/Rev.2, 2004.

- *CNUCED*, L'expérience acquise dans le domaine de la coopération internationale concernant la politique de concurrence et les mécanismes utilisés, Rapport révisé du secrétariat de la CNUCED, TD/B/COM.2/CLP /21/Rev.5, 26 avril 2007.

- *CNUCED* : L'expérience acquise dans le domaine de la coopération internationale concernant la politique de concurrence et les mécanismes utilisés, Rapport révisé du secrétariat de la CNUCED, TD/B/COM.2/CLP/21/Rev.3, 14 septembre 2005.

- *CNUCDED / OMC*, Guide à l'intention des entreprises : le système commercial mondial, centre du commerce international, 2.ed. CNUCDED /OMC, Genève, 1999.

- *CNUCED*, The Role of Competition Policy for Development in Globalizing World Markets, UNCTAD Series on Issues in Competition Law and Policy, Genève 1999.

- *CNUCED*, Roles of Possible Dispute Mediation Mechanisms and Alternative Arrangements, Including Voluntary Peer Reviews, in Competition Law and Policy, TD/B/COM.2/CLP/37 du 24 avril 2003.

- *Conseil de l'Union européenne,* Décision du Conseil du 28 septembre 2000 relative à la conclusion de l'accord de partenariat économique , de coordination politique et de coopération entre la Communauté européenne et ses Etats membres, d'une part, et les Etats Unis du Mexique, d'autre part, fait à Bruxelles le 8 décembre 1997, JOCE n° L 276 du 28/10/2000 p. 44.

- *Commission des communautés européennes*, Mémorandum de la Commission sur le problème de la concentration dans le marché commun, troisième partie, Bruxelles 1966.

- *Commission des communautés européenne*, La politique de concurrence dans le nouvel ordre commercial : renforcement de la coopération et des règles au niveau international, Rapport du Groupe des Experts, Direction-Générale IV – Concurrence, COM (95) 359 final, 12 juillet 1995.

- *Commission des communautés européenne*, Communication de la Commission au Conseil vers l'établissement d'un Cadre International des règles de concurrence, 18 juin 1996, COM (96) 284 final

▪ *Commission des communautés européennes,* Livre vert sur la révision du Règlement no. 4064/89 du Conseil du 11.12.2001, COM (2001) 745 final.

▪ *Commission des communautés européennes,* Communication interprétative de la commission sur le droit communautaire applicable aux marchés publics et les possibilités d'intégrer des considérations environnementales dans lesdits marchés, COM/2001/0274 final, JOCE C 333 du 28.11.2001, p.12 ss.

▪ *Commission des communautés européennes,* Communication de la Commission relative à la coopération au sein du réseau des autorités de concurrence, JOCE C 101 du 27 avril 2004, p.43 à 53.

▪ *Commission des communautés européennes,* Déclaration commune solennelle entre le Conseil de l'UE et la Commission européenne, d'une part, et les Etats membres du Mercosur, d'autre part, JOCE, n° C 377, du 31.12.1994, pp. 1-2.

▪ *Commission des communautés européennes,* Communication de la Commission du 27 janvier 2006 : Les Balkans occidentaux sur la voie de l'Union européenne : renforcer la stabilité et la prospérité. COM(2006) 27 - Non publié au Journal officiel.

▪ *European Bank for Reconstruction and Development*, Transition Report 1999 : Ten Years of Transition, London 1999.

▪ *Export Trading Company Act*, 96 Statues 1233 (1982), codified in 15 U.S.C.A. §§ 4001-40053

▪ *Federal Rules of Civil Procedure*, 28 *U.S.C.A.* (1988)

▪ *Federal Rules of Criminal Procedure*, 17 (e), 28 *U.S.C.A.* 1783 (a), (1988)

▪ *Federal Trade Commission Act* of 1914, 38 Stat. 717 (1914) ; 15 U.S.C. § 41-58

▪ *Federal Trade Commission Improvements Act of 1980*, Pub L n° 96-252, § 13, 94 *Statues 380.*

- Framework Agreement on Cooperation between the European Economic Community and the Cartagena Agreement and its member countries, namely the Republic of Bolivia, the Republic of Colombia, the Republic of Ecuador, the Republic of Peru and the Republic of Venezuela, JOCE n° L 127 du 29.04.1998, p. 11 ss.

- *GATT*, Review of the General Agreement on restrictive business practices, proposals by the delegations of Denmark, Norway and Sweden, L/283, 17 novembre 1954.

- *GATT*, Restrictive Business Practices, proposal by the Norwegian Delegation, L/893/Add.2, 5 novembre 1958.

- *GATT*, Restrictive Business Practices, Action by the Contracting Parties in Dealing with Restrictive Business Practices in International Trade, Report by Group of Experts, L/1015, 30 juin 1959

- *GATT*, Decisions of seventeenth session, Decisions, Declarations, etc. of the Contracting Parties Between the End of the Sixteenth Session and the End of the Seventeenth Session, L/1397, 5 décembre 1960

- *GATT*, L'Accord relatif au commerce des aéronefs civils, 26th Supplement of Basic Instruments and the Selected Documents, 1980.

- House of Lords Selected Committee, Enforcement of Community Competition Rules, session 1993-1994.

- *International Antitrust Enforcement Assistance Act* of 1994, Pub Law No. 103-438, 108 Stat. 4597, 15 USC 6201 – 6212.

- *International Antitrust Code*, Groupe de Munich, Antitrust & Trade Regulation Report BNA, Special supplement n° 1628, vol. 64, 19 août 1993.

- La loi française de 1980 régissant la communication de renseignements et documents à personnes étrangères, Loi No. 80-538, 1980 J.O. 1799, 16 juillet 1980.

- *MERCOSUR, Protocolo de Defensa de la Competencia del Mercosur,* 17 décembre 1996, MERCOSUR/CMC/DEC No. 18/96.

- *OCDE,* Rapport du comité de l'OCDE du droit et de la politique de la concurrence : Accroître l'efficience des marchés internationaux grâce à la « courtoisie active » dans la mise en œuvre des réglementations de la concurrence, 23 août 1999, DAFFE/CLP(99)19.

- *OCDE,* Recommandation du Conseil sur la coopération entre les pays Membres dans les domaines des pratiques anticoncurrentielles affectant les échanges internationaux du 5 octobre 1967, publiée sous la côte C(567) 53/Final.

- *OCDE,* Recommandation du Conseil sur la coopération entre les pays Membres dans les domaines des pratiques anticoncurrentielles affectant les échanges internationaux du 3 juillet 1973, publiée sous la côte C(73) 99/Final.

- *OCDE,* Recommandation du Conseil sur la coopération entre les pays Membres dans les domaines des pratiques anticoncurrentielles affectant les échanges internationaux du 25 septembre 1979, publiée sous la côte C(79) 155/Final.

- *OCDE,* Recommandation du Conseil sur la coopération entre les pays Membres dans les domaines des pratiques anticoncurrentielles affectant les échanges internationaux du 21 mai 1986, publiée sous la côte C(86) 44/Final.

- *OCDE*, Recommandation du Conseil concernant l'action contre l'inflation dans le domaine de la politique de concurrence, du 15 décembre 1971 publiée sous la côte C (71) 205/Final.

- *OCDE*, Recommandation du Conseil concernant l'action contre les pratiques commerciales restrictives relatives à l'usage des marques et des licences de marques, du 26 avril 1978, publiée sous la côte C (78) 40/Final.

- *OCDE*, Recommandation du Conseil concernant l'action contre les pratiques commerciales restrictives affectant les échanges internationaux y compris celles qui impliquent des entreprises multinationales, 20 juillet 1978, C(78) 133/Final.

- *OCDE*, Recommandation du Conseil sur la politique de concurrence et les secteurs exemptés ou réglementés, 25 septembre 1979, C(79)155/Final.

- *OCDE*, Recommandation du Conseil relative à la coopération entre les pays Membres dans les domaines des conflits potentiels entre politique de concurrence et politique commerciale, 26 octobre 1986, C(86) 65/Final.

- *OCDE*, Recommandation du Conseil portant sur l'application du droit et de la politique de concurrence aux accords de licence de brevets et de savoir-faire, du 31 mai 1989, publiée sous la côte C(89)32/Final.

- *OCDE*, Regulatory Reform, Privatization and Competition Policy, Paris 1992.

- *OCDE*, Recommandation du Conseil sur la coopération entre les pays Membres dans les domaines des pratiques anticoncurrentielles affectant les échanges internationaux, 27 juillet 1995, C(95)130/Final.

- *OCDE*, Recommandation du Conseil concernant une action efficace contre les ententes injustifiables, 25 mars 1998, C(98) 35/Final.

- *OCDE*, Recommandation du Conseil concernant la séparation structurelle dans les secteurs réglementés, 26 avril 2001, C(2001)78/Final.

- *OCDE*, The Council Recommendation sets forth internationally recognized best practices for the merger review process, 23 mars 2005, C(2005)34/Final.

- *OCDE*, « Eléments relatifs à la concurrence inclus dans les accords commerciaux internationaux. Aperçu générale des accords de l'OMC après le cycle d'Uruguay », COM/TD/DAFFE/CLP (98) 26/ Final 1999.

- *OCDE*, Le rôle du « traitement special et différencié » à l'interface des échanges de la concurrence et du développement, 7 mai 2002, COM/TD/DAFFE/COMP(2001)21/FINAL.

- *OCDE*, L'Accord multilatéral sur l'investissement projet de texte consolidé, 24 avril 1998, DAFF/MAI(98)7/REV1.

- *OCDE*, Les Principes directeurs de l'OCDE à l'intention des entreprises multinationales : Texte, commentaire et clarifications, 27 juin 2000, DAFFE/IME/WPG(2000)15/Final.

- *OCDE*, Principes fondamentaux de non-discrimination, de transparence et d'équité en matière de procédure dans un cadre multilatéral sur la concurrence, CCNM/GF/COMP/TR(2003)6,23 avril 2003

- *OCDE*, Monopoles / Entreprises d'Etat, Groupes de négociation de l'Accord multilatéral sur l'investissement (AMI), DAFFE/MAI(96)9, 7 mars 1996.

- *OCDE*, Principes directeurs de l'OCDE pour la qualité et la performance de la réglementation, 16 juin 2005, Paris.

- *OCDE*, Interim Report on Convergence of Competition Policies, OCDE/GD (94)64, Paris 1994.

- *OCDE*, « Dispositions relatives à la concurrence dans les accords commerciaux régionaux », SOLANO Olivier / SENNEKAMP Andreas, Documents de travail de l'OCDE sur la politique commerciale, No. 31, Éditions OCDE. (2006)

- *OCDE,* « Le rôle de la politique de la concurrence dans la réforme de la réglementation. Examens de l'OCDE de la reforme de la réglementation : la réforme de l'Allemagne », Paris, 2004.

- *OCDE,* « Les objectifs du droit et la politique de la concurrence » Revue de l'OCDE sur le droit et la politique de la concurrence, Vol.5, no.1, 2003.

- *OCDE*, « Droit et la politique de la concurrence dans l'Union européenne », Paris 2005.

- OCDE, "Public Procurement : The role of Competition Authorities in Promoting Compétititon", DAF/COMP(2007)34, 8 janvier 2008.

- *OCDE*, Suisse: Saisir les opportunités de croissance - Examens de l'OCDE de la réforme de la réglementation, Paris 2006.

- *OCDE,* « Options internationales pour renforcer la cohérence entre les politiques des échanges et de la concurrence », Travaux du groupe conjoint sur les échanges et la concurrence (COM/TD/DAFFE/CLP (99) 102/final.

- *OCDE,* « Consistencies and Inconsistencies between Trade and Competition Policies », Groupe conjoint sur les échanges et la concurrence, COM/TD/ DAFFE/CLP (98) 25/FINAL, 25 février 1999.

- *OCDE*, « Echanges et concurrence : quelles politiques pour demain? », Groupe conjoint de l'OCDE sur les échanges et la concurrence. Paris, 1999.

- *OCDE*, « Complémentarités entre la politique commerciale et la politique de la concurrence », Groupe conjoint sur les échanges et la concurrence, COM/TD/DAFFE/CLP(98)98/FINAL, 15 septembre 1999.

- *OCDE*, « Interim Report on Convergence of Competition Policies », Committee on Competition Law and Policy, Aussenwirtschaft, 1994, p. 334 ss.

- *OCDE*, Fusions internationales et politique de concurrence, Paris, 1988

- *OCDE*, Glossary of Terms Relating to Restrictive Business Practices, Paris 1964.

- *OMC*, Rapport annuel 1997, Chapitre spécial sur le commerce et la politique de la concurrence.

- *OMC*, Rapport au Conseil générale du groupe de travail de l'interaction du commerce et de la politique de la concurrence du 28 novembre 1997, (WT/WGTCP/1)

- *OMC*, Rapport au Conseil générale du groupe de travail de l'interaction du commerce et de la politique de la concurrence du 8 décembre 1998, (WT/WGTCP/2)

- *OMC*, Rapport au Conseil générale du groupe de travail de l'interaction du commerce et de la politique de la concurrence du 11 octobre 1999, (WT/WGTCP/3)

- *OMC*, Rapport au Conseil générale du groupe de travail de l'interaction du commerce et de la politique de la concurrence du 30 novembre 2000, (WT/WGTCP/4)

- *OMC*, Rapport au Conseil générale du groupe de travail de l'interaction du commerce et de la politique de la concurrence du 7 juin 1999, (WT/WGTCP/W127)

- *OMC*, Rapport au Conseil général du groupe de travail de l'interaction du commerce et de la politique de la concurrence du 27 novembre 2003, (WT/WGTCP/W/128/Rev.3)

- OMC, Rapport sur les réunions des 26 et 27 septembre 2002, 15 novembre 2002, WT/WGTCP/M/19.

- *OMC*, Groupe de travail de l'interaction du commerce et de la politique de la concurrence, "Rapport sur la réunion tenue du 11 au 13 mars 1998" (WT/WGTCP/M/4).

- *OMC*, Groupe de travail de l'interaction du commerce et de la politique de la concurrence, « Communication de la Communauté européenne et ses États membres », 25 mai 1999, (WT/WGTCP/W 115).

- *OMC*, Groupe de travail de l'interaction du commerce et de la politique de la concurrence, « Communication de la Communauté européenne et de ses États membres », 11 juin 1997, (WT/WGTCP/W/1).

- *OMC*, Preparations for the 1999 Ministerial Conference, EC Approach to Trade and Competition, Communication from the European Communities, WT/GC/W/191, 2 juin 1999 (99-2209)

- *OMC*, Le Rapport du Conseil consultatif à M.Supachi Panitchpakdi, Directeur général, SUTHERLAND Peter, BHAGWATİ Jagdish, BOTCHWEY Kwesi, FİTZGERLAD Niall, HAMADA Koichi, JACKSON John, LAFER Celso, MONTBRIAL de Theirry, OMC 2004.

- *OMC*, "Operations of State Trading Enterprises as they Relate to International Trade", Background Paper by the WTO Secretariat, World Trade G/STR/2, 25 October 1995.

- *OMC*, Implementation of Special and Differential Treatment Provisions in WTO Agreements and Decisions, WT/COMTD/W/77/Rev.1, 21 septembre 2001.

- *OMC*, Les principes fondamentaux de l'OMC : le traitement national, le traitement de la nation la plus favorisée et la transparence, WT/WGTCP/W114, 14 avril 1999.

- *OMC,* La Déclaration ministérielle de Doha du 14.11.2001 (WT/MIN(01)/DEC/1)

- *OMC*, « Synthesis Paper on the Relationship of Trade and Competition Policy to Economic Growth" WTO Paper, WT/WGTCP/W/80, Geneva, 18 septembre 1998.

- *OMC*, Gouvernement de l'Inde, Communication de l'Inde au Groupe de travail de l'interaction du commerce et de la politique de la concurrence, 26 septembre 2002, WT/WGTCP/W/216.

- *OMC*, Communication présentée conjointement par le Bangladesh (au nom du Groupe des PMA), le Botswana, la Chine, Cuba, l'Egypte, l'Inde, l'Indonésie, le Kenya, la Malaisie, le Nigéria, l'Ouganda, les Philippines, la Tanzanie le Venezuela, la Zambie, et le Zimbabwe, WT/GC/W522, 12 décembre 2003.

- *OMC,* Communication de la Communauté européenne et de ses Etats membres, WT/WGTCP/W/222, 19 nov. 2002.

- *OMC,* Communication de l'OCDE, Aperçu des mécanismes d'exécution envisageables dans un cadre multilatéral sur la concurrence, WT/WGTCP/W/240, 25 juillet 2003.

- OMC, Developing Countries and the Multilateral Trading System: Past and Present, Background Note by the Secretariat, 17-18 mars 1999.

- *ONU*, Charte de la Havane instituant une Organisation International du Commerce, UN Doc. E/Conf. 2/78, 1948.

- *ONU,* U.N. Economic and Social Council Official Records, 13th Session Supplement 1, U.N. Doc. E/2152, Res.375, 10 octobre 1951, p.20.

- *ONU,* U.N. Economic and Social Council Official Records, 16th Session, Supplement 1, U.N. Doc. E/2508, Res.487, 15 août 1953, p.4.

- *ONU,* U.N. Economic and Social Council Official Records, 19th Session, Supplement 1A, U.N. Doc. E/2670 et E/2612, Addendum 2, p.4 et 5.

- *ONU, ECOSOC*, Report of Ad.Hoc. Committee on Restrictive Business Practices on Governmental Measures Relating to Restrictive Business Practices; Analysis of Governmental Measures Relating to Restrictive Business Practices ; and Texts of National Legislative and Other Governmental Measures Relating to Restrictive Business Practices, 16th Session, Supp. No.11, U.N. Doc. E/2380, E/2379, addendum 2 E/AC.37/3, 30 of March 1953

- *ONU,* Code de conduite sur les pratiques commerciales restrictives, L'ensemble de principes et de règles équitables convenus au niveau multilatéral pour le contrôle des pratiques commerciales restrictives, Résolution 35/63 du 5 décembre 1980, Semaine Juridique, J.C.P.1981, III, no.5188.

- *Parlement de la Confédération Helvétique*, 99.466 n Iv.pa. Leutenegger Oberholzer. Aides publiques verses aux entreprises. Déclaration obligatoire (CER-CN), Rapport de la Commission de l'économie et des redevances du 8 mai 2000, point 1.1

- *Parlement européen*, Résolution sur le rapport du groupe d'expert sur la politique de concurrence dans le nouvel ordre commercial : renforcement de la coopération et des règles au niveau international, JOCE No C 362 du 2 décembre 1996, p. 243 à 245.

- *Patriot Act,* 115 Stat 272, HR 3162 RDS du 21 octobre 2001

- Proposition de modification législatives à l'article 45 de la Loi sur la concurrence Rapport par RUSSELL Robert S., FANAKI Adam F., AKMAN Davit D., "Legislative framework for amending section 45 of the *Competition Act"*, Borden Ladner Gervais LLP, Bureau de la Concurrence Canadien, 11 Avril 2001.

- Rapport de la Commission au Conseil et au Parlement européen sur la mise en oeuvre de l'Accord entre les Communautés européennes et le Gouverment des États-Unis d'Amérique concernant l'application de leurs règles de concurrence 1er janvier 1999 au 31 décembre 1999, Bruxelles, le 4 octobre 2000, COM(2000)618 final.

- Rapport de la Commission, Rapport sur la politique de concurrence 2004, Bruxelles, le 17.6.2005 SEC(2005) 805 final.

- Rectificatif à la décision 95/145/CE, CECA, du Conseil et de la Commission du 10 avril 1995, 1995 relative à la conclusion de l'Accord entre les Communautés européennes et le gouvernement des Etats-Unis d'Amérique concernant l'application de leurs règles de concurrence, JOCE n° L 131 du 15 juin 1995, p.38 ss

- Règlement 17/62, JOCE 13 du 21.2.1962, p.204 ss

- Règlement 19/65, JOCE 36 du 6.3.1965, p. 533 ss

- Règlement 4064/89, JOCE n° L 395 du 30.12.1989, p.1 ss.

- Règlement 994/98, JOCE n° L 142 du 14.05.1998, p.1 ss

- Règlement 659/99, JOCE n° L 83 du 27.03.1999, p.1 ss

- Règlement 1/2003, JOCE du 4.1.2003 L 1 p.1 ss.

- Règlement 139/2004, JOCE L 024 du 29.1.2004, p.1 ss

- Règlement 773/2004, JOCE n° L 123 du 27 avril 2004, p.18 ss.

- *SDN*, Rapport et actes de la conférence économique internationale tenue à Genève du 4 au 23 mai 1927, Publication de la Société des Nations no. 1927. II.52 I et II

- *Sherman Antitrust Act* "An act to protect trade and commerce against unlawful restraints and monopolies" Public law n° 190, US Statues at large, Vol. 26 pp. 209-210, 15 US Code Section §1-7 Stat 206.

- South Africa's Protection of Business Act, No. 99, § 1 (1978) (S. Afr.), *as amended by* Protection of Business Act Amendment, No. 114 (1979), and Protection of Business Act Amendment, No. 71 (1984), and Protection of Business Act Amendment, No. 87 (1987).

- The United Kingdom's Protection of Trading Interests Act, 1980, ch. 11 (Eng.), *amended by* Civil Jurisdiction and Judgments Act, 1982, ch. 27, *and* Statute Law (Repeals) Act, 1993, ch. 50, Sch. 1, pt. XIV.

- Towards a Healthy Competition Culture, Centre for Competition, Investment and Economic Regulation, CUTS, Jaipour, 2003, http://www.cuts-international.org/THC.pdf visité le 23 mars 2008.

- Treaty of Friendship, Commerce and Navigation between the United States and Japan, 4 UST 2063, TIAS No. 2863, 206 UNTS 143, 1953.

- Treaty of Friendship, Commerce and Navigation between the United States and Federal Republic of Germany, 7 U.S.T. & O.I.A. I839, 1954 TIAS No.3593, 1954

- Treaty between the Government of Canada and the Government of the US of America · Mutual Legal Assistance in Criminal Matters, 1990 Can TS No 19, 18 March 1985, entered into force 14 January 1990, 100th Cong., 2d Sess, Treaty Doc. 100-14; Exec. Rpt. 10-28; Exec. Rpt. 101-10; 24 ILM 1092-1099, July 1985, No. 4.

- *Webb-Pomerene Act*, 40 Stat. 516 (1918); codified in 15 U.S.C.A. 61-65 (1987)

- *World Bank*, Building Institutions for Markets : World Development Report 2002, Washington DC, 2001, ch.7.

- *World Bank,* "Private International Cartels and Their Effect on Developing Countries", LEVENSTEIN Margaret C. / SUSLOW Valerie Y., Background Paper for the World Bank's World Development Report 2001, World Bank, Washington D.C, 2001.

- *World Investment Report,* Transnational Corporations and Export Competitiveness, UNCTAD/WIR/2002.

Décisions de la Commission européenne

- Décision de la Commission du 30 juillet 1997 relative à l'affaire *Boeing/McDonnel Douglas*, dans JOCE, L.336, 8 décembre 1997, p.16 à 47.

- Décision de la Commission du 13 juillet 1994 *Carton*, JOCE n°243, du 19.9.1994 p.1ss.

- Décision de la Commission du 8 juin 1994 relative à l'affaire *Shell/Montecatini*, dans JOCE, L.332, 12 décembre 1994, p.48.

- Décision de la Commission du 15 octobre 1997 relative à l'affaire *Guiness/GrandMetropolitan*, dans JOCE, L.288, 27 octobre 1998, p.24 à 54.

- Décision de la Commission du 22 octobre1964 *D.E.C.A.*, JOCE n°173, p.2761 ss.

- Décision de la Commission, du 3 juillet 2001, COMP/M.2220, *General Electric/Honeywell*, JOCE L 48 du 28.2.2004, p.1 ss.

- Décision de la Commission du 11 mars 1964 *Grosfillex*, JOCE 9 Avril 1964, p.915 ss.

- Décision de la Commission du 2 janvier 1973, *Industrie européenne du sucre*, JOCE, L 140, 26 mai 1973, p.17 ss.

- Décision de la Commission du 19 décembre 1984 *Pâtes de bois*, JOCE L. 85, 26 mars 1985, p.1 ss.

- Décision de la Commission du 9 juin 1972 *Raymond-Nagoya*, JOCE L 143, 23 juin 1972, p. 39 ss.

- Décision de la Commission *Microsoft* du 24 mai 2004 relative à une procédure d'application de l'article 82 du traité CE et de l'article 54 de l'accord EEE engagée contre Microsoft Corporation (Affaire COMP/C-3/37.792 — Microsoft) notifié sou le numéro *C(2004) 900,* JOCE L 32 du 6 février 2007, p.23 à 28.

- Décision de la Commission du 28 juin 2000, COMP/M.1741, *MCI WorldCom/Sprint,* JOCE L 300, du 18 novembre 2003, pp.1 ss.

Sites Internet

- http://www.aseansec.org
- http://www.caricaom.org
- http://www.cemac.cf
- http://www.comcom.govt.nz
- http://www.comesa.int
- http://www.europa.eu.int
- http://www.ftaa-alca.org/ngroups/ngcomp_f.asp
- http://www.gcc-sg.org/
- http://www.globalcompetitionforum.org
- http://www.hcch.net
- www.internationalcopetitionetwork.org
- www.ladocumentationfrancaise.fr
- http://www.mercosur.int

- http://www.nafta-sec-alena.org
- http://www.oecd.org
- http://www.opec.org
- http://secretariat.efta.int
- http://www.usdoj.gov
- http://www.wto.org
- http:// www. thomas.loc.gov (The Library of US Congress)
- www.state.gov

INDEX

TABLE DES MATIERES

L'HARMATTAN, ITALIA
Via Degli Artisti 15 ; 10124 Torino

L'HARMATTAN HONGRIE
Könyvesbolt ; Kossuth L. u. 14-16
1053 Budapest

L'HARMATTAN BURKINA FASO
Rue 15.167 Route du Pô Patte d'oie
12 BP 226 Ouagadougou 12
(00226) 76 59 79 86

ESPACE L'HARMATTAN KINSHASA
Faculté des Sciences Sociales,
Politiques et Administratives
BP243, KIN XI ; Université de Kinshasa

L'HARMATTAN GUINEE
Almamya Rue KA 028 en face du restaurant le cèdre
OKB agency BP 3470 Conakry
(00224) 60 20 85 08
harmattanguinee@yahoo.fr

L'HARMATTAN COTE D'IVOIRE
M. Etien N'dah Ahmon
Résidence Karl / cité des arts
Abidjan-Cocody 03 BP 1588 Abidjan 03
(00225) 05 77 87 31

L'HARMATTAN MAURITANIE
Espace El Kettab du livre francophone
N° 472 avenue Palais des Congrès
BP 316 Nouakchott
(00222) 63 25 980

L'HARMATTAN CAMEROUN
Immeuble Olympia face à la Camair
BP 11486 Yaoundé
(00237) 99 76 61 66
harmattancam@yahoo.fr

L'HARMATTAN SENEGAL
« Villa Rose », rue de Diourbel X G, Point E
BP 45034 Dakar FANN
(00221) 33 825 98 58 / 77 242 25 08
senharmattan@gmail.com

596165 - Février 2015
Achevé d'imprimer par
1livre.com
du rêve à la réalité !

Made in United States
Orlando, FL
05 November 2026

90230598R00345